개인파산관재절차의 이론과 실무

이이수 저

법률출판사

머리말

이 책의 초판을 내놓은 지 벌써 만 5년이 훌쩍 지났다. 그 사이 채무자회생법이 5회에 걸쳐 일부개정 되었고, 또한 채무자회생법에 관련되는 여러 법률이 여러 군데 개정되었다. 더욱이 실무에 변화를 가져온 매우 중요한 대법원 판결 및 결정이 많이 선고되었다. 이러한 여러 가지 사정변경으로 인해 초판 내용 중에는 유효성을 잃은 부분이 상당하므로 책을 다시 쓰지 않을 수 없게 되었다.

그래서 이번 저서에서는 초판 발간 이후 채무자회생법 중 개정된 부분과 새로 선고된 실무상 중요 쟁점에 관한 대법원 판결 및 결정, 그로 인해 변화가 초래된 개인파산 사건의 실무를 반영하고자 하였다. 또한 초판의 오류를 바로 잡거나 내용을 보충하고 초판에서 싣지 못했던 환취권과 유한책임신탁재산의 파산에 관한 특칙에 대한 해설을 제10장과 제20장에 추가하였다. 그뿐 아니라 지난 5년 동안도 계속해서 쉼 없이 파산관재인으로서 업무를 수행해 왔으므로 새롭게 경험한 쟁점 및 실무도 반영하도록 노력하였다. 그러다 보니 책의 분량이 대폭 늘었고 내용도 상당 부분 바뀌어 '신(新) 개인파산관재절차의 이론과 실무'라고 불러도 과언이 아니게 되었다. 어쨌든 이 책은 저자가 2009년 12월에 개인파산관재인에 선임되어 지금에 이르기까지 16년 동안 관재인으로서 직무를 수행하면서 얻은 노하우와 지식의 결정체이다.

초판 때와 마찬가지로 이번 개정증보판이 동료 개인파산관재인이나 개인파산 업무를 수행하는 실무가에게 조금이나마 도움이 되었으면 하는 바람이다. 다만, 개인파산분야는 채무자 자기파산, 채권자신청파산, 견련파산, 임대인파산, 상속재산파산 등 여러 가지 유형이 있고, 각 유형별로 새롭게 제기되는 쟁점도 많아 이번 책에서도 부족한 점이 많다는 점을 고백한다.

개정증보판을 내는데 도움을 준 분들이 많다. 빼놓을 수 없는 분들은 서울회생법원 판사님들과 동료 개인파산관재인들이다. 특히 담당재판부 판사님들과의 사건 해결을 위한 소통과 판사님들의 조언은 이 책을 내는데 큰 도움이 되었다. 이 자리를 빌려 감사드린다.

끝으로 이 책을 출판하는데 협조를 아끼지 않으신 법률출판사의 김용성 사장님, 교정과 편집을 담당해 주신 한석희 실장님에게도 감사를 드린다.

2026. 1. 30.

저자

차 례

제1장 개인파산절차 개관

제1장 개인파산절차 개관

1. 개인파산절차의 의의

개인파산절차의 의의 및 목적, 기능에 대해서는 아래 대법원 판결과 헌법재판소 결정이 잘 설명하고 있다.

파산은 지급불능 또는 채무초과상태에 있는 채무자에 대하여 파산재단에 속하는 재산의 적정하고 공평한 청산을 도모함과 동시에 자연인인 개인채무자에 대하여 경제생활의 갱생의 기회를 부여하는 것을 목적으로 하는 제도이다. 특히, 개인파산 · 면책제도의 주된 목적 중의 하나는 파산선고 당시 자신의 재산을 모두 파산배당을 위하여 제공한, 정직하였으나 불운한 채무자의 파산선고 전의 채무의 면책을 통하여 그가 파산선고 전의 채무로 인한 압박을 받거나 의지가 꺾이지 않고 앞으로 경제적 회생을 위한 노력을 할 수 있는 여건을 제공하는 것이다(대법원 2007. 11. 29. 선고 2007도8549 판결).

헌법재판소 2013. 3. 21. 선고 2012헌마569 결정은 "개인파산절차는 채무자가 자신의 모든 재산으로도 채무를 변제할 수 없는 지급불능 상태에 빠지게 된 경우 채권자 또는 채무자의 신청으로 법원의 심리를 통하여 파산선고가 이루어지고, 그 후 파산채권의 확정과 파산재단의 관리 · 환가절차를 거쳐 면책 및 복권에 이르는 일련의 과정을 말한다. 파산제도는 채무자의 재정적 어려움으로 인하여 채무 전체의 변제가 불가능하여진 상황에서 채권자의 개별적 채권 행사를 금지하고 채무자 재산의 관리처분권을 파산관재인에게 배타적으로 위임하여 이를 공정하게 환가 · 배당함으로써, 불충분하더라도 채권자들 간의 적정하고 공평한 만족을 도모하고 파산절차에서 배당되지 아니한 잔여 채권에 관하여는 채무자의 책임을 면제하여 채무자에게 경제적 재기와 갱생의 기회를 부여하고자 하는 데에 그 목적이 있다. 이 제도는 경제적 파탄 상태에 이른 채무자를 방치하면 채권자들에게 혼란과 불공평한 결과가 발생하고, 나아가 연쇄적으로 사회의 혼란이 초래되면서 경제사회에 큰 손실을 가져오게 되기 때문에 이를 방지하여 국민경제의 안정과 발전에 기여하고자 하는 공익적 필요에서 비롯된 것이다"라고 하였다.

2. 개인파산제도와 개인회생제도 및 일반회생제도의 비교

가. 각 개인도산제도의 특징

채무자회생법은 개인채무자의 도산절차로서 청산형 절차인 개인파산제도와 재건형 절차인 개인회생제도 및 일반회생제도[1]를 두고 있다.

개인파산이란 봉급생활자, 주부, 학생 등 비영업자가 채무를 변제할 수 없는 지급불능 상태에 빠지게 된 경우에 채무자 자신 또는 채권자의 신청으로 파산선고가 이루어지고, 이후 파산채권의 조사 · 확정과 파산재단에 속하는 재산의 환가 및 배당절차를 거쳐 면책과 복권에 이르는 제도를 말한다.

반면, 개인회생절차는 일정액 이하의 채무를 지고 파산에 직면한 개인채무자가 장래 계속적 · 반복적으로 수입을 얻을 가능성이 있는 경우 그 수입에서 생계에 필요하다고 인정되는 비용을 제외한 나머지 금액을 최장 5년간 변제에 투입하면 나머지 채무를 면책받을 수 있는 제도이다(통상 3년간 가용소득 변제투입 후 잔여채무 면책. 단, 청산가치보장의 원칙 충족 등 특별한 사정이 있는 경우 최장 5년 범위 내에서 변제기간 연장 가능). 개인파산절차는 채무자의 현재의 보유재산을 변제 재원으로 하지만, 개인회생절차는 채무자가 장래 얻게 되는 소득을 변제 재원으로 한다. 그리고 개인파산절차의 경우 신분상의 제한 등 파산선고에 따르는 불이익을 받을 수 있고 채무자의 명예감정도 손상을 입게 됨에 반하여, 개인회생절차에 의하면 파산선고에 따르는 불이익을 피할 수 있고 채무자의 명예감정도 어느 정도 유지될 수 있다(위 헌법재판소 2013. 3. 21. 선고 2012헌마569 결정).

일반회생제도란 재정적 어려움으로 파탄에 직면해 있는 채무자에 대해서 채권자, 주주 · 지분권자 등 여러 이해관계인의 법률관계를 조정하여 채무자 또는 그 사업의 효율적인 회생을 도모하는 제도이다. 개인회생은 채무한도에 제한이 있으나(담보 15억, 무담보 10억), 일반회생은 채무한도에 제한이 없다. 개인회생은 변제계획안 인가에 채권자의 결의가 필요 없지만, 일반회생은 회생계획안 인가 요건으로 채권자의 동의가 필요하다. 개인회생은 변제계획안 인가 후 변제를 완료하면 면책여부를 결정하지만, 일반회생은 회생계획안에 의하여 채권자들의 권리에 대한 감면 등 권리변경이 이루어지고(법 제251조) 인가된 후 중도

1) 일반회생제도는 법률상 용어는 아니지만 개인회생제도와 구별하기 위해 실무상 주로 사용되는 용어이다. 개인채무자의 회생제도라고도 부른다.

에 폐지되거나 회생계획을 수행하지 못하는 경우라도 회생채권자의 권리행사는 회생계획에 따라 변경된 범위로 제한된다. 개인회생은 변제계획안이 인가되더라도 담보권자는 별제권자로서 절차 외에서 담보권을 행사할 수 있지만, 일반회생은 담보권자에 대하여도 회생계획에 의하여 권리변경을 가할 수 있다.

나. 재건형 절차의 우선주의

(1) 개인회생절차와 개인파산절차의 관계

개인회생절차는 개인파산절차보다 우선한다. 법원은 개인회생절차 개시의 신청이 있는 경우 필요하다고 인정하는 때에는 이해관계인의 신청에 의하거나 직권으로 개인회생절차의 개시 신청에 대한 결정시까지 채무자에 대한 파산절차의 중지를 명할 수 있고(법 제593조 제1항), 개인회생절차 개시의 결정이 있는 때에는 채무자에 대하여 진행 중이던 파산절차는 중지되고, 새로 파산신청을 하는 것도 금지된다(법 제600조 제1항). 또한 법원은 상당한 이유가 있는 때에는 이해관계인의 신청에 의하거나 직권으로 제1항의 규정에 의하여 중지된 절차의 취소를 명할 수 있다(법 제600조 제3조). 이후 변제계획인가결정이 있는 때에는 제600조의 규정에 의하여 중지한 파산절차는 그 효력을 잃는다(법 제615조 제3항).

(2) 회생절차와 (개인)파산절차의 관계

다음으로, 파산절차 중에 회생절차 개시의 신청이 있는 경우에도 법원은 필요하다고 인정하는 때에는 이해관계인의 신청에 의하거나 직권으로 회생절차개시의 신청에 대한 결정이 있을 때까지 채무자에 대한 파산절차의 중지를 명할 수 있고(법 제44조 제1항), 회생절차개시 결정이 있는 때에는 채무자에 대하여 진행 중이던 파산절차는 중지되고, 파산신청을 하는 것도 금지된다(법 제58조 제1, 2항). 나아가 법원은 회생에 지장이 없다고 인정하는 때에는 관리인이나 제140조 제2항의 청구권에 관하여 징수의 권한을 가진 자의 신청에 의하거나 직권으로 제2항의 규정에 의하여 중지한 절차 또는 처분의 속행을 명할 수 있으며, 회생을 위하여 필요하다고 인정하는 때에는 관리인의 신청에 의하거나 직권으로 담보를 제공하게 하거나 제공하게 하지 아니하고 제2항의 규정에 의하여 중지한 절차 또는 처분의 취소를 명할 수 있지만, 파산절차에 관하여는 그러하지 아니하다(법 제58조 제5항). 이처럼 채무자에 대하여 파산선고가 있었더라도 회생절차개시 결정이 있으면 파산절차는 중지되고, 그 후 회생계획인가 결정이 있게 되면 파산절차는 확정적으로 효력을 잃게 된다. 그런데 회생계획인가 결정이 있기 전에 회생절차가 종료된 경우, 즉 회생절차개시 신청의 기각결정, 회생계획인가 전 폐지결정 또는 회생계획불인가 결정이 확정된 경우에는 중지되었던 파산절차는 당연히 속행된다. 그러므로 새로이 파산선고를 할 필요는 없다(법 제7조 제1항 참조). 이와 달리 회생계획인가 결정이 확정되어 중지된 파산절차가 효력을 잃은 후 회생계획을 수행할 수 없는 것이 명백하게 되어 법 제288조에 따라 회생절차폐지결정 또는 간이회생절차폐지결정이 확정된 경우에는 법원은 직권으로 파산을 선고하여야 한다(법 제6조 제8항).

(3) 개인회생절차와 회생절차의 관계

개인회생절차와 회생절차의 관계는, 법원은 개인회생절차 개시의 신청이 있는 경우 필요하다고 인정하는 때에는 이해관계인의 신청에 의하거나 직권으로 개인회생절차의 개시신청에 대한 결정시까지 채무자에 대한 회생절차의 중지를 명할 수 있고(법 제593조 제1항), 개인회생절차가 개시되면 회생절차는 중지된다(법 제600조 제1항 제1호). 또한 법원은 상당한 이유가 있는 때에는 이해관계인의 신청에 의하거나 직권으로 제1항에 의하여 중지된 회생절차의 취소를 명할 수 있다(법 제600조 제3조). 이후 변제계획인가결정이 있는 때에는 중지한 회생절차는 그 효력을 잃는다(법 제615조 제3항). 채무자회생법은 개인회생절차를 회생절차보다 우선하는 것으로 규정한 것이다.

3. 법적 정리절차와 사적 정리절차의 주요제도 비교

과다채무로 곤란을 겪고 있는 채무자 문제가 사회문제가 된 지 오래되었다. 이에 대한 대책으로 신용회복위원회는 『서민의 금융생활 지원에 관한 법률』에 근거하여 신용회복지원 협약을 체결한 금융회사 채무를 조정하는 사적 채무조정제도를 운영하고 있고, 한국자산관리공사도 무담보채권 채무조정 업무를 시작으로 한마음, 희망모아, 신용회복기금, 국민행복기금 등의 프로그램을 통해 정상적 채무상환이 어려운 채무자의 신용회복(채무조정)을 지원하고 있다. 법적정리절차와 사적정리절차의 주요제도들의 개요를 비교하면 아래 표와 같다.

제도	프리워크아웃	개인워크아웃	국민행복기금	개인회생	개인파산
목적	이자율 인하, 상환기간 연장을 통해 금융채무불이행자로 전락하지 않도록 사전 지원	정상적 채무상환이 어려운 채무자를 대상으로 채무감면, 상환기간 연장을 통해 채무상환이 가능하도록 지원	정상적 채무상환이 어려운 채무자를 대상으로 채무조정을 통해 채무상환이 가능하도록 지원	지급불능 상태에 있는 사람이 일정한 소득을 얻고 있을 경우에 3~5년간 일정한 금액을 갚으면 채무면제	지급불능 상태에 있는 사람이 파산재단에 속한 재산 처분 후에도 채무를 완제할 수 없을 경우 원금 및 이자 전부 면책
시행시기	2009. 4.	2002. 10.	2013. 5.	2004. 9.	1962. 1.
운영주체	신용회복위원회	신용회복위원회	한국자산관리공사	법원	법원
대상채무	신용회복지원협약 가입 금융회사에 부담한 채무	신용회복지원협약 가입 금융회사에 부담한 채무	인수 당시('13.3월) 6개월 이상 연체된 1억원 이하 신용대출채권	제한 없음	제한 없음
대상채무자	2곳 이상 다중채무자 1. 연체일수 31~89일, 2. 최근 1년 내 누적 연체일 30일(연소득 4천만원 이하인 자)	연체일수가 90일 이상인 과중채무자(채권자가 1곳 이상)	국민행복기금이 인수한 연체채무의 주채무자 및 보증채무자	지급불능 또는 불능 염려에 있는 계속적으로 소득이 발생하는 영업소득자, 급여소득자	지급불능상태인 과중채무자
채무범위	총 채무액이 15억원 이하인 자(담보채무 10억원, 무담보채무 5억원)	총채무액이 15억원 이하인 자. 이 때 담보채무는 10억원 이하, 무담보채무는 5억원 이하	• 무담보채무 1억원 이하	• 무담보채무 10억원 이하 • 담보채무 15억원 이하	제한 없음
채무조정수준	• 연체이자 전액감면 • 약정이자율 50%로 조정(하한 5%, 상한 10%) • 최장 10년 원리금 분할상환	• 연체이자 및 이자 전액 감면 • 상각채권의 경우 원금 20~70% 감면 • 최장 8년(취약계층의 경우 최장 10년) 원금 분할상환	• 연체이자 감면 • 일반채무자 원금 최대 70% 감면 • 취약계층 원금 최대 90% 감면	통상 3년간 가용소득 변제투입 후 잔여채무 면책(단, 청산가치보장의 원칙 충족 등 특별한 사정이 있는 경우 최장 5년 범위 내에서 변제기간 연장 가능)	보유재산 처분 · 배당 후 잔여 채무 면책
연체정보해제	-	채무조정 확정 시 연체정보 등 해제, 신용회복지원 정보 2년 등재	-	변제계획인가 시 연체정보 등 해제, 개인회생정보 3~5년 등재	면책결정 시 연체정보 등 해제, 개인파산정보 5년 등재
보증인효력	보증인에게 채무조정 효력이 미침(보증인에게 추심 불가)		보증인에게 채무조정 효력이 미침(보증인에게 추심 불가)	보증인에게 채무조정 효력이 미치지 않음(보증인에게 추심 가능)	

4. 개인파산 · 면책 신청사건의 흐름도

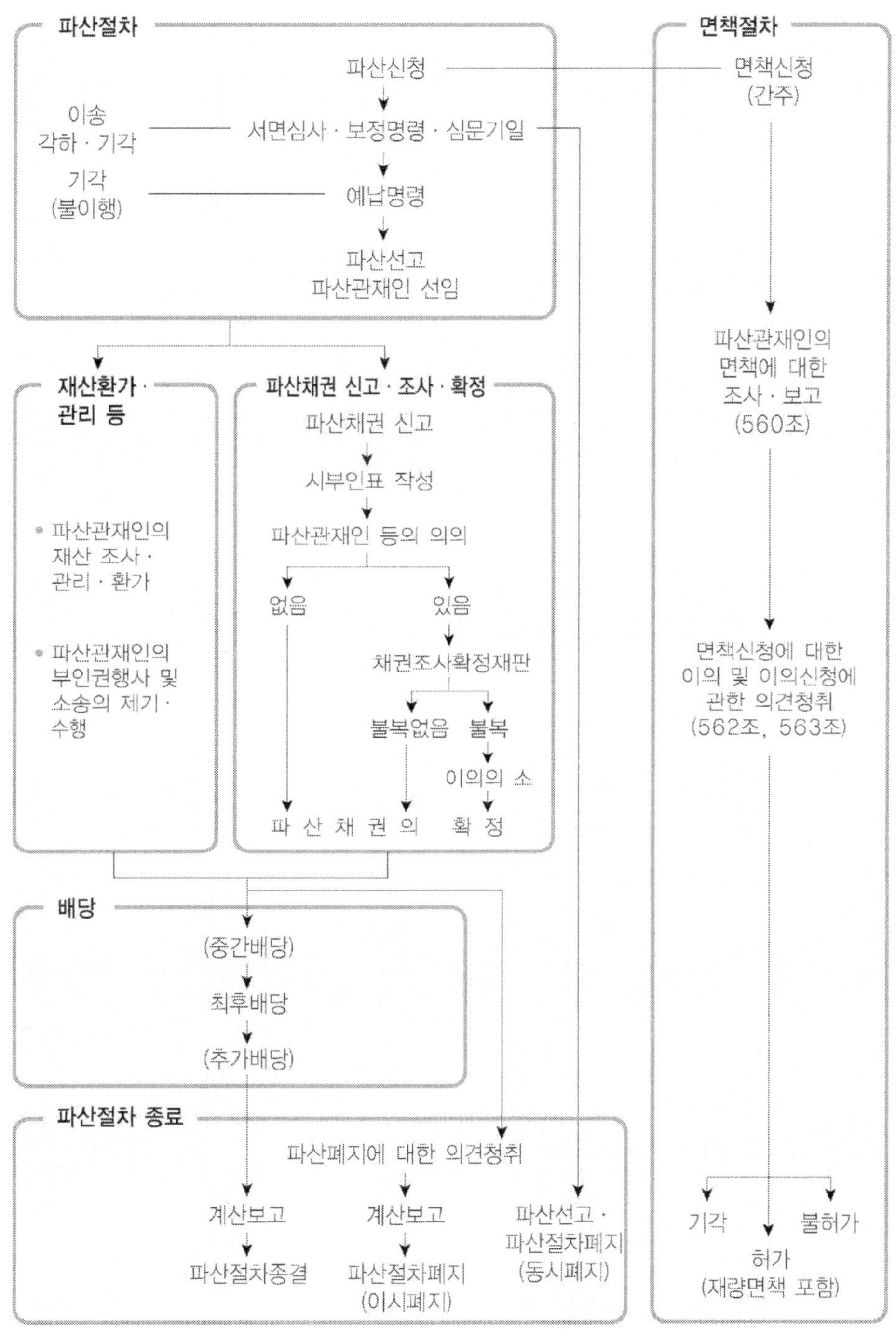

제2장 파산신청 및 파산선고절차

제2장 파산신청 및 파산선고절차

제1절 파산신청 시 채무자의 주의사항

1. 채권자 누락에 대한 주의

채무자가 면책을 받은 뒤 뒤늦게 특정채권자를 채권자목록에서 누락한 사실을 발견하는 사례가 종종 있다. 물론 고의로 누락한 것이 아닌 한 그 누락된 채권에도 면책의 효력이 미쳐 책임이 면제되지만(법 제566조 제7호), 고의로 누락하여 비면책채권이 되는지 여부는 파산면책절차에서는 결정할 수 없고, 별도의 민사본안소송에서 결정되므로, 채무자의 입장에서는 별도의 민사본안소송에서 누락된 채무에 대한 면책의 효력을 인정받을 때까지 불안할 수밖에 없고, 민사본안소송 수행을 위해서는 많은 비용과 시간이 소요된다. 그러므로 채무자는 파산신청을 준비하는 단계에서부터 채권자가 누락되지 않도록 주의를 기울여야 한다.

채무자는 파산채권자가 누락되는 것을 방지하기 위하여 2017. 4. 1.부터 시행된 "채권자 변동 조회시스템" 등을 적극 활용할 필요가 있다. 위 "채권자 변동 조회시스템"이란 금융회사나 금융위원회에 등록된 대부업자, 자산유동화회사 등이 대출채권의 양수도 내역을 신용정보원에 모아 개인채무자들에게 현황과 변동 내역을 조회할 수 있도록 한 서비스다. 이 서비스가 시행되기 전에는 처음 대출을 해준 금융회사가 대출채권을 대부업체나 캐피탈사에 양도한 경우에 채무자는 누가 자신에 대한 대출채권을 사 갔는지 확인하기 어려웠다. 채권자변동내역은 신용정보원 · 신용회복위원회 · 나이스평가정보 · 코리아크레딧뷰로의 홈페이지에서 확인할 수 있고, 또한 서울 중구에 있는 은행회관 1층의 신용정보원 소비자보호실이나 전국 35개 서민금융통합지원센터에 직접 찾아가서 확인할 수도 있다. 그 밖에 채무자는 자신의 재판소송 이력을 검색하여 자신에 대한 채권자를 조회하는 방법도 있다. 공인인증서가 있다면 대법원 사이트 「나의 사건검색」란을 이용하여 용이하게 과거 또는 최근의 채무자 자신의 재판소송 이력을 검색할 수 있다.

또한 채무자가 대부업체로부터 부동산 등을 담보로 돈을 차용하면서 근저당권자의 명의를 대부업체가 아닌 대부업체의 대표자 개인으로 한 경우 등에는 대부업체의 조회가 필요할 때도 있다. 이러한 경우에는 한국대부금융협회의 홈페이지(http://www.clfa.or.kr)를 이용하면 편리하다. 파산관재인 입장에서도 채무자가 진술하는 개인 명의의 저당권자가 허위인지 여부를 확인하는 방법으로도 유용하다. 한국대부금융협회는 대부업 등의 등록 및 금융이용자 보호에 관한 법률에 따라 2009년 5월 설립된 법정 협회이다.

2. 해외출국 시 법원 등에 보고

구 파산법 하에서는 파산자가 법원의 허가를 얻지 아니하면 그 거주지를 떠날 수 없었고(제137조), 만일 파산자가 이를 위반하였을 때에는 1년 이하의 징역 또는 1천만원 이하의 벌금에 처하도록 하였다(제369조 제2항). 그러나 채무자회생법은 위 거주제한 규정을 삭제하였다. 그러므로 채무자가 파산신청을 하였다고 하여 출입국이 제한되는 것은 아니다. 그럼에도 간혹 파산절차 진행 중인 채무자가 출국금지가 되었다고 하는 경우가 있는데, 이는 파산신청이나 파산선고로 인한 것이 아니라 국세징수법 제7조의4 또는 지방세징수법 제8조 등에 근거하여 국세청장이나 지방자치단체장 등이 고액체납자에 대하여 법무부장관에게 출입국관리법 제4조 제3항에 따라 출국금지를 요청하였거나 또는 다른 이유 때문이다.

하지만 파산신청을 하였다고 하여 출입국제한 조치를 받지는 않는다고 하더라도, 채무자는 불가피하게 파산절차 진행 중에 해외여행을 하게 되면 그 목적, 경비의 출처 등을 법원이나 파산관재인에게 알릴 필요가 있다. 채무자가 이를 알리지 않아 소재불명이 되거나 또는 절차가 심각하게 지연되는 등 불성실하다고 판단될 경우에는 파산신청 또는 면책신청의 기각사유가 될 수 있기 때문이다.

제2절 관할

구 파산법은 상속재산파산 이외의 파산사건은 채무자의 주된 영업소 혹은 보통재판적의 소재지 또는 재산의 소재지를 관할하는 지방법원의 관할에 전속하는 것으로 하였으나(구 파산법 제96조, 제97조, 제98조), 채무자회생법은 위 원칙적인 관할에 더하여 절차의 합리화 및 신속화의 관점에서 복수의 채무자가 경제적으로 밀접한 관계에 있는 경우 및 대규모 파산사건에 대해서 관할의 특례를 인정하여 관할법원을 확대하였다.

1. 원칙적 토지관할

회생사건, 간이회생사건 및 파산사건 또는 개인회생사건은 채무자의 보통재판적이 있는 곳이거나 채무자의 주된 사무소나 영업소가 있는 곳 또는 채무자가 계속하여 근무하는 사무소나 영업소가 있는 곳의 어느 한 곳을 관할하는 회생법원의 관할에 전속한다. 한편, 개인채무자의 보통재판적 소재지가 강릉시 · 동해시 · 삼척시 · 속초시 · 양양군 · 고성군인 경우에 그 개인채무자에 대한 파산선고 또는 개인회생절차개시의 신청은 춘천지방법원 강릉지원에도 할 수 있다.

만일 위 어느 한 곳도 해당하는 곳이 없는 경우에는 채무자의 재산이 있는 곳(채권의 경우에는 재판상의 청구를 할 수 있는 곳을 말한다)을 관할하는 회생법원의 관할에 전속한다. 여기서 말하는 채무자의 재산이란 파산재단을 구성할 일체의 재산을 말한다. 그리고 괄호 안의 "채권의 경우에는 재판상의 청구를 할 수 있는 곳"이란 제3채무자의 보통재판적 소재지나 부동산에 관한 채권의 경우 목적부동산의 소재지 등을 말한다.

2. 관할의 특례

채무자회생법은 관할의 특례를 규정하고 있다. 회생사건 및 파산사건은 채무자의 주된 사무소 또는 영업소의 소재지를 관할하는 고등법원 소재지의 회생법원에도 신청할 수 있다. 그리고 「독점규제 및 공정거래에 관한 법률」 제2조 제3호에 따른 계열회사에 대한 회생사건 또는 파산사건이 계속되어 있는 경우 계열회사 중 다른 회사에 대한 회생절차개시 · 간이회생절차개시의 신청 또는 파산신청은 그 계열회사에 대한 회생사건 또는 파산사건이 계속되어 있는 회생법원에도 할 수 있고, 법인에 대한 회생사건 또는 파산사건이 계속되어 있는 경우 그 법인의 대표자에 대한 회생절차개시 · 간이회생절차개시의 신청, 파산신청 또는 개인회생절차개시의 신청도 그 법인에 대한 회생사건 또는 파산사건이 계속되어 있는 회생법원에 할 수 있다. 또한 주채무자 및 보증인, 채무자 및 그와 함께 동일한 채무를 부담하는 자, 부부 중 어느 일방에 대해서 회생사건, 파산사건 또는 개인회생사건이 계속되어 있는 경우 다른 자에 대한 회생절차개시 · 간이회생절차개시의 신청, 파산신청 또는 개인회생절차개시의 신청도 그 회생사건, 파산사건 또는 개인회생사건이 계속되어 있는 회생법원에 할 수 있다.

3. 대규모 사건의 특례

채무자회생법은 채권자의 수가 300인 이상으로서 대통령령으로 정하는 금액 이상의 채무를 부담하는 법인에 대한 회생사건 및 파산사건은 서울회생법원에도 신청할 수 있도록 하였다. 대규모 사건을 적정하고 신속하게 대처하기 위해서는 사건처리의 경험이나 노하우의 축적 등이 중요하고, 도산사건을 전문적이고 집중적으로 처리할 수 있는 시스템과 인적 · 물적 자원을 구비한 법원에서 처리하는 것이 유효하기 때문에 서울회생법원의 관할권을 확대한 것이다.

4. 상속재산파산 및 유한책임신탁재산파산 사건의 관할

상속재산에 관한 파산사건은 상속개시지를 관할하는 회생법원의 관할에 전속한다(법 제3조 제6항). 상속은 사망으로 인하여 개시되고(민법 제997조), 상속개시지는 피상속인의 주소지이다(민법 제998조). 주소란 생활의 근거되는 곳을 말하고(민법 제18조 제1항), 주소를 알 수 없으면 거소를 주소로 본다(민법 제19조). 피상속인이 사망한 곳이나 상속재산의 소재지는 원칙적으로 상속재산파산사건에 대한 관할권이 없다. 다만, 상속재산의 소재지는 보충적인 토지관할의 기준이 될 수 있을 것이다.

「신탁법」 제114조에 따라 설정된 유한책임신탁에 속하는 재산에 관한 파산사건은 수탁자의 보통재판적 소재지(수탁자가 여럿인 경우에는 그중 1인의 보통재판적 소재지를 말한다)를 관할하는 회생법원의 관할에 전속한다. 만일 관할법원이 없는 경우에는 유한책임신탁재산의 소재지(채권의 경우에는 재판상의 청구를 할 수 있는 곳을 그 소재지로 본다)를 관할하는 회생법원의 관할에 전속한다.

5. 관할의 기준시

관할의 존부는 신청시를 기준으로 판단한다(법 제33조, 민사소송법 제33조). 그러므로 파산신청 이후에 주된 사무소나 영업소의 변경이나 주소의 이전이 있더라도 신청 당시에 관할권이 있는 이상 관할에 아무 영향이 없다. 관할을 신청시를 표준으로 결정하는 것은 그 뒤 사정변경에 의하여 그 관할을 잃지 않게 하려는 취지이다. 따라서 신청시에 관할이 없었더라도 파산선고 시까지 사이에 관할원인이 생겼으면 신청을 접수한 법원은 사건을 이송하지 않고 파산선고를 하더라도 무방하다.

6. 재량이송

법원은 현저한 손해 또는 지연을 피하기 위하여 필요하다고 인정하는 때에는 직권으로 회생사건 · 파산사건 또는 개인회생사건을 다른 회생법원으로 이송할 수 있다(법 제4조). 수이송(受移送) 법원은 ① 채무자의 다른 영업소 또는 사무소나 채무자 재산의 소재지를 관할하는 회생법원, ② 채무자의 주소 또는 거소를 관할하는 회생법원, ③ 법 제3조 제2항 또는 제3항에 따른 회생법원, ④ 법 제3조 제2항 또는 제3항에 따라 해당 회생법원에 회생사건 · 파산사건 또는 개인회생사건이 계속되어 있는 때에는 법 제3조 제1항에 따른 회생법원이다.

7. 사물관할

구 파산법은 채무자가 영업자인 파산사건은 그 주된 영업소의 소재지(외국에 주된 영업소가 있는 경우에는 대한민국에 있는 주된 영업소의 소재지)를 관할하는 지방법원 본원 합의부의 관할에 전속하였다(구 파산법 제96조 제1항). 그러나 채무자회생법하에서는 채무자가 개인인 경우에는 영업자인지 상관없이 단독판사 사물관할에도 속하게 되었다.

제3절 파산신청권자와 파산능력, 파산원인

1. 파산신청권자

파산은 공평한 배당이라는 채권자의 이익을 위해, 또한 면책에 의한 갱생이라는 채무자의 이익을 위해 실시되는 것이므로 원칙적으로 이해관계인의 신청에 의하여 절차가 개시된다. 예외적으로 채무자회생법 제6조의 견련파산처럼 법원의 직권에 의해서 개시되는 경우가 있는데, 이는 다른 도산절차의 좌절을 파산절차에 의해서 청산하려고 하는 특별한 목적을 갖는다. 재건형 절차가 그 목적을 달성하지 못한 경우에는 대부분의 경우 파산절차에 의해 채무자의 재산을 청산할 필요가 생기므로 재건형 절차의 수행을 감독한 법원은 이 필요성을 만족시키기 위해 적시에 파산선고를 할 수 있게 한 것이다.[1)]

가. 채권자

(1) 채권의 내용

채권을 가지는 자는 채무자에 대하여 파산신청을 할 수 있다(법 제294조 제1항). 채권자에게 파산신청권이 인정되는 이유는 파산절차가 강제집행절차 및 배당절차를 통해서 채권자의 권리실현을 목적으로 한다는 점에 있다. 파산신청을 채무자에게만 맡겨 둔다면 파산원인이 있는데도 채무자가 파산을 신청하지 않아 파산절차에 따른 채권자의 잠재적 이익이 상실될 수 있다. 그리하여 채권자 스스로 적당한 시점에서 파산절차를 개시할 수 있도록 채권자도 파산신청을 할 수 있다는 명시적 규정을 둔 것이다(대법원 2017. 12. 5.자 2017마5687 결정). 채권자의 범위는 법률상 제한이 없다. 기한미도래의 채권, 조건부채권, 장래의 채권을 보유하고 있는 채권자도 파산신청권이 있다. 우선권 있는 채권, 후순위 채권도 채무자의 파산신청에 지장이 없다. 별제권자는 파산절차에 의하지 아니하고 행사할 수 있지만(법 제412조), 별제권의 행사에 의하여 변제받을 수 없는 채권액이나 별제권을 포기한 채권액에 대해

---

1) 견련파산이 선고되면 회생절차개시 또는 간이회생절차개시의 신청을 파산의 신청으로 보게 되고(법 제6조 제4항), 이 경우 면책신청간주 규정(법 제556조 제3항)에 의하여 채무자의 반대의 의사표시가 없는 이상 면책신청도 한 것으로 본다. 다만, 실무상으로는 채무자의 반대의 의사표시의 유무를 명확히 하기 위해 채무자로부터 별도로 면책신청서를 제출받고 있다. 한편, 채권자가 파산신청을 한 경우에는 면책신청간주 규정이 없기 때문에 면책허가결정을 받기를 원하는 채무자는 채무자회생법 제556조 제1항 소정의 기간 내, 즉 파산선고가 확정된 날(공고된 날부터 2주 경과일) 이후 1월 이내에 법원에 면책신청을 하여야 한다.

서는 파산채권으로서 권리행사를 할 수 있기 때문에(법 제413조), 미리 별제권을 포기하지 않더라도 권리행사를 할 수 있다. 이러한 채권자신청의 파산을 실무상 채권자파산이라고 부른다. 파산이 채권자의 권리실현이라는 점에서 채권자에게 신청권이 인정되는 것이므로 파산절차 외에서 수시변제를 받을 수 있는 재단채권자에게는 원칙적으로 신청권이 없다.

(2) 신청인의 채권의 보유시기

채권자 신청의 경우 파산선고 시에 신청인의 채권이 존재하여야 하고, 파산선고 시에 존재하기만 하면 그 후에 소멸하더라도 파산선고의 취소사유가 되지 않는다. 파산절차는 선고와 동시에 개시되고, 일단 개시된 이상 신청채권자뿐 아니라 총채권자의 이익을 위하여 진행되기 때문이다. 신청인의 채권은 반드시 파산선고결정 확정시까지 현존할 필요는 없다. 따라서 파산선고 후 항고심 계속 중에 신청인의 채권이 소멸하더라도 항고법원은 파산선고결정을 취소해서는 안 된다.[2)]

(3) 채권의 존재 및 파산의 원인사실 소명

채권자가 파산신청을 하는 때에는 그 채권의 존재 및 파산의 원인인 사실을 소명하여야 한다(법 제294조 제2항). 이것은 파산신청이 다른 채권자나 채무자에게 주는 영향이 크기 때문에 단지 채무자를 괴롭힐 목적이나 위협의 수단으로 행사하는 파산신청의 남용을 배제하기 위한 것이다. 채권의 존재 및 파산의 원인사실 소명은 신청의 적법요건이고, 소명이 없으면 신청은 부적법하여 각하하여야 하는바, 증명도 할 수 없기 때문에 결국 신청은 기각되게 된다. 소명은 즉시 조사할 수 있는 증거에 의하여야 한다(민사소송법 제299조 제1항).

채권의 존재에 대한 소명자료로서는 확정판결, 화해조서, 공정증서 등의 집행권원을 첨부한다. 파산의 원인인 지급불능 상태는 집행불능조서, 재산명시절차에서 채무자가 작성한 재산목록(재산 없음) 등이 전형적인 소명자료가 된다. 그러므로 채권자는 파산신청을 하기 전에 미리 채무자에 대하여 재산명시신청, 채무불이행자명부 등재 신청, 재산조회신청 등을 하여 채무자가 제출한 재산목록이나 채무자불이행명부등재 결정문 등을 확보해 둘 필요가 있다.

2) 竹下守夫 외, "大コンメンタール破産法", 青林書院(2007년), 74면.

(4) 채권자가 납부한 예납금의 성질

채권자신청의 경우 파산관재인 선임을 위한 예납금은 채무자가 아닌 파산신청을 한 채권자가 납부한다. 채권자가 납부한 신청비용 및 예납금은 채무자회생법 제473조 제1호의 파산채권자의 공동의 이익을 위한 재판상 비용에 대한 청구권에 해당하여 재단채권이 된다.

(5) 채권자 파산신청과 면책

채권자 파산신청에는 면책신청간주 규정이 적용되지 않으므로, 면책을 희망하는 채무자는 파산선고가 확정된 날 이후 1월 이내에 법원에 면책신청을 하여야 한다.

나. 채무자

채무자(법인의 경우에는 그 업무집행기관의 결정에 의한다)도 파산신청을 할 수 있다(법 제294조 제1항). 채무자의 신청에 의해서 개시되는 파산을 이른바 자기파산이라고 부른다. 자기파산의 경우에 파산신청의 요건으로서 채권 존재의 소명은 문제되지 않는다. 또한 자기파산신청의 경우에는 파산선고의 원인이 되는 사실을 소명할 필요도 없다(법 제294조 제2항의 반대해석). 이는 채무자가 파산신청을 하는 것 자체가 파산선고의 원인의 존재를 사실상 추정케 하기 때문이다. 그렇지만 실무에서는 신청서와 그 첨부서류에서 채권의 존재 및 파산의 원인인 사실을 소명하고 있다.

다. 채무자에 준하는 자

민법 그 밖에 다른 법률에 의하여 설립된 법인에 대하여는 이사가, 합명회사 또는 합자회사에 대하여는 무한책임사원이, 주식회사 또는 유한회사에 대하여는 이사가 파산신청을 할 수 있다(법 제295조 제1항). 청산인은 청산중인 법인에 대하여 파산신청을 할 수 있다(법 제295조 제2항). 이것은 법인에 대한 파산절차에서 법인의 이사나 청산법인의 청산인 등 법인에 대해 관리권을 갖는 자에게 채무자에 준하는 자(準債務者)의 자격에서 파산신청권이 인정된 것이다. 민법상 법인의 경우에 법인이 채무를 완제하지 못하게 된 때에는 이사는 지체 없이 파산신청을 하여야 한다(민법 제79조). 그리고 청산중인 법인, 합명회사, 주식회사, 유한회사의 재산이 그 채무를 완제하기에 부족한 것이 분명하게 된 때에는 청산인은 지체없이 파산선고를 신청하고 이를 공고하여야 하며, 청산인은 파산관재인에게 그 사무를 인계함으로써 그 임무가 종료한다(민법 제93조, 상법 제254조 제4항, 제542조 제1항, 제613조 제1항). 위 민법 제79조, 제93조, 상법 제254조 제4항, 제542조 제1항, 제613조 제1항에 위반하여 파산선고의 신청을 해태한 때는 이사 또는 청산인은 500만원 이하의 과태료에 처한다(민법 제97조, 상법 제635조 제12호).

그런데 이사 · 무한책임사원 또는 청산인의 전원이 하는 파산신청이 아닌 때에는 파산의 원인인 사실을 소명하여야 한다(법 제296조). 이사 · 무한책임사원 또는 청산인의 일부가 파산신청을 한 경우에는 이사 · 무한책임사원 또는 청산인 사이에 파산의 원인인 사실의 유무에 관한 의견이 상이할 경우도 있고, 내분(內紛)에 기한 남용의 우려가 있을 수 있으며, 일반적으로 파산의 원인인 사실의 존재가 반드시 명백하지는 않기 때문에 파산의 원인인 사실에 대한 소명책임이 부과된 것이다.

이처럼 이사에게 별도의 파산신청권이 인정된다고 하더라도, 주식회사의 대표이사가 회사를 대표하여 파산신청을 할 경우 대표이사의 업무권한인 일상 업무에 속하지 않는 중요한 업무에 해당하여 이사회 결의가 필요하다. 다만, 자본금 총액이 10억원 미만으로 이사가 1명 또는 2명인 소규모 주식회사에서는 대표이사가 특별한 사정이 없는 한 이사회 결의를 거칠 필요 없이 파산신청을 할 수 있다. 소규모 주식회사는 각 이사(정관에 따라 대표이사를 정한 경우에는 그 대표이사를 말한다)가 회사를 대표하고 상법 제393조 제1항에 따른 이사회의 기능을 담당하기 때문이다(상법 제383조 제6항, 제1항 단서)(대법원 2021. 8. 26.자 2020마5520 결정).[3)]

위 법 제295조 및 제296조의 규정은 민법 그 밖에 다른 법률에 의하여 설립된 법인 외의 법인과 법인 아닌 사단 또는 재단으로서 대표자 또는 관리자가 있는 것에 관하여 준용한다(법 제297조).

3) 채무자 회사는 철물공사업 등을 하는 주식회사로 대표이사가 채무자 회사를 대표하여 파산신청을 하였다. 파산신청 당시 채무자의 자본금 총액은 7억 2,000만 원이고, 이사는 대표이사와 이사 2명이다. 제1심 법원은 지급불능과 채무초과의 파산원인 사실이 존재한다는 이유로 채무자 회사에 대해 파산을 선고하였는데, 채권자들은 제1심 결정에 대해 항고하면서 "파산신청이 파산절차의 남용에 해당하고 채무자 회사가 이사회 결의를 거치지 않고 파산신청을 했으므로 그 효력이 없다"고 주장하였다. 원심 법원은 파산신청이 파산절차의 남용에 해당하지 않는다는 이유로 채권자들의 항고를 기각하였다.

라. 상속재산에 대한 파산신청권자

상속재산을 대상으로 하는 파산의 경우에는 파산채권자인 상속채권자, 유증을 받은 자, 상속인, 상속재산관리인 및 유언집행자가 신청권자가 된다(법 제299조). 상속인이 여럿인 경우나 상속인과 상속재산관리인 등이 병존하는 경우에는 각자에게 신청권이 인정된다.

마. 유한신탁재산에 대한 파산신청권자

유한책임신탁재산에 대하여 신탁채권자, 수익자, 수탁자, 신탁재산관리인 또는 「신탁법」 제133조에 따른 청산수탁자는 파산신청을 할 수 있다(법 제578조의3 제1항). 신탁채권자 또는 수익자가 파산신청을 하는 경우에는 신탁채권 또는 수익권의 존재와 파산의 원인인 사실을 소명하여야 하며(법 제578조의3 제2항), 수탁자 또는 신탁재산관리인이 여럿 있는 경우 그 전원이 파산신청을 하는 경우가 아닐 때에는 파산의 원인인 사실을 소명하여야 한다(법 제578조의3 제3항).

2. 파산능력

가. 자연인

파산능력이란 파산선고의 결정을 받을 수 있는 자격을 말한다. 모든 자연인은 상인성 · 행위능력의 유무를 불문하고 파산능력이 인정된다(일반파산주의). 자연인인 채무자가 일단 파산신청 또는 파산선고가 있은 후에 사망한 때에는 파산절차는 상속재산에 대하여 속행된다(법 제308조). 다만, 법 제308조의 규정상으로는 채무자에 대하여 파산선고 후에 상속이 개시된 경우뿐 아니라 파산신청 후 파산선고 전에 상속이 개시된 경우에도 파산절차는 상속재산에 대해서 당연히 속행되는 것으로 보인다. 그러나 실무는 파산신청 후 파산선고 전에 사망한 경우에는 파산절차가 상속재산에 대하여 당연히 속행하는 것으로 보지 않고, 상속재산에 대하여 파산신청권을 가지는 상속인에게 선행하는 파산절차를 상속재산에 대해서 속행할 것인지 선택할 수 있는 기회를 주어 속행신청이 있는 경우에 한하여 속행하고 있다. 일정기간 내에 속행신청이 없는 경우에는 파산신청을 각하한다. 반면, 파산신청을 한 채무자가 파산선고 후에 사망한 때는 파산절차는 상속재산에 대하여 당연히 속행되기 때문에, 파산관재인은 상속재산에 대하여 관리처분권을 행사하여 이를 공정하게 환가 · 배당하여야 한다. 그 후 배당이 완료되어 파산절차가 종결되면 상속재산은 파산종결로 소멸되므로 상속재산에 대한 면책에 관한 규정은 적용될 여지가 없다. 회생법원은 사망한 채무자의 면책신청사건에 대하여 종국결과를 "○○○○. ○○. ○○. 채무자의 사망으로 종료"라고 처리하고 있다. 한편, 이 경우 상속인은 파산선고를 받은 채무자가 아니기 때문에 면책신청권은 없고, 채무상속에 따른 상속인 고유재산에 대한 강제집행의 위험을 피하고자 하는 경우에는 상속포기나 한정승인을 하여야 한다는 견해가 있으나, 상속재산에 대하여 파산선고가 있는 때에는 상속인은 한정승인한 것으로 본다는 법 제389조 제3항을 유추적용하여 법 제308조에 의하여 파산절차가 상속재산에 대하여 속행된 경우에도 상속인은 한정승인한 것으로 보아야 할 것이다.

나. 법 인

민법 그 밖에 다른 법률에 의하여 설립된 법인(법 제295조 제1항) 및 위 법인 외의 법인과 법인 아닌 사단 또는 재단으로서 대표자 또는 관리자가 있는 경우(법 제297조) 모두 파산능력이 있다.[4] 개별법으로는 학교법인(사립학교법 제34조 제1항 제4호), 지방공단(지방공기업법 제77조의2 제1항 제3호), 의료법인(의료법 제50조, 민법 제77조 제1항) 등의 경우 해산사유의 하나로 파산을 규정하고 있어 명시적으로 파산능력을 인정하고 있다.

위 법인 등이 청산 중인 경우에도 청산인은 파산신청을 할 수 있다(법 제295조 제2항, 제297조). 국가나 지방자치단체에 대해서는 파산청산의 결과 법인격이 소멸되는 것을 법질서상 시인할 수 없기 때문에 파산능력이 부인된다[5] 할 것이다.

---

4) 주택법 제11조의 조합설립인가를 받지 못한 주택법상 지역주택조합 추진위원회도 고유의 목적을 가지고 사단적 성격을 가지는 규약을 만들어 이에 근거하여 의사결정기관 및 집행기관인 대표자를 두는 등의 조직을 갖추고 있고, 기관의 의결이나 업무집행방법이 다수결의 원칙에 의하여 행해지며, 구성원의 가입, 탈퇴 등으로 인한 변경에 관계없이 단체 그 자체가 존속되고, 그 조직에 의하여 대표의 방법, 총회나 이사회 등의 운영, 자본의 구성, 재산의 관리 기타 단체로서의 주요사항이 확정되어 있는 경우에는 비법인사단으로서의 실체를 가지므로(대법원 1992. 7. 10. 선고 92다2431 판결 등 참조) 파산능력이 인정된다(부산지방법원 2021. 2. 15. 선고 2020하합1085 결정).

5) 지방자치단체의 파산능력을 부정하는 것이 일반적인 견해이다. 그렇지만 지방자치단체가 채무자회생법상의 회생절차를 이용할 수 있는 능력, 즉 회생능력까지 부정되는지에 대해서는 견해대립이 있다. 지방자치단체의 파산능력이 인정되지 않으므로 미국과 같이 명문으로 이를 허용하는 규정이 없는 한 채무자회생법상의 회생절차 역시 허용될 수 없다는 부정설과 회생절차는 청산적 소멸이 아닌 채무조정을 통한 재무구조개선을 그 본질로 하고 있기 때문에 오히려 지급불능에 빠진 지방자치단체의 재정재건을 부정할 이유가 없다는 이유로 지방자치단체의 회생능력을 긍정하는 견해로 나뉜다. 지방자치단체의 회생능력을 긍정하더라도 채무자회생법의 회생절차에 관한 규정이 전면적으로 적용된다고 보기는

다. 상속재산

상속재산도 파산능력이 인정되고, 채무초과를 그 파산원인으로 한다(법 제299조). 이것은 상속인의 고유재산을 상속채권자로부터, 또한 상속재산을 상속인의 채권자로부터 각각 분리하기 위한 것이다.

3. 파산원인

가. 의 의

파산선고는 법원이 파산을 신청한 채무자에 대하여 파산절차를 개시한다는 취지를 선고하는 것이고, 파산절차란 채무자의 재산, 상속재산 또는 유한책임신탁재산을 청산하는 절차를 말한다. 좀 더 구체적으로 파산절차란 지급불능 또는 채무초과상태인 채무자에 대해서 채권자의 개별적 권리행사를 억지하고 채무자의 총재산을 환가하여 채권자 사이에 공평하고 평등한 배당을 목적으로 한다. 더 나아가 채무자가 개인인 경우에는 경제생활의 갱생의 기회를 꾀하는 것을 목적으로 하며, 법인인 경우에는 청산의 종료에 의해 법인격이 소멸하는 실체법상의 효과가 생긴다.

그러므로 파산원인에는 어떤 것이 있는지 살펴볼 필요가 있다. 채무자회생법이 파산능력을 인정하고 있는 채무자의 종류별로 그 파산원인을 정리하면 이래 표와 같다.

채무자	파산선고 원인	근거규정
자연인	지급불능	법 제305조
법인(존립 중인 합명회사 및 합자회사 제외)	지급불능 또는 채무초과	법 제306조
피상속인의 상속재산	채무초과	법 제307조
유한책임신탁재산	지급불능 또는 채무초과	법 제578조의4

먼저, 자연인과 법인, 유한책임신탁재산에 공통된 파산원인으로 「지급불능」이 있다(법 제305조 제1항). 채무자가 지급을 정지한 때는 「지급불능」에 있는 것으로 추정된다(같은

어렵고, 청산가치보장을 전제로 한 규정, 법원의 관리인 선임 및 채무자 감독에 관한 규정, 채무자의 절차참여에 관한 규정 등 채무자회생법의 적용을 일부 배제하거나 제한적으로 해석 · 적용하여야 할 필요가 생긴다(양민호, "지방자치단체와 회생절차" 한국도산법학회 추계 학술세미나 자료집(2012) 참조).

조 제2항). 지급불능 등의 의미에 대해서는 후술한다.

존립중인 합명회사 및 합자회사를 제외한 법인이나 유한책임신탁재산의 경우에는 「채무초과」도 파산선고의 원인이 된다(법 제306조, 법 제578조의4). 이는 합명회사 및 합자회사를 제외한 법인에 대하여는 채무초과를 별개의 독립된 파산원인으로 규정하고 있는 것이므로, 채무초과 상태에 있는 법인에 대하여 파산선고를 하기 위해서 그 법인이 채무초과 상태 이외에 지급불능 상태에 이르렀을 것까지 요하는 것은 아니다(대법원 2007. 11. 15.자 2007마887 결정). 존립 중인 합명회사 및 합자회사는 무한책임사원의 인적 신용이 회사의 변제자력을 구성하기 때문에 존립 중에는 자연인과 똑같이 지급불능만이 파산선고의 원인이 되고 채무초과는 파산선고의 원인이 되지 않는다. 채무초과란 채무액의 총액이 자산액의 총계를 초과하고 있는 상태를 말한다. 채무초과의 판단에 있어서는 신용이나 노력, 기능 등은 자산으로서 참작되지 않고, 변제기 미도래의 채무도 채무액에 계상(計上)된다.

한편, 상속재산파산의 경우 상속재산 자체는 권리 · 의무의 객체일 뿐이며 경제활동을 관념할 수 없고, 따라서 채무자의 신용, 노력 등을 고려할 여지가 없기 때문에 지급불능은 파산원인이 되지 않고, 채무초과(상속재산으로써 상속채권자 및 유증을 받은 자에 대한 채무를 완제할 수 없는 때)만 유일한 파산원인이 된다(법 제307조).

나. 지급불능과 지급정지, 채무초과

(1) 지급불능

채무자회생법 제305조 제1항은 "채무자가 지급을 할 수 없는 때에는 법원은 신청에 의하여 결정으로 파산을 선고한다"고 규정하고 있다. 여기서 '채무자가 지급을 할 수 없는 때'란 지급불능을 의미한다. 그런데 지급불능이란 개념자체는 추상적이고, 그 유무의 판단은 어렵고 곤란하다. 일반적으로 지급불능이라 함은 채무자가 변제능력이 부족하여 즉시 변제하여야 할 채무를 일반적 · 계속적으로 변제할 수 없는 객관적 상태를 말한다고 한다. 재산이 부족하다고 하더라도 신용이나 노력 내지 기능에 의하여 지급수단을 조달할 수 있다면 변제능력의 결핍은 아니고, 반대로 채무를 초과하는 재산이 있더라도 용이하게 환가할 수 없기 때문에 지급수단을 조달할 수 없으면 변제능력의 결핍으로 볼 수 있다(대법원 2005. 11. 10. 선고 2003다2345 판결). 위 지급불능 판단기준과 관련하여 대법원은 채무자가 개인인 경우 지급불능이 있다고 하려면 채무자의 연령, 직업 및 경력, 자격 또는 기술, 노동능력, 가족관계, 재산·부채의 내역 및 규모 등을 종합적으로 고려하여, 채무자의 재산, 신용, 수입에 의하더라도 채무의 일반적·계속적 변제가 불가능하다고 객관적으로 판단되어야 한다고 한다(대법원 2009. 3. 2.자 2008마1651 결정 참조). 따라서 대법원은 "채무자가 개인인 경우 그가 현재 보유하고 있는 자산보다 부채가 많음에도 불구하고 지급불능 상태가 아니라고 판단하기 위하여는, 채무자의 연령, 직업 및 경력, 자격 또는 기술, 노동능력 등을 고려하여 채무자가 향후 구체적으로 얻을 수 있는 장래 소득을 산정하고, 이러한 장래 소득에서 채무자가 필수적으로 지출하여야 하는 생계비 등을 공제하여 가용소득을 산출한 다음, 채무자가 보유 자산 및 가용소득으로 즉시 변제하여야 할 채무의 대부분을 계속적으로 변제할 수 있는 객관적 상태에 있다고 평가할 수 있어야 한다. 이와 같이 부채초과 상태에 있는 개인 채무자의 변제능력에 관하여 구체적·객관적인 평가 과정을 거치지 아니하고, 단지 그가 젊고 건강하다거나 장래 소득으로 채무를 일부라도 변제할 수 있을 것으로 보인다는 등의 추상적·주관적인 사정에 근거하여 함부로 그 채무자가 지급불능 상태에 있지 않다고 단정하여서는 아니된다(대법원 2009. 5. 28.자 2008마1904, 1905 결정)"라고 판시하여 왔다. 대법원은 이러한 입장을 견지하여, 채무가 23,911,455원(원금 9,532,020원)으로서 변제 불가능한 정도의 다액이라고는 볼 수 없고 채권자도 2인에 불과한 점, 채무자에게 부양할 가족이 없는 점, 채무자의 학력, 나이, 건강상태 등에 비추어 볼 때 채무자는 향후 충분히 경제활동을 할 수 있다고 보이는 점, 그럼에도 불구하고 채무자는 신용회복절차 등을 통하여 채무를 분할변제하려는 등의 노력을 보이지 아니한 점 등에 비추어 보면, 채무자가 지급불능 상태에 이르렀다고 단정하기 어려우므로 채무자에게 파산원인이 존재한다고 볼 수 없다고 판단한 원심이나 또는 채무자는 신용카드 이용대금 등 102,829,983원의 채무가 있는데 식당에서 청소를 하면서 월 40만원가량의 소득을 얻고 있는 사안에서 채무자에게 부양가족이 없고 계속적 수입이 있으며 44세로 노동능력이 충분하므로 파산원인사실이 없거나, 있다고 하더라도 개인회생절차를 통하여 채무를 변제할 수 있을 것으로 보인다는 이유로 파산·면책신청을 기각한 원심 결정에 대하여, 위 각 원심 결정은 채무자의 장래 소득, 생계비, 가용소득의 규모 등에 관한 구체적·객관적인 평가를 거치지 아니한 채, 단지 채무자가 충분한 노동능력이 있으며 부양자 수가 없다는 등의 추상적·주관적 사정에 기하여 지급불능 상태에 있지 않다고 속단하여 파산원인에 관한 법리를 오해한 위법이 있다고 파기환송 하였다.[6]

---

6) 대법원 2011. 4. 29.자 2011마422 결정; 대법원 2011. 8. 26.자 2011마1136, 1137 결정.

(2) 지급정지

지급불능이란 추상적 개념이다. 그러므로 채무자회생법은 추상적 개념인 지급불능과 별도로 지급정지라고 하는 구체적 · 외부적 개념을 설계하여 지급정지라는 외형적인 사실이 있으면 지급불능의 상태에 있는 것으로 추정하였다. 즉, 지급정지는 그 자체로는 파산원인은 아니지만 지급불능을 추정케 하는 사실이다. 그런데 채무자회생법은 지급정지가 채무자의 자발적인 행위라는 것을 표현하고 있을 뿐이며 구체적으로 채무자의 어떤 행위가 있어야 "채무자가 지급을 정지한 때"에 해당하는지는 알 수 없다. 해석에 맡겨져 있는 것이다.

지급정지란 채무자가 변제기에 있는 채무를 자력의 결핍으로 인하여 일반적 · 계속적으로 변제할 수 없다는 것을 명시적 · 묵시적으로 외부에 표시하는 것을 말한다고 한다. 여기에 해당하는 채무자의 행위로는 채권자의 청구에 대한 구두 또는 서면에 의한 이행의 거절 등 명시적인 경우도 있고, 영업의 폐지(폐점 등), 야반도주, 자금부족에 의한 어음의 부도 등 묵시적인 경우도 있을 것이다. 채무자가 자택이나 근무처로부터 모습을 감추고 채권자와 연락을 끊은 상태도 채무자가 지급할 의사가 없다는 외부적 표현이라 할 것이다. 기업의 경우에는 수표의 부도로 인한 은행거래정지나 기한의 이익 상실이 대표적인 지급정지에 해당한다. 채무자가 어음을 발행한 후 은행이나 어음교환소로부터 당좌거래정지처분을 받은 때에도 특별한 사정이 없는 한 지급정지 상태에 있다고 할 것이다(대법원 2002. 11. 8. 선고 2002다28746 판결). 채무자가 자신이 대주주 겸 회장으로 있는 회사로부터 거액의 불법 출자자대출을 받는 등으로 인하여 채무초과에 빠진 상태에서 위 회사의 정상적 영업마저 불가능한 상황에 직면하자 해외로 도피한 경우도 지급정지에 해당한다(대법원 2007. 7. 13. 선고 2005다72348 판결).

그런데 지급정지란 일반적 · 계속적인 자력결핍을 외부에 표시하는 것이기 때문에 일시적으로 사정이 어렵다고 표명하는 것으로는 여기에 해당하지 않는다. 반면, 부도를 낸 뒤에 산발적으로 지급을 한다고 하더라도 지급정지의 사실이 부정되는 것은 아니다.

(3) 채무초과

채무자가 ① 존립중인 합명회사 및 합자회사를 제외한 법인의 경우, ② 유한책임신탁재산의 경우에는 채무초과도 파산선고의 원인이 된다(법 제306조, 법 제578조의4). 그리고 상속재산에 대해서는 채무초과(상속재산으로 상속채권자 및 유증을 받은 자에 대한 채무를 완제할 수 없는 때)가 유일한 파산선고의 원인이다(법 제307조). 합명회사 및 합자회사는 소위 인적회사로서 법인의 채무에 대해서 직접책임을 부담하는 무한책임사원의 인적신용이 회사의 변제능력의 중요한 기초가 되기 때문에 법인이 가지는 재산만을 기준으로 판단되는 채무초과 여부로 파산원인을 판단하는 것은 상당하지 않다. 그러므로 합명회사 및 합자회사는 존립 중에는 자연인과 똑같이 지급불능만이 파산선고의 원인이 되고 채무초과는 파산선고의 원인이 되지 않는다. 그러나 합명회사 및 합자회사도 해산하여 청산절차에 돌입하면 잔여재산의 분배가 중요하게 되고, 채무초과인 경우에는 통상의 청산절차보다도 한층 엄격한 절차인 파산절차에 의하여 청산을 하는 것이 관계자의 공평에 이바지하기 때문에 지급불능 이외에 채무초과도 파산선고의 원인이 된다.

채무초과란 채무액의 총계가 자산액의 총계를 초과하는 상태를 말한다. 채무초과의 판단에 있어서는 변제기가 도래한 채무뿐 아니라 기한미도래의 채무도 채무액에 계상된다. 손해배상채무와 같이 당사자 사이에 분쟁이 있는 것에 대해서는 법원이 그 존부와 액수를 판단하지 않으면 안 된다. 한편, 불확실한 예상수익은 자산에 포함되지 않는 것이 원칙이지만 영업권으로서 자산계상이 허용되는 경우가 있다.

법인이 채무초과 상태에 있는지 여부는 법인이 실제 부담하는 채무의 총액과 실제 가치로 평가한 자산의 총액을 기준으로 판단하는 것이지 대차대조표 등 재무제표에 기재된 부채 및 자산의 총액을 기준으로 판단할 것은 아닌바, 법인의 회계처리기준 등에 관하여 규율하는 개별 법령에서 법인이 당해 사업연도에서 순손실이 발생하였더라도 자기자본이 감소된 것으로 처리하지 않고 다음 회계연도에서 자기자본이 감소한 것으로 처리하도록 규정하고 있다는 등의 사정은 그 법인이 실제 부담하는 채무의 총액이나 실제 가치로 평가한 자산의 총액에 아무런 영향을 미칠 수 없는 이상, 법인이 채무초과 상태에 있는지 여부를 판단하는데 고려하여야 할 사유가 될 수 없다. 그리고 채무초과 상태에 있는 주식회사의 계속기업가치가 청산가치보다 높다는 등 주식회사에게 회생가능성이 있다는 사정은 회생절차개시요건 등에 해당함은 별론으로 하고, 그러한 사정이 파산원인이 존재하는 주식회사에 대하여 파산선고를 하는 데 장해사유가 된다고 할 수 없다(대법원 2007. 11. 15.자 2007마887 결정). 그렇지만 채무초과는 지급정지 등 채무자의 행위와 달라서 어느 정도의 지속성을 갖는 객관적 상태를 의미하기 때문에 법인이 돌발적 원인에 의해서 일시적으로 채무초과에 빠지더라도 그 회복이 예상되는 때는 파산선고 원인의 존재는 부정된다.

제4절 파산신청의 효력

1. 시효의 중단효력

가. 채권자 파산신청의 경우

채권자에 의한 파산신청은 일종의 재판상 청구로서 시효중단사유가 된다. 파산의 신청은 채무자의 재산을 보전하여 공평하게 채권의 변제를 받는 절차를 실시하여 달라는 것으로서 강력한 권리실행방법이라는 이유로 시효중단의 효력을 인정하여야 한다는 것이 통설이다. 판례도 채권자의 채무자에 대한 파산신청은 파산채무자의 재산을 보전하여 공평하게 채권의 변제를 받는 재판절차를 실시하여 달라는 것으로서 채무자회생법 제32조에서 규정하고 있는 파산채권신고 등에 의한 파산절차참가와 유사한 재판상 권리 실행방법에 해당하므로 민법 제168조 제1호에서 정한 시효중단 사유인 재판상의 '청구'에 해당한다고 본다(대법원 2023. 11. 9.자 2023마6582 결정, 서울고등법원 2023. 7. 11.자 2022라21183 결정). 일본의 경우도 채권자의 파산절차개시 신청을 민법 제147조 제1호(우리 민법 제168조 제1호에 해당)의 (재판상의) 청구에 해당한다고 하여 적극적으로 해석하는 것이 판례 · 다수설[7]이다.

중단되는 채권의 범위는 파산신청서에 기재된 채권뿐 아니라 소명자료나 계산서에 기재된 채권에 대해서도 시효의 중단효가 인정된다. 그러나 파산신청이 각하되거나 취하된 경우에는 시효중단의 효력은 생기지 않는다. 다만, 이 경우에도 파산신청채권자의 파산절차에서의 권리행사 의사표시는 파산신청채권에 대해 그 절차속행 중 계속된 최고로서 시효중단의 효력을 가지며, 파산절차계속 중은 물론 취하시로부터 6개월 이내에 다른 강력한 중단방법을 취함으로써 소멸시효를 확정적으로 중단시킬 수 있다.[8]

나. 채무자 파산신청의 경우

채무자가 신청한 파산절차에 채권자가 참가하는 경우에도 시효중단의 효력이 있다. 즉, 채권자는 채무자가 신청한 파산사건에 파산채권을 신고함으로써 파산절차에 참가하게 되고, 파산채권 신고에 의하여 실체법상으로도 파산절차 종료시까지 시효중단의 효력이 생

---

7) 시효중단의 효력을 부정하는 견해는 채권자의 파산절차개시신청은 파산절차를 개시시킬 뿐이고, 신청만으로는 자기의 채권에 대해서 배당을 받을 수 있는 것은 아니고, 파산절차참가(파산채권의 신고)가 필요하다는 것을 이유로 한다.

8) 竹下守夫 외, "大コンメンタール破産法", 青林書院(2007년), 75면 참조.

긴다(법 제32조 제2호 본문[9]). 신고에 의하여 확정된 채권이 파산채권자표에 기재되면 확정판결과 동일한 효력이 인정되므로(법 제460조) 재판상 청구에 준하여 시효중단의 효력이 인정되는 것이다. 민법 제416조는 어느 연대채무자에 대한 이행청구는 다른 연대채무자에게도 효력이 있다고 규정하고 있으므로 연대채무자 1인에 대한 파산절차 참가는 다른 연대채무자에 대하여도 이행청구로서 소멸시효 중단의 효력이 있다. 그런데 파산채권자가 그 신고를 취하하거나 그 신고가 각하된 때에는 그러하지 아니하다(법 제32조 제2호 단서). 민법 제171조도 채무자회생법 제32조 제2호 단서와 같은 취지의 규정을 두고 있다. 다만, 채권신고가 각하 또는 취하된 때에는 시효중단의 효력은 생기지 않지만 최고로서의 효력은 인정된다. 채무자회생법 제32조 제2호 단서와 관련하여 주의할 점은 대법원은 채권조사기일에서 파산관재인이 신고채권에 대하여 이의를 제기하거나 채권자가 법정기간 내에 파산채권 확정의 소를 제기하지 아니하여 배당에서 제척되었다고 하더라도 그것이 위 규정에서 말하는 '그 청구가 각하된 때'에 해당한다고 볼 수는 없으므로 파산절차참가로 인한 시효중단의 효력은 파산절차가 종결될 때까지 계속 존속한다(대법원 2005. 10. 28. 선고 2005다28273 판결)고 본다는 점이다. 일본도 채권신고에 대한 이의는 파산채권의 확정을 저지하는 효력을 가질 뿐 이의가 제기되었다는 것만으로는 시효중단의 효력에 영향을 미치지 않는다고 한다(最判昭57 · 1 · 29民集36巻1号105頁).

채무자의 부채증명서 발급의뢰 행위는 소멸시효 중단사유인 채무승인에 해당한다(대법원 2018. 2. 13. 선고 2017다265556 판결[10]). 그렇지만 채무자가 파산신청을 하면서 채권자목록에 소멸시효기간이 완성된 채권을 기재하였다고 하여 그 시효이익을 포기하려는 효과

9) 개인회생절차에서는 파산절차와 달리 개인회생채권자가 개인회생절차에 참가한 경우뿐 아니라 개인회생채권자목록의 제출도 시효중단의 효력이 있다(채무자 회생 및 파산에 관한 법률 제32조 제3호, 제589조 제2항). 위 시효중단의 효력은 특별한 사정이 없는 한 개인회생절차가 진행되는 동안에는 그대로 유지된다(대법원 2013. 9. 12. 선고 2013다42878 판결 참조). 그리고 개인회생절차에서 변제계획인가결정이 있더라도 변제계획에 따른 권리의 변경은 면책결정이 확정되기까지는 생기지 않으므로(채무자 회생 및 파산에 관한 법률 제615조 제1항), 변제계획인가결정만으로는 시효중단의 효력에 영향이 없고, 주채무자에 대한 시효의 중단은 보증인에 대하여 그 효력이 있다(민법 제440조)(대법원 2019. 8. 30. 선고 2019다235528 판결).

10) 대법원 2018. 2. 13. 선고 2017다265556 판결은 "채무승인은 시효이익을 받는 당사자인 채무자가 소멸시효 완성으로 채권을 상실하게 될 상대방에 대하여 상대방의 권리 또는 자신의 채무가 있음을 알고 있다는 뜻을 표시함으로써 성립하는 이른바 관념의 통지로서, 시효 완성 후 시효이익의 포기와 달리 어떠한 효과의사가 필요하지 않다. 원심이 인정한 바와 같이 채무자(소외인)가 피고에게 부채증명서 발급을 의뢰한 행위를, 채무자가 자신의 채무 또는 피고의 권리가 있음을 알고 있다는 뜻을 피고에게 표시한 행위로 볼 수 있다면, 설령 채무자가 그 채무를 면하기 위하여 부채증명서 발급을 의뢰하였다고 하더라도, 위 발급 의뢰 행위는 소멸시효 중단사유가 되는 채무승인에 해당한다"고 보았다.

의사까지 있었다고 보기는 어렵다(대법원 2017. 7. 11. 선고 2014다32458 판결).[11] 채무자회생법 제455조(구 파산법 제209조), 제453조 제2항(구 파산법 제207조 제2항)의 규정이 파산채권의 신고기간에 아무런 제한을 두고 있지 아니한 것은 그 신고시점까지 유효하게 채권을 보유하고 있는 자로 하여금 신고를 통하여 채권을 행사할 수 있도록 하는 것이지, 그 신고시점 이전에 이미 소멸시효 완성 등으로 채권을 상실한 자에게까지 뒤늦게 파산채권 신고를 통하여 소멸한 채권을 부활시켜 주고자 하는 것은 아니다(대법원 2006. 4. 14. 선고 2004다70253 판결). 채무자가 파산할 경우 채권자의 그 파산자에 대한 채권의 이행청구 등 권리행사는 채무자회생법이 정하는 바에 따라 회생법원에 대한 파산채권신고 등의 방법으로 제한 및 변경되는데, 따라서 당사자 사이에 특정한 채무의 이행을 청구할 수 있는 기간을 제한하고 그 기간을 도과할 경우 채무가 소멸하도록 하는 약정이 있는 경우에 채권자는 회생법원에 대한 파산채권신고라는 변경된 형태로 그 권리를 행사함으로써 이행청구기간의 도과 혹은 소멸시효의 완성을 저지할 수 있다(대법원 2006. 4. 14. 선고 2004다70253 판결).

2. 파산관재인의 부인권행사 및 상계금지의 요건

그 밖에 파산신청의 효력으로 파산신청은 파산관재인의 부인권행사나 상계금지의 요건이 되기도 한다. 그렇지만, 채무자에 대한 파산신청이 되어 있다는 사정만으로는 집행에 장애사유가 된다고 할 수 없다(대법원 1999. 8. 13.자 99마2198 결정[12]).

---

11) 대법원 2017. 7. 11. 선고 2014다32458 판결은 "통상 채무자는 강제집행을 중지시키거나 일정 기간 담보권 실행을 못하게 하는 한편 변제계획에 따른 변제를 완료하여 궁극적으로 채무에 대한 면책을 받으려는 목적으로 개인회생절차를 밟게 되는 점 등에 비추어 볼 때, 소외인이 개인회생신청을 하면서 채권자목록에 소멸시효기간이 완성된 피고의 근저당권부 채권을 기재하였다고 하여 그 시효이익을 포기하려는 효과의사까지 있었다고 보기는 어렵다. 즉 소외인에게 피고에 대하여 피고의 채권의 시효완성으로 인한 법적인 이익을 받지 않겠다는 의사표시가 있었다고 단정할 수 없다"고 판시하였는바, 이러한 법리는 개인파산의 경우에도 동일하게 적용된다고 할 것이다.

12) 위 대법원 결정은 "재항고인은, 그 회사가 해산에 따른 청산절차를 진행하던 중, 파산신청을 하여 현재 그 절차가 진행 중이므로 특정 채권자에 대하여만 변제하는 결과에 이르는 이 사건 전부명령은 모든 채권자에게 공평한 만족을 도모하여야 하는 청산 내지 파산절차의 제도적 취지에 어긋나는 것으로서 허용되어서는 아니되고, 또한 이 사건 집행채권의 대부분이 채권자의 상계로 소멸되었으므로 그 전액을 구하는 이 사건 전부명령은 부당하다는 취지의 주장을 하나, 채무자에 대한 청산절차가 진행 중이라거나 파산신청이 되어 있다는 사정만으로는 집행에 장애사유가 된다고 할 수 없고, 집행채권이 변제나 상계 등에 의하여 소멸되었다는 것과 같은 실체상의 사유는 적법한 항고이유가 되지 아니하므로(대법원 1997. 4. 28.자 97마360, 361 결정 참조), 위 주장은 어느 모로 보나 받아들일 수 없다"라고 판시하였다.

제5절 파산선고 전의 보전처분

1. 의 의

파산을 신청한 때부터 파산이 선고되기까지는 일정한 시일이 걸린다. 그러므로 파산신청 후 파산선고결정까지 법원의 심리 중에 채권자는 권리행사가 가능하기 때문에 자신의 채권의 회수, 보전행위를 개시한다든지, 또한 채무자나 이에 준하는 자도 재산의 은닉, 훼손, 불이익한 처분 등 파산의 목적을 해하는 행위를 하거나 또는 자신과 특별한 관계에 있는 특정채권자를 위하여 담보를 제공하거나 편파적인 변제를 할 우려가 있다. 따라서 채무자회생법은 파산선고 전에 채권자의 권리행사를 제한하거나 채무자에 의한 재산의 은닉이나 처분을 제한함으로써 채무자의 재산이 흩어지는 것을 막기 위한 보전처분 제도를 두고 있다.

2. 보전처분의 내용

보전처분은 크게 나누어 채무자 또는 채무자에 준하는 자의 구인을 명할 수 있는 인적 보전처분(법 제322조), 파산재단에 속하는 재산에 대하여 행하여지는 재산상의 보전처분(법 제323조), 다른 절차의 정지를 명하는 처분이 있다(법 제324조). 이 중 실무상 보다 중요한 의미를 가지는 재산상의 보전처분으로는 현금, 동산, 부동산, 예금, 특허권 등 채무자의 모든 개개의 재산에 대한 가압류·가처분, 상업장부 등의 보관·열람 보전처분 및 변제금지 보전처분 등이다. 보전처분의 수신인은 채무자 등이기 때문에 그 효력은 원칙적으로 채무자 등에 대해서만 생기지만, 변제금지의 보전처분에 위반하여 변제를 받은 채권자가 변제수령 시에 보전처분의 발령을 알았다면 파산절차에서 당해 변제의 효력을 주장할 수 없고, 수령한 금원을 파산관재인에게 부당이득으로서 반환하여야 한다. 그런데 변제금지의 보전처분은 채무자의 임의변제를 금지하는 취지의 부작위명령에 불과하므로 채권자에 의한 권리행사가 금지되는 것은 아니다. 그러므로 채권자는 보전처분 발령 후라도 대상이 되는 채권에 대해서 이행소송을 제기할 수 있고, 또한 강제집행을 할 수 있다. 다만, 보전처분이 발령됨으로써 채무자는 변제금지를 명한 보전처분 재판의 구속을 받기 때문에, 변제의 미이행이 채무자의 귀책사유에 의한 것이 아니게 되고, 채권자는 이행지체에 따른 지연손해금의 청구, 계약해제 등을 주장할 수 없다.

법 제323조에 기하여 파산신청 후 파산선고 전의 보전처분으로서 강제집행 등의 중지를 명할 수 있는지에 대해서 논의가 있다. 채무자회생법은 회생절차의 경우에 법원은 회생절차개시의 신청이 있는 경우 필요하다고 인정하는 때에는 이해관계인의 신청에 의하거나 직권으로 회생절차개시의 신청에 대한 결정이 있을 때까지 회생채권 또는 회생담보권에 기한 강제집행, 가압류, 가처분 또는 담보권실행을 위한 경매절차로서 채무자의 재산에 대하여 이미 행하여지고 있는 것, 채무자의 재산에 관한 소송 등의 중지를 명할 수 있다고 규정하고 있고(법 제44조 제1항), 개인회생절차의 경우에도 법원은 개인회생절차개시의 신청이 있는 경우 필요하다고 인정하는 때에는 이해관계인의 신청에 의하거나 직권으로 개인회생절차의 개시신청에 대한 결정시까지 개인회생채권에 기하여 채무자의 업무 및 재산에 대하여 한 강제집행 · 가압류 또는 가처분 절차 또는 행위의 중지 또는 금지를 명할 수 있다고 규정하고 있다(법 제593조 제1항). 그런데 파산절차의 경우에는 위와 같은 규정이 없기 때문이다. 이와 관련하여 제323조는 "그 밖에 필요한 보전처분을 명할 수 있다"고 규정하여 제3자에 대한 것을 제외하고 있지 않으며, 파산선고 결정이 예상됨에도 불구하고 파산선고시까지 강제집행 등의 절차가 진행되어 채권자 일반의 이익에 반하는 결과가 생길 우려가 있으므로 법원은 필요하다고 인정되는 때는 이해관계인의 신청 또는 직권으로 채무자의 재산에 대해서 행해지고 있는 강제집행, 가처분, 가압류의 중지를 명할 수 있다고 하는 견해가 다수설이고 실무상으로도 긍정설에 입각하여 운용되고 있다.

한편, 법원은 파산선고 전에 면제신청이 있는 경우에 채무자의 신청 또는 직권으로 파산선고가 있을 때까지 면제재산에 대하여 파산채권에 기한 강제집행, 가압류 또는 가처분의 중지 또는 금지를 명할 수 있고(법 제383조 제8항[13]), 면제결정이 확정된 때에는 위와 같이 중지한 절차는 그 효력을 잃는다(법 제383조 제9항). 이 강제집행 등의 중지 또는 금지명령은 채무자 및 그 피부양자의 생활을 보호하기 위한 것이지 파산재단을 확보하기 위한 것은 아니라는 점에서 채무자의 재산이 산일되는 것을 막고 파산재단을 충실하게 하여 파산채권자 모두를 공평하게 만족시킴으로써 파산절차의 목적을 달성하기 위한 파산선고 전의 보전처분과 다르다.

---

13) 실무는 집행관이 채무자에 대하여 한 유체동산압류에 대하여 채무자의 신청이 있을 때 법원은 법 제383조 제8항을 적용하여 채무자에 대한 파산선고가 있을 때까지 유체동산압류 절차를 중지시키고 있다.

3. 요건 및 절차 등

법원은 파산선고 전이라도 이해관계인의 신청에 의하거나 직권으로 채무자의 재산에 관하여 가압류 · 가처분 그 밖에 필요한 보전처분을 명할 수 있다. 법원이 직권으로 파산선고를 하는 때에도 같다(법 제323조 제1항). 법원은 보전처분을 변경하거나 취소할 수 있다(법 제323조 제2항). 이는 상황의 변화에 따라서 적절히 결정할 수 있도록 한 것이다.

보전처분에 있어서 보전의 필요성이 필요한가에 대해서는 조문상 명확하지 않지만, 채무자의 행위가 파산재단을 감소시킬 우려가 있다는 보전의 필요성을 소명하여야 한다는 점에 대해서는 다툼이 없다. 그런데 더 나아가 파산원인의 존재에 대한 소명도 필요한가에 대해서는 다툼이 있다. 파산원인의 소명이 필요하지 않다는 견해도 있지만, 보전처분은 파산절차의 일환으로 행하여지고, 그 보전은 총채권자를 위해 효력을 가지며, 보전처분의 내용에 따라서는 상대방에게 미치는 영향이 크기 때문에(예컨대, 영업을 계속 중인 채무자에 대해서 영업을 위해 불가결한 재산에 대해서 집행관보관의 가처분을 하는 경우) 파산선고가 있을 개연성이 높다는 정도의 파산원인의 존재에 관한 소명이 있어야 할 것이다. 또한, 신청인에게 담보를 제공하게 할 것인지에 대하여, 보전처분이 신청인만의 이익을 목적으로 하는 것이 아니라는 이유로 무담보로 해야 한다는 견해도 있지만, 보전처분의 내용에 따라서는 채무자에게 손해가 발생할 가능성을 부정할 수 없기 때문에 채권자가 보전처분을 신청한 경우에 소명의 정도 등을 고려하여 담보를 제공하게 할 수 있다고 할 것이다. 결국 신청인에게 담보를 제공하게 할 것인지 여부는 법원의 판단에 맡겨져야 할 것이다.

보전처분에 관한 재판 및 이를 변경하거나 취소하는 재판은 결정으로 한다(법 제323조 제3항). 위 각 재판에 대하여는 즉시항고를 할 수 있다(법 제323조 제4항). 그러므로 불이익한 결정을 받은 당사자는 즉시항고를 할 수 있다. 그렇지만 이 즉시항고에는 집행정지의 효력이 없다(법 제323조 제5항).

4. 집 행

채무자의 재산에 속하는 권리로서 등기 · 등록된 것에 관하여 법 제323조 제1항의 규정에 의한 보전처분이 있는 때는 법원사무관 등은 직권으로 지체없이 촉탁서에 결정서의 등본 또는 초본을 첨부하여 보전처분의 등기를 촉탁하여야 한다. 그 보전처분이 취소 또는 변경되거나 효력을 상실한 때에도 또한 같다(채무자 회생 및 파산에 관한 규칙 제10조 제1항 제1호, 제2항).

보전처분에 따른 금지사항이 지정되어 촉탁된 경우에는 등기관은 해당 금지사항(예를 들어, 양도, 저당권 또는 임차권의 설정 기타 일체의 처분행위의 금지)을 기록하여야 한다(「채무자 회생 및 파산에 관한 법률」에 따른 부동산 등의 등기 사무처리지침(등기예규 제1516호) 제8조 제3항). 보전처분의 등기는 그 등기 이전에 가압류, 가처분, 강제집행 또는 담보권실행을 위한 경매, 체납처분에 의한 압류등기 등 처분제한 등기 및 가등기가 되어 있는 경우에도 할 수 있고, 보전처분은 채무자 등에 대하여 일정한 행위의 제한을 가하는 것이고 제3자의 권리행사를 금지하는 것은 아니므로, 보전처분등기가 경료된 채무자의 부동산 등에 대하여 가압류, 가처분 등 보전처분, 강제집행 또는 담보권실행을 위한 경매, 체납처분에 의한 압류 등의 등기촉탁이 있는 경우에도 이를 수리하여야 한다(위 등기예규 제9조).

제3장 파산신청에 대한 법원의 재판 및 파산선고의 효과

제3장 파산신청에 대한 법원의 재판 및 파산선고의 효과

제1절 법원의 결정

법원은 파산신청서가 접수되면 파산원인 등에 대해서 심리한 뒤 아무런 문제가 없다고 판단되는 경우 파산선고 결정을 한다. 그러나 신청이 부적법하거나 기각사유가 있는 경우에는 각하 또는 기각결정을 한다.

1. 파산신청 각하

가. 재도의 파산신청

재도의 파산신청이란 파산결정은 받았으나 면책신청기간을 도과하여 면책결정을 받지 못한 경우, 종전의 파산신청이 각하되거나 기각된 경우, 종전에 파산선고는 받았으나 면책신청이 각하되거나 기각된 경우, 종전에 파산선고는 받았으나 면책이 불허가된 경우, 종전에 면책허가결정까지 받았으나 채권자목록에 누락된 채권이 있는 경우에 채무자가 면책결정을 받을 목적으로 새로이 파산신청을 하는 것을 말하고, "재도의 파산신청의 가부"란 이러한 파산신청이 적법한지 여부에 관한 문제이다. 만일 구체적인 사안에 따라 재도의 파산신청이 부적법하다고 판단되면 그 파산신청은 각하된다.

판례에 나타난 경우를 보면, 대법원은 구 파산법에 의한 파산결정을 받았으나 면책신청기간을 도과하여 면책결정을 받지 못한 자가 면책결정을 받기 위한 목적으로 하는 파산신청은 구 파산법 제338조 제5항에 제한적으로 정한 면책신청 추완규정을 면탈하게 하는 것이어서 허용될 수 없다고 하였고(대법원 2006. 12. 21.자 2006마877 결정[1]), 면책기각결정을 받아 위 결정이 확정된 후 오로지 면책을 받기 위하여 동일한 파산원인으로 재차 파산신청을 한 경우(대법원 2009. 11. 6.자 2009마1583 결정), 또한 파산결정을 받았으나 면책

1) 채무자회생법은 구 파산법과 달리 면책신청을 파산신청과 동시에 할 수도 있고, 파산신청을 한 경우 채무자가 반대의 의사표시를 한 경우를 제외하고는 파산신청과 동시에 면책신청을 한 것으로 간주하고 있으므로 채무자회생법하에서는 면책신청기간을 지키지 못하여 면책신청이 각하될 위험은 거의 없어졌다.

불허가결정을 받아 그 결정이 확정된 후 동일한 파산에 대하여 재차 면책신청을 하는 경우나 오로지 면책을 받기 위하여 동일한 파산원인으로 재차 하는 파산신청(대법원 2011. 8. 16.자 2011마1071 결정)을 모두 부적법하다고 하였다. 위와 같은 판례에도 불구하고 재도의 파산신청의 허용 여부에 관한 논의는 계속되고 있고, 실무상 재도의 파산신청 사례들은 적지 않게 발생하고 있다. "재도의 파산신청의 가부"에 관한 자세한 논의는 제19장 제4절에서 후술한다.

나. 파산신청 후 채무자의 사망

채무자회생법은 파산신청 또는 파산선고가 있은 후에 상속이 개시된 때에는 파산절차는 상속재산에 대하여 속행된다고 규정하고 있다(법 제308조). 그러나 실무는 법문과는 달리 채무자가 파산신청 후 파산선고 전에 사망한 경우에는 상속인 등에게 파산절차를 속행할 것인지 선택할 수 있는 기회를 주고, 상속인들이 속행신청을 하지 않으면 상속인들을 상대로 속행명령을 하고, 그래도 상속인들의 속행신청이 없는 경우 파산신청을 각하하고 있다. 반면, 파산신청을 한 채무자가 파산선고 후에 사망한 때는 파산절차는 상속재산에 대하여 속행된다.

2. 파산신청 기각

법원은 다음 어느 하나에 해당하는 때에는 파산신청을 기각할 수 있다(법 제309조). 채무자에 대한 파산절차의 신청이 기각된 때에는 면책신청도 기각된다(법 제559조 제1항 제2호). 면책은 파산을 전제로 한 것이기 때문이다. 그러므로 법원은 파산신청이 기각된 때는 면책절차에 나아가 심리할 필요 없이 면책신청 자체를 기각한다.

가. 신청인이 절차의 비용을 미리 납부하지 아니한 때(법 제309조 제1항 제1호)

신청인이 인지, 송달료, 파산관재인 선임을 위한 민사예납금 등 파산절차에 필요한 비용을 납부하지 않은 경우가 여기에 해당한다. 채권자가 파산신청을 한 경우에는 채권자가 절차비용을 부담한다. 한편, 예납금을 납부하기 어려운 채무자를 위하여 법원은 직권으로 파산관재인 선임을 위한 비용에 관하여 소송구조를 할 수 있다(소송구조제도의 운영에 관한 예규 제22조 제2항, 제26조).

나. 법원에 회생절차 또는 개인회생절차가 계속되어 있고 그 절차에 의함이 채권자 일반의 이익에 부합하는 때(법 제309조 제1항 제2호)

회생절차 또는 개인회생절차는 청산가치가 보장됨을 전제로 회생계획에 따라 채권자들에게 채권의 변제를 하는 것이어서 청산형인 파산절차보다 일반채권자의 이익을 더 도모할 수 있다. 그러한 연유로 회생절차나 개인회생절차 개시의 결정이 있는 때에는 파산신청을 할 수 없고, 이미 개시된 파산절차는 중지된다(법 제58조, 법 제600조). 파산절차는 회생절차나 개인회생절차에 대해서 열후적 지위에 있다 할 것이다.

다. 채무자에게 파산원인이 존재하지 아니한 때(법 제309조 제1항 제3호)

채무자에게 파산원인이 존재하지 아니한 때도 기각사유에 해당한다. 자연인, 법인 채무자에 공통되는 파산원인으로서 "지급불능"이 있고, 지급불능을 추정하기 위한 사실로서 "지급정지"가 있다. 또한 존립 중인 합명회사 및 합자회사를 제외한 법인에 대해서는 "채무초과"도 파산원인이 된다. 한편, 스스로 경제활동을 영위할 수 없는 상속재산에 대해서는 채무초과만이 유일한 파산원인이 된다.

라. 신청인이 소재불명인 때(법 제309조 제1항 제4호)

신청인이 소재불명이어야 하므로 채권자가 파산신청을 하였는데 채무자가 소재불명인 경우에는 이 조항이 적용되지 않는다. 파산심문기일을 지정하였으나 기일통지서가 송달불능되고 전화연락도 되지 않는 경우에 이 조항에 따라 파산신청이 기각될 수 있다.

마. 신청이 성실하지 아니한 때(법 제309조 제1항 제5호)

(1) 신청서에 기재사항을 누락하였거나 첨부서류를 제출하지 아니한 경우

'신청이 성실하지 아니한 때'라 함은 채무자가 채무자회생법 제302조 제1항에 정한 신청서의 기재사항을 누락하였거나 같은 법 제302조 제2항 및 채무자 회생 및 파산에 관한 규칙 제72조에 정한 첨부서류를 제출하지 아니하였고, 이에 대하여 법원이 보정을 촉구하였음에도 채무자가 정당한 사유 없이 응하지 아니한 경우를 말한다. 만일 법원이 보정을 명한 사항이 위와 같이 법령상 요구되지 않는 내용에 관한 것이라면 채무자가 그 사항을 이행하지 못하였다 하더라도 이를 이유로 파산신청을 기각하는 것은 허용되지 않고, 또한 채무자가 법원의 보정요구에 일단 응한 경우에는 그 내용이 법원의 요구사항을 충족시키지 못하였다 하더라도 법원이 추가적인 보정요구나 심문 등을 통하여 이를 시정할 기회를 제공하지 아니한 채 곧바로 파산신청을 기각하는 것은 허용되지 않는다(대법원 2008. 9. 25.자 2008마1070 결정). 예컨대, 1심 법원이 2010. 3. 16. 직업 및 수입에 관한 자료, 특히 일용노동의 구체적 내역을 제출할 것을 명하였는데, 채무자가 2010. 3. 22. 보정서를 제출하여 "가끔씩 일용노동을 하기는 하였으나 허리수술 이후 고정적인 수입이 없으며, 형제들로부터 보조를 받아 생활하고 있다"라는 취지로 답변하자 곧바로 신청을 기각하고, 항고심도 2011. 5. 16.자 심문기일에 파산신청서에 월수입을 60만원으로 기재한 경위만을 심문한 채 그 다음날인 2011. 5. 17.에 항고를 기각한 사안에서, 대법원은 "비록 채무자가 제출한 2010. 3. 22.자 보정서가 법원의 요구사항을 충족하지 못하였다고 하더라도 원심은 추가적인 보정요구 등을 통하여 채무자로 하여금 그 직업 및 수입에 관한 자료를 제출할 수 있는 기회를 부여하였어야 할 것임에도 곧바로 항고를 기각한 것은 심리미진이다"고 하여 파기환송하였다(대법원 2011. 9. 15.자 2011마1112, 1113 결정).

(2) 채권자주소 보정명령에 대한 불이행

실무상 채무자가 채권자의 주민등록번호나 주소를 알기 어렵다는 이유로 채권자목록에 채권자 주소를 제대로 기재하지 못하는 경우가 상당수에 이르고, 이때에는 발송송달 자체가 불가능하다. 법원의 채권자주소 보정명령에 대한 불이행도 본호의 신청이 성실하지 아니한 때에 해당한다. 다만, 법원은 재정적 어려움으로 인하여 파탄에 직면한 채무자의 효율적인 회생을 도모하려는 채무자회생법의 입법목적이나 파산절차와 회생절차는 채권자들이 가지는 법적 지위 및 절차참여 정도가 서로 다르다는 점 등에 비추어, 개인파산사건에 있어서 채무자가 통신사에 대한 사실조회나 금융기관에 대한 제출명령 등 상당한 정도의 노력을 기울였음에도 채권자의 주소나 인적사항을 쉽게 알 수 없는 경우라면, 송달 가능한 주소지로 보정을 못하였다는 이유로 그 파산신청이 성실하지 아니한 경우로 쉽게 단정하여서는 아니 되고, 오히려 채무자회생법이 정한 공고제도를 적극 활용하여 절차를 원활하게 진행할 필요가 있다(대구지방법원 2019. 6. 3. 자 2018라276 결정[2]).

(3) 채권자 주소보정 방법

실무에서 빈번하게 문제되는 것은 채권자에 대한 주소보정이다. 채무자가 채권자의 주소를 처음부터 모르거나 채권자의 주소가 변경되어 채권자에게 송달이 되지 않는 경우에 회생법원에서는 채무자에게 주소보정명령을 하는데, 채무자는 사실조회 또는 문서제출명령을 신청하는 방법으로 채권자의 주소를 찾을 수 있다. 구체적으로는 채권자의 ① 예금계좌번호를 알고 있는 경우에는 해당 금융기관에 금융거래정보 제출명령을, ② (휴대)전화번호를 아는 경우에는 통신회사에 사실조회를, ③ 상호를 아는 경우에는 관할세무서 등에 그 채권자의 인적사항(주민등록번호, 주소)에 대한 과세정보 제출명령을, ④ 채권자가 보증인인 경우에는 그 보증인을 입보받은 금융기관에 보증인의 인적사항에 대한 금융거래정보 제출명령을 신청한 다음, 그 회신 내용에 따라 채권자의 주민등록초본을 첨부하는 등으로 주소를 보정할 수 있다.

만일 주민등록초본을 제출할 수 없고 현재 전화연락 등이 전혀 불가능한 상황이라면, 채권자별로 ㉮ 해당 채권자를 알게 된 경위, ㉯ 해당 채권자에게 채무를 부담하게 된 과정, ㉰ 채무자가 해당 채권자를 찾기 위하여 그동안 한 노력, 주변 사람들을 통하여서도 해당 채권자와 연락이 닿지 않는 사유, ㉱ 해당 채권자로부터 최근 3년 이내에 변제 독촉을 받은 사실이 있는지 여부를 정리하여 송달되지 않는 채권자에 대한 공고갈음을 신청하는 것도 방법이다.

2) 위 결정은 파산 및 면책을 신청한 채무자가 제출한 채권자목록 중 채권자 주소지 기재에 대한 몇 차례의 주소보정명령에도 송달 가능한 주소지로 보정되지 아니하였고, 이에 법원이 다시 주소보정명령을 하였음에도 채무자가 이를 이행하지 아니하자 제1심 법원이 파산신청이 성실하지 아니한 때에 해당한다고 보아 파산 및 면책신청을 기각한 사안에서, 제1심 법원이 보정을 명한 사항인 '송달 가능한 채권자 주소'가 채무자 회생 및 파산에 관한 법률 제302조 제2항에 정한 첨부서류 중 '채권자목록'에 해당하는 사항이라고 쉽게 단정할 수 없을 뿐만 아니라, 채무자가 수차례에 걸쳐서 제1심 법원의 주소보정명령을 이행하였으므로 이와 같은 채무자의 행위를 법원의 보정명령에 정당한 사유 없이 응하지 아니한 경우에 해당한다고 볼 수도 없다고 한 사례이다.

바. 파산신청이 파산절차의 남용에 해당한다고 인정되는 때(법 제309조 제2항)

채무자회생법은 채무자에게 파산원인이 존재하는 경우에도 파산신청이 파산절차의 남용에 해당한다고 인정된다면 심문을 거쳐 파산신청을 기각할 수 있도록 하였다(법 제309조 제2항). 구 파산법에는 위 제309조 제2항과 같은 규정이 없었다. 그렇지만 대법원은 구 파산법이 적용된 사안에서 채무자에게 파산원인이 존재하는 경우에도 파산신청이 파산절차의 남용에 해당한다고 인정되는 때에는 법원은 파산신청을 기각할 수 있다고 하였다(대법원 2007. 9. 7.자 2005마60 결정).

파산절차의 남용은 민법 제2조 제2항에서 정한 권리남용금지원칙의 한 표현이라고 해석된다. 대법원은 채무자가 개인인 경우에 '파산신청이 파산절차의 남용에 해당한다'는 의미는 회생절차 · 개인회생절차 등을 통하여 충분히 회생을 도모할 수 있다고 인정되는 경우를 주로 의미한다고 한다. 대법원 결정들에 의하면, 법원은 채무자의 파산신청이 '파산절차의 남용'에 해당한다고 판단하기 위해서는 채무자가 회생절차 · 개인회생절차를 신청한다면 그 절차를 통하여 충분히 회생을 도모할 수 있는 상태에 있는지 여부를 심리하여야 한다. 이를 전혀 심리하여 보지도 아니한 상태에서 채무자에게 장래 소득이 예상된다는 사정만에 터잡아 함부로 채무자의 파산신청이 파산절차의 남용에 해당한다고 단정하여서는 아니 된다(대법원 2009. 5. 28.자 2008마1904, 1905 결정[3]). 보다 구체적으로는 파산신청이 '파산절차의 남용'에 해당하는지 여부는 채무자의 현재 및 장래의 변제능력이 무겁게 고려됨은 물론이고, 그 외에도 파산신청의 동기와 그에 이른 경위, 지급불능의 원인 및 그에 관련한 이해관계인들의 행태, 파산절차와 관련하여 제공되는 각종 정보의 정확성, 채무자가 예정하는 지출 등의 낭비적 요소 유무 등이 문제될 수 있고, 또한 파산신청이 종국적으로 채무자의 면책을 얻기 위한 목적으로 행하여지는 경우에 채무자에게 법이 정한 면책불허가사유의 존재가 인정된다면 이러한 사정도 파산절차의 남용을 긍정하는 요소로 평가될 수 있음은 물론이며, 한편 그에 있어서는 면책불허가사유가 존재하더라도 법원이 파산에 이르게 된 경위 등을 참작하여 재량으로 면책을 허가할 수 있는 점 등에 비추어, 채무자가 위와 같은 재량면책을 받을 수 있는 기회를 부당하게 상실하는 것이 아닌지 하는 점에도 유념하여야 한다

3) 뒤이어 선고된 대법원 2009. 9. 11.자 2009마1205, 1206 결정은 채무자가 만 30세로 젊어 충분한 노동능력이 있고, 장래 소득이 예상된다는 이유로 채무자의 파산신청이 파산절차의 남용에 해당한다고 판단한 원심결정에 대하여, 채무자가 회생절차 · 개인회생절차 등을 통하여 충분히 회생을 도모할 수 있는 상태에 있는지 여부를 구체적으로 심리하여 보지도 아니한 채, 단지 채무자가 젊고 노동능력이 있으며 일정한 수입이 있어 채무의 일부를 변제할 수 있을 것으로 보인다는 등의 추상적 사정에 기하여 재항고인의 파산신청이 파산절차의 남용에 해당한다고 속단한 원심결정에는 법 제309조 제2항에 정한 파산절차의 남용에 관한 법리를 오해한 위법이 있다고 하였다.

(대법원 2011. 1. 25.자 2010마1554, 1555 결정[4]). 채권자신청 사건의 경우에는 채무자를 괴롭힐 목적이나 채권회수를 유리하게 진행할 목적으로 파산신청을 하는 경우가 파산절차의 남용에 해당한다. 채권자의 파산신청이 '파산절차의 남용'에 해당하는지는 파산절차로 말미암아 채권자와 채무자를 비롯한 이해관계인에게 생기는 이익과 불이익 등 여러 사정을 종합적으로 고려하여 판단하여야 한다. 가령 채권자가 파산절차를 통하여 배당받을 가능성이 전혀 없거나 배당액이 극히 미미할 것이 예상되는 상황에서 부당한 이익을 얻기 위하여 채무자에 대한 위협의 수단으로 파산신청을 하는 경우에는 채권자가 파산절차를 남용한 것에 해당한다. 이처럼 파산절차에 따른 정당한 이익이 없는데도 파산신청을 하는 것은 파산제도의 목적이나 기능을 벗어난 것으로 파산절차를 남용한 것이다. 이때 채권자에게 파산절차에 따른 정당한 이익이 있는지를 판단하는 데에는 파산신청을 한 채권자가 보유하고 있는 채권의 성질과 액수, 전체 채권자들 중에서 파산신청을 한 채권자가 차지하는 비중, 채무자의 재산상황 등을 고려하되, 채무자에 대하여 파산절차가 개시되면 파산관재인에 의한 부인권 행사, 채무자의 이사 등에 대한 책임추궁 등을 통하여 파산재단이 증가할 수 있다는 사정도 감안하여야 한다. 이와 함께 채권자가 파산신청을 통해 궁극적으로 달성하고자 하는 목적 역시 중요한 고려 요소가 될 수 있다(대법원 2017. 12. 5.자 2017마5687 결정[5]).

제2절 파산신청에 관한 재판에 대한 불복방법(법 제316조)

채무자회생법의 규정에 의한 재판에 대하여 이해관계를 가진 자는 채무자회생법에 따로 규정이 있는 때에 한하여 즉시항고를 할 수 있다(법 제13조 제1항). 그런데 채무자회생법 제316조 제1항은 파산신청에 관한 재판, 즉 파산신청을 각하 또는 기각하는 결정이나 파산선고 결정에 대해서는 즉시항고를 할 수 있다고 규정하고 있다. 파산선고와 동시에 파산폐지의 결정을 하는 경우에는 동시폐지결정만에 대한 즉시항고도 가능하다.

---

4) 대법원은 채무자가 채권자에게 채무를 부담하고 있는 상황에서 배우자의 상속재산에 관한 자신의 상속지분 일체를 포기하여 장남으로 하여금 단독으로 상속받도록 하고, 장남이 그 상속재산을 단독으로 상속한 후 일부 상속재산을 처분하기까지 하였음에도 파산신청서에 그 내용을 기재하지 않았을 뿐만 아니라 상속재산이 없다고 기재하여 본인의 재산상태에 관하여 허위의 진술을 하는 등 면책불허가사유에 해당하는 행위를 저지르면서 한 파산신청을 파산절차의 남용행위로 보았다(대법원 2011. 1. 25.자 2010마1554,1555 결정).

5) 위 대법원 결정은 채권자 신청사건 및 법인파산 사건에서 파산절차 남용에 관한 법리를 최초로 설시하였고, 파산신청이 '파산절차의 남용'에 해당하는지를 판단하는 방법과 채권자에게 파산절차에 따른 정당한 이익이 있는지 판단할 때 고려하여야 할 사항을 구체화하였다는 점에서 의미가 크다.

1. 즉시항고권자

즉시항고를 할 수 있는 자는 파산신청에 관한 재판에 대해 이해관계를 가지는 자이다. 여기서 말하는 이해관계란 사실상의 이해관계로는 부족하고, 법률상의 이해관계를 가질 것이 필요하다.

첫째, 파산선고 신청을 부적법하다고 각하하는 결정에 대해서는 신청인만 즉시항고를 할 수 있다. 채무자가 신청한 경우에는 신청을 각하하더라도 채권자에게는 불이익이 생기지 않고, 채권자 신청사건의 경우에는 신청을 각하하더라도 채무자에게 불이익이 없고, 다른 채권자의 신청권에도 영향이 없으므로, 어느 경우라도 신청인만 즉시항고를 할 수 있다. 예컨대, 채권자가 파산신청을 한 뒤에 변제를 받아 채권이 소멸한 경우에는 그 채권자는 신청자격을 잃기 때문에 신청이 각하된다. 이 재판에 대해서 신청인 이외의 채권자는 즉시항고를 할 수 없는데, 각 채권자는 독자의 신청권을 행사하면 충분하기 때문이다. 그런데 위와 달리 파산선고를 취소하고 파산신청을 각하하는 항고심의 재판에 대해서는 이미 파산채권신고도 되었으므로 신고채권자는 파산절차 속행에 이익을 가지므로 즉시항고를 할 수 있다.

둘째, 신청을 기각하는 결정에 대하여 신청인이 즉시항고를 할 수 있다는 점에 대해서는 이론이 없다. 파산신청을 기각하는 결정에 대하여 즉시항고가 있는 경우에 관하여 법 제323조 및 제324조의 규정이 준용된다. 그러므로 법원은 이해관계인의 신청에 의하거나 직권으로 채무자의 재산에 관하여 가압류 · 가처분 그 밖에 필요한 보전처분을 명할 수 있고(법 제323조), 필요하다고 인정하는 때에는 이해관계인의 신청에 의하거나 직권으로 항고법원의 판단이 있을 때까지 「상법」 제5편(해상) 및 「선박소유자 등의 책임제한절차에 관한 법률」에 의한 책임제한절차의 정지를 명할 수 있다(법 제324조).

셋째, 파산선고 결정에 대해서 즉시항고를 할 수 있는 자는 채권자신청의 경우에는 채무자, 신청인 이외의 다른 채권자가 할 수 있다. 채무자는 파산선고에 의하여 재산관리처분권을 상실하고, 다른 채권자는 파산선고에 의하여 그의 개별적 권리행사가 금지되기 때문이다. 채무자신청의 경우에는 채권자에게 불복신청권이 인정된다. 채권자는 채무자에 대한 파산선고로 인하여 개별적 권리행사가 제한되므로 법률상 이해관계를 가지기 때문이다. 법인에 대해서 파산선고 결정이 있는 경우에 당해 법인의 이사나 주주에게 즉시항고권이 인정되는지에 대해서는 다툼이 있다. 이사에 대해서는 채무자의 관리처분권 박탈이나 채권자의 권리행사제한 등에 비교하면 이사의 법적 지위는 부차적인 것에 지나지 않는다는 이유로 이사의 즉시항고권을 부정하는 견해도 있지만, 회사의 파산선고에 의해 적어도 재산처분에 관한 권한을 잃는다거나, 이사가 회사의 업무집행의 중심기관이고 회사의 귀추에 직접적인 이해관계가 있다는 점 등을 이유로 이사의 즉시항고권을 긍정하는 견해도 유력하다. 주주의 즉시항고권에 대해서, 이를 부정하는 견해는 파산선고 결정이 주주의 지위에 대해서 직접적으로 법적 영향이 미치는 점을 정한 규정이 없고, 주주는 파산종결에 의해서 그 지위를 잃지만 파산선고 결정에 의해서 그 즉시 주주권이 소멸한다든지, 주주권의 내용을 이루는 자익권이나 공익권에 변동이 생기지 않는다는 점을 이유로 한다.[6] 반면, 긍정하는 견해는 파산선고에 의해서 주주권이 직접적으로 영향을 받는 것은 아니더라도, 파산선고가 회사의 해산원인이 되고, 필연적으로 주주 지위의 소멸을 수반하기 때문에, 이를 저지하기 위한 수단으로서 즉시항고가 인정되어야 한다고 한다.

2. 즉시항고기간

채무자회생법에 의하면 즉시항고는 재판의 공고가 있는 때에는 그 공고가 있은 날부터 14일 이내에 하여야 한다(법 제13조 제2항). 그런데 법원은 파산선고를 한 때에는 즉시 공고하여야 하므로(법 제313조 제1항) 파산선고에 대한 즉시항고는 공고가 있은 날부터 14일 이내에 하여야 한다. 한편, 회생절차 · 파산절차 · 개인회생절차 및 국제도산절차에 관하여 채무자회생법에 규정이 없는 때에는 「민사소송법」 및 「민사집행법」을 준용하므로 공고를 하지 않는 파산신청에 대한 각하 또는 기각 결정에 대한 즉시항고기간은 채무자가 그 결정 정본을 송달받은 날부터 1주 이내에 하여야 한다(법 제33조, 민사소송법 제444조).

3. 즉시항고의 효과

파산은 선고를 한 때부터 그 효력이 생기고(법 제311조), 파산신청에 관한 재판에 대한 즉시항고는 집행정지의 효력이 없다(법 제316조 제3항). 그러므로 파산선고결정에 대하

6) 大阪高決 平成 6년 12월 26일 결정은 파산절차의 종결에 의해 회사의 법인격이 상실되는 것에 수반하여 주주는 그 지위를 잃게 되지만, 파산선고에 의해 즉시 주주권이 소멸하고, 주주권의 내용인 자익권이나 공익권에 변경이 생기는 것은 아니라는 점 등을 이유로 주주의 즉시항고권을 부정하였다.

여 즉시항고가 된 경우에 파산관재인은 항고심 계속 중에 관재업무를 할 수 있는지가 문제된다. 항고심에서 결정이 취소될 가능성이 있다는 점을 고려하여 관재인은 긴급을 요하는 업무를 제외하고 항고심의 결론을 기다려야 한다는 견해가 있다. 그러나 채무자회생법이 즉시항고에 집행정지의 효력을 인정하지 않고 있고, 파산관재인의 업무수행에 법적 장애가 있는 것은 아니며, 또한 파산재단에 속하는 자산은 급속하게 열화(劣化)하는 것이 보통이므로 파산재단의 확보를 위해서는 조기에 환가할 필요가 있다. 따라서 파산관재인은 즉시항고가 있더라도 관재업무를 통상대로 수행하여야 한다. 다만, 실무상으로는 파산관재인은 사안의 내용 · 성질에 따른 배려를 하면서 절차를 진행하게 될 것이다.

4. 항고법원의 판단

항고법원은 즉시항고의 절차가 법률에 위반되거나 즉시항고가 이유없다고 인정하는 때에는 결정으로 즉시항고를 각하 또는 기각하여야 하고, 즉시항고가 이유있다고 인정하는 때에는 원래의 결정을 취소하고 사건을 원심법원에 환송하여야 한다(법 제316조 제5항).

항고심은 속심이므로 항고심 재판의 기준시는 항고심 심리종결시다. 그러므로 원심단계에서 파산원인이 없었더라도 항고심에서 당해 요건이 인정되면 항고심은 파산선고를 하여야 한다는 판단을 할 수 있고, 원심단계에서 파산원인이 존재하였더라도 항고심에서 소멸하면 파산선고결정은 취소된다. 단, 채권자에 의한 파산신청의 경우에 원 결정시에는 신청인의 채권이 존재하였지만 항고심의 심리종결시에 동채권이 소멸한 때는 이미 총채권자를 위하여 효력이 발생하였으므로, 항고법원은 당해 결정을 취소해서는 안 된다고 해석하는 것이 통설이다.

제3절 파산선고의 효과

1. 시 작

파산선고의 효과로서 중심이 되는 것은 채무자의 재산관리처분권 상실과 재산관리처분권의 파산관재인에로의 전속 및 파산채권자의 개별적 권리행사금지 등이다. 이와 함께 채무자와 관련된 실체적 · 절차적 법률관계에도 다양한 영향을 미친다.

2. 법원사무관 등의 등기의 촉탁 등

가. 채무자가 개인인 경우

채무자회생법 제24조 제3항은 "법원사무관 등은 법인이 아닌 파산선고를 받은 채무자에 관한 등기가 있는 것을 안 때에는 직권으로 지체 없이 촉탁서에 파산결정서의 등본을 첨부하여 파산등기를 촉탁하여야 한다. 파산재단에 속하는 권리로서 등기된 것이 있음을 안 때에도 또한 같다."라고 규정하고 있다. 개인인 채무자와 거래를 하려고 하는 자에게 당해 채무자가 파산선고를 받았는지 여부가 중요한 사실이기 때문에 위와 같은 경우에 파산선고 사실을 공시하도록 한 것이다. 본조의 규정에 의한 등기의 촉탁은 개인인 채무자에게 파산선고의 결정이 있는 경우에 한정되고, 법인인 채무자에 대해서는 문제가 되지 않는다. 구파산법에서는 파산자가 법인인지 개인인지를 묻지 않고 파산재단에 속하는 권리로서 등기된 것에 대해서는 파산등기를 촉탁하여야 한다고 규정하였다(파산법 제110조). 그러나 채무자가 법인인 경우에는 법인등기부에 채무자회생법 제23조 제1항에 기하여 파산등기가 되기 때문에 당해 법인과 거래를 하려고 하는 제3자는 위 등기에 의해서 당해 법인이 파산선고 결정을 받은 사실을 알 수 있게 되고, 이 등기에 추가해서 파산재단에 속하는 권리로서 등기된 것에 대하여 다시 파산등기를 할 필요성까지는 적다. 그래서 채무자회생법은 파산재단에 속하는 권리로서 등기된 것에 관한 파산등기는 채무자가 개인인 경우에 한하여 촉탁을 하도록 하였다.

「채무자에 관한 등기」란 채무자의 지위 · 권한 등에 관한 등기를 말한다. 예를 들면, 미성년자의 영업의 등기(상법 제6조), 후견인의 영업의 등기(상법 제8조), 지배인의 등기(상법

第13조) 등이 여기에 해당된다. 그리고 「파산재단에 속하는 권리로서 등기된 것」이란 부동산, 선박, 입목, 공장재단 등에 등기가 된 것을 말한다. 가등기가 된 것도 포함된다. 등기가 된 권리에 대해서는 소유권에 한정되지 않고 지상권, 저당권 등도 포함된다. 실무상으로는 파산관재인이 파산재단을 조사하는 과정에서 촉탁대상이 되는 등기가 발견되는 경우에 파산관재인의 등기 촉탁 신청에 의하여 등기의 촉탁 절차가 진행된다.[7] 그런데 파산등기는 처분제한등기의 일종이지만 파산선고의 사실을 공시하는 것에 불과하므로(보고적 등기), 파산의 효과는 파산등기 여부와는 관계없이 파산선고 시에 발생한다.[8] 한편, 부동산에 대하여 신탁에 의한 소유권이전등기가 경료된 후에는 등기관은 위탁자에 대한 파산선고의 등기 촉탁이 있더라도 이를 수리할 수 없다(2003. 8. 4. 부등 3402-422 질의회답).

미등기 부동산에 대하여 파산등기 등 채무자회생법 제24조의 등기를 촉탁하는 경우 등기관은 이를 수리하여 직권으로 소유권보존등기를 한 다음 촉탁에 따른 등기를 하여야 한다(「부동산등기법」제66조 참조)(등기예규 제1516호 제5조). 이 때 촉탁서에는 부동산의 표제부에 권리의 객체인 부동산을 특정하여 기록할 수 있는 정도의 서면이 첨부되어야 한다. 따라서 미등기 부동산이 토지인 경우에는 그 토지의 표시를 증명하는 서면으로 반드시 토지대장 등본 또는 임야대장 등본을 첨부하여야 하고, 건물인 경우에는 건축물대장 등본 등이나 집행법원에서 인정한 건물의 소재와 지번 · 구조 면적을 증명하는 서면(또는 집행관의 조사서면)을 첨부하여야 하고, 또한 소유자의 주소 및 주민등록번호(또는 부동산등기용등록번호)를 증명하는 서면을 첨부하여야 한다(등기예규 1469호 1. 가.).[9] 그러므로 파산관재인은 미등기 부동산에 대한 파산등기촉탁 신청 시 사전에 위 서류를 준비하여 제공할 필요가 있다.

파산선고의 등기 후에는 파산재단에 속하는 재산에 대하여 「국세징수법」 또는 「지방세

7) 이때 등록면허세 및 등기촉탁신청수수료는 등기사항증명서 등 수수료규칙 제5조의2 제2항 제3호, 제5조의4, 지방세법 제26조 제2항 제1호에 의하여 면제된다. 2024. 2. 13. 개정 전 채무자 회생 및 파산에 관한 법률에 의하면 같은 법 제25조 제4항에 의하여 등록세가 비과세되었으나, 지방세특례제한법, 지방세기본법, 지방세징수법, 지방세법, 조세특례제한법 및 조약 외에는 지방세 특례를 정할 수 없도록 한 지방세특례제한법의 취지에 따라 회생 및 파산절차 등에서 법원사무관 등의 촉탁이나 등기소의 직권으로 이루어진 등기 · 등록 등에 관하여 등록면허세를 부과하지 아니하도록 한 규정을 삭제하고, 해당 사항은 지방세 관계 법률에서 통일적으로 규율하도록 하였다. 그래서 지방세법 제26조 제2항은 제1호는 채무자 회생 및 파산에 관한 법률 제6조 제3항, 제25조 제1항부터 제3항까지, 제26조 제1항, 같은 조 제3항, 제27조, 제76조 제4항, 제362조 제3항, 제578조의5 제3항, 제578조의8 제3항 및 제578조의9 제3항에 따른 등기 또는 등록에 대하여는 등록면허세를 부과하지 아니한다고 규정하였다.

8) 법원행정처, 부동산등기실무[Ⅲ], 경성문화사(2015년) 384면.

9) 법원행정처, 부동산등기실무[Ⅱ], 경성문화사(2015년) 216면.

기본법」에 의하여 징수할 수 있는 청구권(국세징수의 예에 의하여 징수할 수 있는 청구권을 포함한다)에 기한 체납처분을 할 수 없으므로(법 제349조 제2항), 파산등기 후에 국세징수법 또는 지방세법에 의하여 징수할 수 있는 청구권에 기한 체납처분의 등기촉탁이 있으면 등기관은 이를 각하하여야 한다(등기예규 제1516호 제21조 제2항). 그러나 파산선고의 등기가 된 채무자의 부동산 등의 권리에 관하여 강제집행, 가압류, 가처분, 또는 담보권실행을 위한 경매에 관한 등기촉탁이 있는 경우에 등기관은 이를 수리하여야 한다(등기예규 제1516호 제21조 제3항). 파산선고 후에는 파산재단에 속하는 부동산에 대하여 개별 집행을 할 수 없으므로 원칙적으로 가압류나 강제경매개시결정의 등기를 할 수 없지만 파산채권에 기한 가압류만 금지되고 재단채권에 기한 가압류 등은 예외적으로 가능하고[10], 가처분의 경우도 파산선고 후에 처분금지가처분 등기의 촉탁이 있는 경우에 피보전권리가 소유권말소등기청구권인 때에는 이러한 가처분은 환취권에 기한 것이므로 등기관은 이를 수리하여야 한다.[11] 형식적 심사권밖에 없는 등기관이 가압류, 가처분 등의 등기촉탁이 있는 경우에 예외적으로 수리하여야 하는 사유에 해당되는지 판단하는 것은 불가능하므로 강제집행, 가압류, 가처분 등기의 촉탁이 있는 경우에 등기관은 실체적 심사권을 가진 집행법원의 판단에 맡기고 촉탁에 따른 등기를 실행하도록 한 것이다.

이후 파산관재인이 파산등기가 되어 있는 권리를 파산재단으로부터 포기하고 그 등기촉탁의 신청을 하는 경우에는 법원사무관 등은 촉탁서에 권리포기허가서의 등본을 첨부하여 권리포기의 등기를 촉탁하여야 한다(법 제24조 제4항). 법원사무관 등이 파산관재인의 권리포기에 따른 파산등기의 말소등기를 촉탁하면서 동시에 당해 사건의 보전처분등기의 말소등기를 촉탁하면 등기관은 이를 수리하여야 하고, 이 경우 법원사무관 등이 당해 사건의 보전처분등기의 말소등기에 대한 촉탁을 동시에 하지 아니하고 그 이후에 한 경우라도 등기관은 이를 수리하여야 한다(위 등기예규 제10조 제3항, 제4항).

나. 채무자가 법인인 경우

법인에 대하여 파산이 선고된 때는 법인의 해산사유가 되기 때문에 법인이 파산선고를

10) 법원행정처, 부동산등기실무[Ⅲ], 경성문화사(2015년) 389면 참조. 그런데 여기에 해당하는 경우로 법에 강제집행을 허용하는 특별한 규정이 있거나 법의 해석상 강제집행을 허용하여야 할 특별한 사정이 있다고 인정되는 경우를 상정할 수 있으나 사례를 찾아보기는 어렵다.

11) 하지만, 파산관재인이 선의의 제3자인 경우에는 환취권을 행사할 수 없다.

받았는지 여부는 그 법인과 거래를 하려고 하는 자에게는 중요한 사실이 되므로 이를 공시할 필요가 있다. 그래서 법인인 채무자에 대하여 파산선고의 결정이 있는 경우에는 법원사무관 등은 직권으로 지체 없이 촉탁서에 결정서의 등본 또는 초본 등 관련 서류를 첨부하여 채무자의 각 사무소 및 영업소(외국에 주된 사무소 또는 영업소가 있는 때에는 대한민국에 있는 사무소 또는 영업소를 말한다)의 소재지의 등기소에 그 등기를 촉탁하여야 한다(법 제23조 제1항 제1호). 파산취소 · 파산폐지 또는 파산종결의 결정이 있는 경우에도 등기의 촉탁을 하여야 한다(같은 항 제5호).

3. 법인 존속의 의제

해산한 법인은 파산의 목적의 범위 안에서는 아직 존속하는 것으로 본다(법 제328조). 민법상 법인 및 합명회사, 유한책임회사, 주식회사, 유한회사 등은 해산된 후에도 즉시 법인격이 소멸하는 것이 아니고 청산의 목적범위 내에서 존속하는 것으로 본다(민법 제81조, 상법 제245조, 제287조의45, 제542조, 제613조 등). 본조는 위 각 규정에 대응한 것으로 파산절차의 경우에도 파산선고결정에 의해 법인이 해산하더라도 즉시 법인격이 소멸하는 것이 아니라 파산절차에 의한 청산이 종료할 때까지는 그 목적의 범위 내에서 법인격이 존속하는 것으로 본다는 것을 명확히 한 것이다.

4. 채무자에 대한 효과

가. 채무자의 신분 등에 대한 효과

(1) 채무자 등의 구인

법원은 필요하다고 인정하는 때에는 파산선고를 받은 채무자 등을 구인(拘引)하도록 명할 수 있고(법 제319조, 제320조), 파산선고 전이라도 채무자 등에 대한 구인을 명할 수 있다(법 제322조). 구인의 명을 받은 자가 그 사실을 알면서도 정당한 사유 없이 출석하지 아니한 때에는 500만 원 이하의 과태료를 부과한다(법 제660조 제4항) 구인제도의 취지는 파산절차에 대한 협력(설명의무이행 등)을 확보하고, 파산절차에 대한 방해(도주, 재산은닉 등)를 방지할 목적이다. 법원이 채무자 등을 구인하는 경우 「형사소송법」의 구인에 관한 규정을 준용하고(법 제319조 제2항), 구인을 명하는 결정에 대하여는 즉시항고를 할 수 있다(법 제319조 제3항).

구 파산법하에서는 구인제도 이외에 법원은 파산선고 후뿐 아니라 파산선고 전이라도 채무자 등에 대하여 감수(監守)를 명할 수 있었고(제139조, 제142조, 제144조), 감수의 명을 받은 자가 도주하거나 법원의 허가를 얻지 아니하고 타인과 접견이나 통신을 한 때에는 감수위반죄로 처벌되었다(제369조 제1항). 감수란 채무자 등의 거주지를 관할하는 경찰의 감독하에 놓이는 것이다. 이는 채무자 등이 도주하거나 재산을 은닉 또는 훼기할 우려가 있을 때에는 법원은 채무자의 감수를 명할 수 있고, 이러한 명령이 있는 때는 채무자는 법원의 허가를 받지 않으면 타인과 면접이나 통신을 할 수 없는 장래를 향한 보전적 성질을 갖는 강제수단이었다. 그런데 그 집행에 대해서는, 경찰관이 채무자의 거주지에서 주야로 신변을 감시하고, 그의 행동이나 재산상태를 주시하지 않으면 안 되는 것으로 해석되고, 현실적으로 이용되는 경우가 거의 없고, 또한 이러한 제도를 존속시킬 필요성도 없다고 지적되었다. 그래서 채무자회생법에서는 채무자 등에 대한 감수제도 및 감수위반행위를 처벌하는 감수위반죄를 폐지하였다.

(2) 설명의무

채무자는 파산관재인 · 감사위원 또는 채권자집회의 요청이 있는 때는 파산에 관하여 필요한 설명을 하여야 할 의무가 있다(법 제321조 제1항). 채무자의 대리인(같은 항 제1호), 채무자의 이사(같은 항 제2호), 채무자의 지배인(같은 항 제3호), 상속재산에 대한 파산의 경우 상속인, 그 대리인, 상속재산관리인 및 유언집행자(같은 항 제4호)도 동일한 의무가 있다. 과거에 위 자격을 가졌던 자도 마찬가지다(같은 조 제2항). 만일 정당한 이유 없이 설명을 하지 아니하거나 허위의 설명을 한 때에는 1년 이하의 징역 또는 1천만원 이하의 벌금에 처하여 질 수 있고(법 제658조), 면책불허가의 불이익을 받을 수 있다(법 제564조 제1항 제1호).

(3) 통신비밀의 제한

법원은 체신관서 · 운송인 그 밖의 자에 대하여 채무자에게 보내는 우편물 · 전보 그 밖의 운송물을 파산관재인에게 배달할 것을 촉탁할 수 있고(법 제484조 제1항), 파산관재인은 그가 수령한 우편물·전보 그 밖의 운송물을 열어 볼 수 있다(같은 조 제2항). 이 경우 채무자는 파산관재인이 수령한 우편물·전보 그 밖의 운송물의 열람을 요구할 수 있으며, 파산재단과 관련이 없는 것의 교부를 요구할 수 있다(같은 조 제3항). 이것은 채무자의 자산조사 및 면책불허가사유 유무 조사를 위한 필요성 때문에 헌법 제18조에 의해 보장된 통신의 비밀에 합리적인 제한을 가한 것이다. 이에 따라 통신비밀보호법은 채무자 회생 및 파산에 관한 법률 제484조의 규정에 의하여 파산선고를 받은 자에게 보내온 통신을 파산관재인이 열어볼 수 있도록 허용하고 있다(통신비밀보호법 제3조 제4호).

구 파산법에서는 배달촉탁을 필요적인 것으로 규정하였지만, 채무자회생법은 불필요하게 통신의 비밀을 침해하는 것을 피하기 위해 재량적인 것으로 규정하였다. 그러므로 채무자회생법하에서는 우편물 등을 파산관재인에게 배달할 것을 촉탁할지는 임의적이다. 채무자에게 보내는 우편물 등을 파산관재인에게 배달할 것을 촉탁할 수 있게 한 것은 파산관재인이 파산재단에 속할 재산을 발견 또는 채무자의 재산은닉행위를 감시하거나 혹은 채무자가 재산을 산일(散逸)시키는 행위를 방지하는 직무를 수행하는 데 유용하기 때문이다. 이 촉탁은 채무자 또는 파산관재인의 신청에 의하여 취소하거나 변경할 수 있고(법 제485조 제1항), 파산취소나 파산폐지의 결정이 확정되거나 파산종결의 결정이 있은 때에는 법원은 그 촉탁을 취소하여야 한다(법 제485조 제2항).

서울회생법원은 그동안 파산절차에 회부하는 전체 사건에 대하여 운송물촉탁을 시행하다가 2020년 1월부터 운송물촉탁을 관재인이 촉탁을 신청한 사건에 대하여만 실시하는 실무를 운용하고 있다.

파산관재인은 운송물배달촉탁을 시행하는 사건의 경우 우편물 등 관리에 주의를 기울여야 한다. 채무자의 사신(私信)이나 법원에서 송달한 서류 등 중요 우편물에 대해서는 즉시 채무자에게 전달하는 것이 바람직하다. 예컨대, 약식명령의 경우에는 약식명령의 고지를 받은 날로부터 비교적 단기간인 7일 이내에 정식재판을 청구하여야 하기 때문에 파산관재인은 정식재판 청구기간을 도과하지 않도록 즉시 채무자에게 약식명령을 전달함으로써 위 기간이 도과되지 않도록 주의를 기울여야 한다. 또한 채무자 소유의 부동산을 환가하기 위하여 파산관재인이 청산을 위한 형식적 경매신청을 한 경우 경매법원은 부동산경매개시결정 정본을 채무자에게 송달하게 되는데 우편물배달촉탁으로 인하여 개시결정정본이 채무자가 아닌 파산관재인의 사무실로 송달되므로, 파산관재인은 형식적 경매절차의 신속하고 원활한 진행을 위해서는 개시결정정본을 채무자에게 전달하고 채무자가 이를 수령하였다는 사실을 경매법원에 소명하여 경매절차의 진행이 지체되는 것을 방지할 수 있다.

(4) 신분상 제약

채무자회생법 제32조의2는 "누구든지 이 법에 따른 회생절차 · 파산절차 또는 개인회생절차 중에 있다는 이유로 정당한 사유 없이 취업의 제한 또는 해고 등 불이익한 처우를 받지 아니한다"라고 규정하고 있다(비징계주의). 그렇지만 채무자회생법 외에 많은 개별법에서는 파산선고를 받고 복권되지 아니한 자를 결격사유로 규정하고 있다. 그 예로서 파산선고를 받은 채무자는 채무자회생법에 의하여 복권(면책확정 포함)될 때까지 사법상 후견인(민법 제937조), 유언집행자(민법 제1098조), 수탁자(신탁법 제11조), 공법상 공무원(국가공무원법 제33조, 지방공무원법 제31조, 군인사법 제10조), 변호사(변호사법 제5조), 공인회계사(공인회계사법 제4조), 변리사(변리사법 제4조), 공증인(공증인법 제13조), 법무사(법무사법 제6조)가 될 수 없다. 그 밖에 건강기능식품판매, 담배판매, 보험설계사, 아이돌보미, 일반경비원, 전통 소싸움 소주인 등도 파산선고가 결격사유로 규정되어 있고, 공인중개사 자격취득자라도 중개사무소의 개설등록을 할 수 없다. 과거에는 의사, 한의사, 약사, 간호사, 건축사 등도 파산선고가 결격사유였지만, 이들에 대해서는 파산선고에 따른 결격사유 규정을 삭제한 지 오래 되었다. 자격제한의 문제점은 파산을 선고받았다는 이유만으로 합리적인 근거 없이 자격이 제한되고, 그로 인해 채무자의 경제적 재출발을 곤란하게 할 염려가 있다는 점이다. 이러한 결격사유 규정은 지급불능에 이른 채무자가 파산신청을 기피하게 되는 이유로 작용할 뿐 아니라 직업군(職業群) 사이의 형평에도 반하므로 전반적인 개정이 필요하다.

나. 채무자의 재산관계 및 법률행위 등에 대한 효과

(1) 재산관리처분권의 이전

파산선고가 있게 되면 채무자가 파산선고 당시에 가진 모든 재산(국내외를 불문한다[12])

12) 구 파산법은 속지주의를 채택하였으나(구 파산법 제3조 제1항), 채무자회생법은 속지주의를 폐지하고 채무자의 국내외

은 파산재단에 속한다(법 제382조 제1항). 채무자는 파산절차 종료시까지 파산선고 시에 가지는 모든 재산(파산재단)의 관리처분권을 상실하고, 위 권리는 파산관재인에게 전속한다(법 제384조). 다만, 재산권의 귀속주체, 예컨대 소유권자로서의 지위는 채무자에게 남고, 채무자가 상실하는 관리처분권은 파산재단에 속하는 것에 한정되며, 채무자는 파산재단과 관계없는 인격권이나 파산선고 후 새로 취득하는 재산(신득재산) 및 압류금지재산(자유재산)에 대하여 관리처분권을 행사할 수 있다.

채무자가 파산선고 당시에 가진 모든 재산은 파산재단에 속하게 되고, 파산선고에 의하여 채무자는 파산재단을 구성하는 재산에 관한 관리처분권을 잃고, 이 관리처분권은 파산관재인에게 전속하게 되며, 채무자의 근로자의 임금 · 퇴직금 및 재해보상금은 그 발생시기가 파산선고 전후인지 여부를 불문하고 모두 재단채권이 되고, 재단채권은 파산절차에 의하지 않고 파산관재인이 수시로 변제하여야 하는바, 근로기준법 제2조 제1항 제2호에 해당하는 사용자(사업주 또는 사업 경영 담당자, 그 밖에 근로자에 관한 사항에 대하여 사업주를 위하여 행위하는 자)는 파산선고 결정과 동시에 재단채권인 임금, 퇴직금 등의 지급권한을 상실하고 파산관재인에게 그 권한이 속하게 되므로 근로자에게 지급할 임금, 퇴직금 등 금원 중 파산선고결정 후에 지급사유 발생일로부터 14일이 경과하게 되는 부분에 대하여는 그 체불로 인한 죄책을 부담하지 않는다(대법원 2010. 5. 27. 선고 2009도7722 판결; 대법원 2020. 1. 16. 선고 2019도10818 판결).

(2) 파산선고 후에 채무자가 한 법률행위 등의 효력 — 파산절차와 관계에서 원칙적 무효

파산선고로 인하여 파산재단에 속하는 재산에 관한 관리처분권은 파산관재인에게 이전하고, 그 결과 채무자는 관리처분권을 잃는다(법 제384조). 그렇기 때문에 파산재단 소속 재산에 관하여 채무자가 파산선고 후에 한 법률행위는 파산채권자에게 대항할 수 없다(법 제329조 제1항). 원칙적으로 상대방의 주관적 태양은 묻지 않는다. 본조의 취지는 파산선고 후 파산재단의 감소를 막기 위한 데 있다. 따라서 채무자가 파산선고 후에 파산재단에 속하는 재산을 양도하더라도 파산관재인은 상대방의 선의 · 악의를 불문하고 양도행위의 효력을 인정하지 않을 수 있다. 대항할 수 없다는 의미이므로 파산선고결정이 항고심에서 취

재산이 파산재단에 속하고 파산관재인의 관리처분권의 대상이 됨을 분명히 하였다.

소되거나 파산절차가 폐지된 때는 유효하게 되고, 파산관재인이 파산재단에 유리하다고 보고 채무자가 파산선고 후에 한 법률행위를 추인하면 그 효력이 인정된다. 본조에서 말하는 법률행위로는 매매, 파산재단에 속하는 재산을 변동시키는 변제나 채무의 승인 등이 있다.

나아가 파산선고 후에 파산재단에 속하는 재산에 관하여 채무자의 법률행위에 의하지 아니하고 권리를 취득한 경우에도 그 취득은 파산채권자에게 대항할 수 없다(법 제330조 제1항). 여기에 해당하는 예시(例示)로서 파산채권자인 대리상이 본인의 파산재단에 속해야 할 물건의 점유를 파산선고 후에 제3자로부터 취득한 경우에 상사유치권의 취득을 파산관재인에게 대항할 수 없다고 설명되고 있다. 다만, 시효취득, 동산의 선의취득(민법 제249조), 부합 · 혼화 · 가공(민법 제256조~제259조) 등 채무자의 처분권의 유무와는 관계없는 권리취득은 파산절차와 관계에서 그 효력을 주장할 수 있다.

채무자회생법 제329조 및 제330조 어느 경우나 파산선고일에 채무자가 한 법률행위 또는 파산선고일의 권리취득은 파산선고 후에 한 것으로 추정된다(법 제329조 제2항, 법 제330조 제2항에 의한 동항 준용).

(3) 파산선고 후의 등기 및 등록의 효력

부동산 또는 선박에 관하여 파산선고 전에 생긴 채무의 이행으로서 파산선고 후에 한 등기 또는 가등기는 파산채권자에게 대항할 수 없다. 다만, 등기권리자가 파산선고의 사실을 알지 못하고 한 등기에 관하여는 그러하지 아니하다(법 제331조 제1항). 파산선고 전의 등기원인에 기하여 개시 후에 제3자가 등기 또는 가등기를 획득한 경우에 개시 후의 권리취득 등이 파산채권자에 대해서 대항할 수 없다고 하는 일반원칙에 비추면(법 제329조 제1항, 법 제330조 제1항), 그 등기의 효력은 인정되지 않는다. 그러나 등기권리자가 파산선고의 사실을 알지 못하고 한 등기에 관하여는 그 효력이 인정된다. 위 규정은 권리의 설정 · 이전 또는 변경에 관한 등록 또는 가등록에 관하여 준용한다(법 제331조 제2항).

법 제331조는 등기원인은 파산선고 전에 발생하였지만 그 등기가 파산선고 후에 이루어진 경우를 규율하고 있다. 법 제331조에 대해서 통설은 파산선고 후 권리취득에 의하여 파산채권자가 해를 입는 것을 방지하면서 거래안전의 요청에서 선의자를 예외적으로 보호하는 목적을 가진 것이라고 해석한다. 선의의 증명책임은 제3자가 부담한다. 법 제331조의 규정을 적용하는 때에는 파산선고의 공고 전에는 그 사실을 알지 못한 것으로 추정하고, 공고 후에는 그 사실을 안 것으로 추정한다(법 제334조). 선의 · 악의라는 주관적 요건의 증명은 매우 곤란하고, 법원은 파산선고를 한 때에는 즉시 공고를 하여 일반에게 주지시키고 있으므로, 채무자회생법은 추정규정을 두어 공고의 전후로 증명부담의 분담을 정한 것이다.

대법원은 과거 회사정리법하에서 "회사정리법 제103조 제1항에는 정리회사의 관리인은 정리회사와 상대방이 회사정리절차 개시 당시 아직 그 이행을 완료하지 않은 쌍무계약에 대하여는 이를 해제할 수 있다고 규정하고 있으나 한편 같은 법 제58조 제1항에는 '부동산 또는 선박에 관하여 정리절차개시 전에 생긴 등기원인으로 정리절차개시 후에 한 등기 또는 부동산등기법 제3조에 의한 가등기는 정리절차의 관계에 있어서는 그 효력을 주장하지 못한다. 그러나 등기권자가 정리절차개시의 사실을 알지 못하고 한 등기 또는 가등기는 그러하지 아니하다'고 규정하고 있기 때문에 위 제58조 제1항 본문의 반대해석으로서 정리절차 개시 전의 등기원인으로 정리절차개시 전에 부동산등기법 제3조에 의하여 한 가등기는 정리절차의 관계에 있어서 그 효력을 주장할 수 있다고 할 것이고 따라서 위와 같은 가등기권자는 정리회사의 관리인에게 대하여 본등기청구를 할 수 있다고 보아야 하므로 이러한 유효한 가등기가 경료된 부동산에 관한 쌍무계약에 대하여는 회사정리법 제103조의 적용이 배제된다 할 것이니, 정리절차 개시 당시 아직 매매계약이 이행완료 되지 않았으나 이 사건에서와 같이 정리회사 소유인 매매목적 부동산에 관하여 순위보전의 가등기가 경료되어 있는 경우에는 관리인은 같은 법 제103조 제1항에 의하여 그 매매를 해제할 수 없다"라고 판시하였다(대법원 1982. 10. 26. 선고 81다108 판결). 위 법리에 비추어 볼 때, 파산선고 전의 등기원인으로 파산선고 전에 한 가등기는 파산절차의 관계에 있어서 그 효력을 주장할 수 있다고 할 것이고, 따라서 위와 같은 가등기권자는 파산관재인에 대하여 본등기 청구를 할 수 있다. 이에 반해, 대법원 2006다32187 판결[13]은 "구 파산법(2005. 3. 31. 법률 제7428호 채무자 회생 및 파산에 관한 법률 부칙 제2조로 폐지) 제46조 제1항의 규정 취지에는 파산선고시까지 부동산 또는 선박에 관한 등기 · 가등기를 아직 마치지 아니한 경우 그 파산선고 전에 생긴 등기 · 가등기청구권에 기하여 파산선고 후에 파산관재인을 상대로 그 등기 · 가등기절차의 이행을 청구할 수 없다는 취지도 당연히 포함되어 있다고 해석된다. 따라서 파산선고 전에 부동산에 대한 점유취득시효가 완성되었으나 파산선고시까지 이를 원인으로 한 소유권이전등기를 마치지 아니한 자는, 그 부동산의 소유자에 대한 파산선고와 동시에

13) 구 파산법이 적용되는 사건이지만 판시는 현행 채무자회생법하에서도 타당하다.

파산채권자 전체의 공동의 이익을 위하여 파산재단에 속하는 그 부동산에 관하여 이해관계를 갖는 제3자의 지위에 있는 파산관재인이 선임된 이상, 파산관재인을 상대로 파산선고 전의 점유취득시효 완성을 원인으로 한 소유권이전등기절차의 이행을 청구할 수 없다. 또한, 그 부동산의 관리처분권을 상실한 파산자가 파산선고를 전후하여 그 부동산의 법률상 소유자로 남아 있음을 이유로 점유취득시효의 기산점을 임의로 선택하여 파산선고 후에 점유취득시효가 완성된 것으로 주장하여 파산관재인에게 소유권이전등기절차의 이행을 청구할 수도 없다. 이 경우 법률적 성질이 채권적 청구권인 점유취득시효 완성을 원인으로 한 소유권이전등기청구권은 구 파산법 제14조가 규정하는 파산자에 대하여 파산선고 전의 원인으로 생긴 재산상의 청구권으로서 파산채권에 해당하므로 파산절차에 의하여서만 그 권리를 행사할 수 있다"고 판시하였다.

(4) 파산선고 후 채무자에 대한 변제의 효과

채무자의 채무자가 파산선고 후에 그 사실을 알지 못하고 채무자에게 변제한 때는 그 변제는 유효하다(법 제 332조 제1항). 통상적으로 채무자는 채권자의 재산상태에 주의를 기울이지 않기 때문이다. 그러나 파산사실을 알면서 채무자에게 한 변제는 보호할 필요가 없기 때문에 그 변제의 효력을 파산재단, 즉 파산채권자에게 대항할 수 없다. 다만, 그 급부가 파산관재인의 수중에 있는 경우에는 파산재단이 이익을 받고 있는 한도 안에서 이중으로 지급케 할 이유가 없으므로 그 한도 안에서 변제는 유효하다(법 제332조 제2항). 변제가 유효하기 위해서는 변제된 급부의 가치가 파산재단의 이익으로 귀속될 것을 요건으로 하지만, 그 경위나 채무자의 의사 등은 묻지 않는다. 따라서 채무자가 그 수령한 변제금의 일부 또는 전부를 파산관재인에게 인도한 경우뿐 아니라 채무자가 수령한 금전으로 재단채권을 변제한 때에도 파산재단이 이익을 받은 경우에 해당한다. 본조는 법 제331조의 경우와 마찬가지로 파산선고의 공고 전에 변제한 자는 선의로, 파산선고의 공고 후에 변제한 자는 악의로 추정된다(법 제334조). 여기서 선의의 대상은 파산선고, 즉 파산절차개시의 사실이다.

(5) 파산선고 후의 어음의 인수 또는 지급

환어음의 발행인 또는 배서인이 파산선고를 받은 경우 지급인 또는 예비지급인이 그 사실을 알지 못하고 인수 또는 지급을 한 때에는 이로 인하여 생긴 채권(인수의 경우는 장래의, 지급의 경우는 현재의 구상권)에 관하여 파산채권자로서 그 권리를 행사할 수 있다(법 제333조 제1항). 어음의 유통과 거래의 안전을 도모하기 위하여 지급인 등의 구상권은 파산선고 후에 생긴 것임에도 불구하고, 지급인 등이 발행인 등의 파산선고에 대해 선의인 한 파산채권으로서 그 권리를 행사할 수 있게 한 것이다. 이 규정은 수표와 금전 그 밖의 물건이나 유가증권의 급부를 목적으로 하는 유가증권에 관하여 준용한다(법 제333조 제2항). 본조의 경우도 파산선고 후, 그 공고 전에 이루어진 인수 또는 지급에 대해서는 지급인 등이 채무자에 대한 파산선고 사실을 알지 못한 것으로 추정하고, 공고 후에 인수 또는 지급을 한 때에는 파산선고 사실을 알고 한 것으로 추정한다(법 제334조).

5. 파산채권자에 대한 효과

가. 채권자의 개별적 권리행사금지

파산절차는 총채권자에 대한 공평한 변제를 확보하기 위한 제도이기 때문에, 파산채권자의 개별적 권리행사가 금지되고, 파산채권자는 파산절차에 참가하여서만 그 채권의 만족을 얻을 수 있다(법 제424조). 그 결과로서 파산채권자는 파산선고 후에 강제집행 등을 할 수 없고, 이미 파산선고 전에 파산채권에 기하여 파산재단에 속하는 재산에 대하여 행하여진 강제집행 · 가압류 또는 가처분은 파산재단에 대하여는 그 효력을 잃는다(법 제348조 제1항). 파산폐지결정이 확정되더라도 파산폐지의 결정에는 소급효가 없으므로 파산선고로 효력을 잃은 강제집행은 사후적으로 그 효력이 부활하지 않는다(대법원 2014. 12. 11. 선고 2014다210159 판결). 다만, 파산관재인은 파산재단을 위하여 강제집행절차를 속행할 수 있다(법 제348조 제1항 단서).

나. 파산채권의 현재화 및 금전화

파산채권자는 그가 가지는 파산채권을 가지고 파산절차에 참가할 수 있지만, 그 액(額)을 정하지 않으면 안 된다. 기한미도래의 채권, 조건부 또는 장래의 청구권, 비금전채권은 금전화 · 현재화가 될 필요가 있다. 파산절차는 파산채권자에 대한 금전에 의한 변제, 즉 배당하는 것을 목적으로 하기 때문에 배당을 받을 파산채권은 파산선고시를 기준으로 그 금액을 확정시킬 필요가 있기 때문이다. 따라서 변제기가 도래하지 않은 경우에는 변제기를 도래시키고, 금액이 미확정이면 금액을 확정시키고, 비금전채권은 금전채권으로 전환시켜야 한다. 채무자회생법은 기한이 도래하지 않은 기한부채권은 파산선고시에 변제기에 이른 것으로 보고(법 제425조), 채권의 목적이 금전이 아니거나 그 액이 불확정한 때나 외국의 통화로 정하여진 때에는 파산선고시의 평가액을 파산채권액으로 한다. 정기금채권의 금액 또는 존속기간이 확정되지 아니한 때에도 파산선고시의 평가액을 파산채권액으로 한다(법 제426조). 이처럼 기한미도래의 채권에 대해서 파산선고 시에 변제기의 도래가 의제되는 것을 현재화, 비금전채권에 대해서 평가에 의해서 파산채권액을 정하는 것을 금전화라고 부른다.

현재화나 금전화는 어디까지나 파산절차의 목적과의 관계에서 파산채권의 속성을 변경하는 것이므로, 그 주관적 범위는 채무자에게 한정되고, 보증인이나 연대채무자와 같은 제3자에게는 미치지 않는다. 따라서 금전화 된 파산채권에 대해서 배당이 이루어진 후에 연대보증인 등으로부터 본래의 급부내용에 따라 이행이 이루어진 경우에는 배당분은 파산재단에 대한 관계에서 부당이득이 된다.

6. 파산신청의 취하 불가

채무자에 대하여 파산선고 결정이 있게 되면 그 확정 전이라도 파산신청을 취하할 수 없다. 그러므로 채무자는 파산선고 후에는 면책신청만 취하할 수 있을 뿐이다. 파산선고 후의 파산신청 취하를 제한한 이유는 파산선고가 결정되면 확정을 기다리지 않고 효력이 생기고(법 제311조), 파산재단을 구성하는 재산은 파산관재인의 관리 아래 놓이며 파산채권자의 권리행사에 제약이 생기는 등 많은 이해관계인에게 영향이 미치게 되었으므로 채무자의 의사만으로 파산선고 후에 파산신청의 취하를 인정하는 것은 불합리하기 때문이다. 채무자회생법은 명문의 규정을 두고 있지 않지만, 일본 파산법 제29조는 파산절차개시의 신청을 한 자는 파산절차개시의 결정 전에 한하여 당해 신청을 취하할 수 있다고 규정하고 있다. 그러므로 채무자가 파산선고 후 법원에 “파산 및 면책 신청취하서”를 제출하더라도 파산신청에 대한 취하의 효력은 없고 면책신청 취하에 대해서만 효력이 있다. 이 경우 면책사건의 종국결과는 “0000.00.00. 신청취하”라고 표시된다.

채권자신청사건의 경우에도 채무자에 대한 파산선고 후에는 원칙적으로 파산신청을 취하할 수 없다. 파산절차는 신청채권자만이 아닌 모든 채권자를 위한 절차이기 때문이다. 대법원도 "채권자의 신청에 의하여 채무자에 대하여 파산이 선고되면 그 선고한 때로부터 모든 채권자를 위하여 그 효력이 생기므로(법 제311조), 다른 채권자의 채권신고가 모두 취하되거나 그 채권이 모두 소멸하는 등의 특별한 사정이 없는 한, 파산선고 결정에 대한 즉시항고가 제기된 이후 항고심에서 신청채권자가 신청을 취하하거나 신청채권자의 채권이 변제, 면제, 그 밖의 사유로 소멸하였다는 사정만으로는 항고법원이 제1심의 파산선고 결정을 취소할 수 없다. 따라서 이 사건 제1심의 파산선고 결정 후에 이 사건 신청채권자가 신청을 취하하고 그 채권이 변제되었다 하더라도 파산선고 결정을 취소할 사유가 되지 못하므로, 원심이 제1심 결정을 유지한 것은 정당하다(대법원 2012. 3. 20.자 2010마224 결정[14])"라고 판시하여 파산선고 후에는 원칙적으로 파산신청을 취하할 수 없다는 점을 분명히 하였다.

파산신청을 한 자는 파산선고 전이라면 파산신청을 취하할 수 있다. 신청취하에 의하여 파산신청절차는 소급적으로 소멸하게 되고 사건은 종료한다. 파산신청으로 인한 재판상 청구로서의 시효중단 된 실체법상 효과도 소멸하지만(민법 제171조), 소위 재판상 최고로서의 효력은 인정된다는 점은 앞의 "파산신청의 효력"에서 살펴본 바 있다.

7. 파산선고와 재산명시

재산명시는 금전채권의 실효성을 확보하기 위하여 금전채무를 이행하지 않는 채무자에 대한 재산탐색 수단으로 도입된 제도로서 금전집행 실행의 준비를 위한 독립적인 민사집행 절차이다. 그런데 채무자에 대하여 파산선고가 있게 되면 파산채권자는 개별적 권리행사가 금지되어 파산절차에 참가해서만 만족을 얻을 수 있고(법 제423조, 제424조), 이미 개시되어 있는 강제집행이나 보전처분은 실효되는바(법 제348조), 파산선고 후에 재산명시 신청을 허용하거나 또는 계속 중인 재산명시절차의 속행을 허용하는 것은 위 개별적 권리행사금지원칙에 저촉된다 할 것이다. 또한 파산선고 후에는 채권자의 개별적 금전집행의 실행이 금지되기 때문에 파산채권 또는 재단채권에 기한 새로운 재산명시 신청을 허용하거나 또는

14) 채권자가 2006. 7. 28. 채무자에 대하여 파산을 신청하였고, 2008. 3. 20. 파산선고가 내려지자 채무자가 2008. 4. 10. 항고를 하는 한편 신청채권자에 대한 채무를 변제하였다. 그러자 채권자는 2008. 5. 21. 파산신청을 취하하였다. 그럼에도 항고법원은 "제1심의 파산선고 후에 채권자가 신청을 취하하고 그 채권을 변제받았다고 하더라도 파산선고를 취소할 사유는 되지 못한다"라는 이유로 항고를 기각한 사건이다.

계속 중인 재산명시절차를 속행할 실익도 없다.

채무자회생법은 파산선고로 인하여 재산명시절차가 실효되는지 여부에 대하여 규정을 두고 있지 않다.[15] 그렇지만 재산명시신청권자는 금전의 지급을 목적으로 하는 집행권원에 기초하여 강제집행을 개시할 수 있는 채권자이다(민사집행법 제61조 제1항). 그런데 파산선고 결정으로 채무자에 대한 강제집행은 그 효력을 잃게 되므로 강제집행의 준비를 위한 민사집행절차인 재산명시명령도 그 효력을 잃는다고 할 것이다. 뿐만 아니라 채무자가 재산명시 신청사건의 재산명시명령에 따라 실시된 명시기일에 정당한 사유 없이 출석하지 아니하여 법원이 채무자에 대하여 감치결정을 하였더라도, 그 후 채무자에 대하여 파산선고결정이 있다면 재산명시명령은 위 파산선고결정으로 효력을 잃게 되고, 감치결정은 효력을 잃은 재산명시명령에 기인한 결정이 되었으므로 법원은 감치결정을 취소하여야 할 것이다. 한편, 실무상으로는 법원이 채무자에 대하여 재산명시명령을 한 뒤 채무자에 대한 파선선고사실을 알게 된 경우에 재산명시명령을 취소하고 채권자의 재산명시신청을 기각하는 사례와 면책사건 결과를 확인하기 위해 재산명시기일을 추정하는 사례가 보인다.

15) 일본의 현행 파산법은 "파산절차개시의 결정이 있은 때는 파산채권 또는 재단채권에 기한 재산개시절차의 신청은 할 수 없고, 파산채권 또는 재단채권에 기한 재산개시절차는 그 효력을 잃는다(법 제42조 제6항)"라고 하여 파산선고 후에는 재산개시절차의 신청이 금지되고, 계속 중인 재산개시절차가 실효된다는 명문의 규정을 두었다.

제4장 파산절차의 관계인

제4장 파산절차의 관계인

제1절 파산절차의 기관

파산절차의 기관에는 대표적으로 파산관재인, 채권자집회, 감사위원 등이 있다.

1. 파산관재인

파산절차의 목적은 채권자 기타 이해관계인의 이해 및 채무자와 채권자의 이해관계를 적절히 조정하고, 채무자 재산의 적정하고 공평한 청산을 도모함과 동시에 채무자에 대해서 경제생활의 재기의 기회 확보를 꾀하는 데 있다. 파산관재인은 파산절차를 수행하기 위하여 필수적이고 가장 중요한 기관이다.

파산관재인은 관리위원회의 의견을 들어 파산선고와 동시에 법원에 의하여 선임된다(법 제312조, 제355조). 법인도 파산관재인이 될 수 있다. 이 경우 그 법인은 이사 중에서 파산관재인의 직무를 행할 자를 지명하고 법원에 신고하여야 한다(법 제355조 제2항). 파산관재인은 원칙적으로 1인으로 하지만, 법원이 필요하다고 인정하는 때에는 여럿의 파산관재인을 선임할 수 있다(법 제356조). 파산관재인이 여럿인 때에는 공동으로 그 직무를 행한다. 그러므로 공동관재인들은 공동명의로 법률행위를 하여야 하고, 법원에 대한 허가신청도 공동으로 하여야 한다. 이 경우 공동관재인들은 법원의 허가를 받아 직무를 분장할 수 있다(법 제360조 제1항). 그러나 제3자로서는 여럿인 파산관재인 중 한 사람에 대하여 의사표시를 하여도 효과가 있다(법 제360조 제2항).

파산관재인의 권한과 직무는 크게 ① 파산재단에 속하는 재산의 관리처분권에 기하여 파산재단에 속하는 재산을 관리 · 환가하는 것, ② 배당을 받을 파산채권자의 범위와 채권액을 확정하는 것, ③ 배당을 실시하는 것, ④ 채권자집회에 그 직무의 보고를 하는 것, ⑤ 그 밖에 파산절차에 부수하는 업무를 하는 것으로 나눌 수 있다. 이중 파산관재인의 직무의 근본은 채무자의 재산을 채권자에게 공평하게 분배하는 것이다. 파산관재인은 파산절차의 목적을 실현하기 위하여 파산재단의 관리처분권한을 구사하고, 파산재단에 속하는 재산의 환가 · 회수업무를 수행한다. 재산을 환가하여 금전으로 배당하는 점은 금전채권의 강제집행과 유사하지만, 파산관재인이 회생법원의 감독아래 전체 파산채권자를 위해 파산재단에 속하는 모든 재산을 관리 · 환가하여 채권자에게 평등하게 배당을 하는 점은 강제집행과 다르다. 파산관재인이 부동산의 매각이나 소제기 등의 행위를 할 때에는 회생법원의 허가를 받아야 한다(법 제492조 참조). 파산관재인은 채무자가 파산채권자를 해하는 것을 알면서 한 행위의 효력이나 채무자가 지급불능이 된 후에 특정채권자에 대해서 한 변제 · 담보제공의 효력 등을 부인할 수 있다(법 제391조 이하). 이러한 부인권은 채무자의 재산을 원상으로 회복하기 위해 파산관재인에게 인정된 강력한 권한이다.

파산관재인은 이처럼 채권자를 위한 직무뿐 아니라 채무자의 경제생활의 재기에 대해서도 직무를 담당한다. 즉, 파산절차는 채무자 재산 등의 적정하고 공평한 청산뿐 아니라 채무자에게 경제적 재기와 갱생의 기회를 부여하고자 하는 데에 그 목적이 있으므로, 파산관재인은 채무자의 경제적 갱생에도 주의를 기울여야 한다.

파산관재인은 정당한 사유가 있는 때에는 법원의 허가를 받아 사임할 수 있다(법 제263조). 법원은 채권자집회의 결의, 감사위원의 신청에 의하거나 직권으로 파산관재인을 해임할 수 있고, 이 경우 법원은 그 파산관재인을 심문하여야 한다(법 제364조 제1항). 파산관재인이 파산재단에 속하는 재산의 관리 및 처분을 적절히 수행하지 않을 때, 비위행위(파산재단 금원의 사적인 유용 등)나 중대한 직무태만(관재업무의 장기간 방치 등)이 해임사유에 해당한다 할 것이다. 파산관재인의 해임결정에 대하여는 즉시항고를 할 수 있다(같은 조 제2항). 그러나 위 즉시항고는 집행정지의 효력은 없다(같은 조 제3항).

2. 파산관재인대리

구 파산법에서는 파산관재인은 「임시고장이 있는 경우」에 법원의 인가를 얻어서 자기의 책임으로써 대리인을 선임할 수 있다고 규정하였다(구 파산법 제155조). 그러나 파산사건이 대규모인 경우나 파산관재인의 업무가 복잡다기한 경우에는 임시고장의 유무와 상관없이 파산관재인이 대리인을 선임할 필요성이 크다. 그래서 채무자회생법은 파산관재인에게 「임시고장이 있는 경우」뿐 아니라 파산관재인이 필요한 때에 법원의 허가를 받아 대리인을 선임할 수 있도록 규정하였다(법 제362조 제1, 2항). 채무자가 법인인 경우에는 파산관재인의 대리인 선임에 대하여 법원의 허가가 있는 때에는 법원사무관 등은 직권으로 지체 없이 촉탁서에 결정서의 등본을 첨부하여 대리인의 선임에 관한 등기를 촉탁하여야 하고, 대리인의 선임에 관한 허가가 변경 또는 취소된 때에도 또한 같다(법 제362조 제3항).

파산관재인대리는 파산관재인이 자기의 책임으로 선임한다. 그러므로 일반적으로 파산관재인과 파산관재인대리 사이에는 위임계약이 체결된다. 파산관재인대리가 선임되면 실질적으로는 파산관재인이 추가로 선임된 경우와 다름이 없고, 게다가 복수의 파산관재인이 있는 경우의 번잡함도 피할 수 있는 효과가 있다. 수인의 파산관재인을 선임하여 직무분장을 하는 것보다는 1인의 파산관재인 아래 수인의 관재인대리를 두고 직무를 분장케 하여 지휘총괄하는 편이 신속하고 효율적이며, 또한 지휘명령관계를 애매하게 하지 않는 점에서도 우수하다. 수인의 파산관재인대리를 선임하여 직무를 분담시킨 경우에 그 직무의 분담은 대내적인 효력밖에 없고, 그 직무권한에 부가된 제한으로써 선의의 제3자에게 대항할 수 없다.

파산관재인대리는 파산관재인에 갈음하여 재판상 또는 재판 외의 모든 행위를 할 수 있다(법 제362조 제4항). 파산관재인대리는 관재인의 직무 전체에 대해서 포괄적 권한을 갖고, 상시적 · 계속적으로 관재인을 대신하여 관재인의 직무를 행할 수 있다. 그러한 의미에서 실무상 상치(常置)대리인이라고 불린다. 단, 권한의 범위를 특정한 개별대리도 가능하다고 해석된다. 파산관재인대리는 관재인의 책임으로 선임되기 때문에 회생법원의 직접적인 감독에 복무하지 않지만, 회생법원은 관재인을 통해서 간접적으로 감독한다.

3. 채권자집회

파산절차는 파산관계인 사이에 재산상태의 공정 · 공평한 조정을 목적으로 하지만, 그 중에서도 파산채권자에게 중대한 이해관계를 미치기 때문에 채무자회생법은 채권자의 의사를 파산절차에 반영하기 위하여 채권자집회를 인정한다. 법원은 파산선고와 동시에 제1회 채권자집회의 기일을 정하여야 하고, 이 경우 그 기일은 파산선고를 한 날부터 4월 이내이어야 한다(법 제312조 제1항 제2호). 다만, 위 기간규정은 훈시규정이다.

채권자집회는 채무자 및 그 대리인 등에게 파산에 관하여 필요한 설명을 요청하고 설명을 들을 권한을 갖고(법 제321조), 채권자집회의 결의로 파산관재인을 해임할 수 있으며(법 제364조), 영업의 폐지 또는 계속, 고가품의 보관방법에 관하여 결의를 할 수 있다(법 제489조). 그리고 파산관재인은 파산선고에 이르게 된 사정과 채무자 및 파산재단에 관한 경과 및 현상에 관하여 제1회 채권자집회에 보고하여야 하고(법 제488조), 채권자집회가 정하는 바에 따라 채권자집회에게 파산재단의 상황을 보고하여야 하며(법 제499조), 임무가 종료한 때에는 지체 없이 채권자집회에 계산의 보고를 하여야 한다(법 제365조). 법원은 파산선고 후에 파산재단으로써 파산절차의 비용을 충당하기에 부족하다고 인정되는 때에는 파산관재인의 신청에 의하거나 직권으로 파산폐지결정을 하여야 하는데, 이 경우 법원은 채권자집회의 의견을 들어야 한다(법 제545조 제1항).

4. 감사위원

감사위원은 파산절차에서 파산채권자 전체의 권리를 보호하기 위하여 채권자집회에서 선임되어 파산관재인의 직무집행을 감시하고 보조하는 것을 업무로 하며, 감사위원이 3인 이상 있는 경우에 감사위원의 직무집행은 그 과반수의 찬성으로 결정하는 합의제기관이다(법 제378조 제1항).

감사위원은 제1회 채권자집회에서 그 설치가 필요하다는 제안이 있는 경우에는 그 설치 여부 및 감사위원의 수를 의결할 수 있다. 다만, 제1회 후의 채권자집회에서 그 결의를 변경할 수 있다(법 제376조). 감사위원은 채권자집회에서 선임하며, 법률이나 경영에 관한 전문가로서 파산절차에 이해관계가 없는 자이어야 한다. 위 감사위원 선임의 결의는 법원의 인가를 받아야 한다(법 제377조).

감사위원의 직무는 파산관재인의 직무집행을 감사하는 것이다(법 제379조 제1항). 그러므로 각 감사위원은 언제든지 파산관재인에게 파산재단에 관한 보고를 요구하거나 파산재단의 상황을 조사할 수 있고(같은 조 제2항), 파산채권자에게 현저하게 손해를 미칠 사실을 발견한 때에는 지체 없이 법원 또는 채권자집회에 보고하여야 한다(같은 조 제3항). 그 결과로서 감사위원은 법 제365조 제3항에 근거하여 파산관재인의 계산보고서에 붙여 의견서를 채권자집회에 제출한다든지, 파산관재인의 해임을 법원에 신청한다든지(법 제364조 제1항), 필요한 경우에 채권자집회의 소집을 법원에 신청할 수 있다(법 제367조). 또한 파산관재인이 법원의 허가사항 등 중요한 업무를 수행함에 있어서 감사위원의 동의를 얻어야 하는 경우가 많다(법 제491조, 제492조, 제500조, 제506조, 제515조 등).

그런데 채무자회생법은 파산재단에 속하는 재산액이 5억원 미만이라고 인정되는 때에는 법원은 파산선고와 동시에 간이파산의 결정을 하여야 하고(법 제549조 제1항), 간이파산의 경우에는 감사위원을 두지 아니한다(법 제553조)고 규정하고 있다. 그러므로 개인파산 사건의 경우에 파산재단에 속하는 재산액이 5억원 이상인 경우가 매우 드물기 때문에 실무상 감사위원이 설치되는 경우는 거의 없다. 한편, 일본의 현행 파산법은 과거 구법과 달리 감사위원제도를 폐지하였다. 구법은 채권자의 이익을 대표하여 파산관재인의 업무집행을 감독한다는 이념 아래 감사위원제도를 두었지만, 실제로는 파산관재인의 기동적인 업무집행에 방해가 되거나 법원에 의한 감독에 방해가 되는 등의 이유와 채권자들의 저조한 관심이 맞물려서 실무상 거의 이용되지 않았다. 그래서 현행법에서는 이러한 실정을 감안하여 감사위원제도를 폐지하여, 파산관재인에 대한 감독권은 법원이 행사하는 것으로 하고, 채권자는 채권자집회나 채권자위원회를 통해서 간접적으로 파산관재인의 업무집행을 감시하는 것으로 하였다.[1)]

5. 관리위원회

파산절차를 적정 · 신속하게 진행하기 위하여 대법원규칙이 정하는 회생법원에 관리위원회를 둔다(법 제15조). 관리위원회는 법원의 지휘를 받아 파산관재인의 선임에 대한 의견의 제시, 파산관재인의 업무수행의 적정성에 관한 감독 및 평가, 채권자집회와 관련된 업무, 그 밖에 대법원규칙 또는 법원이 정하는 업무를 행한다(법 제17조 제1항). 대법원규칙 제22조는 파산관재인의 부인권 행사, 파산채권에 관한 이의 제출에 관한 지도 또는 권고를 관리위원회가 수행하여야 할 업무로 규정하고 있다. 관리위원회는 위 업무를 효율적으로 수행하기 위하여 관리위원에게 업무의 일부를 위임할 수 있고(법 제17조 제2항), 법원은 위 규정에 의하여 업무를 수행하는 관리위원이 그 업무를 수행하는 것이 적절하지 아니하다고 인정하는 때에는 관리위원회에 그 업무를 다른 관리위원에게 위임할 것을 요구할 수 있다(법 제17조 제3항). 관리위원회가 설치되어 있지 아니한 때에는 법원은 관리위원회의 의견을 듣지 않고도 파산관재인을 선임할 수 있다(법 제17조 제4항). 법원은 파산절차에 관한 허가사무를 관리위원에게 위임할 수 있다. 이 경우 위임의 범위 · 절차 등에 관하여 필요한 사항은 대법원규칙으로 정한다(법 제18조). 파산절차에 관한 허가사무 중 법원이 관리위원

1) 伊藤 眞, 破産法 · 民事再生法(제2판), 有斐閣(2009), 137면 각주 3번 참조.

에게 위임할 수 있는 허가사무는 ① 동산의 임의매각, ② 채권 및 유가증권의 양도, ③ 법 제335조 제1항의 규정에 의한 이행의 청구, ④ 그 밖에 법원이 지정하는 허가사무이다(대법원규칙 제29조 제2항). 법원의 관리위원에 대한 허가사무의 위임은 결정으로 하여야 하고, 위임의 범위는 가액 또는 종류별로 구분하여 위임하되 위임의 범위가 명백하도록 하여야 하며, 법원의 위임에 관한 결정은 관리위원 및 파산관재인에게 송달하여야 한다. 법원은 위임에 관한 결정을 변경하거나 취소할 수 있다(대법원규칙 제30조). 관리위원은 법원으로부터 위임받아 수행한 허가사무의 처리 결과를 매월 법원에 보고하여야 한다(대법원규칙 제31조). 법원의 위임을 받아 관리위원이 행한 결정 또는 처분에 불복하는 자는 관리위원에게 이의신청서를 제출하여야 한다. 이의신청은 ① 이의신청인의 성명 및 주소, ② 이의신청의 대상이 되는 결정 또는 처분을 한 관리위원의 성명, ③ 이의신청의 대상이 되는 결정 또는 처분의 내용, ④ 이의신청의 취지 및 이유를 기재한 서면으로 하여야 하며, 신청인이 이의신청의 대상이 되는 결정 또는 처분과 이해관계가 있음을 소명하는 자료를 첨부하여야 한다(대법원규칙 제32조). 위 이의신청은 집행정지의 효력이 없다. 관리위원은 이의신청이 이유있다고 인정하는 때에는 지체 없이 그에 따른 상당한 처분을 하고 이를 법원에 통지하여야 하며, 이의신청이 이유없다고 인정하는 때에는 이의신청서를 제출받은 날부터 3일 이내에 이의신청서를 법원에 송부하여야 한다. 법원은 이의신청서를 송부받은 때에는 이유를 붙여 결정을 하여야 하며, 이의신청이 이유있다고 인정하는 때에는 관리위원에게 상당한 처분을 명하고 그 뜻을 이의신청인에게 통지하여야 한다(법 제19조). 관리위원회의 운영에 관하여 필요한 사항은 대법원규칙에서 정한 것 외에 관리위원회의 의결을 거쳐 위원장이 정한다(대법원규칙 제33조).

제2절 파산관재인의 선임

1. 피선임자격

파산관재인에 누구를 선임할지는 법원에 맡겨져 있다. 법원은 직무수행에 적합한 자를 관리위원회의 의견을 들어 선임한다(법 제355조 제1항). 파산관재인의 피선임자격에 대해서는 법률상 특별한 제한이 없다. 이처럼 관련 법령에서 파산관재인의 자격을 제한하고 있지 않기 때문에 공인회계사, 법무사 등 다양한 전문영역 종사자의 관여를 인정해야 한다는 의견이 있다. 수원지방법원의 경우에는 파산관재인의 자격을 '경기중앙지방변호사회 소속 변호사 및 한국공인회계사회 소속 공인회계사'로 정하고 있고, 실제 공인회계사가 파산관재인으로 선임되어 활동 중이다.

그런데 일반적으로는 파산관재인이 하는 업무에는 채권조사확정재판, 부인소송, 각종 소제기 등의 업무가 수반되고, 면책불허가사유의 조사 · 판단은 법의 해석 · 적용의 영역이므로 법률적인 전문지식이나 공정 · 중립성이 요구되기 때문에 당해 법원의 관할 내에 사무소를 개설한 변호사를 파산관재인에 선임하는 것이 통례이다. 파산관재인은 1인으로 하지만, 사안의 복잡성에 따라 법원이 필요하다고 인정하는 때에는 여럿의 파산관재인을 선임할 수 있다(법 제356조). 법인도 파산관재인이 될 수 있다. 구 파산법하에서는 규정이 없었기 때문에 법인도 파산관재인이 될 수 있는지 의문이 있었다. 그런데 채무자회생법은 명문의 규정을 두어 이를 긍정하였다. 법인을 파산관재인으로 선임할 경우에는 그 법인은 이사 중에서 파산관재인의 직무를 행할 자를 지명하고 법원에 신고하여야 한다(법 제355조 제2항). 지명된 자의 행위가 법인으로서의 파산관재인의 행위로 간주된다. 법인을 파산관재인에 선임할 수 있게 한 취지는 대기업의 파산사건에서 채무자의 사업이 계속되는 경우에는 파산관재인의 직무수행에 법률적 지식, 경영능력, 기업회계에 관한 지식이 필요하고, 이러한 각 방면에 대한 전문가를 보유하고 있는 법인을 파산관재인으로 선임할 수 있게 되면 대규모 · 복잡한 파산사건의 절차를 원활하게 진행할 수 있기 때문이다.

2. 선임증 교부

법원은 파산관재인을 선임한 때는 파산관재인에게 그 선임을 증명하는 서면을 교부하여야 한다(법 제357조 제1항). 파산관재인은 그 직무를 행하는 경우 이해관계인의 청구가 있는 때에는 제1항의 규정에 의한 서면을 제시하여야 한다(법 제357조 제2항).

파산관재인은 파산재단에 속하는 금전을 임치하기 위하여 금융기관에 파산관재인의 은행계좌를 개설하는 경우처럼 정형적이고 엄격한 증명이 필요한 경우에 위 증명서를 제시하게 된다. 실무상으로는 부인의 등기 신청시, 부인권 행사방법으로 소를 제기하는 경우나 파산선고에 따른 집행취소 신청을 하는 경우 또는 관할 세무서나 지방자치단체 등에 채무자가 체납한 재단채권을 조사하기 위해 공문을 보내는 경우 등 매우 다양한 직무수행 과정에서 파산관재인의 자격을 소명하기 위하여 선임증이 이용된다.

제3절 파산관재인의 법률상 지위

1. 파산관재인의 법적 지위

파산관재인은 법원에 의해서 선임되고, 법원의 감독에 복무한다. 또한 파산관재인은 채권자집회 및 감사위원을 통해서 채권자의 의사를 존중하면서 파산절차에 관해서 인정된 광범한 권능에 의해 자신의 책임 아래 법률상 · 사실상의 각종 행위를 함으로써 파산절차의 중심기관으로 절차를 수행한다. 즉, 파산관재인은 파산재단의 점유, 관리, 환가, 배당, 재단에 관한 소송의 수행, 재단채권의 변제, 상계권의 행사, 부인권의 행사, 채권조사기일에 이의제출 등을 자신의 책임아래 한다. 이러한 관재인의 법적 지위를 어떻게 이해할 것인지에 대해서 종래부터 논의가 있었다. 파산재단의 권리주체성의 유무, 재단채권의 채무자, 부인권의 주체 등의 문제도 이 문제에 관련되어 있다.

가. 직무설

직무설은 파산관재인에 선임된 사인(私人)이 그 직무로서 파산법상의 직무를 행사하는 것이라고 한다. 직무를 공법상의 것으로 볼 것인지, 사법상의 것으로 볼 것인지에 따라 국가기관설과 사법상의 직무설로 나뉜다. 파산관재인을 파산채권자를 위한 집행기관으로 파악한다.

나. 대리설

파산관재인을 실체적 권리주체의 대리인이라고 이해하는 견해이며, 그 권리주체를 채무자로 보는 채무자대리설, 파산관재인을 채권자의 대리인이라고 하는 채권자대리설 및 일부채무자 · 일부채권자대리설로 나뉜다. 그러나 현재는 지지를 받지 못하고 있다.

다. 국가기관 겸 사인대표설

파산관재인을 국가기관인 동시에 채권자단체를 대표하고, 채무자를 대리하는 자격을 가지는 자라고 이해한다.

라. 파산재단대표설

파산재단대표설은 재산의 집합체인 파산재단에 법인격을 인정하고 파산관재인을 그 대표기관이라고 한다. 부인권 등의 효과가 대표기관인 파산관재인의 행위를 통해서 파산재단에 귀속되는 점 등 각종의 법률관계를 모순 없이 설명할 수 있는 장점이 있지만, 법률규정이 없음에도 불구하고 파산재단에 법주체성을 인정할 수 있는지 의문이라는 비판이 있다.

마. 수탁자설

관재인은 채무자(신탁자)의 재산관계를 채권자 기타 이해관계인(수익자)을 위해 자기의 고유재산관계와 분별하면서 자기의 이름으로 관리처분하는 수탁자라는 견해이다.

대법원은 회생절차에서의 관리인을 채무자나 그의 기관 또는 대표자가 아니고 채무자와 그 채권자 등으로 구성되는 이른바 이해관계인 단체의 관리자로서 일종의 공적 수탁자에 해당한다고 본다(대법원 2015. 2. 12. 선고 2014도12753 판결, 대법원 2013. 3. 28. 선고 2010다63836 판결 등 참조). 위 대법원의 입장에 비추어 보면 파산관재인도 일종의 공적 수탁자에 해당한다 할 것이다.

바. 관리기구인격설

파산관재인의 지위를 파산재단의 관리기구로서의 그것과 그 담당자로서의 그것으로 나누고, 관리기구로서의 파산관재인은 파산재단의 관리처분권이 귀속되는 법주체이며, 개인인 파산관재인은 그 담당자라고 하는 견해로서 최근 유력설이다. 관리기구인격설은 파산채권자나 채무자로부터 독립하고, 파산법률관계의 주체가 되며, 파산실체법상의 각종의 권능을 행사하는 주체로서 파산관재인을 평가하는 점에서는 사법상의 직무설에 가깝지만, 선임된 사인과는 독립하여 파산재단의 관리기구인 파산관재인 그 자체에 법주체성을 인정한다는 점에 특징이 있다. 위 관리기구인격설을 전제로 하면, 파산관재인은 파산법률관계에 있어서도 채무자나 파산채권자와는 독립한 주체로 간주되고, 외부자와의 실체적 법률관계에 있어서도 독립한 법주체로 간주된다.

사. 소결

위 어느 견해를 취하는가에 따라 구체적인 문제에 있어서 결론에 차이가 생기는 점은 거의 없지만, 그 이론적인 타당성에 대해서는 좀 더 검토해 볼 필요가 있다. 파산절차개시 전에 채무자가 통정허위표시나 혹은 사기로 재산을 취득한 경우 관재인이 제3자성을 갖는가, 아니면 채무자의 지위를 승계하는가의 문제도 넓은 의미에서 파산관재인의 법적 지위의 문제이다.

2. 파산관재인의 제3자적 지위

파산절차에서 파산관재인은 채무자의 포괄승계인과 같은 지위를 가지는 한편, 채권자의 평등을 보호하고 공동의 이익을 위해 채무자의 재산을 관리하는 자로서 독립된 제3자로서의 지위도 가지게 된다(대법원 2014. 8. 20. 선고 2014다206563 판결).

따라서 채무자가 상대방과 통정한 허위의 의사표시를 통하여 가장채권을 보유하고 있다가 파산이 선고된 경우 그 가장채권도 일단 파산재단에 속하게 되고, 파산선고에 따라 채무자와는 독립한 지위에서 파산채권자 전체의 공동의 이익을 위하여 직무를 행하게 된 파산관재인은 그 허위표시에 따라 외형상 형성된 법률관계를 토대로 실질적으로 새로운 법률상 이해관계를 가지게 된 민법 제108조 제2항의 제3자에 해당한다(대법원 2003. 6. 24. 선고 2002다48214 판결; 대법원 2003. 6. 27. 선고 2002다35812 판결 등 참조). 파산관재인이 파산선고 전에 개인적인 사유로 채무자가 체결한 대출계약이 통정허위표시에 의한 것임을 알게 되었다고 하더라도 그러한 사정만을 가지고 파산선고시 파산관재인이 악의자에 해당한다고 할 수 없고, 채무자가 상대방 회사와 그 회사의 이사회의 결의가 없는 거래행위를 하였다가 파산이 선고된 경우 특별한 사정이 없는 한 파산관재인은 이사회의 결의를 거치지 아니하고 이루어진 상대방 회사와의 거래행위에 따라 형성된 법률관계를 토대로 실질적으로 새로운 법률상 이해관계를 가지게 된 제3자에 해당한다. 그 선의 · 악의도 파산관재인 개인의 선의 · 악의를 기준으로 할 수는 없고, 총파산채권자를 기준[2)]으로 하여 파산채권자 모두가 악의로 되지 않는 한 파산관재인은 선의의 제3자라고 할 수밖에 없다(대법원 2006. 11. 10. 선고 2004다10299 판결 등 참조). 또한 채무자가 부동산에 관하여 상대방과 체결한 계약에 따라 채무자 앞으로 소유권이전등기를 마친 후 그 계약이 해제되었으나 원상회복등기가 이루어지기 전에 채무자에 대해 파산이 선고되었다면 그 부동산은 일단 파산재단에 속하게 되고, 파산관재인은 민법 제548조 제1항 단서에서 말하는 계약 당사자와 양립하지 아니하는 법률관계를 갖게 된 제3자의 지위에 있게 된다(대법원 2014. 6. 26. 선고 2012다9386 판결).

2) 그러므로 채무자가 상대방 회사와 그 회사의 이사회 결의가 없는 거래행위를 하였다가 파산이 선고된 경우, 파산관재인은 그 거래행위에 관하여 새로운 법률상 이해관계를 가지게 된 제3자에 해당하므로, 상대방 회사가 거래의 무효를 파산관재인에 대하여 주장하려면 이사회 결의가 없었다는 것 외에 파산관재인 개인의 선의 · 악의를 기준으로 할 수는 없고 총파산채권자를 기준으로 하여 파산채권자 모두가 이사회의 결의가 없었음을 알았거나 이를 알지 못한 데 중대한 과실이 있음을 입증하여야 한다(대법원 2014. 8. 20. 선고 2014다206563 판결).

제5장 파산선고와 소송절차 및 집행절차

제5장 파산선고와 소송절차 및 집행절차

제1절 파산선고가 소송절차에 미치는 영향

1. 개 요

소송 당사자가 파산선고를 받은 때 또는 파산선고에 따른 파산재단에 관한 소송에서 파산절차가 해지된 때에는 소송절차가 중단된다(민사소송법 제239조, 제240조). 당사자가 파산선고를 받은 경우에는 파산관재인이 소송절차를 수계한다. 다만, 당사자가 파산선고를 받아 중단된 후 이에 따른 수계가 있기 전에 파산절차가 해지된 때에는 다시 중단의 문제가 생기는 것이 아니라 원래의 당사자가 당연히(수계신청 없이) 수계를 하게 된다(민사소송법 제239조 후문). 채무자회생법에 따라 파산재단에 관한 소송의 수계가 이루어진 뒤 파산절차가 해지된 때에도 소송절차는 중단되는데, 이 경우 파산선고를 받은 자(채무자)가 소송절차를 수계하여야 한다(민사소송법 제240조). 파산선고의 결정이 있는 때에는 다른 소송절차 중단사유와 달리 소송대리인이 있는 경우에도 소송절차는 중단된다(민사소송법 제238조, 239조).

채무자를 당사자로 하는 파산재단에 관한 소송은 크게 ① 파산재단에 속하는 재산(적극재산)에 관한 소송, ② 파산채권에 관한 소송(소극재산), ③ 재단채권에 관한 소송(소극재산)으로 구별된다. 어느 경우이든 소송절차는 중단되지만 그 후의 수계절차는 각 유형에 따라 다르다.

2. 파산재단에 관한 소송의 소장부본이 상대방에게 송달되기 전에 당사자 일방에 대하여 파산선고가 이루어진 경우

채무자회생법 제382조 제1항, 제384조에 따르면, 채무자가 파산선고 당시에 가진 모든 재산은 파산재단에 속하고, 파산재단을 관리 및 처분하는 권한은 파산관재인에게 속하므로,

파산관재인은 파산자의 포괄승계인과 같은 지위를 가지게 된다. 그러므로 파산관재인이 아닌 채무자를 상대로 제기한 소는 당사자적격이 없는 사람을 상대로 한 것이어서 부적법하다.

나아가 파산선고 전에 채권자가 채무자를 상대로 이행청구의 소를 제기하거나 채무자가 채권자를 상대로 채무부존재 확인의 소를 제기하였더라도, 만약 그 소장 부본이 송달되기 전에 채권자나 채무자에 대하여 파산선고가 이루어졌다면, 원고와 피고의 대립당사자 구조를 요구하는 민사소송법의 기본원칙상 실질적 소송관계가 이루어질 수 없어 특별한 경우를 제외하고는 적법하지 않으므로 각하되어야 하고, 이 경우 파산선고 당시 법원에 소송이 계속되어 있음을 전제로 한 파산관재인의 소송수계신청 역시 적법하지 않으므로 허용되지 않는다(대법원 2018. 6. 15. 선고 2017다289828 판결[1]).

이처럼 채무자가 파산선고를 받고 파산관재인이 선임된 때에는 파산재단을 관리 및 처분하는 권한은 파산관재인에게 속하고(법 제384조), 파산재단에 관한 소송에서는 파산관재인이 당사자가 된다(법 제359조). 그런데 채무자에 대한 파산선고 후에 파산폐지의 결정이 내려지고 그대로 확정되면, 채무자는 파산재단의 관리처분권과 파산재단에 관한 소송의 당사자적격을 회복한다. 이러한 사정은 직권조사사항으로서 당사자가 주장하지 않더라도 법원이 직권으로 조사하여 판단하여야 하고, 사실심 변론종결 이후에 당사자적격 등 소송요건이 흠결되거나 그 흠결이 치유된 경우 상고심에서도 이를 참작하여야 한다(대법원 2017. 2. 9. 선고 2016다45946 판결[2], 대법원 2010. 11. 25. 선고 2010다64877 판결 참조).

1) 원고가 피고를 상대로 채무부존재 확인의 소를 제기하였는데 그 소장부본이 송달되기 전에 원고에 대해 파산이 선고되었고 파산관재인이 소송수계신청을 한 사건에서, 파산재단에 관한 소송에서 채무자인 원고는 당사자적격이 없으므로, 위 소는 부적법한 것으로서 각하되어야 하고, 파산선고 당시 법원에 소송이 계속되어 있음을 전제로 한 파산관재인의 소송수계신청 역시 부적법하다고 판단하여 상고를 기각한 사례이다.

2) 파산선고 후 파산채무자가 채권자를 상대로 공정증서에 기한 채무부존재확인을 구한 사건에서, 원심은 당사자적격이 없는 원고에 의해 제기되어 부적법하다는 이유로 각하 판결을 하였는데, 대법원은 원심판결 후에 원고가 파산폐지결정을 받아 그 폐지결정이 확정된 사실을 인정하고, 이에 의하면 원고는 파산재단에 관한 소송인 위 채무부존재확인의 소를 제기할 수 있게 되었고, 이와 같은 소송요건은 직권조사사항으로 상고심에서도 그 치유를 인정하여야 하므로 원심판결은 더 이상 유지될 수 없어 파기하고 사건을 원심법원에 환송하였다.

3. 중단된 소송의 수계요부(要否)

가. 파산재단에 속하는 재산(적극재산)에 관한 소송

(1) 소송의 종류

채무자가 일방 당사자로서 그 재산에 관한 소송계속 중에 채무자에 대하여 파산선고가 있을 때에는 당해 재산이 파산재단에 속하는 한 소송은 중단된다. 법 제335조 제1항의 규정에 의하여 쌍무계약에 관하여 파산관재인이 채무를 이행하는 경우에 상대방이 가지는 청구권에 관한 소송의 경우에도 또한 같다(법 제347조 제1항). 파산재단(법 제347조 제1항의 파산재단이란 현유재단이라고 해석하는 것이 일본의 통설이다[3]))에 속하는 재산에 관한 소송이란 파산재단의 증감, 귀속에 관한 소송을 말한다. 파산재단에 속하는 재산에 관한 소송으로는 크게 ① 채무자가 원고로서 제기한 재산권에 근거한 소송과 ② 채무자가 피고로 소를 제기당한 파산재단에 속하는 재산권의 귀속을 둘러싼 소송이 있다. 전자는 승소를 하면 파산재단의 증식으로 연결되고, 후자의 경우에는 승소하면 파산재단의 감소를 면하거나 또는 부담의 증대를 막게 된다. 전자의 예로는 채무자가 원고로서 제기한 이행소송 또는 확인소송(예컨대 저당권부존재확인소송)이 있고, 후자의 예로는 제3자가 채무자를 피고로 하여 제기한 현유재단에 속하는 재산권의 귀속을 다투는 환취권(예컨대 소유권에 기한 인도청구소송) 또는 별제권에 관한 소송이 있다.

파산자의 채무자가 파산자를 상대로 제기한 채무부존재확인을 구하는 소송도 파산재단에 관한 소송 중 파산재단에 속하는 재산에 관한 소송에 해당하므로, 이에 관한 소송절차는 파산자에 대한 파산선고로 당연히 중단된다(대법원 1999. 12. 28. 선고 99다8971 판결). 채무자에 의하여 행하여지고 있는 행정소송도 재산관계(예컨대 세무소송, 토지수용을 다투는 소송)의 것은 중단된다. 예컨대 취득세 등 부과 및 액수를 다투는 소송(대법원 2021. 5. 7. 선고 2020두58137 판결), 과징금 부과 및 액수를 다투는 소송(대법원 2012.9. 27. 선고 2012두11546 판결)이 여기에 해당한다. 그런데 영업에 관한 면허나 허가의 거절을 다투고 있는 채무자가 파산한 경우에는 소의 이익이 없으므로 관재인에 의하여 수계되지 않는다고 해석된다.

---

3) 竹下守夫 외, "大コンメンタール破産法", 青林書院(2007년), 181면.

한편, 파산재단에 관계가 없는 소송, 예컨대 채무자가 자연인인 경우의 이혼(이혼소송에 재산분할청구가 병합되어 있어도 재산분할은 이혼을 원인으로 하는 것이므로 중단되지 않고 수계만이 문제된다[4]) 기타 개인의 신분 관계의 확정이나 형성을 목적으로 하는 소송, 자유재산(압류금지재산, 채무자가 파산선고 후 새로 취득한 재산 등)에 관한 소송, 채무자가 법인인 경우의 회사설립무효의 소송, 회사해산의 소송, 합병무효의 소송, 채무자에 대한 주주지위 확인의 소, 주식의 명의개서 청구의 소, 주주총회 결의의 효력에 관한 소송 등 순전히 법인의 사단적 · 조직법적 사항에 관한 소송절차는 파산선고 결정이 있더라도 중단되지 않는다.

(2) 수계 신청권자

파산재단에 속하는 재산에 관하여 파산선고 당시 법원에 계속되어 있는 소송은 파산관재인 또는 상대방이 이를 수계할 수 있다. 파산관재인은 수계 신청권을 갖지만 수계의무는 없다. 단, 상대방도 파산관재인에 대해서 수계신청을 할 수 있는데, 이는 상대방으로서는 소송의 상대편인 채무자의 파산이라는 우연한 사건에 의해 그 때까지의 소송수행의 결과가 부질없게 되는 것을 수인해야 할 이유가 없기 때문이다. 이 경우 파산관재인은 수계를 거절할 수 없다. 소송을 수계한 파산관재인은 수계시까지의 소송상태에 구속된다. 불리한 것이라도 중단 시의 소송상태에 구속된다. 예컨대, 채무자가 제출할 수 없게 된 공격방어방법은 파산관재인도 제출할 수 없고, 채무자가 한 자백의 구속력도 받는다. 상대방으로 하여금 그 때까지의 소송수행의 결과가 수포로 돌아가는 것을 수인케 할 이유가 없기 때문이다. 단, 파산관재인은 부인권의 행사 등 고유한 공격방어방법을 행사할 수 있다.

(3) 소송비용의 부담

법 제347조 제2항은 "제1항의 규정에 의한 소송비용은 재단채권으로 한다"고 규정하

---

4) 이러한 견해와 달리 신분관계에 관한 소송절차도 그 진행을 멈추고 중단된 재산관계에 관한 소송절차가 수계된 뒤에 병합하여 심리를 진행하여야 한다는 견해도 있다. 그런데 어느 견해에 의하더라도 재산분할청구권은 권리자가 파산한 때는 "파산선고 전에 생긴 원인으로 장래에 행사할 청구권"으로서 파산재단에 속하고, 의무자가 파산한 때에는 재산분할청구권은 파산채권이 되며, 적어도 청구의 의사표시를 한 뒤의 재산분할청구권은 행사상의 일신전속권은 아니라고 해석되므로, 재산분할심판 중에 권리자와 의무자 어느 한쪽이 파산하는 경우 파산관재인이 당사자가 되어 파산관재인이 소송절차를 수계하게 된다.

고 있는데, 이는 파산관재인이 패소한 경우에 상대방이 갖는 소송비용청구권이 수계 전의 비용까지 포함하여 재단채권으로서 취급된다는 의미이다. 제1심에서 상대방이 승소하여 제1심의 소송비용이 채무자의 부담으로 된 뒤 항소심 계속 중에 파산절차가 개시되고, 파산관재인이 수계한 항소심에서도 상대방이 승소한 때는 제1심 및 항소심의 비용 전액이 재단채권이 된다. 학설은 승소한 상대방의 소송비용청구권을 재단채권으로 한 근거에 대하여 파산관재인이 승소하면 소송비용은 당연히 상대방이 부담한다는 점과 파산관재인이 파산재단에 속하는 재산에 관한 소송을 수계하는 것은 파산재단의 증식 혹은 파산재단의 감소를 면하거나 파산재단의 부담이 증대되는 것을 막기 위한 것이므로 결과적으로 파산관재인이 패소하였더라도 파산채권자의 공동의 이익을 위한 것이었다고 평가할 수 있다는 점에서 찾고 있다. 회생절차에 관한 것이지만, 대법원은 "채무자 회생 및 파산에 관한 법률 제59조 제2항 전문에 따라 관리인이 중단된 회생채무자의 재산에 관한 소송절차를 수계한 경우, 상대방이 소송에서 승소한 경우에 회생채무자에 대하여 가지는 소송비용 상환청구권은 채무자회생법 제59조 제2항 후문에 의하여 관리인이 소송절차를 수계한 이후의 소송비용뿐만 아니라 관리인의 소송수계 이전에 회생채무자가 소송을 수행한 때의 소송비용까지 포함하여 공익채권으로 된다"라고 판시하였다(대법원 2016. 12. 27.자 2016마5762 결정). 이는 파산절차에서도 타당하다 할 것이다. 재단채권이 되는 소송비용의 구체적인 금액은 소송비용액의 확정절차(민소법 제110조)를 통하여 정해진다.

(4) 채권자의 소송비용 부담 및 확정 신청에 대한 실무례

파산재단에 관한 소송에서는 파산관재인이 당사자가 되지만(법 제359조), 채무자에 대한 파산선고 후에 파산폐지의 결정이 내려지고 그대로 확정되면, 채무자는 파산재단의 관리처분권과 파산재단에 관한 소송의 당사자적격을 회복한다. 나아가 소송비용액 확정 절차는 본안에 부수하여 이루어지는 절차이므로, 위와 같이 파산폐지결정 확정에 따라 당사자적격이 회복된 채무자는 파산관재인의 승계인으로서 소송비용액 확정 절차의 당사자가 된다.

서울중앙지방법원 2020. 3. 19.자 2019라1109 결정은 파산관재인이 채권자를 상대로 채무자 소유의 부동산에 대한 경매사건에서 당해 채권자 앞으로 배당된 배당금이 파산재단으로 귀속되어야 한다는 내용의 본안소송을 제기하였다가 소송 진행 중에 승소가능성이 없다고 보아 소를 취하하였고, 이후 채무자에 대한 파산절차가 비용부족으로 인해 폐지 · 확정되었는데, 채권자가 채무자를 상대로 소송비용 부담 및 확정 신청을 하여 인용되자 채무자가 이에 불복하여 "채권자의 소송비용은 재단채권으로서 파산절차에서 배당받아야 할 것이지 파산폐지 이후 채무자가 부담하여야 할 성질의 것이 아니고, 파산폐지로 인해 파산재단에서 채권자의 소송비용액을 부담할 수도 없고, 본안소송을 제기하지도 않은 채무자가 소송비용을 부담할 이유도 없으므로 채권자의 소송비용 부담 및 확정 신청은 부적법하다"며 제기한 항고에 대하여 위와 같은 법리를 근거로 기각하였다.[5)]

나. 파산채권에 관한 소송(소극재산)

파산채권에 관한 소송이란 채권자가 채무자에 대해서 채권의 변제를 구하는 급부소송을 제기한다든지, 역으로 채무자가 채권자에 대해서 채무부존재확인소송을 제기하는 경우이다. 파산절차는 이른바 포괄집행이다. 채무자에 대하여 파산선고가 있으면 파산채권자의 개별적인 권리행사는 금지되고 파산채권은 파산절차에 의하지 아니하고는 행사할 수 없다(법 제424조). 그러므로 채권자가 파산선고 후에 비로소 제기한 파산채권에 관한 소송은 채무자에 대한 소송뿐만 아니라 파산관재인에 대한 소송 제기도 부적법하다. 채무자회생법은 그 대체수단으로 소송과는 별도의 파산채권의 신고 및 조사 등의 프로세스를 구비하고 있으므로 파산채권자는 채무자회생법상의 권리확정수단인 채권조사 · 확정절차를 거쳐야 한다.

파산선고 시에 파산채권에 관한 소송이 계속 중인 경우에는 파산채권자는 채무자회생법에 특별한 규정이 있는 경우를 제외하고는 파산절차에 의해서만 파산채권을 행사할 수 있기 때문에, 채무자를 당사자로 하는 파산채권에 관한 소송은 중단된다. 그러므로 채무자가 채권자를 상대로 채무의 존재를 다투는 소송도 소송계속 중에 채무자에 대한 파산선고가 있는 때에는 그 소송절차는 중단된다(대법원 2020. 6. 25. 선고 2019다246399 판결[6)]). 그러나 파산관재인은 중단된 파산채권에 관한 소송 모두에 대해서 수계할 것은 아니고 파산채

---

5) 채무자는 위 항고심 결정에도 불복하여 재항고를 하였으나 대법원은 심리불속행 기각하였다(대법원 2020. 7. 14.자 2020마5553 결정).

6) 한편, 위 대법원 판결에 따르면 채무자가 원고로서 채권자를 상대로 채무의 존재를 다투는 소송계속 중에 파산을 선고받아 제1심의 소송절차가 중단되었음에도 제1심이 이를 간과한 채 소송절차를 진행하여 판결을 선고하였고, 채무자가 적법한 수계절차를 거치지 않은 채 항소권한 없이 항소를 제기하였더라도, 항소심 계속 중에 파산절차가 해지되면 채무자가 소송을 당연히 수계하고, 채무자가 선임한 소송대리인이 항소심에서 소송절차 수계신청을 하고 항소제기 등의 하자가 치유되었다고 변론하는 경우 채무자가 제1심 및 원심에서의 종전 소송절차는 모두 추인하였고 볼 수 있으므로 항소는 그 제기 시에 소급하여 효력이 있게 된다.

권의 신고 및 조사 프로세스를 거쳐 파산채권의 확정에 필요한 한도에서 수계하면 족하다. 즉, 파산채권의 존부 및 금액에 대한 확정절차가 채무자회생법에 정해져 있으므로 파산관재인은 상대방의 파산채권 신고와 그에 대한 채권조사기일에서의 채권조사결과에 따라 수계의 필요성이 결정된다. 파산관재인은 사안별로 아래와 같이 처리하면 된다.

(1) 상대방이 파산채권을 회생법원에 신고를 하고 신고한 채권이 모두 시인된 경우

먼저, 파산채권자가 채무자회생법에 정한 절차에 따른 채권신고를 하고(법 제447조), 파산관재인의 채권조사를 거쳐 채권조사기일에 파산관재인 및 파산채권자의 이의가 없는 때에는 채권액, 우선권, 후순위파산채권이 확정되고(법 제458조), 확정채권에 대해서 파산채권자표에 기재되면 파산채권자 전원에 대해서 확정판결과 동일한 효력[7]을 갖게 된다(법 제460조). 이처럼 채권조사절차에서 그 파산채권에 대한 이의가 없어 채권이 신고한 내용대로 확정되면 중단되어 있던 소송은 그 목적을 달성하여 부적법하게 된다. 즉, 소의 이익이 없어 각하된다. 실무상으로는 파산채권자의 소 취하를 유도하고 있다. 그러므로 이 경우에는 파산관재인이 소송을 수계할 것은 아니다. 요컨대, 당사자가 파산선고를 받은 때에 파산재단에 관한 소송절차는 중단되고(민사소송법 제239조), 채무자에 대하여 파산선고 전의 원인으로 생긴 재산상의 청구권인 파산채권은 파산절차에 의하지 아니하고는 행사할 수 없으므로(법 제423조, 제424조), 파산채권에 관한 소송이 계속하는 도중에 채무자에 대한 파산선고가 있게 되면 소송절차는 중단되고, 파산채권자는 파산사건의 관할법원에 채무자회생법이 정한 바에 따라 채권신고를 하여야 한다. 채권조사절차에서 그 파산채권에 대한 이의가 없어 채권이 신고한 내용대로 확정되면 위 계속 중이던 소송은 부적법하게 된다(대법원 2009. 9. 24. 선고 2009다50506 판결).

7) 확정판결과 동일한 효력이라 함은 기판력이 아닌 확인적 효력을 가지고 파산절차 내부에 있어 불가쟁의 효력이 있다는 의미에 지나지 않는다(대법원 2003. 5. 30. 선고 2003다18685 판결; 대법원 2006. 7. 6. 선고 2004다17436 판결; 대법원 2013. 9. 12. 선고 2013다29035(본소), 29042(반소) 판결 참조).

(2) 상대방이 신고한 채권에 대하여 파산관재인 또는 다른 파산채권자로부터 이의가 있는 때

파산채권의 조사에서 신고한 파산채권의 내용에 대하여 파산관재인 또는 파산채권자가 이의를 한 때에는 그 파산채권(이의채권)을 보유한 파산채권자는 그 내용의 확정을 위해서는 이의자 전원을 상대방으로 하여 법원에 채권조사확정의 재판을 신청하여야 한다(법 제462조 제1항). 단, 이의채권에 관하여 파산선고 당시에 소송이 계속되어 있는 경우에는 채권자가 그 권리의 확정을 구하고자 하는 때에는 이의자 전원을 그 소송의 상대방으로 하여 소송을 수계하여야 한다(법 제464조). 즉, 채권조사절차에서 그 파산채권에 대한 이의가 있어 파산채권자가 그 권리의 확정을 구하고자 하는 때에는 이의자 전원을 소송의 상대방으로 하여 위 계속 중이던 소송을 수계하고 청구취지 등을 채권확정소송으로 변경하여야 한다(대법원 2009. 9. 24. 선고 2009다50506 판결). 이러한 신청이 있으면 파산관재인은 당해 소송절차를 수계하여야 한다. 이 경우에 계속 중인 소송과 별도로 채권조사확정의 재판을 개시하는 것은 소송경제의 점에서 문제가 있고 비합리적이기 때문이다. 이처럼 파산선고 당시 계속 중이던 파산채권에 관한 소송은 파산관재인이 당연히 수계하는 것이 아니라 파산채권자의 채권신고와 그에 대한 채권조사의 결과에 따라 처리된다. 그러므로 당사자는 파산채권이 이의채권이 되지 아니한 상태에서 미리 소송수계신청을 할 수 없고, 이와 같은 수계신청은 부적법하다(대법원 2018. 4. 24. 선고 2017다287587 판결[8)]). 한편 소송계속 중 일방 당사자에 대하여 파산선고가 있었는데, 법원이 그 파산선고 사실을 알지 못한 채 파산관재인이나 상대방의 소송수계가 이루어지지 아니한 상태 그대로 소송절차를 진행하여 판결을 선고하였다면, 그 판결은 소송에 관여할 수 있는 적법한 소송수계인이 법률상 소송행위를 할 수 없는 상태에서 심리되어 선고된 것이어서, 마치 대리인에 의하여 적법하게 대리되지 아니하였던 경우와 마찬가지로 위법하다(대법원 2013. 9. 12. 선고 2012다95486, 95493 판결 등 참조). 나아가 법원이 부적법한 소송수계신청을 받아들여 소송을 진행한 후 소송수계인을 당사자로 하여 판결을 선고하였다면, 이 역시 소송에 관여할 수 있는 적법한 당사자가 법률상 소송행위를 할 수 없는 상태에서 심리되어 선고된 것이어서 위와 마찬가지로 위법하다(대법원 1981. 3. 10. 선고 80다1895 판결).

---

8) 원고들이 파산사건 관할법원에 피고에 대한 손해배상채권을 파산채권으로 신고하였으나 아직 채권조사절차가 진행되지 않은 상태에서 피고의 파산관재인이 미리 한 소송수계신청은 부적법하다고 한 사례이다.

(3) 이의가 있는 파산채권에 집행력 있는 집행권원이나 종국판결이 존재하는 경우

이의가 있는 파산채권 중 집행력 있는 집행권원이나 종국판결이 존재하는 것에 대해서는 파산관재인 등 이의자는 채무자가 할 수 있는 소송절차에 의하여만 이의를 주장할 수 있다(법 제466조 제1항). 그러므로 집행력 있는 집행권원에 대해서는 재심의 소, 청구이의의 소 등으로, 미확정의 종국판결에 대해서는 상소로써 이의를 주장하여야 한다. 이의채권에 관하여 파산선고 당시 법원에 소송이 계속되어 있는 경우에 이의를 주장하려고 하는 때는 파산관재인 등 이의자는 그 파산채권을 보유한 파산채권자를 상대방으로 하는 소송절차를 수계하여야 한다(같은 조 제2항).

파산관재인은 향후 배당이 예상되는 사안에서 파산채권에 대한 이의를 주장할 예정이 있는 경우에 파산선고 시 그 파산채권에 관한 소송이 계속되어 있는 때에는 조만간 채권조사확정절차를 거칠 것이 필요하다는 것이 예상되기 때문에 빠른 단계에서 채권시 · 부인을 하고 소송을 수계할지를 검토해야 한다.

다. 재단채권에 관한 소송(소극재산)

재단채권에 관한 소송은 파산재단에 관한 소송과 마찬가지로 파산선고 결정이 있는 때에는 소송절차는 중단되고 파산관재인이 수계한다. 이미 계속 중인 소송의 소송물인 채권이 재단채권인 경우 파산채권의 경우와 달리 채권조사 · 확정절차를 거칠 필요가 없기 때문이다. 상대방에게도 수계신청권이 인정되는 점, 상대방의 소송비용상환청구권이 재단채권이 되는 점은 재단채권에 관한 소송의 경우에도 같다.

재단채권에 관한 소송의 사례로는 ① 매매계약상의 매도인이 매수인에 대해서 매매대금청구소송을 제기하여, 그 소송이 계속 중에 매수인에 대해서 파산선고가 된 경우에 파산관재인이 그 매매계약에 대하여 쌍방 미이행으로서 이행을 선택한 때의 당해 매매대금청구소송, ② 재단채권이 되는 조세채권에 관하여 채무자가 파산선고 전에 취소소송을 제기한 때의 과세처분취소소송, ③ 파산선고 전의 원인에 기한 근로자의 임금 등에 대해서 파산선고 전부터 소송이 계속 중인 경우 등을 생각할 수 있다.

4. 소송절차 중단의 효력

소송절차가 중단되면 당사자의 행위이든 법원의 행위이든 일체의 소송행위를 할 수 없으며, 기간의 진행이 정지된다. 그러므로 법원이 채무자에 대한 파산선고 등이 있는 사실을 간과한 채 소송절차를 진행하여 판결을 선고하더라도 이는 소송절차를 수계할 소송수계인이 법률상 소송행위를 할 수 없는 상태에서 심리가 진행되어 판결이 선고된 잘못이 있고, 법원이 채무자인 피고 소송대리인에게 판결정본을 송달하였다고 하더라도, 이는 적법한 수계 전에 행하여진 송달로서 무효이며, 판결에 대한 상고기간은 진행되지 아니한다(대법원 2016. 12. 27. 선고 2016다35123 판결 참조).

다만, 소송절차가 중단된 중에도 판결의 선고는 할 수 있다(민사소송법 제247조 제1항). 변론종결 후에 중단사유가 생긴 때에는 소송수계절차 없이 판결을 선고할 수 있으며(대법원 1989. 9. 26. 선고 87므13 판결), 위와 같은 소송절차의 중단사유를 간과하고 소송수계가 이루어지지 아니한 상태 그대로 소송절차를 진행하여 판결을 선고하였다면, 그 판결은 일방 당사자의 파산선고 결정으로 소송절차를 수계할 관재인 등이 법률상 소송행위를 할 수 없는 상태에서 심리되어 선고된 것이므로, 여기에는 마치 대리인에 의하여 적법하게 대리되지 아니하였던 경우와 마찬가지의 위법이 있으나(대법원 2015. 10. 15. 선고 2015다1826, 1833 판결 참조), 이를 당연무효라 할 수는 없고, 대리인에 의하여 적법하게 대리되지 않았던 경우와 마찬가지로 대리권 흠결을 이유로 한 상소 또는 재심에 의하여 그 취소를 구할 수 있다. 상소심에서 수계절차를 밟은 경우에는 그와 같은 절차상의 하자는 치유되고 그 수계와 상소는 적법한 것으로 된다(대법원 1999. 12. 28. 선고 99다8971 판결). 항소의 제기에 관하여 필요한 수권이 흠결된 소송대리인의 항소장 제출이 있었다고 하더라도 당사자 또는 적법한 소송대리인이 항소심에서 본안에 관하여 변론하였다면 이로써 그 항소제기 행위를 추인하였다고 할 것이어서, 그 항소는 당사자가 적법하게 제기한 것으로 된다(대법원 2007. 2. 22. 선고 2006다81653 판결).

한편, 상고법원은 상고장, 상고이유서, 답변서, 기타의 소송기록에 의하여 상고가 이유 있다고 인정할 경우에 상고이유서 제출기간이 경과한 후에 당사자가 파산선고를 받은 때에도 파산법에 정해진 수계절차를 거치지 않고 변론 없이 원심판결을 파기하고, 사건을 원심법원에 환송하는 판결을 할 수 있다(대법원 2001. 6. 26. 선고 2000다44928 판결). 대법원은 상고심의 소송절차가 상고이유서 제출기간이 지난 단계에 이르러 변론 없이 판결을 선고

할 때에는 소송절차수계신청인이 소송을 수계할 필요성이 없으므로 소송절차수계신청을 기각한다(대법원 2016. 4. 29. 선고 2014다210449 판결, 대법원 2014. 1. 16. 선고 2013다20106 판결, 대법원 2020. 6. 25. 선고 2016다257572 판결 등).

판례는 소송 상대방에 대한 회생절차개시결정이 있는 때에는 소송절차가 중단됨으로써 재판장의 인지보정명령상의 보정기간은 그 기간의 진행이 정지되고, 소송절차가 중단된 상태에서 행한 재판장의 보정기간연장명령도 효력이 없으므로, 각 보정명령에 따른 기간불준수의 효과도 발생할 수 없다(대법원 2009. 11. 23.자 2009마1260 결정)고 하는바, 위 법리는 파산절차에도 그대로 적용된다 할 것이다.

5. 채무자의 소송절차 참가 방법

파산관재인이 파산재단에 관한 소송을 할 때 그 재판의 효력이 미치는 채무자는 통상의 보조참가는 물론 공동소송적 보조참가를 할 수도 있다(대법원 2012. 11. 29. 선고 2011다109876 판결; 대법원 2015. 10. 29. 선고 2014다13044 판결).

한편, 민사소송법 제78조의 공동소송적 보조참가에는 필수적 공동소송에 관한 민사소송법 제67조 제1항, 즉 "소송목적이 공동소송인 모두에게 합일적으로 확정되어야 할 공동소송의 경우에 공동소송인 가운데 한 사람의 소송행위는 모두의 이익을 위하여서만 효력을 가진다"라고 한 규정이 준용된다. 그러므로 피참가인의 소송행위는 모두의 이익을 위하여서만 효력을 가지고, 공동소송적 보조참가인에게 불이익이 되는 것은 효력이 없다(대법원 2013. 3. 28. 선고 2011두13729 판결 등 참조). 따라서 재심의 소에 공동소송적 보조참가인이 참가한 후에는 피참가인이 재심의 소를 취하하더라도 공동소송적 보조참가인의 동의가 없는 한 효력이 없다(대법원 2015. 10. 29. 선고 2014다13044 판결).

6. 파산절차가 종료한 경우

파산절차가 종료한 때란 동시파산폐지결정이 있은 때(법 제317조), 파산취소결정이 확정된 때(법 제325조), 이시파산폐지결정이 확정된 때(법 제545조), 파산절차종결의 결정이 있은 때(법 제530조)를 말한다.

가. 파산채권에 관한 소송절차

파산관재인이 수계한 후 그 계속 중에 파산절차가 배당에 의해 종결된 경우에는 당해 파산채권자와 파산관재인 사이에 계속된다.[9] 이 경우 파산관재인은 파산채권이 인정되는 것을 전제로 배당표를 작성하고, 파산채권자에 대한 배당액을 공탁하여야 한다. 그 후 파산채권이 인정되지 않은 때는 공탁된 배당금은 파산관재인의 추가보수나 추가배당에 충당되고, 채권이 전부 인정된 경우에는 파산채권자가 배당금을 수령하게 된다. 그 이외의 이유(이시폐지 등)로 종료된 경우에는 소송은 다시 중단되고 채무자가 수계한다. 단, 법인의 경우에는 잔여재산이 없는 한 파산절차의 종료에 의해 법인격이 완전히 소멸하기 때문에 소송절차는 당연히 종료한다.

나. 파산재단에 관한 소송의 수계와 중단

파산절차가 종료된 경우 파산선고 전에 제기되어 파산선고에 의해 중단된 파산재단에 관한 소송은 파산관재인 또는 상대방에 의해 아직 수계되지 않은 것은 중단이 해소되어 그대로 채무자가 당연히 소송절차를 수계한다. 반면, 수계된 것은 파산폐지에 의해 다시 중단되고 채무자가 수계한다. 파산선고 후 파산관재인이 제기한 소송 중에 부인소송은 당연히 종료된다.

7. 파산선고와 독촉절차

독촉절차는 금전, 그 밖에 대체물이나 유가증권의 일정한 수량의 지급을 목적으로 하는 청구에 대하여 채권자로 하여금 간이·신속하게 집행권원을 얻을 수 있도록 하기 위한 특별소송절차로서(민사소송법 제462조), 그 성질에 어긋나지 아니하는 범위에서 소에 관한 규정이 준용된다(민사소송법 제464조). 따라서 지급명령이 송달된 후 이의신청 기간 내에 회생절차개시결정 등과 같은 소송중단 사유가 생긴 경우에는 민사소송법 제247조 제2항이 준용되어 그 이의신청 기간의 진행이 정지된다. 그러므로 지급명령이 송달된 후 이의신청 기간 내에 회생절차개시결정 등과 같은 소송중단 사유가 생겨 미확정 상태에 있는 지급명령

---

9) 이 경우 그 업무만이 파산관재인의 잔무(殘務)이다.

은 유효한 집행권원이 될 수 없으므로 그러한 지급명령에 대한 청구이의의 소는 부적법하다(대법원 2012. 11. 15. 선고 2012다70012 판결). 위 판결은 회생절차와 관련된 것이지만 파산절차의 경우라 해서 달리 볼 것은 아니다.

제2절 파산선고가 보전·강제집행에 미치는 효과

1. 강제집행 기타 개별집행의 금지, 실효

파산선고 후에는 파산재단에 속하는 재산에 대하여 파산채권에 기하여 강제집행이나 보전처분을 할 수 없고, 이미 행하여진 것도 파산재단에 대하여 그 효력을 잃는다(법 제348조 제1항). 강제집행절차는 개별적인 채권자의 권리를 만족시키기 위한 절차이기 때문에 집단적인 채권의 만족을 목적으로 하는 파산절차 등 도산처리절차와 양립할 수 없다. 그러므로 파산선고 후에는 채무자회생법에 특별한 규정이 있는 경우를 제외하고 파산채권은 파산절차에 의하지 아니하고는 행사할 수 없다. 이와 같이 파산채권은 파산절차에 의하지 않으면 권리를 행사할 수 없는바, 이러한 점에서 파산선고는 집행장애사유가 된다. 그에 따라 채무자의 파산선고 후의 새로운 강제집행은 허용되지 않고, 그 신청은 각하된다. 파산선고로써 파산재단에 속하는 재산에 대하여 행하여진 일체의 강제집행은 파산재단에 대하여 그 효력을 잃게 되는바, 원고(채권자)가 채무자의 제3채무자(피고)에 대한 채권에 대하여 압류 및 추심명령을 받고 제3채무자(피고)를 상대로 제기한 추심금 지급 청구의 소가 계속되던 중 채무자에 대하여 파산선고가 있게 되면 파산재단에 속하는 채무자의 제3채무자에 대한 채권에 대하여 한 압류 및 추심명령은 효력이 상실됨으로써 원고(채권자)가 피고(제3채무자)에 대한 추심권능을 잃게 되므로 추심금 지급 청구의 소는 당사자적격이 없는 사람이 제기한 부적법한 소가 된다(대구지방법원 2012. 10. 12. 선고 2012가단22072 판결). 한편, 파산선고 전에 제3채무자가 채권압류 및 추심명령에 반하여 추심대상 채권을 지급한 경우 압류의 처분금지의 효력은 상대적 효력만 가지는 것이므로 채무자에 대하여는 유효한 변제이고, 이로써 채무자의 제3채무자에 대한 채권은 소멸되므로, 압류채권자가 압류의 효력을 위반한 제3채무자에 대하여 갖는 추심금 청구권은 파산재단을 구성하지 않는다(서울중앙지방법원 2018. 7. 12. 선고 2017나89645 판결).

파산선고 전에 이미 집행이 완료된 경우에는 부인권 행사의 문제만 남고 실효의 문제는 발생할 여지가 없다. 집행절차가 파산선고 시에 이미 완료되었는지 여부는 민사집행법의 규정에 의하여 결정된다. 유체동산, 부동산에 대한 금전집행에서는 압류금전 또는 매각대금을 채권자에게 교부 또는 배당한 때, 채권에 대한 금전집행에서는 추심의 신고(민사집행법 제236조 제1항)를 한 때나 배당절차가 끝난 때(민사집행법 제252조 제2호 참조), 전부명령에 있어서는 전부명령이 확정될 것을 조건으로 제3채무자에게 그 명령이 송달된 때(민사집행법 제229조 제7항, 제231조) 각 완료된다. 집행목적물의 소유권을 주장하는 자가 속행 후 제3자이의의 소를 제기한 때에는 속행 후의 제3자이의의 소의 피고적격은 파산관재인에게 있다(법 제348조 제2항 후단).

그런데 파산선고와 동시에 파산절차가 폐지되는 경우(이른바, 동시폐지의 경우)에는 그로 인해 파산절차는 종료하게 되고, 파산선고의 효과로서의 개별집행금지 효력이 생기지 않기 때문에 파산선고 전에 채무자 소유재산에 관하여 진행 중이던 강제집행, 가압류, 가처분은 실효되지 않고 그대로 진행한다고 해석된다. 구 파산법하에서는 파산절차가 종료되면 채권자의 개별적인 권리행사를 금지하는 효력이 실효되기 때문에 파산절차종료 시로부터 면책결정확정 시까지 사이에 채무자의 재산에 대한 강제집행을 하는 것도 허용되고, 그 후 면책이 되더라도 면책심리기간 중에 이루어진 강제집행의 결과로서 얻은 만족에 대해 부당이득으로서 반환할 필요가 없다고 해석되었다. 그런데 이에 대해서는 채무자의 경제생활의 재건을 방해하는 원인이 된다는 지적이 있었다. 이에 채무자회생법 제557조는 면책신청이 있고, 파산폐지결정의 확정 또는 파산종결결정이 있는 때에는 면책신청에 관한 재판이 확정될 때까지 채무자의 재산에 대하여 파산채권에 기한 강제집행 · 가압류 또는 가처분을 할 수 없고, 채무자의 재산에 대하여 파산선고 전에 이미 행하여지고 있던 강제집행 · 가압류 또는 가처분은 중지되고, 면책결정이 확정된 때에는 중지한 절차는 그 효력을 잃는다고 규정함으로써 입법으로 해결하였다.

2. 파산관재인에 의한 강제집행절차의 속행

파산채권은 파산절차에 의하지 아니하고는 행사할 수 없으므로 개별적 권리행사가 금지되기 때문에(법 제424조), 파산선고 후에 파산재단에 속하는 재산에 대하여 강제집행을 할 수 없고, 이미 파산선고 전에 개시된 집행도 파산재단에 대하여는 그 효력을 잃는다(법 제348조

제1항). 그러므로 파산관재인은 파산채권에 기한 파산선고 전에 개시된 기존의 강제집행 등을 무시하고 파산재단에 속하는 재산을 관리처분을 할 수 있고, 채권자가 파산선고 후에 집행행위에 기해 추심을 하거나 혹은 배당을 받더라도 파산관재인은 반환을 청구할 수 있다.

다만, 파산관재인은 파산재단을 위하여 강제집행절차를 속행할 수 있다(법 제348조 제1항 단서). 파산관재인이 파산재단을 위하여 강제집행절차를 속행할 수 있도록 한 것은 파산재단 환가를 위해 파산관재인이 기존 강제집행절차를 이용하는 편이 효율적인 경우를 상정한 것이다. 파산관재인이 파산재단에 유리하다고 생각하여 파산재단을 위해 절차를 속행한 경우에는 집행채권자의 지위가 종전 채권자로부터 파산관재인에게 그대로 이전되고, 이후 절차수행권은 파산관재인에게 전속한다. 이로써 절차의 성격은 그 때까지의 집행채권자에 의한 개별집행에서 파산절차에서의 파산관재인에 의한 환가절차의 하나로 전환된다. 이때 파산관재인은 집행기관에 대해서 소명자료를 첨부하여 채무자가 파산선고를 받은 사실과 자신이 파산관재인으로 선임된 사실을 알리고 강제집행절차를 속행하겠다는 취지의 신청을 하여야 한다. 기존 절차에서 있은 파산채권자 · 재단채권자에 의한 종래의 배당요구 · 교부청구는 효력을 잃고 환가대금 등은 파산관재인에게 교부되어 파산재단에 편입된다. 즉, 집행기관은 일반채권자에 의한 배당요구를 무시하고, 배당기일에는 배당할 금액을 별제권자에게 배당한 다음 집행비용을 포함한 잔금 전액은 파산관재인이 채무자회생법상 절차에 따라 각 재단채권자에게 안분변제할 수 있도록 파산관재인에게 교부하여야 한다.[10] 이러한 법리는 강제집행절차에 따른 매각이 종료된 후 배당이의 등으로 아직 배당이 이루어지지 않은 부분이 있는 경우에도 마찬가지로 적용되고, 이는 파산채권자가 배당이의 소송에서 그 청구를 인용하는 판결이 확정된 경우라고 하여 다르지 않다(대법원 2023. 10. 26.자 2023그17 결정).[11]

그리고 파산관재인의 신청에 의해 강제집행절차가 속행된 경우 무잉여집행금지의 원칙(민사집행법 제91조 제1항)은 적용되지 않는다. 강제집행절차의 당초 신청인에게 배당될 가능성이 없는 절차라도 파산관재인의 신청에 의하여 속행된 뒤에는 파산재단을 위한 절차로 전환되기 때문에 당초 신청인에게 배당될 가능성이 없다는 점은 당해 속행절차를 취소할

10) 서울회생법원 재판실무연구회, 법인파산실무(제5판), 박영사(2019), 96면.

11) 부동산 강제집행절차에서 배당기일이 진행된 이후 파산관재인이 위 경매절차를 속행한 사안에서 파산채권자 중 신청인의 배당이의에 따라 다른 채권자에 대한 배당이 유보되어 있었고, 그 후 신청인이 제기한 배당이의 소송에서 신청인의 청구를 인용하는 판결이 확정되었는데, 원심은 이러한 경우라도 배당금을 파산관재인에게 교부하여야 한다고 결정하였고, 대법원은 원심의 결정이 정당하다고 판단하였다.

이유가 될 수 없기 때문이다.[12] 파산관재인이 강제집행의 절차를 속행하는 때의 비용은 재단채권이다(법 제348조 제2항; 비용청구권의 재단채권화). 속행된 절차에 관한 비용청구권을 재단채권으로 한 것이다. 그런데 속행 후의 비용은 당연히 재단채권이 된다고 해석되기 때문에 이는 속행 전의 비용에 대한 규정이다. 기왕의 절차를 파산재단을 위해 이용하였으므로 파산선고 전의 발생분에 대해서 특히 재단채권으로 한 것이다.

한편, 재단채권의 경우에는 파산선고 전에 파산재단에 속하는 재산에 대하여 「국세징수법」 또는 「지방세징수법」에 의하여 징수할 수 있는 청구권(국세징수의 예에 의하여 징수할 수 있는 청구권으로서 그 징수우선순위가 일반 파산채권보다 우선하는 것을 포함한다)에 기한 체납처분을 한 때에는 파산선고는 그 처분의 속행을 방해하지 아니한다(법 제349조 제1항). 하지만 파산선고 후에는 위 체납처분 및 재단채권에 기한 강제집행은 허용되지 않는다(법 349조 제2항). 체납처분이란 납세자가 조세채무를 임의로 이행하지 않는 경우에 조세채권의 실현을 위하여 세무서장 등이 집행기관이 되어 일종의 자력집행으로서 행하는 강제적 징수절차를 말한다. 체납처분절차는 민사집행절차와는 전혀 별개의 절차로서 한 쪽의 절차가 다른 쪽의 절차에 간섭할 수 없다(대법원 2008. 11. 13. 선고 2007다33842 판결 등 참조). 그러므로 재단채권자가 채무자에 대한 조세채권을 보전하기 위하여 민사집행법에 기하여 법원에 신청하여 이루어진 부동산에 관한 가압류와 이후 국세징수법 제30조에 따른 사해행위취소의 소제기는 체납처분이라 할 수 없다(서울고등법원 2012. 9. 26. 선고 2011나93751 판결[13]).

3. 강제집행 등 외관제거

강제집행 · 가압류 또는 가처분은 채무자의 파산으로 인하여 파산재단과의 관계에서 실효되기 때문에(법 제348조 제1항 본문), 파산관재인은 기존의 강제집행절차를 무시하고 파산재단 소속 재산을 회생법원의 허가를 얻어 자유로이 관리처분을 할 수 있지만, 채권자나

12) 伊藤 眞 外 5人, 条解破産法, 弘文堂, 평성 22년, 328면. 일본파산법은 제184조 제3항에서 무잉여집행(無益執行)금지원칙의 적용배제를 명문으로 규정하고 있다.

13) 위 판결은 조세채권자가 파산채무자에 대한 조세채권을 보전하기 위하여 파산선고 전에 파산채무자, 파산채무자의 채무자(제3채무자)를 순차 대위하여 제3채무자가 제4채무자에 대하여 가지는 채권을 가압류한 경우, 파산 선고 후 위 가압류채권의 관리처분권이 파산관재인에게 귀속된다고 하였고, 조세채권자의 위와 같은 가압류와 이후 국세징수법 제30조에 따른 사해행위 취소의 소의 제기가 국세징수법에 따른 체납절차에 해당하지 않는다고 판시하였다.

제3자가 파산사실을 알지 못하여 무용한 절차를 취하지 않도록 외관을 제거할 필요가 있다. 실무상 집행처분의 외관을 없애기 위하여 별도의 소송을 제기함이 없이 집행기관에 대하여 파산선고 결정등본을 취소원인 서면으로 소명하여 강제집행, 보전처분의 집행취소신청을 하고 있고, 부동산에 대한 가압류 또는 처분등기가처분등기는 집행법원의 등기말소촉탁에 의하여 말소할 수 있다.

한편, 파산관재인은 집행처분의 외관을 없애기 위하여 실무상 종종 「파산선고에 따른 집행취소 및 해제신청」을 하고 있다. 그렇지만 보전처분에 대한 해제신청은 신청취하 및 집행취소 신청으로 구성되는 채권자의 소송행위라 할 것이고, 집행취소신청은 보전처분의 결정에 대한 효력유무[14]와 상관없이 집행에 대한 취소만을 구하는 소송행위라 할 것이다. 그러므로 "보전처분에 대한 해제신청"과 "보전처분의 집행취소"는 소송행위의 주체와 그 효력면에서 엄연히 구분되는 용어이다. 따라서 파산관재인은 채무자회생법 제348조 제1항에 의하여 실효된 강제집행의 외관을 제거하기 위하여 해제신청까지 할 필요는 없고, 또한 할 수도 없으며, 집행취소신청만으로 족하다 할 것이다.

4. 재단채권에 기한 강제집행 등

이 주제에 대해서는 제14장 재단채권 제4절 2. 재단채권에 기한 강제집행 등에서 자세히 살펴보기로 한다.

5. 경매절차에서 가압류채권자에 대한 배당액이 공탁된 후에 가압류채무자에 대하여 파산선고가 있는 경우

실무상 채무자 소유의 부동산에 대하여 경매절차가 진행되어 가압류채권자 앞으로 소정의 금액이 배당되었으나 실제 지급되지 아니하고 공탁된 뒤에 가압류채권자가 본안의 확정판결을 받았음에도 아직 공탁금을 출급하지 않고 있는 동안 채무자에 대하여 파산이 선고되는 사례가 종종 발생한다. 종래 이 경우에 위 공탁금의 출급청구권이 가압류채권자에게

14) 보전처분의 결정에 대한 효력이 유효하게 유지되면서 집행만 취소되는 경우로는 '해방공탁에 의한 집행취소'를 예로 들 수 있다. 이 경우 부동산에 대한 가압류의 집행이 취소되고 가압류의 목적물이 공탁금으로 이전될 뿐 가압류 결정의 효력이 소멸되지 않는다.

속하는지, 아니면 파산재단에 속하는지에 대하여 의견대립이 있었다.

이와 관련하여, 대법원 2018. 7. 24. 선고 2016다227014 판결은 “부동산에 대한 경매절차에서 배당법원은 배당을 실시할 때에 가압류채권자의 채권에 대하여는 그에 대한 배당액을 공탁하여야 하고, 그 후 그 채권에 관하여 채권자 승소의 본안판결이 확정됨에 따라 공탁의 사유가 소멸한 때에는 가압류채권자에게 그 공탁금을 지급하여야 한다(민사집행법 제160조 제1항 제2호, 제161조 제1항). 따라서 특별한 사정이 없는 한 본안의 확정판결에서 지급을 명한 가압류채권자의 채권은 위와 같이 공탁된 배당액으로 충당되는 범위에서 본안판결의 확정시에 소멸한다(대법원 2014. 9. 4. 선고 2012다65874 판결 참조). 이러한 법리는 위와 같은 본안판결 확정 이후에 채무자에 대하여 파산이 선고되었다 하더라도 마찬가지로 적용되므로, 본안판결 확정시에 이미 발생한 채권 소멸의 효력은 채무자회생법 제348조 제1항에도 불구하고 그대로 유지된다고 보아야 한다. 이러한 경우에 가압류채권자가 공탁된 배당금을 채무자의 파산선고 후에 수령하더라도 이는 본안판결 확정시에 이미 가압류채권의 소멸에 충당된 공탁금에 관하여 단지 그 수령만이 본안판결 확정 이후의 별도의 시점에 이루어지는 것에 지나지 않는다. 따라서 가압류채권자가 위와 같이 수령한 공탁금은 파산관재인과의 관계에서 민법상의 부당이득에 해당하지 않는다고 보아야 한다”고 판시하였다.[15] 위 법리는 가압류채권자가 본안의 승소판결 확정 이후 공탁금을 수령하지 않고 있는 동안, 채무자의 파산관재인이 채무자에 대하여 파산선고가 있었다는 이유로 공탁금을 출급한 경우에도 동일하게 적용된다. 그러므로 파산관재인은 본안판결이 확정된 가압류채권자에게 부당이득으로 이를 반환하여야 한다(대법원 2018. 7. 26. 선고 2017다234019 판결). 위 두 개의 대법원 판결은 파산선고의 효력으로 가압류가 실효되어 공탁금출급청구권이 파산재단에 속하게 되는지 여부가 문제된 사안에서 가압류채권자에 대한 배당액이 공탁된 후 본안소송에서 가압류채권자의 승소판결이 확정되었음에도 가압류채권자가 공탁금을

15) 원심은 부동산에 대한 강제경매의 경우 배당표에 기하여 채권자들에게 배당액을 지급함으로써 강제경매 절차가 종료되는 것이고, 아직 배당액이 지급된 바 없다면, 지급되지 않고 남아 있는 배당액은 파산재단에 속하는 재산으로 그에 대한 강제집행 · 가압류 또는 가처분은 효력을 잃게 된다는 이유로 원고청구를 인용하였다. 반면, 1심은 배당법원이 배당을 실시할 때에 가압류채권자의 채권에 대하여는 그에 대한 배당액을 공탁하여야 하고, 그 후 그 채권에 관하여 본안판결이 확정되거나 소송상 화해 · 조정이 성립되거나 또는 화해권고결정 · 조정을 갈음하는 결정 등이 확정됨에 따라 공탁의 사유가 소멸한 때에는 배당법원은 가압류채권자에게 공탁금을 지급하여야 하므로, 특별한 사정이 없는 한 본안의 확정판결 등에서 지급을 명한 가압류채권자의 채권은 배당액으로 충당되는 범위에서 본안판결 등의 확정시에 소멸하기 때문에, 공탁금출급청구권은 본안판결 등의 확정시에는 가압류채권자에게 귀속된다고 하였다(서울중앙지방법원 2015. 12. 23. 선고 2015가단140767 판결).

출급하지 않고 있던 중에 가압류채무자에 대하여 파산이 선고된 경우에 공탁금의 출급여부와 관계없이 본안판결확정 시에 가압류채권자에게 귀속된다는 점을 분명히 한 것이다. 위 대법원 판결의 반대해석상 만일 본안판결 확정 이전에 채무자에 대하여 파산선고가 이루어진 경우에는 파산관재인에게 공탁금을 지급하여야 한다.

6. 파산절차가 폐지된 경우 강제집행 · 가압류 · 가처분의 효력

파산채권에 기하여 파산재단에 속하는 재산에 대하여 행하여진 강제집행 · 가압류 또는 가처분은 파산재단에 대하여는 그 효력을 잃는다(법 제348조). 그런데 파산폐지 후 위 강제집행 등의 효력이 부활하는지에 대해서는 견해대립이 있다(재단부족으로 인한 폐지의 경우에는 면책신청을 할 수 있지만, 동의폐지의 경우에는 면책신청을 할 수 없기 때문에 특히 문제가 된다). 적극설은 법 제348조는 파산절차와 관계에서 상대적 무효 규정이기 때문에 파산선고의 효력을 소급하여 소멸시키는 효력을 갖는 파산취소의 경우와 같이 강제집행 등의 효력이 회복되어 그 후의 절차를 진행할 수 있다고 하고, 소극설은 법 제348조에 의한 무효는 파산의 효력으로서 이미 생긴 것이므로 파산이 폐지되더라도 부활하지 않는다고 한다. 파산폐지는 파산취소와 달리 파산선고의 요건이 존재하고 유효한 파산선고가 있었지만 절차경제적인 이유로 장래에 향하여 파산의 효력을 소멸시키는데 그치고, 파산절차 내지 파산재단의 성립까지 부정하는 것은 아니기 때문에 파산폐지에 있어서도 파산채권자의 공평을 관철할 필요가 있는 점, 동의폐지의 경우에는 파산절차의 진행을 중단하고자 하는 채권자들의 의사가 있는 점 등을 고려하면 파산선고에 의하여 실효된 파산선고 전의 강제집행 등은 부활하지 않는다고 해석함이 상당하다. 실무는 소극설의 입장이고, 따라서 채권자는 파산폐지 후 다시 강제집행, 가압류, 가처분 신청을 하여야 한다.

제6장 채무자회생법상 채권자취소소송의 취급

제6장 채무자회생법상 채권자취소소송의 취급

1. 채권자취소소송의 중단

채무자회생법 제406조, 제347조 제1항에 의하면, 파산채권자가 제기한 채권자취소소송이 파산선고 당시 법원에 계속되어 있는 때는 그 소송절차는 중단되고, 파산관재인 또는 상대방이 이를 수계할 수 있다. 이는 파산채권자의 채권자취소권이라는 개별적인 권리행사를 파산채권자 전체의 공동의 이익을 위하여 직무를 수행하는 파산관재인의 부인권행사라는 파산재단의 증식의 형태로 흡수시킴으로써 파산채무자의 재산을 공정하게 환가·배당하는 것을 목적으로 하는 파산절차에서의 통일적인 처리를 도모하기 위한 것이다(대법원 2016. 7. 29. 선고 2015다33656 판결). 소송대리인이 있는 경우 소송절차가 중단되지 않는다는 민사소송법 제238조 규정은 파산재단에 관한 소송절차에는 적용되지 않으므로 소송대리인이 있더라도 파산선고가 있으면 소송절차는 중단된다(민사소송법 제238조, 제239조).

채권자취소소송의 계속 중에 채무자에 대하여 파산선고가 있었는데, 법원이 그 사실을 알지 못한 채 파산관재인의 소송수계가 이루어지지 아니한 상태로 소송절차를 진행하여 판결을 선고하였다면, 그 판결은 채무자의 파산선고로 소송절차를 수계할 파산관재인이 법률상 소송행위를 할 수 없는 상태에서 사건을 심리하고 선고한 것이므로 위법하다(대법원 2014. 1. 29. 선고 2013다65222 판결, 대법원 2015. 11. 12. 선고 2014다228587 판결, 대법원 2022. 5. 26. 선고 2022다209987 판결[1]). 이러한 법리는 채권자취소소송 계속 중 채무자의 상속재산에 대하여 파산선고가 있었는데 법원이 그 사실을 알지 못한 채 상속재산 파산관재인의 소송수계가 이루어지지 아니한 상태로 소송절차를 진행하여 판결을 선고한 경우에도 마찬가지로 적용된다(대법원 2023. 2. 23. 선고 2022다267440 판결).

---

1) 대법원 2022. 5. 26. 선고 2022다209987 판결은 채권자가 수익자들을 상대로 사해행위취소 및 원상회복으로 배당이의를 구한 소송이 계속 중 채무자에 대하여 파산이 선고된 사안이다.

2. 채권자취소권과 부인권의 관계

가. 중단과 수계

파산채권자가 제기한 채권자취소소송이 파산선고 시 법원에 계속되어 있는 때 수계 또는 파산절차의 종료에 이르기까지 소송절차를 중단되도록 한 이유는 파산채권자가 파산선고 후에 채권자취소권을 행사하는 것은 개별적 권리행사금지원칙에 비추어 부적법하고, 채권자취소권 및 부인권은 채무자의 책임재산의 회복이라는 점에서 공통점이 있고, 파산선고 후에는 파산재단의 관리에 관한 사항으로서 파산관재인의 전권에 속하는 점, 채권자취소권과 부인권은 엄밀하게는 법률요건이 다르지만 소송자료에는 공통성이 있는 것이 보통이고, 채권자취소소송의 소송자료를 부인소송에서 이용할 수 있다면 소송경제에도 도움이 되는 점을 고려하면, 파산선고 당시 계속되어 있는 채권자취소소송을 중지하거나 실효시키는 것이 아니라 파산관재인에 의한 수계를 전제로 소송절차를 중단시키는 것이 합리적이기 때문이다.[2)]

파산관재인이 수계한 뒤 파산절차가 종료한 때는 소송절차는 다시 중단되고 최초 중단 전의 소송당사자였던 파산채권자가 수계하게 되고, 최초 중단 후 파산관재인이 수계하기 전에 파산절차가 종료된 때에는 파산채권자가 당연히 수계한다.

나. 파산선고 시에 수개의 사해행위취소소송이 계속 중인 경우

여러 명의 채권자가 각 사해행위취소 및 원상회복청구의 소를 제기한 이후 채무자에 대한 파산선고가 이루어져 위 각 소송절차를 파산관재인이 수계하고 부인의 소로 변경하였는데, 그 중 하나의 소송에서 파산관재인이 승소판결을 받아 그 판결이 확정되고 그에 기하여 원상회복을 마친 경우에는 나머지의 소는 그와 중첩되는 범위 내에서 권리보호의 이익이 없게 된다(2020. 3. 12. 선고 2016다203759 판결).

다. 채권자취소송을 수계한 파산관재인의 부인권 행사 시 가액배상의 범위

파산채권자가 제기한 채권자취소소송을 파산관재인이 수계하여 부인소송으로 변경하

---

2) 竹下守夫 외, "大コンメンタール破産法", 青林書院(2007년), 187면 참조.

고, 법원이 파산관재인의 부인 주장을 받아들이면서 가액배상에 의한 원상회복을 인정하는 경우, 가액배상의 범위는 채권자취소의 소를 제기한 채권자의 채권액으로 제한된다고 볼 수 없다(대법원 204. 5. 9. 선고 2023다290492 판결). 그러므로 파산관재인은 상대방이 이전 등기 받은 부동산의 시가에서 기존 근저당권의 피담보채무액 범위 내에서 채권최고액을 공제한 금액으로 확장할 수 있다.

3. 파산선고 후에 파산채권자가 제기한 채권자취소소송의 적법성

가. 원칙

파산채권자가 파산선고 후에 채권자취소권을 행사하는 것은 개별적 권리행사금지의 원칙(법 제424조)에 비추어 허용되지 않는다. 대법원은 "채무자 회생 및 파산에 관한 법률 제584조, 제347조 제1항, 제406조에 의하면, 개인회생절차 개시결정이 내려진 후에는 채무자가 부인권을 행사하고, 법원은 채권자 또는 회생위원의 신청에 의하거나 직권으로 채무자에게 부인권의 행사를 명할 수 있으며, 개인회생채권자가 제기한 채권자취소소송이 개인회생절차 개시결정 당시에 계속되어 있는 때에는 그 소송절차는 수계 또는 개인회생절차의 종료에 이르기까지 중단된다. 이러한 규정 취지와 집단적 채무처리절차인 개인회생절차의 성격, 부인권의 목적 등에 비추어 보면, 개인회생절차 개시결정이 내려진 후에는 채무자가 총채권자에 대한 평등변제를 목적으로 하는 부인권을 행사하여야 하고, 개인회생채권자목록에 기재된 개인회생채권을 변제받거나 변제를 요구하는 일체의 행위를 할 수 없는 개인회생채권자가 개별적 강제집행을 전제로 하여 개개의 채권에 대한 책임재산의 보전을 목적으로 하는 채권자취소소송을 제기할 수는 없다"라고 한다(대법원 2010. 9. 9. 선고 2010다37141 판결). 위와 같은 법리는 채무자에 대하여 파산절차가 개시된 후 채권자취소소송이 제기된 경우에도 마찬가지이다. 일본 재판례도 파산절차개시 후 파산절차 중에는 채권자는 새로이 사해행위취소소송을 제기할 수 없다고 한 大判昭4 · 10 · 23민집8 · 787[3])이 있다. 그러므로 파산선고가 내려진 후에 제기된 채권자취소소송은 부적법하다.[4]) 다만 파산선고

3) 伊藤 眞 外 5人, 条解 破産法, 弘文堂, 평성 22년, 353면에서 재인용.

4) 그러나 사해행위 채무자의 채권자는 수익자 또는 전득자에 대하여 파산절차가 개시되더라도 수익자 또는 전득자의 파산관재인을 상대로 사해행위취소 및 그에 따른 원물반환을 구하는 사해행위취소의 소를 제기할 수 있다. 사해행위 목적인 재산 그 자체의 반환을 청구하는 것은 환취권의 행사에 해당하여 파산절차개시의 영향을 받지 않기 때문이다(대법원

후에 제기된 채권자취소소송 계속 중에 채무자에 대한 파산폐지결정이 확정된 경우 파산채권자는 이러한 제약으로부터 벗어나므로 채권자취소의 소가 부적법하다고 할 수 없다. 이는 파산관재인의 부인권이 제척기간 경과로 소멸한 후에 파산채권자가 채권자취소의 소를 제기한 경우에도 동일하다. 그런데 민법 제406조 제2항에서 정한 채권자취소권의 행사기간은 제척기간이고 제척기간의 경우 그 성질에 비추어 소멸시효와 같이 기간의 중단이나 정지는 인정될 수 없으므로, 채무자에 대한 파산선고 후에는 파산관재인이 부인권을 행사하여야 하고, 파산채권자가 개별적 강제집행을 전제로 개별 채권에 대한 책임재산을 보전하기 위한 채권자취소의 소를 제기할 수 없는 경우에도 제척기간으로서의 채권자취소권의 행사기간은 진행된다(대법원 2025. 3. 13. 선고 2024다272590 판결).

나. 예외

한편 대법원은 파산채권자가 파산선고 후에 제기한 채권자취소의 소가 부적법하더라도 파산관재인은 이러한 소송을 수계한 다음 청구변경의 방법으로 부인권을 행사할 수 있다고 보아야 하고, 이 경우 법원은 파산관재인이 수계한 소송이 부적법한 것이었다는 이유만으로 소송수계 후 교환적으로 변경된 부인의 소마저 부적법하다고 볼 것은 아니고, 사건을 관할 법원인 파산계속법원에 이송하여야 한다고 판시하였다(대법원 2018. 6. 15. 선고 2017다265129 판결[5]). 위 대법원 판결 사안은 채무자에 대하여 파산선고가 있은 후, 파산채권자가 파산선고 전에 체결된 채무자와 수익자인 피고 사이의 매매계약이 사해행위에 해당한다고 주장하면서 그에 기한 소유권이전등기의 말소를 구하는 사해행위취소의 소를 제기하였는데, 파산관재인이 소송수계신청과 동시에 청구취지 · 원인변경신청서를 제출하여 부인의 소로 변경한 사례이다. 1심은 수계신청을 받아들여 소송절차를 진행한 후 원고 승소판결을 하였지만, 2심은 채무자가 파산선고를 받은 후에는 파산관재인이 부인권 행사를 할 수 있을

2014. 9. 4. 선고 2014다36771 판결 참조). 사해행위의 수익자 또는 전득자에 대하여 파산절차가 개시되고, 이후 사해행위취소에 따른 원상회복으로 가액배상을 하게 되는 경우, 위 가액배상청구권은 채무자회생법 제473조 제5호 '부당이득으로 인하여 파산선고 후 파산재단에 대하여 생긴 청구권'인 재단채권에 해당한다(대법원 2019. 4. 11. 선고 2018다203715 판결 참조).

5) 위 대법원 판결 전까지 하급심은 대체로 '채무자회생법 제406조, 제347조에 의한 파산관재인의 채권자취소소송에 관한 수계는 파산선고 당시 이미 제기되어 있는 채권자취소소송이 그 대상이므로 파산선고 후에 채권자가 제기한 채권자취소송은 파산관재인의 소송수계 대상이라고 볼 수 없다'는 이유로 파산관재인의 소송수계신청을 기각하거나 또는 파산관재인이 수계한 채권자취소소송이 부적법한 소였다는 이유로 교환적으로 변경된 부인의 소를 각하하였다.

뿐 파산채권자가 채권자취소의 소를 제기할 수는 없다는 이유로 파산선고가 있은 후에 매매계약이 사해행위라는 주장을 내세워 제기된 이 사건 소는 부적법하다고 하여 각하하였다. 대법원은 원심판결을 파기하고 제1심판결을 취소하여 사건을 관할법원에 이송하였는데, 이는 파산선고 후에 파산채권자가 제기한 채권자취소소송은 부적법하여 각하되어야 함이 원칙이지만, 파산관재인이 이를 수계하여 부인소송으로 변경한 것까지 불허할 것은 아니라고 본 것이다.

그런데 사해행위취소소송 수계 사건은 아니나, 위 대법원 판결과 같은 날 선고된 2017다289828 판결은, 파산선고 전에 채권자가 채무자를 상대로 이행청구의 소를 제기하거나 채무자가 채권자를 상대로 채무 부존재 확인의 소를 제기하였더라도, 만약 그 소장 부본이 송달되기 전에 채권자나 채무자에 대하여 파산선고가 이루어졌다면 파산재단에 관한 소송에서 채무자는 당사자적격이 없으므로, 위 소는 부적법한 것으로서 각하되어야 하고, 이 경우 파산선고 당시 법원에 소송이 계속되어 있음을 전제로 한 파산관재인의 소송수계신청 역시 적법하지 않으므로 허용되지 않는다고 판시하였는데, 두 판결의 차이점을 구별할 필요가 있다.[6]

4. 채무자에 대한 파산선고 전에 선고된 파산채권자의 채권자취소소송 판결의 효력

파산채권자가 제기한 채권자취소소송에서 원고인 파산채권자가 승소판결을 받은 이후 채무자가 파산선고를 받은 경우에는 파산채권자는 채무자의 파산선고로 인하여 그 판결에 기재된 권한을 잃어 이행청구도 강제집행(속행을 포함)도, 동산이나 금전의 수령도 할 수 없게 된다. 이 경우 파산관재인은 승계집행문을 받아 그 승소판결에 기하여 집행을 하여야 한다.[7] 파산채권자가 채무자의 파산선고 후 채권자취소소송의 승소판결에 기하여 금전을

6) 백숙종 판사는 채권자취소소송 계속 중 채무자의 파산선고로 인한 중단 및 수계는 민사소송법상 당연승계와는 구별되는 것이어서 소송계속의 발생시기 등 기존 민사소송법의 법리로부터 자유로울 수 있는 여지가 큰 반면(2017다265129 판결), 2017다289828 판결은 당연승계 사안이어서 기존 민사소송법 법리와의 정합성을 고려할 수밖에 없는 측면이 있었던 것으로 이해된다고 해석한다(백숙종, 2017년 하반기~2018년 상반기 도산법 관련 대법원 판례 소개 참조).

7) 伊藤 眞 외 5인, 条解破産法, 弘文堂(2010) 360면 참조, 실제로 파산채권자가 제기한 채권자취소소송이 파산선고로 중단되지 않고 계속되어 파산채권자가 승소판결을 받자, 파산관재인이 그 승소판결을 원용하고 승계집행문을 받아 집행을 한 사례(서울회생법원 재판실무연구회, 법인파산실무 제5판[2019년], 박영사 92면 각주 76번 참조)와 채권자취소소송이 파산선고로 중단되지 않고 계속되어 강제조정결정으로 확정된 사건에서 파산관재인이 재도부여 및 승계집행문부여

수령한 경우에는 파산관재인은 당해 채권자를 상대로 부당이득반환청구를 할 수 있다고 할 것이다.

반면, 채권자취소소송에 대해 파산절차개시 전에 패소판결이 확정된 경우의 파산관재인에 대한 효력에 대해서는 견해의 대립이 있다. 효력부정설은 어느 한 채권자가 한 불완전한 염려가 있는 소송수행의 불리한 결과에 파산관재인이 구속되도록 하는 것은 합리적이지 않고, 파산관재인은 동일한 행위에 대해 다시 부인권을 행사할 수 있다고 한다. 반면, 효력긍정설은 어느 한 채권자에 의해서 적법하게 소송수행되어 확정된 것은 유리하든 불리하든 파산관재인에게 효력이 미치고, 다만 부인소송은 사해행위취소소송과 요건 · 효과를 달리하는 점이 있고, 그 달리하는 점에 대해서는 패소판결의 기판력은 미치지 않기 때문에 파산관재인은 다른 요건에 의거하여 부인소송을 제기할 수 있다고 한다.

5. 관 할

가. 전속관할

소송절차가 중단된 채권자취소소송은 파산관재인이 위 소송을 수계하는 경우 부인소송으로 청구취지를 변경하여 절차를 속행하게 된다. 그런데 부인의 소는 파산계속법원의 관할에 전속한다(법 제396조 제3항). 여기서 말하는 부인의 소 직분관할은 파산선고 결정을 하고 파산절차에 관계하고 있는 재판체(裁判体) 그 자체를 말하는 것이 아니라 파산사건이 계속되고 있는 지방법원을 말한다고 해석된다. 실제 서울중앙지방법원은 서울회생법원이 출범하기 전에는 부인의 소는 파산부가 아닌 민사부에서 처리하도록 하였다. 그러므로 채권자취소소송이 계속 중인 법원과 파산절차계속 법원이 다를 경우에 파산관재인이 채권자취소소송을 수계하여 부인소송으로 청구취지를 변경하게 되면 사건을 파산사건이 계속되고 있는 지방법원으로 이송하여야 한다. 서울의 경우에는 서울회생법원이 2017. 3. 1.부로 출범

신청을 한 뒤 수익자로부터 화해금을 수령한 사례가 있다(서울회생법원 2015하단3995호 파산선고 사건). 또한 채권자가 제기한 채권자취소소송에서 원고승소판결이 선고되고 그 판결이 확정된 뒤 채무자가 파산선고를 받자 파산관재인이 승계집행문부여신청을 하였으나 법원사무관 등이 파산관재인의 신청을 거절한 사안에서 이에 불복한 파산관재인의 이의신청을 받아들여 승계집행문부여 거절처분을 취소한 결정례도 있다(서울중앙지방법원 2018카기445 결정). 나아가 법원은 취소채권자가 사해행위취소판결에 근거하여 채무자 앞으로 원물반환을 시킨 뒤 강제집행을 한 사건에서 당해 부동산의 별제권자 및 파산선고일 전에 국세징수법 또는 국세징수의 예에 의하여 체납처분으로 부동산을 압류한 조세채권 등 외에는 파산관재인에게 배당하고 있다.

하였으므로 서울중앙지방법원이 아닌 서울회생법원이 관할법원이 된다. 수원회생법원과 부산회생법원도 2023. 3. 1.부로 출범하였으므로 수원지방법원이나 부산지방법원이 아닌 수원회생법원과 부산회생법원이 관할법원이 된다. 법원은 소송의 전부 또는 일부에 대하여 관할권이 없다고 인정하는 경우에는 민사소송법 제34조 제1항에 따라 결정으로 이를 관할법원에 이송하여야 한다. 실무상 파산관재인이 채권자취소소송 수계 및 부인의 소로 청구취지 변경 후 사건을 파산절차계속 법원으로 이송해 줄 것을 신청하는 경우가 있는데, 파산관재인 등 당사자에게 관할위반을 이유로 삼은 이송신청권이 있는 것이 아니므로 법원의 직권발동을 촉구하는 의미를 가질 뿐이다.

나. 채권자취소소송이 항소심에 계속된 후 파산관재인이 소송을 수계하여 부인권을 행사하는 경우

한편, 대법원은 채무자회생법 제396조 제3항의 관할규정의 문언과 취지, 채권자취소소송과 부인소송의 관계, 소송의 진행 정도에 따라 기대가능한 절차상의 편익 등을 종합해 보면, 파산채권자가 제기한 채권자취소소송이 항소심에 계속된 후에는 파산관재인이 소송을 수계하여 부인권을 행사하더라도 채무자회생법 제396조 제3항이 적용되지 않고 그 항소심법원이 소송을 심리 · 판단할 권한을 계속 가진다고 보는 것이 타당하다(대법원 2017. 5. 30. 선고 2017다205073 판결[8])고 본다. 파산선고 시 채권자취소소송이 1심에 계속 중이라면 파산관재인이 채권자취소소송을 수계하여 부인의 소로 청구취지를 변경한 경우에 소송계속법원은 관할법원인 파산사건이 계속되어 있는 지방법원으로 이송하여야 하지만, 항소심에서 수계와 청구취지 변경이 이루어진 경우에는 파산계속법원으로 이송할 필요가 없이 소송계속법원이 계속하여 심판하면 된다는 점을 명시적으로 판시한 것이다. 소송경제의 측면에서 파산계속법원에 이송함으로써 얻을 수 있는 절차상의 편익은 소송의 진행정도에 따라 달라진다는 점을 주요 이유로 들고 있다.

8) 위 대법원 판결은 그 상세한 이유는 다음과 같다고 한다. (1) 채무자회생법에서 부인의 소 등을 파산계속법원의 전속관할로 규정한 이유는 부인권 행사와 관련이 있는 사건을 파산계속법원에 집중시켜 파산절차의 신속하고 적정한 진행을 도모하고자 하는 데 있다. 여기에서 '파산계속법원'은 파산사건이 계속되어 있는 '회생법원'을 말하는데(같은 법 제353조 제4항 참조), 채무자회생법이 2016. 12. 27. 개정되어 회생법원이 신설되기 전에는 파산사건이 계속되어 있는 '지방법원'이 여기에 해당하였다. (2) 파산관재인은 채권자취소소송을 수계함으로써 파산채권자의 소송상 지위를 승계한다. 채권자취소소송과 부인소송은 채권자에게 손해를 입힐 수 있는 행위를 취소 또는 부인함으로써 채무자의 책임재산을 보전한다는 점에서 그 본질과 기능이 유사하고, 동일한 민사소송절차에 따라 심리 · 판단된다. (3) 분쟁의 적정한 해결과 전체적인 소송경제의 측면에서 소송을 파산계속법원에 이송함으로써 얻을 수 있는 절차상의 편익은 소송의 진행정도에 따라 달라진다.

6. 채권자가 파산선고 전 채무자를 상대로는 금전지급청구소송을, 수익자를 상대로는 채권자취소소송을 병합하여 제기한 경우의 절차적인 문제

채권자가 파산선고 전 채무자를 상대로는 금전지급청구(대여금청구나 구상금청구) 소송을, 수익자를 상대로는 채권자취소소송을 제기한 경우에 파산관재인은 원 · 피고의 지위를 겸유하게 된다. 그렇지만 파산관재인은 금전지급청구소송은 수계하지 않고 채권자취소소송만 수계한다. 파산선고 당시 계속 중이던 파산채권에 관한 소송은 파산관재인이 당연히 수계하는 것이 아니라 파산채권자의 채권신고와 그에 대한 채권조사의 결과에 따라 처리되므로, 당사자는 이의채권이 되지 않은 상태에서 미리 소송수계신청을 할 수 없고, 이와 같은 소송수계신청은 부적법하기 때문이다(대법원 2018. 4. 24. 선고 2017다287587 판결 등).

금전지급청구는 파산절차에서의 채권신고 및 그에 따른 시 · 부인에 따르게 된다. 만약 채권조사기일에 당해 채권의 존재 및 내용이 확정되고 확정채권에 관하여 파산채권자표에 기재한 때에는 파산채권자 전원에 대하여 확정판결과 동일한 효력이 있으므로, 본안재판부는 실무상 원고인 채권자에게 소취하를 권유하고 있다. 원고가 소취하를 하지 않으면 결국 위 금전지급청구소송은 소의 이익이 없으므로 각하된다. 이와 달리 채권조사절차에서 원고인 채권자의 금전지급채권이 부인된 경우에는 채권자는 파산관재인으로 하여금 위 금전지급청구소송을 수계하도록 한 후 청구취지를 파산채권확정을 구하는 취지로 변경하여 소송을 진행하게 된다.

채권자취소소송은 회생법원이나 파산계속법원으로 이송되고, 금전지급청구소송은 소제기 법원에서 소송절차가 진행된다. 그런데 종종 민사소송법 제34조 제1항에 근거하여 채권자취소소송과 금전지급청구소송 모두 회생법원으로 이송하는 사례도 보인다. 한편, 서울회생법원이 출범하기 전에는 서울중앙지방법원에서 파산관재인이 단일한 소송절차에서 원고(부인소송)와 피고(파산채권확정소송)의 지위를 겸유하게 되는 상황이 발생하게 되는 경우가 있었다. 이러한 경우에 부인소송과 파산채권확정소송의 변론을 분리하여 심리를 진행한 후 두 개의 판결을 선고한 사례가 있다(서울중앙지방법원 2008가합25508 판결).[9]

9) 서울중앙지방법원 파산부 실무연구회, 도산절차와 소송 및 집행절차, 박영사(2011), 199면 각주 30번 참조.

7. 취소채권자의 소송참가 및 취소채권자인 원고가 지출한 소송비용

소를 제기한 채권자는 소송비용을 부담하고 있는 경우도 있고, 수계된 소송에 대해 법률상의 이해관계를 가진다고 해석되기 때문에 파산관재인이 수계한 소송에 보조참가할 수 있다고 해석된다(대법원 2021. 12. 10.자 2021마6702 결정[10]). 일본 하급심판례(大阪高判昭 58 · 11 · 2 判タ524-231) 중에는 소를 제기하지 않았던 채권자도 파산관재인이 제기한 부인소송에 보조참가가 가능하다고 하지만, 이러한 일반적 반사적인 사실상의 이해관계밖에 없는 경우까지 보조참가를 인정하는 것은 의문이다.[11]

채권자취소소송의 채권자인 원고가 지출한 소송비용은 재단채권에 속하지 아니한다(법 제406조 제2항, 제347조 참조).[12] 채무자회생법 제406조 제2항은 법 제347조의 규정을 준용하고 있는데, 앞서 "파산재단에 속하는 재산에 관한 소송" 편에서 살펴본 바와 같이 법 제347조 제2항의 "제1항의 규정에 의한 소송비용은 재단채권으로 한다"는 규정은 파산관재인이 패소한 경우에 상대방이 갖는 소송비용청구권이 수계전의 비용까지 포함하여 재단채권이 된다는 의미이다. 이에 대한 반대해석상 채권자취소소송의 채권자인 원고가 지출한 소송비용은 파산채권이 되는 것이다. 재단채권이란 정책적 고려에 의해서 인정된 파산절차(배당)에 의하지 아니하고 파산재단으로부터 수시변제를 받을 수 있는 파산채권에 우선하는 채권이므로 재단채권이 되기 위해서는 법률적 근거가 필요하다.

8. 취소채권자가 신청한 가압류 · 가처분의 원용

채권자취소소송을 본안으로 하는 가처분이 파산선고 전에 있는 경우, 파산선고 전에 제기된 채권자취소소송을 수계하거나 부인의 소를 제기한 파산관재인은 가처분채권자의 지위를 승계한다. 파산선고 전에 내려진 가처분이 집행되지 않은 상태라면 파산관재인이 승계

---

10) 회생사건에 관한 것이지만 파산사건에도 동일하게 작용된다 할 것이다. 대법원은 "회생채권자가 제기한 채권자취소소송이 계속되어 있던 중 채무자에 대한 회생절차가 개시되어 관리인이 소송을 수계하고 부인의 소로 변경한 경우 소송결과가 채무자 재산의 증감에 직접적인 영향을 미치는 등 회생채권자의 법률상 지위에 영향을 미친다고 볼 수 있다. 따라서 종전에 채권자취소의 소를 제기한 회생채권자는 특별한 사정이 없는 한 소송결과에 이해관계를 갖고 있어 관리인을 돕기 위하여 보조참가를 할 수 있다."고 하였다.

11) 伊藤 眞 외 5인, 条解破産法, 弘文堂, 평성 22년, 357면.

12) 서울중앙지방법원 파산부 실무연구회, 법인파산실무(4판), 박영사(2015), 83면.

집행문을 얻어 집행해야 한다.[13)]

일본의 경우 大判昭11 · 7 · 11 民集15卷 16号 1367頁은 채권자가 본안소송인 사해행위취소소송의 제기 전에 채무자가 무상양도한 부동산에 관하여 수익자에 대하여 처분금지가처분을 한 경우 파산선고 후에 파산관재인이 부인소송을 제기하면 파산관재인은 가처분채권자인 지위를 승계하고 가처분의 효력을 주장할 수 있다고 판시하였다.[14)] 일본 하급심재판례 중에는 파산선고 당시 계속 중인 사해행위취소소송을 '수계할지 또는 수계를 거절하고 별소를 제기할지는 파산관재인의 자유에 맡겨져 있지만 일단 관재인이 이를 수계한 경우에는 당해 소송에 부수하여 이루어진 가처분에 있어서 가처분채권자의 지위도 당연히 관재인에 의해 승계되고, 당해 가처분은 전체 파산채권자를 위해 효력을 유지(保持) 한다고 해석하지 않으면 안 되고', '가처분 후 본안소송 미제기 중에 파산선고가 있는 경우에도 달리 해석할 이유가 없다'고 판시한 사례[15)]가 있다.

우리나라의 경우에는 파산관재인이 취소채권자가 신청한 가압류 · 가처분을 원용한 사례는 찾아보기 어렵다. 한편, 실무상 채권자가 채권자취소소송을 제기하면서 채권자취소권을 피보전권리로 하여 신청한 처분금지가처분에 대하여 파산관재인이 채무자에 대한 파산선고가 있은 뒤 채권자취소소송을 수계하여 진행한 부인소송절차에서의 화해권고결정(확정)에 기하여 사정변경을 이유로 가처분취소신청을 할 수 있는지 문제된다. 종종 부인소송 중에 파산관재인과 수익자 등 사이에 처분금지가처분 결정의 취소를 조건으로 화해권고결정이나 조정이 성립되는 경우가 있기 때문이다. 하급심 결정례 중에는 ① 취소채권자가 수익자의 대한민국에 대한 배당금청구권에 관하여 신청한 처분금지가처분에 대하여 파산관재인이 파산선고 후 채권자가 제기한 채권자취소소송을 수계하고 이후 화해권고결정(확정)에 기하여 처분금지가처분 취소를 구한 사건에서 파산관재인의 신청인적격을 인정한 결정(수원지방법원 2018. 11. 20.자 2018카단1817 결정)과, ② 취소채권자가 전득자를 상대로 신청한 부동산 처분금지가처분에 대해서 파산관재인이 채권자취소소송 수계 후 진행된 부인소송 중에 수익자 및 전득자와 화해계약을 체결하고 이에 기하여 가처분취소를 구한 사건에서, 민사집행법 제301조, 제288조 제1항 제1호에 의한 가처분신청은 채무자와 그 일반승

---

13) 정준영, "신도산법의 파산절차가 소송절차에 미치는 영향" 도산관계소송, 한국사법행정학회(2009), 339면.

14) 斎藤秀夫 외, 註解破産法[3판] 상권(1998년), 청림서원, 364면.

15) 그러므로 가처분취소소송의 피고적격은 파산관재인에게 있다(昭和30(ネ)523 仮処分取消事件 昭和 31年 3月 19日 福岡高等裁判所).

계인, 파산관재인 등만이 할 수 있는데, 신청인은 가처분결정의 채무자(전득자)의 파산관재인이 아니므로 가처분신청의 취소를 구할 신청인적격이 없어 부적법하다는 이유로 각하한 결정(서울중앙지방법원 2020. 12. 8.자 2020카단36255 결정, 서울중앙지방법원 2021. 1. 4.자 2020카단36256 결정)이 보인다. 그런데 채무자회생법 제406조는 파산채권자가 제기한 채권자취소소송이 파산선고 당시 법원에 계속되어 있는 때는 그 소송절차는 수계 또는 파산절차의 종료에 이르기까지 중단된다고 규정하고 있다. 이는 책임재산의 범위를 둘러싼 당사자적격이 취소채권자로부터 파산관재인에게 이전되기 때문이다. 즉, 파산절차가 개시되면 채권자취소소송의 목적인 책임재산의 확보는 파산재단의 증식으로 치환되는데, 파산재단의 증식은 파산채권자의 이익을 대표하는 파산관재인에 의한 부인권의 행사에 의해 실현되는 것이 적당하기 때문이다. 그러므로 채무자에 대한 파산선고 후 파산채권자는 개별적 권리행사가 금지되고, 파산관재인이 파산선고 당시 계속 중이던 채권자취소소송을 수계하여 부인권을 행사함으로써 파산재단의 증식이라는 목적이 실현되었으므로(승소판결뿐 아니라 조정성립 또는 화해권고결정 포함), 채무자의 책임재산의 확보를 목적으로 집행된 처분금지가처분은 더 이상 유지될 수 없고, 또한 파산관재인은 조정 또는 화해권고결정 등으로 가처분 목적물을 승계하였으므로 취소채권자가 신청한 처분금지가처분에 대하여 취소를 구할 신청인적격을 갖는다고 할 것이다.

9. 파산관재인이 상대방의 수계신청을 거부할 수 있는지 여부

채권자취소소송에 관하여 '상대방의 수계신청이 있는 경우 파산관재인이 이를 거절할 수 있는가'라는 문제가 있다. 이에 대하여 채권자취소소송의 소송상태가 파산관재인에게 유리한 경우에는 파산관재인은 이를 적극적으로 수계하지만 종래의 소송상태가 파산관재인에게 불리하고 오히려 파산관재인이 새로 부인소송을 제기하는 편이 유리하다고 판단되는 때에는 상대방의 수계신청을 거절할 수 있다는 것이 통설이다. 그러나 상대방도 소송수계의 신청을 할 수 있고(법 제33조, 민사소송법 제241조), 수소법원은 파산관재인이 소송절차를 수계하지 않는 경우 직권으로 속행명령을 할 수 있다는 점(민사소송법 제244조) 등을 근거로 파산관재인이 수계신청을 거절할 수 없다는 견해도 유력하다.

10. 채무자회생법 제406조의 확장(유추적용)

가. 채권자대위소송

채권자대위소송에서도 채무자는 소송당사자가 아니다. 채권자 갑이 채무자 을이 제3채무자 병에 대해서 가지는 채권에 대하여 대위소송을 제기한 때 을에 대해서 파산이 선고되면 명문의 규정은 없지만 채권자취소소송과 마찬가지로 소송절차가 중단되고, 파산관재인이 원고측을 수계할 수 있다고 해석된다. 채권자대위소송도 그 목적은 채무자의 책임재산을 보전하는 데 있고, 기본적으로 피대위권리는 파산재단에 속하고, 파산관재인에 의한 권리행사를 인정하는 것이 적절하며, 채권자에게 소송수행을 인정하는 것은 개별적인 권리행사를 허용하는 것이 되어 적절하지 않기 때문이다. 대법원도 "채권자대위소송도 그 목적이 채무자의 책임재산 보전에 있고 채무자에 대하여 파산이 선고되면 그 소송 결과는 파산재단의 증감에 직결된다는 점은 채권자취소소송에서와 같다. 이와 같은 채권자대위소송의 구조, 채무자회생법의 관련 규정 취지 등에 비추어 보면, 민법 제404조의 규정에 의하여 파산채권자가 제기한 채권자대위소송이 채무자에 대한 파산선고 당시 법원에 계속되어 있는 때에는 다른 특별한 사정이 없는 한 민사소송법 제239조, 채무자회생법 제406조, 제347조 제1항을 유추적용하여 그 소송절차는 중단되고 파산관재인이 이를 수계할 수 있다(대법원 2013. 3. 28. 선고 2012다100746 판결[16])"고 보았다.

나. 배당이의소송의 수계 가부(可否)

(1) 부정설

배당이 이미 실시되었고 채무자가 이의를 하지 아니하여 채무자에 대한 관계에서 배당표가 확정되었다면 그 채권자에 대하여는 확정적으로 변제의 효력이 생기고 그 배당절차는 종료된 것으로 보아야 하고, 설령 그 배당표에 대하여 다른 채권자가 배당이의를 하였다고 하더라도 이는 배당이의의 당사자인 채권자들 사이에 상대적으로 해결될 문제일 뿐 채무자

16) 채무자는 부동산을 매수하여 제3자 명의로 신탁하였다. 원고는 채무자에 대한 구상금채권이 있음을 이유로 제3자에 대한 채무자의 위 부동산 매수자금 상당액 부당이득반환청구권을 피보전권리로 하여 채권자대위소송을 제기하였다. 제2심은 원고의 청구를 인용하였다. 그런데 제2심 판결 선고 후 채무자에 대하여 파산선고 결정이 있었고, 채무자의 파산관재인이 소송수계신청을 하였다. 대법원은 파산관재인의 수계신청을 인용하였다.

는 더 이상 그 배당표의 변경을 구할 권리가 없다는 견해[17]를 취하는 한 파산관재인은 배당이의 소를 수계할 수 없다는 결론으로 귀결될 것이다.

한편, 위 견해를 취하는 고 이우재 부장판사는 채무자가 이의를 한 경우에는 배당이의의 상대방 채권자에 대해서는 아직 변제되지도 아니한 것이고, 따라서 그 배당절차는 아직 종료되기 전이므로 배당이의소송절차도 정지되고 파산선고 후부터는 파산절차에 따라야 한다고 볼 여지도 있고, 우선 채무자가 배당이의의 상대방 채권자의 채권을 부인하는 셈이므로 배당절차는 효력을 상실하고, 오히려 그 부인된 채권자가 파산채권확정의 소를 제기하여야 하는 문제가 있으며, 채무자가 제기한 배당이의의 소도 실효되는데, 이 경우 배당이의 소는 소송종료선언을 하여야 한다는 견해와 본안판결을 하되 배당이의의 당부에 대한 판단은 중지하고, 파산선고를 이유로 배당표를 취소하고, 배당액은 파산관재인에게 지급하는 것으로 배당표를 경정하여야 한다는 견해가 가능한데, 후자의 태도가 공탁된 배당액의 처리를 위하여 간명하다는 이유로 후자를 지지한다.

(2) 제한적 긍정설

파산관재인의 배당이의소송에 대한 수계신청이 불허된 사례로는 서울북부지방법원 2016가단108653 배당이의소송이 있다. 그런데 위 서울북부지방법원 배당이의소송의 경우 불허가이유가 "청구취지와 청구원인에 비추어 볼 때, 채권자취소소송, 사해신탁소송, 채권자대위소송 그 어디에도 해당하지 아니하므로, 이 사건 당사자가 아닌 채무자가 파산선고를 받았더라고 소송절차는 중단되지 아니한다"라는 것인바, 채무자에 대한 파산선고 시 법원에 배당이의소송이 계속 중인 경우에 그 배당이의소송의 청구취지와 청구원인에 비추어 볼 때, 채권자취소소송, 사해신탁소송, 채권자대위소송에 해당한다면 수계가 가능하다는 취지로 해석된다.

(3) 대법원 판례

대법원은 취소채권자가 채무자와 수익자 사이에 체결된 매매예약 및 근저당권설정계약이 채권자들을 해하는 사해행위라고 주장하면서 그 취소와 원상회복 청구로서 배당표의 경

17) 이우재, 부동산 및 채권집행에서의 배당의 제문제[제2판], 진원사, 2012년, 367면.

정을 구하는 배당이의소송 중에 채무자에 대하여 파산선고가 있어 소송절차가 중단되었음에도 채무자의 파산관재인으로 소송수계가 이루어지지 아니한 채로 소송절차를 진행하여 판결을 선고한 원심 판결은 소송절차의 중단 및 소송수계에 관한 법리를 오해하여 판결에 영향을 미친 잘못이 있다고 하여 원심판결을 파기하고 사건을 원심법원에 환송하였다(대법원 2022. 5. 26. 선고 2022다209987 판결). 또한 대법원은 채권자가 채무자의 책임재산 보전을 위한 사해행위취소의 소와 함께 배당이의의 소를 제기한 경우 파산관재인의 수계를 인정한다(대법원 2016. 4. 28. 선고 2016다200705 판결).

그런데 대법원은 "파산채권자들 사이에서 배당이의소송이 계속되는 중에 채무자에 대해 파산이 선고되었다면, 배당이의소송의 목적물인 배당금은 배당이의소송의 결과와 상관없이 파산선고가 있은 때에 즉시 파산재단에 속하고, 그에 대한 관리 · 처분권 또한 파산관재인에게 속하고(채무자회생법 제384조), 이와 같이 소송의 결과가 파산재단의 증감에 아무런 영향을 미치지 못하는 파산채권자들 사이의 배당이의소송은 채무자의 책임재산 보전과 관련이 없으므로 이러한 배당이의소송은 채무자회생법 제347조 제1항에 따라 파산관재인이 수계할 수 있는 소송에 해당한다고 볼 수 없다"고 한다(대법원 2019. 3. 6.자 2017마5292 결정[18]). 이처럼 파산채권자가 다른 파산채권자를 상대로 제기한 배당이의소송에서는 채무자의 파산선고가 있으면 즉시 소송의 목적이 된 배당금이 파산재단에 귀속되므로, 파산관재인은 배당이의소송을 수계할 것이 아니라 경매법원에 대하여 배당금의 교부를 청구하는 방법으로 배당금을 파산재단으로 회수하면 될 것으로 보인다.

한편 위 대법원 2019. 3. 6.자 2017마5292 결정의 사실관계는 다음과 같다. 채무자 소유 부동산이 임의경매로 매각된 후 열린 배당기일에서 배당을 받지 못한 파산채권자(가압류권자로서 확정판결 받은 자)가 소액임차인의 배당액에 대해 이의하고 배당이의소송을 제기하였는데, 배당이의소송이 계속되던 중에 채무자에 대하여 파산이 선고되었고, 이후 파산관재인이 파산채권자(배당이의소송 원고)의 지위에 대하여 소송수계신청을 하였으나 1심 법원이 수계신청을 기각하자 파산관재인이 이에 불복하여 항고와 재항고를 한 사건이다.[19]

위 대법원 결정에 대해서는, 제시한 일반 법리는 특별한 문제가 없어 보이지만 당해 사

---

18) 위 대법원 결정은 앞서 본 서울북부지방법원 2016가단108653 배당이의소송 재판부가 파산관재인의 배당이의소송에 관한 수계신청을 불허한 결정에 대한 재항고심 사건의 결정이다.

19) 그러는 사이에 1심 재판부는 파산채권자와 소액임차인 사이에 배당표를 '파산채권자에게 전액 배당'하는 것으로 경정하는 화해권고결정을 하였고, 위 결정이 확정되자 파산채권자는 배당금을 출급하였다.

건 해결을 위한 법리로서 유효한 것인지는 의문이라는 비판이 있다. 즉, 대법원 결정은 당해 사안이 파산채권자들 사이에 배당이의소송이 있었던 것으로 보았으나, 소액임차인은 주택임대차보호법 제8조의 최우선변제권이 인정되는 금액에 대하여 별제권자(저당권자 등)에 준하는 지위에 있고(채무자회생법 제415조 제2항), 파산재단에 속하는 주택(대지 포함)에 관해서 파산절차에 의하지 않고 보증금반환채권의 만족을 받을 수 있으며(대법원 2017. 11. 9. 선고 2015다44274 판결), 집행실무도 파산선고가 있는 채무자의 부동산이 경매된 경우 우선변제권 있는 임차인과 소액임차인을 별제권자로 보아 이들에게 직접 배당금을 지급하고, 나머지 파산채권자 등에 대한 배당금을 파산관재인에게 지급하고 있으므로, 파산채권자가 별제권을 갖는 소액임차인을 상대로 제기한 당해 배당이의소송의 문제된 배당금은 피고가 진정한 소액임차인이라면 별제권자인 피고에게 귀속되고, 가장임차인이라면 파산재단에 귀속되어 배당이의소송의 결과에 따라 파산재단의 증감에 영향이 있다는 것이다. 따라서 해당 사건 배당이의소송은 채무자회생법 제347조 제1항에 따라 파산관재인이 이를 수계할 수 있다고 보아야 하고, 이때 파산관재인은 배당이의소송의 원고(파산채권자) 지위를 수계하면 되고, '부인의 소'로 변경할 것은 아니다(청구취지는 B에 대한 배당액을 C에게 배당하도록 배당표 변경을 구하는 것으로 변경해야 함)고 한다.[20)]

(4) 부인행위 상대방의 배당금 수령 여부에 따른 원상회복의 방법

예컨대 근저당권설정계약이 부인되는 경우 경매절차가 진행되어 타인이 소유권을 취득하고 근저당권설정등기가 말소되었다면 원물반환이 불가능하므로 가액배상의 방법으로 원상회복을 명할 것이므로, 파산관재인은 이미 배당이 종료되어 상대방이 배당금을 수령한 경우에는 상대방에 대하여 배당금 반환을 구하고, 배당표가 확정되었으나 배당금지급금지가 처분으로 인하여 상대방이 배당금을 현실적으로 지급받지 못한 경우에는 배당금지급채권의 양도와 그 채권양도의 통지를 구한다. 그밖에 파산관재인은 배당기일에 출석하여 상대방의 배당 부분에 대하여 이의를 하고 원상회복으로서 배당이의의 소를 제기할 수 있다(대법원 2011. 2. 10. 선고 2010다90708 판결).

---

20) 박진수, [2019년 분야별 중요판례분석] 6. 민사집행법(2020. 2. 27), 법률신문사.

11. 재단채권자가 제기한 채권자취소소송 또는 채권자대위소송이 파산선고 시에 계속 중인 경우 중단 여부

재단채권자가 제기한 채권자취소소송 또는 채권자대위소송이 파산선고 시에 계속 중인 경우에도 그 소송절차는 중단되는지 생각해 볼 문제이다. 채무자회생법은 파산절차의 원활한 진행을 확보하고 재단채권의 우선순위에 따른 변제 및 동순위 재단채권 사이의 평등한 변제를 확보하기 위해 파산선고 후에는 재단채권에 기한 체납처분을 금지하고 있다(법 제349조 제2항). 이러한 점과 함께 "재단채권자의 정당한 변제요구에 대하여 파산관재인이 응하지 아니하면 재단채권자는 법원에 대하여 구 파산법 제151조, 제157조에 기한 감독권 발동을 촉구하든지, 파산관재인을 상대로 불법행위 손해배상청구를 하는 등의 별도의 조치를 취할 수는 있을 것이나, 그 채권 만족을 위해 파산재단에 대해 개별적 강제집행에 나아가는 것은 파산법상 허용되지 않는다"라는 대법원 2006마1277 결정이나 "체납처분 있는 조세채권 외의 재단채권에 기한 강제집행도 파산선고로 그 효력을 잃는다"라는 대법원 2006마260 결정의 취지를 종합하면, 채권자취소소송은 채무자의 책임재산의 회복을, 채권자대위소송은 채권의 보전을 각각의 목적으로 하고, 이는 채무자의 재산에 대한 강제집행의 준비로서의 의미가 있으므로, 파산선고 후에는 재단채권자가 채권자취소소송 및 채권자대위소송을 제기할 수 없고, 파산선고 시 재단채권자가 제기한 채권자취소소송 및 채권자대위소송이 계속 중인 때는 그 소송절차는 중단되고 파산관재인이 수계할 수 있다고 할 것이다. 일본의 현행 파산법은 명문으로 재단채권자가 제기한 채권자취소소송 및 채권자대위소송도 파산절차개시 당시 계속 중인 때는 그 소송절차는 중단된다고 규정하고 있다(일본법 제45조 제1항).

한편, 대법원 2013다211803 판결은 "특정채권을 가진 재단채권자가 자기의 채권의 현실적인 이행을 확보하기 위하여 파산재단에 관하여 파산관재인에 속하는 권리를 대위하여 행사하는 경우, 그것이 파산관재인의 직무 수행에 부당한 간섭이 되지 않는 등 파산절차의 원만한 진행에 지장을 초래하지 아니하고, 재단채권 간의 우선순위에 따른 변제 및 동순위 재단채권 간의 평등한 변제 등과 무관하여 다른 재단채권자 등 이해관계인의 이익을 해치지 않는다면, 파산재단의 관리처분권을 파산관재인의 공정 · 타당한 정리에 일임한 구 파산법의 규정 취지에 반하지 아니한다. 따라서 특별한 사정이 없는 한, 이와 같은 재단채권자의 채권자대위권 행사는 법률상 허용된다고 봄이 상당하다[21]"라고 하여 특정채권을 가진 재단채권자의 전용형 채권자대위권 행사를 예외적으로 인정하였다.

21) 위 대법원 판결 사안의 개요는, C주택은 신탁회사인 피고와 C주택이 건설하는 아파트 부지 일부에 관하여 분양보증 목적의 신탁계약을 체결하고 피고 명의로 이전등기를 마쳤다. 신탁계약이 종료된 경우, 신탁부동산에 관하여 피고는 신탁등기의 말소와 수익자인 C주택에게 이전등기를 하기로 정하였다. 사업이 진행되던 중 C주택은 2003년 12월 23일 파산선고를 받았고, 이 사건 토지는 2004년 2월 13일경 분할되면서 아파트 사업부지에서 제외되었다. 원고와 C주택의 파산관재인은 2004년 10월경 C주택은 원고로부터 10억원을 지급받고 그와 동시에 원고에게 이 사건 토지의 소유권을 이전한다는 약정을 체결하였다. 원고는 약정에 따른 이전등기청구권의 보전을 위하여 C주택의 파산관재인을 대위하여 피고에 대하여 신탁계약 종료를 원인으로 한 신탁등기말소와 C주택 명의의 이전등기를 구하는 소를 제기한 사안이다. 원심은 피대위채권인 C주택의 피고에 대한 소유권이전등기청구권 등은 파산자 C주택의 파산재단에 속하고 그 재산의 정리는 파산자 C주택의 파산관재인이 파산절차에 의하여 행하여야 한다는 이유로 원고의 채권자대위권 행사를 법률상 허용할 수 없다고 판단하였는데, 대법원은 본문에서 본 법리에 비추어 원심판결을 파기 · 환송하였다.

제7장 파산관재인의 업무

제7장 파산관재인의 업무

1. 쌍무계약의 의의

쌍무계약이라 함은 쌍방 당사자가 상호 대등한 대가관계에 있는 채무를 부담하는 계약으로서 쌍방의 채무 사이에는 성립 · 이행 · 존속상 법률적 · 경제적으로 견련성을 갖고 있어서 서로 담보로서 기능하는 것을 말한다(대법원 2000. 4. 11. 선고 99다60559 판결 등 참조). 예컨대, 건축자재 수 · 출입업 등을 하는 A사와 건축자재 도 · 소매업 등을 하는 B사 사이에 A사가 B사에게 특허물품인 제품을 공급하는 업무협약(대리점) 계약을 체결하면서 B사가 A사에게 제품대금 정산을 위한 보증금으로 1억 원을 지급하고 계약해지 시 10일 이내에 반환받는 것으로 약정한 때는 B사의 A사에 대한 보증금반환채권은 A사의 B사에 대한 물품대금채권과 이행 · 존속상 견련성을 갖고 있어서 서로 담보로서 기능하는 쌍무계약에 해당한다(대법원 2021. 1. 14. 선고 2018다255143 판결 참조). 그러나 본래 쌍방 채무 사이에 법률적 · 경제적으로 견련관계가 없는데도 당사자 사이의 특약으로 쌍방 채무를 상환 이행하기로 약정한 경우는 쌍무계약에 해당하지 않는다(대법원 2007. 9. 6. 선고 2005다38263 판결).

2. 쌍방미이행의 쌍무계약에 관한 파산관재인의 대응

이러한 쌍무계약에 관하여 채무자 및 그 상대방이 모두 파산선고 당시 아직 이행을 완료하지 아니한 때에는 파산관재인은 계약을 해제 또는 해지하거나 채무자의 채무를 이행하고 상대방의 채무이행을 청구할 수 있다(법 제335조 제1항). 파산관재인은 파산절차개시 후 쌍방미이행의 쌍무계약에 대해서 계약을 해제할지 이행을 청구할지 선택을 한다. 이행의 청구와 해제 중 어느 것을 선택할지는 어느 쪽이 파산재단의 증식에 도움이 될지를 비교검토한 뒤 파산관재인의 합리적인 재량에 달렸다. 이행의 청구를 하는 경우에는 법원의 허가가 필요하지만(법 제492조 제9호), 해제를 선택하는 경우에는 그러한 절차적 규제는 없다.

채무자회생법 제335조의 제1항의 "이행을 완료하지 아니한 때"에는 채무의 일부를 이행하지 아니한 것도 포함되고 그 이행을 완료하지 아니한 이유는 묻지 않는다(대법원

1998. 6. 26. 선고 98다3603 판결). 파산자의 귀책사유의 유무를 불문하며, 일부 미이행된 부분뿐만 아니라 계약의 전부를 해제할 수 있다(대법원 2003. 5. 16. 선고 2000다54659 판결[1]). 쌍무계약의 특질을 가진 공법적 법률관계에도 쌍방미이행 쌍무계약에 관한 채무자회생법 제335조 제1항이 적용 또는 유추적용될 수 있다(대법원 2021. 5. 6. 선고 2017다273441 전원합의체 판결[2]).

3. 파산관재인이 이행을 선택한 경우

파산관재인이 이행을 선택하면 채무자와 상대방의 종래의 계약관계는 파산관재인과의 사이에서 계속되게 된다. 그 결과 상대방은 파산관재인에 대해서 그 의무를 이행하게 되지만, 그 반면 파산재단도 상대방에 대해서 그 의무를 완전히 이행하여야 한다. 파산관재인이 이행을 선택하는 경우에 상대방이 가지는 청구권은 재단채권이다(법 제473조 제7호). 파산관재인이 채무의 이행을 선택한 때 상대방의 이행으로 인하여 파산재단은 이익을 얻기 때문에 이것과의 균형상 상대방이 받아야 할 반대급부청구권을 파산채권으로 하지 않고 재단채권으로 한 것이다.

쌍무계약의 이행에 관한 것이므로 상대방은 파산관재인의 청구에 대해서 동시이행 항변권으로 대항할 수 있다. 그리고 상대방이 채무자회생법 제335조 제1항에 따라 파산관재

1) 위 대법원 판결은 상법 제374조의2에서 규정하고 있는 주식매수청구권 행사 후 회사의 귀책사유로 주식대금 지급채무의 일부가 미이행되었다고 하더라도, 일부 미이행된 부분이 상대방의 채무와 서로 대등한 대가관계에 있다고 보기 어려운 경우가 아닌 이상 관리인은 일부 미이행된 부분뿐만 아니라 계약의 전부를 해제할 수 있다고 하였다.

2) 위 전원합의체 판결에서 다수의견은 쌍무계약의 특질을 가진 공법적 법률관계에도 쌍방미이행 쌍무계약의 해지에 관한 채무자회생법 제335조 제1항이 적용 또는 유추적용될 수 있다고 하였으나, 당해 사건에서는 ① 파산 당시 사업시행자(구 민간투자법에 따른 실시협약 당사자)와 지방자치단체 사이의 법률관계는 상호 대등한 대가관계에 있는 법률관계라고 할 수 없고, ② 사업시행자와 지방자치단체 사이의 법률관계 사이에 성립 · 이행 · 존속상 법률적 · 경제적으로 견련성이 없으며, ③ 오히려 지방자치단체가 사업시행자의 파산 이전에 이미 관리운영권을 설정해 줌으로써 위 실시협약에서 '상호 대등한 대가관계에 있는 채무로서 서로 성립 · 이행 · 존속상 법률적 · 경제적으로 견련성을 갖고 있어서 서로 담보로서 기능하는 채무'의 이행을 완료하였다고 봄이 타당하고, 따라서 파산 당시 사업시행자와 지방자치단체 사이의 법률관계는 채무자회생법 제335조 제1항에서 정한 쌍방미이행 쌍무계약에 해당한다고 보기 어려우므로, 사업시행자의 파산관재인의 해지권이 인정되지 않는다고 판단하였다. 이와 달리 반대의견은 쌍방미이행 쌍무계약의 법리는 공법상 계약에도 적용되어야 하고, 파산 당시 사업시행자가 주차장을 유지 · 관리하며 운영할 의무, 그리고 주무관청이 사업시행자로 하여금 부지를 무상으로 사용하고 주차요금 조정 등에 협력하며 주차단속 등을 실시할 의무는 모두 실시협약에 따른 채무로서 이행이 완료되지 않았다고 보고 '쌍방미이행 쌍무계약'의 요건을 충족하는 것으로 판단하였다. 한편, 별개의견은 파산을 이유로 이 사건 실시협약을 해지하는 것은 행정 목적 달성을 어렵게 하여 공익에 대한 중대한 침해를 초래하므로 실시협약에 대해서는 채무자회생법 제335조 제1항이 적용될 수 없다고 보았다.

인에 대하여 상당한 기간을 정하여 그 기간 안에 계약의 해제 또는 해지나 이행 여부를 확답할 것을 최고하였고 파산관재인이 채무이행의 청구를 하겠다고 답변하였으나, 이후 파산관재인이 계약에 따른 의무를 이행하지 않을 경우 상대방은 계약을 해제할 수 있고, 이 때 해제에 따른 원상회복으로서 파산자가 상대방에게 반환하여야 할 채무, 즉 상대방의 파산재단에 대하여 가지는 청구권도 채무자회생법상 재단채권에 해당한다(대법원 2001. 12. 24. 선고 2001다30469 판결).

4. 파산관재인의 해제 또는 해지와 상대방의 권리

가. 해제권·해지권 행사의 효력

채무자회생법 제335조 제1항에 따라 파산관재인이 쌍무계약을 해제·해지한 경우에는 종국적으로 계약의 효력이 상실되고, 그 이후 파산절차폐지결정이 확정되더라도 위 조항에 근거한 해제·해지의 효력에는 영향을 미치지 않는다 할 것이다(대법원 2022. 6. 16. 선고 2022다211850 판결).

나. 손해배상청구권

파산관재인이 계약을 해제하는 편이 파산재단에 이익이 된다고 하여 이를 선택하여 계약을 해제한 때는 상대방은 해제로 인하여 생긴 손해배상청구권을 파산채권으로서 행사할 수 있다(법 제337조 제1항). 이 손해배상청구권은 파산재단에 관하여 파산관재인이 한 행위로 인하여 생긴 청구권으로서 재단채권이 되어야 하나 입법자는 이를 파산채권으로 하였다. 파산관재인의 해제권이 파산절차에서 특별히 주어진 권능이라는 점을 고려하면, 그 행사의 결과로서 계약의 상대방에게 생긴 손해배상청구권의 행사를 인정하는 것이 공평에 합치되지만, 이를 재단채권으로 하면 파산관재인에게 해제권 행사를 인정한 취지가 몰각되기 때문에 파산채권에 그친 것이다. 한편, 이 손해배상청구권은 기존의 계약관계에 의해 생긴 것이 아니라 그 계약의 해제에 의해서 비로소 생긴 것이므로 파산선고 전의 원인에 기한 청구에는 해당하지 않으므로 당연히 파산채권에 포함된다고는 할 수 없기 때문에 본조가 파산채권인 점을 명확히 하였다고 설명되기도 한다.

다. 반대급부의 반환청구

(1) 반대급부가 파산재단 중에 현존하는 때

파산절차개시 전에 상대방이 채무자에 대해서 계약상의 의무에 대해 일부이행을 한 경우에, 파산관재인이 해제를 선택한 때에는 일부이행의 부분에 대해서 원상회복을 할 필요가 있다. 상대방의 반환청구권은 환취권의 일종이다. 이 경우의 반환청구는 파산절차에 의하는 것이 아니라 관재인에 대해서 행사한다.

(2) 반대급부가 파산재단 중에 현존하지 않는 때

반면, 일부이행에 의하여 채무자가 받은 급부가 파산재단에 현존하지 아니하는 때에는 그 가액에 관하여 재단채권자로서 권리를 행사할 수 있다(법 제337조 제2항). 파산재단의 부당이득을 막고, 일방 당사자의 파산이라고 하는 상대방에게는 귀책사유 없는 사실에 기하여 해제된 상대방의 불이익을 최소화하기 위하여 가능한 한 완전한 원상회복이 되도록 배려한 것이다. 채무자가 받은 반대급부가 파산재단에 현존하지 않는 경우란 반대급부가 금전인 경우(통상은 채무자가 가진 금전과 혼합된다) 이외에 반대급부가 전매되거나 또는 멸실된 경우가 포함된다. 반대급부가 금전인 경우에는 그 금액의 재단채권이 생긴다. 반대급부가 전매되거나 또는 멸실된 경우에는 재단채권이 되는 금액의 평가기준시를 해제시라고 하는 견해, 전매 또는 멸실시점이라는 견해, 반대급부의 이행시라고 하는 견해가 있다.

(3) 대상적(代償的) 환취권과의 관계

채무자가 받은 반대급부가 특정물이고, 그리고 또한 채무자(파산선고 전) 혹은 파산관재인(파산선고 후)에 의한 전매로 인하여 파산재단에 현존하지 않는 경우에는, 상대방은 재단채권과 더불어 대상적(代償的) 환취권도 가지며, 상대방은 양자를 선택하여 행사할 수 있다. 어느 쪽이든 한쪽에 대해서 변제를 받으면, 그 금액에 대해서 다른 한쪽도 감소하게 된다.[3]

---

3) 竹下守夫 외, "大コンメンタール破産法", 青林書院(2007년), 223, 224면 참조.

5. 기타 파산관재인의 선택에 따라 계약이 해제된 경우의 효과

가. 위약금 약정(계약금몰취 약정)의 효력

파산관재인이 법 제335조 제1항에 의하여 미이행쌍무계약을 해제한 경우에 해제된 계약에 계약해제의 위약금 약정(계약금 몰취 약정)이 있는 경우 법 제335조 제1항에 의한 계약해제를 채무자의 귀책사유로 인한 해제로 보아 위약금 약정이 적용될 수 있는지 문제된다.

이에 대하여, 대법원 2013. 11. 28. 선고 2013다33423 판결[4]은 법 제355조 제1항에 의한 파산관재인의 해제는 채무자가 파산상태에 이른 것을 원인으로 하므로 이는 채무자의 책임있는 사유로 계약이 해제된 경우의 하나로 볼 수 있고, 법 제335조 제1항의 해제의 경우에도 "채무자의 귀책사유에 의하여 계약이 해제된 경우"이므로 위약금 약정이 적용된다고 보고 있다.

나. 시행사와 중도금대출 금융기관 사이에 체결된 업무협약이 미이행 쌍무계약에 미치는 영향

종종 시행사(분양자)는 분양계약을 체결한 수분양자들에게 분양대금 중 중도금을 대출하기 위하여 금융기관(은행)과 사이에 "시행사와 입주예정자의 분양계약이 해제 · 해지됨에 따라 입주예정자로부터 이미 받은 분양대금을 반환하여야 할 경우에는 은행과 사전협의를 통해 입주예정자의 분양계약 해제 · 해지에 따른 시행사에 대한 위약금에 우선하여 은행에 대한 대출금 상환에 우선 충당되도록 하여야 한다"는 내용의 업무협약을 체결하는 경우가 있다.

그런데 채무자에 대하여 파산선고 결정이 있으면 채무자의 임의적인 변제와 채권자의 개별적인 권리행사가 원칙적으로 금지되고, 채무자와 시행자, 은행 사이의 분양계약 내지 대출계약에 따른 채권 · 채무의 이행 역시 파산절차에 의하여만 가능하며, 또한 파산절차에서 파산관재인은 채무자의 포괄승계인과 같은 지위를 가지는 한편, 파산채권자 전체의 공동

---

4) 갑 주식회사와 을이 매매계약을 체결하면서 '갑 회사의 책임 있는 사유로 계약이 해제될 경우 계약금 전액은 을에게 귀속한다'고 정하였는데, 매매계약의 쌍방 이행이 완료되지 않은 상태에서 갑 회사에 대한 파산이 선고된 사안에서, 갑 회사의 파산관재인이 채무자 회생 및 파산에 관한 법률 제335조 제1항에 의하여 매매계약을 해제한 때에도 매매계약에서 정한 위약금 약정이 적용된다고 본 사례이다.

의 이익을 위하여 선량한 관리자의 주의로써 채무자의 재산을 관리하는 독립된 제3자로서의 지위도 갖는 점에서 보면 채무자에 대한 파산선고 후 시행자가 파산관재인으로부터 분양계약해제 통지 및 분양대금 반환요청을 받은 뒤 위 업무협약에 기하여 채무자에게 반환할 분양대금을 은행에게 대출금상환 명목으로 지급한다고 하더라도 이를 들어 파산관재인에게 대항할 수 없다(서울중앙지방법원 2017. 6. 15. 선고 2016가합23132 판결 참조).

다. 미이행쌍무계약의 해제와 상계

미이행쌍무계약이 해제된 경우 상대방이 채무자를 위하여 중도금대출 금융기관에 대하여 납부한 중도금이자 대납금액 반환채권을 자동채권으로 하여 파산관재인의 상대방에 대한 반환채권과 대등액에서 상계할 수 있는지도 문제된다.

이와 관련하여, 서울고등법원 2014. 9. 26. 선고 2013나23503(본소), 2013나23510(반소) 판결은 피고(시행사)의 "분양계약이 해제되었다면, 채무자는 피고가 분양계약이 유지됨을 전제로 하여 채무자를 위하여 은행에 대납한 중도금대출이자와 이에 대한 상사 법정이자를 원상회복으로서 반환할 의무가 있다"는 주장에 대하여, "채무자와 피고 사이의 분양계약이 채무자의 파산관재인의 해제 통고에 의하여 적법하게 해제된 이상, 채무자는 분양계약에 따라 피고가 채무자를 위하여 은행에 대납한 대출이자와 이에 대한 대납일 이후의 상법상 연 6%의 법정이자를 원상회복으로서 피고에게 반환할 의무를 부담한다"고 판단하였다. 즉, 서울고등법원은 시행사가 채무자를 위하여 중도금대출 금융기관에 납부한 중도금대출이자 대납금액 반환채권은 법 제473조 제4호의 재단채권에 해당하므로 상계가 가능하고 법 제422조 제1호의 상계제한 법리가 적용되지 않는다고 판단하였다.

6. 상대방의 최고권

상대방은 파산관재인에 대하여 상당한 기간을 정하여 그 기간 안에 계약의 해제 또는 해지나 이행 여부를 확답할 것을 최고할 수 있다. 이 경우 파산관재인이 그 기간 안에 확답을 하지 아니한 때에는 계약을 해제 또는 해지한 것으로 본다(법 제335조 제2항). 이 규정은 파산관재인의 선택권 행사에 대하여 시기적 제한을 두고 있지 않기 때문에 상대방이 장기간 불안정한 지위에 있을 가능성이 있으므로 이를 방지하기 위한 취지이다.

제2절 도급계약 및 위임계약

1. 도급인이나 위임의 당사자 일방이 파산한 경우

가. 채무자회생법 제335조와 민법 제674조 제1항, 민법 제690조의 관계

민법 제674조 제1항은 "도급인이 파산선고를 받은 때에는 수급인 또는 파산관재인은 계약을 해제할 수 있다. 이 경우에는 수급인은 일의 완성된 부분에 대한 보수 및 보수에 포함되지 아니한 비용에 대하여 파산재단의 배당에 가입할 수 있다."고 규정하고 있다. 위 조항은 파산절차에 관한 특칙이라 해석된다. 그러므로 도급인이 파산선고를 받은 경우에는 당사자 쌍방이 이행을 완료하지 아니한 쌍무계약의 해제 또는 이행에 관한 채무자회생법 제335조가 적용될 여지가 없다. 따라서 도급인이 파산선고를 받은 경우에는 민법 제674조 제1항에 의하여 수급인 또는 파산관재인이 계약을 해제할 수 있다. 위와 같은 도급계약의 해제는 기성 부분에 대한 보수와 비용을 청구할 수 있으므로 조문의 해석상 장래에 향하여 도급의 효력을 소멸시키는 것을 의미한다(대법원 2002. 8. 27. 선고 2001다13624 판결). 해제권이 행사된 경우 도급인의 파산관재인은 이미 공사가 완성된 부분에 해당하는 기성금의 반환을 구할 수 없고, 해제 시까지의 기성부분에 대한 수급인의 보수 및 비용청구권은 파산채권이 되고, 해제시까지 완성된 결과는 파산재단에 귀속한다.

민법 제690조도 파산절차에 관한 특칙이다. 그러므로 위임의 당사자 일방이 파산선고를 받은 경우에는 당사자 쌍방이 이행을 완료하지 아니한 쌍무계약의 해제 또는 이행에 관한 채무자회생법 제335조가 적용될 여지가 없다. 따라서 위임의 당사자 일방이 파산선고를 받은 경우에는 민법 제690조에 의하여 위임계약이 당연히 종료된다고 할 것이며, 위와 같은 위임계약의 종료는 조문의 해석상 장래에 향하여 위임의 효력을 소멸시키는 것을 의미한다(위 대법원 판결). 한편, 위임계약의 경우에는 위임자의 파산을 위임계약의 종료원인으로 하지 않는다는 취지의 특약은 파산선고에 의하여 파산재단에 속하는 재산의 관리·처분권이 파산관재인에게 전속하게 되므로 무효라고 해석되고, 수임자가 파산선고를 받더라도 이것을 위임계약의 종료원인으로 하지 않는다는 취지의 특약은 파산선고를 받은 채무자라도 수임자가 될 수 있으므로 유효하다고 해석된다.[5)]

5) 서울회생법원 재판실무연구회, 법인파산실무(제5판), 박영사(2019), 214~217면.

나. 도급인이나 위임의 당사자 일방에 대하여 회생절차가 개시된 경우 민법 제674조 제1항의 유추 적용 가부

파산절차에 관한 특칙인 민법 제674조 제1항과 민법 제690조는 도급인이나 위임의 당사자 일방에 대하여 회생절차가 개시된 경우에도 유추 적용된다. 회생절차는 재정적 어려움으로 파탄에 직면해 있는 채무자에 대하여 채권자 등 이해관계인의 법률관계를 조정하여 채무자 또는 그 사업의 효율적인 회생을 도모하는 것을 목적으로 하는 반면, 파산절차는 회생이 어려운 채무자의 재산을 공정하게 환가 · 배당하는 것을 목적으로 한다는 점에서 차이가 있기는 하나, 이러한 목적을 달성하기 위하여 절차개시 전부터 채무자의 법률관계를 합리적으로 조정 · 처리하여야 한다는 점에서는 공통되고, 미이행계약의 해제와 이행에 관한 규정인 채무자회생법 제121조와 제337조의 규율 내용도 동일하므로, 파산절차에 관한 특칙인 민법 제674조 제1항과 민법 제690조는 회생절차가 개시된 경우에도 유추 적용할 수 있다(대법원 2017. 6. 29. 선고 2016다221887 판결[6]).

다. 도급인의 파산시 이행이 선택된 경우의 기성금 채권의 지위

파산관재인이 이행을 선택하여 수급인이 일을 완성한 경우에는 그 일의 결과는 파산재단에 귀속하고, 수급인의 보수청구권은 파산선고 전의 공사분도 포함하여 전액 재단채권이 된다(법 제473조 제7호).

한편, 대법원은 공사대금의 지급방법에 관하여 매월 1회씩 그 기성고에 따라 지급하기로 한 도급계약에 기하여 공사를 진행하던 중 도급인에 대하여 회사정리절차개시 결정이 내려진 사안에서 (1) 일반적으로 도급계약에 있어서 수급인이 완성하여야 하는 일은 불가분이므로 그 대금채권이 회사정리절차개시 전의 원인으로 발생한 것과 그러하지 아니한 것으로 분리될 수 없는 것이 원칙이고, (2) 공사대금의 지급방법에 관하여 매월 1회씩 그 기성고에 따라 지급하기로 한 것일 뿐이어서 중간공정마다 기성고를 확정하고 그에 대한 공사대금을

6) 위 대법원 2017. 6. 29. 선고 2016다221887 판결은 "도급인의 관리인이 도급계약을 미이행쌍무계약으로 해제한 경우 그때까지 일의 완성된 부분은 도급인에게 귀속되고, 수급인은 채무자회생법 제121조 제2항에 따른 급부의 반환 또는 그 가액의 상환을 구할 수 없고 일의 완성된 부분에 대한 보수청구만 할 수 있다. 이때 수급인이 갖는 보수청구권은 특별한 사정이 없는 한 기성비율 등에 따른 도급계약상의 보수에 관한 것으로서 그 주요한 발생원인이 회생절차개시 전에 이미 갖추어져 있다고 봄이 타당하므로, 이는 채무자회생법 제118조 제1호의 회생채권에 해당한다"고 판시하였다. 따라서 도급인에 대하여 회생절차가 개시되면 수급인 또는 관리인은 계약을 해제할 수 있고, 계약이 해제되면 수급인은 그때까지의 기성비율에 따른 보수를 회생채권으로 하여 회생절차에 참가할 수 있다.

지급하기로 한 것과는 다를 뿐 아니라, (3) 관리인이 단순히 수급인에 대하여 도급계약에 따른 채무이행의 청구를 한 것을 넘어서서 수급인과 사이에 당초의 도급계약의 내용을 변경하기로 하는 새로운 계약을 체결하기까지 한 경우라면, 정리개시결정 이전에 완성된 공사 부분에 관한 대금채권이라는 이유로 공익채권이 아닌 일반 정리채권에 불과한 것으로 취급될 수 없다고 하였다(대법원 2003. 2. 11. 선고 2002다65691 판결). 또한 대법원은 기성공사 부분에 대한 대금을 지급하지 못한 상태에서 도급인인 회사에 대하여 회사정리절차가 개시되고, 상대방이 정리회사의 관리인에 대하여 계약의 해제나 해지 또는 그 이행의 여부를 확답할 것을 최고했는데 그 관리인이 그 최고를 받은 후 30일 내에 확답을 하지 아니하여 해제권 또는 해지권을 포기하고 채무의 이행을 선택한 것으로 간주될 때에는 상대방의 기성공사부분에 대한 대금청구권은 '관리인이 채무의 이행을 하는 경우에 상대방이 가진 청구권'에 해당하게 되어 공익채권으로 된다고 하여 위 법리를 재차 확인하였다(대법원 2004. 8. 20. 선고 2004다3512, 3529 판결). 이 법리는 채무자회생법하에서도 그대로 적용된다 할 것이다.

그런데 위 법리에 비추어 볼 때, 만일 공사도급계약상 공사대금의 지급방법에 관하여 쌍방이 매월 1회씩 그 기성고에 따라 지급하기로 약정한 것이 아니라 중간공정(예컨대, 터파기공사, 골조공사, 설비공사, 마무리공사 등이나 혹은 제작, 도장, 운송, 설치기성 등)을 완료할 때마다 완성된 부분의 기성고를 확정하고 그에 대한 공사대금을 지급하기로 한 경우라면, 공사대금 청구권과 대가관계에 있는 공사이행청구권 역시 분할되는 급부라는 점을 중시하여 개시결정 이후 완성된 공사분에 한하여 재단채권으로 취급되고, 개시결정 이전의 기성금 채권은 회생채권이 될 것이다.

2. 수급인이 파산한 경우

가. 수급인이 파산한 경우 채무자회생법 제335조 적용 가부

수급인이 파산한 경우에는 민법에 별도의 규정이 없다. 그러므로 채무자회생법 제335조가 적용되어 수급인의 파산관재인에게 계약의 해제 또는 이행의 선택권이 있다. 대법원도 "수급인이 파산선고를 받은 경우에 도급계약에 관하여 파산법 제50조(채무자회생법 제335조에 해당)의 적용을 제외하는 취지의 규정이 없는 이상, 당해 도급계약의 목적인 일의 성질상 파산관재인이 파산자의 채무의 이행을 선택할 여지가 없는 때가 아닌 한 파산법 제50조의 적용을 제외하여야 할 실질적인 이유가 없다. 따라서 파산법 제50조는 수급인이 파산선고를 받은 경우에도 당해 도급계약의 목적인 일이 파산자 이외의 사람이 완성할 수 없는 성질의 것이기 때문에 파산관재인이 파산자의 채무이행을 선택할 여지가 없는 때가 아닌 한 도급계약에도 적용된다"고 판시하였다(대법원 2001. 10. 9. 선고 2001다24174,24181 판결[7]).

나. 파산관재인이 해제를 선택한 경우

파산관재인이 해제를 선택한 경우 이로 인하여 손해를 입은 도급인의 손해배상청구권은 파산채권이고(법 제337조 제1항), 도급인이 공사에 제공한 재료나 채무자에게 교부한 선급금이 있다면 도급인은 재료 등이 현존하는 때에는 그 반환을 청구할 수 있고, 현존하지 아니하는 때에는 그 가액에 관하여 재단채권자로서 권리를 행사할 수 있다(법 제337조 제2항).

다. 파산관재인이 이행을 선택한 경우

파산관재인이 이행을 선택한다면 파산관재인은 필요한 재료를 제공하여 나머지 공사를 하여야 하고, 그 일이 채무자 자신이 함을 필요로 하지 아니하는 때에는 제3자로 하여금 이를 하게 할 수 있으며(법 제341조 제1항), 위 완성에 의한 보수청구권은 파산재단에 속한다(법 제341조 제2항). 일을 한 채무자나 또는 제3자의 보수청구권은 재단채권이 된다(법 제473조 제4호). 파산관재인은 미리 이행을 선택하기 전에 근로자들에 대한 산업재해보상, 완성된 건물에 대한 하자담보책임 등의 문제를 꼼꼼히 살펴야 할 필요가 있다.

파산관재인이 이행을 선택한 경우라도 도급인은 민법 제673조에 의한 해제권을 상실하는 것이 아니므로 일을 완성하기 전이라면 손해를 배상하고 계약을 해제할 수 있다.

---

7) 다만, 위 판결의 사안은 수급인이 준공검사를 마친 후 하자보수의 의무만 남아 있는 상태(도급인은 공사대금 잔금을 미지급함)에서 파산한 것이었다. 이에 대하여 대법원은 건축공사의 도급계약에 있어서는 이미 그 공사가 완성되었다면 특별한 사정이 있는 경우를 제외하고는 이제 더 이상 공사도급계약을 해제할 수는 없다고 할 것인바, 수급인이 파산선고를 받기 전에 이미 건물을 완공하여 인도함으로써 건축공사 도급계약을 해제할 수 없게 되었다면 도급인에 대한 도급계약상의 채무를 전부 이행한 것으로 보아야 하고, 그 도급계약은 파산선고 당시에 쌍방 미이행의 쌍무계약이라고 할 수 없으므로 파산법 제50조를 적용할 수 없다고 판단하였다.

제3절 임대차계약

1. 개 요

임대차계약은 전형적인 쌍무계약의 일종으로서 임대차기간 중에는 남은 기간 동안 목적물을 사용 · 수익하게 할 의무와 차임을 지급할 의무가 남아 있게 된다. 그러므로 회생절차 또는 파산절차 개시 당시 임대차계약이 성립되고 임대차가 종료되지 않은 때에는 쌍방미이행이 되어 채무자회생법 제335조가 적용되는 것이 원칙이다. 그런데 임대인이 파산한 경우에는 채무자회생법이 파산관재인의 해지권을 제한하고 있고, 임차인이 파산한 경우에는 민법 제637조가 채무자회생법 제335조의 특칙이므로 계약관계의 해소 · 존속문제에 대해서 차이가 생긴다.

2. 임대인이 파산한 경우

가. 파산관재인의 임대차계약 해지 가부

구 파산법하에서는 임대인이 파산한 경우에 파산관재인이 파산법 제50조(채무자회생법 제335조)에 따라 임대차계약을 해지할 수 있는가에 관하여 다툼이 있었다. ① 파산은 파산재단에 속하는 모든 법률관계를 정리청산하여 파산절차를 신속하게 종결하는 것을 목적으로 하므로 채무자에게 속하는 계속 중의 계약관계도 종료시킬 필요가 있고, 임대인이 파산한 경우 제외규정도 없는 이상 파산법 제50조에 의해 임대차계약을 해지할 수 있다는 적용설과 ② 만약 파산관재인이 파산법 제50조에 의하여 임대차계약을 해지할 수 있다고 하면 임차인은 자신에게 전혀 책임이 없음에도 불구하고 즉시 임차권을 잃어 주생활(住生活)의 근거를 상실하고, 자기가 파산한 경우보다 더 큰 불이익을 받게 되어 부당하다는 비적용설, ③ 대항력 있는 임대차의 경우에는 법 제50조가 적용되지 않지만 그 외의 임대차에는 적용된다는 견해(절충설)로 나뉘었다.

채무자회생법은 종전의 실무가 취하였던 절충설을 반영하여 제340조 제4항을 신설하였다. 임대인이 파산선고를 받은 경우에 임차인이 주택임대차보호법 제3조 제1항의 대항요건이나 상가건물임대차보호법 제3조의 대항요건을 갖춘 때에는 미이행 쌍무계약에 관한 파산관재인의 해지권 행사를 규정한 제335조의 적용을 배제하였다. 대항력 있는 임차인을 보호하기 위한 명문규정을 둔 것이다. 임대인의 파산관재인은 선순위 저당권이 설정되었기 때문에 임차인이 선순위 저당권자에게 대항력을 주장할 수 없는 경우라도 임대차계약을 해지할 수 없다. 그렇지만 임차인이 주택임대차보호법 및 상가건물 임대차보호법의 대항력을 갖추지 못한 경우에는 쌍방미이행 쌍무계약에 관한 일반규정인 채무자회생법 제335조가 적용된다. 따라서 임대인인 채무자의 파산관재인은 임대차계약을 해지할 수 있다. 임차인이 대항요건을 갖추었는지 여부는 파산선고 시를 기준으로 판단한다. 그러므로 임차인이 임대인에 대한 파산선고 후에 대항력을 갖춘 경우에는 파산관재인은 해지권을 행사할 수 있다. 한편, 민법 제621조, 제622조에 의하여 임대차등기를 마친 건물 또는 토지임대차에 대해서도 채무자회생법 제335조에 의한 해지권행사를 제한할 것인지가 문제되나, 채무자회생법이 주택임대차보호법 또는 상가건물임대차보호법상의 대항력을 갖춘 임대차에 대해서만 해지권 행사를 제한하고 있는 점을 고려하면 부정적으로 해석된다.[8)]

채무자회생법은 임차인을 보호하기 위하여 위 제340조 제4항 외에도 대항요건과 확정일자를 갖춘 주택임차인이나 상가임차인은 파산재단에 속하는 주택 또는 상가의 환가대금에서 후순위권리자 그 밖의 채권자보다 우선하여 보증금을 변제받을 권리를 인정하고, 주택임대차보호법 제8조나 상가건물 임대차보호법 제14조 소정의 소액보증금 우선변제권자도 파산신청일까지 대항요건을 갖추면 최우선변제권을 인정하는 규정(법 제415조)을 신설하였다.

나. 임대차보증금의 처리 문제

채무자회생법은 파산절차와 관련하여 주택임대차보호법 또는 상가건물임대차보호법의 대항력을 갖춘 경우에 특별한 보호를 하고 있다. 채무자회생법 제415조는 주택임대차보호법 또는 상가건물임대차보호법상의 대항요건을 갖추고 확정일자를 받았거나 주택임대차보호법 또는 상가건물임대차보호법에 의하여 보호되는 소액보증금에 대해서는 파산재단에 속하는 주택(대지 포함) 또는 상가의 환가대금에서 후순위권리자 그 밖의 채권자보다 우선하

---

8) 이와 달리 일본 파산법 제56조는 임차권 기타 사용 및 수익을 목적으로 하는 권리를 설정하는 계약에 대하여 파산자의 상대방이 당해 권리에 대해 등기, 등록 기타 제3자에 대항할 수 있는 요건을 구비하고 있는 경우에는 우리 채무자회생법 제335조 쌍방미이행 쌍무계약에 관한 선택에 관한 규정에 해당하는 법 제53조 제1항 및 제2항의 규정의 적용을 배제하여, 임대차등기를 마친 건물 또는 토지임대차에 대해서도 쌍방미이행 쌍무계약 일반에 인정되는 파산관재인의 해지권을 제한하고 있다.

여 보증금을 변제받을 권리를 부여하고 있다. 그렇지만 임차인이 위와 같은 우선변제권을 부여받았다고 하여 경매신청권까지 갖는 것은 아니다.

다. 선급한 차임 또는 차임채권 처분의 효력

임대인이 파산선고를 받은 때에는 차임의 선급 또는 차임채권의 처분은 파산선고시의 당기(當期) 및 차기(次期)에 관한 것을 제외하고는 파산채권자에게 대항할 수 없다(법 제340조 제1항). 따라서 차차기(次次期) 이후의 임료도 선급한 임차인은 관재인에 대하여 이중으로 지급하여야 한다. 그렇지만 이로 인하여 손해를 받은 임차인 또는 처분의 상대방은 그 손해배상에 관하여 파산채권자로서 권리를 행사할 수 있다(법 제340조 제2항). 이러한 규정을 둔 이유는 채무자가 파산선고 전에 차임의 선급을 받거나 또는 차임채권을 양도, 기타의 처분을 하였을 때에 그 금전의 지급이 끝난 것으로 인정하는 것은 채무자가 임차인 등과 통모하여 다액의 선급이 있었다고 주장하거나 차임채권을 사전에 처분함으로써 채무자 재산이나 파산재단의 충실을 해하게 될 우려가 있어 이를 방지하기 위한 것이다. 그런데 임차인이 파산채권자인 때에는 파산선고시의 당기(當期) 및 차기(次期)의 차임에 관하여 상계를 할 수 있다. 보증금이 있는 경우 그 후의 차임에 관하여도 또한 같다(법 제421조 제1항).

3. 임차인이 파산한 경우

가. 임대차계약의 해지

임차인의 파산에 관한 민법 제637조는 채무자회생법 제335조의 특칙이다. 그러므로 임차인이 파산선고를 받은 경우에는 임대차기간의 약정이 있는 때에도 임대인 또는 파산관재인은 민법 제635조의 규정에 의하여 계약해지의 통고를 할 수 있고(민법 제637조 제1항), 이 경우 상대방이 통고를 받은 날로부터 민법 제635조 제2항 각호 소정의 기간이 경과하면 해지의 효력이 생겨 임대차는 종료하며(민법 제635조 제2항), 각 당사자는 상대방에 대하여 계약해지로 인하여 생긴 손해의 배상을 청구하지 못한다(민법 제637조 제2항). 한편, 채무자회생법은 민법 제637조의 규정에 의하여 상대방 또는 파산관재인이 갖는 해지권의 행사에 관하여 채무자회생법 제335조 제2항의 규정을 준용하고 있다(법 제339조). 그러므로 임차인이 파산선고를 받은 경우에 임대인 또는 파산관재인은 서로에 대하여 상당한 기간을 정하여 그 기간 안에 임대차의 해지 여부를 확답할 것을 최고할 수 있고, 이 경우 상대방이 그 기간 안에 확답을 하지 아니한 때에는 계약을 해지한 것으로 본다(법 제339조).

민법 제637조와 채무자회생법 제335조를 비교하면 특칙인 민법 제637조는 2개의 특징이 있다. 첫째는, 임차인의 파산관재인뿐 아니라 계약의 상대방인 임대인도 해지권이 있다는 것이다.[9] 주택임대차보호법 제4조, 상가건물임대차보호법 제9조의 임대차기간에 대한 강행규정이 적용되는 경우에도 민법 제637조에 기하여 임대인은 해지할 수 있다. 그러나 이에 대해서 위 규정들은 강행규정이므로 임차인의 파산을 이유로 한 임대인의 해지권은 제한되어야 한다는 비판[10]이 있다. 다만, 민법 제637조가 채무자회생법 제335조의 특칙이라고 하더라도, 이는 임대차계약을 해지하는 경우에 관련된 것이고, 파산관재인이 채무자회생법 제335조에 따라 임대차계약의 이행을 선택하는 것을 배제하는 것은 아니다. 파산관재인은 임차인이 파산한 경우에 임대차계약을 해지할지, 이행을 청구할지 선택권을 가진다. 실무상 파산관재인은 해지를 선택하는 경우가 많지만, 관재업무의 필요상 사업을 계속하는 경우나 임차권 양도가 가능한 경우 등에는 이행을 선택하여 임대인에 대해서 이행을 청구한다. 파산관재인으로서는 상황을 파악하여 어느 쪽을 선택할지 가급적 신속하게 결정할 필요가 있다. 파산관재인이 임대차계약의 이행을 선택하고 임대인이 이에 반대하지 않는 경우(민법 제637조가 특칙이므로, 만일 임대인이 동조에 따라 임대차계약을 해지하고자 하는 경우에는 임대인의 의사가 우선하여 파산관재인은 임대차계약의 이행을 선택할 수 없을 것이다[11]), 파산선고 후의 임대인의 차임채권은 재단채권에 해당한다(법 제473조 제7호).

둘째는, 채무자회생법은 파산관재인에 의한 계약의 해지가 있는 때에는 상대방은 손해

9) 그러나 이에 대해서는 채무자회생법 제335조를 배제하고 민법 제637조만 적용하는 견해에 반대하면서 채무자회생법의 일반원칙으로 돌아가 임차인의 파산관재인에게 해지 또는 이행 선택권을 부여해야 한다는 비판적 견해가 있다. 임치용, 파산법연구2, 박영사(2006), 140, 141면 참조. 한편 일본의 경우 개정 전 민법 제621조는 우리 민법 제637조와 같이 "임차인이 파산선고를 받은 때에는 임대차기간의 정함이 있는 때에도 임대인 또는 파산관재인은 제617조의 규정에 의하여 해약신청을 할 수 있다. 이 경우에 각 당사자는 상대방에 대하여 해약으로 인하여 생긴 손해의 배상을 청구할 수 없다"고 규정하고 있었다. 그러나 이에 대하여 종전부터 임차인의 주거보호나 파산재단의 재산권으로서의 임차권의 중요성의 관점에서 강한 비판이 있었고, 판례도 단지 임차인이 파산했을 뿐, 임료 미지급을 빚지고 있지 않은 경우에까지 해지를 인정하는 것에 부정적인 태도를 취했다(最判昭和 48年 10月 30日 民集 27巻 9号 1289頁). 그래서 2004년(평성16년) 개정시 제621조가 삭제되었고, 임차인의 파산 사실만을 이유로 한 임대인의 해지 신청이 인정되지 않게 되었다.

10) 임치용, 파산법연구2, 박영사(2006), 144면.

11) 김영주, '임대차계약 당사자의 도산에 관한 민법 및 도산법의 해석', 법학논총(제33집 제3호), 28면.

배상에 관하여 파산채권자로서 권리를 행사할 수 있는 데 반하여, 특칙인 민법 제637조는 상대방의 손해배상채권이 인정되지 않는다는 것이다. 이러한 민법 제637조 제2항에 대해서는, 임대인의 손해배상청구를 제한하는 것은 재산권을 침해하는 것이며, 임차인에 대한 회생절차가 개시된 경우와 달리 파산절차가 개시된 경우에만 임대인의 손해배상청구를 제한하는 것은 평등원칙에 위배된다는 헌법소원이 있었다. 이에 대하여 헌법재판소 2016. 9. 29. 선고 2014헌바292 결정은 "민법 제637조 전체를 그 취지와 함께 고려하면 임대인으로서는 임차인에게 차임의 지급을 기대할 수 없는 경우 계약의 존속을 강요받지 아니하고 임차인과 마찬가지로 손해배상책임의 부담 없이 임대차계약을 해지할 수 있는 권한을 부여받는 대신, 임차인의 파산관재인이 해지권을 행사한 경우에는 임대인 역시 임차인으로 하여금 목적물을 사용 · 수익하게 할 의무를 면하되 다만 해지 자체로 인하여 발생하는 손해의 배상만을 구할 수 없게 되는 것이어서, 임대인에게 특별한 불이익을 감수하도록 하는 조항이라고 보기 어렵"고, "회생절차는 그 속성상 채권자가 채권의 만족을 얻기까지 상대적으로 장기간이 소요되므로, 회생절차의 경우에는 절차를 신속하게 진행하는 것도 필요하지만, 이해관계인 전체의 이익을 적절하게 조정하는 것이 매우 중요한 데 비해, 파산절차는 파산시점의 채무자의 재산을 채권자들에게 공평하고 타당하게 배분하는 절차이기 때문에 회생절차에 비해 채권의 만족이 상대적으로 단기간 안에 이루어지며, 파산제도의 취지를 달성하기 위해서는 절차를 신속하게 진행하는 것이 절실하게 요구되므로, 회생절차가 개시된 경우와 달리 임차인이 파산한 경우에만 임대인의 손해배상청구권을 제한하고 있는 것은 위와 같이 회생절차와 파산절차의 제도의 취지와 기능이 다르다는 점을 고려한 것으로 임차인에 대한 회생절차가 개시된 경우와 파산절차가 개시된 경우를 달리 취급하는 것을 현저히 자의적인 것이라고 볼 수 없다"는 이유로 합헌 결정을 하였다. 민법 제637조 제2항에 의하여 배상청구가 제한되는 손해는 임대차계약의 해지 그 자체로 인하여 발생하는 손해에 국한된다. 따라서 임대인은 임차인에 대한 파산선고 이전에 연체된 차임에 대해서는 파산채권자로서 파산절차에 따라 그 권리를 행사할 수 있고(법 제423조, 제424조), 파산선고가 있은 때부터 임대차계약이 해지된 시점까지 미지급된 차임은 재단채권에 해당하므로(법 제473조 제8호) 파산절차에 의하지 아니하고 이를 수시로 변제받을 수 있다(위 헌법재판소 결정).

나. 원상회복의무

(1) 파산선고 전에 임대차계약이 종료한 경우

파산선고 전에 임대차계약이 종료한 경우 임대인의 원상회복청구권은 파산채권이 된다. 단, 임차물건에 채무자의 소유물이 남아 있고, 파산선고 후에도 임차물건을 점유하고 있는 경우 파산관재인은 원상회복의무와는 별도로 남아 있는 물건의 수거의무를 부담하고, 그 비용은 재단채권이 된다.

(2) 부동산명도소송 등

임대차계약의 해지를 원인으로 임대인이 임차인을 상대로 명도소송을 제기하여 소송계속 중에 임차인에 대하여 파산선고 결정이 있는 경우에 소송의 중단 및 수계가부에 관한 문제는 아래의 일본 재판례가 참고가 될 만하다. 「임대차의 해제를 이유로 임대인이 임차인에 대해서 건물철거 · 토지명도청구 및 명도 시까지의 임료상당액의 손해금 지불청구 소송을 제기하여 소송계속 중에 임차인에 대해서 파산선고가 된 때에는 철거 · 명도청구는 환취권의 행사에 해당하기 때문에 파산재단 소속의 재산에 관한 소송으로서 수계가 되고, 손해금청구 중 파산선고 후의 점유에 기한 것은 재단채권에 관한 소송으로서 중단 · 수계가 되지만, 파산선고 전의 점유에 기한 손해금은 파산채권이 되기 때문에 중단은 되지만, 그 후에는 조사 · 확정절차에 맡겨진다(最判昭和 59 · 5 · 7 判時 1119号 72頁[倒産百選71事件])[12)]」.

(가) 명도청구에 대해서

파산선고 전의 원인으로 생긴 재산상의 청구권은 원칙적으로 파산채권이지만, 파산채권(법정재단)에 속하지 않으나 현유재단을 구성하는 재산의 급부를 내용으로 하는 채권적 청구권은 환취권이 된다. 임대차계약 종료에 근거한 부동산명도청구는 환취권의 행사라 할 수 있다. 파산관재인은 명도청구의 소송물이 임대차계약의 종료에 기한 원상회복의무의 이행으로서의 목적물반환청구권인 경우 중단된 소송을 수계할 수 있다. 임대인인 원고로부터 수계신청이 있는 경우 파산관재인은 수계를 거절할 수 없다. 명도청구의 소송물이 소유권에 기한 방해배제로서의 명도청구권인 경우에도 마찬가지로 환취권의 행사라고 할 수 있기 때

12) 伊藤 眞, 破産法·民事再生法(제2판), 有斐閣(2009), 312면 각주 134번 참조.

문에 파산관재인은 중단된 소송을 수계할 수 있다.

(나) 임료청구에 대하여

미지급임료청구소송의 소송물은 임대차계약에 기한 임료청구권이고 파산채권에 해당한다. 따라서 중단된 임료청구소송은 원고인 임대인이 파산채권신고를 하고 채권조사기일에 확정된 경우 당연히 종료된다. 그러나 파산관재인이나 파산채권자가 전부 또는 일부를 이의한 경우에는 원고인 임대인은 이의자 전원을 그 상대방으로 하여 소송을 수계하여야 한다.

(다) 임료 상당의 부당이득금청구에 대하여

임료 상당의 부당이득금청구소송은 임대차계약종료일 다음날부터 부동산명도에 이르기까지의 임료 상당액을 청구하는 것이 일반적이다. 부동산명도가 파산선고 전에 이미 종료한 경우에는 임료 상당의 부당이득금청구권은 파산채권이기 때문에 위 (나) 임료청구의 경우와 같이 처리하면 된다. 반면, 파산선고 시에 부동산이 명도되지 않은 경우에는 파산절차 후에도 파산재단에 속하는 재산이 임차물건 내에 존치하는 등 파산관재인이 임차물건을 점유하고 있다고 인정되는 때에는 파산선고 후의 임료 상당의 부당이득금은 재단채권이 된다. 그러므로 파산선고일 이후의 임료 상당의 부당이득금 청구부분은 재단채권에 관한 소로서 파산관재인이 수계할 수 있고, 파산절차선고일 전일까지의 임료 상당의 부당이득금청구 부분은 파산채권이 된다.

제4절 재산환가

1. 부동산의 환가

가. 개 요

채무자회생법은 파산재단에 속하는 부동산의 환가를 위한 방법으로 민사집행법에 따라 이른바 형식적 경매절차를 신청하는 방법(법 제496조 제1항)과 임의매각 하는 방법(법 제496조 제2항[13]))을 규정하고 있다. 실무에서는 형식적 경매신청 및 수의계약에 의한 임의매각 이외에 대법원 홈페이지 회생 · 파산 자산매각안내 공고게시판[14])을 통한 공개매각도 활발하게 이용되고 있다.

파산관재인이 부동산을 매각하는 경우 법원의 허가를 받아야 한다. 법원의 허가 또는 불허가 결정에 대해서는 불복할 수 없다(법 제13조 제1항). 이 경우 감사위원이 설치되어 있는 때에는 감사위원의 동의를 받아야 한다(법 제492조). 법원의 허가 및 감사위원의 동의는 효력발생요건이다. 그러므로 파산관재인이 법원의 허가 및 감사위원의 동의를 받지 않고 한 행위는 무효이다. 그러나 선의의 제3자에게는 대항할 수 없다(법 제495조). 그런데 파산재단에 속하는 재산액이 5억원 미만이라고 인정되는 때에는 법원은 파산선고와 동시에 간이파산의 결정을 하여야 하고(법 제549조 제1항),[15]) 간이파산의 경우에는 감사위원을 두지 않는다(법 제553조). 그러므로 실무상 개인파산사건의 경우에는 파산선고 시 파산재단에

13) 파산관재인은 파산재단에 속하는 부동산 등의 환가를 위하여 민사집행법에 따라 이른바 형식적 경매절차를 신청하거나(법 제496조 제1항), 법원의 허가를 얻어 영업양도 등 다른 방법으로 환가를 실시할 수 있고(같은 조 제2항), 후자의 방법에 의한 환가에는 임의매각도 당연히 포함되는데, 파산관재인이 법원의 허가를 받아 임의매각하는 경우에는 그 환가의 방법, 시기, 매각절차, 매수상대방의 선정 등 구체적 사항은 파산관재인이 자신의 권한과 책무에 따라 선량한 관리자의 주의를 다하여 적절히 선택할 수 있다(대법원 2010. 11. 11. 선고 2010다56265 판결). 위 판결은 입찰 당시 최고금액 입찰자가 입찰공고에서 정한 바와 달리 입찰금액의 10%에 해당하는 금액이 아닌 최저매각금액의 10%에 해당하는 입찰보증금만을 납부하였고, 파산관재인은 입찰 다음날 나머지 입찰보증금을 추가 납부받고서 매매계약을 체결하고 법원의 허가를 받았는데, 2순위 최고입찰자가 1순위자가 입찰공고에 따른 입찰보증금을 납부하지 않았으므로 입찰 참가자격을 갖추지 못한 것으로 보아야 한다고 주장하면서, 위 매매계약이 무효라는 확인과 자신이 낙찰자의 지위에 있다는 확인을 구하는 소송을 제기한 사안으로, 대법원은 원고의 청구를 기각한 제1심 및 원심의 결론을 지지하였다.

14) 「대한민국 법원 홈페이지-대국민서비스-공고-회생 · 파산 자산매각 안내」의 공고게시판.

15) 파산절차 중 파산재단에 속하는 재산액이 5억원 미만임이 발견된 때에는 법원은 이해관계인의 신청에 의하거나 직권으로 간이파산의 결정을 할 수 있다(법 제550조 제1항). 반대로 간이파산절차 중 파산재단에 속하는 재산액이 5억원 이상임이 발견된 때에는 법원은 이해관계인의 신청에 의하거나 직권으로 간이파산취소의 결정을 할 수 있다(법 제551조).

속하는 재산액이 5억원 이상인 경우가 드물기 때문에 파산선고와 동시에 간이파산의 결정을 하고, 간이파산의 경우에는 감사위원을 두지 않으므로 파산관재인이 부동산을 매각하면서 법원의 허가 이외에 감사위원의 동의까지 받는 경우는 없다.

특기할 점은 토지거래 허가구역에 있는 토지를 매각하는 경우에는 원칙적으로 허가를 받아야 하나(부동산 거래신고 등에 관한 법률 제11조), 채무자회생법의 절차에 따라 법원의 허가를 받아 매각하는 경우에는 토지거래 허가를 받지 않아도 된다는 것이다(같은 법 제14조 제2항 제3호, 시행령 제11조 제3항 제11호).

나. 수의계약에 의한 임의매각

(1) 임의매각의 방법

파산관재인은 부동산 임의매각을 위해 ① 파산채권자 중에서 매수희망자를 물색하는 방법, ② 부동산중개업자에게 정보를 제공하는 방법, ③ 채무자의 보증인 또는 담보권자와 교섭하는 방법, ④ 채무자의 근친자 등 지인과 교섭하는 방법을 활용할 필요가 있다. 그런데 위 어느 경우에나 부동산을 처분하는 때에는 가격의 공정성이 필요하기 때문에 해당 부동산에 대한 가치평가가 매우 중요하다.

(2) 부동산 가격의 평가방법

부동산을 임의매각 하는 경우에 채권자를 납득시킨다는 점에서 보더라도 처분가격이 적정, 합리적이어야 하며 객관적인 자료에 의해서 담보되어야 한다. 객관적인 자료로서 어느 정도의 것이 요구되는지에 대해서는 일률적으로 말할 수는 없고 사안에 따라 다르다고 하지 않을 수 없다. 당해 사건의 특징, 당해 목적물의 가치의 정도와 그것이 파산재단 전체에서 차지하는 비율, 매각에 이르게 된 경위, 채권자 등 이해관계인의 의향 등에 따라서 요구되는 자료의 정확성에 차이가 있다고 할 것이다.

감정평가사의 평가서와 같은 정식 감정서가 있으면 가장 좋겠지만, 감정평가를 위한 지출비용에 비하여 파산재단에 도움이 되지 않는 경우도 있으므로 모든 사안에 감정서를 요구하는 것은 비현실적이고 법원도 그러한 상황은 요구하지 않는다. 현실적으로는 ① 근저당권자인 은행 등 금융기관의 당해 부동산에 대한 평가액, ② 인근 부동산중개업자의 평가액, ③

인근 경매부동산의 감정평가액 및 최저매각가격, ④ KB부동산시세, ⑤ 국토교통부의 실거래가조회, ⑥ 공시지가 등이 부동산에 대한 상당가격을 판정하기 위한 자료로서 활용된다.

(3) 소유권이전등기 신청 시 첨부서류

파산재단을 관리 및 처분하는 권한은 파산관재인에게 속한다(법 제384조). 그러므로 파산선고 후 파산재단과 관련된 등기사항은 파산관재인의 신청(상대방과 공동신청의 원칙)에 의하여 등기한다. 따라서 파산관재인이 파산재단에 속한 부동산을 제3자에게 임의매각하고, 이를 원인으로 파산관재인과 매수인이 공동으로 소유권이전등기를 신청할 때에 파산선고를 받은 채무자가 법인인 경우에는 등기소로부터 발급받은 파산관재인의 인감증명을 제공하여야 하고, 파산선고를 받은 채무자가 개인인 경우에는 「인감증명법」에 따라 발급받은 파산관재인 개인의 인감증명을 제공하여야 하는바, 파산법원으로부터 발급받은 파산관재인의 사용인감에 대한 인감증명으로 이를 대신할 수는 없고, 이 경우 등기원인이 "매매"이므로 파산관재인의 인감증명은 매도용 인감증명이어야 한다(부동산등기선례 제201812-6호, 시행). 그 밖에 부동산매매계약서, 법원의 허가서 등본, 감사위원이 설치되어 있는 때에는 감사위원의 동의서 등본[16], 파산선고 결정문, 파산관재인 선임증 등을 첨부한다. 등기필정보는 제공할 필요가 없다(등기예규 제1516호 제22조 제4항). 이 경우 당해 부동산의 권리에 관한 보전처분 등기 이후에 그 보전처분에 저촉되는 등기가 경료된 경우에는 그 등기의 말소등기도 동시에 신청하여야 한다(같은 조 제1항).

그리고 상속재산에 대한 파산선고결정 및 그에 따른 파산선고등기가 마쳐진 후 파산관재인이 법원의 허가를 얻어 임의매각에 따른 소유권이전등기를 신청한 경우, 등기관은 상속등기가 마쳐지지 않았더라도, 다른 각하 사유가 없는 한, 그 등기신청을 수리할 수 있다. 이 경우 첨부서류는 일반 파산사건의 경우와 동일하고, 등기의무자의 표시를 "망 000의 상속재산 파산관재인 000"로 하여 신청정보의 내용으로 등기소에 제공하여야 하고, 만일 망 000의 상속인 A, B(지분 동일) 명의의 상속등기가 마쳐졌다면 "망 000의 상속재산(A 지분 1/2, B 지분 1/2) 파산관재인 000"로 하여 신청정보의 내용으로 등기소에 제공하여야 한다(부동산등기선례 제202303-4호, 시행).

---

16) 예금보험공사가 파산관재인인 경우에는 채무자회생법 제364조 · 제492조를 적용하지 아니한다(예금자보호법 제35조의8 제2항). 그러므로 예금보험공사가 파산관재인인 경우에는 법원의 허가서 등본 또는 감사위원의 동의서 등본을 첨부할 필요가 없다.

(4) 파산선고등기 말소촉탁 신청

채무자 명의의 부동산 등을 처분하고 제3자 명의의 소유권이전등기가 경료된 경우에는, 파산관재인은 법원사무관 등에게 파산선고등기(보전처분등기가 된 경우는 그 등기도 포함)의 말소 촉탁을 신청하여야 한다. 그러면 법원사무관 등은 파산관재인의 위 신청에 의하여 관할등기소 등기관에게 "매각"을 원인으로 하여 보전처분등기 및 파산선고등기의 각 말소를 촉탁하여야 하고, 등기관은 이를 수리하여야 한다(같은 조 제3항).

다. 대법원 홈페이지 회생 · 파산 자산매각안내 공고게시판을 통한 공개매각

대법원은 회생 혹은 파산 중인 채무자의 재산 · 파산재단 · 개인회생재단에 속하는 부동산 등 주요자산의 현금화를 돕기 위해 대법원 홈페이지에 일반인이 알 수 있도록 주요자산의 매각 등에 관한 사항을 게재하고 있다. 위 게시판에서 이루어지는 공고는 관리인 또는 파산관재인의 주관 아래 이루어지는 것이고, 그 내용 역시 관리인 또는 파산관재인이 제공한 자료이다. 파산관재인은 법원에 공개매각허가를 신청할 경우 ① 공개매각할 자산의 구체적인 내용, ② 최저매각가격 및 그 산정 근거, ③ 입찰일시, 장소, ④ 입찰보증금을 기재하여야 한다(서울회생법원 실무준칙 제302호 제3조 제1항).

파산관재인들도 위 공고게시판을 통하여 파산재단에 속하는 주요자산을 매각하고 있으며 실제로 매각되는 경우도 있어 활발하게 이용되고 있는 실정이다. 매각공고 되는 자산내역을 보면 부동산, 가정용품 · 기계 및 설비 등 유체동산, 자동차, 건설기계, 비상장주식, 특허권, 상거래채권 등 다양하다. 부동산 가격의 평가방법, 소유권이전등기신청 시 첨부서류는 수의계약에 의한 임의매각의 경우와 같다.

라. 형식적 경매

채무자회생법은 「민사집행법」에서 환가방법을 정한 권리의 환가는 「민사집행법」에 따른다(법 제496조 제1항)고 규정하고, 민사집행법은 제274조 제1항에서 유치권에 의한 경매와 민법 · 상법, 그 밖의 법률이 규정하는 바에 따른 경매는 담보권 실행을 위한 경매의 예에 따라 실시한다고 규정하고 있다. 그러므로 파산선고에 따른 청산을 위한 형식적 경매는 담보권 실행을 위한 경매에 따라 실시한다고 할 것이다. 채무자의 부동산을 청산하기 위한 방법으로 형식적 경매를 신청하는 사례는 흔치 않다. 그 이유는 비용과 시간을 들일만한 실익이 있는지의 문제, 즉 비용대비 효과의 문제가 있기 때문이다. 실무상 많이 문제되는 경우는 채무자가 부동산의 지분을 소유하는 경우인데, 특히 채무자가 기획부동산으로부터 토지 지분을 매수한 경우에 많은 공유자의 수 때문에 임의매각을 시도해 보거나 또는 대법원 홈페이지 자산매각안내 공고게시판을 이용하여 매각공고를 해보고 매수희망자가 없을 경우 파산재단에서 포기하는 사례가 많다. 그렇지만 채무자가 기획부동산으로부터 토지 지분을 구입하여 공유자의 수가 많기 때문에 공유자들에 대한 송달비용의 과다발생 및 송달로 인한 절차지연이 예상되는 경우라도 소유하는 토지지분에 재산가치가 있다고 판단되면 적극적으로 민사집행법 제139조 제1항 단서[17]를 원용하여 형식적 경매를 진행할 필요가 있다.

위 형식적 경매를 신청함에 있어서는 파산선고결정 자체가 집행권원이 된다. 그러므로 파산선고 결정문을 첨부하면 족하고, 그 밖의 첨부서류로는 실무상 파산관재인 선임증, 회생법원의 경매신청 허가서 등본, 해당부동산의 등기부등본, 개별공시지가 확인원, 채무자의 주민등록초본이 있다.

2. 보험계약에 기한 해지환급금 환가

해지환급금이 환가기준을 상회하는 생명보험에 대해서 채무자의 친족 등으로부터 그 생명보험의 보험계약자는 채무자로 되어 있지만 실제로 보험계약을 체결하고 보험료를 납부하고 있는 것은 채무자가 아니라 채무자의 친족 등이며, 당해 보험계약은 파산재단에 속하지 않는다는 취지의 주장을 하는 경우가 있다.

예금에 대해서는, 원칙적으로 예금반환청구권을 갖는 예금계약의 당사자는 예금명의자이다(대법원 2009. 3. 19. 선고 2008다45828 전원합의체 판결[18]). 그러나 생명보험의 보

17) 민사집행법 제139조(공유물지분에 대한 경매) ① 공유물지분을 경매하는 경우에는 채권자의 채권을 위하여 채무자의 지분에 대한 경매개시결정이 있음을 등기부에 기입하고 다른 공유자에게 그 경매개시결정이 있다는 것을 통지하여야 한다. 다만, 상당한 이유가 있는 때에는 통지하지 아니할 수 있다.

18) 위 전원합의체 판결의 다수의견은 본인인 예금명의자의 의사에 따라 예금명의자의 실명확인 절차가 이루어지고 예금명의자를 예금주로 하여 예금계약서를 작성하였음에도 불구하고, 예금명의자가 아닌 출연자 등을 예금계약의 당사자라고 볼 수 있으려면, 금융기관과 출연자 등과 사이에서 실명확인 절차를 거쳐 서면으로 이루어진 예금명의자와의 예금계약을 부정하여 예금명의자의 예금반환청구권을 배제하고 출연자 등과 예금계약을 체결하여 출연자 등에게 예금반환청구권을 귀속시키겠다는 명확한 의사의 합치가 있는 극히 예외적인 경우로 제한되어야 하고, 이러한 의사의 합치는 금융실명거래 및 비밀보장에 관한 법률에 따라 실명확인 절차를 거쳐 작성된 예금계약서 등의 증명력을 번복하기에 충분할 정도의 명확한 증명력을 가진 구체적이고 객관적인 증거에 의하여 매우 엄격하게 인정하여야

험계약자에 대해서는 이 점을 판시한 대법원의 판례는 없고, 하급심의 판례도 나뉘어져 있다. 그러므로 보험계약의 경우 위험선택이나 계약관리의 필요 등에 의해 보험계약자가 누구인지는 보험자에게 중요한 의미가 있고, 최종적으로는 보험계약을 체결한 사정, 보험계약자를 채무자로 한 이유, 채무자의 관여의 정도, 보험료를 누가 어떤 재산에서 부담하였는지 등 제반사정을 검토한 뒤 구체적인 사안에 따라 타당한 해결책을 모색할 필요가 있다.

3. 퇴직금 환가

퇴직금채권은 채무자가 실제 퇴직하지 않은 경우라도 장래청구권으로서 파산재단에 귀속한다(법 제382조 제2항). 다만, 민사집행법 제246조 제1항 제5호는 퇴직금 그 밖에 이와 비슷한 성질을 가진 급여채권의 2분의 1에 해당하는 금액은 압류하지 못한다고 규정하고 있으므로 퇴직금 중 2분의 1에 해당하는 금액은 파산재단에 속하지 아니한다(법 제383조 제1항).

그런데 근로자 퇴직급여제도의 설정 및 운영에 필요한 사항을 정함으로써 근로자의 안정적인 노후생활 보장에 이바지함을 목적으로 하는 '근로자퇴직급여 보장법'상의 퇴직연금채권은 그 전액에 관하여 압류가 금지되고(대법원 2014. 1. 23. 선고 2013다71180 판결), 기타 군인연금법, 사립학교교직원연금법, 공무원연금법, 국민연금법상의 각 연금인 급여를 받을 권리도 법문의 규정상 압류가 금지된다. 그러므로 위 근로자퇴직급여 보장법상의 퇴직연금채권 등은 그 전액이 파산재단에 속하지 아니하게 된다. 그렇지만 채무자가 파산선고시에 이미 퇴직하여 퇴직금 혹은 근로자퇴직급여 보장법상의 퇴직연금채권 등을 수령한 경우에는 더 이상 퇴직금채권이 아니므로 현금이나 예금 등으로 취급한다. 그러므로 퇴직금이 채무자의 예금계좌에 입금된 경우에는 그 예금채권에 대하여 더 이상 압류금지의 효력이 미치지 아니하므로, 그 예금은 압류금지채권에 해당하지 아니하고(대법원 1999. 10. 6.자 99마4857 결정 등), 민사집행법 제246조 제1항 제8호 및 같은 법 시행령 제7조에 따른 185만원의 압류제한을 받을 뿐이다.

그런데 어느 경우라도 환가 · 회수의 요부(要否)에 대해서는 개별 사안마다 다를 수 있기 때문에, 파산관재인은 회수의 필요성 및 회수의 범위에 관하여 법원과 긴밀한 협의를 할 필요가 있다.

한다고 한다.

4. 리스물건

리스계약의 종류에는 운용리스와 금융리스가 있다. 운용리스는 리스회사가 자신이 보유하고 있는 장비를 리스이용자에게 대여하여 사용하게 하고 그 사용료를 받되 장비에 대한 유지 · 관리책임도 진다. 운용리스는 순수한 임대차에 해당한다. 금융리스(finance lease)란 유저(user)가 지정한 사업용 설비기기 등의 물건을 리스회사가 소유자(supplier)로부터 구입하여 유저에게 사용케 하고 리스료를 지불받는 거래형태이며, 경제적 실질로서는 리스회사가 물건구입자금을 유저에게 융자하는 금융적 기능을 갖는다.

금융리스[19]의 경우에 그 성격을 어떻게 이해할 것인지에 대해서는, 쌍방미이행쌍무계약으로 보는 유력설도 있지만, 서울중앙지방법원의 과거 회사정리실무는 금융의 편의공여적 성질을 강조하여 리스료채권을 정리채권(담보권[20])으로 취급하여 왔다.[21] 따라서 리스회사가 별제권의 실행으로서 리스계약을 해지하고 파산관재인에게 리스물건의 반환을 구하는 것은 원칙적으로 제약을 받지 않고, 파산관재인에게는 그러한 법률관계를 전제로 한 대응이 요구된다.

파산관재인은 파산절차개시 결정 후 신속하게 리스계약의 일람표, 리스계약서, 상각자산대장 등을 확인하고, 채무자의 영업소, 사무소 내에 존재하는 설비기기류를 직접 확인하는 등 리스물건의 파악에 노력해야 한다. 또한 리스계약서를 확인하여 리스계약체결일, 리스기간(남은 리스기간, 당초 리스기간 중인지 재리스 중인지 등), 리스료의 금액과 지불상황, 기한의 이익 상실조항, 계약해제사유, 리스물건의 반환에 관한 조항 등의 계약내용을 확인한다. 파산관재인은 이상의 상황을 확인하면 당해 리스물건을 사용할 필요성의 유무, 당해 리스물건에 의한 파산재단의 증식가능성 등의 관점에서 리스물건의 처분방침을 검토한다. 검토 후 사용이나 처분 가능성이 없는 리스물건에 대해서는 신속하게 리스회사에 반환한다. 필요한 물건이라도 대체성이 있고, 리스물건 내의 데이터의 보존으로 충분한 경우에는 데이터를 백업한 뒤 반환한다. 리스회사는 리스물건을 반환받음으로써 얻은 이익을 남은 리스료에 충당하여 청산할 의무가 있다.

실무상 리스물건에 잔존가치가 거의 없는 케이스가 많고, 잔존가치가 있는 경우라도

19) 대법원은 금융리스(Finance Lease)의 경우 등록명의와 관계없이 대내외적 소유권은 리스회사에 귀속된다고 한다(대법원 2000. 10. 27. 선고 2000다40025 판결).

20) 리스회사는 리스료에 의해 투하자본을 회수하고, 그 담보로서 리스물건을 유보하고 있다고 평가된다.

21) 서울회생법원 재판실무연구회, 법인파산실무(제5판), 박영사(2019), 208면 참조.

리스회사가 리스물건을 회수하여 자사에서 처분하는 케이스가 대부분이다. 그러므로 파산관재인이 리스물건의 처분에 적극적으로 관여하여 파산재단의 증식을 꾀할 수 있는 케이스는 희박하지만, 유저에게 리스물건의 구입선택권이 부여되어 있고, 구입대가보다도 고액으로 리스물건을 처분할 수 있을 것으로 예상되는 경우에는 구입선택권을 행사하여 파산재단의 증식을 꾀하게 될 것이다. 또한 채무자의 사업양도가 예정된 케이스에서는 사업계속을 위해 필요한 리스물건을 파산관재인이 매입하여 사업양수인에게 매각하는 것으로 파산재단의 증식에 기여하거나, 그렇지 않더라도 리스물건을 사업양수인이 사용할 수 있도록 조정하여 사업양도를 실현시키는 것은 결과적으로 파산재단의 증식에 기여할 수 있다.[22)]

한편, 금융리스를 쌍방미이행 쌍무계약으로 보는 입장에 서게 되면, 리스료가 완납되기 전에 리스이용자에 대하여 회생절차가 개시되거나 파산이 선고된 경우 쌍방미이행의 쌍무계약 처리에 관한 규정이 적용되므로, 관리인 또는 관재인은 계약의 해제 · 해지를 선택할 수 있고, 관리인이나 관재인이 해제권을 선택한 경우 리스회사는 목적물에 관하여 환취권을 행사할 수 있게 된다.

5. 동산 소유권유보부매매

동산을 매매하여 인도하면서 그 대금을 모두 지급할 때까지는 동산의 소유권을 매도인에게 유보하기로 하는 특약을 맺은 이른바 '동산 소유권유보부매매'의 매수인에 대한 파산절차에서, 매도인은 환취권이 아니라 별제권을 가지는 자로 본다(대법원 2024. 9. 12. 선고 2022다294084 판결).

위 판결은 동산 소유권유보부매매의 매수인에 대한 파산절차가 개시된 경우 매도인의 지위에 관한 최초의 판시이다. 하급심은 환취권자로 보는 경우와 별제권자로 보는 경우가 혼재되어 있었다.

대법원은 종래 회생절차에서 소유권유보부매매 매도인의 지위에 대하여 회생담보권자로 취급함이 타당하다고 밝혔는데(대법원 2014. 4. 10. 선고 2013다61190), 회생절차와 파산절차가 유기적으로 연결되는 채무자회생법 체계에 비추어 보면 동산 소유권유보부매매의 매도인의 지위는 파산절차에서도 동일하게 별제권을 행사할 수 있는 권리를 가지는 자로

22) 岡 伸浩 외 3, 破産管財人の財産換價, 株式會社 商事法務(2015), 350~353면 참조.

보는 것이 일관된 해석이라고 판시하면서 파산절차에서 매도인의 지위를 별제권자로 본 것이다. 그러므로 동산 소유권유보부매매의 매도인은 채무자에 대한 파산절차에서 별제권의 행사는 별론으로 하고 환취권 또는 대체적 환취권을 행사할 수는 없다.

나아가 동산 소유권유보부매매의 매도인이 매수인에게 처분권한을 부여하여 매수인이 매매목적물을 제3자에게 처분한 경우 제3자가 소유권을 취득함에 따라 매도인은 유보된 소유권을 상실하고, 매도인은 매수인의 제3자에 대한 매매대금채권에 대하여 소유권이나 담보권, 기타 우선변제권 등을 주장할 수는 없는 것이 원칙이므로 매수인이 파산선고 이전에 이미 매도인이 부여한 처분권한에 기초하여 목적물을 처분한 경우 특별한 사정이 없는 한 매도인은 매수인에 대한 파산절차에서 매수인이 제3자에 대하여 가지는 매매대금채권에 관하여까지 별제권을 주장할 수는 없다.[23]

6. 파산관재인과 채무자 간의 화해계약 방식의 재산환가방법 가부 및 한계

파산관재인은 선량한 관리자로서의 주의의무에 반하지 않는 한 파산재단에 속하는 재산을 적당한 방법으로 환가할 수 있는 재량권을 가지므로, 채무자회생법 제492조 제11호에 따라 법원의 허가를 받아 파산재단의 매각(파산재단에 속하는 일부 재산을 채무자가 보유하기를 원하거나, 재산의 매각이 쉽지 아니한 경우)이나 회복(채무자가 부인권의 대상이 되는 행위를 한 경우)을 위한 효율적인 수단으로 매각·회복에 갈음하여 채무자로부터 일정한 금원을 받아 이를 파산재단에 편입하는 내용으로 화해계약을 체결하는 것도 가능하다. 그러나 이러한 화해계약 방식의 환가방법은 환가의 대상이 되는 채무자의 파산재단이 존재하거나 향후 파산재단으로 회복될 가능성이 있음을 전제로 하는 것이므로, ① 채무자의 파산선고 당시 재산이 압류금지재산(채무자회생법 제383조 제1항) 또는 면제재산(같은 조 제2항)의 범위 내이어서 환가할 재산이 없거나 극히 미미한 경우, ② 채무자의 처분행위가 부인권의 대상이 되는지 여부가 불확실한 경우 등에는 채무자로 하여금 일정한 금원을 파산재단에 편입하도록 권유하여서는 아니 된다(대법원 2024. 12. 26.자 2024마6789 결정).

---

23) 판결은 피고(매도인)가 채무자 회사와 공동명의 계좌를 개설하고 그 계좌로 물품대금을 지급받기로 약정하였다고 하여 그 공동명의 계좌를 통해 지급받기로 한 물품대금에 대해서까지 피고(매도인)가 채무자 회사의 다른 채권자들에 우선하여 변제받을 지위에 있다고 볼 수는 없다고 한 원심의 판단이 정당하다고 보았다.

제5절 파산재단에 속하는 재산의 포기와 그 법률관계

1. 재단재산 포기의 의미

파산재단에 속하는 재산 중에는 시장가치가 없다든지 환가가 어려워 보관비용 · 관리비용 및 환가비용을 고려하면 파산관재인의 관리 아래 두는 것이 파산재단에 부담이 되고 불이익하게 되는 것도 있고, 권리의 입증이 곤란하여 회수가능성이 없는 것도 있다. 이러한 경우에는 파산관재인은 그 재산을 파산재단으로부터 포기하는 것을 검토하여야 한다. 파산관재인은 재산을 파산재단으로부터 포기하는 때는 법원의 허가를 받아야 한다(법 제492조 제12호). 다만, 그 가액이 1천만원 미만으로서 법원이 정하는 금액 미만인 때에는 그러하지 아니하다(법 제492조 단서).

2. 포기의 판단기준

파산재단으로부터의 포기에 대한 일률적인 기준을 세우는 것은 곤란하다. 파산관재인은 파산채권자에 대해서 보다 많은 배당을 할 것이 요구되는 한편, 환가절차를 신속하게 진행함으로써 조기에 배당을 실시하여야 한다. 이 두 개의 요청은 사안에 따라서는 상반되는 경우도 있고, 파산관재인은 이 두 개의 요청을 감안하면서 관재업무를 수행할 필요가 있다.

포기의 결과 채무자가 부당한 이익을 얻게 되면 담보권자 기타 채권자의 파산절차에 대한 신뢰를 확보할 수 없게 된다. 반면, 포기의 결과 채무자가 부당한 불이익을 받게 되면 채무자의 파산절차에 대한 신뢰를 확보할 수 없게 된다. 또한 포기의 대상인 물건에 관하여 계약관계 기타 특별한 관계에 있는 자에 대한 배려를 해태하면, 이들의 파산절차에 대한 신뢰를 확보할 수 없게 되고, 포기의 대상물이 위험물 또는 위험물을 내포하는 것이면, 인근 주민 기타 그 위험에 노출될 수 있는 일반인의 파산절차에 대한 신뢰를 확보할 수 없게 된다. 그러므로 파산관재인은 파산 사안의 내용, 환가처분에 의한 파산재단 증식의 정도, 환가에 요구되는 시간, 배당률 향상의 정도, 환가대상물의 성질 등 다양한 사정을 종합적으로 고려하여 환가처분의 필요성 및 환가방법에 대해서 검토할 필요가 있다.

3. 포기 후의 법률관계

파산재단에서 포기된 재산에 대해서는, 개인파산의 경우에는 당해 재산의 관리처분권이 채무자에게 복귀하고, 동시에 조세, 공과금 등의 부담도 채무자가 지게 된다. 다만, 포기 전에 이미 성립한 조세 등에 대하여는 파산재단이 부담한다. 법인파산의 경우에는 파산선고 당시 대표이사의 지위에 있던 자가 관리처분권한을 갖는지, 아니면 청산인을 선임하여야 하는지에 대하여 견해의 대립이 있으나, 실무상 채권자가 새로이 청산인 선임을 신청하기 전까지는 직전 대표자가 그 재산에 대한 관리처분권을 갖는다고 보고 별도로 청산인을 선임하지 않고 있다고 한다.[24)]

제6절 법원의 허가를 받아야 하는 행위

1. 의의

파산재단의 관리처분권은 파산관재인에게 전속하므로 관리 및 환가행위는 원칙적으로 파산관재인의 재량에 맡겨져 있다. 그렇지만 정형적으로 중요한 행위에 대해서는 법원의 허가를 받아야 하고, 감사위원이 설치되어 있는 때에는 감사위원의 동의를 받아야 한다(법 제492조). 법 제492조는 파산관재인의 직무행위 중 특히 중요한 사항에 대하여 부정행위를 막고 파산재단에 불이익이 없도록 감독을 확실히 하기 위하여 둔 규정이다.

2. 법원의 허가를 받아야 하는 행위 유형

법원의 허가를 받아야 하는 행위는 법 제492조에 제1호부터 제16호까지 정해져 있다. 다만, 제7호 내지 제15호에 해당하는 경우 중 그 가액이 1천만원 미만으로서 법원이 정하는 금액 미만인 때에는 그러하지 아니하다. 이는 파산관재인의 기동적인 관재업무의 수행 또는 파산관재인의 숙련도 등을 고려하여 법원이 탄력적으로 허가권을 행사할 수 있도록 하기 위한 것이다. 그러나 실무상 법인파산과 달리 개인파산의 경우에는 허가를 요하지 않는 범위에

24) 서울회생법원 재판실무연구회, 법인파산실무(제5판), 박영사(2019), 436면 참조.

대한 결정을 하지 않고 있다. 그러므로 개인파산관재인은 법 제492조 각호에 해당하는 행위의 경우 모두 허가를 받아야 한다. 다만, 대법원은 법 제492조 제12호 권리의 포기와 관련하여 파산관재인이 파산절차에서 채권자의 일부 후순위파산채권에 대하여 한 소멸시효 이익의 포기는 제12호에 규정된 '권리의 포기'에 해당하지 않아 법원의 허가사항이라고 볼 수 없다고 하였다(대법원 2014. 1. 29. 선고 2012다109507 판결). 파산관재인이 법 제492조 각호의 행위를 할 경우 채무자는 파산관재인에게 의견을 진술할 수 있다(법 제493조).

법원의 허가 또는 감사위원의 동의는 효력발생요건이다. 따라서 파산관재인이 법원의 허가를 받지 않고 한 행위는 무효이다. 파산관재인이 법원의 허가를 받아야 하는 행위를 허가를 받지 아니하고 행하면 3년 이하의 징역 또는 3천만원 이하의 벌금에 처해질 수 있다(법 제648조 제1항).

3. 선의의 제3자 보호

파산관재인이 법 제492조의 각호에 해당하는 행위에 관하여 법원의 허가를 받지 않고 한 행위는 무효이나 선의의 제3자에게는 대항할 수 없다(법 제495조). 이러한 행위의 결과 파산관재인은 선관주의의무 위반으로 손해배상책임 및 해임을 당할 수 있다(법 제361조, 제364조).

선의란 허가의 유무에 관해서이다. 예컨대 당해 계약 등이 법원의 허가가 필요한 사항임에도 법원의 허가가 없다는 사실을 알지 못하는 것을 의미한다. 선의이면 족하고 과실의 유무를 묻지 않는다. 이 경우 선의란 허가받지 않은 행위를 알지 못하였다는 소극적인 사실로 충분하다는 견해와 그와 같은 소극적인 사실로는 부족하고 법원의 허가를 받아서 한 것이라고 믿은 사실이 인정될 수 있어야 한다는 견해대립이 있다. 선의의 입증책임은 이를 주장하는 자가 부담한다. 행위 당시에 선의이면 족하고, 그 후 사정을 알게 되었더라도 효력에 영향을 미치지 않는다. 법 제492조의 관계에서는 행위의 상대방은 제3자이다. 위 제3자에는 관재인과 사이에 계약을 체결한 계약 상대방도 포함된다(서울고등법원 2019. 1. 17. 선고 2017나2035449 판결, 서울고등법원 2020. 10. 8. 선고 2018나2073110, 2073127 판결). 위 서울고등법원 판결은 회생절차에 관한 법리이나 파산절차에도 동일하게 적용된다 할 것이다. 행위의 직접 상대방이 악의라도 전득자가 선의라면 그 전득자에게는 무효로서 대항할 수 없다.[25)]

25) 三ヶ月章 등, 條解 會社更生法(上), 弘文堂, 1999년, 511, 512면 참조.

파산관재인이 법 제492조 제10호에 의하여 소를 제기하거나 제11호에 의한 재판상화해를 함에 있어서는 법원의 허가 등은 민사소송법 제51조 소정의 소송행위에 필요한 수권에 해당하여 제소의 적법요건이 된다. 그런데 대법원 판결에 의하면, 확정된 종국판결이나 재판상화해에 법 제492조의 규정에 위반한 사유가 있다 하더라도 위 판결이나 화해가 그로 말미암아 절대적으로 당연무효가 된다고 볼 수는 없고, 이러한 사유는 소송행위를 함에 필요한 수권의 흠결이 있는 것으로서 민사소송법 제424조 제1항 제4호 소정의 재심사유에 해당한다. 재심사유가 있는 상대방측에서도 그러한 사유를 주장함으로써 이익을 받을 수 있는 경우에는 이를 재심사유로 삼을 수 있다(대법원 1990. 11. 13. 선고 88다카26987 판결). 위 대법원 판결에 의할 경우 소송행위에 있어서는 선의의 제3자 보호규정인 제495조가 적용되지 않게 된다고 할 것이다.

제8장 파산재단

제8장 파산재단

1. 파산재단의 의의

파산선고 결정이 있게 되면 파산재단에 속하는 재산의 관리처분권은 파산관재인에게 전속하고, 파산관재인에 의해서 환가되어 최종적으로는 배당재단으로서 파산채권자에 대한 배당재원이 된다. 개인파산사건의 경우 자유재산(압류금지재산, 면제재산, 파산관재인이 파산재단으로부터 포기한 재산, 채무자가 파산선고 이후에 새로이 취득한 신득재산) 이외의 재산에 대해서는 원칙적으로 전부 환가의 대상이 된다.

파산재단은 ① 법정재단(法定財團), ② 현유재단(現有財團), ③ 배당재단(配當財團)이라는 세 가지 관점에서 구별 · 정리된다. 우선, ① 법정재단이란 법이 본래적으로 예정하는 파산재단이며, 파산선고와 동시에 관념적으로 성립하는 것을 말한다. 채무자회생법 제382조 제1항 · 제2항, 제492조의 「파산재단」이 여기에 해당한다. 다음으로, ② 현유재단이란 파산선고 후 파산관재인이 현실적으로 점유 · 관리하고 있는 재단을 말한다. 제407조의 「파산재단」이 여기에 해당한다. 파산선고 시 법정재단과 현유재단이 일치하는 것이 가장 좋지만, 실제는 그렇지 않다. 그러므로 이후 파산관재인은 그 불일치를 제대로 정리하게 된다. 즉, 파산선고 전에 채무자의 사해행위에 의하여 파산재단에 속해야 할 재산이 제3자에게 양도된 경우에는 현유재단이 법정재단보다도 적은 상태이기 때문에 파산관재인은 부인권을 행사하여 이를 회수하여야 한다. 또는 파산선고 시에 채무자가 제3자의 소유물을 보관하고 있는 경우에는 현유재단이 파산재단의 범위를 초과한 상태이기 때문에, 파산관재인은 제3자의 환취권의 행사에 응하여 이를 제3자에게 반환하여야 한다. 마지막으로, ③ 배당재단이란 법정재단으로부터 저당권자 등이 파산절차 외에서 행사할 수 있는 권리(별제권)의 대상이 되는 재산이나 파산채권자의 상계권의 행사에 의해서 소멸되는 파산재단 소속 채권 등을 제외하고 남은 재산, 즉 파산채권자에 대한 배당재원으로 구성된 파산재단을 말하며, 법 제505조의 「파산재단」이 여기에 해당한다.[1)]

위와 같이 파산관재인은 법정재단과 현유재단의 불일치를 해소하면서 파산재단을 환가하고, 파산채권자에게 배당하기 위한 재원을 확보하는 것을 직무로 한다.

---

1) 竹下守夫 외, "大コンメンタール破産法", 青林書院(2007년), 135면 참조.

2. 파산재단의 범위

법 제382조에 의하면 채무자가 파산선고 당시에 가진 모든 재산(제1항) 및 채무자가 파산선고 전에 생긴 원인으로 장래에 행사할 청구권(제2항)은 파산재단에 속한다. 다만, 압류할 수 없는 재산은 파산재단에 속하지 아니한다(법 제383조 제1항). 요컨대, 파산재단이란 채무자가 파산선고 시에 가지는 압류 가능한 일체의 재산으로 구성되고, 파산관재인은 이 파산재단에 속하는 재산을 환가하게 된다. 달리 말하면 채무자가 파산선고 시에 가진 재산이라도 압류가 금지된 경우에는 파산재단을 구성하지 않는다.

가. 채무자가 파산선고 당시에 가진 모든 재산

법 제382조는 고정주의(固定主義)를 표명하였다. 고정주의란 채무자가 파산선고 시에 가진 재산이 파산재단을 구성한다는 입장이다.[2] 고정주의는 ① 파산절차의 신속한 진행·종결에 이바지하고, ② 신득재산이 파산재단에 속하지 않게 되어 파산선고 후의 원인에 기한 새로운 채권자에 대한 충당금재산이 됨으로써 새 채권자를 보호할 수 있으며, ③ 채무자는 신득재산을 기초로 새 출발을 할 수 있고, 또한 신용공여를 받을 수 있게 된다.

구 파산법에서 규정하고 있었던 속지주의(구 파산법 제3조)가 폐지되었으므로 채무자가 파산선고 시에 가진 압류가능한 일체의 재산이 파산재단이 되고, 대한민국 내에 있을 것을 묻지 않는다. 그러므로 채무자가 보유하고 있는 국외재산도 파산재단에 포함되고, 채무자회생법에 따라 부인권 행사대상이 된다. 국외재산이 소재한 국가의 법령 등에 따라 강제집행 장애가 있다는 사정만으로 채무자회생법상 '압류할 수 없는 재산'에 해당하지 않는다(대법원 2025. 7. 18. 선고 2025다210676 판결).

재산에는 권리뿐 아니라 재산적 가치를 가진 사실관계(영업상 노하우 등)도 포함되고, 실무상 주로 부동산, 자동차, 예금, 유가증권, 임대차보증금, 생명보험의 해약환급금, 퇴직금 등이 파산재단을 구성한다.

---

2) 고정주의에 대립되는 개념은 파산선고 후 채무자가 취득한 재산도 파산재단에 속한다는 팽창주의이다.

나. 장래의 청구권

채무자가 파산선고 전에 생긴 원인으로 장래에 행사할 청구권은 파산재단에 속한다(법 제382조 제2항). 실무상 자주 문제되는 것은 퇴직금청구권, 생명보험계약의 해지환급금청구권, 임대차보증금반환채권 등이 있다.

위 장래의 청구권과 관련하여, 파산 및 면책신청을 한 채무자를 수취인으로 하는 보험계약에 대하여 파산선고 후에 보험사고가 발생한 경우에 보험금청구권이 파산재단에 속하는지 여부가 문제로 된다. 채무자가 파산선고 전에 성립된 생명보험계약의 사망보험금 수취인으로서 파산선고 후 피보험자가 사망하여 사망보험금을 수령한 사건에서, 일본의 최고재판소는 "제3자를 위한 생명보험계약의 사망보험금 수취인은 당해 계약의 성립에 의해 당해 계약에서 정한 기간 내에 피보험자가 사망하는 것을 정지조건으로 하는 사망보험금청구권을 취득하는 것으로 해석되는바, 이 청구권은 피보험자의 사망 전이라도 상기 사망보험금 수취인이 처분한다든지, 그 일반채권자가 압류를 한다든지 하는 것이 가능하다고 해석되고, 일정한 재산적 가치를 가지는 것을 부정할 수 없다. 따라서 파산절차개시 전에 성립한 제3자를 위한 생명보험계약에 기하여 파산자인 사망보험금 수취인이 가지는 사망보험금 청구권은 파산법 제34조 제2항에서 말하는 「파산자가 파산절차개시 전에 생긴 원인에 기하여 행사할 장래의 청구권」에 해당하는 것으로서 상기 사망보험금 수취인의 파산재단에 속한다고 해석하는 것이 상당하다"고 판시하였다(最一小判平 28. 4. 28[3]).

---

3) 사실관계의 개요: Y1과 A는 부부이고, B는 그 장남이다. B는 ① 평성 16년에 甲 共済生活協同組合聯合會와 被共済者를 B, 死亡共済金을 400만 엔으로 하는 生命共済契約(死亡共済金의 수취인은 Y1 및 A)을 체결하고, ② 평성 23년에 乙 生命保險相互會社와 피보험자를 B, 사망보험금을 2,000만 엔으로 하는 생명보험계약(사망보험금의 수취인은 Y1)을 체결하였다. Y1과 A는 평성 24년 3월 14일에 파산절차개시결정을 받고, 각각의 절차에서 X1과 X2(이하 합쳐서 "X들"이라 한다. 단, 양자는 동일인)가 파산관재인으로 선임되었다. 그 후 동년 4월 25일에 B가 사망하여, Y1은 동년 5월 상순 死亡共済金 및 사망보험금 합계 2,400만 엔을 수취하였다. Y1은 이 중 1,400만 엔은 파산관재인 X1의 예치금계좌에 이체송금 하였지만, 1,000만 엔(본건 금원)을 소비하고, 그중 800만 엔은 대리인변호사 Y2의 조언을 바탕으로 소비되었던 것이다. X들은 Y1에 대해서는 동인이 본건 금원을 소비한 것이 부당이득에 해당한다고 하여, 또한 Y2에 대해서는 변호사로서의 주의의무위반에 따른 불법행위에 의한 손해배상을 청구한다고 하여, X1에게는 800만 엔 및 지연손해금 등의 連帶支拂을, X2에게는 200만 엔 및 지연손해금 등의 연대지불을 구하여 본소를 제기하였다. 이에 대하여 Y1은 X1에 대하여 부당이득반환청구권에 기하여 1,400만원 및 지연손해금의 지불을 구하는 반소를 제기하였다.

다. 압류가능한 재산

압류할 수 없는 재산은 파산재단에 속하지 아니한다(법 제383조 제1항). 실무상 종종 문제되는 경우를 살펴보면 아래와 같다.

우선 근로자퇴직급여보장법의 퇴직연금의 경우 같은 법 제7조 제1항에 의하면 퇴직연금제도의 급여를 받을 권리는 양도하거나 담보로 제공할 수 없다.[4] 근로자의 퇴직연금이 압류금지의 대상이 된다는 점에 대해서는 의문의 여지가 없다. 그러나 회사의 대표이사가 퇴직연금사업자에 대하여 가지는 퇴직급여채권이 압류가 금지되는지에 대해서는 하급심판결이 나뉘었었다.[5] 이에 대하여 대법원 2018. 5. 30. 선고 2015다51968 판결은 주식회사의 이사, 대표이사(이하 '이사 등'이라고 한다)의 보수청구권(퇴직금 등의 청구권을 포함한다)은, 그 보수가 합리적인 수준을 벗어나서 현저히 균형을 잃을 정도로 과다하거나, 이를 행사하는 사람이 법적으로는 주식회사 이사 등의 지위에 있으나 이사 등으로서의 실질적인 직무를 수행하지 않는 이른바 명목상 이사 등에 해당한다는 등의 특별한 사정이 없는 이상 민사집행법 제246조 제1항 제4호 또는 제5호가 정하는 압류금지채권에 해당하고, 근로기준법상의 근로자에 해당하지 않는 이사 등의 퇴직연금 채권에 대해서는 '퇴직연금 제도의 급여를 받을 권리'의 양도 금지를 규정한 근로자퇴직급여 보장법 제7조 제1항은 적용되지 않으나, 위와 같은 퇴직연금이 이사 등의 재직 중의 직무수행에 대한 대가로서 지급되는 급여라고 볼 수 있는 경우에는 그 이사 등의 퇴직연금사업자에 대한 퇴직연금 채권은 민사집행법 제246조 제1항 제4호 본문이 정하는 '퇴직연금, 그 밖에 이와 비슷한 성질의 급여채권'으로서 압류금지채권에 해당한다고 보았다.

---

4) 채무자의 제3채무자에 대한 금전채권이 법률의 규정에 의하여 양도가 금지된 경우에는 특별한 사정이 없는 한 이를 압류하더라도 현금화할 수 없으므로 피압류적격이 없다. 그런데 근로자퇴직급여보장법 제7조 제1항은 '퇴직연금제도의 급여를 받을 권리는 양도하거나 담보로 제공할 수 없다'고 규정하고 있으므로 근로자퇴직급여보장법상의 퇴직연금채권은 그 전액에 관하여 압류가 금지된다고 보아야 한다(대법원 2014. 1. 23. 선고 2013다71880 판결 등).

5) 서울중앙지방법원 2014가합21538 판결은 주식회사의 대표이사 겸 최대주주로서 회사를 실질적으로 경영한 자는 근로자퇴직급여보장법의 적용대상이 되는 근로기준법상의 근로자로 볼 수 없으므로 그의 퇴직급여채권은 근로자퇴직급여보장법상 양도(압류)가 금지되는 퇴직급여채권에 해당하지는 않으나, 위 퇴직급여채권도 민사집행법 제246조 제1항 제5호가 정하는 압류금지채권에 해당한다고 보았다. 그렇지만 항소심인 서울고등법원 2015나8737 판결은 회사의 대표이사 겸 실질적인 경영자는 근로기준법상의 근로자에 해당하지 않으므로 근로기준법상의 근로자를 적용대상으로 하는 근로자퇴직급여보장법상의 압류금지채권에도 해당하지 않으며, 또한 민사집행법상의 압류금지채권에도 해당하지 않는다고 보았다.

3. 자유재산

가. 자유재산의 의의 및 종류

채무자가 가진 재산 중 파산재단을 구성하지 않고 채무자가 자유로이 관리 · 처분할 수 있는 재산을 자유재산이라고 한다. 그러므로 자유재산은 파산채권자에 대한 배당재원이 되지 않는다. 적절한 범위에서 자유재산을 확보하는 것은 파산채권의 면책과 함께 개인채무자의 경제적 갱생을 위해 불가결하다. 자유재산은 채무자의 생활을 보장하고 채무자에게 경제적 갱생의 기초를 부여하며, 나아가 파산선고 후의 새로운 채권자의 변제재원으로 충당된다는 점에서 중요한 의미를 갖는다. 그런데 자유재산은 채무자의 자유로운 처분에 맡겨져 있기 때문에 채무자는 이를 파산재단에 제공하여 파산채권자의 공동의 만족에 공여할 수 있다. 그러나 거꾸로 파산채권자가 지급을 청구하며 자유재산에 대해서 강제집행을 하는 것은 고정주의 및 면책주의의 정신에 비추어 허용되지 않는다. ① 압류금지재산(법 제383조 제1항), ② 면제재산(법 제383조 제2항), ③ 채무자가 파산선고 이후에 새로이 취득한 이른바 신득재산, ④ 파산관재인이 파산재단으로부터 포기한 재산이 여기에 해당한다. 한편, 파산선고와 동시에 파산절차가 폐지되는 동시폐지사건에서는 파산재단에 속하는 재산과 자유재산의 구별은 관념될 수 없다.

나. 압류금지재산

압류할 수 없는 재산은 파산재단에 속하지 아니한다(법 제383조 제1항). 민사집행법상의 압류금지물건(민사집행법 제195조), 압류금지채권(민사집행법 제246조[6])은 자유재산이

---

6) 민사집행법 시행령은 최저생계수준과 경제상황 등을 고려하여 압류가 금지되는 최저한도 금액을 정하고 있다. 그런데 관련 규정은 2011년 이후 8년 동안 개정되지 않고 있다가 최저임금과 소비자물가가 지속적으로 상승하는 등 경제상황이 변화함에 따라, 채무자에 대한 최소한의 생활보장 범위를 확대할 필요성이 제기되어 2019. 3. 5. 대통령령 제29603호로 개정하여 생계비와 급여, 예금액의 압류금지 최저한도를 185만원으로 상향하였다(시행령 제2조, 제3조, 제7조). 한편, 개정 전 시행령 제7조는 '민사집행법 제246조 제1항 제8호에 따라 압류하지 못하는 예금 등의 금액은 개인별 잔액이 150만 원 이하인 예금 등으로 한다'고 규정하고 있었는데, 대법원은 "위 규정에 따라 압류가 금지되는 '채무자의 1월간 생계유지에 필요한 예금'은 채무자 명의의 어느 한 계좌에 예치되어 있는 금액이 아니라 개인별 잔액, 즉 각 금융기관에 예치되어 있는 채무자 명의의 예금을 합산한 금액 중 일정 금액을 의미하는 것이고, 채무자의 제3채무자에 대한 예금채권에 대하여 채권압류 및 추심명령이 있음에도 채무자가 제3채무자인 금융기관을 상대로 해당 예금이 위 규정에서 정한 채무자의 1월간 생계유지에 필요한 예금으로서 압류금지채권에 해당한다고 주장하며 예금의 반환을 구하는 경우, 해당 소송에서 지급을 구하는 예금이 압류 당시 채무자의 개인별 예금 잔액 중 위 규정에서 정한 금액 이하로서 압류금지채권에 해당한다는 사실은 예금주인 채무자가 증명하여야 하며, 이때 채무자가 금융결제원 등 관련기관

된다. 또한, 특별법에 기한 압류금지재산으로서 근로자의 보상청구권(근로기준법 제86조), 수급자에게 지급된 수급품과 이를 받을 권리 및 수급자 명의의 지정된 계좌의 예금에 관한 채권(국민기초생활보장법 제35조 제2항, 제27조의2 제1항), 실업급여를 받을 권리 및 수급자격자 명의의 지정된 계좌의 예금 중 대통령령으로 정하는 액수 이하의 금액에 관한 채권(고용보험법 제38조), 공무원연금법 제32조, 군인연금법 제7조, 사립학교교직원연금법 제40조에 의하여 급여를 받을 권리, 아동복지법에 따라 지급된 금품과 이를 받을 권리(아동복지법 제64조), 한부모가족지원법에 따라 지급된 복지급여와 이를 받을 권리(한부모가족지원법 제27조), 장애인복지법에 따라 장애인에게 지급되는 금품(장애인복지법 제82조 제2항, 제50조의4 제1항) 등이 있다. 성질상 압류의 대상이 될 수 없는 귀속상 일신전속권이나 행사상 일신전속권도 압류금지재산의 일종으로서 자유재산이 된다.

한편, 실무상 보장성보험계약을 체결한 자를 채무자로 하여 파산이 선고된 경우, 파산관재인이 그 보험계약을 해지함에 따라 발생하는 해약환급금은 압류가 금지되는지 문제되었다. 민사집행법 제246조 제1항 제7호는 "생명, 상해, 질병, 사고 등을 원인으로 채무자가 지급받는 보장성보험의 보험금(해약환급 및 만기환급금을 포함한다) 채권은 압류하지 못하되, 압류금지의 범위는 생계유지, 치료 및 장애 회복에 소요될 것으로 예상되는 비용 등을 고려하여 대통령령으로 정한다"라고 규정하고, 민사집행법 시행령 제6조 제1항 제3호 가목은 "「민법」 제404조에 따라 채권자가 채무자의 보험계약 해지권을 대위행사하거나 추심명령 또는 전부명령을 받은 채권자가 해지권을 행사하여 발생하는 해약환급금은 (금액의 제한 없이) 압류하지 못한다"고 규정하고 있기 때문이다.[7] 그런데 대법원은 파산관재인과 추심채권자는 법적 지위, 목적, 역할, 권한 등에 있어 차이가 존재하므로, 파산재단의 관리·처분권자로서 파산관재인이 하는 채무자의 보장성보험계약 해지와 추심채권자가 하는 채무자의 보장성보험계약 해지를 동일하게 평가하기는 어렵다는 등의 이유로 보장성보험계약을 체결

이 제공하는 계좌정보통합조회 내역과 압류 및 추심명령의 대상이 된 각 예금계좌에 대한 입출금 내역 등 상당한 방법으로 해당 소송에서 지급을 구하는 예금이 압류 당시 자신이 보유하고 있는 각 예금계좌의 예금 잔액 중 위 규정에서 정한 금액 이하임을 알 수 있는 자료를 제출하였다면, 특별한 사정이 없는 한 해당 소송에서 지급을 구하는 예금채권이 압류금지채권에 해당한다는 사실이 증명되었다고 볼 수 있고, 이에 관하여 반드시 사전에 채무자가 민사집행법 제246조 제3항에서 정한 압류금지채권 범위변경 신청에 따른 압류명령 취소 결정을 받아야만 하는 것은 아니다"고 한다(대법원 2024. 2. 8. 선고 2021다206356 판결).

7) 대법원은 민사집행법이 보장성보험의 보험금 채권을 압류금지채권으로 규정하는 입법취지는 생계유지나 치료 및 장애회복 등 보험계약자의 기본적인 생활을 보장하기 위한 최소한의 수단을 마련하기 위함이라 한다(대법원 2018. 12. 27. 선고 2015다50286 판결). 이 대법원 판결은 해당 보험이 민사집행법 제246조 제1항 제7호에서 규정하는 '보장성보험'에 해당하는지 판단하는 기준을 제시하였다.

한 자를 채무자로 하여 파산이 선고된 경우, 파산관재인이 그 보험계약을 해지함에 따라 발생하는 해약환급금은 민사집행법 시행령 제6조 제1항 제3호 가목의 해약환급금에 해당하지 않고, 이러한 경우에 이 조항이 유추적용 된다고 해석할 수도 없다고 하고, 다만 민사집행법 시행령 제6조 제1항 제3호 나목에 따라 해약환급금 중 1,500,000원 이하의 금액 부분만이 압류금지채권으로서 파산재단에서 제외된다고 보았다(대법원 2025. 5. 29. 선고 2023다240466 판결).

다. 면제재산

면제재산이란 채무자가 파산선고 시에 가진 재산으로서 원래 파산재단에 속하여야 하나 법원의 결정에 의하여 일정한 범위 내에서 파산재단에 속하는 것을 면제받아 자유재산으로 변경된 재산을 말한다(법 제383조 제2항). 구 파산법은 면제재산제도가 없었다. 그러므로 채무자에게 인간으로서의 기초적인 생활도 보장하여 주지 못하여 지나치게 가혹하다는 지적이 제기되었다. 그러므로 채무자회생법은 대통령령으로 정하는 주거비 · 생계비를 면제재산에 포함시켜 채무자의 기초생활을 위한 임차보증금과 생계비를 보장함으로써 채무자의 인간다운 생활을 할 기본권을 보호하고 파산절차에 대한 거부감을 완화하고자 하였다.

채무자회생법은 ① 채무자 또는 그 피부양자의 주거용으로 사용되고 있는 건물에 관한 임차보증금반환청구권으로서 「주택임대차보호법」 제8조(보증금중 일정액의 보호)의 규정에 의하여 우선변제를 받을 수 있는 금액의 범위 안에서 대통령령이 정하는 금액을 초과하지 아니하는 부분, ② 채무자 및 그 피부양자의 생활에 필요한 6월간의 생계비에 사용할 특정한 재산으로서 대통령령이 정하는 금액[8]을 초과하지 아니하는 부분을 면제할 수 있는 재산으로 정하고 있다. 그렇지만 면제재산의 범위가 너무 적다는 비판이 있다.

한편, 면제재산결정은 채무자의 신청이 있어야 가능하고 그 신청 시기에 제한이 있으므로 법률적 지식이 부족한 채무자들이 미처 면제재산신청을 하지 못하여 불이익을 받을 우려가 있다. 이러한 사정을 고려하여 실무에서는 채무자의 면제재산신청이 없는 경우에도 재산환가 과정에서 면제재산의 취지를 반영하고 있다. 서울회생법원은 개인회생 사건에서 채무자 및 그 피부양자의 인간다운 생활을 유지하기 위하여 추가로 생계비로 인정할 주거비, 의료비 및 자녀에 대한 교육비의 합리적인 범위 등을 정하기 위하여 2021. 2. 15. 생계비

8) 통상 압류금지 생계비의 6개월간의 금액으로 정해진다.

검토위원회의 회의를 개최하여 개인회생 사건에 대하여 적용될 추가 생계비(기준 중위소득의 100분의 60을 초과하는 부분) 인정 기준을 의결하였다. 위 추가 생계비 인정 기준은 개인파산 사건에서도 채무자 및 그 피부양자의 인간다운 생활을 유지하기 위하여 파산관재인이 파산재단에 속하는 재산을 환가하는 경우에 참고할 필요가 있다.

라. 신득재산

채무자가 파산선고 당시에 가진 모든 재산은 파산재단에 속한다(법 제382조 제1항). 파산재단은 파산선고 시의 재산에 한정되기 때문에(고정주의), 파산선고 후에 채무자에게 귀속된 재산, 소위 신득재산은 파산재단에서 제외된다. 채무자가 파산선고 후에 근로의 대가로서 얻은 임금 등이 여기에 해당하는 전형적인 경우이다. 단, 파산선고 전에 생긴 원인으로 장래에 행사할 청구권은 파산재단에 속한다(법 제382조 제2항). 채무자인 보증인 등의 사후구상권 등 정지조건부채권이나 기한부채권이 그 예이고, 파산선고시점의 퇴직금채권(단, 압류가능부분)이나 생명보험계약에 기한 해지환급금, 건물임대차계약에 수반하는 보증금반환청구권 등은 신득재산이 아닌 파산재단에 속하는 재산이다. 신득재산은 채무자 및 그 가족의 생활을 보장하고, 또한 경제적 재생을 도모하는 기초가 된다.

마. 파산관재인이 파산재단으로부터 포기한 재산

파산관재인이 채무자를 위하여 파산재단으로부터 포기한 재산이다. 가치가 없는 재산이나 회수가능성이 없는 채권처럼 환가비용이나 보관비용을 고려하면 파산재단에 이익이 되지 않는 재산에 대해서 파산관재인은 법원의 허가를 받아 포기할 수 있다(법 제492조 제12호).

제9장 부인권

제9장 부인권

제1절 부인권 개관

1. 부인권의 의의

파산선고 전에는 채무자는 자신의 재산을 자유롭게 관리처분할 권능을 갖는다. 따라서 파산선고 전이라면 채무자는 재산을 제3자에게 양도하거나 혹은 특정 채권자에게 변제하는 것이 얼마든지 가능하다. 그러나 문제는 채무자의 지급능력 부족, 즉 지급불능 또는 채무초과의 상태는 회생법원의 채무자에 대한 파산선고 시에 생기는 것이 아니고, 그 이전 단계의 파산신청 또는 그보다 더 이전 단계에서 생기는 것이다. 채무자가 그 재산을 제3자에게 무상으로 증여하거나 염가로 매각하는 것은 본래는 채무자의 자유지만 지급능력이 부족할 때 이러한 행위를 자유롭게 인정한다면 채권자에 대한 책임재산을 점점 감소시켜 채권자의 이익을 해하게 된다. 또한 지급능력이 부족할 때 특정 채권자에 대해서만 변제하는 것을 인정하면 다른 채권자와의 평등을 해하는 결과를 초래한다. 전자와 같이 채권자 전체에 대한 책임재산을 절대적으로 감소시키는 행위를 사해행위라고 하고, 후자처럼 채권자평등에 반하는 행위를 편파행위라고 부르는데, 부인제도란 파산관재인이 파산선고 후에 이러한 행위의 효력을 부정하고 책임재산에서 일탈된 재산이나 이익을 파산재단으로 회복하여 파산채권자에 대한 공평한 배당을 가능하게 하기 위한 제도이다.

파산관재인은 관재업무를 수행하는 중에 파산·면책신청서, 부속서류의 검토, 채무자와 면담, 채권자의 정보제공, 파산관재인 사무실로 배달된 채무자의 우편물 등을 통해 사해행위나 편파행위 등의 존재를 발견하는 경우가 있다. 이러한 경우 파산관재인으로서는 부인권의 행사 여부를 검토하게 된다.

2. 채권자취소권과의 비교

부인권과 채권자취소권은 양자 모두 채무자의 책임재산 보전을 목적으로 한다는 점에서 공통점이 있다. 그러나 첫째, 행위주체가 다르다. 채권자취소권은 개개의 채권자가 자기의 채권을 보전하기 위하여 행사할 수 있지만, 부인권은 파산관재인만 총채권자의 공평한 배당을 위하여 행사할 수 있다. 둘째, 채권자취소권은 채무자의 사해의사가 요구되지만, 부인권은 채무자의 사해의사가 필요하지 않은 경우가 있다. 또한 채권자취소권은 권리변동의 성립요건 또는 대항요건만을 독립하여 취소할 수 없지만, 부인권은 성립요건 또는 대항요건만을 독립하여 부인할 수 있다(법 제394조). 셋째, 효과가 다르다. 채권자취소권은 채권자가 사실상 우선변제를 받게 되는 경우가 있지만, 부인권은 그러한 경우가 없다. 넷째, 행사방법이 다르다. 채권자취소권은 법원에 소를 제기하는 방법으로 청구할 수 있을 뿐 소송상의 공격방어방법으로 주장할 수는 없지만(대법원 1995. 7. 25. 선고 95다8393 판결, 대법원 1998. 3. 13. 선고 95다48599, 48605 판결), 부인권은 소, 부인의 청구 또는 항변의 방법으로 행사할 수 있다(법 제396조 제1항). 다섯째, 행사기간이 다르다. 채권자취소권은 채권자가 취소원인을 안 날로부터 1년, 법률행위가 있은 날로부터 5년 내에 제기하여야 하지만(민법 제406조 제2항), 부인권은 파산선고가 있은 날부터 2년이 경과하거나 행위를 한 날부터 10년이 경과한 때에는 행사할 수 없다(법 제405조). 그밖에 채권자취소권은 원칙적으로 사해행위만을 대상으로 하지만 부인권은 사해행위뿐 아니라 편파행위를 대상으로 하며, 전득자의 선의 · 악의 요건, 관할 등의 점에서도 양자가 서로 다르다.

3. 부인의 대상이 되는 행위

부인의 대상이 되는 행위로는 법률행위에 한정되지 않고, 소위 준법률행위나 소송행위, 공법상의 행위 등 법적 효과를 수반하는 행위가 널리 포함된다(단, 법적 효과를 수반하지 않는 단순한 사실행위는 부인의 대상이 되지 않는다). 또한 작위뿐 아니라 부작위도 부인의 대상이 된다. 따라서 채권양도의 통지, 시효중단의 해태, 재판상의 자백이나 청구의 포기 · 인낙, 재판상의 화해, 소취하[1], 공정증서의 작성행위 등도 부인의 대상이 된다. 또한 무효인 행위도 부인의 대상이 될 수 있다고 해석된다.

---

1) 소취하에 대한 부인은 민사소송규칙 제67조의 규정에 따라 기일지정신청을 하여 소취하의 효력을 다투어야 할 것이다. 파산관재인은 상대방의 소취하가 유효하다는 항변에 대해 재항변으로 부인의 의사표시를 제출하여 그 배척을 구할 수 있을 것이다.

제2절 부인의 요건

1. 일반적 성립요건

부인권행사의 요건은 각 유형별로 개별적으로 규정되어 있지만 공통적인 일반요건으로서 다음과 같은 것이 있다.

가. 유해성

「유해성」은 당해행위가 파산채권자에게 유해한 것을 말한다. 유해성의 내용은 사해행위부인의 경우와 편파행위부인의 경우가 다르다. 사해행위의 경우에는 책임재산을 감소시키는 것이 유해성의 내용이고, 편파행위부인의 경우에는 파산채권자간의 공평을 해하는 것이 유해성의 내용이다. 유해성이 없다면, 법규정상으로는 부인의 요건을 충족하는 것처럼 보이더라도 부인권을 행사할 수 없다. 부인의 목적은 파산채권자의 이익보호에 있기 때문에 그 이익을 해하지 않는 행위는 부인의 대상에서 제외하는 것이 상당하기 때문이다. 따라서 유해성의 부존재는 부인의 성립 조각사유로서 기능하고, 그 증명책임은 부인의 상대방에게 있다. 예를 들면, 특정재산 위의 담보권은 파산절차에 의하지 않고 그 권리를 실행하여 만족을 얻는 것이 보장된다. 이를 전제로 하면 파산절차개시 전에 채무자가 담보목적물을 담보권자에게 대물변제를 한 때라도 피담보채권의 변제기가 도래하고 또한 목적물의 가액이 피담보채권액을 상회하지 않는 한 채무자의 행위를 유해하다고 할 수 없다. 즉, 원래부터 그 대물변제의 목적물은 그 가치가 피담보채권액을 상회하지 않는 한 일반채권자의 공동담보가 되지 않았기 때문에 채권자에 대한 유해성을 잃어 부인의 대상이 되지 않는다.

「유해성」의 요건과 관련하여 자주 인용되는 사례로는 채무자의 차입금에 의한 변제행위이다. 대법원 판례는 "채무자가 변제 등 채무를 소멸시키기 위한 자금을 마련하기 위하여 제3자로부터 자금을 차입하는 경우, 제3자와 채무자가 차입금을 특정 채무를 소멸시키기 위하여 사용하기로 약정하고, 실제 그와 같은 약정에 따라 특정 채무에 대한 변제 등이 이루어졌으며, 차입과 변제 등이 이루어진 시기와 경위, 방법 등 제반 사정에 비추어 실질적으로 특정 채무의 변제 등이 당해 차입금에 의하여 이루어진 것이라고 볼 수 있고, 이자, 변제기, 담보제공 여부 등 차입금의 차입 조건이나 차입금을 제공하는 제3자와 채무자의 관계 등에 비추어 차입 이전과 비교할 때 변제 등 채무 소멸이 이루어진 이후에 채무자 재산이 감소되지 아니한 등의 사정이 인정된다면, 해당 변제 등 채무소멸행위는 전체적으로 보아 회생채권자 등을 해하지 아니하여 부인의 대상이 되지 아니하는 특별한 사정이 존재한다고 할 수 있다(대법원 2011. 5. 13. 선고 2009다75291 판결)"고 한다. 또한 대법원은 "채무자가 지급불능 상태에서 특정 채권자에게 담보를 제공하였다고 하더라도 이것이 신규차입과 동시에 교환적으로 행하여졌고, 차입금과 담보 목적물의 가격 사이에 합리적인 균형을 인정할 수 있으며, 이로써 채무자가 차입금을 은닉하거나 증여하는 등 파산채권자를 해하는 처분을 할 우려를 생기게 하는 것이 아니라면 이러한 담보제공행위는 파산채권자를 해하는 행위로 볼 수 없어 채무자 회생 및 파산에 관한 법률 제391조 각호에 따라 부인할 수 있는 행위에 해당하지 않는다(대법원 2017. 9. 21. 선고 2015다240447 판결[2])"라고 하였으며, "채무자가 지급불능 상태에서 특정 채권자에 대한 변제 등 채무소멸에 관한 행위를 하였다고 하더라도, 이것이 새로운 물품공급이나 역무제공 등과 동시에 교환적으로 행하여졌고, 채무자가 받은 급부의 가액과 당해 행위에 의하여 소멸한 채무액 사이에 합리적인 균형을 인정할 수 있다면 특별한 사정이 없는 한 이러한 채무소멸행위는 파산채권자를 해하는 행위로 볼 수 없어 채무자 회생 및 파산에 관한 법률 제391조 제1호에 따라 부인할 수 있는 행위에 해당하지 않는다(대법원 2018. 10. 25. 선고 2017다287648, 287655 판결)"라고 판시하였다. 위와 같은 차입금을 특정 채무를 소멸시키는 데에 사용하기로 하는 제3자와 채무자의 약정은 반드시 명시적으로 행하여질 필요는 없고 묵시적으로도 이루어질 수 있다(대법원 2018. 4. 12. 선고 2016다247209 판결). 일본 재판례 중에도 채무자가 차입 시 대주(貸主)와 사이에 차입금을 특정채무 변제에 충당할 것을 약정하고 차입 후 대주와 변제상대방의 입회하에 그 자리에서 곧장 차입금에 의한 변제를 한 사안에서 채무자와 대주 사이의 약정에 위반하여 차입금을 다른 용도로 유용한다든지 차입금이 다른 채권자에게 압류당하는 등 약정을 이행할 수 없게 될 가능성도 전혀 없었고, 이러한 차입금은 차입 당시부터 특정채무의 변제에 충당되는 것이 확실하게 예정되고, 그 이외의 용도로 사용되는 것이면 차입

2) 채무초과 상태에 있는 채무자가 그 소유의 기계설비 등 유체동산을 채권자 중의 어느 한 사람에게 채권담보로 제공하는 행위는 특별한 사정이 없는 한 다른 채권자들에 대한 관계에서 사해행위에 해당한다고 할 것이나, 자금난으로 사업을 계속 추진하기 어려운 상황에 처한 채무자가 자금을 융통하여 사업을 계속 추진하는 것이 채무 변제력을 갖게 되는 최선의 방법이라고 생각하고 자금을 융통하기 위하여 부득이 기계설비 등 유체동산을 특정 채권자에게 담보로 제공하고 그로부터 신규자금을 추가로 융통받았다면 특별한 사정이 없는 한 채무자의 담보권 설정행위는 사해행위에 해당하지 않는다(대법원 2014. 3. 27. 선고 2013다93746, 93753 판결).

할 수 없었던 것이고, 파산채권자의 공동담보로 되는 것이라면 채무자에게 귀속되지 못했을 재산이라 할 것이므로, 채무자가 이러한 차입금으로 변제가 예정된 특정채무를 변제하더라도, 이는 파산채권자의 공동담보를 감소시키는 것은 아니고, 파산채권자를 해하는 것은 아니라고 하였다(最高裁判所 平成5年 1月 25日 平成1(オ) 第1062号 判決).

그러나 형식적으로는 기존 채무의 변제를 받고 그 직후 같은 금액을 신규대출하는 방식을 취하였지만, 그 실질 및 경제적 효과에 있어서는 기존 채무에 대한 기한의 연장에 불과한 점 등 제반 사정에 비추어, 이를 담보하기 위하여 이루어진 근저당권설정행위는 이른바 편파행위로서 부인의 대상이 된다(대법원 2005. 11. 10. 선고 2003다271 판결).

나. 부당성

유해성이 파산채권자의 책임재산의 확보 및 파산채권자 간의 공평실현과 관계된 것이라면, 「부당성」의 요건은 어느 행위가 파산채권자에게 유해한 행위라도 파산채권자의 이익보다 우선하는 사회적 이익, 예를 들면 국민의 생존권 등 헌법적 가치나 생명이나 건강 유지를 목적으로 하는 사업의 계속이라는 사회적 가치 혹은 지역사회경제에서 담당하고 있는 사업체의 역할 등을 고려하여 예외적인 경우에 부인의 성립가능성을 조각하는 개념이다. 즉, 부당성 요건의 의의는 도산법질서보다 고차원의 법질서나 사회경제질서에 의해 보호되어야 할 이익이 존재하는 때는 부인권의 성립이 부정된다는 점에 있다. 예컨대, 의료기관인 채무자가 진료에 필수불가결한 의료기기를 계속해서 이용하기 위해 리스료를 지불하는 행위는 설령 그것이 형식적으로 부인의 요건을 충족하더라도 부당성의 요건을 흠결하여 부인대상이 되지 않게 된다. 그밖에도 채무자의 생활비 확보 혹은 사업 운전자금을 변통하기 위한 재산매각행위나 담보설정행위가 여기에 해당할 수 있다. 대법원도 "파산절차상 부인의 대상이 되는 채무자의 행위가 파산채권자에게 유해하다고 하더라도 행위 당시의 개별적·구체적 사정에 따라서는 당해 행위가 사회적으로 필요하고 상당하였다거나 불가피하였다고 인정되어 일반 파산채권자가 파산재단의 감소나 불공평을 감수하여야 한다고 볼 수 있는 경우가 있을 수 있고, 그와 같은 예외적인 경우에는 채권자 평등, 채무자의 보호와 파산 이해관계의 조정이라는 법의 지도이념이나 정의관념에 비추어 채무자회생법 제391조 소정의 부인권 행사의 대상이 될 수 없다고 보아야 할 것이다. 여기에서 그 행위의 상당성 여부는 행위 당시의 채무자의 재산 및 영업 상태, 행위의 목적·의도와 동기 등 채무자의 주관적 상태를 고려함은 물론, 변제행위에 있어서는 변제자금의 원천, 채무자와 채권자와의 관계, 채권자가 채무자와 통모하거나 채무자에게 변제를 강요하는 등의 영향력을 행사하였는지 여부 등을 기준으로 하여 신의칙과 공평의 이념에 비추어 구체적으로 판단하여야 한다(대법원 2015. 12. 10. 선고 2015다235582 판결)"라고 한다. 이러한 부당성의 요건을 흠결하였다는 사정에 대한 주장·증명책임은 상대방인 수익자에게 있다(대법원 2004. 3. 26. 선고 2003다65049 판결; 대법원 2011. 10. 13. 선고 2011다56637, 56644 판결 등).

다. 채무자의 행위

부인의 일반적 요건으로서 채무자의 행위가 필요한지 논의가 있다. 예를 들어 채무자의 상대방이 예약완결권을 행사하여 매매계약이 성립되고 재산이 일탈된 경우 등이다. 채무자회생법은 제391조에서 「채무자가……한 행위」라고 규정하여 채무자의 행위가 필요한 것처럼 보이고, 제395조에서 「그 행위가 집행행위에 의한 것인 때」라고 규정하여 반드시 채무자의 행위가 절대적인 요건은 아닌 것처럼 보인다. 이와 관련하여 과거에는 ① 채무자의 행위가 있을 경우에 한정된다는 설, ② 채무자의 행위의 유무를 불문한다는 설, ③ 고의부인에 있어서는 채무자의 행위를 필요로 하지만, 위기부인에 있어서는 필요하지 않다는 설의 대립이 있었다.

채무자의 사해의사를 요건으로 하는 유형에 있어서는 채무자의 행위 혹은 가공행위가 필요하지만, 채무자의 사해의사를 요건으로 하지 않은 부인유형에 있어서는 채무자가 아닌 제3자의 행위라도 그 효과가 채무자의 행위와 동일시되는 것이라면 부인의 대상이 된다고 할 것이다. 왜냐하면 부인권이 인정되는 취지는 채무자의 재산이 감소한다든지 채권자간의 평등을 해한다든지 하는 결과를 방지하기 위한 것이기 때문에 채무자의 행위가 없더라도 그러한 결과가 발생한 이상 부인권의 행사를 인정해야 하기 때문이다. 대법원도 부인의 대상은 원칙적으로 채무자의 행위라고 할 것이나, 다만 채무자의 행위가 없었다고 하더라도 예외적으로 채무자와의 통모 등 특별한 사정이 있어서 채권자 또는 제3자의 행위를 채무자의 행위와 동일시할 수 있는 사유가 있는 경우에는 예외적으로 채권자 또는 제3자의 행위도 부인의 대상으로 할 수 있다고 한다(대법원 2011. 10. 13. 선고 2011다56637, 56644 판결; 대법원 2004. 2. 12. 선고 2003다53497 판결 등). 일본 재판례 중에는 공무원(敎諭)의 개인파산사건에서 급여지급기관이 위 공무원의 퇴직수당 전액을 그를 대신하여 파산채권자인 공제조합에게 지불한 변제행위의 부인가능성이 문제된 사안에서 급여지급기관의 변제는 공제조합에 대한 조합원(채무자)의 채무의 변제를 대행한 것에 불과하다는 이유로 부인을 인정한 판결례가 있다(最高裁判所 平成2年 7月 19日 昭和62(オ) 第1083号 判決).

2. 개별적 성립요건

채무자회생법은 고의부인, 위기시기의 본지행위부인, 위기시기의 비본지행위의 부인 및 무상부인의 네 가지 유형의 부인행위를 규정하고 있다.

가. 고의부인

(1) 고의부인의 의미

첫째 유형은 고의부인이다(법 제391조 제1호). 채무자가 파산채권자를 해한다는 사실을 알면서 한 행위를 부인하는 것이다. 예컨대, 갑, 을, 병의 채권자가 있고, 3인의 채권자는 채무자에 대해서 각각 1,000만원의 채권을 가지고 있다고 가정할 때 채무자가 900만원의 가치가 있는 재산을 보유하고 있다고 하면, 채권자 갑, 을, 병은 각각 300만원씩 배당을 받을 수 있다. 그런데 채무자가 900만원의 가치가 있는 재산을 300만원에 매각해 버리면 채권자 갑, 을, 병에 대한 배당액은 100만원으로 감소하게 된다. 이러한 경우에 채무자의 행위를 부인할 필요가 생긴다. 고의부인은 민법상의 채권자취소권(민법 제406조)과 취지가 동일하므로 이에 관한 판례가 참고가 된다.

(2) 고의부인의 성립요건

고의부인이 성립하기 위해서는 세 가지 요건이 필요하다. 첫째는, 채무자의 사해행위로서 파산채권자를 해하는 행위가 있어야 하고(객관적 요건), 둘째는 채무자의 사해의사로서 채무자가 행위 당시 그 행위에 의하여 파산채권자를 해한다는 사실을 알고 있어야 한다(주관적 요건). 여기서 '파산채권자를 해함을 알 것'이라는 사해의사는 채권자를 해할 것을 기도하거나 의욕하는 것을 요하지 아니하고(대법원 1997. 5. 9. 선고 96다2606, 2613 판결), 채무자가 부인의 대상이 되는 행위 당시에 그 행위로 인하여 파산채권자를 위한 공동담보인 책임재산이 감소하거나 다른 파산채권자의 만족을 저하시킨다는 인식이 있으면 충분하다. 셋째는 사해행위에 대한 수익자의 악의이다. 수익자의 악의도 사해행위로 지목되는 법률행위로 말미암아 채무자의 일반채권자에 대한 공동담보에 부족이 생기거나 공동담보의 부족을 더욱 심화시킨다는 점을 인식하고 있는 것을 의미하는 것이지 적극적으로 채무자의 다른 채권자를 해할 것을 의욕하여야 하는 것은 아니다. 첫째와 둘째의 요건은 부인을 주장하는 파산관재인이 입증책임을 부담한다. 다만, 채무자가 자기의 유일한 재산인 부동산을 매각하여 소비하기 쉬운 금전으로 바꾸거나 타인에게 무상으로 이전하여 주는 행위는 특별한 사정이 없는 한 채무자의 사해의사는 추정된다(대법원 2001. 4. 24. 선고 2000다41875 판결). 셋째 요건에 대해서는 수익자가 그의 선의를 입증하여야 한다. 위 셋째 요건의 입증책임과 관련하여, 대법원은 "채무자회생법 제391조 제1호에서 정하는 부인의 대상이 되는 행위라고 하더라도 이로 인하여 이익을 받은 자가 그 행위 당시 파산채권자를 해하게 되는 사실을 알지 못한 경우에는 부인할 수 없으나, 그와 같은 수익자의 악의는 추정되므로, 수익자 자신이 그 선의에 대한 증명책임을 부담한다(대법원 2014. 9. 25. 선고 2014다214885 판결 참조)"고 한다. 또한 수익자의 선의 여부만이 문제 되고 수익자의 선의에 과실이 있는지 여부는 묻지 않는다(대법원 2023. 9. 21. 선고 2023다234553 판결).

(3) 지급정지 이전의 본지변제도 고의부인의 대상이 되는지 여부

여기서 문제되는 것은 편파행위에 대해서도 고의부인이 인정되는가 하는 점이다. 이행기가 도래한 채무의 변제, 이른바 본지변제는 변제를 받은 채권자의 입장에서는 당연한 권리이지만, 채무자의 무자력이 명확해지고 모든 채권자의 권리를 만족시킬 수 없게 된 시기에는 다른 일반채권자의 권리를 해하는 것으로 간주되고 부인의 대상이 된다. 즉, 지급정지 · 파산신청 이후의 시기에 있어서 본지변제가 편파행위가 되어 위기부인의 대상이 되는 것은 이러한 이유 때문이다(법 제100조 제1항 제2호, 제391조 제2호). 그러나 실질적으로 보면, 지급정지 · 파산신청 이후의 시기는 위기시기라고 하기보다는 도산상태가 확정된 시기라고 볼 수 있다. 바꾸어 말하면, 그 이전의 실질적 위기시기에 이미 채무자의 무자력상태가 발생하였으므로 채권자평등의 이념에 반하고 일반채권자의 이익을 해하는 것으로서 본지변제의 효력을 복멸할 필요가 있다. 이를 위한 수단으로서 고의부인이 검토되는 것이다.[3]

---

3) 일본에서는 구 파산법하에서 위기부인에 대하여 지급정지 · 파산신청 후의 행위라도 파산선고가 있은 날로부터 1년

반대설은 ① 본지변제에 의하여 적극재산은 감소하나, 동시에 소극재산도 감소하고, 채무자의 총재산액은 감소하지 않으므로[4] 채권자를 해하는 행위(사해행위)에 해당하지 않고, ② 평상시에 있어서 채권자는 본래 임의의 변제를 수령할 당연한 권리를 가지는 것이며, ③ 본지변제의 부인은 채권자 간의 공평의 견지에서 법률이 특별히 인정하는 경우(위기부인)에만 가능한 것이므로 이를 위기부인 이전까지 확대하는 것은 위기시기 이전의 평등변제를 강제함으로써 고의부인과 위기부인이라고 하는 법률이 정한 구별을 말살하는 것이라고 주장한다.[5] 그러나 다수설과 판례는 위기시기 이전의 본지변제도 채권자를 해하는 의도가 있는 한 고의부인의 대상이 된다고 한다. 판례는, "채무자 회생 및 파산에 관한 법률 제391조 제1호에서 정한 부인의 대상으로 되는 행위인 '채무자가 파산채권자를 해하는 것을 알고 한 행위'에는 총채권자의 공동담보가 되는 채무자의 일반재산을 절대적으로 감소시키는 이른바 사해행위뿐만 아니라 특정한 채권자에 대한 변제나 담보의 제공과 같이 그 행위가 채무자의 재산관계에 영향을 미쳐 특정한 파산채권자를 배당에서 유리하게 하고 다른 파산채권자와의 공평에 반하는 이른바 편파행위도 포함(대법원 2014. 9. 25. 선고 2014다214885 판결 참조)"된다고 하여 본지변제의 고의부인을 인정한다. 다만, "위와 같은 고의부인이 인정되기 위해서는 주관적 요건으로서 채무자가 파산채권자를 해하는 것을 알았어야 하는데, 법이 정한 부인대상행위 유형화의 취지를 몰각시키는 것을 방지하고 거래안전과의 균형을 도모하기 위해서는, 특정 채권자에게 변제하거나 담보를 제공하는 편파행위를 고의부인의 대상으로 할 경우, 파산절차가 개시되는 경우에 적용되는 채권자평등의 원칙을 회피하기 위하여 특정 채권자에게만 변제 혹은 담보를 제공한다는 인식이 필요하다고 보아야 한다"라고 하여(위 대법원 판결), 단지 파산채권자의 이익을 해한다는 인식만으로는 사해의사를 인정하기에 부족하고, 채무자가 다른 채권자를 희생하여 특정 채권자에게만 이익을 주려고 하는 악의가 있을 것이 필요하다고 한다. 이처럼 '특정 채권자에게 변제한다는 인식'이 필요하다고 할 것이지만, 더 나아가 채권자들에 대한 적극적인 가해의 의사 내지 의욕까지 필요한 것은 아니다(대법원 2006. 6. 15. 선고 2004다46519 판결 등).

편파행위 당시 수익자의 선의, 즉 수익자가 파산채권자 등을 해하는 사실을 알지 못하

전에 한 행위는 부인의 대상이 되지 않는다는 제한(84조) 때문에 본지변제의 고의부인에 대한 필요성이 논의되었다.

4) 예컨대, 채무자가 1,000만원의 채무를 변제한 경우에 1,000만원의 현금이 없어지지만 동시에 1,000만원의 채무도 소멸하기 때문에 책임재산이 악화되었다고는 말할 수 없다.

5) 노영보, 도산법 강의, 박영사(2018), 235면에서 인용.

였는지 여부를 판단함에 있어서, 판례는 채무자의 일반 재산의 유지·보수를 주된 목적으로 하는 채권자취소권의 경우와 달리, 이른바 편파행위까지 규제대상으로 하는 채무자회생법의 부인권 제도에 있어서는 반드시 해당 행위 당시 부채의 총액이 자산의 총액을 초과하는 상태에 있어야만 부인권을 행사할 수 있다고 볼 필요가 없으므로(법원 2005. 11. 10. 고 2003다271 결 등 참조), 편파행위 당시 채무자가 채무초과 상태에 있었는지에 대한 수익자의 인식 여부를 선의 인정의 주된 근거로 삼아서는 안 된다고 한다(대법원 2020. 6. 25. 선고 2016다257572 판결, 대법원 2016. 1. 14. 선고 2014다18131 판결).

나. 위기부인

지급정지 또는 파산신청이 있은 후에는 당연히 위기시기로 간주되고, 채무자의 사해의사와 상관없이 일정한 행위가 파산채권자에게 유해한 것이 되어 부인의 대상이 된다. 여기서 말하는 일정한 행위란 파산채권자를 해하는 행위, 담보의 제공, 채무소멸에 관한 행위이다.

(1) 위기시기의 본지행위 부인

법 제391조 제2호는 채무자가 지급정지 또는 파산신청이 있은 후에 한 파산채권자를 해하는 행위와 담보의 제공 또는 채무소멸에 관한 행위를 대상으로 한다. 채권자를 해하는 행위라 함은 모든 채권자를 해하는 행위, 즉 일반재산 감소행위를 가리키고, 담보제공 및 채무소멸행위는 편파행위[6]를 가리킨다. 채무자가 지급정지 등 위기시기에 한 파산채권자를 해하는 행위, 담보제공 또는 채무소멸에 관한 행위를 채무자의 사해의사의 존부와 관계없이 부인하는 것이다. 이것은 채무자의 민사법상의 의무에 속하는 행위를 대상으로 한다는 점에서 다음에 나오는 채무자의 의무에 속하지 않는 비본지행위를 부인하는 제3호와 구별된다. 예컨대, 이행기가 도래한 채무의 본지변제나 담보를 설정하는 취지의 약속에 기하여 한 담보제공 등이 제2호의 부인할 수 있는 행위에 해당한다.

이 본지행위에 대한 부인은 채무자의 사해의사를 요건으로 하지 않는다는 점에서 고의부인 또는 사해행위취소권과 다르다. 본호에 해당하는 부인의 성립요건은 ① 객관적 요건으

6) 대법원 2007. 7. 13. 선고 2005다71710 판결은 회사가 지급의 정지 또는 파산, 화의개시 또는 정리절차개시의 신청이 있은 후에 특정 담보권자에게 그 채무의 변제를 위하여 회사의 채권을 양도하는 행위는 다른 회사채권자들과의 공평을 해하는 편파행위로서 부인의 대상이 된다고 하였다.

로서 파산채권자를 행하는 행위, 담보의 제공 또는 채무의 소멸에 관한 행위일 것, ② 시기적 요건으로서 채무자가 지급정지 또는 파산신청이 있은 후에 한 행위라야 하며, ③ 주관적 요건으로서 수익자가 행위 당시 지급정지 또는 파산신청의 사실을 알고 있을 것이 필요하다. 수익자가 행위 당시에 지급정지 또는 파산신청의 사실에 대해서 악의였다는 점에 대한 입증책임은 파산관재인에게 있다. 그런데 수익자인 상대방이 채무자와 "대통령령이 정하는 범위의 특수관계에 있는 자"인 경우에는 상대방의 악의는 추정된다(법 제392조 제1항).

채무의 소멸에 포함되는 구체적 행위로는 변제, 경개, 대물변제 등이 있고, 담보의 제공에 속하는 행위에는 질권, 저당권 등 전형담보의 설정 이외에 양도담보 등 비전형담보의 설정도 포함된다. 그리고 위 채무소멸에 관한 행위란 채무자의 의사에 기한 행위뿐 아니라 집행력 있는 채무명의에 기하여 이루어진 행위(즉, 채권자가 강제집행으로서 한 행위)라도 채무자의 재산으로써 채무를 소멸시키는 효과를 발생케 하는 경우도 포함된다고 해석된다[7].

한편, 파산채권자를 해하는 행위와 관련하여, 일본에서는 구 파산법이 우리 채무자회생법과 마찬가지로 "파산자가 지불의 정지 또는 파산신청 후에 한 담보의 공여, 채무의 소멸에 관한 행위 기타 파산채권자를 해하는 행위"라는 형식을 취하고 있었는데 위 파산채권자를 해하는 행위가 무엇을 가리키는지에 대해서 고의부인과 위기부인의 경계와 관련하여 논의가 있었다. 사해행위는 고의부인의 대상이고, 편파행위는 위기부인의 대상이라는 구별을 유지하면 사해행위는 위기부인의 대상이 될 수 없기 때문에, 여기서 말하는 채권자를 해하는 행위는 사해행위의 의미가 아니라 채무소멸행위나 담보제공행위 등 편파행위의 총칭으로 해석된다. 그러나 고의부인과 위기부인의 경계는 유동적이므로 여기서 말하는 행위는 사해행위를 가리키고 제3자에 대한 재산의 염가매각처럼 사해행위도 위기부인의 대상이 된다고 하는 견해가 지배적이었다. 요컨대, 구 파산법하에서 일본은 편파행위도 고의부인이 인정된다고 하는 것이 판례 · 통설이었고, 또한 사해행위에 관한 위기부인도 이를 인정하는 것이 통설이었다. 즉, 고의부인 및 위기시기의 본지행위부인 모두 사해행위와 편파행위가 포함된다고 하는 것이 일반적이었다.[8]

---

7) 最高裁昭和38年(オ)第916号同39年7月29日第2小法廷判決 · 裁判集民事74号797頁 참조.

8) 그런데 사해행위와 편파행위는 그 행위태양, 부인의 목적 및 효과가 다르기 때문에 이를 동일한 요건하에 부인의 대상으로 하는 것은 상당하지 않다는 지적이 있어, 일본 현행법은 사해행위부인과 편파행위의 부인을 나누어 규정하고, 그 요건을 정리하였다[東京地裁破産再生實務研究會, 破産 · 民事再生の實務[第3版] 破産編, 一般社團法人 金融財政事情研究會(2014), 269면 참조].

(2) 위기시기의 비본지행위 부인: 채무자의 의무에 속하지 않는 담보의 제공 또는 채무소멸에 관한 행위(법 제391조 제3호)

지급정지나 파산신청이 있은 후의 행위뿐 아니라 그 전 60일 이내에 한 담보의 제공 또는 채무소멸에 관한 행위가 이 유형의 부인대상행위에 해당한다. 수익자가 특수관계인일 때는 위 60일이 1년으로 연장된다(법 제392조 제2항). 담보의 제공 또는 채무의 소멸에 관한 행위를 부인의 대상으로 한다는 점에서 제2호의 부인과 같지만, 채무자의 의무에 속하지 않는 행위, 즉 비본지행위를 부인의 대상으로 한다는 점에서 차이가 있다.

본호의 적용대상이 되는 담보의 제공 또는 채무소멸에 관한 행위는 행위 자체가 채무자의 의무에 속하지 않는 경우와 방법 또는 시기가 의무에 속하지 않는 경우로 나뉜다. 예를 들면, 사전에 특약이 없었음에도 불구하고 담보를 제공한 행위는 행위자체가 의무에 속하지 않는 경우이고, 본래의 변제를 대신하여 대물변제를 하는 것은 방법이 의무에 속하지 않는 예이다. 시기가 의무에 속하지 않는 예로서는 기한 전에 변제를 하는 것을 생각할 수 있다.

입증책임과 관련하여, 수익자측에서 지급정지 등에 대한 선의를 입증하여야 한다. 의무가 없음에도 불구하고 채무자가 이러한 유형의 행위를 하는 것은 편파행위로서 유해성이 강하기 때문에 부인의 요건을 완화한 것이다.

다. 무상행위부인

넷째 유형은 무상행위부인이다(법 제391조 제4호). 지급정지 또는 파산신청이 있은 후 또는 그 전 6개월 내에 채무자가 한 무상행위 또는 이와 동일시할 유상행위를 부인하는 것이다. 특수관계인이 수익자일 때는 위 6개월의 기간이 1년으로 기간이 연장된다(법 제392조 제4항). 이와 관련하여 대법원은 “부인 대상이 연대보증행위인 사안에서 부인 대상 행위의 기간을 확장하는 채무자회생법 제101조 제3항이 적용되는 상대방이 특수관계인인 경우라 함은 그 연대보증행위의 직접 상대방으로서 보증에 관한 권리를 취득하여 이를 행사하는 채권자가 채무자의 특수관계인인 경우를 말하며, 비록 주채무자가 채무자와 특수관계에 있다고 하더라도 연대보증행위의 상대방인 채권자가 채무자의 특수관계인이 아닌 경우에는 위 법률 제101조 제3항이 적용될 수 없다고 보아야 한다(대법원 2009. 2. 12. 선고 2008

다48117 판결)"고 한다. 이는 파산절차에서도 마찬가지라 할 것이다.

대법원은 "무상행위라 함은 채무자가 대가를 받지 않고 적극재산을 감소시키거나 소극재산, 즉 채무를 증가시키는 일체의 행위를 말하고, 이와 동시할 수 있는 유상행위란 상대방이 반대급부로서 출연한 대가가 지나치게 근소하여 사실상 무상행위와 다름없는 경우를 말한다(대법원 1999. 3. 26. 선고 97다20755 판결 등 참조)"고 한다. 그러므로 채무자회사가 모회사의 채무를 담보하기 위한 것이었다고 하더라도 의무 없이 그 대가로 직접적이고도 현실적인 경제적 이익을 받지 않고 근저당권설정등기를 마쳐준 행위(서울회생법원 2021. 4. 21. 선고 2020가합101909 판결)나 채무자가 의무 없이 타인을 위하여 한 보증 또는 담보의 제공은 그 것이 채권자의 타인에 대한 출연 등의 직접적인 원인이 되는 경우에도 채무자가 그 대가로서 직접적이고도 현실적인 경제적 이익을 받지 아니하는 때(대법원 2014. 5. 29. 선고 2014다765 판결)는 본호의 무상행위에 해당하고, 수익자가 반대급부로 출연한 대가가 지나치게 근소한 경우에는 사실상 무상행위와 동일시할 수 있는 경우에 해당한다. 무상행위에 해당하는 행위로는 증여, 유증, 채무면제, 권리포기, 시효이익의 포기, 사용대차 등 법률행위도 있고 소송행위도 포함된다.

본호의 경우 채무자의 의사나 수익자의 인식 등 주관적 요소는 요건이 아니다. 위기시기에 무상으로 재산을 감소시키는 행위는 극히 유해성이 강하고 수익자측에서도 무상으로 이익을 얻고 있기 때문에 널리 부인을 인정하더라도 공평에 반하지 않기 때문이다.

한편, 무상행위가 부인된 경우 상대방이 그 행위 당시 선의인 때에는 이익이 현존하는 한도 안에서 상환하면 된다(법 제397조 제2항). 선의의 수익자는 부인을 예측할 수 없기 때문에 무상행위로 취득한 재산을 소비해 버린 경우까지 수익자에게 완전한 원상회복을 요구하는 것은 과다한 부담을 부과하는 것이므로 이를 피하기 위한 것이다. 여기서 선의라 함은 수익자가 행위 당시에 지급정지 및 파산채권자를 해친다는 사실을 알지 못한 것을 말한다.

3. 부인에 관한 특별한 요건

이상에서 설명한 부인의 일반적 요건 및 고의부인 등의 개별적 요건에 따라서 부인의 성립여부가 결정되지만, 그 외에 부인의 대상이 되는 법률관계의 특질 등을 고려하여 채무자회생법은 몇 개의 특별한 요건을 두고 있다.

가. 어음지급에 관한 부인의 제한

채무자가 약속어음의 발행인 혹은 환어음의 지급인인 때에 어음 소지인이 채무자로부터 어음금을 지급받은 경우에도 고의부인 혹은 위기부인의 대상이 되는 것을 생각할 수 있다. 그러나 채무자회생법 제393조 제1항은 "제391조의 규정은 채무자로부터 어음의 지급을 받은 자가 그 지급을 받지 아니하면 채무자의 1인 또는 여럿에 대한 어음상의 권리를 상실하게 되었을 경우에는 적용하지 아니한다."고 규정하고 있다. 어음 소지인의 입장에서 보면, 어음의 만기가 도래하고 있는 때에 뒤에 부인되는 것을 우려하여 발행인 등에 대한 어음의 제시에 의한 거절증서를 받지 않으면 배서인에 대한 소구권을 잃게 되고, 역으로 제시에 의해 지급을 받았다고 하더라도 뒤에 그것이 부인되면 그 때는 거절증서의 작성은 불가능하고 역시나 소구권행사의 기회를 잃는다. 즉, 어음의 소지인으로서는 한편으로 소구권보전을 위해서는 지급을 요구하지 않을 수 없고, 다른 한편으로는 지급을 받더라도 그것이 부인되면 소구권을 잃게 되는 이중의 걱정이 있다. 이를 해소하기 위해 본조는 부인을 제한한 것이다.

그렇지만 "제1항의 경우 최종의 상환의무자 또는 어음의 발행을 위탁한 자가 그 발행 당시에 지급정지 또는 파산신청이 있었음을 알았거나 또는 과실로 인하여 이를 알지 못한 때에는 파산관재인은 그로 하여금 채무자가 지급한 금액을 상환하게 할 수 있다"(법 제393조 제2항). 어음지급의 경우에 부인권행사가 제한되지만, 사전에 이를 예측한 채권자가 지급정지 또는 파산신청이 있었음을 알았거나 또는 알아야 할 상태에 있었음에도 불구하고 채무자에게 약속어음을 발행케 하여 자기가 수취한 어음을 제3자에게 배서 · 양도하고, 제3자에게 채무자로부터 변제를 받게 함으로써 간접적으로 자기의 채권 회수를 꾀하는 것을 생각할 수 있다. 채무자회생법은 이러한 경우에 그 채권자로부터 파산재단에 제3자에 대해서 채무자가 지급한 금액을 상환하게 하였다. 이러한 의무를 부담하는 것은 최종의 상환의무자 또는 어음의 발행을 위탁한 자이다. 최종의 상환의무자란 약속어음에서는 제1배서인, 환어음에서는 발행인이다. 환어음에서는 채무자가 지급인으로서 행한 지급이 부인대상이 되지 않기 때문에 그 금액을 발행인에게서 회수케 한다는 취지이다. 그리고 어음의 발행을 위탁한 자란 채권자가 채무자에게 위탁하여 제3자를 수취인으로 하는 약속어음을 발행케 하여 제3자로부터 배서양도를 받아서 채무자로부터 어음금의 지급을 받는 경우를 생각할 수 있다.

나. 성립요건 · 대항요건의 부인

(1) 의 의

지급정지 또는 파산신청이 있은 후에 권리의 설정 · 이전 또는 변경의 효력을 생기게 하는 등기 또는 등록이 행하여진 경우 그 등기 또는 등록이 그 원인인 채무부담행위가 있은 날부터 15일을 경과한 후에 지급정지 또는 파산신청이 있음을 알고 행한 것인 때에는 이를 부인할 수 있고(법 제394조 제1항 본문), 또한 지급정지 또는 파산신청이 있은 후에 권리의 설정 · 이전 또는 변경을 제3자에게 대항하기 위하여 필요한 행위를 한 경우 그 행위가 권리의 설정 · 이전 또는 변경이 있은 날부터 15일을 경과한 후에 지급정지 또는 파산신청이 있음을 알고 행한 것인 때에도 부인할 수 있다(법 제394조 제2항).

권리의 설정 · 이전 또는 변경을 위한 원인행위가 있고 그 효력을 생기게 하는 등기 또는 등록을 할 수 있음에도 불구하고, 혹은 원인행위에 기한 법률효과가 생겨 대항요건을 구비할 수 있음에도 불구하고 그것을 위기시기까지 해태한 것이 부인의 이유라고 설명된다. 즉, 채무자가 소유재산을 제3자에게 양도하는 등 권리변동의 원인행위를 이미 하였음에도 불구하고 상당기간 내에 등기 등의 효력요건 또는 대항요건을 구비하는 행위를 하지 않고 있다가 지급정지나 파산신청 후에 돌연 그 구비행위를 하는 것은 채무자의 재산상태의 외관에 대한 일반채권자의 신뢰를 배반하며 예측에 반하는 불공평한 결과를 초래하므로 원인행위에 대한 부인의 성립여부에 상관없이 효력요건 또는 대항요건의 구비행위를 독립하여 부인의 대상으로 한 것이다. 다만, 가등기 또는 가등록을 한 후 이에 의하여 본등기 또는 본등록을 한 때에는 그러하지 아니하다(법 제394조 제1항 단서).

부인의 대상이 되는 전형적인 성립요건 · 대항요건으로는 부동산에 관한 등기(민법 186조, 입목에 관한 법률 제3조), 선박등기(상법 제783조), 동산의 인도(민법 제188조), 채권양도의 통지 또는 승낙(민법 제450조) 등이 있다.

(2) 부인의 성립요건

채무자회생법이 성립요건 내지 대항요건 자체를 독자적인 부인의 대상으로 규정하고 있는 취지는 성립요건 내지 대항요건 구비행위도 본래 채무자회생법 제391조의 일반 규정에 의한 부인의 대상이 되어야 하지만, 권리변동의 원인이 되는 행위를 부인할 수 없는 경우에는 가능한 한 성립요건 내지 대항요건을 구비시켜 당사자가 의도한 목적을 달성시키면서 채무자회생법 제394조 소정의 엄격한 요건을 충족시키는 경우에만 특별히 이를 부인할 수 있도록 한 것이라고 해석되므로 권리변동의 효력요건 또는 대항요건을 구비하는 행위는 채무자회생법 제394조 소정의 엄격한 요건을 충족시키는 경우에만 부인의 대상이 될 뿐이고, 이와 별도로 채무자회생법 제391조에 의한 부인의 대상이 될 수는 없다(대법원 2004. 2. 12. 선고 2003다53497 판결, 대법원 2007. 7. 13. 선고 2005다72348 판결).

권리변동의 성립요건 내지 대항요건의 구비행위를 부인하기 위해서는 ① 채무자가 지급정지 또는 파산신청이 있은 후에 성립요건 내지 대항요건이 구비된 경우이고, ② 그것이 권리의 설정, 이전 또는 변경(원인행위)으로부터 15일이 경과한 뒤에, ③ 수익자가 지급정지 또는 파산신청이 있음을 알고 행한 것인 때를 요한다. 요컨대, 파산관재인은 성립요건 내지 대항요건에 대해서, 그것이 채무자가 지급정지 등이 있은 뒤에, 또한 성립요건 내지 대항요건 구비행위가 권리의 설정, 이전 또는 변경(원인행위)의 효과가 생긴 날로부터 15일이 경과한 뒤에 이루어진 경우에는 이를 부인할 수 있다. 여기서 수익자의 악의, 즉 수익자가 지급정지 또는 파산신청이 있음을 알고 행하였다는 점에 대한 증명책임은 파산관재인에게 있다. 그리고 수익자가 성립요건 또는 대항요건을 구비할 수 있는 상태에 있음에도 불구하고 이를 태만한 것이 성립요건 내지 대항요건의 부인을 정당화하는 것이므로 15일의 기간은 원인행위가 있은 날이 아니라 당사자 간에 권리이전의 효력이 발생한 날부터 기산한다(대법원 2004. 2. 12. 선고 2003다53497 판결 참조).

(3) 예 외

그러나 이미 지급정지 또는 파산신청이 있기 전에 이루어진 가등기 또는 가등록에 기하여 본등기 또는 본등록을 한 때에는 이상의 요건을 충족하였다고 하더라도 부인할 수 없다. 이미 지급정지 또는 파산신청이 있기 전에 가등기 등이 이루어져 있다면 권리변동이 공시되어 있기 때문에 뒤에 가등기 등에 기하여 본등기 등이 이루어지더라도 파산채권자 등의 기대를 해하지 않기 때문이다. 물론 가등기 등 자체가 본조에 의해서 부인되는 것은 별개의 문제이다. 즉, 위 가등기 등은 원인행위 후 15일 경과 전에 이루어질 것을 요하고, 15일 후의 가등기는 부인의 대상이 된다.

다. 집행행위의 부인

채무자회생법 제395조는 "부인권은 부인하고자 하는 행위에 관하여 집행력 있는 집행권원이 있는 때 또는 그 행위가 집행행위에 의한 것인 때에도 행사할 수 있다"고 규정하고 있다(법 제395조). 전단은 '부인하고자 하는 행위에 관하여 집행력 있는 집행권원이 있는 때'에 관한 것이고, 후단은 '부인하고자 하는 행위가 집행행위에 의한 것인 때'에 관한 것이다. 요컨대, 전단은 부인대상이 된 채무자의 변제에 대해 그 이행을 명하는 확정판결이 있더라도 그 변제를 부인할 수 있다는 것이고, 후단은 강제집행에 의한 강제이행, 즉 집행행위가 개재되는 경우라도 부인할 수 있다는 의미이다. 여기서 집행행위라 함은 집행권원이나 담보권의 실행에 의한 채권의 만족적 실현을 직접적인 목적으로 하는 행위를 의미한다. 강제집행행위로서의 전부명령 자체도 부인대상이 된다.

(1) 집행행위의 부인의 의의

부인권은 파산선고 전에 있은 파산채권자를 해하는 행위의 효력을 파산재단과의 관계에서 실효시켜 일탈된 재산 내지 이익을 파산재단으로 회복하는 권리이다. 부인권행사의 대상을 임의변제에 한정하고, 집행권원에 의한 변제나 혹은 강제집행에 의한 채권회수를 부인할 수 없다고 한다면, 채권자는 채무자와 통모하여 집행증서 등의 집행권원을 작성하고, 이를 근거로 강제집행을 하여 변제받을 수 있게 되어 부인권을 인정한 의미가 감쇄된다. 그러므로 채무자회생법 제395조는 그 전단에 부인하고자 하는 행위에 관하여 집행력 있는 집행권원이 있는 때도 부인권을 행사할 수 있고, 후단에 그 행위가 집행행위에 의한 것인 때에도 행사할 수 있다고 규정하였다. 위 규정은 사해행위나 편파행위가 집행권원을 가진 채권자를 수익자로 한 경우나 채권자의 신청에 따른 집행행위로서 이루어진 경우라도, 그 것이 변제에 의한 채무소멸과 동일한 효과를 갖는 이상 부인할 수 있다는 점을 명확히 한 것이다.

그렇지만 법 제395조는 특별한 부인유형을 창설한 것이 아니고, 그 부인의 요건은 일반의 부인요건을 규정한 법 제391조 각호에 의한다. 부인의 대상이 되는 집행행위는 금전집행에 한정되지 않고, 비금전집행도 채무자의 책임재산의 감소를 초래하는 것이면 모두 포함된다.

(2) 부인의 대상이 되는 집행행위

(가) 부인하고자 하는 행위에 관하여 집행력 있는 집행권원이 있는 때(법 제395조 전단)

법 제395조 전단은 집행권원을 가진 채권자에 대한 수익행위를 부인할 수 있다는 취지를 규정한 것이다. 여기에 해당하는 부인은 아래 세 가지 유형으로 분류할 수 있다.

ㄱ. 집행권원이 존재하는 경우에 그 채무를 발생시킨 행위를 부인하는 경우(원인행위의 부인)

집행권원의 내용인 의무(금전지급의무나 이전등기의무)를 생기게 한 행위를 부인하는 것이다. 예컨대, 물건의 인도를 명하는 확정판결이 있는 경우에 물건의 인도의무를 발생시킨 행위(채무자의 채권자에 대한 재산의 염가매각행위)를 부인한다든지 금전지급을 내용으로 하는 집행권원이 있는 경우에 금전지급의무를 발생시킨 채무자의 행위 자체를 부인할 수 있다. 이 경우 집행권원이 있다는 것을 수익자가 항변할 수 없다.

매매계약이 부인되면 채무자가 부담한 목적물인도채권이 소멸한다. 하지만, 집행권원의 집행력은 당연히 소멸하지는 않기 때문에 파산채권자가 환취권의 행사로서 하는 강제집행을 막기 위해서는 청구이의의 소를 제기하여야 한다. 즉, 부인의 결과 집행권원의 내용인 실체법상 의무가 소멸하지만, 집행권원의 집행력은 당연히는 소멸하지 않고, 파산관재인이 환취권의 행사로서의 강제집행 등을 막기 위해서는 청구이의의 소를 제기하지 않으면 안 된다. 이에 대해서 집행력도 당연히 소멸한다는 견해도 있다.[9)]

ㄴ. 집행권원을 성립시킨 행위를 부인하는 경우(집행권원의 부인)

집행권원의 집행력을 잃게 하는 것이다. 재판상 자백, 청구의 인낙, 재판상 화해, 집행수락의 의사표시 등 집행권원을 성립시킨 소송행위의 효력을 부인하는 경우가 여기에 해당한다. 이 경우에는 부인의 효과로서 집행권원의 집행력이 소멸한다. 예컨대, 제3자로부터 물건인도소송이 제기된 채무자가 채권자를 해하기 위하여 인도의무의 기초가 되는 사실에 대해서 자백을 하여 청구를 인용하는 판결이 확정된 경우에, 파산관재인이 자백에 대해서 부인을 주장하여 그것이 인정되면 판결의 기판력이나 집행력이 파산절차에 대한 관계에서

9) 東京地裁破産再生實務研究會, 破産 · 民事再生の實務[第2版] 破産編, 一般社團法人 金融財政事情研究會(2014), 306면 참조.

소멸한다.[10]

그런데 이 경우 집행권원의 집행력을 배제시키는 방법이 문제된다. 이와 관련하여 청구이의의 소를 제기할 수 있다는 견해와 청구이의의 사유에 해당하지 않으므로 청구이의의 소를 제기할 수는 없고 채무부존재확인의 소를 제기하여야 한다는 견해의 대립이 있다.

ㄷ. 집행권원의 내용을 실현하는 채무자의 행위(이행행위)나 권리의 실현을 부인하는 경우

집행권원의 내용이 되는 의무의 이행행위(강제집행에 의하지 않은 것)을 부인하는 경우이다. 예컨대, 금전지급을 명하는 확정판결이나 등기를 명하는 확정판결이 존재하는 때에 채무자가 한 변제나 채무자가 협력하여 이루어진 등기를 부인할 수 있다. 또한, 금전집행에 기한 채권자의 배당 수령이나 이전등기를 명하는 판결에 기한 채권자의 이전등기신청 행위도 부인의 대상이 된다. 배당 수령이 부인되면 배당에 의한 변제의 효력이 소멸한다. 이 경우에 부인의 효과는 부인이 인정되면 변제나 등기 등이 실효되는 것이고, 집행권원의 내용인 실체법상의 의무나 집행권원 자체는 부인에 의해서도 소멸하지 않는다.[11]

(나) 부인하고자 하는 행위가 집행행위에 의한 것인 때(집행행위의 부인)(법 제395조 후단)

집행행위라 함은 집행권원이나 담보권의 실행에 의한 채권의 만족적 실현을 직접적인 목적으로 하는 행위를 의미하고, 담보권의 취득이나 설정을 위한 행위는 이에 해당하지 않는다[12]. 대상행위가 이러한「집행행위에 의한 것인 때」즉, 강제경매절차에서 배당금을 수령한 행위[13], 추심명령에 의하여 압류된 채권을 추심한 행위[14]나 전부명령에 의한 채권의 이전 또는 경매에 의한 소유권이전의 경우라도 부인할 수 있다. 집행에 의한 채권자의 권리

---

10) 伊藤 眞, 破産法 · 民事再生法(제2판), 有斐閣(2009), 418면 각주 203번 참조.

11) 竹下守夫 외, "大コンメンタール破産法", 青林書院(2007년), 673면 참조.

12) 대법원 2011. 11. 24. 선고 2009다76362 판결.

13) 서울고등법원 2016. 1. 8. 선고 2015나10365 판결. 이 판결은 채무자 회사가 피고들에게 각 공정증서를 작성해 주었고, 피고들은 위 각 공정증서에 기하여 강제경매를 신청하였으며, 위 강제경매절차에서 각 배당금을 수령함으로써 각 채권의 일부를 회수한 사건에서, 위 각 행위 중 피고들이 강제경매절차에서 배당금을 수령한 행위는 집행권원에 의한 채권의 만족적 실현을 직접 목적으로 하는 집행행위에 해당하고, 나머지 행위는 집행권원의 취득을 위한 행위에 불과하며, 원고가 채무자회생법 제395조, 제391조에 따라 집행행위에 대하여 부인권을 행사한 이상, 위 집행행위가 부인권 행사의 대상에 해당하는지가 판단의 대상이 된다고 하였다.

14) 요컨대, 채무소멸에 관한 행위가 추심명령에 의한 경우 집행기관의 수권에 기하여 추심채권자가 일종의 추심기관으로서 추심권을 가지고 채권을 행사하는 것이다.

실현은 본조 전단에 의해 부인할 수 있지만, 경우에 따라서는 추심명령 또는 전부명령이나 경매에 의한 소유권의 이전 등 집행기관의 행위를 통해서 실현된 법률효과 자체를 부인할 필요가 생긴다. 채권자가 강제집행에 의하여 채권의 만족을 얻는다고 하여도 사법상의 효과로서는 채무자의 임의변제와 아무런 차이가 없으므로 그것이 채권자 사이의 공평을 해하는 경우에는 부인제도에 의하여 대처할 수 있도록 한 것이다.

채권자의 신청에 의하여 채무자의 재산인 채권에 대해서 압류 및 전부명령이 발령된 경우의 부인에 대해서는, 피전부채권의 변제유무에 따라서 부인권행사의 방법 및 효과가 다르다. ① 압류채권자가 이미 제3채무자로부터 변제를 받은 경우에는 파산관재인은 본조 전단에 의해 압류채권자의 만족을 부인하고 압류채권자가 제3채무자로부터 받은 변제금에 지연이자를 가산하여 반환을 구할 수 있고, 제3채무자에 대해서는 이미 소멸한 피전부채권을 청구할 수 없다. ② 피전부채권이 제3채무자로부터 아직 변제되지 않았거나 또는 제3채무자가 변제금을 공탁한 경우에는 파산관재인은 피전부채권의 압류채권자로의 이전 자체를 부인[15)]하여 제3채무자에 대해서 피전부명령채권의 지급을 구하든가 또는 피전부채권의 이전 효과는 건드리지 않고 집행채권의 변제효과만을 부인하여 압류채권자에게 피전부채권 상당액의 상환을 구하든지 선택할 수 있다고 해석된다.[16)]

부동산강제경매에 대해서도 본조 후단에 의해 목적물의 소유권 이전이라는 법률효과를 부인할 수 있다. 다만, 부동산강제경매절차는 그 자체가 자기 완결적이고 합리성이 확보된 제도이고 경락인의 권리안전을 해하는 것은 상당하지 않기 때문에 채권자 자신 또는 채권자와 동일시할 수 있는 자가 경락을 받은 경우에만 부동산의 회복이 가능하다 할 것이다. 채권자 이외의 자가 경락을 받은 경우에는 본조 전단에 의해 배당을 부인하고 채권자로부터 배당금액의 반환을 구할 수 있을 뿐이다. 일본 재판례 중에는 채무자가 사해행위로서 특정채권자를 위해 저당권을 설정하고, 그 저당권 실행절차에서 저당권자 스스로 경락인이 된 사안에 대해서, 채무자의 저당권설정행위 등과 함께 저당권자의 재산취득에 대해서도 부인을 인정한 재판례(東京高判昭和31· 10· 12高民集9巻9号585頁)가 있다.[17)]

---

15) 이 경우의 청구취지는 "피고는 000(제3채무자)에게 별지 목록 기재 채권에 관한 서울동부지방법원 0000.00.00.자 0000타채00 채권압류 및 전부명령에 기한 채권이전이 부인되어 그 효력이 상실되었다는 취지의 통지를 하라"라고 기재한다.

16) 大コンメンタール破産法, 竹下守夫 외, 青林書院, 674면.

17) 田頭章一, 講義 破産法 · 民事再生法(重要論点の解説と演習), 有斐閣(2016), 226면.

(3) 채무자의 행위 요부(要否)

강제집행은 채권자의 신청에 기하여 국가의 집행기관이 실행하는 것이므로 본조에 의한 부인, 특히 후단의 「행위가 집행행위에 의한 것인 때」에 대해서는 채무자의 행위나 사해의사를 관념하기 어렵다. 그래서 후단의 부인에 대해서 채무자의 행위와 동일시할 수 있는 사정이 필요한지 문제된다. 대법원 2018. 7. 24. 선고 2018다204008 판결은 "채무자회생법 제395조 후단은 부인하고자 하는 행위가 집행행위에 의한 것인 때에도 부인권을 행사할 수 있다고 규정하고 있다. 그러나 채무자회생법 제391조 각호에서 부인권의 행사 대상인 행위의 주체를 채무자로 규정한 것과 달리 제395조에서는 아무런 제한을 두지 않고 있다. 부인하고자 하는 행위가 '집행행위에 의한 것인 때'는 집행법원 등 집행기관에 의한 집행절차상의 결정에 의한 경우를 당연히 예정하고 있는데, 그러한 경우에는 채무자의 행위가 개입할 여지가 없기 때문이다. 그러므로 집행행위를 채무자회생법 제391조 각호에 의하여 부인함에는 반드시 그것을 채무자의 행위와 같이 볼 만한 특별한 사정이 있을 것을 요하지 아니한다고 볼 것이다"라고 하여 채무자의 행위의 요부성을 부정하였다. 이 판결은 기본적으로는 과거 회생절차에 관한 대법원 2011. 11. 24. 선고 2009다76362 판결[18] 등을 따른 것이다. 그러면서도 "다만 집행행위에 대하여 부인권을 행사할 경우에도 행위주체의 점을 제외하고는 채무자회생법 제391조 각호 중 어느 하나에 해당하는 요건을 갖추어야 하므로, 집행행위를 채무자회생법 제391조 제1호에 의하여 부인할 때에는, 채무자의 주관적 요건을 필요로 하는 고의부인의 성질상 채무자가 파산채권자들을 해함을 알면서도 채권자의 집행행위를 적극적으로 유도하는 등 그 집행행위가 '채무자가 파산채권자들을 해함을 알면서도 변제한 것'과 사실상 동일하다고 볼 수 있는 특별한 사정이 요구된다"고 판시함으로써 집행행위가 고의부인이 되기 위해서는 채무자가 사해의사를 가지고 고의로 강제집행을 유도하거나 또는 그 강제집행이 채무자가 사해의사를 가지고 변제한 것과 사실상 동일시할 수 있는 경우라야 한다고 보았다.

그런데 집행행위를 채무자회생법 제391조 제1호에 의하여 부인하는 경우와 달리 집행

---

18) 한편, 위 대법원 판결은 채무자회생법 제104조의 집행행위는 원칙적으로 집행기관의 행위를 가리키는 것이지만, 집행기관에 의하지 아니하고 질권자가 직접 질물을 매각하거나 스스로 취득하여 피담보채권에 충당하는 등의 행위에 대해서도 집행기관에 의한 집행행위의 경우를 유추하여 채무자회생법 제100조 제1항 제2호에 의한 부인권 행사의 대상이 될 수 있다고 하였다. 이와 같이 보지 아니하면 동일하게 회생채권자 또는 회생담보권자를 해하는 질권의 실행행위임에도 불구하고 집행기관에 의하는지 여부라는 우연한 사정에 따라 부인의 대상이 되는지 여부가 달라져서 불합리하다는 이유이다.

행위를 채무자회생법 제391조 제2호에 의하여 부인할 때에는 채무자의 사해의사를 필요로 하지 않는 위기부인의 성질상 지급정지 또는 파산신청이라는 시기적 제한과 수익자가 행위 당시 지급정지 등의 사실을 알고 있을 것이라는 요건을 갖춘 상태에서 집행기관의 집행절차상 결정에 의한 행위가 있으면 족하고 거기에 더해 채무자의 가공행위나 채무자의 행위와 같이 볼만한 특별한 사정까지는 요하지 않는다고 할 것이다.[19]

일본의 경우에는 평성 16년 개정 전의 구 파산법하에서 판례는 집행행위의 고의부인에 대해서는 파산자가 고의로 집행을 招致하였던가, 파산자가 스스로 변제를 하였다고 하면 악의를 갖고 한 것으로 인정되는 상황에 있을 것이 필요하다고 하고(大判昭 14. 6. 3 民集 18卷 9号 606頁, 最判昭 37. 12. 6 民集 16卷 12号 2313頁), 한편 위기부인에 대해서는 파산자의 害意 있는 加功은 필요하지 않다고 하였다(最判昭 48. 12. 21 集民 110号 807頁, 最判昭 57. 3. 30 集民 135号 599頁). 일본 현행 파산법에 있어서는 파산자의 害意가 필요한 사해행위부인유형(파 제160조 제1항 제1호, 제2항. 제161조)에서는 파산자가 고의로 집행을 초치한 것과 같은 상황에 있을 것이 필요하고, 파산자의 해의가 요구되지 않는 지불정지 등 이후의 사해행위부인유형(파 제161조 제1항 제2호, 제2항)이나 편파행위부인(파 제162조)에서는 파산자의 해의 있는 가공은 필요 없다고 해석된다(조해파산 1070면).

라. 전득자에 대한 부인

(1) 의의

부인권은 전득자에 대하여도 행사할 수 있다(법 제403조). 그 취지는 부인제도의 실효성을 확보하는 데 있다. 부인권은 파산재단에 속해야 할 재산이 채무자의 행위에 의해서 일탈된 경우에 그 재산을 취득한 자, 즉 수익자로부터 해당 재산을 파산재단에 회복시키는 것을 목적으로 한다. 그런데 부인의 효과는 상대적이고, 수익자에 대해서 부인권을 행사하더라도 파산재단과 수익자의 관계에서 법적 효과를 무효로 할뿐이며, 그 효과는 수익자로부터 다시 그 재산을 취득한 제3자(전득자)에게 미치지 않는다. 그러므로 전득자에 대해서도 부인권의 행사를 허용할 필요가 있고, 채무자회생법은 일정한 요건하에서 전득자에 대해서도 부인권을 행사할 수 있도록 하였다.

---

19) 헌법재판소 2019. 2. 28. 선고 2017헌바106 결정

전득자에 대한 부인은 부인의 대상이 되는 행위의 수익자로부터 반환의 목적물인 재산을 취득한 자, 또는 당해 재산상에 권리를 취득한 자, 즉 전득자에 대해서 특별한 요건 아래 인정되는 부인이다. 구체적으로 여기서 말하는 전득자란 부인의 목적물인 재산의 소유권을 취득한 자에 한정하지 않고, 당해 재산상에 어떤 권리(예컨대, 임차권, 담보권, 압류채권자 등)를 취득한 자를 말하고, 재전득자나 그 후의 전득자도 포함된다.

(2) 부인권행사의 상대방 및 부인의 대상

전득자에 대한 부인에 있어서 부인권행사의 상대방은 전득자이다. 그렇지만 부인권행사의 요건은 전득자의 전자(前者)인 수익자 내지 중간 전득자에 대하여 부인의 원인이 있다는 것과 그것에 대한 전득자의 인식이고, 전득자 자신의 행위가 문제되는 것은 아니다. 또한 부인의 대상도 채무자 · 수익자 사이의 행위이고 수익자 · 전득자 사이의 행위가 아니다. 전득행위가 부인의 대상이 아니라고 하는 근거의 하나는 이를 부인하여 무효로 하더라도 재산이 수익자에게 복귀할 뿐이고, 파산재단에 이익을 주는 것이 아니라고 하는 점에 있다.

(3) 전득자에 대한 부인의 요건

전득자에 대한 부인은 채무자와 수익자 사이의 행위에 대한 부인의 효과를 전득자에 대해서 주장하는 유형이다. 그래서 채무자의 행위에 대해서는 사해행위부인, 편파행위부인 등의 성립요건이 구비되고, 수익자 이후의 전득자에 대해서는 그 각각에 대해 채무자회생법 제403조 제1항의 요건을 구비할 것을 요한다. 전득자에 대한 부인은 아래 각호의 경우에 인정된다.

㉮ 전득자가 전득 당시 각각 그 전자(前者)에 대한 부인의 원인이 있음을 안 때(제1호)

여기서 말하는 「각각 그 전자(前者)」란 수익자 및 중간전득자 모두를 말한다. 그리고 「부인의 원인이 있음을 안 때」란 부인의 요건사실을 아는 것을 말한다. 예컨대 사해행위부인에서는 채무자가 파산채권자를 해한다는 것을 알고 있었다는 것을 전득자가 알았을 것이 요구된다. 위기시기의 사해행위부인의 경우에는 수익자가 지급정지 및 파산채권자를 해한다는 것을 알고 있었다는 것을 전득자가 알았을 것이 필요하다. 제1호의 경우 특별한 사정이 없는 한 이러한 전득자의 악의에 대한 증명책임은 전득자에 대한 부인권을 행사하는 파산관재인에게 있다(대법원 2011. 5. 13. 선고 2009다75291 판결). 제2차 이하의 전득자에 대하여도 마찬가지의 요건을 가지고 부인할 수 있다. 다만, 원칙적으로 모든 전자(前者)에 대한 부인의 원인이 있음을 알 것을 요하므로, 전득이 거듭되면 부인은 곤란하게 된다. 즉, 전득자가 여러 명이고 최후의 전득자에 대해서 부인권을 행사하기 위해서는 그 전원에 대해서 부인의 원인이 있을 것을 필요로 하기 때문에 중간에 부인의 원인을 흠결한 전득자가 개입한 때에는 그 뒤의 전득자에 대해서는 부인권을 행사할 수 없다.

㉯ 전득자가 제392조의 규정에 의한 특수관계인인 때(다만, 전득 당시 각각 그 전자(前者)에 대한 부인의 원인이 있음을 알지 못한 때에는 그러하지 아니하다)(제2호)

전득자가 법인인 채무자의 내부자이거나 또는 개인인 채무자의 친족 또는 동거자 등 특수관계인일 때는 전득자가 재산을 전득했다는 사실만으로도 부인할 수 있다. 다만, 전득자가 전득 당시 각각 그 전자(前者)에 대한 부인의 원인이 있음을 알지 못했다는 것을 입증하면 부인을 면한다. 전득자가 특수관계인일 때는 부인원인의 지(知) · 부지(不知)에 대해서 선의의 입증책임을 특수관계인에게 부담시킨 것이다. 채무자와 특수관계에 있는 자는 채무자와 밀접한 관계가 있고, 사해성에 대해서 알고 있는 것이 통상적이기 때문이다. 그러므로 파산관재인이 채무자와 전득자가 제392조의 규정에 의한 특수관계(내부자 등)라는 것을 주장한 경우에 전득자는 항변으로서 각각의 전자에 대해서 부인의 원인이 있음을 알지 못하였다는 것을 주장 · 입증하여야 한다.

㉰ 전득자가 무상행위 또는 이와 동일시할 수 있는 유상행위로 인하여 전득한 경우 각각 그 전자(前者)에 대하여 부인의 원인이 있는 때(제3호)

무상행위의 부인은 소위 객관주의에 의해 전득자의 각 그 전자에게 부인의 원인이 있으면 족하고, 전득자가 각 그 전자에 대한 부인의 원인이 있음을 알 것(악의)을 필요로 하지 않는다. 그러므로 파산관재인은 전득자의 선의 또는 악의에 상관없이 각 그 전자에게 부인의 원인이 있음을 입증하여 이를 부인할 수 있다. 무상행위 또는 이와 동일시할 수 있는 유상행위의 경우 전득자를 보호할 필요성이 낮기 때문이다. 단, 채무자회생법은 선의인 전득자를 보호하고 있다(후술).

(4) 부인의 효과

전득자에 대한 부인의 효과로서 특기할 점은 전득이 무상행위 또는 이와 동일시할 수 있는 유상행위에 의한 경우에 선의인 전득자의 보호이다. 이러한 경우에 전득자가 선의, 즉 채무자에게 지급정지 등이 있는 것 및 채무자가 한 행위가 파산채권자를 해한다는 것을 알지 못한 때는 부인에 의한 반환의 범위는 현존이익의 범위에서 반환하면 족하다(법 제403조 제2항, 제397조 제2항). 이는 전득자의 주관적 사정에 상관없이 전득자에 대한 부인이 인정되는 점에서 전득자의 이익이 현저히 훼손되는 것을 막기 위한 것이다.

마. 지급정지를 안 것을 이유로 하는 부인의 제한

채무자회생법 제404조는 파산선고가 있은 날부터 1년 전에 한 행위는 지급정지의 사실을 안 것을 이유로 하여 부인할 수 없다고 규정하고 있다. 채무자회생법은 제391조 제2호 내지 제4호 · 제393조 제2항 · 제394조 등 지급정지를 요건으로 하는 부인유형을 여러 개 두고 있다. 본조는 이러한 부인유형에 대해서는 파산선고일로부터 일정기간 내의 행위만을 부인할 수 있는 것으로 하였다. 파산절차로부터 합리적 범위를 넘는 시기로까지 소급하여 지급정지를 요건으로 하는 부인을 인정하는 것은 거래를 장기간에 걸쳐 불안정한 상태에 두는 것이 되기 때문에 시기적인 제한을 둠으로써 거래안전의 보호를 도모한 것이다. 즉, 본조는 지급정지를 알고 한 행위는 지급정지와 파산선고가 1년 이상 떨어진 때는 지급정지와 파산선고 사이에 인과관계가 희박하기 때문에, 거래안전을 꾀하고 상대방을 장기간 불안정한 상태에 두지 않기 위하여 지급정지를 안 사실에 근거한 부인에 제한을 가한 것이다.

대법원도 본조를 지급정지로부터 1년 이상 경과한 후 파산선고가 되었다면 지급정지와 파산선고 사이에 인과관계가 있다고 보기 어렵고, 수익자의 지위를 장기간 불안정한 상태에 방치하는 것은 부당하다는 취지에서 둔 규정이라고 본다(대법원 2019. 1. 31. 선고 2015다240041 판결). 주목할 점은 회생절차 등으로 인하여 법률상 파산선고를 할 수 없는 기간을 위기부인의 행사기간에 산입하는 것은 형평의 원칙에 반하므로 지급정지 후에 회생절차 등의 선행 도산절차를 거쳐 파산선고가 된 경우에는 특별한 사정이 없는 한 채무자회생법 제404조의 위기부인의 행사기간에 회생절차 등으로 인하여 소요된 기간은 산입되지 아니한다는 것이다(대법원 2004. 3. 26. 선고 2003다65049 판결 참조).

제3절 부인권 행사

1. 부인권 행사의 주체

부인권은 파산관재인만 행사할 수 있다(법 제396조 제1항). 부인권의 행사는 파산재단의 관리권한에 포함되고, 파산재단의 관리권한은 파산관재인에게 전속하기 때문에 관재인만 부인권을 행사할 수 있다. 파산채권자가 관재인을 대위하여 부인권을 행사할 수 있다는 견해도 있지만, 채무자회생법상 부인권의 행사주체를 파산관재인에게 한정하고 있는 이상 그 채권자는 부인권을 대위행사할 수 없다(대법원 2002. 9. 10. 선고 2002다9189 판결). 만일 파산관재인이 이유 없이 부인권의 행사를 해태할 때는 파산채권자는 법원에 파산관재인에 의한 부인권행사 신청 등 감독권의 발동을 촉구할 수 있다(법 제358조, 제396조 제2항).

2. 부인권 행사의 방법

파산관재인은 소, 부인의 청구 또는 항변의 방법으로 부인권을 행사한다(법 제396조 제1항). 항변의 방법이란 예컨대 채권자가 관재인을 상대로 물건의 인도 청구를 구하는 소송을 제기한 때에 관재인이 해당 목적물을 상대방에게 귀속시킨 매매계약을 부인하는 것에 의하여 방어하는 경우가 여기에 해당한다. 구 파산법에서는 부인권은 소 또는 항변에 의하여 파산관재인이 이를 행사한다고 규정하였지만(구 파산법 제68조 제1항), 채무자회생법은 새로이 부인의 청구 제도를 도입하였다. 부인권의 행사를 소 또는 항변에 한정하면 조기에 해결할 수 있는 사건에서도 부인의 소를 제기하지 않을 수 없고, 파산절차를 장기화시킬 수 있는 원인이 될 수 있으므로 결정절차에 의한 간이한 부인권행사 방법으로 부인의 청구를 도입한 것이다. 법원은 파산채권자의 신청에 의하거나 직권으로 파산관재인에게 부인권의 행사를 명할 수 있다(법 제396조 제2항).

가. 부인의 소

파산관재인은 부인의 소를 제기하기 위해서는 법원의 허가를 받아야 한다(법 제492조 제10호). 부인의 소가 파산절차의 진행에 중대한 영향을 미치기 때문에 그 성부(成否)의 판단에 신중을 기할 필요가 있기 때문이다. 피고로서는 수익자 혹은 전득자 또는 쌍방을 상대방으로 할 수 있지만, 쌍방을 피고로 한 경우라도 합일확정의 필요는 없기 때문에 통상공동소송이다. 파산관재인은 소송계속 중에 소취하, 소송상의 화해 혹은 청구의 포기 등을 할 수 있지만 소 제기의 경우와 마찬가지로 법원의 허가를 받아야 한다(법 제492조 제11호, 제12호).

나. 항변에 의한 행사

파산관재인은 피고로서 환취권에 기한 물건의 인도청구소송의 상대방이 된다든지 파산채권자로부터 채권확정소송을 제기당한 경우에 방어방법으로서 인도청구권이나 채권의 발생원인인 계약을 부인할 수 있다. 또한 파산관재인이 원고인 소송에서 재항변으로서 부인권을 행사할 수 있다. 예컨대, 파산재단에 채무를 부담하는 자에 대하여 파산관재인이 이행청구를 하고, 피고가 면제의 항변을 주장한 때에 파산관재인이 채무자에 의한 면제의 의사표시를 부인하는 경우나 파산관재인이 원고인 동산인도청구소송에서 피고인 수익자가 목적물 매수 주장을 한 경우에 파산관재인이 재항변으로서 매매계약의 부인을 주장하는 경우이다.

파산관재인이 부인권을 항변 또는 재항변으로서 주장하는 경우에는 법원의 허가를 요하지 않는다. 이는 항변 등의 방어적 성질에 따른 것이다.

다. 부인의 청구

구 파산법은 파산관재인은 소 또는 항변에 의하여 부인권을 행사할 수 있었고, 부인의 청구 제도는 없었다(구 파산법 제68조). 그런데 파산절차상 항상 소송에 의해 부인권을 행사하여야 한다면 파산사건을 장기화시키는 원인이 되고, 결정절차에 의해서 조기에 해결을 꾀할 수 있는 제도를 만들 필요가 있다는 지적이 있었다. 그래서 채무자회생법은 결정절차인 부인의 청구 방법에 의해서도 부인권을 행사함으로써 심리 및 판단을 신속하게 할 수 있도록 하였다(법 제396조 제1항). 부인의 청구를 인용하는 결정에 대해서는 이의의 소를 제기할 수 있도록 하여 부인권 행사의 상대방 당사자에게 판결절차를 보장하였다(법 제396조 제4항, 제107조).

(1) 부인의 청구 신청방법

부인의 청구 신청은 서면(부인의 청구서)으로 한다. 신청서에는 신청인인 파산관재인 및 상대방의 성명 · 명칭, 주소, 신청취지를 기재하고, 파산관재인은 그 원인인 사실을 소명하여야 하기 때문에(법 제396조 제4항, 법 제106조 제1항) 소명자료를 첨부하여야 한다. 부인의 청구는 간이 · 신속한 부인권의 행사를 가능하게 하는 제도이므로 부인의 원인인 사실의 증명을 요구하지 않고 소명으로 족하도록 한 것이다. 인지액 등 필요비용이 일반 민사소송과 동일한 부인의 소와 달리, 부인의 청구는 소가와 상관없이 인지액으로 1,000원을 부담하면 되기 때문에 비용부담이 적다.

(2) 부인의 청구 제기 시 법원의 허가 요부(要部)

부인의 청구를 하기 위해서는 파산관재인은 법원의 허가를 받아야 하는 것인가? 법원이 파산관재인에게 부인권 행사를 명령하고, 이에 따라 파산관재인이 부인의 청구 허가신청을 하고, 이를 허가한 재판부가 부인의 청구를 심리하게 되는 경우에 대해서 외부에서 비판이 있을 수 있다. 서울회생법원의 경우 파산을 선고한 재판부에서 부인의 청구 사건을 담당하고 있고, 이러한 사정 때문에 부인의 청구 제기 시 법원의 허가를 요하지 않는다. 일본의 경우 학설은 일본파산법 제78조 제2항 제10호 "소의 제기"를 유추하여 법원의 허가가 필요하다고 해석하고,[20] 또한 위 제10호의 소는 본소 외에 반소, 가압류, 가처분, 독촉절차도 포함된다고 해석한다.[21] 그렇지만 일본 실무에서는 부인의 소와 달리 부인의 청구에 대해서는 재판소에 대한 허가신청이 요구되지 않는다고 한다.[22]

(3) 심 리

부인의 청구를 인용하거나 그것을 기각하는 재판은 이유를 붙인 결정으로 하여야 하고 (법 제396조 제4항, 법 제106조 제2항), 이 경우 법원은 상대방을 심문하여야 한다(법 제396조 제4항, 법 제106조 제3항). 부인의 청구 절차는 상대방의 실체적 권리관계에 영향을

---

20) 伊藤 眞, 破産法 · 民事再生法[第2版], 有斐閣(2009년), 428면.

21) 大コンメンタ-ル破産法, 竹下守夫 외, 青林書院, 337면.

22) 東京地裁破産實務研究會, 破産管財の手引, 金融財政事情研究會(2011년), 120면. 大阪地方裁判所 · 大阪辯護士會 · 破産管財運用檢討プロジェクトチ-ム,破産管財節次の運用と實在, 新日本法規(2009), 178면.

미치기 때문에 상대방에게 방어의 기회, 즉 상대방의 절차적 지위를 가능한 보장하기 위한 것이다. 법원은 부인의 청구를 인용하는 결정을 한 때에는 그 결정서를 당사자에게 송달하여야 한다(법 제396조 제4항, 법 제106조 제4항).

(4) 화 해

부인의 청구 절차에서도 화해를 하는 것은 가능하다고 해석된다. 실무에서는 부인권 행사를 둘러싼 분쟁의 신속하고 종국적인 해결을 위하여 화해가 활용되고 있다. 부인의 청구가 인용되는 경우에도 집행의 어려움이 있을 수 있다는 현실적인 이유 때문에 화해의 필요성이 인정된다. 그런데 부인의 청구는 간이하고 신속한 채무명의를 취득하기 위한 절차이므로 화해 협의를 위해 심문기일을 몇 번이나 거듭하는 운용은 바람직하지 않다.

서울회생법원은 채권조사확정재판은 조정을 명시적으로 인정하고 있지만(규칙 제66조 제2항), 부인의 청구에서는 이에 관한 규정이 없어 조정이 가능한지 논란이 있기 때문에, 부인의 청구 사건을 조정절차에 회부하지 않고 있고, 조정에 갈음하는 결정도 하지 않으며, 대신 화해권고결정을 이용하고 있다.[23]

(5) 부인의 청구 인용결정에 대한 불복

부인의 청구를 인용하는 결정에 불복이 있는 자는 그 송달을 받은 날부터 1월 이내(불변기간)에 이의의 소를 제기할 수 있다(법 제396조 제4항, 법 제107조 제1, 2항). 부인의 청구를 인용하는 결정은 부인권 행사에 의해서 상대방의 법률상의 지위를 복멸하는 효과를 갖기 때문에 상대방의 판결절차에 따른 재판을 받을 권리를 보장하기 위한 것이다. 반면, 부인의 청구를 기각하는 결정에 대하여는 관재인측에서 이의의 소를 제기하는 것은 인정되지 않는다. 관재인은 별도로 부인의 소를 제기하면 족하기 때문이다.

이의의 소는 파산계속법원의 관할에 전속한다. 이의의 소에 대한 판결에서는 부인의 청구를 인용하는 결정을 인가 · 변경 또는 취소한다. 다만, 부적법한 것으로 각하하는 때에는 그러하지 아니하다. 부인의 청구를 인용하는 결정의 전부 또는 일부를 인가하는 판결이 확정된 때에는 그 결정(그 판결에서 인가된 부분에 한한다)은 확정판결과 동일한 효력이 있

23) 서울회생법원 재판실무연구회, 법인파산실무(제5판), 박영사(2019), 550면 참조.

다. 결정서를 송달받은 때로부터 1월 이내에 이의의 소가 제기되지 아니한 때, 이의의 소가 취하된 때 또는 각하된 경우의 부인의 청구를 인용하는 결정에 관하여도 확정판결과 동일한 효력이 있다(법 제396조 제4항, 법 제107조).

부인의 청구를 일부 인용하는 결정에 대해서는 상대방이 이의의 소를 제기할 수 있는 것은 물론이지만, 파산관재인도 이의의 소를 제기할 수 있는지에 대해서는 긍정설과 부정설의 견해 대립이 있다. 만일 이를 부정하면 파산관재인은 기각부분에 대해서는 별소를 제기하여야 하고, 판단의 모순이 생길 가능성이 있기 때문에 긍정설에 찬성한다.

(6) 부인의 소와 부인의 청구의 선택

채무자회생법은 부인권의 행사방법으로 부인의 소와 부인의 청구 중 어느 절차를 선택할지를 파산관재인에게 일임하고 있다. 파산관재인은 명백히 부인권행사 요건을 충족하고 상대방에게 반론의 여지가 없는 사안에 대해서는 단기간에 해결을 기대할 수 있는 부인의 청구의 선택이 바람직하다. 반면, 부인권행사의 요건을 충족하는지 여부가 미묘한 사안이나 상대방이 부인권행사 요건을 격렬히 다투는 등 부인의 청구를 인용하는 결정이 나더라도 이의의 소가 불가피하다고 예상되는 경우에는 부인의 소를 선택해야 할 것이다. 즉, 파산관재인은 부인의 청구가 간이 · 신속한 채무명의 취득을 목적으로 하는 점에 비추어, 부인의 청구를 인용하는 결정이 있더라도 상대방으로부터 이의의 소 제기가 예상되는 사안이나, 상대방의 주관적 요건이 다투어지는 등 입증에 어려움이 예상되는 사안(서면심리가 주된 심문절차에서 입증이 어렵거나, 증인신문 등 증거조사가 필요한 사안)에 대해서는 처음부터 부인의 소를 제기하는 것이 적절하다.[24] 또한 부인의 청구를 인용하거나 그것을 기각하는 재판은 이유를 붙인 결정으로 하여야 하고, 위 결정을 하는 때에는 상대방을 심문하여야 하기 때문에 상대방에 대한 송달이 어려울 것으로 예상되거나 결정서의 송달에 곤란이 예상되는 사안도 처음부터 부인의 소를 제기하는 것이 바람직하다.

---

24) 東京地裁破産再生實務研究會, 破産 · 民事再生の實務[第2版] 破産編, 一般社團法人 金融財政事情研究會(2014), 274면 참조.

3. 관　할

가. 전속관할

부인의 소와 부인의 청구사건은 파산계속법원의 관할에 전속한다(법 제396조 제3항). 파산계속법원에 부인소송의 전속관할을 인정한 것은 부인권 행사와 관련이 있는 사건을 파산계속법원에 집중시켜 파산절차의 신속하고 적정한 진행을 도모하기 위함이다(대법원 2017. 5. 30. 선고 2017다205073 판결). 구체적으로는 부인의 청구는 파산선고를 한 법원, 즉 파산부의 전속관할에 속하고, 부인의 소 직분관할에 관해서는 파산선고 결정을 하고 파산절차에 관계하고 있는 재판체(裁判体) 그 자체를 말하는 것이 아니라 파산사건이 계속되고 있는 지방법원을 말한다고 해석된다. 과거 서울중앙지방법원은 서울회생법원 출범 이전에 부인의 소는 파산부가 아닌 민사부에서 처리하도록 하였고, 부인의 청구 사건은 파산선고를 한 당해 재판부에서 담당하였다. 지금은 서울회생법원이 부인의 소나 부인의 청구 모두를 담당하고 있다. 서울회생법원, 수원회생법원, 부산회생법원을 제외한 다른 파산계속법원의 경우에는 과거 서울중앙지방법원의 실무처럼 부인의 소는 파산부가 아닌 민사부에서, 부인의 청구는 파산부에서 처리하고 있다.

나. 파산관재인이 부인권을 행사하면서 그 원상회복으로서 배당이의의 소를 제기한 경우의 관할법원

배당이의의 소는 배당을 실시한 집행법원이 속한 지방법원의 관할에 전속한다(민사집행법 제21조, 제156조 제1항). 그런데 부인의 소와 부인의 청구는 파산계속법원의 관할에 전속한다(법 제396조 제3항, 제1항). 그러므로 파산관재인이 부인권을 행사하면서 그 원상회복으로서 배당이의의 소를 제기한 경우에 관할 법원이 배당을 실시한 집행법원이 속한 지방법원인지 아니면 파산계속법원인지 문제된다. 즉, 전속관할끼리 경합하는 경우로서 어느 규정을 우선할 것인지 문제이다. 이에 대하여 대법원 2021. 2. 16.자 2019마6102 결정은 "민사집행법과 채무자회생법의 위 관할 규정의 문언과 취지, 배당이의의 소와 부인의 소의 본질과 관계, 당사자간의 공평이나 편의, 예측가능성, 배당이의의 소와 부인의 소가 배당을 실시한 집행법원이 속한 지방법원이나 파산계속법원에서 진행될 때 기대가능한 재판의 적정, 신속, 판결의 실효성 등을 고려하면, 파산관재인이 부인권을 행사하면서 그 원상회복으로서 배당이의의 소를 제기한 경우에는 채무자회생법 제396조 제3항이 적용되지 않고, 민사집행법 제156조 제1항, 제21조에 따라 배당을 실시한 집행법원이 속한 지방법원에 전속관할이 있다고 보는 것이 타당하다."고 보았다.[25)]

4. 부인소송의 법적 성질 및 청구취지 작성례

가. 법적 성질

부인의 청구 · 부인의 소의 법적 성질에 대해서는 다툼이 있다. 채무자의 사해행위를 부인하여 재산의 반환을 청구한다든가, 편파행위를 부인하여 금전의 반환을 청구하는 경우에 파산관재인이 원고가 되어 수익자나 전득자를 피고로 하여 소를 제기한다. 이러한 소의 성질에 대하여는, 판결주문에 부인의 선언을 해야 한다는 형성소송설과 부인의 선언을 할 필요는 없고 금전지급 또는 원물반환 등 부인에 의하여 생기는 상대방의 의무만을 판결주문에 기재하면 충분하다는 급부 · 확인소송설의 대립이 있다. 통설과 판례는 급부 · 확인소송설을 채택하고 있다.

나 청구취지 작성례

따라서 파산관재인은 청구취지를 작성함에 있어 부인의 선언(예컨대, 「채무자와 상대방 사이에 ○○○○. ○○. ○○. 체결된 매매계약을 부인한다」라는 것)을 청구할 필요는 없다. 채무자회생법에 따른 부인권을 재판상 청구하는 경우에는 부인의 법률적 효과로서 금전의 지급이나 물건의 반환 등을 구하는 것으로 충분하기 때문이다. 하지만, 실무상 파산관재인이 부인의 선언을 구하는 청구취지를 함께 기재하는 경우가 있는데, 이 부분은 소송법상 청구가 아니라 부인권 행사임을 명시하는 의미로 기재한 것으로 볼 수 있을 것이다. 급

25) 파산관재인이 채무자 소유의 부동산에 대한 피고들의 근저당권설정행위가 부인 대상이라고 주장하면서 서울북부지방법원에서 진행 중이던 임의경매사건의 배당절차에서 이의를 제기하고 경매법원인 서울북부지방법원에 배당이의의 소를 제기하였는데, 제1심 법원은 파산관재인이 제기한 배당이의소송의 본질이 '부인의 소'이므로 파산계속법원인 서울회생법원에 전속한다고 보고 이송하자 파산관재인이 이에 불복하여 즉시항고를 하였고, 원심 법원도 1심과 동일하게 보고 항고를 기각하였으나 대법원은 본문과 같은 이유로 원심결정을 파기하고 자판하여 제1심 결정을 취소한 사안이다.

부 · 확인소송설을 따르면 법원은 파산관재인이 주장하는 부인유형에 구속되지 않고 파산관재인의 주장과 다른 유형의 부인을 인정할 수 있다고 해석한다. 그렇지만 부인유형에 따라 요건 및 효과가 다르기 때문에 파산관재인으로서는 자신의 주장이 부인유형 중 어느 것에 속하는지를 밝히고 주위적 · 예비적 · 선택적으로 구성해야 할 것이다. 부인의 소 또는 부인의 청구에 있어서 청구취지를 기재할 때 주의할 점은 아래와 같다.

(1) 부동산의 처분행위에 대하여 부인하는 경우

채무자회생법 제26조 제1항은 등기의 원인인 행위가 부인된 때 또는 등기가 부인된 때에는 파산관재인은 부인의 등기를 신청하여야 한다고 규정하고 있으므로, 파산관재인은 부동산의 처분행위를 부인하는 때는 말소등기절차를 구할 것이 아니라 부인의 등기를 구하여야 한다.

그리고 채무자회생법은 등기의 원인인 행위의 부인과 등기자체의 부인을 명확히 구별하고 있으므로 신청취지 역시 이를 구별하여야 한다. 그러므로 원인행위를 부인할 경우에는 「피고(상대방)는 원고(청구인)에게 별지 목록 기재 부동산에 관하여 서울중앙지방법원 ○○○○. ○○. ○○. 접수 제○○○호로 마친 소유권이전등기 원인의 부인등기절차를 이행하라」라고 청구취지(또는 신청취지)를 기재하고, 등기를 부인하는 경우에는 「피고(상대방)는 원고(청구인)에게 별지 목록 기재 부동산에 관하여 서울중앙지방법원 ○○○○. ○○. ○○. 접수 제○○○호로 마친 소유권이전등기의 부인등기절차를 이행하라」라고 기재하여야 한다.

등기원인행위의 부인이란 양도행위나 근저당권설정행위의 부인과 같이 등기원인 자체를 부인하는 것을 말한다. 이에 반하여 등기의 부인은 등기원인에는 부인사유가 없으나 그 등기가 지급정지 등이 있은 후 마쳐진 경우의 부인을 말한다. 등기의 부인은 법 제394조의 요건을 충족한 경우에만 적용되므로 법 제391조의 부인대상은 될 수 없다.[26] 채무자에게 속하는 재산에 대해서 매매나 담보설정 등의 원인행위가 있었음에도 불구하고 성립요건 구

26) 대법원 2004. 2. 12. 선고 2003다53497 판결은 "회사정리법 제80조가 대항요건 내지 효력발생요건 자체를 독자적인 부인의 대상으로 규정하고 있는 취지는 대항요건 내지 효력발생요건 구비행위도 본래 같은 법 제78조의 일반 규정에 의한 부인의 대상이 되어야 하지만, 권리변동의 원인이 되는 행위를 부인할 수 없는 경우에는 가능한 한 대항요건 내지 효력발생요건을 구비시켜 당사자가 의도한 목적을 달성시키면서 같은 법 제80조 소정의 엄격한 요건을 충족시키는 경우에만 특별히 이를 부인할 수 있도록 한 것이라고 해석되므로, 권리변동의 대항요건을 구비하는 행위는 같은 법 제80조 소정의 엄격한 요건을 충족시키는 경우에만 부인의 대상이 될 뿐이지, 이와 별도로 같은 법 제78조에 의한 부인의 대상이 될 수는 없다"고 판시하였다. 그 밖에 대법원 2007. 7. 13. 선고 2006다13223 판결; 대법원 2007. 7. 13. 선고 2005다72348 판결 등 참조.

비에 의한 공시가 되지 않으면, 채무자의 일반채권자는 원인행위의 대상 재산이 책임재산으로부터 일탈되지 않았다고 신뢰한다. 그러나 파산절차개시 전의 위기시기에 이르러 비로소 성립요건 등이 구비되고, 권리이전 등의 효력을 파산채권자에게 대항할 수 있다고 하면 채권자의 위 신뢰는 깨지게 된다. 그래서 파산관재인은 권리변동의 성립요건 등을 구비하는 행위에 대해서, 그것이 채무자의 지급정지 등이 있은 뒤이고, 또한 성립요건 구비행위가 그 원인인 채무부담행위가 있은 날부터 15일을 경과한 후에 행해진 경우에는 이를 부인할 수 있다. 이 경우 상대방(수익자)가 지급정지 등에 대해서 악의일 것이 필요하고, 그 증명책임은 파산관재인에게 있다.

등기의 원인인 행위가 부인되거나 등기가 부인된 때에는 파산관재인은 단독으로 부인의 등기를 신청하여야 하고, 부인의 등기의 신청서에는 등기원인을 증명하는 서면으로 부인소송과 관련된 청구를 인용하는 판결 또는 부인의 청구를 인용하는 결정을 인가하는 판결의 판결서 등본 및 그 확정증명서 또는 부인의 청구를 인용하는 결정서 등본 및 그 확정증명서를 첨부하여야 한다. 그리고 부인의 등기의 신청은 부인권자가 단독으로 행하는 것이므로, 신청인이 파산관재인이라는 사실을 소명하는 자료를 함께 제출하여야 한다(「채무자 회생 및 파산에 관한 법률」에 따른 부동산 등의 등기 사무처리지침 제11조).

등기의 원인인 행위가 부인된 때와 등기가 부인된 때의 부동산등기부에 기록되는 기록례는 아래와 같다.

〈기록례〉 등기원인행위의 부인등기[27]

【 갑 구 】		(소유권에 관한 사항)		
순위번호	등기목적	접수	등기원인	권리자 및 기타사항
4	소유권이전	2012년 2월 8일 제2087호	2012년 2월 6일 매매	소유자 홍길동 (780130-*******) 서울 서초구 서초대로 266(서초동)
5	4번 소유권이전등기원인의채무자회생및파산에관한법률에 의한 부인	2012년 4월 6일 제4638호	2012년 4월 1일 판결	

27) 법원행정처, 부동산등기실무[Ⅲ], 경성문화사(2015년) 371면 참조.

〈기록례〉 등기의 부인등기

【 갑 구 】	(소유권에 관한 사항)			
순위번호	등기목적	접수	등기원인	권리자 및 기타사항
4	소유권이전	2012년 2월 8일 제2087호	2012년 2월 6일 매매	소유자 홍길동 (780130-*******) 서울 서초구 서초대로 266(서초동)
5	4번 소유권이전등기의 채무자회생및파산에관한 법률에 의한 부인	2012년 4월 6일 제4638호	2012년 4월 1일 판결	

〈기록례〉 일부 지분에 대한 등기원인행위의 부인등기

【 갑 구 】	(소유권에 관한 사항)			
순위번호	등기목적	접수	등기원인	권리자 및 기타사항
4	소유권이전	2012년 2월 8일 제2087호	2012년 2월 6일 매매	소유자 홍길동 (780130-*******) 서울 서초구 서초대로 266(서초동)
5	4번 소유권이전등기의 채무자회생및파산에관한 법률에 의한 부인	2012년 4월 6일 제4638호	2012년 4월 1일 판결	4번 홍길동 지분 중 일부 9분의3에 대한소유권이전등기 원인의 채무자 회생 및 파산에 관한 법률에 의한 부인

등기의 원인인 행위가 부인된 때 또는 등기가 부인된 때 양쪽 모두 부인등기의 효력은 같다. 여기서 "부인등기의 효력은 같다"는 취지는 파산절차 내에서 소유권이 물권적으로 채무자에게 상대적으로 복귀하는 것을 공시하는 특수한 등기인 '부인등기' 자체의 효력이 같다는 의미일 뿐 등기원인행위의 부인과 등기의 부인의 각 법률적 효과 내지 원상회복의 내용이 완전히 동일하다는 취지는 아니다(서울고등법원 2022. 8. 31. 선고 2021나2050636 판결). 등기원인행위의 부인과 등기의 부인은 채무자회생법 제397조 제1항에 따른 원상회복의 내용에 있어 차이가 있다. 원인행위가 부인된 경우는 원인행위가 없었던 원상태로 회복

되는 것이고, 등기가 부인된 경우는 소유권이전등기행위가 없었던 원상태로 회복되는 것이다. 예컨대, 등기원인행위가 부인되었다면 상대방(수익자)은 채무자에 대하여 원인행위에 기한 소유권이전등기청구권을 더 이상 행사할 수 없을 것이나, 등기이전행위에 대한 부인권 행사에 따른 원상회복은 소유권이전등기행위가 없었던 원상태로 회복되는 것을 의미할 뿐이고, 나아가 원인행위가 없었던 상태로 회복된다는 의미는 아니다. 그러므로 등기이전행위에 대한 부인만으로 원인행위에 기한 채무자의 소유권이전등기청구권(채권)이 소멸된다고는 볼 수 없고, 채무자의 소유권이전등기의무는 부활하여 미이행 상태로 그대로 존속하므로, 채무자는 원인행위에 따른 소유권이전등기의무의 이행불능으로 인해 상대방(수익자)이 입은 손해를 배상할 의무가 있다(서울고등법원 2022. 8. 31. 선고 2021나2031994, 2021나2032003(병합)).

한편, 부인등기가 마쳐진 이후 파산선고 취소결정이 확정되거나, 파산관재인의 임의매각 등에 의하여 제3자에게 이전등기를 하지 아니한 채 파산폐지결정이 확정된 때 또는 파산종결결정이 있는 때에는 부인의 효과는 상실되므로, 등기상 이해관계 있는 제3자가 있는 경우를 제외하고는, 부인의 등기는 법원의 촉탁에 의하여 이를 말소할 수 있다(사무처리지침 제24조).

(2) 근저당권설정계약 중 일부만이 사해행위, 즉 부인의 대상에 해당하는 경우

대법원은 사해행위의 취소에 따른 원상회복은 원칙적으로 그 목적물 자체의 반환에 의하여야 하고, 그것이 불가능하거나 현저히 곤란한 경우에 한하여 예외적으로 가액배상에 의하여야 하는바, 근저당권설정계약 중 일부만이 사해행위에 해당하는 경우에는 그 원상회복은 근저당권설정등기의 채권최고액을 감축하는 근저당권변경등기절차의 이행을 명하는 방법에 의하여야 한다고 한다(대법원 2006. 12. 7. 선고 2006다43620 판결).

이러한 경우 부인의 소 또는 부인청구의 청구취지는 「피고(상대방)는 원고(청구인)에게 별지 목록 기재 부동산에 관하여 ○○지방법원 ○○○○. ○○. ○○. 접수 제○○호로 마친 근저당권설정등기의 채권최고액 1,200,000,000원 중 782,114,334원 부분에 관하여 부인등기절차를 이행하라.」고 작성하면 될 것이다.[28]

28) 서울회생법원 파산부 실무연구회, 법인파산실무(제5판), 박영사(2019), 546면 각주 156번.

(3) 금전급부의 부인

「피고(상대방)는 원고(청구인)에게 1억원 및 이에 대한 ○○○○. ○○. ○○.(채무자로부터의 수령일)부터 ○○○○. ○○. ○○.(소장 또는 신청서 부본 송달일)까지는 연 ○%(상사법정이율 또는 민사법정이율), 그 다음날부터 다 갚는 날까지는 연 ○%(소송촉진 등에 관한 특례법상의 이율)의 비율에 의한 금원을 지급하라.」

편파변제 등 금전급부를 부인하는 경우에는 상대방은 파산재단에 대해서 채무자로부터 수령한 것과 동액의 금전을 반환할 의무를 부담하고, 더불어 상대방은 수령한 날로부터 지연이자를 지불할 의무를 부담한다. 지연이자의 이율에 대해서는 부인의 대상이 된 행위가 상행위에 기한 경우에는 연 6%의 상사법정이율, 그 외의 경우에는 연 5%의 민사법정이율이라고 해석된다.

(4) 채권양도계약의 부인

임대차보증금 반환채권 등 양도계약을 부인하는 경우의 청구취지는 아래와 같이 기재하면 된다.

「피고(상대방)는 ○○○(체3채무자)에게 피고와 채무자 사이의 별지 목록 기재 채권에 관한 ○○○○. ○○. ○○.자 양도계약이 ○○○○. ○○. ○○.(부인권 행사의 의사표시가 표시된 소장 등이 피고에게 송달된 날) 부인되어 그 효력이 상실되었다는 취지의 통지를 하라.」

5. 부인권을 위한 보전처분

파산관재인이 관재업무를 수행하는 중에 신청서류나 장부 검토, 채무자의 진술청취, 채권자로부터의 정보제공 등에 의하여 사해행위나 편파행위 등의 사실을 발견하여 부인권을 행사할 여지가 있다고 생각되는 경우에는, 파산관재인은 수익자인 상대방을 상대로 부인권을 피보전권리로 하여 처분금지가처분 혹은 상대방의 책임재산을 확보하기 위한 가압류 등 보전처분을 해 둘 필요가 있다.

채무자 재산의 일탈을 막기 위하여 채무자회생법은 파산선고 전이라도 법원은 이해관계인의 신청에 의하거나 직권으로 채무자의 재산에 관하여 가압류 · 가처분 그 밖에 필요한 보전처분을 명할 수 있도록 하였다. 법원이 직권으로 파산선고를 하는 때에도 같다(법 제323조 제1항). 법원은 위 보전명령을 변경하거나 취소할 수 있고(같은 조 제2항), 보전처분 및 보전처분의 변경 또는 취소의 재판에 대하여는 즉시항고를 할 수 있다(같은 조 제4항). 단, 위 즉시항고는 집행정지의 효력이 없다(같은 조 제5항).

6. 부인권 행사의 기간

가. 일반론

부인권은 파산선고가 있은 날부터 2년이 경과한 때에는 행사할 수 없고(법 제405조 전단), 부인하려고 하는 행위가 있은 날로부터 10년이 경과한 때에도 행사할 수 없다(법 제405조 후단). 구 파산법은 "부인권은 파산선고가 있은 날로부터 2년간 이를 행사하지 아니하면 소멸시효가 완성된다. 제64조 각호의 행위를 한 날부터 10년을 경과한 때에도 또한 같다"고 규정하였는데, 위와 같은 법문에도 불구하고 부인권행사기간의 성질을 제척기간이라고 해석하였다. 채무자회생법은 부인권행사기간의 성질이 제척기간임을 분명히 한 것이다. 제척기간이기 때문에 원용할 필요성도 없고, 민법 제168조의 중단의 가능성도 없다. 부인권은 파산관재인이 소, 부인의 청구 또는 항변의 방법으로 행사하므로, 소 또는 부인의 청구를 할 경우에는 소제기나 부인의 청구 신청시, 항변에 의한 경우에는 준비서면 송달시, 구두변론의 경우에는 진술 시가 기간 준수의 여부를 결정하는 기준이 된다. 단, 소 또는 청구가 각하되거나 취하된 때는 기간 준수의 효과는 발생하지 않는다.

나. 채권자취소소송 중 파산선고로 인한 파산관재인의 수계와 부인권 행사 제척기간의 준수 여부 판단 기준시

파산채권자가 제기한 채권자취소소송을 파산관재인이 소송수계를 하는 경우에 부인권 행사의 제척기간 준수 여부를 어느 때를 기준시로 판단해야 할지가 문제되었다. 이와 관련하여, ① 파산채권자의 채권자취소소송의 소제기 시점을 기준으로 판단해야 한다는 견해, ② 파산관재인의 수계신청 시점을 기준으로 판단하되, 수계신청 시 제척기간이 경과하면 부인권이 소멸되어 파산관재인이 채권자취소소송을 수계할 수 없다거나 수계하더라도 그 부인의 소는 부적합하다는 견해, ③ 파산관재인이 채권자취소소송절차를 수계하여 부인의 소로 청구취지를 변경한 시점을 기준으로 부인권행사의 제척기간 준수 여부를 판단하여야 한다는 견해가 대립되었다. 이에 대하여 대법원은, 파산채권자가 제기한 채권자취소소송의 중단 및 파산관재인의 소송수계를 규정한 채무자회생법의 규정 취지 등에 비추어 보면, 파산채권자가 파산채무자에 대한 파산선고 이전에 적법하게 제기한 채권자취소소송을 파산관재인이 수계하면, 파산채권자가 제기한 채권자취소소송의 소송상 효과는 파산관재인에게 그대로 승계되므로, 파산관재인이 채권자취소소송을 수계한 후 이를 승계한 한도에서 청구변경의 방법으로 부인권 행사를 한 경우, 특별한 사정이 없는 한, 그 제척기간의 준수 여부는 중단 전 채권자취소소송이 법원에 처음 계속된 때를 기준으로 판단하여야 한다고 판결하였다(대법원 2016. 7. 29. 선고 2015다33656 판결[29]).

한편, 채권이 양도된 경우에는 사해행위취소의 소의 제척기간을 준수했는지 여부는 채권양도인이 아닌 채권양수인을 기준으로 판단하여야 한다. 채권양도의 경우 채권은 동일성을 유지한 채 양도되지만, 사해행위 취소원인을 아는 것은 채권자의 주관적 인식이고, 채권양도가 특정승계에 해당하는 이상 그러한 주관적 사정까지 동일성을 유지한 채로 양도된다고 할 수 없고, 민법 제406조 제2항은 "채권자가 취소원인을 안 날로부터 1년"이라는 제한 외에도 "법률행위 있은 날부터 5년 내"라는 객관적인 제척기간을 정하고 있으므로 채권양도로 인하여 취소원인을 안 날이라는 제척기간의 기산점이 달라지는 결과가 되더라도 불안정한 법률관계의 장기간 지속을 방지하려는 단기 제척기간의 취지에 반한다고 보기 어려우며, 만일 채권양도인을 기준으로 제척기간 도과 여부를 판단한다면, 채권양수인은 소송당사자도 아닌 제3자의 주관적 인식상태에 따라 사해행위취소의 소를 제기할 기회 자체를 박탈당하게 되어 불공평한 결과가 초래되기 때문이다(서울고등법원 2018. 5. 4. 선고 2017나2031812 판결).

---

29) 위 대법원 판결은 채권자취소소송이 대법원에 계속 중에 채무자에 대하여 파산이 선고되고 파산관재인이 선임되었는데, 파산관재인이 상고심 계속 중에는 별다른 조치를 하지 않고 있다가(이 상태로 약 2년이 경과함) 대법원에서 파기환송 판결이 선고되고 서울고등법원에 사건이 계속되게 된 후에 채권자취소소송을 수계한 다음 그로부터 약 40일 뒤 부인의 소로 청구취지 및 청구원인 변경신청을 한 사안이다. 이에 대하여, 원심은 파산관재인이 채권자취소소송을 수계하여 부인의 소로 청구를 변경하는 서면을 제출한 시점이 채무자에 대한 파산선고가 있은 날로부터 2년이 경과한 때이므로, 파산관재인의 부인의 소는 부인권 행사의 제척기간을 경과한 것으로서 부적법하다고 판단하였으나, 대법원은 위 원심의 판단에는 파산관재인의 채권자취소소송의 수계와 부인권 행사의 제척기간 준수 시점 등에 관한 법리를 오해하여 판결에 영향을 미친 잘못이 있다고 원심을 파기, 환송하였다.

다. 견련파산의 경우에 채무자회생법 제405조 전단의 2년의 기산점

견련파산의 경우에 채무자회생법 제405조 전단의 2년의 기산점은 언제인가에 대하여 채무자회생법은 명문의 규정이 없어 위 2년의 기산점과 관련하여 회생절차개시일과 파산선고일의 견해 대립이 있다. 일본은 명문의 규정을 두어, 견련파산의 경우 위 2년의 기산점은 파산절차개시의 결정일이 아니라, 선행하는 재생절차개시의 결정일 또는 갱생절차개시의 결정일이라고 규정하고 있다(민사재생법 제252조 제2항, 회사갱생법 제254조 제2항). 그러나 저자는 견련파산의 경우 회생절차기간은 2년의 기산점에서 제외되어야 한다고 생각한다. 대체로 제3자 관리인을 선임하지 않고 채무자가 관리인이 되는 회생사건의 실무상황에서 관리인이 부인권행사를 기피하거나 또는 부인권행사가 철저하게 수행되지 못할 가능성이 있기 때문에 파산선고일을 기산점으로 할 필요가 있다.

제4절 부인권행사의 효과

1. 개 요

부인권의 행사가 있으면 부인 대상이 된 행위는 소급적으로 무효가 되고, 파산재단을 원상으로 회복시킨다(법 제397조 제1항). 이와 같은 부인권 행사에 따른 원상회복은 부인된 행위가 없었던 원상태로 회복되게 하는 것을 말한다(대법원 2007. 10. 11. 선고 2005다43999 판결; 대법원 2014. 9. 25. 선고 2014다214885 판결). 부인의 효과는 당사자(파산관재인과 상대방) 사이에서만 효력이 있고(인적 상대효), 파산절차와의 관계에서만 생긴다(절차적 상대효).

2. 효력발생시기

부인권행사의 효력발생시기는 부인권행사시이며, 의사표시가 상대방에게 도달한 시점에 효력이 생긴다. 그러므로 소제기의 경우에는 소장부본이 피고에게 송달된 때, 부인의 청구의 경우에는 신청서 부본이 상대방에게 도달된 때, 항변에 의한 경우에는 준비서면의 송달시 또는 구두변론에 있어서의 진술시이다.

3. 원상회복

부인권의 목적은 파산재단을 원상으로 회복시켜 채권자에 대한 책임재산의 증식을 도모하고 채권자 간에 생긴 불평등을 시정하는 것이다. 채무자의 행위가 부인된 결과 상대방은 부인대상에 따라 금전급부의 경우에는 동액의 금전반환을, 물건의 경우에는 현물반환 또는 가액상환을 하여야 한다. 부인권 행사에 따른 원상회복은 부인된 행위가 없었던 원상태로 회복되게 하는 것을 말하므로 상대방이 부인 대상 행위로 인하여 얻은 이익 또한 과실로서 반환하여야 한다.

가. 금전급부의 경우

부인권 행사에 의한 원상회복은 부인 대상 행위에 의해 파산재단이 입은 손실을 전보하는 것을 목적으로 한다. 따라서 당해 행위에 의해서 수익자가 수취한 것이 금전인 경우에는 채무자나 파산재단이 그 금전을 이용할 기회를 잃은 것이기 때문에 법정이율 등을 가산하여 파산재단에 반환하여야 한다. 그러므로 채무자의 편파변제 행위가 부인되는 경우 상대방은 채무자로부터 수령한 금전은 물론이고 금전을 수령한 날부터 기산한 법정이율에 의한 이자와 지연손해금을 가산하여 반환하여야 한다. 예컨대, 파산자의 제3자에 대한 금전채권의 양도행위가 부인된 결과 제3자가 당해 채권의 추심에 의하여 얻은 금전 상당액을 반환하는 경우 추심일로부터 발생한 법정이자 역시 과실로서 함께 반환되어야 하고, 한편 소로써 부인권을 행사함과 아울러 원상회복으로 금전의 반환을 구하는 경우 제3자는 그 소장을 송달받은 다음날부터 반환의무의 이행지체로 인한 지체책임을 진다(대법원 2007. 10. 11. 선고 2005다43999 판결).

대법원 2014. 9. 25. 선고 2014다214885 판결도 “부인권 행사에 따른 원상회복은 부인된 행위가 없었던 원상태로 회복되게 하는 것을 말하므로, 채무자의 채권자에 대한 변제행위가 부인된 결과 채권자가 변제받은 금액을 반환하는 경우 변제받은 날부터 발생한 법정이자 역시 과실로서 함께 반환되어야 하고, 한편 소로써 부인권을 행사함과 아울러 원상회복으로 금전의 반환을 구하는 경우 채권자는 그 소장 부본을 송달받은 다음 날부터 반환의무의 이행지체로 인한 지체책임을 진다”고 판시하면서 “원심이 위 법리와 같은 취지에서, 피고는 원고에게 예금인출일부터 적어도 원심판결 선고일까지는 민법이 정한 연 5%의, 그 다음 날부터는 다 갚는 날까지는 소송촉진 등에 관한 특례법이 정한 연 20%의 각 비율로 계산한 이자 및 지연손해금을 지급할 의무가 있다고 판단한 것은 정당하다"라고 판단하였다. 법정이자의 경우 민법에 의하면 연 5푼이지만, 부인 대상이 상인 간의 행위이면 상사법정이율인 연 6푼이 적용된다.

한편, 부인의 소가 아닌 부인의 청구 인용결정에 대해서도 금전지급청구에 대하여 소송촉진 등에 관한 특례법이 정한 법정이율에 따른 지연손해금 지급을 명할 수 있는지에 대하여 다툼이 있다. 「소송촉진 등에 관한 특례법」은 제3조 제1항 본문에서 금전채무의 전부 또는 일부의 이행을 명하는 "판결(심판을 포함)"을 선고할 경우에 금전채무의 불이행으로 인한 손해배상의 산정의 기준이 되는 법정이율을 대통령으로 정하는 이율에 따르도록 규정하고 있으므로, 결정에 의한 간이한 절차인 부인의 청구 인용결정도 판결(심판)의 경우와 같이 소송촉진 등에 관한 특례법 제3조 제1항을 적용할 수 있는지에 대한 문제이다. 이를 부정하는 견해도 있으나, 위 규정의 취지는 "금전채무의 이행을 명하는 판결을 선고할 경우 불이행으로 인한 손해배상액의 산정을 소장 등이 채무자에게 송달된 날의 다음날부터는 대통령령이 정하는 법정이율에 따르도록 위임함으로써 법정이율을 현실이자율 등 경제 여건의 변동에 따라 탄력적으로 정하여 채권자가 소송제기 이후부터는 원칙적으로 실손해를 배상받을 수 있도록 한 것"(대법원 2013. 1. 16. 선고 2012다32713 판결)이고, 비록 부인의 청구가 그 원인이 되는 사실을 소명하면 족하고 증명을 요하지 않으며 간이신속한 절차인 결정 절차라고 하더라도 파산관재인의 부인권 행사라는 점에서는 부인의 소와 전혀 동일하므로 부인의 소와의 균형에 비추어 볼 때, 부인의 청구라고 하여 소송촉진 등에 관한 특례법 제3조 제1항의 적용 여부를 달리 볼 이유는 없다.

나. 현물반환

예컨대, 사해행위인 토지의 증여나 재산의 염가매각이 부인된 경우에는 목적물은 당연히 파산재단에 복귀하게 된다. 단, 이러한 효과는 어디까지나 파산절차와의 관계에서 생기는 상대적 효과이다. 부동산의 처분행위가 부인된 경우 파산관재인은 부인의 등기를 신청하여야 한다.

다. 가액상환

부인대상행위의 목적재산이 양도 등의 처분에 의해 부인권행사시에 상대방에게 없거나 멸실된 경우에는 목적재산의 회복을 청구할 수 없으므로 상대방에 대해서 목적재산의 가액 배상을 청구할 수 있다. 또한 근저당권이 설정되어 있는 부동산이 증여된 후 근저당권설정 등기가 말소되었다면 증여계약을 부인하고 부동산의 소유권 자체를 파산재단에 환원시키는 것은 당초 일반 채권자들의 공동담보로 제공되지 아니한 부분까지 회복시키는 결과가 되어 불공평하므로 파산관재인은 그 부동산의 가액에서 근저당권의 피담보채무액을 공제한 잔액의 한도 내에서 증여계약의 일부 부인과 그 가액의 배상을 청구할 수밖에 없다. 그러므로 가액상환의 요건은 부인의 요건 사실 외에 목적물의 반환이 불가능 혹은 곤란할 것, 또는 목적물의 반환만으로는 파산재단이 원상으로 회복되지 않을 것을 요건으로 한다.

가액상환과 관련하여 문제되는 것은 목적재산의 가액 산정의 기준시이다. 과거 가액 산정의 기준시에 대하여 ① 부인대상 행위가 있은 때, ② 수익자가 목적물을 처분한 때, ③ 파산선고 시, ④ 부인권을 행사한 때, ⑤ 부인소송의 판결시(구두변론종결시) 등 견해의 대립이 있었으나, 판례와 실무는 부인권행사시설(예컨대, 소에 의한 경우에는 소 제기시)을 취하고 있다.

채권자취소권은 재판상 청구로 행사하여야 하고, 채권자취소소송은 법률행위의 취소를 구하는 형성소송이어서 그 취소판결이 확정되어야 비로소 법률행위에 대한 취소의 효과가 발생[30]하는 데 반하여, 부인권행사의 경우 효력발생시기는 부인의 의사표시가 상대방에게 도달한 때이므로, 부인권행사로 인한 상환액 산정의 기준시는 부인권행사시다. 따라서 가액상환의 경우에 상환할 가액은 부인권행사시의 시가로 산정해야 한다. 예컨대, 근저당권이 설정되어 있는 부동산에 관하여 부인대상 법률행위가 이루어진 후 근저당권이 말소되어 그 부동산의 가액에서 근저당권 피담보채무액을 공제한 나머지 금액의 한도에서 채무자의 행

---

30) 사해행위취소소송에서 수익자는 원래는 취소채권자와 아무런 채권 · 채무관계가 없다가 형평의 견지에서 법이 특별히 인정한 바에 따라 사해행위취소로 인한 원상회복의무를 부담한다. 사해행위취소의 소와 원상회복청구의 소는 서로 소송물이 다르고 1개의 소로써 제기할 경우 이를 객관적 병합으로 보고 있으며(대법원 2004. 1. 27. 선고 2003다6200 판결; 대법원 2012. 12. 26. 선고 2011다60421 판결 등 참조), 1개의 소로써 구하는 형성의 소인 사해행위취소청구와 이행의 소인 원상회복청구의 관계는 전자의 청구가 인용될 것을 조건으로 후자의 청구를 하는 것이다. 그런데 전자의 청구는 형성판결의 특성상 판결이 확정되어야 비로소 효력이 발생하고, 이러한 이유로 후자의 청구와 관련된 가액배상의무는 사해행위의 취소를 명하는 판결이 확정된 때에 비로소 발생하여 그 판결이 확정된 다음 날부터 이행지체 책임을 지게 된다(대법원 2009. 1. 15. 선고 2007다61618 판결 등 참조). 따라서 취소채권자의 가액배상청구권도 사해행위의 취소를 명하는 판결이 확정되어야 비로소 성립한다고 보아야 한다(대법원 2019. 4. 11. 선고 2018다203715 판결).

위를 부인하고 가액의 배상을 명하는 경우 그 가액의 산정은 부인권 행사시의 부동산 가액에서 말소된 근저당권의 피담보채무액을 공제한 금액을 상환하는 방법으로 원상회복이 이루어져야 한다. 그리고 부인의 상대방이 파산재단에 가액상환을 하는 경우에는 이자를 지급하여야 한다. 이율은 민법에 의하면 연 5%이지만, 부인대상행위가 상행위인 경우에는 상사법정이율인 연 6%가 적용된다. 이자의 기산일은 가액 상당액의 금전이 파산재단에 귀속되어야 할 시점인 부인권행사일이다.

4. 상대방의 지위

가. 상대방의 반대급부가 파산재단에 현존하는 경우

부인의 상대방은 자신이 한 반대급부가 파산재단에 현존하는 경우에는 당해 반대급부 자체의 반환을 청구할 수 있다(법 제398조 제1항 전단). 이를 배상적 환취권이라 칭한다. 이와 같이 하지 않으면 파산재단은 목적물을 반환받은 뒤 상대방이 한 반대급부까지 확보하게 되어 파산재단이 부당하게 이득을 얻게 되므로 불공평하기 때문이다. 반대급부가 현존하는지는 부인소송의 구두변론종결시를 기준으로 한다.

나. 반대급부로 인하여 생긴 이익이 파산재단에 현존하는 경우

그런데 만일 반대급부가 파산재단에 현존하지 않으나, 그 반대급부로 인하여 생긴 이익이 파산재단에 현존하는 때에는 상대방은 이익이 현존하는 한도 안에서 재단채권자로서 그 권리를 행사할 수 있다(법 제398조 제1항 후단). 상대방을 파산채권자가 아닌 재단채권자로 한 취지는 상대방이 알지 못하는 사정, 즉 채무자가 수령한 반대급부를 어떻게 이용했는가에 따라서 보호의 정도가 크게 바뀌는 것은 타당하지 않기 때문이다.

대법원 2022. 8. 25. 선고 2022다211928 판결은 채무자가 부인행위 상대방으로부터 취득한 반대급부가 금전상의 이득인 때에는 특별한 사정이 없는 한 반대급부에 의하여 생긴 이익이 현존하는 것으로 추정되고, 설령 채무자가 그 금전을 사용하여 기존 채권자 중 일부에게 편파변제를 하였더라도 그 편파변제가 다시 부인권의 대상이 될 뿐 반대급부로 인한 이익이 현존하지 않는다고 볼 수 없다고 보았다. 즉, 대법원 판결은 채무자가 부인행위 상대방으로부터 반대급부로 취득한 것이 금전상 이득이면 현존이익 반환을 청구할 수 있다고 한 것이다. 대법원은 법률상 원인 없이 타인의 재산 또는 노무로 이익을 얻고 그로 인하여 타인에게 손해를 가한 경우, 그 취득한 것이 금전상의 이득인 때에는 그 금전은 이를 취득한 자가 소비하였는가의 여부를 불문하고 현존하는 것으로 추정한다(대법원 1996. 12. 10. 선고 96다32881 판결). 대법원의 이러한 입장은 확고하고, 부인권 행사로 인한 상대방의 반대급부반환청구권의 법적 성질은 부당이득반환청구권으로 이해되고 있으므로 민법상의 금전이득 현존 추정 법리가 적용된 것이다.

한편, 대법원은 상대방이 채무자의 은행에 대한 차입금채무를 인수하여 변제한 이익은 현존한다고 보기 어렵다고 판단하였다(대법원 2022. 8. 25. 선고 2022다211928 판결).

다. 현존이익이 없는 경우

상대방은 현존이익이 있는 때는 재단채권자가 되는 반면, 현존이익이 없는 때는 그 가액의 상환에 관하여 파산채권자로서 권리를 행사할 수 있는데 그치게 된다(법 제398조 제2항 전문). 반대급부의 가액이 현존하는 이익보다 큰 경우에는 그 차액에 대해서 상대방은 파산채권자로서 그 권리를 행사할 수 있다(법 제398조 제2항 후문).

5. 상대방의 채권의 회복

부인권은 총 채권자에 대한 평등변제를 목적으로 파산재단을 부인의 대상이 되는 행위 이전의 상태로 원상회복시킬 뿐, 부인행위의 상대방에게 제재를 가하거나 채무자로 하여금 부당하게 이익을 얻게 하려는 것이 아니다. 그러므로 채무자회생법은 "채무자의 행위가 부인된 경우 상대방이 그가 받은 급부를 반환하거나 그 가액을 상환한 때에는 상대방의 채권은 원상으로 회복된다."고 규정하고 있다(법 제399조). 예를 들어 채무자의 채무변제행위가 부인되어 상대방이 그가 받은 금액을 파산재단에 반환한 때는 상대방이 가졌던 구 채권은 원상으로 부활하게 된다. 이것은 채무자회생법 제397조 제1항의 원칙에 비추어 보더라도 당연한 것이다. 민법상 채권자취소권의 경우에는 취소된 행위의 상대방(수익자) 채권의 회복에 관한 아무런 규정이 없는 것과 대비된다.

상대방이 의무를 선이행하여 채무자의 재산을 원상회복시킨 후에야 비로소 상대방의 채권이 부활한다. 상대방이 일부의 급부를 반환한 때는 그 비율에 따라서 채권도 부활한다. 부인에 의해 당연히 부활되지 않도록 한 것은 상대방이 부인의 결과로서 생긴 의무를 이행하는 것을 확실히 하기 위한 것이다. 따라서 상대방의 반환 또는 상환의무와 부활하는 채권 사이에 동시이행관계는 성립할 수 없고, 또한 상계도 할 수 없다.[31] 상대방 채권이 부활하면 그에 수반하여 인적담보, 물적담보 등 채권에 부수되는 종된 권리도 당연히 부활한다. 변제가 부인되어 채권이 부활했는데 담보가 부활하지 않는다면 채권자가 불측의 피해를 입기 때문이다. 대법원도 부인에 의해 회복되는 상대방의 채권은 부인된 행위의 직접 대상이 된 채권에 한정되지 않고 그 채권의 소멸로 인해 함께 소멸했던 보증채권이나 보험금채권 등 다른 채권도 포함될 수 있다고 한다(대법원 2008. 11. 13. 선고 2006다28119 판결 참조). 그러므로 대법원은 위 법리에 따라 어음금 지급행위가 부인되어 어음소지인인 상대방이 어음금을 반환한 때에는 소멸했던 상대방의 어음상 채권이 회복되고 어음상 채권의 소멸로 인해 함께 소멸했던 상대방(어음소지인)이 전자(배서인)에 대하여 갖고 있었던 원인채권도 회복된다고 한다(대법원 2022. 5. 13. 선고 2018다224781 판결).

---

31) 대법원 2007. 7. 13. 선고 2005다71710 판결은 부인권이 행사된 경우 상대방이 그 부인의 대상이 되는 행위에 기하여 받은 이행을 원상회복으로 반환하거나 그 가액을 상환한 후에야 비로소 상대방의 채권이 부활한다고 할 것인데, 부인권 행사에 기한 이행가액 상환 전에 그 채권을 자동채권으로 하는 상계는 상계적상을 흠결하여 부적법한 것이라고 판시하였다.

제5절 부인권의 소멸

1. 부인권행사의 기간 도과로 인한 소멸

부인권은 파산선고가 있은 날부터 2년이 경과한 때에는 행사할 수 없고, 부인의 대상이 되는 행위를 한 날부터 10년이 경과한 때에도 또한 같다(법 제405조). 부인권은 파산선고 전의 채무자의 행위의 효력을 사후적으로 복멸하는 권리이기 때문에, 수익자나 전득자는 부인권행사의 가능성이 있는 한 불안정한 지위에 있게 된다. 그러므로 부인권행사의 실효성을 확보하는 한편 조속한 법률관계의 확정을 통하여 거래안전을 확보하기 위한 것이다.

2. 지급정지를 안 것을 이유로 하는 부인의 제한

파산선고가 있은 날부터 1년 전에 한 행위는 지급정지의 사실을 안 것을 이유로 하여 부인할 수 없다(법 제404조). 법 제404조는 지급정지로부터 1년 이상 경과한 후 파산선고가 되었다면 지급정지와 파산선고 사이에 인과관계가 있다고 보기 어렵고, 수익자의 지위를 장기간 불안정한 상태에 방치하는 것은 부당하다는 취지에서 둔 규정이다(대법원 2019. 1. 31. 선고 2015다240041 판결). 즉, 채무자회생법은 거래안전을 꾀하고 상대방을 장기간 불안정한 상태에 두지 않기 위하여 지급정지와 파산선고 사이에 1년 이상의 간격이 있을 때에는 지급정지를 안 것을 이유로 한 부인에 제한을 가한 것이다.

견련파산 등의 경우에는 본조「1년」의 기산일 산입에 대해서 수정이 가해질 필요가 있다. 그래서 위 대법원 판결은 "회생절차 등으로 인하여 법률상 파산선고를 할 수 없는 기간을 위기부인의 행사기간에 산입하는 것은 형평의 원칙에 반한다는 점 등을 고려하면, 지급정지 후에 회생절차 등의 선행 도산절차를 거쳐 파산선고가 된 경우에는 특별한 사정이 없는 한 채무자회생법 제404조의 위기부인의 행사기간에 회생절차 등으로 인하여 소요된 기간은 산입되지 아니한다."고 한다.

한편, 본조가 1년의 기준시를 "파산선고가 있은 날부터"로 규정한 점에 대해서는 파산신청부터 파산선고시까지의 기간은 심리의 진행에 따라 좌우되기 때문에 우연한 사정에 의해서 부인권의 성립범위가 달라지게 되어 타당하지 않다는 비판이 있다. 이런 이유로 일본 파산법은 종전의 "파산선고일로부터 1년 이상 전에 한 행위"를 "파산절차개시 신청일로부터 1년 이상 전에 한 행위"로 개정하였다.

3. 파산절차의 해지(종료)

부인의 소 또는 부인의 청구의 목적은 부인대상이 되는 행위로 인하여 일탈된 재산을 파산재단에 회복하는 데 있다. 그러므로 파산절차를 떼어 놓고는 존재할 의미가 없다. 그래서 부인의 소 또는 부인의 청구는 파산선고 결정의 취소결정의 확정, 이시폐지결정 · 동의폐지결정의 확정, 파산절차의 종결 등의 사유로 파산절차가 종료하면 더 이상 절차를 진행시킬 의미가 없기 때문에 종료하게 된다. 파산절차가 종료한 때에는 부인의 청구 인용결정에 대한 이의의 소도 종료된다. 만일 부인권행사에 의해서 파산재단에 회복된 재산이 배당되지 않고 재단에 잔존하고 있는 때는 재산취득의 원인이 파산종료에 의해서 소멸하였기 때문에 당해재산은 채무자에게 귀속되지 않고 부인의 상대방에게 반환하여야 한다.

대법원은 구 회사정리법의 정리절차사건에서 "구 회사정리법(2005. 3. 31. 법률 제7428호 채무자 회생 및 파산에 관한 법률 부칙 제2조로 폐지, 이하 '회사정리법'이라 한다) 제78조가 정하는 부인권은 정리절차개시 결정 이전에 부당하게 처분된 회사재산을 회복함으로써 회사사업을 유지 · 갱생시키고자 인정된 회사정리법상의 특유한 제도로서 정리절차의 진행을 전제로 관리인만이 행사할 수 있는 권리이므로 정리절차의 종결에 의하여 소멸하고, 비록 정리절차 진행 중에 부인권이 행사되었다고 하더라도 이에 기하여 회사에게로 재산이 회복되기 이전에 정리절차가 종료한 때에는 부인권 행사의 효과로서 상대방에 대하여 재산의 반환을 구하거나 또는 그 가액의 상환을 구하는 권리 또한 소멸한다고 보아야 할 것이므로, 부인의 소 또는 부인권의 행사에 기한 청구의 계속 중에 정리절차종결결정이 확정된 경우에는 관리인의 자격이 소멸함과 동시에 당해 소송에 관계된 권리 또한 절대적으로 소멸하고 어느 누구도 이를 승계할 수 없다(대법원 2006. 10. 12. 선고 2005다59307 판결)"라고 판시하였고,[32] 현행 채무자회생법의 회생절차사건에서도 "채무자 회생 및 파산에 관한 법률(이하 '채무자회생법'이라 한다) 제100조가 정하는 부인권은 회생절차개시결정 이

32) 그 밖에 대법원 1995. 10. 13. 선고 95다30253 판결, 대법원 2004. 7. 22. 선고 2002다46058 판결, 대법원 2006. 10. 12. 선고 2006다32507 판결 등 참조.

전에 부당하게 처분된 채무자의 재산을 회복함으로써 채무자 또는 그 사업의 효율적인 회생을 달성하기 위하여 인정된 채무자회생법상의 특유한 제도로서 회생절차의 진행을 전제로 관리인만이 행사할 수 있는 권리이므로 회생절차의 종결에 의하여 소멸하고, 비록 회생절차 진행 중에 부인권이 행사되었다고 하더라도 이에 기하여 채무자에게로 재산이 회복되기 이전에 회생절차가 종료한 때에는 부인권 행사의 효과로서 상대방에 대하여 재산의 반환을 구하거나 또는 그 가액의 상환을 구하는 권리 또한 소멸한다고 보아야 할 것이다(대법원 2016. 4. 12. 선고 2014다68761 판결)"라고 일관[33]되게 판시하고 있는바, 위 법리는 파산절차에도 동일하게 적용된다 할 것이다. 이 경우 법원은 소송종료선언을 하여야 한다.

한편, 부인권 소송이 채권자가 제기하였던 채권자취소소송을 수계하였던 경우에는 파산절차의 종료로 파산관재인의 소송수행권(당사자적격)이 소멸하기 때문에 당해 소송절차는 중단되고 소송수행권이 부활된 종전의 채권자가 수계하면 된다. 이 경우 청구취지가 파산관재인에 의해 변경된 때는 채권자의 신청에 의하여 원래의 채권자취소소송으로 되돌리게 될 것이다. 다만, 채무자가 개인이고 면책결정을 받은 경우에는 면책된 채권자는 법적권한을 잃기 때문에 수계할 수 없고 소송은 종료된다.

4. 파산관재인의 포기

파산관재인의 포기에 의해서 부인권이 소멸되는 경우도 생각할 수 있다. 그러나 파산관재인의 포기는 상대방과 화해가 성립하는 경우 등 파산채권자의 이익에 합치되어야 한다.

33) 다만, 채무자에 대하여 회생계획인가가 있은 후 회생절차폐지의 결정이 확정되더라도 채무자회생법 제6조 제1항에 의한 직권 파산선고에 의하여 파산절차로 이행된 때에는, 채무자회생법 제6조 제6항에 의하여 파산관재인은 종전의 회생절차에서 관리인이 수행 중이던 부인권 행사에 기한 소송절차를 수계할 수 있고, 이러한 경우 부인권 행사에 기한 소송은 종료되지 않는다(대법원 2015. 5. 29. 선고 2012다87751 판결).

제6절 부인권 소송 승소 후 절차

1. 부인의 등기

가. 부인의 등기의 법적 성질

등기의 원인인 행위가 부인된 때 또는 등기가 부인된 때는 파산관재인은 부인의 등기를 신청하여야 한다. 과거 위 부인의 등기의 성질에 대해서 다툼이 있었다. ① 부인의 등기는 부인의 효과의 상대성을 근거로 하고, 부인에 의한 물권변동이라는 특별한 물권변동을 공시하기 때문에 파산법이 특별히 인정한 특수한 등기라고 하는 견해, ② 부인의 등기는 예고등기의 일종이지만 부인권은 소 외에 청구나 항변에 의해서도 행사된다는 점이나 등기를 하는데 법원의 촉탁에 의하기보다 파산관재인의 신청에 의해서 신속하게 하는 것이 적당하다고 하여 파산법이 그 특칙을 만든 것이라는 견해, ③ 부인의 등기는 특수한 종국등기도 예고등기의 일종도 아니라 부인의 효과를 공시하기 위해 당해 사례에 있어서 필요로 되는 말소등기 · 이전등기 등 통상의 종국등기의 총칭에 불과하다는 견해이다. 그러나 현행법은 특수등기설을 전제로 부인의 등기가 기입된 후의 취급을 명확히 하고 있다.

특수등기설은 부인의 효과가 물권적으로 발생하는 한편, 파산재단과 수익자간의 상대효에 그친다는 것을 근거로, 부인의 등기는 부인에 의한 물권변동이라는 특별한 물권변동을 공시하기 위해 채무자회생법이 마련한 특수한 등기라는 견해이다. 부인의 효과는 파산절차가 계속되고 있는 한 효력을 가지는 것이고, 파산절차의 종료(파산절차의 취소 · 폐지 · 종결)에 의해 소멸하고, 그 시점에서 부인의 대상이 된 부동산이 환가되지 않고 파산재단에 남아 있으면, 그 소유권 등은 수익자에게 복귀하게 된다. 그때 부인의 효과로서 수익자의 소유권이전등기까지 말소되어 있다면, 파산절차 종료 시에 그 회복등기가 필요하게 되고, 수익자에게 과도한 부담을 지우는 것이 되는데, 부인의 등기는 그러한 불합리를 회피하기 위해 채무자회생법이 말소등기 대신 만든 특별한 등기라고 한다.

나. 구 파산법하에서의 특수등기에 대한 비판 및 채무자회생법의 개선

구 파산법 하에서는 특수등기설에 대해서 부인권이 행사되었다고 하더라도 부인된 행위를 원인으로 하는 소유권이전등기나 부인된 소유권이전등기 등이 말소되지 않고 남아 있기 때문에 이러한 남아 있는 등기에 매수인이 불안을 품어 파산관재인이 부인권을 행사하여 회복한 재산을 환가하는데 지장이 생긴다는 지적이 있었다. 그래서 채무자회생법은 이러한 지적을 받아들여 제26조 제4항을 신설하였다. 이와 관련해서는 아래 3.에서 자세히 살펴보기로 한다.

다. 등기신청서의 기재사항

등기신청서에는 등기목적과 등기원인 및 그 날짜를 기재한다. 즉, 등기원인행위의 부인등기는 등기목적을 "○번 등기원인의 채무자회생 및 파산에 관한 법률에 의한 부인"으로, 등기원인을 "○○○○년 ○○월 ○○일 판결(또는 결정)"으로 각 기록하되, 그 일자는 판결 또는 결정의 확정일로 한다. 등기의 부인등기는 등기목적을 "○번 등기의 채무자회생 및 파산에 관한 법률에 의한 부인"으로 기록하는 것 외에는 등기원인의 부인등기와 같다.[34]

라. 등기신청서의 첨부서면

부인의 등기의 신청서에는 실무상 등기원인을 증명하는 서면으로서 부인의 소를 인용하는 판결정본이나 부인의 청구를 인용하는 결정정본 및 확정증명원, 송달증명원, 파산선고결정문, 파산관재인 선임증을 첨부한다.

마. 등록세의 비과세

부인의 등기에 관하여는 등록세를 부과하지 아니한다(지방세법 제26조 제2항 제1호, 채무자회생법 제26조 제1항).

---

34) 법원행정처, 부동산등기실무[Ⅲ], 경성문화사(2015년) 373면. 부동산등기부에 기록되는 위 각 부인등기의 기록례는 전술한 제3절 4.나(1) 참조.

2. 부인등기 후 파산취소 · 파산폐지 또는 파산종결의 결정이 있는 경우

부인등기가 마쳐진 이후에는 당해 부동산 또는 당해 부동산 위의 권리는 파산재단에 속한다는 사실이 공시되었으므로, 파산취소, 파산폐지, 파산종결의 결정이 있는 경우 법원사무관 등은 직권으로 지체 없이 파산취소, 파산폐지, 파산종결의 등기를 촉탁하여야 하고, 등기관은 이를 수리하여야 한다(등기예규 제1516호 제12조 제3항). 그리고 부인등기가 마쳐진 이후 파산선고 취소결정이 확정되거나, 파산관재인의 임의매각 등에 의하여 제3자에게 이전등기를 하지 아니한 채 파산폐지결정이 확정된 때 또는 파산종결결정이 있는 때에는 부인의 효과는 상실되므로, 등기상 이해관계 있는 제3자가 있는 경우를 제외하고는, 부인의 등기는 법원의 촉탁에 의하여 이를 말소할 수 있다(위 등기예규 제24조).

3. 법원의 이해관계인의 신청에 의한 부인의 등기 등 말소

파산관재인이 부인의 등기가 된 재산을 임의매각한 경우에 그 임의매각을 원인으로 하는 등기가 된 때에는 법원은 이해관계인의 신청에 의하여 부인의 등기, 부인된 행위를 원인으로 하는 등기, 부인된 등기 및 위 각 등기의 뒤에 되어 있는 등기로서 파산채권자에게 대항할 수 없는 것의 말소를 촉탁하여야 한다(법 제26조 제4항).

구 파산법에서는 부인권이 행사되더라도 부인의 등기가 될 뿐이고, 부인된 행위를 원인으로 하는 소유권이전등기 등이나 부인된 소유권이전등기 등은 말소되지 않았다. 이는 부인의 등기 자체가 파산재단에로의 권리회복을 공시하는 것이라는 이해에서 비롯되었다. 그래서 부인의 등기가 된 상태로 환가처분할 수밖에 없었다. 그런데 이러한 부인의 등기 존재는 매수인이나 전매인 등으로 하여금 당해 부동산에 대한 불안을 품게 하여 파산관재인에 의한 파산재단의 환가에 지장을 초래하였다. 또한 부인의 대상이 된 수익자에 관한 권리의 등기에 대해서도 부인의 등기에 의해서 파산재단의 회복에 필요한 말소등기나 이전등기가 된 것과 동일한 공시가 되었다는 사고(思考) 때문에 환가처분의 전제로서 말소하는 것이 인정되지 않았다. 그렇지만 매수인측으로부터 이러한 처리는 부적절하다는 지적을 받았다. 그래서 채무자회생법은 파산관재인이 부인의 등기가 된 재산을 임의매각한 경우에 그 임의매각을 원인으로 하는 등기가 된 때에는, 법원은 이해관계인의 신청에 의하여 ① 당해 부인의 등기, ② 부인된 행위를 등기원인으로 하는 등기 또는 부인된 등기, ③ 위 ②의 등기의 뒤에 되어 있는 등기로서 파산채권자에게 대항할 수 없는 것의 말소를 촉탁하도록 하였다.

여기서 「부인된 행위를 원인으로 하는 등기 또는 부인된 등기」란 등기의 원인인 행위가 부인된 경우 또는 등기가 부인된 경우에 있어서 당해 부인의 등기의 대상이 된 등기를 말한다. 예컨대, 채무자로부터 수익자에게 부동산이 매각된 경우에 당해 매각이 부인된 때의 당해 수익자에의 소유권이전등기, 즉 채무자로부터 수익자로의 소유권이전등기가 여기에 해당한다. 그리고 「②의 등기의 뒤에 되어 있는 등기로서 파산채권자에게 대항할 수 없는 것」이란 예컨대 전득자의 등기이다. 채무자로부터 수익자에게 소유권이전등기가 된 뒤 수익자로부터 전득자로 소유권이전등기가 된 경우에 전득자의 소유권이전등기가 여기에 해당한다. 이 등기는 파산채권자에게 대항할 수 없는 것이어야 한다. 「파산채권자에게 그 효력을 주장할 수 있느냐 없느냐」는 「등기부상 명확한 것일 것」이 요구된다고 해석된다. 그러므로 전득자에 대한 부인의 등기가 된 때의 전득자의 소유권이전등기가 파산채권자에게 대항할 수 없는 것에 해당된다.

한편, 채무자와 수익자의 부동산 매각행위는 부인할 수 있지만, 수익자의 소유권이전등기가 경료된 뒤에 제3자를 권리자로 한 저당권설정등기에 대해서는 저당권설정행위 및 저당권설정등기 모두 부인할 수 없는 경우, 즉 부인된 행위를 원인으로 하는 등기 또는 부인된 등기의 뒤에 되어 있는 등기로서 파산채권자에게 대항할 수 있는 등기를 어떻게 취급할 것인지가 문제된다. 이 경우 저당권설정등기를 말소할 수 없는데, 부인된 매각행위를 원인으로 하는 등기(수익자의 소유권이전등기)만을 말소하는 것은 등기부상 제3자는 무권리자로부터 저당권을 설정 받은 것이 되어 버린다. 그래서 이러한 경우에는 등기관은 부인의 등기 말소와 함께 부인된 행위를 원인으로 하는 등기를 말소하는 대신에 수익자로부터 채무자로 소유권이전등기를 하여야 할 것이다.

채무자회생법 제26조 제4항의 규정은 부인의 효과가 확정되어 그 효력을 인정하면서 파산폐지 등으로 파산절차가 종료되는 경우에도 유추적용 된다고 할 것이다. 예컨대, 서울회생법원은 건물에 관한 소유권이전등기가 부인권 행사에 의해 부인되었으나, 유치권자 등과 같은 별제권자에 의해 해당 건물에 대한 임의경매가 진행되어 그 건물에 대한 환가를 포기하고 이시폐지가 되면서, 부인의 등기뿐만 아니라 부인된 행위를 원인으로 하는 등기, 부인된 등기 및 위 각 등기의 뒤에 되어 있는 등기도 말소를 촉탁한 바 있다고 한다.[35)]

35) 서울회생법원 파산부 실무연구회, 법인파산실무(제5판), 박영사(2019), 561면 각주 210번 참조.

제7절 개별적 검토

1. 상속 포기

대법원은 상속의 포기는 다른 상속인 등과의 인격적 관계를 전체적으로 판단하여 행하여지는 '인적 결단'으로서의 성질을 갖고, 상속포기의 의사표시에 채권자 자신과 수익자 또는 전득자 사이에서만 상대적으로 그 효력이 없는 것으로 하는 채권자취소권의 적용이 있다고 하면 상속을 둘러싼 법률관계는 그 법적 처리의 출발점이 되는 상속인 확정의 단계에서부터 복잡하게 얽히게 되며, 상속인의 채권자의 입장에서는 상속의 포기가 그의 기대를 저버리는 측면이 있다고 하더라도 채무자인 상속인의 재산을 현재의 상태보다 악화시키지 아니한다는 이유로 상속의 포기는 민법 제406조 제1항에서 정하는 "재산권에 관한 법률행위"에 해당하지 아니하여 사해행위취소의 대상이 되지 못한다 하였다(대법원 2011. 6. 9. 선고 2011다29307 판결[36]). 상속의 포기가 부인권 행사의 대상이 될 수 있는가에 대하여는 이를 직접적으로 다룬 대법원 판결은 없지만, 위 대법원 판결과 상속의 포기는 면책불허가사유에 해당하지 않는다고 본 대법원 2010마1551, 2010마1552 결정을 종합하면 상속의 포기는 파산관재인에 의하여 부인될 수 없다는 결론에 이를 것이다. 일본의 학설[37]도 파산관재인은 채무자가 파산선고 전에 한 상속의 포기나 단순승인을 부인할 수 없다고 한다.

그런데 판례는 가정법원에 신고하는 상속포기와 달리 상속재산의 분할협의는 채권자취소권 행사의 대상이 될 수 있다고 본다. 상속재산의 분할협의는 상속이 개시되어 공동상속인 사이에 잠정적 공유가 된 상속재산에 대하여 그 전부 또는 일부를 각 상속인의 단독소유

36) 위 대법원 판결에 대해서는 첫째, 상속의 포기는 명백하게 재산권을 목적으로 한 법률행위에 해당한다는 점, 둘째, 민법 제1005조에 의하면 상속인은 상속개시된 때로부터 피상속인의 재산에 관한 권리의무를 승계하기 때문에 상속인은 상속의 포기나 승인이 있기 전이라도 일단 피상속인으로부터 상속재산을 취득하게 되며, 상속을 승인한 때에야 비로소 상속재산을 취득하는 것은 아니므로, 상속의 포기는 일단 취득한 재산을 상실시키는 효과가 있는 것으로서, 이를 가리켜 책임재산의 감소가 아니라고 하기는 어렵다는 점, 셋째, 상속인의 자유는 존중되어야 하지만, 상속포기 여부가 제3자인 채권자의 이해관계에 영향을 미칠 때에도 상속인의 자유가 우선한다고 단정할 수는 없고, 특히 채무자회생법 제386조 제1항은 파산선고 전에 채무자를 위하여 상속개시가 있는 경우 채무자가 파산선고 후에 한 상속포기도 파산재단에 대하여는 한정승인의 효력을 가진다고 규정하여 채무자의 상속포기의 자유를 제한하고 있는 점, 넷째, 상속포기를 취소할 수 없다고 보는 것은 상속포기와 마찬가지로 소급효가 있는 상속재산분할(민법 제1015조)의 경우에는 사해행위가 된다는 것(대법원 2001. 2. 9. 선고 2000다51797 판결)과는 조화되지 않는다는 점에 비추어 볼 때, 민법의 채권자취소권에 관하여도 채무자의 상속포기의 자유는 채권자의 이익을 위하여 제한되어야 한다고 보는 것이 합리적이라는 비판이 있다(윤진수, 상속포기의 사해행위 취소와 부인, 가족법연구 제30권 3호).

37) 伊藤 眞 外 5人, *条解破産法*, 弘文堂, 평성 22년, 1457면 주 2) 참조.

로 하거나 새로운 공유관계로 이행시킴으로써 상속재산의 귀속을 확정시키는 것으로 그 성질상 재산권을 목적으로 하는 법률행위이므로 사해행위취소권 행사의 대상이 될 수 있다(대법원 2008. 3. 13. 선고 2007다73765 판결)고 한다. 이와 관련하여 대법원은 취소대상 법률행위인 상속재산분할 협의가 있은 날은 등기부상 등기원인일자로 봄이 타당하고, 달리 등기부에 기재된 등기원인일자와 다른 날에 상속재산분할협의가 있었다고 볼만한 특별한 사정을 발견할 수 없다면 법률행위가 있은 날부터 5년이 지나 제기된 사해행위취소의 소는 부적법하다고 한다(대법원 2021. 6. 10. 선고 2020다265808 판결[38]).

한편, 하급심 판결 중에는 채무자가 사망한 아버지로부터 아파트 중 일부 지분을 상속받았지만 '상속재산 협의분할' 형식으로 자신의 지분을 어머니에게 이전해 준 사안에서, "부부가 어떤 집에서 장기간 살다가 한쪽 배우자가 먼저 사망하는 경우 자녀들이 남은 배우자에게 상속재산 협의분할 형식으로 자신의 지분을 이전하는 경우는 우리 사회에서 매우 흔하고 도덕관념에도 부합하는 관습"이라고 전제한 뒤 "이러한 방식의 재산 이전은 숨진 배우자와 함께 가족의 경제적 기반인 재산을 획득 · 유지하고 자녀들을 키워온 것에 대한 보상 내지 평가, 실질적 공동재산 청산, 배우자 여생에 대한 부양의무 이행 등 복합적인 의미가 담겨 있다고 볼 수 있다"고 하면서 "이런 재산 이전을 사해행위로 인정하거나, 상속분을 이전받은 배우자를 악의적인 수익자로 인정하는 것은 신중해야 한다"라고 하며 채권자의 사해행위취소 청구의 소를 기각한 사례가 있다(부산지방법원 2016가단339623 판결).[39] 개인파산절차에서도 부모 중 한 명이 사망한 경우 부모가 거주하던 주택을 생존한 부 또는 모의 소유로 하는 상속재산분할협의를 한 사안이라면, 상속인들의 자력(생존한 부 또는 모와 형제자매의 자력이 채무자의 상속지분에 상응하는 금원을 파산재단에 출연할 수 있는 정도에

38) 위 대법원 판결에 대해서는 다음과 같은 비판, 즉 「상속등기와 그 경정등기에 관한 업무처리지침」(등기예규 제1675호)는 "상속등기를 신청하는 경우의 등기원인 및 그 연월일"에 관하여 "상속재산 협의분할에 따라 상속등기를 신청할 때에는 등기원인을 '협의분할에 의한 상속'으로, 그 연월일을 '피상속인이 사망한 날'로 한다"고 규정하고 있으므로 실제 분할협의일과 상관없이 등기부에는 피상속인의 사망일이 곧 분할협의일로 기재되는 결과를 초래하는데, 위 대법원 판결에 따른다면 만약 피상속인의 사망일로부터 5년이 경과한 후 협의분할에 따른 등기를 접수하기만 하면 특별한 사정이 없는 한 이미 상속재산분할 협의일로부터 사해행위취소소송의 제척기간인 5년이 경과했으므로 채권자는 사해행위취소소송을 제기하더라도 각하를 면할 수 없게 되어 채권자의 권리구제에 소홀하다는 비판이 있다.

39) 같은 취지로 최한신 변호사는 "부모님이 사시다가 특히 아버지가 먼저 돌아가신 경우에 두 분이 살고 있던 집을 어머니 명의로 하는 상속협의분할은 우리나라의 효사상이나 경험칙을 보더라도 채권자를 해할 의사로 상속분할을 한다고 보기에는 어렵다고 평가하고 더욱이 자기 혼자만 상속을 받아 채무를 변제하겠다는 의식은 다른 형제 자매들로부터 비난이나 불효자식의 낙인을 고려한다면 사해행위로 보기에는 어렵다"고 주장한다(변호사 입장에서 본 사해행위취소 실무2, 60면, 2013, 유로).

이르는지 여부) 등을 종합적으로 고려하여 환가 또는 부인권 행사를 포기하는 탄력적인 운영이 필요하다.[40)]

나아가 상속의 포기가 면책불허가사유에 해당하는지 문제된다. 대법원은 채무자가 2009. 6. 10. 파산 및 면책을 신청한 뒤 총 채무를 변제하기에 충분한 재산을 상속받을 가능성이 있음에도 2009. 11. 30. 상속포기 신고를 한 사안에서, "상속의 포기는 민법 제406조 제1항에서 정하는 '재산권을 목적으로 한 법률행위'에 해당하지 아니하여 사해행위 취소의 대상이 되지 못하고, 또한 채무자 회생 및 파산에 관한 법률 제650조 제1호에서 사기파산죄로 규정하고 있는 '파산재단에 속하는 재산을 은닉 또는 손괴하거나 채권자에게 불이익하게 처분을 하는 행위'에도 해당하지 않는다"라고 명시적으로 판시하였다(대법원 2012. 1. 12.자 2010마1551, 2010마1552 결정). 그런데 대법원은 채무자가 채권자에게 채무를 부담하고 있는 상황에서 배우자의 상속재산에 관한 자신의 상속지분 일체를 포기하여 장남으로 하여금 단독으로 상속받도록 하고, 장남이 그 상속재산을 단독으로 상속한 후 일부 상속재산을 처분하기까지 하였음에도 파산신청서에 그 내용을 기재하지 않았을 뿐만 아니라 상속재산이 없다고 기재하여 본인의 재산상태에 관하여 허위의 진술을 하는 등 면책불허가사유에 해당하는 행위를 저지르면서 한 파산신청을 파산절차의 남용행위로 보아 '채무자 회생 및 파산에 관한 법률' 제309조 제2항에 따라 그 파산신청을 기각한 원심판단을 수긍하고, 그러한 판단이 섣불리 파산신청을 기각하여 채무자에게 재량면책을 받을 기회를 부당히 상실하게 하는 것이라고 볼 수 없다고 결정하였는바(대법원 2011. 1. 25.자 2010마1554, 1555 결정), 이 결정은 채권자를 해할 목적으로 이루어진 상속지분의 포기가 면책불허가사유가 되는 사기파산죄에 해당할 수 있다는 취지로서 위 상속포기 신고의 경우와 구별할 필요가 있다.

2. 유증 포기

대법원은 유증의 포기도 사해행위 취소의 대상이 될 수 없다고 본다. 대법원 2019. 1. 17. 선고 2018다260855 판결은 "유증을 받을 자는 유언자의 사망 후에 언제든지 유증을 승인 또는 포기할 수 있고, 그 효력은 유언자가 사망한 때에 소급하여 발생하므로(민법 제

40) 김이경, 서울중앙지방법원 2014년 상반기 개인파산관재인단 간담회 자료집.

1074조), 채무초과 상태에 있는 채무자라도 자유롭게 유증을 받을 것을 포기할 수 있다. 또한 채무자의 유증 포기가 직접적으로 채무자의 일반재산을 감소시켜 채무자의 재산을 유증 이전의 상태보다 악화시킨다고 볼 수도 없다. 따라서 유증을 받을 자가 이를 포기하는 것은 사해행위취소의 대상이 되지 않는다고 보는 것이 옳다"라고 판시하였다.[41] 그러므로 유증의 포기도 위 상속 포기의 경우와 마찬가지로 부인권의 대상이 될 수 없다고 할 것이다.

3. 이혼에 기한 재산분할행위의 부인

경제생활의 파탄과 가정생활의 파탄, 즉 파산신청과 이혼은 동시에 또는 비슷한 시기에 발생하는 경우가 많다. 채무자가 파산선고 전에 이혼을 하면서 배우자에게 재산분할을 청구하지 않았거나 혹은 재산분할로 과다한 재산을 양도한 경우에는 배우자와 파산채권자들 사이의 이해관계에 큰 영향을 미친다. 그러므로 파산절차에서는 이혼에 의한 재산분할청구권을 채권자의 평등 · 형평에 비추어 어떻게 처리해야 하는지가 문제되고, 다른 한편으로는 재산분할이 채무자의 재산은닉의 수단으로 이용되는 것을 방지할 필요가 있다.

가. 재산분할청구권 불행사의 경우

먼저, 채무자의 배우자 명의로 부동산이 존재하고, 그 부동산을 취득함에 있어서 채무자의 기여도가 상당함에도 불구하고, 지급불능상태에 있는 채무자가 이혼을 하면서 배우자를 상대로 재산분할청구권을 행사하지 않는 경우가 문제된다.

이 문제에 대해서는 종래 ① 이혼으로 인한 재산분할청구권은 이혼을 한 당사자의 일방이 다른 일방에 대하여 재산분할을 청구할 수 있는 권리로서 이혼이 성립한 때에 그 법적 효과로서 비로소 발생하는 것일 뿐만 아니라, 협의 또는 심판에 의하여 그 구체적 내용이 형성되기까지는 그 범위 및 내용이 불명확 · 불확정하기 때문에 구체적으로 권리가 발생하였다고 할 수 없으므로 협의 또는 심판에 의하여 구체화되지 않은 재산분할청구권은 채무자의 책임재산에 해당하지 아니하고, 이를 포기하는 행위 또한 채권자취소권의 대상이 될 수

41) 소외인의 채권자인 원고가, 소외인이 그의 부친으로부터 부동산을 유증받고도 부친 사망 후 다른 상속인인 피고들에게 해당 부동산에 대한 유증을 포기하고 상속지분대로 상속하겠다고 한 것이 원고에 대한 사해행위라고 주장하며 피고들을 상대로 유증 포기의 취소와 원상회복을 구한 사안에서, 유증의 포기가 사해행위취소의 대상이 아니라는 이유로 원고의 청구를 기각한 원심을 수긍한 사례이다.

없다고 판시한 대법원 2013. 10. 11. 선고 2013다7936 판결 등에 비추어[42], 재산분할청구권은 행사상의 일신 전속성을 가지므로 채무자의 재산분할청구권의 불행사에 대하여 부인권을 행사할 수 없다는 견해와 ② 지급불능 상태에 있는 채무자가 상당한 정도를 벗어나 재산처분에 이를 정도로 자신에게 불리한 내용의 재산분할협의를 하였다면 부인의 대상에 해당함에 의문이 없는데, 오히려 상당한 재산을 분할받을 수 있음에도 불구하고 재산분할청구권을 포기한 경우에는 부인의 대상에 해당하지 않는다면 균형에 맞지 않고, 재산분할청구권의 포기를 일률적으로 부인의 대상에서 제외하게 되면 파산신청을 염두에 둔 채무자가 책임재산을 손쉽게 회피하는 수단으로 이를 활용할 우려가 있어 파산재단의 충실을 도모하고 파산채권자에 대한 공평한 배당을 가능하게 하려는 부인권 제도의 실효성을 확보하기 어렵게 된다는 이유로 재정적 위기상태에 빠진 채무자가 파산선고 전에 한 재산분할청구권의 포기는 부인의 대상이 되는 행위에 해당한다고 보는 견해가 대립되었다.[43]

그런데 대법원은 재산분할청구권은 순전한 재산법적 행위와 같이 볼 수 없고, 당사자는 배우자, 자녀 등과의 관계 등을 종합적으로 고려하여 재산분할청구권 행사 여부를 결정하게 되고, 법원은 청산적 요소뿐 아니라 이혼 후의 부양적 요소, 정신적 손해(위자료)를 배상하기 위한 급부로서의 성질 등도 고려하여 재산을 분할할 수 있는 점, 또한 재산분할청구권은 협의 또는 심판에 의하여 그 구체적 내용이 형성되기까지는 그 범위 및 내용이 불명확·불확정하기 때문에 채무자의 책임재산에 해당한다고 보기 어렵다는 점, 채권자의 입장에서는 재산분할청구권의 불행사가 채무자의 재산을 현재의 상태보다 악화시키지 않는 점 등을 종합하여 이혼으로 인한 재산분할청구권은 그 행사 여부가 행사상의 일신 전속성을 가지므로 채권자대위권의 목적이 될 수 없고 파산재단에도 속하지 않는다고 보았다(대법원 2022. 7. 28.자 2022스613 결정). 대법원은 이혼으로 인한 재산분할청구권은 파산재단에 속하지 아니하여 파산관재인이나 상대방이 절차를 수계할 이유가 없으므로, 소송계속 중에 파산이 선고되었다고 하더라도 재산분할을 구하는 절차는 특별한 사정이 없는 한 채무자회생법 제347조 제1항 제1문에 따른 수계의 대상이 아니고, 파산관재인의 소송수계신청은 부적법하다고 한다(대법원 2023. 9. 21. 선고 2023므10861(본소), 20878(반소)).

---

42) 最判昭55·7·11民集34-4-628도 재산분여청구권자가 이를 피보전권리로 하여 분여의무자가 가지는 권리에 대해 채권자대위권을 행사할 수 있는지에 관한 논점에 대하여, 이혼에 의하여 생기는 재산분여청구권은 협의 또는 심판 등에 의해서 구체적 내용이 형성되기까지는 그 범위 및 내용이 불확정·불명확하기 때문에 이러한 재산분여청구권을 보전하기 위해 채권자대위권을 행사할 수 없다고 판시하였는데(소위 단계적 형성권설), 같은 취지라 할 것이다.

43) 서울회생법원 2021. 8. 23.자 2019하기100475 결정의 취지 참조.

위 법리에 따르면, 이혼 당시 협의 또는 심판에 의하여 구체화되지 아니한 재산분할청구권은 파산재단에 속하지 아니하므로 채무자가 협의이혼 하면서 이를 행사하지 않고 사실상 포기하는 등 채권자에게 불이익하게 처분하였더라도 특별한 사정이 없는 한 채무자회생법 제564조 제1항 제1호, 제650조 제1항 제1호에 정한 면책불허가 사유에 해당한다고 볼 수 없다(대법원 2023. 7. 14.자 2023마5758 결정).

나. 재산분할이 상당한 범위를 초과하는 경우

다음으로, 문제되는 사례는 경제적으로 파탄에 이른 채무자가 재산분할이나 위자료 명목으로 상대방 배우자에게 부동산이나 고액의 돈을 지급하고 파산신청을 하는 경우이다.

지급불능상태에 있는 채무자가 이혼시 배우자에게 재산분할로 일정한 재산을 양도함으로써 결과적으로 채권자에 대한 공동담보를 감소시키는 결과로 되더라도 재산분할이 상당한 범위를 벗어나지 않는다면 사해행위로서 취소되지 않는다. 이혼에 따른 재산분할은 혼인 중 부부 쌍방의 협력으로 이룩한 공동재산의 청산이라는 성격과 경제적으로 곤궁한 상대방에 대한 부양적 성격, 분할자의 유책행위에 의하여 이혼함으로 인하여 입게 되는 정신적 손해(위자료)를 배상하기 위한 급부로서의 성격이 복합적으로 가미된 제도라 할 것이기 때문이다.

그렇지만 이미 채무초과상태에 있는 채무자가 이혼을 함에 있어 자신의 배우자에게 재산분할로 일정한 재산을 양도한 것이 상당한 정도를 벗어나는 과대한 것이라고 인정할 만한 특별한 사정이 있다면 상당한 정도를 벗어나는 초과부분에 관한 한 적법한 재산분할이라고 할 수 없기 때문에 사해행위취소의 대상으로 될 수 있다. 이 경우에도 취소되는 범위는 그 상당한 정도를 초과하는 부분에 한정하여야 하고, 위와 같이 상당한 정도를 벗어나는 과대한 재산분할이라고 볼 만한 특별한 사정이 있다는 점에 관한 입증책임은 파산관재인에게 있다(대법원 2000. 7. 28. 선고 2000다14101 판결; 대법원 2006. 9. 14. 선고 2006다33258 판결 참조).

다. 위자료

이혼에 수반하는 위자료채무는 배우자 일방의 유책행위에 의해서 혼인생활이 파탄에 이르게 된데 따른 상대방 배우자의 정신상의 고통에 대한 배상채무이다. 이혼위자료청구권은 원칙적으로 일신전속적 권리로서 양도나 상속 등 승계가 되지 아니하나 이는 행사상의 일신전속권이고 귀속상의 일신전속권은 아니며, 그 청구권자가 위자료의 지급을 구하는 소송을 제기함으로써 그 청구권을 행사할 의사가 외부적 객관적으로 명백하게 된 이상 양도나 상속 등 승계가 가능하다(대법원 1993. 5. 27. 선고 92므143 판결). 그러므로 이혼위자료 청구권을 행사할 의사가 외부적 객관적으로 명백하게 된 경우 파산관재인의 수계도 가능하다 할 것이다. 그리고 만일 유책배우자가 과다한 금액의 위자료를 지급하기로 하는 합의를 한 때는 상당한 정도를 벗어나는 초과부분에 대해서는 위자료지급이라는 명목을 가장한 금전증여계약 또는 대가를 흠결한 채무부담행위이기 때문에 부인의 대상이 된다.

4. 임금채권자에 대한 변제행위

채무자 회사의 대표자 또는 채무자가 파산신청 직전에 근로자들의 딱한 사정 때문에 또는 근로자들의 닦달을 견디지 못하여 임금채권을 우선변제하는 경우가 있다. 근로자의 임금채권은 파산절차에서 재단채권으로 우대를 받고 있지만 다른 재단채권에 대하여도 우선순위에 있지는 않다. 그러므로 그에 대한 변제행위도 부인의 대상이 될 수 있다.

대법원은 종합금융회사가 자기자본비율이 마이너스 상태(약 한 달 후 영업정지 받음)에서 임직원들에게 퇴직금 이외에 별도로 명예퇴직금을 지급하였고, 피고들 중 상당수가 부장, 차장 또는 과장 등으로 당시 회사의 재정상태에 관하여 상당 정도 알고 있었을 것으로 보이는 사안에서 회사의 피고들에 대한 명예퇴직금 지급행위가 부인권의 대상이 된다고 인정하였고(대법원 2004. 1. 29. 선고 2003다40743 판결), 파산법인이 거래정지처분을 받기 직전에 그 사정을 잘 알고 있는 직원들에게 임금 등 채권에 갈음한다는 명목으로 근저당권 등 담보로 설정된 부동산을 제외한 나머지 재산 일체를 양도한 행위도 부인의 대상이 된다고 하였다(대법원 1999. 9. 3. 선고 99다6982 판결). 즉, 위 대법원 판례에서 보듯이 거래정지처분을 받기 직전에 있는 등 회사의 재정상태를 알고 있는 특정 임금채권자들에 대한 변제행위는 부인의 대상이 된다.

그러나 임금채권이 소액인 경우, 부인권을 행사하더라도 분배의 결과가 달라지지 않는 경우, 다액의 다른 채권이 있어 안분배당 시 임금채권자에게 가혹한 경우 등에는 임금채권의 특성을 고려하여 부인권 행사가 부정된다고 볼 것이다.

5. 주택의 공유자 중 1인인 채무자가 처분한 지분 중에 일반채권자들의 공동담보에 제공되는 책임재산

사해행위를 이유로 채권자취소권이나 부인권을 행사하는 경우 그 행위를 하지 않았다면 있었을 책임재산을 회복하도록 하여야 하고, 그보다 더 많은 책임재산을 회복하는 결과를 초래하는 것은 허용되지 않는다. 따라서 일반채권자들의 공동담보에 제공되지 않은 책임재산은 취소나 부인의 범위에서 제외되어야 한다. 한편, 건물의 공유자가 공동으로 건물을 임대하고 임차보증금을 수령한 경우 특별한 사정이 없는 한 그 임대는 각자 공유지분을 임대한 것이 아니라 임대목적물을 다수의 당사자로서 공동으로 임대한 것이고 그 임차보증금 반환채무는 성질상 불가분채무에 해당한다. 임차인이 공유자 전원으로부터 주택을 임차하고 주택임대차보호법 제3조 제1항에서 정한 대항요건을 갖추어 임차보증금에 관하여 우선변제를 받을 수 있는 권리를 가진 경우에, 주택의 공유자 중 1인인 채무자가 처분한 지분 중에 일반채권자들의 공동담보에 제공되는 책임재산은 우선변제권이 있는 임차보증금 반환채권 전액을 공제한 나머지 부분이다(대법원 2017. 5. 30. 선고 2017다205073 판결; 대법원 2013. 8. 22. 선고 2012다110064 판결 등).

한편, 채무자가 제3자에게 저당권이 설정되어 있는 재산을 양도한 경우, 양도한 재산 중에서 일반채권자들의 공동담보에 제공되는 책임재산은 저당권의 피담보채권액을 공제한 나머지 부분이고, 채권자취소나 부인권행사의 대상인 행위는 이와 같이 산정된 일반채권자들을 위한 책임재산의 범위 내에서 성립하므로, 피담보채권액이 양도한 재산의 가액을 초과할 때에는 재산의 양도가 채권자취소나 부인권행사의 대상이 되지 않는다. 채무자 소유인 여러 부동산에 공동저당권이 설정되어 있는 경우 책임재산을 산정할 때 각 부동산이 부담하는 피담보채권액은 특별한 사정이 없는 한 민법 제368조의 규정 취지에 비추어 공동저당권의 목적으로 된 각 부동산의 가액에 비례하여 공동저당권의 피담보채권액을 안분한 금액이라고 보아야 한다. 공동채무자들이 하나의 부동산을 공동소유하면서 전체 부동산에 저당권을 설정한 경우에도 특별한 사정이 없는 한 위 법리가 적용된다. 그러므로 건물의 공유자 중 1인인 채무자가 처분한 지분이 부담하는 피담보채권액은 그 건물에 관한 근저당권 피담보채권액 전부가 아니라 그 지분의 비율로 산정한 금액이다(대법원 2017. 5. 30. 선고 2017다205073 판결).

제10장 환취권

제10장 환취권

제1절 환취권의 의의

1. 개념

환취권이란 채무자의 소유에 속하지 아니하는 재산을 파산절차에 의하지 아니하고 파산관재인으로부터 환취할 수 있는 권리를 말한다. 파산재단은 채무자의 재산만으로 구성되지만 타인의 재산이 섞이는 수가 있다. 그런데 채무자가 점유한 타인의 재산은 채무자의 책임재산에 속하지 않으므로, 그 재산의 소유자는 파산관재인이 점유하는 재산을 자신의 재산이라고 주장하여 되찾을 수 있다. 즉, 환취권은 파산선고 시에 제3자가 채무자에 대하여 가지는 청구권이 파산선고에 의하여 영향을 받지 않고 파산관재인에게 행사할 수 있는 것을 보장하는 제도이다. 환취권은 실체법에 근거한 경우와 파산법에 근거한 경우로 나눌 수 있고, 전자를 일반환취권, 후자를 특별환취권이라고 부른다.

2. 구 파산법 제80조 삭제

구 파산법은 "파산선고 전에 파산자에게 재산을 양도한 자는 담보의 목적으로 한 것을 이유로 그 재산을 환취할 수 없다(제80조)."고 규정하였다. 위 규정의 입법이유는 양도담보에 있어서 목적물의 소유권이 외부적으로만 이전하고 내부적으로는 이전하지 않는다면 양도담보권자가 파산한 경우에 설정자는 환취권을 행사할 수 있는데, 이를 인정하면 채무자 명의의 재산을 믿고 신용을 공여한 상대방은 속은 것이나 다름없고 거래안전을 해하기 때문이라고 설명되었다.

그런데 현재의 판례나 학설에 의하면 양도담보권자는 대외적으로 소유권을 주장할 수 없고 청산의무를 부담하는 담보권자로 인정되고 있고(담보권설), 위 규정에 의하면 설정자는 양도담보권자의 파산이라는 전혀 모르는 사정에 의해서 피담보채권을 변제하더라도 목적재산을 환취할 수 없게 될 수도 있다는 문제점이 지적되었다. 그래서 입법론으로는 구 파산법 80조의 삭제가 주장되었고, 해석론으로도 구 파산법 제80조는 피담보채권을 변제할 때까지는 환취할 수 없다는 취지이고, 피담보채권을 변제하면 설정자는 환취할 수 있다고 규정한 것이라고 해석하였다. 대법원도 "위 규정은 양도담보권의 피담보채권이 아직 소멸하지 않은 경우에 양도담보권자의 파산을 이유로 환취권을 행사하는 것을 허용하지 않는 것이라 해석할 것이고, 양도담보권의 피담보채권이 소멸한 경우에는 파산자는 더 이상 양도담보권의 목적이 된 재산권을 보유할 권원이 없으므로 양도담보 설정자는 원칙적인 규정인 파산법 제79조에 의하여 양도담보의 목적이 된 재산권을 환취할 수 있다고 할 것이다(대법원 2004. 4. 28. 선고 2003다61542 판결)."라고 해석하였다. 그래서 채무자회생법은 위와 같은 비판과 지적을 반영하여 구 파산법 제80조를 삭제하였다.

제2절 일반환취권

채무자회생법 제407조는 일반환취권에 관한 규정이다. 일반환취권은 목적물에 대해서 제3자가 갖는 실체법상의 지배권이고 파산선고의 효력에 의해서 영향을 받지 않는다. 따라서 어떠한 권리가 환취권인가는 민법, 상법 그 밖의 실체법의 일반원칙에 의하여 결정된다. 환취권의 기초가 되는 권리로서는 소유권이 가장 전형적이지만 용익물권이나 점유권, 채무자에 대한 임대인 등의 반환청구권 등도 환취권의 기초가 된다.

1. 소유권

소유권은 목적물에 대한 배타적 지배권을 내용으로 하기 때문에(민법 제211조) 환취권의 기초가 된다. 그렇지만 소유권자가 당연히 항상 환취권자가 된다는 것은 아니다. 예를 들어 당해 재산에 대해서 파산자의 임차권을 파산관재인이 행사할 수 있는 경우처럼 적법한 점유권원이 파산재단에 속하는 때에는 제3자가 소유권자라도 환취권을 행사할 수 없다. 파산관재인이 각종 실체규정에 의해서 제3자로서 보호되는 경우에도 파산관재인에 대한 소유권의 주장이 제한된다.

2. 기타 물권

지상권 등 목적물의 점유를 권리의 내용으로 하는 용익물권도 환취권의 기초가 된다. 용익물권은 목적물의 점유를 권리의 내용으로 하기 때문에 파산관재인이 그 목적물을 점유하는 때에는 용익물권자는 환취권의 행사로서 목적물의 인도를 구할 수 있다. 또한 점유권(유치권 · 질권에 기한 점유권 포함)도 환취권의 기초가 된다. 종래 양도담보권에 대해서는 양도담보권자에로의 소유권 이전의 형식을 중시하여 환취권이라고 해석할지, 아니면 채권담보라는 실질을 중시하여 별제권으로 해석할지 다툼이 있었다. 현재 판례와 실무는 도산절차에서의 양도담보권은 별제권 또는 회생담보권이라는 것이 확립되어 있다. 그러므로 양도담보권자는 도산절차에서 환취권을 주장하여 그 목적물의 인도를 구할 수 없다. 다만, 파산선고 전에 양도담보권의 실행이 종료되어 소유권이 양도담보권자 또는 제3자에게 확정적으로 귀속된 경우에는 환취권을 행사할 수 있다. 저당권과 같이 목적물의 점유를 수반하지 않는 담보물권은 환취권이 아닌 별제권의 대상이 된다.

3. 채권적 청구권

채권이라도 파산관재인의 지배권을 부정하고 자기에게 인도를 구할 수 있는 내용의 권리인 경우에는 채권적 청구권이라고 하더라도 환취권의 기초가 된다. 임대차계약, 전대차계약, 사용대차계약의 종료에 기한 목적물의 반환청구권이 여기에 해당한다. 예를 들면, 채무자가 전차한 물건에 대해서 전대인이 전대차계약의 종료를 이유로 환취권을 주장하는 경우이다. 갑(임대인), 을(전대인), 병(전차인)으로 순차로 임대차, 전대차가 이루어진 경우에 을(전대인)이 전대차의 종료를 이유로 병(전차인)의 파산관재인에 대해서 목적물의 채권적 인도를 구하는 때는 을은 갑(임대인 · 소유자)의 소유권을 배경으로 하여 환취권을 갖는다.

그러나 파산선고 전에 채무자로부터 물건을 매수한 자가 가지는 목적물의 인도청구권과 같이, 어떤 재산이 파산재단에 속하고 있다는 것을 전제로 그 급부를 구하는 채권적 청구권을 주장하는 자는 환취권이 아닌 파산채권이 될 뿐이다. 채무자에 대하여 파산선고 전의 원인으로 생긴 재산상의 청구권은 파산채권이기 때문이다(법 제423조, 제424조).

사해행위취소권도 환취권의 기초가 될 수 있다. 예를 들면, 파산선고 전에 제3자로부터 채무자에게 어느 재산이 양도된 때에 제3자의 채권자가 양도행위를 사해행위로서 취소하고, 파산관재인에 대해서 목적물의 반환을 주장하는 경우이다. 대법원도 사해행위취소권은 사해행위로 이루어진 채무자의 재산처분행위를 취소하고 사해행위에 의해 일탈된 채무자의 책임재산을 수익자 또는 전득자로부터 채무자에게 복귀시키기 위한 것이므로 환취권의 기초가 될 수 있다고 한다. 그러므로 수익자 또는 전득자에 대하여 파산절차가 개시된 경우 채무자의 채권자가 사해행위의 취소와 함께 파산채무자로부터 사해행위의 목적인 재산 그 자체의 반환을 청구하는 것은 환취권의 행사에 해당하여 파산절차개시의 영향을 받지 아니한다. 따라서 채무자의 채권자는 사해행위의 수익자 또는 전득자에 대하여 파산절차가 개시되더라도 파산관재인을 상대로 사해행위의 취소 및 그에 따른 원물반환을 구하는 사해행위취소의 소를 제기할 수 있다(대법원 2014. 9. 4. 선고 2014다36771 판결, 대법원 2019. 4. 11. 선고 2018다203715 판결 참조).

제3절 특별환취권

채무자회생법 제407조의 2부터 제410조는 파산이라는 특수한 상황에 비추어 당사자 사이의 공평을 도모하는 차원에서 특별히 인정된 특별환취권에 관한 규정이다. 채무자회생법에 의해서 특별히 인정되는 권리이므로 그 요건은 채무자회생법에 의해 정해진다.

1. 운송 중인 매도물의 환취권

매도인이 매매의 목적인 물건을 매수인에게 발송하였으나 매수인이 그 대금의 전액을 변제하지 아니하고, 도달지에서 그 물건을 수령하지 아니한 상태에서 매수인이 파산선고를 받은 때에는 매도인은 그 물건을 환취할 수 있다. 다만, 파산관재인이 대금 전액을 지급하고 그 물건의 인도를 청구한 때에는 그러하지 아니하다(법 제408조 제1항). 매매계약의 매수인이 파산한 경우에 매도인의 목적물인도의무와 매수인의 대금지급의무가 쌍방미이행이라면 계약관계는 채무자회생법 제335조 이하의 규정에 따라서 정리된다. 매도인의 인도의무가 이행이 되었다면 그의 대금채권은 파산채권이 된다. 이러한 일반원칙에 대해서 법 제

408조 제1항은 격지자(隔地者) 사이의 매매에 대해서 특칙을 두어 매도인에게 환취권을 인정하였다. 법 제408조 제1항의 취지는 격지자 사이의 매매에서 매도인의 거래안전을 보호하기 위한 것이다. 매도인에게 환취권이 인정되기 위해서는 ① 격지자 사이의 매매일 것, ② 매수인이 대금을 완납하지 않았을 것, ③ 파산선고 시에 매수인이 도달지에서 목적물을 수령하지 않았을 것을 요한다.

매도인이 환취권을 행사하여 매매목적물의 점유를 회복하면 매매계약에 대해서 목적물의 인도의무와 대금지급의무의 쌍방미이행 관계가 확정되기 때문에 계약관계는 쌍방미이행 쌍무계약의 법리에 따라서 정리된다(법 제408조 제2항).

2. 위탁매매인의 환취권

매수위탁을 받은 위탁매매인이 매수한 물품을 위탁자에게 발송한 경우에도 위탁자가 파산선고를 받은 때에는 위탁매매인에게 환취권이 주어진다(법제409조). 위탁매매인과 위탁자의 관계는 격지자간의 매매와 유사하기 때문에 채무자회생법이 특별환취권을 인정한 것이다. 이 경우의 환취권의 요건은 운송 중인 매도물의 환취권의 경우와 동일하다. 즉, ① 위탁매매인이 물품을 발송하였을 것, ② 위탁자가 보수 · 비용을 완납하지 않았을 것, ③ 위탁자가 파산선고 시 물품을 수령하지 않았을 것이다.

위탁매매의 경우에 쌍무계약의 일반원칙(법 제335조)이 적용되는지에 대해서 논의가 있다. 법 제409조가 법 제408조 제2항을 준용하고 있지 않고, 위탁매매의 법률관계는 위임이고, 위임관계는 위임인의 파산에 의해 종료되기 때문에 법 제335조의 적용은 부정되어야 할 것이다.

3. 대체적 환취권

가. 의의

채무자가 파산선고 전에 환취권의 목적인 재산을 양도한 때에는 환취권자는 반대급부의 이행청구권의 이전을 청구할 수 있고, 파산관재인이 환취권의 목적인 재산을 양도한 때에도 또한 같다(법 제410조 제1항). 대법원 2008. 5. 29. 선고 2005다6297 판결은 위탁매매인이 위탁자로부터 받은 물건 또는 유가증권이나 위탁매매로 인하여 취득한 물건, 유가증권 또는 채권은 위탁자와 위탁매매인 또는 위탁매매인의 채권자 간의 관계에서는 이를 위탁자의 소유 또는 채권으로 보므로(상법 제103조), 위탁매매인이 위탁자로부터 물건 또는 유가증권을 받은 후 파산한 경우에는 위탁자는 구 파산법 제79조에 의하여 위 물건 또는 유가증권을 환취할 권리가 있고, 위탁매매의 반대급부로 위탁매매인이 취득한 물건, 유가증권 또는 채권에 대하여는 구 파산법 제83조 제1항에 의하여 대상적 환취권으로서 그 이전을 구할 수 있다고 판시하였다. 구 파산법이 적용된 경우이나 법문의 내용에 변화가 없으므로 채무자회생법이 적용되는 경우에도 마찬가지라 할 것이다. 일반환취권이든 특별환취권이든 그 목적은 파산관재인의 관리 아래 있는 목적물을 환취권자에게 반환하는데 있다. 그런데 목적물이 이미 채무자 또는 파산관재인에 의해서 제3자에게 양도되어 파산재단에 현존하지 않는다면 목적물의 반환은 불가능하다. 이 경우에 목적물을 대신하여 반대급부 또는 그 청구권에 대해서 환취권을 인정하는 것이 대체적 청구권이다. 대체적 환취권의 취지는 환취권의 목적물이 양도된 경우에 환취권자에게 목적물을 반환하는 것과 동일한 효과를 부여함으로써 환취권자를 보호하려는 것이다.

나. 환취권의 목적물이 양도되었지만 반대급부가 이행되지 않은 경우

(1) 파산선고 전에 채무자가 양도한 경우

채무자가 환취권의 목적인 재산을 처분하여 파산재단 중에 현존하지 않는 경우 그 재산 자체를 환취할 수 없다. 이때 원칙적으로 환취권자는 채무자가 파산선고 전에 처분한 경우에는 부당이득반환청구권을 파산채권으로 행사할 수밖에 없다(채무자회생법 제423조). 그런데 이 경우 채무자가 파산선고 전에 환취권의 목적인 재산을 제3자에게 양도하였는데 양수인이 아직 반대급부를 이행하고 있지 않은 경우에는 환취권자는 자신에게 반대급부의 이행청구권의 이전을 청구할 수 있다(법 제410조 제1항 전문). 채무자에 의한 양도는 권한 없이 이루어진 것이고, 반대급부는 환취권의 목적인 재산의 대체물임이 명백하며, 양수인에게 불이익도 없기 때문에 채무자회생법은 환취권자에게 반대급부청구권의 이전청구를 인정한 것이다. 환취권자는 목적물의 양수인에 대해서 목적물의 인도청구를 할 수 없는 경우뿐 아니라 목적물 인도청구를 할 수 있는 경우라도 대체적 환취권을 선택하여 행사할 수 있다고 해석된다.

(2) 파산선고 후에 파산관재인이 양도한 경우

파산관재인이 환취권의 목적인 재산을 양도하였으나 양수인이 반대급부를 이행하지 않은 경우 환취권자는 파산관재인에게 반대급부 이행청구권의 이전을 청구할 수 있다(법 제410조 제1항 후문). 이 경우 파산관재인에게 불법행위가 성립하거나 파산재단이 부당이득을 얻기 때문에 환취권자의 권리는 재단채권으로서 보호되지만(법 제473조 제4, 5호), 파산재단이 부족한 때에는 재단채권이라고 하더라도 완전한 만족을 받을 수 없기 때문에 채무자회생법은 대체적 환취권을 부여하여 환취권자를 보호하려는 것이다. 만약 파산관재인이 환취권의 목적인 재산을 환취권의 목적이 아닌 다른 재산과 한꺼번에 양도하면서 각각의 반대급부를 특정하지 않은 경우 환취권자는 전체 반대급부의 이행청구권 중 환취권의 목적인 재산의 가치에 상응하는 부분에 한하여 대체적 환취권을 행사할 수 있다(대법원 2023. 6. 15. 선고 2020다277481 판결).

다. 반대급부의 이행을 받은 경우

(1) 파산관재인이 반대급부의 이행을 받은 경우

환취권의 목적인 재산을 채무자가 파산선고 전에 또는 파산관재인이 파산선고 후에 제3자에게 양도하고, 파산관재인이 그 반대급부의 이행을 받은 경우에는 파산관재인에 의한 불법행위 또는 파산재단의 부당이득이 되므로, 환취권자는 재단채권자로서 보호된다(법 제473조 제4, 5호). 그러나 재단채권으로 취급하는 것만으로는 완전한 만족이 보장되지 않기 때문에 채무자회생법은 환취권자가 파산관재인이 반대급부로 받은 재산의 반환을 청구할 수 있도록 대체적 환취권을 부여하였다(법 제410조 제2항). 다만, 대체적 환취권의 근거는 대체물이 일반재산으로부터 구별될 수 있다는 점에 있기 때문에 반대급부는 특정성을 잃지 않아야 한다. 그러므로 반대급부가 금전처럼 불특정물인 경우에는 원칙으로 돌아가 환취권자는 재단채권자로서 취급된다.

(2) 채무자가 파산선고 전에 반대급부의 이행을 받은 경우

환취권의 목적인 재산을 채무자가 파산선고 전에 제3자에게 양도하고 파산선고 전에 그 반대급부의 이행을 받은 경우에는, 그것은 일반재산에 혼입되어 채무자의 책임재산이 되기 때문에 환취권이 인정되지 않는다. 급부의 목적물이 특정물이라도 결론은 바뀌지 않는다. 따라서 환취권자는 채무자에 대한 부당이득반환청구권이나 손해배상청구권을 파산채권으로서 행사할 수 있을 뿐이다.

제11장 별제권

제11장 별제권

1. 별제권의 의의와 성질

가. 별제권의 의의

별제권이란 특정한 재산이 파산재단에 속하는 것을 전제로 해당 재산으로부터 우선적으로 피담보채권을 변제받을 수 있는 권리를 말한다. 별제권은 파산절차에 의하여 새로 창설된 권리가 아니라 기존 민사법상 담보물권의 효력을 파산절차에서 그대로 인정한 것에 불과하다. 파산재단에 속하는 재산상에 존재하는 유치권 · 질권 · 저당권 · 「동산 · 채권 등의 담보에 관한 법률」에 따른 담보권 또는 전세권을 가진 자는 그 목적인 재산에 관하여 별제권을 가지며(법 제411조), 별제권은 파산절차에 의하지 아니하고 행사할 수 있다(법 제412조). 어음의 양도담보권자도 채무자회생법상 별제권을 가진다(대법원 2010. 1. 14. 선고 2006다17201 판결). 담보권이 채무자의 재산 위에 설정되어 있으면 피담보채권의 채무자가 파산자가 아닌 제3자인 경우에도 당해 담보권은 별제권이 된다. 그렇지만 피담보채권의 채무자가 파산자라도 담보권의 목적인 재산이 파산자 소유가 아닌 경우에는 그 담보권은 별제권에 해당하지 않는다. 별제권자는 그 별제권의 행사에 의하여 변제를 받을 수 없는 채권액에 관하여만 파산채권자로서 그 권리를 행사할 수 있지만, 별제권을 포기한 채권액에 관하여 파산채권자로서 그 권리를 행사하는 것에 영향을 미치지 아니한다(법 제413조).

나. 별제권의 성질

별제권은 특정재산으로 우선변제를 받는다는 점에서 파산재단 전체로부터 우선변제를 받는 권리인 재단채권과 다르고, 파산재단에 속하는 특정한 재산에 대해서 담보권의 효력으로서 그 재산으로부터 금전적 가치를 우선적으로 취득하는 권리인 점에서 파산재단에 속하지 않는 특정재산 그 자체의 인도 내지 반환을 구하는 환취권과도 다르다.

다. 별제권과 파산관재인의 권한

파산절차에 의하지 않고 행사할 수 있는 별제권이라도 파산관재인으로부터의 간섭을 완전히 면하는 것은 아니다. 별제권의 목적물은 파산재단에 속하는 것이므로 별제권자는 목적물을 소지하고 있는 때에는 그 뜻 및 채권액을 소정의 기간 내에 파산관재인에게 신고하여야 하고(법 제313조 제1항 제5호, 제4항), 별제권의 행사는 채무자가 아닌 파산관재인을 상대방으로 하여야 한다. 파산관재인은 별제권자에 대하여 그 권리의 목적인 재산을 제시할 것을 요구할 수 있고, 파산관재인이 재산을 평가하고자 하는 때에는 별제권자는 이를 거절할 수 없다(법 제490조). 그리고 파산관재인은 적당하다고 인정되면 법원의 허가를 받아 피담보채권을 변제하고 목적물을 환수할 수 있다(법 제492조 제14호). 그뿐 아니라 별제권자가 별제권을 행사하지 않는 경우에는 파산관재인은 하등의 최고 없이 민사집행법에 의하여 별제권의 목적인 재산을 환가할 수 있고, 별제권자로서는 이를 거절할 수 없다(법 제497조 제1항). 구체적으로는 파산관재인은 파산선고결정 정본을 집행권원으로 하여 강제집행을 신청한다. 파산관재인이 목적물을 환가한 때는 별제권자는 그 환가대금으로부터 우선변제를 받게 되지만, 그 받을 금액이 아직 확정되지 아니한 때에는 파산관재인은 대금을 따로 임치하여야 하고, 별제권은 그 대금 위에 존재한다(법 제497조 제2항).

라. 회생담보권에 대한 조사확정재판이 진행 중 채무자회생법 제6조 제1항에 의하여 견련파산이 선고된 경우에 파산절차에서의 별제권의 존재 여부 및 범위를 정하는 방법

채무자회생법 제6조 제1항에 의하여 파산이 선고된 경우에 그 파산절차에서의 별제권의 존재 여부와 범위는, 채권자의 권리가 종전 회생절차에서 회생담보권으로 확정된 다음 인가된 회생계획에 따라 변경되고 파산선고 당시까지 변제되는 등의 사정을 모두 반영하여 정해져야 한다. 회생계획인가의 결정이 있는 때에는 회생채권자 등의 권리는 회생계획에 따라 실체적으로 변경되고 회생계획인가결정의 효력은 회생절차가 폐지되더라도 영향을 받지 않기 때문이다(채무자회생법 제252조 제1항, 제288조 제4항). 그러므로 종전 회생절차에서 채권자의 회생담보권 신고를 관리인이 이의하여 회생담보권 조사확정재판 진행 중에 견련파산이 선고된 경우에 위 신고한 회생담보권이 파산절차에서 별제권자인지 여부와 그 내용은 종전 회생절차에서 회생담보권의 존부와 범위가 어떻게 확정되었는지, 그와 같이 확정된 회생담보권이 인가된 회생계획을 통해 어떻게 변경되었는지에 따라 결정된다. 결국 회생담보권이 어떻게 확정되었는지는 조사확정재판 결과에 따라 정해지고, 그와 같이 확정된 회생담보권이 어떻게 변경되었는지는 인가된 회생계획을 통해 확인하여 정해진다. 한편, 회생담보권의 피담보채무는 특별한 사정이 없는 한 회생절차개시결정을 기준으로 확정되므로, 그 이후 새로운 거래관계에서 발생한 원본채권은 회생담보권에 의해 담보될 여지는 없다.[1)]

마. 세무서장의 압류 후 압류재산에 설정된 물권과 새로 발생한 조세와의 우선순위

대법원 2004. 11. 12. 선고 2003두6115 판결은 "국세징수법 제47조 제2항(현행법 제46조 제2항)은 세무서장이 한 부동산 등의 압류의 효력은 당해 압류재산의 소유권이 이전되기 전에 국세기본법 제35조 제1항(현행법 제35조 제2항)의 규정에 의하여 법정기일이 도래한 국세에 대한 체납액에 대하여도 미친다고 규정하고 있는바, 위 규정의 취지는 한번 압류등기를 하고 나면 동일한 자에 대한 압류등기 이후에 발생한 체납세액에 대하여도 새로운 압류등기를 거칠 필요없이 당연히 압류의 효력이 미친다는 것일 뿐이고, 그 압류에 의해 그 후에 발생한 국세채권에 특별한 우선적 효력을 인정하는 것은 아니며, 또 위 규정이 국세기본법 제35조 제1항 제3호의 규정을 배제하는 효력까지 있는 것은 아니므로(대법원 1988. 1. 19. 선고 87누827 판결 참조), 압류 후 압류재산에 저당권, 질권 또는 전세권이 설정된 경우 그 물권과 압류 이후 새로 발생한 조세와의 우선순위는 국세기본법 제35조 제1항 제3호의 규정에 따라 그 설정등기일과 새로 발생한 조세의 법정기일의 선후에 따라 결정된다"고 전제한 뒤 "원심이, 비록 이 사건 근저당권이 이 사건 압류 후에 설정되었고 그 후 압류에 관계된 체납국세가 전액 납부되었으나 압류 후에 발생한 이 사건 체납국세로 말미암아 계속 압류가 유효하다고 하더라도, 근저당권의 설정등기일이 체납국세의 법정기일보다 앞서므로, 이 사건 근저당권의 피담보채권이 공매대금의 배분순위에 있어서 이 사건 체납국세보다 우선순위에 있다고 판단한 것은 정당하다"고 하였다. 요컨대, 세무서장의 압류 후 압류재산에 저당권, 질권 또는 전세권이 설정된 경우 그 물권과 압류 이후 새로 발생한 조세와의 우선순위는 국세기본법 제35조 제2항의 규정에 따라 그 설정등기일과 새로 발생한 조세의 법정기일의 선후에 따라 결정된다.

---

1) 대법원 2021. 1. 28. 선고 2018다286994 판결.

바. 별제권에 선행하는 가압류등기가 있는 경우 파산선고로 인하여 선행 가압류가 실효되는지 여부

파산절차는 파산선고를 받은 채무자에 대한 포괄적인 강제집행절차로서 이와 별도의 강제집행절차는 원칙적으로 필요하지 않다. 채무자회생법은 이를 관철하기 위해 이미 개시되어 있는 강제집행이나 보전처분은 실효된다고 규정하고 있다(법 제348조 제1항). 대법원은 위 규정의 취지를 관련 당사자 간의 모든 관계에서 강제집행, 집행보전행위가 절대적으로 무효가 된다는 것이 아니라 파산재단과의 관계에 있어서만 상대적으로 무효가 된다는 의미로 해석한다(대법원 2000. 12. 22. 선고 2000다39780 판결). 그러므로 채무자에 대한 파산선고가 없었다면 당해 부동산에 대한 별제권에 기한 집행절차에서 선행 가압류채권자에게 배당할 수 있었던 경우에는 그 가압류는 실효되지 않는다. 이 경우 집행법원은 파산선고가 없었던 경우의 배당순위에 따라 선행 가압류채권자와 별제권자에게 안분배당하는 내용의 배당표를 작성한 후 가압류채권자에 대한 배당금을 공탁하게 되고, 파산관재인은 가압류채권자가 파산채권 신고를 하여 확정되었음을 소명할 수 있는 파산채권자표 등본 또는 채권확정소송의 판결 등본을 집행법원에 제출하여 배당금을 수령할 수 있다.[2)]

2. 준별제권자

파산재단에 속하지 아니하는 채무자의 재산상에 질권 · 저당권 또는 「동산 · 채권 등의 담보에 관한 법률」에 따른 담보권을 가진 자는 그 권리의 행사에 의하여 변제를 받을 수 없는 채권액에 한하여 파산채권자로서 그 권리를 행사할 수 있다(법 제414조 제1항). 별제권은 파산재단에 속하는 특정재산에 담보권을 갖고 그 특정재산으로부터 다른 채권자에 우선하여 변제를 받을 수 있는 권리이다. 그런데 같은 채무자의 재산이지만 파산재단에 속하지 않는 재산(즉 자유재산), 특히 압류금지재산상에 질권 · 저당권 또는 「동산 · 채권 등의 담보에 관한 법률」에 따른 담보권을 가진 자는 당연한 별제권자라고는 할 수 없지만, 이들은 그 권리에 의하여 변제를 받을 수 없는 채권액에 대해서만 그 권리행사를 인정하는 것이 다른 파산채권자에 대한 관계에서 공평하다. 법 제414조 제1항은 이러한 취지에서 만들어진 규정이다. 파산재단에 속하지 아니하는 채무자의 재산상에 질권 · 저당권 또는 「동산 · 채권

2) 사법연수원, 법원실무제요 민사집행[Ⅲ], 사법발전재단(2020), 154, 155면.

등의 담보에 관한 법률」에 따른 담보권을 가진 자에 대하여는 별제권에 관한 규정을 준용한다(법 제414조 제2항).

3. 주택임차인 등

주택임차인이 주택임대차보호법 제3조(대항력 등) 제1항의 규정에 의한 대항요건을 갖추고 임대차계약증서상의 확정일자를 받은 후 임대인이 파산한 경우에, 주택임차인은 채무자회생법 제415조 제1항에 따라 파산채권인 임대차보증금 반환 채권에 관하여 파산재단에 속하는 주택(대지를 포함한다)의 환가대금에서 후순위권리자 그 밖의 채권자보다 우선하여 보증금을 변제받을 권리가 있으며, 그 우선변제권의 한도 내에서는 파산절차에 의하지 아니하고 위 주택에 대한 경매절차 등에서 만족을 받을 수 있다(대법원 2017. 11. 9. 선고 2016다223456 판결).

그런데 대법원은 주택임차인이 보증금반환채권 중 우선변제권이 인정되는 부분조차 변제받지 못한 상태에서 파산절차가 폐지되었다고 하더라도, 법 제564조에 의한 면책결정이 확정되면 주택임차인으로서는 이후 주택이 환가되는 경우 그 환가대금에 관하여 자신의 우선변제권을 주장할 수 있을 뿐 채무자를 상대로 보증금반환채권의 이행을 소구할 수 없다고 한다(대법원 2025. 6. 12. 선고 2022다247378 판결). 이러한 법리는 개인회생절차에서의 대법원 판결의 법리, 즉 "주택임대차보호법 제3조(대항력 등) 제1항의 규정에 의한 대항요건을 갖추고 임대차계약증서상의 확정일자를 받은 임차인은 임대인에 대한 개인회생절차의 진행 중에 임차주택의 환가가 이루어지지 않아 주택임차인이 그 환가대금에서 임차보증금채권을 변제받지 못한 채 임대인에 대한 면책결정이 확정되어 그 개인회생절차가 종료되었다고 하더라도 특별한 사정이 없는 한 주택임차인의 임차보증금채권 중 채무자회생법 제586조, 제415조 제1항에 의하여 인정된 우선변제권의 한도 내에서는 제625 제2항 단서 제1호에 따라 면책이 되지 않는 '개인회생채권자목록에 기재되지 아니한 청구권'에 해당하여 면책결정의 효력이 미치지 않는다고 봄이 타당하다(대법원 2017. 1. 12. 선고 2014다32014 판결)"는 법리와 구별할 필요가 있다.

주택임대차보호법 제8조(보증금 중 일정액의 보호)의 규정에 의한 임차인도 같은 조의 규정에 의한 보증금을 파산재단에 속하는 주택(대지를 포함한다)의 환가대금에서 다른 담보물권자보다 우선하여 변제받을 권리가 있다. 이 경우 임차인은 파산신청일까지 주택임대차보호법 제3조(대항력 등) 제1항의 규정에 의한 대항요건을 갖추어야 한다(법 제415조 제2항). 최우선변제를 받을 소액임차인의 경우 파산선고일 또는 경매신청등기일이 아닌 파산신청일까지 대항요건을 갖춘 경우에만 파산절차에서 우선변제를 인정하고 있는 것은 파산신청 이후 가장임차인을 입주시켜 우선변제를 받는 탈법행위를 막기 위한 것이다. 그런데 파산신청일 이전에 대항력을 갖추었다 하더라도 소액임차인 우선변제권을 악용하여 부당한 이득을 취하고자 임대차계약을 체결한 것이라면 파산관재인은 부인권을 행사할 수 있다(대법원 2013. 12. 12. 선고 2013다62223 판결 참조).

위 법 제415조 제1항 및 제2항의 규정은 상가건물 임대차보호법 제3조(대항력 등)의 규정에 의한 대항요건을 갖추고 임대차계약증서상의 확정일자를 받은 임차인과 같은 법 제14조(보증금 중 일정액의 보호)의 규정에 의한 임차인에 관하여 준용한다(법 제415조 제3항).

요컨대, 채무자회생법은 우선변제권 있는 주택임차인 또는 상가임차인을 파산절차에서 별제권자에 준하여 보호하고 있다. 대법원도 주택임대차보호법상 대항요건 및 확정일자를 갖춘 임차인들은 채무자회생법 제415조 제1항에 의하여 인정된 우선변제권의 한도 내에서는 파산절차에 의하지 아니하고 임차보증금반환채권의 만족을 받을 수 있고, 이러한 임차인들은 파산절차에서 별제권자에 준하는 지위에 있다고 본다(대법원 2017. 11. 9. 선고 2015다44274 판결). 위 대법원 2015다44274 판결은 파산관재인이 채무자회생법 제492조 제14호에 따라 '별제권의 목적의 환수'에 관한 회생법원의 허가 등을 얻어 이러한 임차인에게 임대차보증금반환채무액 상당의 환수대금을 지급할 수 있다고 하여 대항요건 및 확정일자를 갖춘 임차인이 별제권에 준하는 지위를 가짐을 분명히 하였다.

4. 임금채권자 등(2014. 12. 30. 법 제415조의2 신설)

가. 법 제415조의2 신설 전 상황

근로기준법 제38조 제2항은 최종 3개월분의 임금, 재해보상금에 해당하는 채권은 사용자의 총재산에 대하여 질권 · 저당권 또는 「동산 · 채권 등의 담보에 관한 법률」에 따른 담보권에 따라 담보된 채권, 조세 · 공과금 및 다른 채권에 우선하여 변제되어야 한다고 규정하고 있고, 근로자퇴직급여보장법 제12조 제2항은 최종 3년간의 퇴직급여 등은 사용자의 총재산에 대하여 질권 또는 저당권에 의하여 담보된 채권, 조세 · 공과금 및 다른 채권에 우선하여 변제되어야 한다고 규정하고 있다.

이처럼 일반민사집행절차에 있어 최우선변제 임금채권자는 담보부 채권 등보다 우선적으로 변제받도록 관계 법령에 규정되어 있음에도, 채무자회생법은 최우선변제 임금채권도 다른 일반 임금채권 등과 동일한 재단채권으로 규정하고 있다(채무자회생법 제473조 제10호). 포괄적 강제집행절차인 파산절차에서는 사용자에 대하여 파산선고가 있게 되면 임금채권 등 재단채권에 기하여는 독립하여 강제집행을 할 수 없고, 재단채권에 대한 배당액에 관하여는 재단채권자가 직접 수령하지 못하고 파산관재인이 수령하여 이를 재단채권자들에 대한 변제자원 등으로 사용하게 된다(대법원 2008. 6. 27.자 2006마260 결정 참조).

그런데 파산관재인이 수령한 배당금 등으로 구성된 파산재단이 최우선변제 임금채권을 포함한 재단채권 전액을 변제하기에 충분한 경우에는 최우선임금채권자의 보호에 아무런 문제가 생기지 않지만, 파산재단으로써 재단채권을 변제하기에 부족하게 된 경우에는 다른 법령이 규정하는 우선권에도 불구하고 채무자회생법 제477조 제1항에 따라 아직 변제하지 아니한 채권액의 비율에 따라 안분하여 변제해야 한다. 실무상으로는 파산절차에서 파산재단이 재단채권의 전액을 변제하기에 부족하게 되는 경우가 흔하다. 그러므로 파산재단이 재단채권의 총액을 변제하기에 부족한 것이 분명하게 된 때에는 재단채권의 변제는 다른 법령이 규정하는 우선권에 불구하고 아직 변제하지 아니한 채권액의 비율에 따라 변제하므로 최우선변제 임금채권자의 이익을 희생시켜서 다른 재단채권자의 재단채권 변제에 안분하여 충당하게 되어 근로자로서는 실체법상 인정된 우선변제권을 잃게 되는 문제가 있었다.

나. 법 제415조의2 신설 취지 및 의미

이러한 문제점을 고려하여 채무자회생법은 근로자를 보호하기 위한 목적으로 2014. 12. 30. 제415조의2를 신설하여 「근로기준법」 제38조 제2항 각호에 따른 채권과 「근로자퇴직급여보장법」 제12조 제2항에 따른 최종 3년간의 퇴직급여 등 채권의 채권자에게 해당 채권을 파산재단에 속하는 재산에 대한 별제권 행사 또는 제349조 제1항의 체납처분에 따른 환가대금에서 다른 담보물권자보다 우선하여 변제받을 권리를 부여하였다. 위 규정은 임금채권자들에게 파산절차 개시 전 · 후에 상관없이 동일하게 근로기준법 및 근로자퇴직급여보장법상의 변제순위에 따른 최우선변제권을 확보하려는 취지에서 신설된 것이다. 이로써 근로자의 최종 3개월분의 임금, 재해보상금 및 최종 3년분의 퇴직금 채권은 파산절차에서도 별제권 행사 또는 체납처분에 따른 환가대금에서 최우선변제를 받을 수 있게 되었다. 본조 신설 이후 경매 배당실무는 최우선임금채권자에게 배당될 배당액을 종전처럼 파산관재인에게 배당하지 않고 임금채권자에게 직접 배당하여 임금채권자가 수령하고 있다. 대법원도 제415조의2 본문은 별제권 행사에 따른 경매절차에서 종래 조세채권 등과 마찬가지로 파산관재인이 그 배당금을 교부받아 각 채권자에게 안분 변제하여 온 방식에서 벗어나 근로자가 직접 우선변제권 있는 채권액을 배당받을 수 있게 함으로써 최우선임금채권을 두텁게 보장하려는 것이라고 보고 있다(대법원 2022. 12. 1. 선고 2018다300586 판결).

다. 법 제415조의2 단서의 의미

한편, 본조 단서는 「임금채권보장법」 제8조에 따라 해당 채권을 대위하는 경우에는 "그러하지 아니하다"라고 규정하고 있다. 임금채권보장법 제8조 제1항, 제2항은 근로복지공단의 체당금 채권의 경우에도 우선변제권이 존속하는 것으로 정하고 있는 반면, 본조 단서는 우선변제권을 인정하고 있는 본문과는 달리 근로복지공단의 체당금 채권에 기한 대위행사의 경우에는 "그러하지 아니하다"라고 규정하고 있는바, 위 두 조항을 어떻게 해석해야 하는지가 문제되었다.

본조 단서의 의미에 대하여, 문언적 해석을 우선하여 근로복지공단의 체당금 채권은 별제권 행사에 따른 경매절차에서 별제권자보다 우선하여 변제받을 권리가 없고, 일반 재단채권과 마찬가지로 별제권부 채권보다 후순위에 불과하다고 해석하여야 한다는 견해가 있다(서울고등법원 2018나2046583 등).

그러나 본조 단서를 파산재단에 속하는 재산에 대한 별제권 행사에 따른 경매절차에서 최우선임금채권 부분에 대한 근로복지공단의 체당금 채권이 별제권부 채권에 대하여 그 우선변제권이 인정되지 않는 것으로 해석할 수는 없다(대전고등법원 2018. 12. 11. 선고(청주) 2018나2678 판결(상고)). 근로복지공단이 임금채권보장법에 따라 어느 근로자에게 최우선변제권이 있는 임금과 퇴직금 중 일부를 체당금으로 지급하고 그에 해당하는 근로자의 임금 등 채권을 대위행사하는 경우 근로복지공단이 대위하는 채권은 체당금을 지급받지 아니한 다른 근로자의 최우선변제권이 있는 임금 등 채권과 서로 같은 순위로 배당받아야 하고, 단순히 근로복지공단의 대위채권이 근로자의 생활안정을 위한 공익적 성격을 갖는다는 등의 이유만으로 체당금을 지급받지 아니한 다른 근로자의 최우선변제권 있는 임금 등 채권보다 후순위로 배당받게 된다고 볼 수는 없는바(대법원 2015. 11. 27. 선고 2014다208378 판결), 이러한 체당금 채권의 우선적 효력을 파산절차가 진행 중이라는 우연적 사정으로 인하여 달리 볼 이유가 없다. 그러므로 본조 단서는 파산재단에 속하는 재산에 대한 별제권 행사 등에 따른 환가대금에서 체당금이 별제권부 채권에 대하여 우선변제권이 인정되지 않는다는 의미가 아니고, 근로복지공단이 대위행사하는 경우까지도 최우선변제권을 인정하는 것은 다른 재단채권자들과의 형평성을 고려하여 적절치 않다는 점에서 체당금의 경우에는 근로복지공단에게 직접적인 배당수령권을 인정할 수는 없고, 종래와 같이 재단채권으로서 그 배당액이 파산관재인에게 교부되어 파산관재인을 통하여 다른 재단채권자들과 함께 배당되어야 한다는 의미로 보아야 한다. 즉, 근로복지공단의 체당금 채권은 파산재단에 속하는 재산에 대한 경매절차에서 담보물권자보다 우선하여 변제받지 못한다는 것이 아니라, 경매법원은 근로복지공단의 배당금을 근로복지공단에 대하여 직접 지급할 것이 아니라 파산관재인에게 지급하여야 한다는 의미이다.

대법원도 채무자회생법 제415조의2 단서는 고용노동부장관의 위탁을 받은 근로복지공단이 사업주를 대신하여 지급한 최우선임금채권에 대해서는 채무자회생법 제415조의2 본문의 적용을 배제함으로써 임금채권보장법 제8조 제2항의 규정에도 불구하고 근로복지공단이 우선변제를 가지는 배당금을 직접 수령하여 변제받을 수 없다는 의미로 보아야 하고, 여기에서 나아가 채무자회생법 제415조의2 신설 전과 달리 근로복지공단이 임금채권보장법 제8조 제2항의 규정에 따른 우선변제를 받을 권리(다만 그 배당금은 파산관재인에게 교부된다)조차도 행사할 수 없도록 하여 담보물권자가 파산으로 말미암아 파산 전보다 더 유리하게 되는 결과를 허용하고자 하는 취지는 아니라고 봄이 타당하다고 본다. 따라서 근로복지공단이 대지급금채권자로서 배당요구를 하면 조세채권자가 교부청구를 한 경우 등과 마찬가지로 그 배당금은 파산관재인에게 교부되고, 파산관재인을 통하여 변제받게 된다(대법원 2022. 8. 31. 선고 2019다200737 판결, 대법원 2022. 9. 29. 선고 2021다269364 판결, 대법원 2022. 12. 1 선고 2018다300586 판결 등).

라. 법 제415조의2 적용시기 등

본조는 채무자회생법 부칙(2014. 12. 30.) 제1조에 의하여 2015. 7. 1. 시행되었으며 시행 후 최초로 발생하는 임금, 재해보상금, 퇴직금 등 근로관계로 인한 채권부터 적용된다.

한편, 최우선변제권이 인정되는 근로자의 최종 3개월분의 임금의 의미에 대하여, 판례는 퇴직의 시기를 묻지 아니하고 사용자로부터 지급받지 못한 최종 3개월분의 임금을 말한다고 하고, 반드시 사용자의 도산 등 사업폐지 시로부터 소급하여 3월 내에 퇴직한 근로자의 임금채권에 한정하여 보호하는 취지라고 볼 수 없다고 하였다(대법원 1997. 11. 14. 선고 97다32178 판결). 또한 3개월분의 의미에 대하여 판례는 최종 3월분의 임금채권이란 최종 3개월 사이에 지급사유가 발생한 임금채권을 의미하는 것이 아니라 최종 3개월간 근무한 부분의 임금채권을 말한다고 하고,[3] 우선변제의 특권의 보호를 받는 임금채권의 범위는 임금채권에 대한 근로자의 배당요구 당시 근로자와 사용자의 근로계약관계가 이미 종료하였다면 그 종료시부터 소급하여 3개월 사이에 지급사유가 발생한 임금 중 미지급분을 말한다고 한다.[4]

5. 가처분채권자가 담보제공명령으로 금전 공탁 후 파산선고를 받은 경우 가처분채무자가 담보권을 실행하는 방법

이 주제와 관련된 파산채권과 별제권의 구별, 별제권의 행사, 공탁자가 파산선고를 받은 경우의 재판상 담보공탁에 대한 담보권 실행방법 등에 관한 대법원 2015. 9. 10. 선고 2014다34126 판결을 소개하면 아래와 같다.

가처분채권자가 가처분으로 인하여 가처분채무자가 받게 될 손해를 담보하기 위하여 법원의 담보제공명령으로 일정한 금전을 공탁한 경우에, 피공탁자로서 담보권리자인 가처

---

3) 판례는 구정, 추석, 연말의 3회에 걸쳐 각 기본급의 일정비율씩 상여금을 지급받고 그 상여금이 근로의 대가로 지급되는 임금의 성질을 갖는 경우, 근로기준법 소정의 우선변제권이 인정되는 상여금은 퇴직 전 최종 3개월 사이에 있는 연말과 구정의 각 상여금 전액이 아니라 퇴직 전 최종 3개월의 근로의 대가에 해당하는 부분이라고 한다(대법원 2002. 3. 29. 선고 2001다83838 판결).

4) 판례는 우선변제의 대상이 되는 '최종 3월분의 임금'은 근로계약관계 종료 시점으로부터 소급하여 3개월 이내인 2003. 8월분, 9월분 및 10월분 급여 및 상여금이고, 피고 및 일부 선정자들이 2003. 8월분 급여를 소외 주식회사로부터 지급받았다고 하여 그 이전에 지급사유가 발생한 2003. 7월분 급여가 여기에 포함되는 것은 아니므로, 피고 및 선정자들에 대한 배당금액 중 2003. 7월분 급여에 해당하는 금원에 대한 배당이 위법하다고 판단한 조치는 정당하다고 하였다(대법원 2008. 6. 26. 선고 2006다1930 판결).

분채무자는 담보공탁금에 대하여 질권자와 동일한 권리가 있다(민사집행법 제19조 제3항, 민사소송법 제123조). 한편 가처분채권자가 파산선고를 받게 되면 가처분채권자가 제공한 담보공탁금에 대한 공탁금회수청구권에 관한 권리는 파산재단에 속하므로, 가처분채무자가 위 공탁금회수청구권에 관하여 질권자로서 권리를 행사한다면 이는 별제권을 행사하는 것으로서 파산절차에 의하지 아니하고 담보권을 실행할 수 있다. 그런데 담보공탁금의 피담보채권인 가처분채무자의 손해배상청구권이 파산채무자인 가처분채권자에 대한 파산선고 전의 원인으로 생긴 재산상의 청구권인 경우에는 채무자 회생 및 파산에 관한 법률 제423조에서 정한 파산채권에 해당하므로, 채무자회생법 제424조에 따라 파산절차에 의하지 아니하고는 이를 행사할 수 없다. 그리고 파산채권에 해당하는 채권을 피담보채권으로 하는 별제권이라 하더라도, 그 별제권은 파산재단에 속하는 특정재산에 관하여 우선적이고 개별적으로 변제받을 수 있는 권리일 뿐 파산재단 전체로부터 수시로 변제받을 수 있는 권리가 아니다. 따라서 가처분채무자가 가처분채권자의 파산관재인을 상대로 파산채권에 해당하는 위 손해배상청구권에 관하여 이행소송을 제기하는 것은 파산재단에 속하는 특정재산에 대한 담보권의 실행이라고 볼 수 없으므로 이를 별제권의 행사라고 할 수 없고, 결국 이는 파산절차 외에서 파산채권을 행사하는 것이어서 허용되지 아니한다. 한편 이러한 경우에 가처분채무자로서는 가처분채권자의 파산관재인을 상대로 그 담보공탁금의 피담보채권인 손해배상청구권의 존부에 관한 확인의 소를 제기하여 확인판결을 받는 등의 방법에 의하여 피담보채권이 발생하였음을 증명하는 서면을 확보한 후, 민법 제354조에 의하여 민사집행법 제273조에서 정한 담보권 존재 증명 서류로서 위 서면을 제출하여 채권에 대한 질권 실행 방법으로 공탁금회수청구권을 압류하고 추심명령이나 확정된 전부명령을 받아 담보공탁금 출급청구를 함으로써 담보권을 실행할 수 있고, 또한 위와 같이 피담보채권이 발생하였음을 증명하는 서면을 확보하여 담보공탁금에 대하여 직접 출급청구를 하는 방식으로 그 담보권을 실행할 수도 있다.

제12장 상계

제12장 상 계

제1절 파산채권자에 의한 상계권 행사

1. 상계의 합리적 기대의 보호

파산채권자는 원칙적으로 파산절차에 의하지 않으면 파산채권을 행사할 수 없다(법 제424조). 그러나 파산채권자가 파산선고 당시 채무자에 대하여 채무를 부담하는 때에는 파산절차에 의하지 아니하고 상계할 수 있다(법 제416조). 이는 개별적 권리행사금지 원칙의 예외에 해당한다. 상호간에 서로에 대해서 채권을 가지는 관계에서는 언제든지 상계에 의해 상대방의 자기에 대한 채권(수동채권)을 자기의 상대방에 대한 채권(자동채권)의 만족에 충당할 수 있다는 기대를 갖고서 거래를 계속하는 것이 일반적이므로 거래 일방이 파산한 경우 상계가 허용되지 않는다면 파산채권자는 자기의 채무(수동채권)를 파산재단에 오롯이 완제하여야 하는 데 반해, 파산채권(자동채권)에 대해서는 파산절차에서 얼마 되지 않는 배당을 받게 될 뿐이어서 현저히 불공평한 결과가 생긴다. 그래서 채무자회생법 제416조는 파산채권자가 파산선고 시에 채무자에 대해서 채무를 부담하고 있는 경우에 채권담보(일종의 물적담보)로서의 기능을 하는 상계를 허용함으로써 파산채권자의 담보(擔保)에 대한 기대를 보호한 것이다.[1] 상계에는 간이결제기능과 담보적 기능이 있지만 파산절차에서 중요한 것은 담보적 기능이다.

---

1) 미국에서도 원칙적으로 채권자에 의한 상계(사건개시 전에 생긴 청구권을 자동채권으로 하고, 사건개시 전에 부담한 채무를 수동채권으로 하여 행하는 상계)는 채무자가 파산한 경우라도 인정된다. 이는 상계권이 파산에서 유지되지 않는다고 하면, 채권자는 채무자의 파산절차에서 상계권을 상실할 위험을 회피할 목적으로 보다 조기단계에서 적용되는 비(非)파산법의 규정을 좇아 상계권을 행사하려고 할 것이다. 따라서 상계권을 도산법에서도 인정하여 이를 보호함으로써 채권자가 경솔한 행동을 취할 동기부여를 배제하려는 데 있다고 설명된다. 독일도산법 제98조 제3호는 도산채권자가 부인될 수 있는 법적 행위에 의해서 상계적상을 작출한 경우를 널리 일반적으로 상계금지의 대상으로 한다.

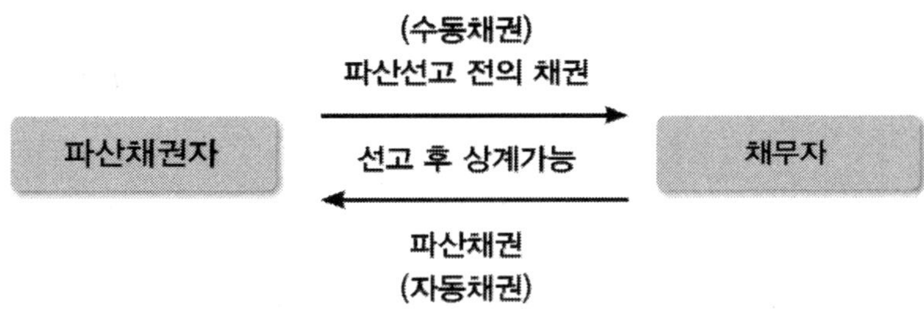

2. 상계권 행사의 방법

상계권의 행사는 파산관재인에 대하여 재판상 또는 재판 외의 일방적 의사표시로 한다. 파산절차에서는 상계권의 행사시기에 법률상 제한이 없다. 채무자에 대한 면책결정이 확정된 후라고 하더라도, 그 면책결정이 확정되기 전에 파산채권자의 채무자에 대한 파산채권과 채무자의 파산채권자에 대한 채권이 모두 존재하였고, 양 채권이 서로 상계적상에 있었다면, 파산채권자는 면책결정이 확정된 파산채권을 자동채권으로 하여 채무자의 파산채권자에 대한 채권과 상계할 수 있다(대구고등법원 2016. 3. 16. 선고 2014나23066 판결). 또한 파산채권자가 가지는 자동채권은 채권신고 및 채권조사확정절차를 거칠 필요가 없다. 따라서 파산관재인이 상계의 효력을 다투는 경우에는 수동채권의 이행을 구하여 파산채권자에게 이행소송을 제기하고, 상대방인 파산채권자가 그 소송 중에서 주장한 상계항변의 효력을 다투게 된다.

3. 상계권의 확장

채무자회생법 제416조는 “파산채권자가 파산선고 당시 채무자에 대하여 채무를 부담하는 때에는 파산절차에 의하지 아니하고 상계할 수 있다”라고 규정함으로써 파산선고 시를 기준시로 하여 파산채권자의 상계의 기대를 보호하고 있다. 여기서 파산선고시가 기준시라고 할 경우 민법의 일반원칙에 따르면 파산선고 시에 양 채권이 상계적상에 있어야 한다. 그렇지만 채무자회생법은 제417조 이하에서 일반원칙을 완화하여 상계권을 확장하고 있다. 파산의 청산적 성격에 비추어 상계의 담보적 기능, 즉 파산채권자의 담보의 기대를 한층 더 보호한 것이다.

가. 자동채권

상계란 자신이 상대방에 대해서 가지는 채권(자동채권)과 상대방이 자신에 대해서 가지는 채권(수동채권)을 대등액에서 소멸시키는 것을 말한다. 상계적상을 판단함에 있어 민법의 일반원칙은 자동채권과 수동채권의 목적이 동종의 것이어야 하고, 양 채권의 변제기가 도래하여야 한다(민법 제492조). 통상 서로의 채권이 같은 금전채권이고, 쌍방의 채권의 변제기가 도래한 경우에 상계할 수 있다. 일방의 채권이 물건의 인도를 구하는 채권이라든지, 변제기가 도래하지 않은 경우에는 상계할 수 없다.

그러나 파산절차 중에는 채무자에 대한 채권이 금전채권이 아닌 채권도 금전채권과 똑같이 취급되고, 변제기가 도래하지 않은 채권이라도 변제기가 도래한 것으로 취급된다(법 제425조 내지 제427조). 상계의 국면에서도 파산채권자가 가진 채권이 ① 기한부채권이나 해제조건부채권인 경우뿐만 아니라, ② 비금전채권, 금액불확정의 금전채권, 외국의 통화로 정해진 금전채권이나 금액 또는 존속기간이 불확정한 정기금채권인 경우에도 파산채권자는 이를 자동채권으로 하여 상계할 수 있다. 이처럼 채무자회생법은 상계의 담보적 기능을 존중하여 자동채권(파산채권)에 관해서 민법의 일반원칙에 비해 상계요건을 확장하고 있다.

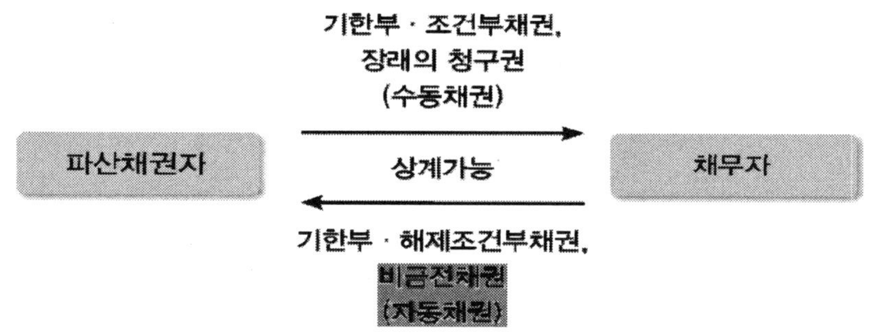

자동채권의 종류에 따른 채무자회생법의 규율은 아래와 같다.

(1) 기한부채권

파산채권자의 채권이 파산선고시에 기한부인 때에도 상계할 수 있다(법 제417조). 민법은 채권자가 상계할 수 있는 채권을 이행기가 도래한 것에 한정하고 있다(민법 제492조

제1항). 이행기가 도래하기 전의 채권과의 상계를 허용하면, 상대방(채무자)은 기한 전의 채무를 강제적으로 상환하는 것과 같은 상황이 되어 불이익하기 때문이다. 그러나 상대방이 이미 파산했음에도 불구하고 채권이 기한 전이기 때문에 상계할 수 없다고 하는 것은 "기한부채권은 파산선고시에 변제기에 이른 것으로 본다(법 제425조)"라는 파산채권의 현재화 원칙과 모순된다. 그래서 채무자회생법은 파산채권자가 기한 전의 채권으로 상계하는 것을 허용하고 있다.

이자부채권은 원금과 파산선고일 전일까지의 이자의 합계액을 상계할 수 있지만 파산선고일 이후의 이자는 상계할 수 없다. 파산선고일 이후의 이자는 발생할 여지가 없기 때문이다(법 제425조[2]). 무이자채권은 확정기한부이면 채권액에서 중간이자(법 제446조 제1항 제5호)를 공제한 액의 한도 안에서 상계할 수 있고, 불확정기한부이면 그 채권액과 파산선고 당시의 평가액과의 차액에 상당하는 부분(법 제446조 제1항 제6호)을 공제한 액의 한도 안에서 상계할 수 있다(법 제420조 제1항).

(2) 정기금채권

자동채권이 정기금채권인 경우 채권액 및 존속기간이 확정되어 있는 것은 중간이자(법 제446조 제1항 제7호)를 공제한 액의 한도 안에서, 채권액 및 존속기간이 불확정인 것은 파산선고 시의 평가액의 한도 안에서(법 제426조 제2항) 상계할 수 있다(법 제420조 제1항).

(3) 해제조건부채권

파산채권이 파산선고시 해제조건인 경우에는 채권은 이미 발생하고 있으므로 그 전액을 자동채권으로 상계할 수 있다. 그러나 해제조건부채권을 가진 자가 상계를 하는 때에는 그 상계액에 관하여 담보를 제공하거나 임치를 하여야 한다(법 제419조). 후일 해제조건이 성취되면 그 채권은 소멸되어 상계액을 파산재단에 반환하지 않으면 안 되는데, 그 경우에 파산채권자가 무자력인 때에는 파산재단은 손해를 입기 때문에 이를 피하기 위하여 파산채권자로 하여금 상계액에 관하여 담보를 제공하거나 임치를 하도록 한 것이다. 예를 들면, 파산채권자가 채무자에 대한 해제조건부채권을 자동채권으로 하여 상계를 하고 100만원의

---

2) 채무자회생법 제425조는 기한부채권의 경우 채무자에 대한 파산이 선고되면 변제기가 도래한 것으로 본다고 규정하고 있다(현재화). 법 제417조 전문은 파산절차 외에서 행사할 수 있는 상계권과의 관계에서도 이를 관철하고 있다.

채무를 소멸시키는 경우에 파산재단에 대해서 100만원을 담보로 제공하거나 임치를 하여야 한다. 즉, 본조는 파산절차 중에 조건이 성취되는 경우를 대비하여 상계권의 행사방법에 제한을 가한 것이다. 담보 또는 임치액은 상계액을 기준으로 정하고, 최후배당의 제외기간 내에 해제조건이 성취되지 않으면, 해제조건부채권자가 제공한 담보나 임치한 금액은 그 채권자에게 반환한다.

(4) 정지조건부채권 · 장래의 청구권

정지조건부채권을 가지는 파산채권자가 동시에 채무자에 대하여 채무를 부담하는 경우에 정지조건이 아직 성취되지 않는 한 상계권을 행사할 수 없다. 마찬가지로 채무자에 대하여 장래의 청구권을 가진 파산채권자도 채권이 아직 발생하지 않는 한(현실화되지 않은 한) 이를 자동채권으로 하여 상계할 수 없다. 따라서 정지조건부채권 또는 장래의 청구권을 가진 파산채권자는 파산재단에 대하여 자신의 채무를 이행하여야 한다. 정지조건부채권 또는 장래의 청구권을 자동채권으로 하는 상계를 허용하면 조건의 불성취 또는 장래의 청구권의 비현실화의 기대를 파산재단으로부터 박탈하게 되어 타당하지 않기 때문이다. 그런데 변제 후 파산절차 중에 정지조건이 성취되거나 또는 장래의 청구권이 현실화되어 채권이 성립하면, 그 때는 이미 변제로써 채무가 소멸하였기 때문에 이제는 상계할 수 없게 된다. 그러면 정지조건부채권이나 장래의 청구권을 가지는 채권자에게 가혹하기 때문에 채무자회생법은 제418조에서 정지조건부채권 또는 장래의 청구권을 가진 파산채권자의 상계권의 기대를 보호하기 위한 대안(방편)을 마련하였다. 즉, 채무자회생법은 정지조건부채권 또는 장래의 청구권을 가진 파산채권자가 그 채무를 변제하는 때에는 후일 상계를 하기 위하여 그 채권액의 한도 안에서 변제액의 임치를 청구할 수 있도록 하였다(법 제418조). 임치 후 최후배당의 제외기간 내에 정지조건이 성취된 때 또는 장래의 청구권이 구체화된 때는 파산채권자는 상계를 하고 임치금의 교부를 청구할 수 있다. 반면, 정지조건이 최후배당의 제외기간 내에 성취되지 않은 때 또는 장래의 청구권이 구체화되지 않은 때는 상계를 하기 위해 임치된 금액은 다른 파산채권자의 배당에 충당된다.

채무자회생법 제418조는 정지조건부채권을 가진 자가 그 채무를 변제하는 때에는 후일 상계를 하기 위하여 그 채권액의 한도 안에서 변제액의 임치를 청구할 수 있다고 규정하고 있으나, 임치청구권의 행사방법이나 절차에 대하여는 따로 규정하고 있지 않다. 그러므로 정지조건부 파산채권자의 상계를 위한 임치청구권 행사방법이 문제가 되었는데, 대법원 2017. 1. 15. 선고 2015다203578 판결은 "법 제418조에서 정지조건부 파산채권자 등에게 채무변제금에 대한 임치청구권을 인정하면서도 임치청구의 방법이나 절차에 대하여 별도의 규정을 두지 아니한 이상, 정지조건부 파산채권자는 법 제418조를 근거로 파산관재인에 대하여 민사소송의 방법으로 채무변제금에 대한 임치의 이행을 청구할 수 있고, 정지조건부 파산채권자는 그의 정지조건부 채권액 한도 안에서 파산관재인에게 자신이 변제하는 금액의 임치를 청구할 수 있으므로 정지조건부 파산채권자가 채무를 변제할 때에 그의 채권액이 채무변제액을 초과한다는 사실을 증명한 경우에는 파산채권자는 자신이 변제하는 금액 전부에 대하여 임치를 청구할 수 있다"고 하였다.[3)]

나. 수동채권

수동채권인 파산재단에 속하는 채권(파산채권자의 반대채무)은 파산선고의 효과로서 금전화되는 것이 아니기 때문에 민법의 원칙대로 이행기가 도래하고, 또한 금전채권이거나 금전화(金錢化) 전의 자동채권과 동종 목적의 채권일 필요가 있다. 그렇지만 파산채권자는 자신이 부담하는 채무(수동채권)가 기한부나 조건부인 때 또는 장래의 청구권에 관한 것인 때에는 스스로 기한의 이익 또는 조건성부의 기회를 포기하고 상계할 수 있다(법 제417조 후문). 일반론으로서 채무자는 기한의 이익이나 조건성부의 기회를 포기할 수 있기 때문에 채무자회생법은 이러한 일반원칙을 확인한 것이라고 할 수 있다.

(1) 기한부채권

수동채권이 기한부인 경우 파산채권자는 기한의 이익을 포기하고 상계권을 행사할 수 있다. 기한부채권이 무이자의 경우 파산선고 후 변제기에 이를 때까지의 이자를 공제할 수는 없고 액면금액으로 상계된다(법 제420조는 적용되지 않는다). 이자부(利子附)인 경우에는 원금 및 이에 대한 파산선고일 전일까지의 이자는 선고 당시에 상계적상에 있게 되고, 원금은 그 당시 소멸하기 때문에 파산선고일 이후의 이자는 상계대상이 되지 않는다.

3) 위 사건 제1심 법원은 먼저 파산관재인에게 임치를 청구하고 이에 불응하면 파산법원에 불복하는 방법에 의할 것이지 민사소송으로 임치를 청구할 수 없다는 이유로 피고의 임치청구를 각하하였고, 원심은 원고는 공매정산금을 지급받은 다음 피고의 정지조건부 비용상환채권과 상계를 위해 변제금 전액을 임치할 의무가 있다고 하여 임치청구를 인용하였다.

(2) 정지조건부채권 · 장래의 청구권

파산채권자는 채무자회생법 제417조 후단에 의해 수동채권이 정지조건부채권인 경우에는 조건 불성취의 기회를 포기하고, 수동채권이 장래의 청구권인 경우에는 이행의무의 현실화를 승인하고(즉, 장래의 청구권의 불발생의 이익을 포기하고) 상계권을 행사할 수 있다.

그런데 위 규정은 정지조건의 성부 또는 장래의 청구권의 발생 여부가 미확정인 단계에서의 규율이고, 정지조건이 성취되거나 장래의 청구권이 현실화된 경우에 대해서는 채무자회생법 제422조 제1호와의 관계에서 학설상 다툼이 있다. 파산선고 후의 정지조건의 성취는 파산선고 후에 파산재단에 대하여 채무를 부담한 때에 해당하여 채무자회생법 제422조 제1호에 의하여 상계가 허용되지 않는다는 소수설도 있지만, 다수설에 따르면 파산채권자는 채무자에 대한 채무가 파산선고 시에 정지조건부인 경우에는 특단의 사정이 없는 한 정지조건 불성취의 이익을 포기한 때뿐 아니라, 파산선고 후에 정지조건이 성취된 경우에도 그 채무(수동채권)를 파산채권(자동채권)과 상계할 수 있다고 해석한다.[4] 대법원 2002. 11. 26. 선고 2001다833 판결도 다수설과 같은 취지로 "파산법 제95조 제1호는 '파산선고 후에 파산재단에 대하여 채무를 부담한 때'를 상계제한사유의 하나로 규정하고 있으나, 파산법 제90조에서는 파산채권자는 조건부 채권을 수동채권으로 하여서도 상계할 수 있다고 규정하고 있으므로 이에 해당되는 경우 그 조건이 파산선고 후에 성취되었다고 하더라도 그 상계는 적법한 것으로 볼 것이다"라고 판시하였다. 뒤에서 다시 자세히 검토하기로 한다.

(3) 차임 · 보증금 및 지료의 상계

파산채권자가 임차인인 때에는 파산선고시의 당기(當期) 및 차기(次期)의 차임에 관하여 상계를 할 수 있다. 보증금이 있는 경우 그 후의 차임에 관하여도 또한 같다(법 제421조 제1항). 위 규정은 지료(地料)에 관하여 준용한다(법 제421조 제2항). 임대인이 파산선고를 받은 경우에 차임을 지불해야 할 지위에 있는 임차인이 동시에 파산채권자인 때에는 임대차라는 계속적 계약관계에 있는 사람의 심리상 채권자(임차인)는 차임과 상계할 수 있다는 기대를 갖는 것이 보통이므로 그 기대를 보호하기 위해 상계를 어느 정도 인정할 필요가 있다. 그렇지만 무기한으로 상계를 허용하면 장기간 밀린 차임이나 먼 장래의 차임까지도 상

---

4) 학설상 견해의 다툼의 취지는 장래의 청구권에도 그대로 해당된다.

계에 의하여 소멸시켜 버리게 되고 임대인의 파산재단에 흡수되어야 할 재원을 현저히 감소시켜 다른 파산채권자를 해하기 때문에 어느 정도 제한할 필요가 있다. 그래서 본조는 임차인으로 하여금 임대인에 대한 파산선고시의 당기(當期) 및 차기(次期)의 차임에 관하여만 상계를 할 수 있도록 제한을 한 것이다. 그런데 보증금이 있는 경우에는 상계를 위와 같이 제한하는 것은 불합리하기 때문에 차기(次期) 이후의 차임에 대해서도 상계할 수 있도록 하였다.

4. 상계권의 제한

채무자회생법은 일정한 경우에 상계를 금지하고 있다. 상계금지의 취지는 채권자간의 공평성 확보에 있다. 파산선고 시에 파산채권자가 채무를 부담하더라도 상계금지에 해당하는 행위에 의해 생긴 것이라면 채권자의 공평을 해하기 때문에 상계를 금지한 것이다. 예컨대, 이미 채무자가 지급불능, 지급정지 또는 파산신청 후에 있다고 가정하자. 채무자가 위기시기에 있다는 것을 아는 채권자가 채무자의 재산을 구입하여 대금채무를 부담한 뒤, 파산채권과 대금채권을 상계하는 것을 허용한다면 채권자간의 공평을 해하게 된다. 그래서 채무자회생법은 파산선고 후 또는 위기시기에 파산채권자가 채무를 부담하여 이를 수동채권으로 하여 상계하거나 또는 채무자의 채무자가 파산채권을 취득하여 이를 자동채권으로 하여 상계하는 것을 허용하지 않는다. 채무자회생법 제422조는 이러한 취지에서 파산채권자의 상계권을 제한하고 있다. 위 규정은 강행규정이다. 그러므로 파산관재인과 파산채권자 사이에 이에 반하는 취지의 합의가 있더라도 무효이다.

상계금지의 규정은 파산채권자가 채무를 부담하여 상계하는 채무자회생법 제422조 제1, 2호와 채무자에 대해서 채무를 부담하는 자가 파산채권을 취득하여 상계하는 같은 조 제3, 4호로 나뉜다. 이에 대해서는 각 절을 달리하여 살펴본다.

제2절 파산채권자에 의한 상계의 금지

1. 상계금지의 취지

파산절차의 기본이념의 하나는 채권자평등이지만, 파산채권자에게 상계권을 인정하여 반대채권인 파산재단에 속하는 채권으로부터 우선적 만족을 허용하는 것은 채권자평등 원칙의 예외에 해당한다. 그러나 상계권이 무한정으로 인정되는 것은 아니다. 채무자가 위기상태에 있는 것을 아는 채권자가 자신이 가지는 파산채권의 상계에 제공할 목적으로 채무자의 재산처분을 내용으로 하는 계약을 채무자와 체결하거나 또는 채무자에 대해서 채무를 부담하는 자의 채무를 인수하는 것을 내용으로 하는 계약을 체결하여 상계를 함으로써 자신의 채무를 면하는 것은 결과적으로 파산배당에 의하지 않고 파산채권을 회수할 수 있게 되어 파산채권자 상호간의 공평과 평등을 해하게 되는 결과가 되기 때문이다. 갑이 을에 대해서 금전채권을 가지고 있는데 을이 파산을 하였다고 가정해 보자. 이때 갑이 을로부터 상품을 구입하면, 을은 갑에 대해서 매매대금채권을 갖는다. 이 경우 갑의 을에 대한 금전채권과 을의 갑에 대한 매매대금채권을 상계하면, 최종적으로 갑에게 상품이 남는다. 즉, 갑의 을에 대한 금전채권에 대해서 을이 갑에게 현금 대신에 상품으로 변제를 한 것이 된다. 이러한 상계를 인정하면 다른 채권자와의 관계에서 불공평이 생긴다.

2. 상계금지의 요건

가. 파산채권자가 파산선고 후에 파산재단에 대하여 채무를 부담한 때(법 제422조 제1호)

파산채권자가 파산선고 후에 파산재단에 대해서 채무를 부담하는 경우에 이를 수동채권으로 하는 상계는 금지된다. 그 이유는 첫째, 파산선고로 인하여 파산채권에 대한 개별변제가 허용되지 않게 됨에도 불구하고 상계에 의해 파산채권의 개별회수가 가능하게 된다고 하면 파산채권의 개별변제금지가 잠탈되어 버리고, 둘째, 파산채권은 파산선고에 의하여 그 경제적 가치가 액면액을 하회하는 것이 확실시되는데 상계에 의해 대등액의 한도로 액면금액대로 회수를 인정하는 것은 그 파산채권자에게 그 금액에 대하여 다른 파산채권자들에 우선하여 변제하는 것을 용인하는 것이 되어 결과적으로 파산채권자 사이의 평등을 해치게 되므로 이를 방지하기 위한 것에 목적이 있다. 파산채권자 측에서 보더라도 파산선고 시 상계기대를 가지고 있던 것이 아니므로 상계권이 부정되어도 불공평하지 않다. 그렇지만 당해 채무부담의 원인이 파산선고 전에 있는 때에는 현실의 채무발생의 시기가 파산선고 후에 있더라도 상계는 금지되지 않는다.

파산채권자가 파산절차개시 후에 부담하는 채무란 예를 들면 파산채권자가 파산재단에 속하는 재산을 파산관재인으로부터 매수함으로써 생긴 매매대금채무 등 파산채권자가 파산관재인과의 계약에 의해서 채무를 부담하는 경우, 파산관재인이 파산채권자에 대해서 부인권을 행사한 결과 파산채권자가 부담하는 원상회복의무, 파산채권자가 은행인 경우 파산선고 후에 제3자가 채무자의 계좌에 이체를 한 경우의 예금반환채무 등이 있다. 위 계좌이체로 생긴 예금채권은 파산선고 시에 파산재단에 속하는 제3자에 대한 권리의 가치변형물이고, 이를 수동채권으로 하는 상계를 허용하면 파산채권에 대한 개별변제를 인정하는 것이 되어 허용되지 않는 것이다. 그리고 쌍방미이행 쌍무계약에 있어서 파산관재인이 해제를 선택한 경우의 상대방의 원상회복의무 또는 파산관재인이 이행을 선택한 경우에 상대방의 계약상의 채무도 본호가 유추적용될 여지가 있다. 파산관재인의 행위는 파산재단의 증가, 유지, 환가 등을 위한 것이므로 그 결과 파산재단이 취득하는 채권은 실제로 이행되지 않으면 그 의미를 잃기 때문이다.

'파산선고 후에 파산재단에 대하여 채무를 부담한 때'라 함은 그 채무 자체가 파산선고 후에 발생한 경우만을 의미하는 것이 아니라, 파산선고 전에 발생한 제3자의 파산재단에 대한 채무를 파산선고 후에 파산채권자가 인수하는 경우도 포함되고, 그 인수는 포괄승계로 인한 것이라도 관계없고(대법원 2003. 12. 26. 선고 2003다35918 판결 참조), 파산선고 전에 발생한 제3자의 파산채권자에 대한 채권을 파산선고 후에 파산관재인이 양수함에 따라 파산채권자가 파산재단에 대하여 채무를 부담하는 경우도 포함한다(대법원 2014. 11. 27. 선고 2012다80231 판결). 본호의 취지에 비추어, 대법원 2017. 11. 9. 선고 2015다44274 판결[5]은 임대주택법상 임대사업자에 대하여 파산선고가 있은 후 임차인들과 파산관재인 사이에 분양전환 합의에 따라 임차인들이 파산재단에 대하여 부담하게 된 매매대금지

5) 대법원 2017. 11. 9. 선고 2016다223456 판결도 같은 취지.

급채무에서 파산선고 전의 임대차계약에 기하여 생긴 임차보증금반환채권을 상계하거나 공제할 수 없고, 임차인들과 파산관재인 사이에 위 매매대금지급채무에서 임차보증금반환채권을 공제하기로 합의하였더라도 이는 강행법규인 채무자회생법 제422조 제1호에 반하여 효력이 없다고 한다.[6]

한편, 수동채권에 정지조건이 붙어 있고, 그 정지조건이 파산선고 후에 성취된 경우에 본호의 상계금지가 적용되는지 문제된다. 이와 관련한 일본의 학설을 소개하면 아래와 같다. ① 파산선고시에 기한부채권이나 정지조건부채무를 부담하고 있는 파산채권자의 상계의 기대는 조건이 없는 채무를 부담하는 자의 그것에 비해 낮기 때문에, 파산법 제67조 제2항(구 제99조 후단)(채무자회생법 제417조에 해당)에 따라 채무를 현실화하는 상계는 인정[7]되지만, 기한도래 또는 조건성취로 상계권의 행사가 완전히 파산채권자에게 유리하게 된 단계에서의 상계는 부당하고, 파산법 제71조 제1항 제1호(구 제104조 제1항)(채무자회생법 제422조 제1호에 해당)에 저촉되어 인정될 수 없다는 견해와 ② 파산법상 상계의 시기가 제한되어 있지 않은 이상 파산채권자는 파산법 제67조 제2항(구 제99조)에 따라 정지조건의 불성취 등의 기회를 포기하고 즉시 상계할 수도 있고, 우선은 파산채권 신고를 하고 조건성취 또는 기한도래를 기다려 상계할 수도 있다고 하는 견해, ③ 2설처럼 파산채권 신고를 하고 조건성취 또는 기한도래를 기다려 상계할 수 있다고 하더라도 파산법 제67조 제2항(구 제99조)의 취지에 비추어 상계의 합리적 기대가 인정되는 경우, 예컨대 조건성취의 개연성이 높은 경우, 수동채권의 액이 파산선고시에 확정된 경우에는 파산법 제71조 제1항 제1호와 저촉되지 않는다는 견해가 있다.[8] 한편, 일본 最判平17 · 1 · 17民集59-1-1은 "구 파산법(평성 16년 법률 제75호에 의한 폐지 전의 것. 이하 '법'이라 한다) 제99조 후단은 파산채권자의 채무가 파산선고시에 기한부 또는 정지조건부인 경우 파산채권자가 상계

---

6) 그러나 위 대법원 판결은 주택임대차보호법상 대항요건 및 확정일자를 갖춘 임차인들은 채무자회생법 제415조 제1항에 의하여 인정된 우선변제권의 한도 내에서는 파산절차에 의하지 아니하고 임차보증금반환채권의 만족을 받을 수 있고, 또한 이러한 임차인들은 파산절차에서 별제권자에 준하는 지위에 있으므로, 파산관재인이 채무자회생법 제492조 제14호에 따라 '별제권의 목적의 환수'에 관한 회생법원의 허가 등을 얻어 임차인들에게 임대차보증금반환채무액 상당의 환수대금을 지급하는 것도 가능하며, 이러한 경우 임차인들의 환수대금채권은 파산선고 전의 원인으로 발생한 파산채권이 아니므로 그러한 환수대금채권으로 파산관재인의 매매대금지급채권과 대등액에서 상계하는 것도 가능하다고 한다.

7) 제67조 제2항 후단(구 제99조 후단)이 정지조건부채무를 부담하는 파산채권자의 상계를 인정하는 것은 파산채권자가 조건불성취의 기회를 포기하는 대가(代價)라는 의미이다.

8) 青山善充, 伊藤 眞, 松下淳一 編, "倒産判例百選[第4版]", 有斐閣, 116, 117면, 斎藤秀夫, 麻上正信, 林屋礼二 編, "注解破産法" 上巻, 青林書院 705면.

를 하는 것은 방해되지 않는다고 규정하고 있다. 그 취지는 파산채권자가 상기 채무에 대응하는 채권을 수동채권으로 하고, 파산채권을 자동채권으로 하는 상계의 담보적 기능에 대해서 가지는 기대를 보호하려고 하는 점에 있는 것으로 해석되고, 상계권의 행사에 아무런 제한도 가해지고 있지 않다. 그리고 파산절차에서는 파산채권자에 의한 상계권의 행사시기에 대해서 제한이 없다. 따라서 파산채권자는 그 채무가 파산선고 시에 기한부인 경우에는 특단의 사정이 없는 한 기한의 이익을 포기한 때뿐 아니라 파산선고 후에 그 기한이 도래한 때에도 법 제99조 후단의 규정에 의해 그 채무에 대응하는 채권을 수동채권으로 하고, 파산채권을 자동채권으로 하여 상계할 수 있다. 또한 그 채무가 파산선고 시에 정지조건부인 경우에는 정지조건 불성취의 이익을 포기한 때뿐만 아니라 파산선고 후에 정지조건이 성취한 때에도 마찬가지로 상계할 수 있다"라고 판시하였다. 제2설을 취한 것으로 보인다. 우리 대법원도 구 파산법하에서 "파산법 제95조 제1호는 '파산선고 후에 파산재단에 대하여 채무를 부담한 때'를 상계제한사유의 하나로 규정하고 있으나, 파산법 제90조에서는 파산채권자는 조건부 채권을 수동채권으로 하여서도 상계할 수 있다고 규정하고 있으므로 이에 해당되는 경우 그 조건이 파산선고 후에 성취되었다고 하더라도 그 상계는 적법한 것으로 볼 것이다"고 하였다(대법원 2002. 11. 26. 선고 2001다833 판결). 구 파산법이 적용된 경우이나 법문의 내용에 변화가 없으므로 채무자회생법이 적용되는 경우에도 마찬가지이다.

실무상 채무자가 보험회사로부터 받은 신용대출채무를 파산채권으로 신고한 경우, 당해 보험회사는 위 신용대출과는 별개로 채무자와 체결했던 보험계약을 해약하고 그 해약환급금을 위 신용대출채권과 상계해 줄 것을 요청하는 '보험상계 요청서' 또는 '면책이의 신청서'를 제출하는 경우가 자주 있다. 그러나 파산선고를 신청했다는 사유만으로 보험계약이 자동해지 되거나 보험사에게 별도의 해약권이 발생한다고 볼 수 없고, 파산선고 후에라도 상계권 행사를 주장하는 시점까지 보험해약환급금채무나 보험금채무가 발생하지 않은 경우라면 보험회사가 파산절차 도중에 상계권을 행사할 수 없다고 할 것이다.[9)]

나. 파산채권자가 지급정지 또는 파산신청이 있었음을 알고 채무자에 대하여 채무를 부담한 때(법 제422조 제2호)

9) 남현, 도산법실무연구 제127집(2013년), 306면 참조. 한편, 금융분쟁조정위원회는 신용대출 후 개인회생신청 한 보험계약자의 보험계약을 보험자가 해지할 수 없고, 따라서 보험자가 보험계약을 해지하고 그 해지환급금과 신용대출채권을 상계한 것은 부적법하다고 보았다(금융분쟁조정위원회 2019. 12. 24.자 제2019-18호 결정).

채무자회생법 제422조 제2호 본문은 파산채권자가 지급정지 또는 파산신청이 있었음을 알고 채무자에 대하여 채무를 부담한 때에 상계를 할 수 없다고 규정하고 있다. 파산선고 전이라도 파산채권자가 채무자에 대한 지급정지 또는 파산신청이 있었음을 알면서 채권채무의 대립관계를 발생시킨 경우에 파산채권자 평등의 이념에 비추어 상계권의 행사를 제한한 것이다. 여기에 해당하는 대표적인 채무부담행위는 채권자가 채무자의 지급정지나 파산신청 사실을 알면서 채무자로부터 물건을 구입함으로써 대금지급채무를 부담하는 경우이다.

지급정지가 있으면 채무자의 경제적 파탄이 널리 외부에 인식되고, 채권의 실질적 가치는 하락하고 채권의 완전한 만족은 기대할 수 없게 된다. 이러한 상황에서 채권자가 채무자로부터 물건을 매수하는 등 법률행위에 의해 채무를 부담하거나 또는 채권자가 채무자를 위하여 제3자로부터 금전을 수령함으로써 채무를 부담하는 경우에 그 채무와 채권의 상계를 인정하게 되면 채권자는 실질적 가치가 하락한 채권에 대해서 완전한 만족을 얻는 결과가 된다. 지급정지의 사실 및 그에 대한 악의의 증명책임은 상계의 무효를 주장하는 파산관재인이 부담한다.

파산신청 후에 파산채권자가 파산신청이 있었음을 알고 채무자에 대하여 채무를 부담한 때 상계를 금지하는 취지도 위 지급정지의 경우와 다를 바 없다. 보통파산원인은 지급불능이지만(법 제305조 제1항), 합명회사 · 합자회사 이외의 법인은 지급불능 이외에 채무초과도 파산원인이 된다(법 제306조 제1항). 따라서 합명회사 · 합자회사 이외의 법인에 대해서는 파산신청이 있은 후의 파산채권자의 채무부담행위는 채무자가 지급불능이 아니라도 상계가 금지된다.

한편, 다른 절차로부터 파산절차로 이행된 경우, 즉 이른바 견련파산의 경우에 채무자의 '회생절차개시신청'은 파산절차에서 상계의 금지의 범위를 정하는 기준이 되는 '지급정지' 또는 '파산신청'으로 의제된다(대법원 2016. 8. 17. 선고 2016다216670 판결[10]). 그렇지만 이처럼 직권 파산선고에 따라 파산절차로 이행된 경우, 특별한 사정이 없는 한, 공익채권자가 채무자에 대한 회생절차 진행 중에 자신의 채권을 자동채권으로 하여 채무자의 재산인 채권을 수동채권으로 삼아 상계한 것에 파산채권자의 상계금지사유를 규정한 같은 법 제422조 제2호가 적용될 수 없다(대법원 2016. 5. 24. 선고 2015다78093 판결).

10) 위 대법원 판결은 위와 같은 법리에 근거하여 "회생법원의 회생절차폐지결정을 채무자회생법 제422조 제2호 본문에서 정한 '지급정지'라고 전제한 후 피고가 채무자에 대한 회생절차폐지결정이 있기 전에 채무(수동채권)를 부담하였으므로 피고의 상계가 채무자회생법 제422조 제2호 본문에 저촉되지 않는다"고 판단한 원심을 파기 · 환송하였다.

다만, 본호의 경우에는 아래와 같은 세 가지 예외가 있다. 아래 예외사유가 되는 사실의 입증책임은 상계가 유효하다고 주장하는 자가 부담한다.

(1) 채무의 부담이 법정의 원인에 의한 때(법 제422조 제2호 가목)

「법정의 원인」이란 상속과 같은 일반승계나 사무관리, 부당이득 등이 여기에 해당한다. 이러한 경우는 당사자의 행위에 의한 것이 아니라 법률의 규정에 기하여 채무가 발생한 것이며, 파산채권자가 위기상태를 알고 채권채무 상태를 창출하였다고 할 수 없고, 상계권의 남용에 해당하지 않기 때문에 상계를 허용한 것이다.

그러나 합병이나 회사분할은 상계를 목적으로 하는 경우도 있을 수 있으므로 법정의 원인에 포함되지 않는다고 해석된다. 대법원은 파산관재인의 부인권 행사에 따라 원고가 부담하게 된 원상회복의무는 본목에서 정한 '법정의 원인'에 의하여 부담한 채무에 해당하지 않는다고 본다(대법원 2025. 5. 15. 선고 2025다202598 판결).

(2) 파산채권자가 지급정지나 파산신청이 있었음을 알기 전에 생긴 원인에 의한 때(법 제422조 제2호 나목)

파산채권자가 위기상태를 알기 전에 가지고 있던 상계의 담보적 기능의 기대를 보호하기 위한 것이다. 즉, 파산채권자가 상계금지요건이 충족되기 전에 정당한 상계에 관한 기대를 가지고 있었다고 보기 때문이다.

따라서 「전에 생긴 원인」이 무엇인가는 「상계의 담보적 기능의 기대」와의 관계에서 판단할 필요가 있다. 예컨대, 채무자가 은행에 예금계좌를 갖고 있는데 그 계좌에 제3자가 이체를 한 경우 채권자인 은행과 채무자의 예금계약이 있을 뿐인 경우에는 은행의 상계의 담보적 기능의 기대는 그 구체성을 결하기 때문에 은행의 채권과 계좌이체에 관련된 예금반환채권은 상계할 수 없다. 그러나 은행이 채무자의 지급불능 등에 대하여 알기 전에 은행과 채무자 및 제3자 사이의 약정으로서 은행과 채무자 사이의 채권담보를 위하여 제3자가 채무자에 대한 지불을 당해 예금계좌에 입금하는 방법으로만 하기로 합의하였다면, 은행은 지급불능 등을 알기 전에 구체적인 상계 기대를 갖고 있었던 것으로 인정된다. 이러한 약정을 이체지정약정이라고 한다. 이체지정약정을 전제로 하면, 지급불능 등의 시기에 제3자가 예금계좌에 이체를 하여 은행이 예금반환채무를 부담하더라도 이체지정약정이 채무부담의 직접 원인이 되어 본목에서 말하는 상계금지 예외에 해당하여 상계가 허용된다.

(3) 파산선고가 있은 날부터 1년 전에 생긴 원인에 의한 때(법 제422조 제2호 다목)

파산선고가 있은 날로부터 1년 전에 이루어진 채무부담의 경우에는 통상 채권자에게 채권의 실질적 가치 하락을 보전하려는 수단으로서 채무부담행위를 한다는 의사가 없고 거래안전을 보호할 필요도 있기 때문에 상계를 인정한 것이다. 즉, 채무부담행위와 파산절차와의 관계, 채권자의 위기상태의 인식이 희박하기 때문이다. 그런데 본목이 「1년」의 기준시를 파산선고 시로 하고 있는 점에 대해서는 비판이 있다. 파산신청 후 파산선고까지 사이의 파산신청에 대한 심사(형식심사, 채무자심문 등) 기간의 장단(長短)에 따라서 상계금지의 기간이 바뀌는 것은 부당하다는 지적이다. 일본 현행 파산법은 위 「1년」의 기준시를 파산신청 시로 개정하였다.

제3절 채무자의 채무자에 의한 상계의 금지

1. 상계금지의 취지

채무자회생법 제422조 제3, 4호는 파산재단에 속하는 채권의 채무자가 파산채권을 취득한 시기에 착안하여 상계금지를 규정하고 있다.

2. 상계금지의 요건

가. 파산선고를 받은 채무자의 채무자가 파산선고 후에 타인의 파산채권을 취득한 때(법 제422조 제3호)

파산선고를 받은 채무자에 대해서 채무를 부담하는 자가 파산선고 후에 타인의 파산채권을 취득한 때에는 취득한 파산채권을 자동채권으로 하는 상계는 금지된다. 이 상계를 인정하면 파산선고에 의해 액면금액 미만의 가치밖에 없는 것이 거의 확정된 파산채권에 대해서 액면금액대로의 만족을 주게 되기 때문이다. 예컨대, B가 A에 대해서 금전채권을 가지고 있는 상태에서 B가 파산하였다고 가정하자. 이때 A가 B에 대해서 대여금채권을 가지고 있는 금융기관 등 타인으로부터 염가에 그 대여금채권을 매수하여 B의 A에 대한 금전채권과 A의 B에 대한 대여금채권를 상계하면, A는 염가에 매수한 대여금채권으로 B에 대한 금전채권을 소멸시킬 수 있다. 그러나 B는 파산절차에 의해서 배당할 것이었던 금융기관에 대한 대여금채권을 전액 변제한 것과 같은 상태가 되고, A로부터는 금전채권을 회수할 수 없게 되어 파산재단의 재산이 감소함으로써 다른 채권자에 대한 배당도 감소하게 되므로 상계를 인정하는 것은 불공평한 결과를 초래한다.

이 경우 파산채권 취득자의 선의 · 악의를 불문한다. 타인의 파산채권을 취득하는 경우란 파산채권을 매입하는 경우 외에도 합병 등의 포괄승계의 경우도 포함된다. 또한 파산채권의 취득원인이 파산선고 전이라도 파산선고 후에 비로소 대항요건을 구비한 양수채권에 의한 상계는 금지된다. 보증인이 주채무자에 대해서 채무를 부담하고 있는 경우에 파산선고 후에 보증채무를 이행한 결과 취득하는 구상권을 자동채권으로 상계할 수 있는지가 문제된다. 보증인이 주채무자의 파산선고 전에 주채무자의 부탁 없이 체결한 보증계약에 기하여 파산선고 후에 변제한 경우에는 보증인은 구상권을 자동채권으로 하여 상계할 수 없다고 할 것이다.[11)]

나. 파산선고를 받은 채무자의 채무자가 지급정지 또는 파산신청이 있었음을 알고 파산채권을 취득한 때(법 제422조 제4호)

지급정지, 파산신청은 채무자가 파산상태에 있다는 것의 외부적 징표이고, 이러한 사실이 있으면 파산선고 전이라도 파산채권의 실제 가치는 저하된다. 실제 가치가 저하된 것을 알고서 파산채권을 취득한 자를 액면대로 보호할 필요는 없는 것이다. 대등한 액면금액으로 재단에 대한 채무를 면하게 하는 것은 파산재단을 해한다. 이러한 의미에서 본호의 규

11) 일본 최고재판소 平成21年 (受) 第1567号 판결은 보증인이 주채무자에 대한 파산선고 전에 주채무자의 부탁 없이 체결한 보증계약에 기하여 파산선고 후에 변제를 한 경우에 보증인이 취득한 구상권을 자동채권으로 하여 주채무자인 채무자가 보증인에 대해서 가지는 채권을 수동채권으로 하는 상계의 효력을 인정하는 것은 채무자의 의사나 법정의 원인과는 관계없이 파산절차에서 우선적으로 취급되는 채권이 작출되는 것을 인정하는 것과 같고, 파산선고 후에 채무자의 의사에 기하지 않고 파산절차상 파산채권을 행사하는 자가 교체된 결과 상계적상이 생기는 점에 있어서 채무자에 대해서 채무를 부담하는 자가 파산선고 후에 타인의 채권을 양수하여 상계적상을 작출한 뒤 당해 채권을 자동채권으로 하는 상계와 유사하기 때문에 파산법 제72조 제1항 제1호(채무자회생법 제422조 제3호에 해당)의 유추적용에 의해 허용되지 않는다고 판시하였다.

정은 제3호의 규정을 지급정지, 파산신청까지 소급해서 확장한 것이다. 그러나 본호는 아래와 같은 세 가지 예외가 있다.

(1) 그 부담이 법정의 원인에 의한 때(법 제422조 제2호 가목)

예컨대, 상속 · 사무관리 · 부당이득 등에 대해서는 원칙적으로 취득자가 의도적으로 채권채무의 대립상태를 작출할 여지가 없기 때문에 상계금지의 예외의 경우가 된다. 그렇지만, 취득자가 채권채무의 대립상태를 의도적으로 작출한 때는 상계는 금지된다.

(2) 채권의 취득이 채무자의 지급정지 또는 파산신청이 있었음을 알기 전에 생긴 원인에 기한 때(법 제422조 제2호 나목)

채무자회생법은 파산선고를 받은 채무자의 채무자가 지급정지 또는 파산신청이 있었음을 알고 파산채권을 취득한 때에는 그 파산채권을 자동채권으로 하는 상계를 할 수 없도록 제한하지만, 파산채무자의 채무자가 지급정지 또는 파산신청을 알기 전에 생긴 원인에 의하여 파산채권을 취득한 때에는 예외적으로 그 파산채권을 자동채권으로 하는 상계를 허용하고 있다. 이처럼 채무자회생법이 예외적으로 상계를 허용한 취지는 파산채권을 취득한 것은 파산채무자에게 위기상태가 생긴 이후이지만 그 이전에 이미 채권발생의 원인이 형성되어 있었던 경우에는 상계에 대한 파산채권자의 기대를 보호해 줄 필요가 있으므로, 그러한 경우에는 예외적으로 상계를 할 수 있도록 한 것이다. 이러한 규정 취지를 고려해 보면, 채무자회생법 제422조 제2호 단서 (나)목에서의 '원인'은 채권자에게 상계의 기대를 발생시킬 정도로 직접적인 것이어야 할 뿐 아니라 구체적인 사정을 종합하여 상계의 담보적 작용에 대한 파산채권자의 신뢰를 보호할 가치가 있는 정당한 것으로 인정되는 경우를 의미한다(대법원 2019. 1. 31. 선고 2015다240041 판결). 즉, 위 '원인'의 해당성은 그것이 합리적인 상계의 기대를 생기게 하는 것인지 여부에 의해 결정된다. 파산채권자인 은행이 채무자를 위하여 특정한 매매, 도급 등을 위해 융자를 하면서 그 대출금의 회수확보의 방법으로서 실질상 담보의 목적으로 예금자로부터 지급정지 전에 어음금의 추심수령 또는 대금수령의 포괄적인 대리권을 수여받고 있는 경우에 은행이 대리권의 행사에 의하여 채무자의 제3채무자로부터 수령한 금원과 상계하는 것은 본호 4호 단서의 사유에 해당하는 것으로서 상계는 유효하다고 해석한다.[12] 또한, 은행이 환매특약을 포함한 어음할인계약에 기하여 어음을 할인한 후 할인의뢰인의 지급정지를 이유로 동인에 대해서 당해 어음환매청구를 한 경우에 취득한 할인의뢰인에 대한 환매대금채권은 지급정지 전의 어음할인계약이라고 하는 (지급정지가 있었음을 채무자에 대하여 채무를 부담하는 자가 알기 전에 생긴) 원인에 기하여 취득한 것이라고 할 수 있다.[13] 그러나 제3자에 대하여 채권을 가지는 자가 그 채권의 지급을 위하여 채무자가 발행한 약속어음에 배서양도를 받은 경우는 상계를 할 수 없다.[14]

(3) 파산선고가 있은 날부터 1년 전에 생긴 원인에 의한 때(법 제422조 제2호 다목)

본목에 대해서는 위에서 살펴본 제2호 다목과 동일한 비판이 있다. 즉, 「1년」의 기준시를 파산선고시로 정한 것은 파산신청 후 파산선고 시까지 사이의 심리기간의 장단(長短)에 따라서 상계금지 범위가 달라져 부당하다는 지적이다.

한편, 대법원은 채무자회생법 제422조 제4호 단서, 제2호 단서 (다)목은 파산선고를 받은 채무자의 채무자가 지급정지 또는 파산신청이 있었음을 알고 파산채권을 취득하는 경우에 파산채권의 취득이 "파산선고가 있은 날부터 1년 전에 생긴 원인에 의한 때"에는 예외적으로 상계를 허용하고 있는데, 회생절차가 진행된 후에 파산선고가 된 경우 회생절차에 소요된 기간은 위 규정에서의 기간 계산에 산입되지 아니한다(대법원 2019. 1. 31. 선고 2015다240041 판결)고 본다. 이는 지급정지 후에 회생절차 등의 선행 도산절차를 거쳐 파산선고가 된 경우에는 특별한 사정이 없는 한 채무자회생법 제404조의 위기부인의 행사기간에 회생절차 등으로 인하여 소요된 기간은 산입되지 아니한다(대법원 2004. 3. 26. 선고 2003다65049 판결)는 법리를 여기에도 적용한 것이라 할 것이다.

---

12) 斎藤秀夫, 麻上正信, 林屋礼二　編, "注解破産法" 上巻, 青林書院 725면.

13) 伊藤 眞 外 5人, 条解破産法, 弘文堂. 평성 22년, 532, 533면.

14) 竹下守夫 외, "大コンメンタール破産法", 青林書院(2007년), 314면.

제4절 파산관재인에 의한 상계

채무자회생법에 파산관재인의 상계를 인정하는 명문의 규정이 없기 때문에 파산관재인이 파산재단에 속하는 채권을 자동채권, 파산채권을 수동채권으로 하여 상계를 할 수 있는지에 대해서 학설상 다툼이 있다. 대체로 ① 이러한 상계를 인정하면, 파산관재인이 특정한 파산채권자에게 파산절차 외에서 변제를 한 것과 동일한 결과를 초래하여 파산채권자 사이의 평등이 침해된다고 하여 이를 부정하는 견해, ② 파산절차에서는 파산채권자의 상계권의 행사에 시간적 제한이 없기 때문에 이를 인정하지 않으면 원활한 관재업무의 수행이 방해된다는 긍정설, ③ 파산재단에 속하는 채권의 실질적 가치가 파산채권의 그것보다도 낮은 경우에 한하여 이를 긍정하는 견해로 나뉜다.

그런데 파산채권자도 역시 파산선고를 받은 경우나 파산재단에 속하는 채권이 시효로 소멸한 경우처럼 파산재단에 속하는 채권의 실질적 가치가 파산채권의 그것보다도 저하(低下)된 경우에는 파산채권자 사이의 평등을 해하는 것도 아니고, 이러한 경우 파산관재인의 상계를 인정하는 것이 파산재단에 유리하고, 파산채권자가 파산관재인의 촉구에도 불구하고 장기간 상계의 의사표시를 하지 않을 경우도 있기 때문에 파산관재인에 의한 상계를 부정할 이유가 없다. 그러므로 파산관재인은 파산재단에 속하는 채권으로서 파산채권과 상계하는 것이 파산채권자의 이익에 적합할 때는 절차적 요건으로 법원의 허가를 얻어 상계를 할 수 있다고 할 것이다.

제13장 파산채권

제13장 파산채권

제1절 파산채권의 의의

1. 개 요

파산채권이란 채무자가 파산한 때 그 채권을 회생법원에 신고하여 파산재단으로부터 공평한 변제를 받을 수 있는 권리를 말한다. 파산채권으로 되는 것은 채무자에 대하여 파산선고 전의 원인으로 생긴 재산상의 청구권이다(법 제423조). 파산선고가 되면 채무자에 대해서 채권을 가지는 채권자는 개별적으로 권리행사를 할 수 없게 되고, 파산 절차를 통해서 파산재단으로부터 배당을 받음으로써 채권의 만족을 얻게 된다(법 제424조).

2. 파산채권의 요건

파산채권은 ① 반드시 금전채권일 필요는 없지만 금전으로 평가할 수 있어야 하며, ② 강제집행이 가능한 채권이어야 하고, ③ 채권의 발생원인이 파산선고 전에 존재하고 있어야 하며, ④ 채무자에 대한 청구권이어야 한다.

가. 재산적 청구권(금전으로의 평가가 가능한 채권일 것)

파산절차의 주된 목적은 파산채권자에 대해서 배당을 하는 점에 있기 때문에, 파산채권은 그 성질상 재산에 의해서 만족을 얻을 수 있는 청구권일 필요가 있다. 따라서 금전채권에 한정되지 않고, 물건의 급부나 권리의 설정을 목적으로 하는 청구권처럼 비금전적 청구권이라도 무방하다. 대체적 작위청구권은 제3자에 의한 대체집행이 가능하므로 채무자에 대한 금전채권으로 평가할 수 있기 때문에 재산적 청구권에 해당한다. 그렇지만 비대체적 작위청구권은 금전채권으로 전환할 수 없으므로 파산채권이 될 수 없다. 예컨대, 채무자의 출연, 면접교섭권이나 화가(畵家)가 기일까지 그림을 그려야 하는 채권은 파산채권이 될 수 없다. 부작위청구권도 금전채권으로 전환할 수 없으므로 그 자체로는 파산채권이 될 수 없다. 다만, 비대체적 작위청구권이나 부작위청구권이라도 파산선고 전에 그 채무불이행으로 인하여 손해배상청구권으로 전환된 경우나 간접강제금의 지급의무가 발생한 경우에는 그 청구권(금전채권)이 파산채권이 된다. 순수한 신분법상의 권리도 파산채권이 될 수 없으나, 파산선고 전에 불이행으로 인하여 손해배상청구권이 된 경우에는 파산채권이 된다.

나. 강제집행이 가능한 채권일 것

파산절차는 파산재단에 속하는 재산에 대해서 채무자의 관리 · 처분권을 배제하고 강제적으로 매각 · 환가한다는 점에서 강제집행절차와 공통의 기반에 입각한 절차이다. 따라서 채권이 민사집행법상 강제집행에 적합하지 않은 경우에는 파산절차에서도 만족을 얻을 수 없다. 이러한 채권의 예로서는 이자제한법 위반의 초과이자나 불법원인급여반환청구권 등이 전형적인 경우이다.

다. 파산선고 전의 원인에 기하여 생긴 청구권일 것

파산재단에 대해서 고정주의가 채용되어 있는 것에 대응하여 파산채권은 파산선고 전의 원인으로 생긴 청구권일 것이 요구된다. 여기서 파산선고 전의 원인으로 생긴 청구권이란 파산선고 시에 청구권이 이미 현실로 발생하고 있을 필요는 없고, 그 발생원인이 파산선고 전에 구비되어 있으면 족하다. 또한 발생원인의 전부가 파산선고 전에 완비되어 있을 필요는 없고, 채권의 발생에 필요한 사실의 대부분(기본적인 구성요건사실)이 구비되어 있으면 족하다. 기한부채권, 해제조건부채권, 정지조건부채권도 좋고, 보증인의 구상권처럼 장래의 청구권이라도 그 발생원인이 파산선고 전에 있으면 파산채권이 된다. 그렇지만 청구권 발생에 대한 단순한 기대권에 불과하다면 파산채권에 해당하지 않는다.

파산선고 전의 계약에 의해서 채권으로서 성립되었지만 파산선고 후에 이행기가 정해져 있는 기한부채권은 파산절차에서 다른 채권과 획일적으로 취급할 필요가 있기 때문에 파산선고 시에 기한이 도래한 것으로 간주된다. 이를 파산채권의 현재화(現在化)라고 부른다. 그렇지 않으면 그 채권의 기한이 도래할 때까지 파산절차가 완료되지 않기 때문에 절차의 신속성의 요청을 해(害)하기 때문이다. 기한부채권은 언젠가는 반드시 이행기가 도래하는 채권이지만, 조건부채권은 어쩌면 영원히 조건이 성취되지 않을지도 모르는 채권이다. 즉, 조건부채권은 장래의 미확정 청구권이라는 특징이 있다. 그러나 채무자회생법은 채권의 발생원인사실이 파산선고 전에 존재하는 한 조건부채권도 그 전액에 대해서 파산채권이 된다고 인정한다(無條件化). 단, 조건부채권은 파산절차에 가담할 수 있지만, 조건이 성취되어 확정된 청구권이 되지 않으면 배당을 받을 수 없다. 만일 조건이 성취되지 않은 채 파산절차가 종료해 버린 경우 그 조건부채권의 채권액은 다른 채권의 배당으로 돌려진다. 이를 타절주의(打切主義)라고 부른다.

라. 채무자에 대한 청구권일 것

파산채권은 채권이기 때문에 채무자에 대한 인적 청구권일 것을 요한다. 그러므로 채무자에 대한 물권적 청구권은 인적 청구권이 아니므로 파산채권이 아니다. 소유권에 기한 반환청구권, 방해배제청구권은 파산채권이 아니고 환취권이다. 별제권의 경우 피담보채권은 담보권 자체와는 구별되어 파산채권이 되지만, 파산채권자로서의 권리행사에 제한이 가해진다(법 제413조). 즉, 별제권의 행사에 의하여 변제를 받을 수 없는 잔액채권이나 별제권을 포기한 채권액에 대해서만 파산채권으로서 행사할 수 있다. 한편, 타인의 채무에 대해 저당권을 설정한 경우처럼 채무자가 물상보증인인 때는 담보물권의 피담보채권은 채무자에 대한 청구권이 아니기 때문에 파산채권은 아니고, 채권자는 당해 담보권을 파산절차 외에서 실행할 수 있을 뿐이다.

제2절 채권의 조사

1. 채권조사의 의의

파산채권의 조사란 파산채권자 상호간에 배당의 기초가 될 각 채권액을 확정시키기 위하여 채권조사기일에 채무자, 신고한 파산채권자 또는 그 대리인 및 파산관재인이 파산채권자가 신고한 채권에 대해서 서로 의견을 진술하여 파산채권으로서의 자격을 조사하는 것을 말한다. 법원에 신고된 채권에 대해서 파산채권으로서의 적격성, 채권의 존부, 금액, 우선순위 및 별제권자가 신고한 예정부족액의 당부에 대해서 조사를 한다.

2. 채권신고방법

파산채권의 신고는 파산채권자가 법원에 한다. 이러한 신고는 형식적으로 파산채권자가 되는 요건이고, 신고하면 파산절차상 파산채권자로서의 지위가 인정된다. 파산채권자는 법원이 정하는 기간(신고기간) 안에 그 채권액 및 원인, 일반의 우선권이 있는 때에는 그 권리, 후순위파산채권인 제446조 제1항 각호의 어느 하나에 해당하는 청구권을 포함하는 때에는 그 구분을 법원에 신고하고 증거서류 또는 그 등본이나 초본을 제출하여야 한다(법 제447조 제1항). 별제권자는 위 신고 사항 외에 별제권의 목적과 그 행사에 의하여 변제를 받을 수 없는 채권액을 신고하여야 하며(같은 조 제2항), 파산채권에 관하여 파산선고 당시 소송이 계속되어 있는 때에는 제1항 각호의 사항 외에 파산채권자는 그 법원 · 당사자 · 사건명 및 사건번호를 신고하여야 한다(같은 조 제3항). 또한, 채권자는 이와 함께 채권자 및 대리인의 성명 또는 명칭과 주소, 통지 또는 송달을 받을 장소(대한민국 내의 장소로 한정한다) 및 전화번호 · 팩시밀리번호 · 전자우편주소, 집행력 있는 집행권원 또는 종국판결이 있는 파산채권인 때에는 그 뜻을 신고하고(규칙 제73조 제1항), 채권자가 대리인에 의하여 채권을 신고할 때에는 대리권을 증명하는 서면, 파산채권이 집행력 있는 집행권원 또는 종국판결이 있는 것일 때에는 그 사본, 채권자의 주민등록등본 또는 법인등기사항증명서를 첨부하여야 한다(규칙 제73조 제2항). 채권을 신고할 때에는 채권신고서 및 첨부서류의 부본을 2부 제출하여야 한다(규칙 제74조 제1항). 파산채권자는 신고한 사항에 관하여 다른 파산채권자의 이익을 해하지 않는 내용의 변경이 생긴 때에는 증거서류 또는 그 사본을 첨부하여 지체 없이 그 변경의 내용 및 원인을 법원에 신고하여야 하고(규칙 제75조 제1항), 신고된 파산채권을 취득한 자는 채권조사의 기일 후에도 증거서류 또는 그 사본을 첨부하여 신고명의를 변경하고자 하는 자 및 대리인의 성명 또는 명칭과 주소, 통지 또는 송달을 받을 장소(대한민국 내의 장소로 한정한다) 및 전화번호 · 팩시밀리번호 · 전자우편주소, 취득한 권리와 그 취득의 일시 및 원인을 신고함으로써 명의를 변경할 수 있다(규칙 제76조).

3. 파산채권 신고의 효과

채무자에 대하여 파산이 선고되면 파산선고 전의 원인에 기한 재산상의 청구권이면서 재단채권에 해당하지 않는 파산채권은 개별적인 권리행사가 원칙적으로 금지된다. 파산채권자는 파산채권을 행사하기 위해서는 파산채권 신고를 함으로써 파산절차에 참가할 필요가 있다. 파산채권이 신고되면 파산채권의 조사 등을 거쳐 파산채권이 확정되고, 그렇게 확정된 파산채권은 파산재단으로부터 배당을 받을 수 있게 된다.

파산채권의 신고는 파산채권에 대한 소멸시효를 중단하는 효과도 있다. 다만, 채권자가 그 신고를 취하하거나 그 신고가 각하된 때에는 시효중단의 효력이 없다(법 제32조 제2호, 민법 제171조). 그렇지만 채권조사기일에서 파산관재인이나 다른 채권자가 신고채권에 대하여 이의를 제기하거나 채권자가 법정기간 내에 파산채권 확정의 소를 제기하지 아니하여 배당에서 제척되었다고 하더라도 그것이 민법 제171조에서 말하는 '그 청구가 각하된 때'에 해당한다고 볼 수는 없다 할 것이고, 따라서 파산절차참가로 인한 시효중단의 효력은 파산절차가 종결될 때까지 계속 존속한다(대법원 2005. 10. 28. 선고 2005다28273 판결).

4. 채권조사의 일반조사기일

가. 조사기일의 지정(실무는 추후 지정형 운용)

파산절차에서는 회생절차와 달리 조사기간을 정하지 않고 채권조사의 일반기일에서 신고기간 안에 신고한 파산채권을 조사한다. 채권조사의 일반기일은 파산선고와 동시에 채권신고기간의 말일로부터 1주일 이상 1월 이하의 기간 내에서 법원이 정한다. 이 경우 채권신고의 기간은 파산선고일로부터 2주 이상 3월 이하이어야 한다(법 제312조 제1항 제1호). 그런데 실무상 개인파산사건의 경우 환가할 재산이 없거나 또는 환가재산이 있더라도 조세 등 재단채권이 많아 파산채권자에게 배당할 재단이 형성되지 않아 대부분 이시폐지로 종료되고 있다. 그러므로 모든 사건에 대하여 채권신고기간 및 채권조사기일을 지정할 경우 채권자들과 파산관재인으로서는 채권의 신고와 조사에 불필요한 시간과 비용을 낭비하는 결과가 되고, 또한 채권자의 입장에서는 시간과 노력을 들여 각종 증거서류를 첨부하여 채권신고서를 법원에 제출하고도 정작 전혀 배당을 받지 못하여 불만이 제기되기도 하고, 법원의 입장에서도 결과적으로 배당이 이루어지지 않은 채로 이시폐지되는 사건에서 집회가 여러 차례 열리는 등 절차만 번잡해지고, 채권신고 및 조사에 따라 '파산신고서철' 및 '파산채권자표'를 작성 · 비치하고 이의통지서를 송달하여야 하고, 조사기일 이후 이의통지를 받은 채권자가 채권조사확정재판을 제기하는 경우 법원은 그 심문기일을 지정하여 그에 대해 심리하여야 하는 부담이 있게 된다. 그러므로 법원은 파산선고 시에 당해 사건에서 재산환가의 가능성이 커 보이는 등의 특별한 사정이 없는 한 채권조사기간과 채권조사기일을 추후 지정하는 것으로 실무를 운영하고 있다. 다만, 파산채권자는 채권신고가 금지되는 것은 아니므로 채권신고기간이 정해져 있지 않은 때라도 파산채권 신고를 하는 것은 가능하고, 파산채권이 되는 채권에 대해서 소멸시효 중단효를 발생시킬 필요가 있는 경우 등에는 배당 가능성의 유무와 상관 없이 채권신고를 할 수 있다고 해석된다.

나. 파산관재인의 예비조사

파산관재인은 파산채권자가 법원에 제출한 채권신고서와 그 증거서류, 채무자의 장부, 채무자 및 신고채권자의 의견 등을 대조 검토하여 신고된 채권의 시 · 부인 여부를 결정하여야 한다. 채권의 인부(실체상의 당부)에 관한 조사는 파산관재인의 중요한 임무이다. 파산관재인은 채권인부의 조사과정에서 신고채권자에게 신고의 정정이나 변경을 촉구한다든지 혹은 이중신고 된 채권에 대해서 취하를 권고한다. 파산관재인은 조사를 완료하면 「파산채권 시부인표」를 작성하여 법원에 제출하여야 한다.

다. 조사기일의 진행

채권의 조사는 파산관재인이 출석하지 아니하면 할 수 없다(법 제452조). 채권조사는 파산절차상 배당의 기초가 되고, 게다가 관재인이 중심이 되는 것이므로, 파산관재인은 채권조사기일에 출석할 의무가 있다. 따라서 파산관재인이 출석하지 않은 경우에는 채권조사기일을 열수 없고 기일을 변경할 수밖에 없다. 채권조사기일에는 관계인도 출석할 수 있다. 즉, 채무자, 신고한 파산채권자 또는 그 대리인은 채권조사기일에 출석하여 의견을 진술할 수 있다. 대리인이 출석할 경우 대리권을 증명하는 서면을 제출하여야 한다(법 제451조).

기일에서는 우선 파산관재인이 미리 제출한 파산채권 시부인표에 근거하여 구두로 이의유무를 진술하고, 파산관재인의 진술 후 출석한 파산채권자 및 채무자가 진술하는 방법으로 진행한다. 이의를 진술한 자는 그 이유를 붙일 필요는 없다. 이유를 붙였다고 하더라도 후일 채권확정소송에서 그것에 구속되는 것은 아니다.

채권조사기일에 파산관재인 및 파산채권자의 이의가 없는 때에는 채권액, 우선권 및 제446조(후순위파산채권) 제1항 각호의 어느 하나에 해당하는 청구권의 구분이 확정된다(법 제458조). 잘못된 인부를 하면 사후적으로 수정하는 것은 곤란하다. 확정되면 그대로 배당하지 않으면 안 되기 때문에 채권인부를 할 때에는 충분히 주의를 기울여야 한다. 법원사무관 등은 채권조사의 결과, 즉 각 신고채권에 대한 이의 유무, 확정된 채권에 대해서는 확정의 취지, 이의 있는 채권에 대해서는 파산채권자의 몇 사람이 어떠한 점에서 이의를 했는지를 채권자표에 기재하여야 하고, 또한 채무자도 이의를 한 때에는 마찬가지로 그 취지를 채권자표에 기재하여야 한다(법 제459조 제1항). 그리고 법원사무관 등은 파산관재인 및 파산채권자의 이의가 없어 확정된 채권의 증서(어음, 수표 등의 유가증권 또는 차용증서 등)에 확정된 뜻을 기재하고 법원의 인(印)을 찍어야 한다(법 제459조 제2항).

라. 채권신고기간 후에 신고한 채권의 조사

파산채권은 신고기간 경과 후에 신고된 것이라도 조사를 하여야 한다. 일반조사기일 종료 후에 신고된 것은 별도로 기일을 정하여 조사할 수밖에 없지만 일반조사기일 전에 신고된 것은 신고기간 경과 후에 신고된 것이라도 파산관재인 및 파산채권자의 이의가 있는 때를 제외하고는 채권조사의 일반기일에 그 조사를 할 수 있고(법 제453조 제1항), 파산관재인 또는 파산채권자의 이의가 있는 때에는 법원은 특별기일을 정하여야 한다. 이 경우 채권조사에 소요되는 비용은 일반채권자를 위한 것이 아니기 때문에 신고기간 후에 신고한 파산채권자가 부담한다(법 제453조 제2항).

마. 파산채권자의 이익을 해하는 변경

파산채권자가 신고한 사항에 대하여 신고기간 경과 후에 다른 채권자의 이익을 해할 변경을 가한 경우에는 새로 채권신고를 한 경우와 동일하기 때문에 제453조의 규정을 준용하여 파산관재인 및 파산채권자의 이의가 없으면 일반조사기일에, 이의가 있으면 특별기일을 정하여야 한다(법 제454조). 여기서 이익을 해할 변경이란 신고채권액의 증가, 이율 또는 기산점의 소급, 새로운 우선권의 주장 등 다른 채권자의 배당액에 악영향을 미치는 변경을 말하고, 신고채권액의 축소, 우선권주장의 철회 등 다른 채권자에게 이익이 되는 변경은 법 제454조에 해당하지 않는다. 일반조사기일에 조사를 한 채권에 대해서 일반조사기일 종료 후에 다른 채권자의 이익을 해할 변경신고를 한 경우, 예컨대 채권액을 증액하는 등의 변경신고를 한 경우에 본조에 근거하여 특별조사기일에 조사를 할 수 있다고 해석된다. 일반기일 후에 신고된 채권에 대해서는 특별기일에 조사를 받을 수 있고(법 제455조), 본조는 신고기간 후라고 규정하고 있을 뿐 일반기일종료의 전후를 묻지 않고 다른 채권자의 이익을 해할 변경을 한 경우를 포함한다고 해석해야 하기 때문이다. 반면, 이의없이 확정된 채권자표에 기재된 채권에 대해서 후일 새로이 우선권을 주장할 수 있는가에 대해서는 다툼이 있지만, 주장할 수 없다는 것이 다수설이다.

파산채권자는 신고한 사항에 관하여 다른 파산채권자의 이익을 해하지 않는 내용의 변경이 생긴 때에는 증거서류 또는 그 사본을 첨부하여 지체없이 그 변경의 내용 및 원인을 법원에 신고하여야 한다. 법원사무관 등은 위와 같은 신고가 있는 때에는 그 신고 내용을 파산채권자표에 기재하여야 한다(규칙 제75조).

바. 이의통지

파산채권자가 채권조사기일에 출석하지 아니한 경우 그 채권에 관하여 이의가 있는 때에는 법원은 그 사실을 파산채권자에게 통지하여야 한다(법 제461조 제1항). 위 규정의 취지는 조사기일에 불출석한 파산채권자가 수계신청기간 등을 도과하여 파산절차 참가자격을 부정당하지 않도록 법원으로 하여금 이의사실을 알려주어 주의를 환기시키도록 한 것이지, 당해 파산채권자가 법원의 이의통지를 수령한 날을 1개월의 수계신청기간의 기산점으로 삼으려는 것으로 볼 수는 없다고 해석된다(대법원 2008. 2. 15. 선고 2006다9545 판결[1]). 이의통지는 서류를 우편으로 발송하여 할 수 있다(법 제461조 제2항).

---

1) 위 대법원 판결은 구 회사정리법 제146조에 관한 대법원의 판시내용이지만, 채무자회생법 제461조에 대해서도 그대로 적용된다고 본다. 한편, 파산선고 당시 이미 이의채권에 관하여 소송이 계속 중인 경우에 이의채권자는 이의자 전원을 상대방으로 하여 소송을 수계하여야 하는데, 채무자회생법은 이의채권자의 수계신청기간을 '파산채권자가 이의가 있었던 사실을 안 날로부터'가 아니라 '채권조사기일부터 1월 이내'로 수계신청기간을 제한하고 있다. 이 점과 관련하여 헌법재판소는 구 회사정리법 제149조 위헌소원 사건에서 재판청구권의 본질적 내용을 침해한 것이라고 볼 수 없어 헌법에 위반되지 않는다고 결정하였다(헌법재판소 1996. 8. 29. 95헌가15; 헌법재판소 2007. 12. 27. 2006헌바11 참조).

5. 특별조사기일

가. 의의

특별조사기일이란 ① 신고기간 경과 후 일반조사기일 전에 신고되었지만 일반조사기일에 조사하는 것에 대하여 파산관재인 및 파산채권자의 이의가 있은 때(법 제453조 제2항), ② 파산채권자가 신고한 사항에 관하여 신고기간 후에 다른 파산채권자의 이익을 해할 변경을 가한 경우에 그 조사를 일반조사기일에 하는 것에 대하여 파산관재인 및 파산채권자의 이의가 있은 때(법 제454조), ③ 파산채권자가 일반조사기일 후에 채권을 신고한 때(법 제455조)에 채권조사를 위하여 특별히 여는 기일을 말한다. ①, ②의 경우에 대해서는 앞에서 살펴보았고, 실무상 ①, ②의 경우를 이유로 특별조사기일을 여는 사례는 거의 없다.

나. 절차

파산채권자가 일반조사기일 종료 후에 채권신고를 한 경우에는 이미 일반조사기일은 종료되었으므로 일반기일에서의 조사는 불가능하기 때문에 특별기일을 열어 조사할 수밖에 없다(법 제455조). 특별조사기일은 파산관재인의 신청에 의하여 결정한다. 특별기일은 개개의 채권신고가 있을 때마다 할 필요는 없고, 배당준비단계에 들어가서 그 때까지 신고된 채권자를 대상으로 기일지정을 하면 된다. 특별조사기일의 경우 채권조사에 소요되는 비용은 지체하여 신고한 파산채권자의 부담으로 한다(법 제453조 제2항). 특별조사는 채권조사의 일반기일 후에 신고한 채권에 대하여 당해 파산채권자의 이익을 위하여 진행되기 때문이다. 비용이 예납되지 않으면 법원은 결정으로써 채권신고를 각하한다. 채권조사에 소요되는 비용에는, 채권조사의 특별기일에서 조사할 채권을 신고한 파산채권자에 대한 위 채권조사에 소요되는 비용의 납부를 명하는 결정(예납명령)의 송달비용, 채권조사의 특별기일을 정하는 결정의 공고비용 및 그 결정의 파산관재인 · 채무자 및 신고한 파산채권자에 대한 송달비용, 파산관재인이 채권조사의 특별기일에서 배부할 인쇄비용 상당액 및 파산관재인에게 추가로 지급할 보수 상당액 등이 포함된다고 할 것이나, 실무상 예납금은 조사할 채권을 신고한 파산채권자에 대한 비용예납명령의 송달비용과 채권조사의 특별기일을 정하는 결정의 송달비용을 합산한 금액으로 정하고 있다.[2)] 조사대상의 채권자가 복수인 경우의 비용부담에 대해서는 안분비례설(신고채권액에 의함)과 평등분배설(신고채권자의 머릿수대로 나눔)이 있지만 후자가 타당하다.

채권조사의 특별기일을 정하는 결정은 이를 공고하여야 하며 파산관재인 · 채무자 및 신고한 파산채권자에게 송달하여야 한다(법 제456조). 여기서 신고한 파산채권자란 특별조사기일에서 조사를 하는 채권자뿐 아니라 신고를 한 모든 채권자를 말한다. 채권조사기일의 변경과 연기 및 속행에 대해서도 그 결정은 공고하여야 하며 파산관재인 · 채무자 및 신고한 파산채권자에게 송달하여야 한다. 다만, 기일에 그 결정에 대하여 선고가 있는 때에는 공고 및 송달을 하지 아니하여도 된다(법 제457조).

제3절 채권의 인부

1. 별제권

가. 별제권부채권의 요건 및 효과

별제권부채권이란 ① 파산재단에 속하는 재산에 채무자회생법 제411조 소정의 담보권이 설정되어 있고, ② 그 피담보채권이 파산채권일 것을 요한다. 따라서 채무자가 채무자 겸 담보권설정자이면 그 채권은 별제권부채권이지만, 채무자 이외의 자가 물상보증을 하는 경우에는 별제권부채권이 아니다. 별제권자는 그 별제권의 행사에 의하여 변제를 받을 수 없는 채권액에 관하여만 파산채권자로서 그 권리를 행사할 수 있다(법 제413조, 부족액책임주의).

별제권부채권에 대한 채권인부는 별제권의 목적이 되는 피담보권채권의 존부, 금액 및 예정부족액에 대해서 인부를 하지만, 별제권자가 법 제512조 제1항의 규정에 의한 배당제외기간 안에 파산관재인에 대하여 그 권리의 목적의 처분에 착수한 것을 증명하고, 그 처분에 의하여 변제를 받을 수 없는 채권액을 소명하지 아니하거나(법 제512조 제2항), 최후의 배당에 관한 배당제외기간 안에 파산관재인에 대하여 그 권리포기의 의사를 표시하지 아니하거나 그 권리의 행사에 의하여 변제를 받을 수 없었던 채권액을 증명하지 아니한 때(법 제525조)에는 배당에서 제외된다. 별제권인 담보권의 무효를 주장하려면 채권조사확정절차

2) 서울회생법원 파산부 실무연구회, 법인파산실무(제5판), 박영사(2019), 280, 281면 참조.

가 아니라 통상의 소송절차에 의해 담보권의 무효를 주장해야 한다.

근저당권에 의하여 담보되는 범위는 다음과 같다. 근저당권자의 경매신청 등의 사유로 인하여 근저당권의 피담보채권이 확정되었을 경우, 확정 이후에 새로운 거래관계에서 발생한 원본채권은 그 근저당권에 의하여 담보되지 아니하지만, 확정 전에 발생한 원본채권에 관하여 확정 후에 발생하는 이자나 지연손해금 채권은 채권최고액의 범위 내에서 근저당권에 의하여 여전히 담보된다(대법원 2007. 4. 26. 선고 2005다38300 판결 참조). 근저당권의 피담보채권이 확정된 후 피담보채무의 전부 또는 일부의 이행을 명하는 판결이 선고되는 경우, 그 피담보채무 불이행으로 인한 손해배상액 중 「소송촉진 등에 관한 특례법」에서 정한 법정이율이 적용됨에 따라 증가된 지연손해금 채권도 근저당권에 의하여 담보되지만, 이 경우 근저당권자는 배당요구 종기까지 소송촉진법에서 정한 법정이율의 적용으로 증가된 지연손해금을 기준으로 부대채권을 증액하는 채권계산서를 제출하여 청구금액을 확장할 수 있다(대법원 2023. 7. 27. 선고 2023다202532 판결).

나. 신고사항

별제권자는 채권자의 성명, 주소, 피담보채권 전액 및 그 원인 외에 별제권 및 그 목적물, 별제권의 행사에 의하여 변제를 받을 수 없는 채권액(소위 예정부족액)을 신고하여야 한다(법 제447조, 규칙 제80조). 예정부족액은 담보목적물을 평가하여 피담보채권인 파산채권액으로부터 담보목적물의 평가액을 공제한 금액을 신고한다.

다. 별제권부채권을 단순 파산채권으로서 신고한 경우의 인부

별제권자가 단순히 파산채권으로 신고한 경우라도 파산관재인의 조사에 의해 별제권의 존재가 인정되는 경우에는, 파산관재인은 신고채권자에게 별제권의 목적 및 예정부족액을 신고할 것을 촉구하고, 그럼에도 보정을 하지 않는 경우에는 피담보채권에 대해서만 인부를 하되 채권조사 시부인표의 비고란에 별제권부채권에 해당한다는 취지를 기재한다. 이는 배당실행 시 채권신고인이 별제권 실행 절차에서 채권의 일부를 변제받았음에도 시인된 피담보채권 전액을 기초로 배당받는 것을 방지하기 위함이다.

라. 별제권이 없는 파산채권을 별제권부채권으로 신고한 경우의 인부

이 경우에는 신고채권자에게 별제권이 없는 파산채권으로 신고하도록 보정을 촉구하고, 그래도 보정을 하지 않을 경우에는 별제권이 없는 파산채권으로 인부하면 족하다.

2. 공동채무관계의 인부

가. 현존액주의

여럿의 채무자가 각각 전부의 채무를 이행하여야 하는 경우 그 채무자의 전원 또는 일부가 파산선고를 받은 때에는 채권자는 파산선고 시에 가진 채권의 전액에 관하여 각 파산재단에 대하여 파산채권자로서 권리를 행사할 수 있다(법 제428조). 여기서 말하는 여럿의 채무자가 각각 전부의 채무를 이행하여야 하는 경우란 불가분채무, 연대채무, 부진정연대채무, 연대보증채무 또는 어음·수표법에 의한 합동책임을 부담하고 있는 자를 말한다.

또한 다른 전부의무자가 파산선고 후에 채권자에 대해서 변제 기타 채무를 소멸시키는 행위를 하더라도, 그 채무의 전액이 소멸된 경우가 아닌 한, 채권자는 파산선고 시에 가진 채권의 전액에 대해서 권리를 행사할 수 있다. 이를 파산선고시의 현존액주의라고 말한다. 채권자의 파산채권액은 파산절차개시 당시를 기준으로 고정되고, 그 이후 다른 전부의무자가 채무를 변제하더라도 그 채권 전액이 소멸한 경우를 제외하고는 파산채권액에는 아무런 영향을 주지 않는다. 채무자회생법은 현존액주의를 채택하여 파산절차에서 채권자가 확실히 채권의 만족을 얻을 수 있도록 함으로써 채권자를 보호하고 있다.

나. 파산선고 전에 변제 등이 있는 경우의 인부

파산선고 전에 전부의 변제, 상계 등의 채무소멸행위가 있는 경우 파산선고 시에 채권이 현존하지 않기 때문에, 파산관재인은 해당 신고채권의 전액에 대하여 이의를 하여야 한다. 그런데 파산선고 전에 일부의 변제 등이 있는 경우에는 파산선고 시에 현존하는 채권액이 파산채권이 되기 때문에, 파산관재인은 채권자가 변제 등의 금액을 공제하지 않고 신고를 한 때에는 변제 등의 금액의 부분에 대하여 이의를 하여야 한다.

다. 파산선고 후에 변제 등이 있는 경우

파산선고 후에 다른 전부의무자로부터 일부의 변제 등이 있는 경우에는(다른 전부의무자의 파산절차에서 배당을 받은 경우에도 동일하다), 그 채권의 전액이 소멸된 경우가 아닌 한, 파산채권액에 영향을 미치지 않는다. 그러므로 파산관재인은 파산선고 후에 채권 전액에 대해서 변제를 받은 채권자가 신고를 한 경우 취하를 권고하거나 이의를 하여야 하지만, 파산선고 후에 일부를 변제받는데 그친 경우에는 채권자는 파산선고시의 현존액에 대해서 각각의 전부의무자의 파산절차에서 권리행사를 할 수 있으므로, 파산관재인은 파산선고 후에 채권의 일부에 대해서 변제를 받은 채권자가 파산선고 시의 현존액을 신고한 경우라도 이의를 할 수 없다. 즉, 여럿이 각각 전부 이행을 해야 하는 의무를 지는 경우 그 전원 또는 일부에 관하여 파산절차가 개시된 후 다른 전부의무자의 변제 등으로 채권자의 채권 일부가 소멸하더라도 이러한 사정을 파산절차에서 채권자의 채권액에 반영하지 않는다. 이에 따라 채권자는 파산절차개시 당시의 채권 전액으로 권리를 행사할 수 있는 반면, 일부 변제 등을 한 전부의무자는 파산절차에서 구상권이나 변제자대위권을 행사하는 것이 제한된다.

단, 각각의 전부의무자의 파산절차에 의한 배당의 합계액이 채권액을 넘는 경우에는 파산관재인은 당해 채권자에 대해서 부당이득반환청구권을 행사할 수밖에 없다. 그러한 불합리가 발생할 가능성이 있는 경우 파산관재인은 당해 채권자의 배당합계액이 채권액을 넘지 않도록 당해 채권자에 대해 채권신고의 일부를 취하하도록 권고하거나, 일부에 대해서 이의를 하는 것도 생각할 수 있다. 또한, 다른 전부의무자가 파산선고 후에 파산채권자가 가진 채권을 수동채권으로 하여 상계의 의사표시를 하고, 파산선고 전에 상계적상에 있은 경우에는 상계에 의한 채권소멸의 효력이 상계적상 시로 소급하기 때문에, 파산관재인은 파산채권에 대하여 파산선고 전에 상계된 금액이 감소한 것을 전제로 인부하여야 한다.

라. 채권인부의 예시[3)]

甲 회사와 乙 회사가 A에 대하여 1억원의 연대채무를 부담하고 있었는데, 甲과 乙 회사에 대하여 파산선고가 내려지고 각 파산선고가 내려질 당시에 A에 대한 연대채무가 1억원 그대로 존재하였다면, A는 甲, 乙 회사의 파산재단에 각각 1억원을 파산채권으로 행사할 수

3) 김정만, "도산절차상 현존액주의 -일부보증 및 물상보증을 중심으로-", 회생과 파산 Vol. 1, 한국도산법학회(2012년), 283, 284면.

있다. 그 후 파산절차 진행 중에 A가 甲 회사의 파산재단에서 1,000만원을 배당받았다고 하더라도 乙 회사의 파산재단에서는 파산채권이 9,000만원으로 감액되는 것이 아니라 1억원의 파산채권을 그대로 행사할 수 있다. 따라서 乙 회사의 파산절차에서 배당할 때에도 A의 파산채권을 1억원으로 하여 배당하게 된다. 그러나 甲, 乙 회사에 대하여 순차로 파산선고가 내려지고, 乙 회사에 대한 파산선고시에 이미 甲의 파산절차에서 1,000만원이 배당된 경우에는 A는 乙 회사의 파산절차에서 9,000만원만을 파산채권으로 행사할 수 있게 된다.

3. 보증관계의 인부

가. 보증채무의 인부

보증인이 파산선고를 받은 때에는 채권자는 파산선고시에 가진 채권의 전액에 관하여 파산채권자로서 그 권리를 행사할 수 있다(법 제429조). 그래서 주채무자인 법인과 보증인인 대표자 개인이 모두 파산선고를 받은 때에는 채권자는 법인에 대한 채권과 대표자 개인에 대한 채권 양쪽에 대해서 각각의 파산절차에서 그 현존액에 관하여 채권신고를 할 수 있다. 즉, 법인과 그 대표자가 함께 파산한 경우 파산채권자는 주채무자인 법인에 파산채권신고도 하고 또한 대표자 개인에 대해서도 보증채무이행청구권을 파산채권으로서 신고할 수 있다. 따라서 파산관재인은 채권자가 법인과 대표자 개인 모두의 파산절차에서 전액의 채권신고를 하더라도 이의를 할 수 없다.

나. 보증인의 구상권의 인부

(1) 사전구상권

주채무자가 파산한 경우에 보증인은 사전구상권의 신고를 할 수 있다(법 제430조 제1항 본문). 그렇지만 채권자가 신고를 한 경우에는 보증인은 권리행사를 할 수 없기 때문에(법 제430조 제1항 단서), 파산관재인은 보증인의 신고에 대해서 이의를 할 필요가 있다. 또한, 채권자로부터 신고가 없는 경우라도 파산관재인은 장래의 신고 가능성을 고려하여 이중으로 채권이 확정되지 않도록 하기 위하여 보증인의 신고에 대해서 이의를 하고, 채권조사기일까지 채권자의 신고가 없는 경우에는 이의를 철회한다.

(2) 사후구상권

파산선고 후에 보증인이 일부 변제를 한 경우라도 채권자의 파산채권에는 영향을 미치지 않고, 채권자가 파산선고시에 가진 채권 전액이 파산채권이 된다(파산선고시 현존액주의). 그러므로 파산선고 후에 파산채권자가 다른 채무자로부터 일부 변제를 받거나 다른 채무자에 대한 법인회생절차 내지 파산절차에 참가하여 변제 또는 배당을 받았다 하더라도 그에 의하여 채권자가 채권 전액에 대하여 만족을 얻은 것이 아닌 한 파산채권액에 감소를 가져오는 것은 아니므로, 채권자는 여전히 파산선고시의 채권 전액으로써 계속하여 파산절차에 참가할 수 있고, 파산선고일 이후에 파산채권자가 주채무자 또는 다른 보증인으로부터 일부 변제를 받았다고 하더라도 그 부분만큼의 채권신고를 취하할 의무를 지는 것이 아니다(대법원 2004. 10. 15. 선고 2003다61566 판결).

법 제430조 제2항은 "구상권을 가진 자가 변제를 한 때에는 그 변제의 비율에 따라 채권자의 권리를 취득한다."고 규정하고 있다. 그러므로 문언상으로는 구상권자가 일부만 변제한 경우라도 그 변제의 비율에 따라 파산채권을 행사할 수 있는 것처럼 보인다. 그러나 이러한 해석은 파산선고시의 현존액주의에 반하고, 실질적으로 보더라도 구상권자의 권리행사를 채권자의 권리행사에 우선시킬 이유가 없다는 비판을 받는다. 그러므로 학설은 법 제430조 제2항을 복수의 구상권자가 채권액의 일부씩을 변제하고, 그 변제액을 합산하면 채권자에 대한 전액 변제를 하는 것으로 되는 경우에 비로소 복수의 구상권자 각자가 자신이 변제한 비율에 따라서 파산채권을 행사할 수 있다는 점을 규정한 것이라고 해석한다. 대법원도 "파산선고 후 파산채권자가 다른 채무자로부터 일부 변제를 받거나 다른 채무자에 대한 회사정리절차 내지 파산절차에 참가하여 변제 또는 배당을 받았다 하더라도 그에 의하여 채권자가 채권 전액에 대하여 만족을 얻은 것이 아닌 한 파산채권액에 감소를 가져오는 것은 아니어서, 채권자는 여전히 파산선고시의 채권 전액으로써 계속하여 파산절차에 참가할 수 있고, 채권의 일부에 대한 대위변제를 한 구상권자가 자신이 변제한 가액에 비례하여 채권자와 함께 파산채권자로서 권리를 행사할 수 있는 것은 아니다. 따라서 파산자의 보증인이 파산선고 후 채권자에게 그 보증채무의 일부를 변제하여 그 출재액을 한도로 파산자에 대하여 구상권을 취득하였다 하더라도 채권자가 파산선고시의 채권 전액을 파산채권으로 신고한 이상 보증인으로서는 파산자에 대하여 그 구상권을 파산채권으로 행사할 수 없어 이를 자동채권으로 하여 파산자에 대한 채무와 상계할 수도 없다"고 한다(대법원 2008. 8.

21. 선고 2007다37752 판결 등 다수).

따라서 파산선고 후에 보증인이 일부변제한 경우에 파산선고시에 현존하는 채권 전액이 파산채권이 되기 때문에 파산관재인은 보증인의 구상권 신고에 대해 이의를 할 필요가 있다. 채권자로부터 신고가 없는 경우라도 파산관재인은 장래의 신고 가능성을 고려하여 이중으로 채권을 확정시키지 않도록 주의하여야 한다. 그러므로 보증인의 신고를 이의하고, 채권조사기일까지 채권자의 신고가 없는 경우에 이의를 철회한다.

반면, 파산선고 후에 보증인이 전부 변제를 한 경우에는 보증인은 구상권의 범위 내에서 채권자가 가진 권리를 파산채권자로서 행사할 수 있으므로, 변제를 수령한 파산채권자에게 신고채권을 취하시키고 보증인에게 구상권을 파산채권으로서 신고하게 하거나, 혹은 채권자가 신고한 채권에 대해서 명의변경절차를 밟은 뒤 배당에 참가하게 한다.

보증인이 채무자에 대한 파산선고 후 보증채무를 전부 이행한 뒤 파산선고 후의 이자가 포함된 변제금액 전부를 파산채권으로 신고한 경우에, 이에 대한 파산관재인의 시부인 방법이 문제된다. 대법원은 "파산자의 보증인이 파산선고 후 보증채무를 전부 이행함으로써 구상권을 취득한 경우, 그 구상권은 파산선고 당시 이미 장래의 구상권으로서 파산채권으로 존재하고 있었다고 보아야 하는 점, 파산절차에서는 장래의 청구권을 자동채권으로 한 상계가 허용되는 점, 정지조건부채권 또는 장래의 청구권을 가진 자가 그 채무를 변제하는 경우에는 후일 상계를 하기 위하여 그 채권액의 한도에서 변제액의 임치를 청구할 수 있는 점 등에 비추어, 그 구상권을 자동채권으로 하여 파산채무자에 대한 채무와 상계할 수 있다고 봄이 상당하다(대법원 2008. 8. 21. 선고 2007다37752 판결)"고 한다. 일본 판례도 "보증인은 변제를 한 경우 민법의 규정에 따라서 주채무자에 대한 구상권을 취득하는 것이고, 이것은 보증이 주채무자의 부탁을 받고 된 경우와 받지 않고 된 경우가 다르지 않다. 무수탁보증인이 변제를 하면 법률의 규정에 따라서 구상권이 발생하는 이상 보증인의 변제가 파산절차개시 후에 이루어지더라도 보증계약이 주채무자의 파산절차개시 전에 체결되었다면 당해 구상권의 발생의 기초가 되는 관계는 그 파산절차개시 전에 발생한 것이라고 할 수 있고, 당해 구상권은 「파산절차개시 전의 원인에 기하여 생긴 재산상의 청구권」에 해당하는 것이라고 할 것이다. 따라서 무수탁보증인이 주채무자의 파산절차개시 전에 체결한 보증계약에 기해 절차개시 후에 변제를 한 경우에 보증인이 주채무자인 파산자에 대해서 취득한 구상권은 파산채권이라고 해석하는 것이 상당하다"고 본다.[4] 위와 같은 법리에 비추어 볼 때, 파산관재인은 파산선고 후 보증채무를 전부 이행한 보증인의 경우 그가 신고한 대위변제금 전부를 일반채권으로 시인하면 될 것으로 생각한다.

그런데 수탁보증인이 민법 제442조에 의하여 사전청구권으로 파산채권신고를 하는 경우 그 사전구상권의 범위에는 채무의 원본과 이미 발생한 이자 및 지연손해금, 피할 수 없는 비용 기타의 손해액이 이에 포함될 뿐(대법원 1989. 9. 29. 선고 88다카10524 판결 참조), 채무의 원본에 대한 장래 도래할 이행기까지의 이자는 사전구상권의 범위에 포함될 수 없다고 할 것이나, 이 또한 파산법 제21조 제1항에 의한 장래의 구상권으로서 파산채권신고의 대상이 될 수 있다 하더라도, 수탁보증인이 사전구상권 또는 장래의 구상권으로 신고한 파산선고 후의 이자채권에 대한 구상금채권은 후순위 파산채권에 해당한다(대법원 2002. 6. 11. 선고 2001다25504 판결).

(3) 여럿의 보증인이 각 채무의 일부를 보증하는 경우[5)]

제428조, 제429조 및 제430조 제1항 · 제2항의 규정은 여럿의 보증인이 각각 채무의 일부를 보증하는 때에 그 보증하는 부분에 관하여 준용한다(법 제431조). 그런데 일부 보증 사안에서 보증인이 자신의 보증범위 내 채무를 모두 변제한 경우 채권자의 주채무자에 대한 채권이 전액 만족되지 않았더라도 파산절차에서 권리를 행사할 수 있는지 여부에 관하여 견해의 대립이 있다. 즉, 일부 보증의 경우는 그 보증된 범위 내의 금원만 변제되면 보증인은 나머지 금원에 대해서는 변제할 의무가 없으므로 채권자의 파산채권은 그 부분만큼 소멸하고 구상권자가 이를 대위한다는 견해와 일부 보증액이 전액 변제되었다고 하더라도 채권자의 채권이 전액 만족될 때까지는 대위할 수 없다는 견해이다. 서울회생법원의 실무는 전자의 견해에 따르고 있다고 한다.

(4) 부진정연대채무에 대한 법 제431조 유추적용 가부

한편, 파산채무자와 함께 부진정연대채무를 부담하는 채무자가 파산선고 후에 그 책임

---

4) 平成24年5月28日第2小法廷判決, 民集66卷7号3123頁. 다만, 이 판결은 보증인이 주채무자의 파산절차개시 전에 그 부탁을 받지 않고 체결한 보증계약에 기해 절차개시 후에 변제를 한 경우에, 보증인이 취득한 구상권을 자동채권으로 하고, 주채무자인 파산자가 보증인에 대해서 가지는 채권을 수동채권으로 하는 상계는 파산법 72조 1항 1호(채무자회생법 제422조 제3호에 해당)의 유추적용에 의해 허용되지 않는다고 한다.

5) 김정만 외 3인, "법인파산실무의 주요 논점", 저스티스 통권 제124호(2011. 6.), 463, 464면에서 인용.

범위 내의 채무를 전부 이행하였는데 채권자가 채권 전액에 대하여 만족을 얻지 못한 경우에도 채무자회생법 제431조를 유추적용할 수 있는지가 문제되었다. 이에 대하여 대법원 2021. 4. 15. 선고 2019다280573 판결은 "부진정연대채무 제도의 취지는 부진정연대채무자들의 자력, 변제 순서, 이들 사이의 구상관계와 무관하게 채권자에 대한 채무 전액의 지급을 확실히 보장하려는 데에 있다(대법원 2018. 4. 10. 선고 2016다252898 판결 참조). 따라서 파산채무자와 함께 부진정연대채무를 부담하는 채무자가 파산채무자에 대한 파산선고 후에 그 책임범위 내의 채무를 전부 이행하였더라도 그에 의하여 채권자가 채권 전액에 대하여 만족을 얻지 못한 경우, 채권자는 여전히 파산선고 시에 가진 채권 전액에 관하여 파산채권자로서 권리를 행사할 수 있고(채무자회생법 제428조), 이에 관하여 파산채무자에 대한 파산선고 후에 보증채무를 전부 이행한 일부보증인의 경우에 채권자가 채권 전액에 대하여 만족을 얻지 못하였더라도 예외적으로 그 변제의 비율에 따라 채권자와 함께 파산채권자로서 권리를 행사할 수 있도록 규정한 채무자회생법 제431조를 유추적용할 수는 없다." 고 하여 부정하였다.

4. 상계 가능한 신고채권

파산채권자가 파산재단에 대해서 파산선고 전에 생긴 채무를 부담하고 있고, 상계를 할 수 있음에도 불구하고 상계를 하지 않고 신고를 한 경우에, 파산관재인은 상계 예정액이나 채권감소 예상액에 대해서 이의를 진술하고 잔액만 인정한다. 왜냐하면 이의를 하지 않고 신고채권을 확정시켜 버리면, 그 후 파산채권자가 상계의 의사표시를 한다든지 제3자가 변제를 함으로써 채권액이 감소하더라도 파산채권자가 그 부분에 대해서 임의취하를 하지 않으면 청구이의의 소를 제기할 수밖에 없기 때문이다. 파산관재인은 상계가 가능하고, 상계하는 것이 파산채권자 일반의 이익에 적합한 경우에는 법원의 허가를 받아 상계할 수 있고, 그 부분 채권이 일부소멸한 것으로 이의를 할 수 있다고 할 것이다.

한편, 은행이 파산재단에 속하는 예금에 대해서 상계권을 행사한 뒤 파산선고 후 상계권을 행사할 때까지 사이의 손해금을 원금, 이자와 함께 신고하는 경우의 인부가 문제된다. 은행실무상 상계를 하는 경우에 이자 및 손해금의 계산을 상계를 하는 계산실행일까지 한다는 특약에 따라 처리하는 일이 있는데, 상계는 특별한 사정이 없는 한 상계적상시로 소급하여 그 효력이 발생하는 것이고, 은행의 일방적인 계산처리에 따라 채권액의 다과가 결정되는 것은 파산재단에 불리하기 때문에 파산관재인으로서는 이의를 진술하는 것이 타당하다.

5. 파산법인에 대해서 특별한 관계에 있는 자의 신고채권

파산법인의 대표자 등 구 경영진 등의 신고채권에 대해서는, 파탄에 이르게 된 경영책임이 인정되는 경우도 적지 않고, 또한 이들에 대해서 책임추급을 하여야 하는 경우도 있기 때문에, 이들의 채권을 다른 신고채권과 형식적으로 평등하게 취급하면 파산채권자의 입장에서 보아 도의적으로 석연치 않은 경우가 있다. 그러므로 파산관재인은 신고채권의 취하를 권고하고, 만일 이에 응하지 않을 때는 신의칙 또는 권리남용의 법리에 비추어 이의를 진술하는 것이 타당하다.

6. 조건부채권 · 장래의 청구권

정지조건부채권은 그 전액을 파산채권액으로 하기 때문에(법 제427조 제1항) 장래 발생할 채권의 금액에 이의가 없다면 채권조사에서 이를 인정하여야 한다. 정지조건 등이 파산절차 중에 성취된 경우에는 그 전액에 대해 일반 파산채권으로서 배당을 받을 수 있고, 파산선고 시부터 조건성취시까지의 중간이자 상당분이 후순위파산채권으로 되는 것은 아니다. 장래의 청구권도 법률행위의 효력 발생이 장래의 불확실한 사실의 성립 여부에 달려 있다는 점에서 정지조건부채권과 같기 때문에 채무자회생법상 정지조건부채권과 동일하게 취급된다(법 제427조 제2항). 다만, 정지조건부채권 등은 그 발생 자체가 불확정하기 때문에 조건성취 등이 미확정인 동안에는 배당을 하지 않는 것이 원칙이다. 그래서 파산관재인은 중간배당에 있어서는 정지조건부채권과 장래의 청구권에 해당하는 채권에 대한 배당액을 임치하여야 하고(법 제519조 제4호), 정지조건부채권 또는 장래의 청구권이 최후의 배당에 관한 배당제외기간 안에 이를 행사할 수 있게 되지 못한 때에는 그 채권자는 배당에서 제외된다(법 제523조). 임치금은 다른 파산채권자에 대한 배당재단이 된다. 그러므로 파산관재인은 채권조사기일에 일단 정지조건부채권 또는 장래의 청구권에 대하여 장래 발생할 채권의 금액에 대하여 이의가 없으면 시인을 하되, 최후배당의 배당제외기간 경과 전에 권리행사가 가능한 상태가 되지 않는 경우 배당에서 제외한다. 배당표 작성 시에는 정지조건 또는 장래의 청구권이 성취되지 않았을 경우에는 당해 채권은 배당표에 기재하지 않는다. 다만, 정지조건부채권 또는 장래의 청구권이 최후의 배당에 관한 배당제외기간 안에 이를 행사할 수 있게 된 때에는 배당표를 경정하여 당해 채권 전액에 대해서 최후배당에 참가할 수 있는 것으로서 배당표에 기재한다. 예컨대, 임대차보증금반환채권은 임대차계약의 종료 후 명도가 완료된 시점에 연체차임 기타 임대인이 임차인에 대하여 취득한 일체의 채권을 보증금으로부터 공제하고도 잔액이 있는 경우에 그 잔액에 대해서 발생하는 권리이다. 그러므로 채권조사의 시점에 명도가 되지 않은 경우에는 장래 발생할 금액을 확정할 수 없지만, 인부(認否)는 계약상의 반환예정액에 기하여 한다. 다만, 최후배당의 배당제외기간 경과 전에 명도가 완료되고 정지조건이 성취된 경우에는 연체차임 등을 공제한 뒤의 실제 보증금반환채권의 금액이 명확해진다. 이 경우 연체차임 기타 공제 대상이 된 부분에 대해서는 배당가입 요건인 「권리행사가 가능한 상태」에 이르지 못한 것으로 볼 수 있기 때문에 명도에 의해 현실화된 금액을 채권자표의 비고란에 기입한 뒤 채권조사에서 확정된 채권의 금액에 상관없이 현실화된 금액에 기초하여 배당표를 작성하면 충분하다(이에 대해서 불복이 있는 경우에는 법 제514조의 「배당표에 대한 이의」로 다투게 된다).

해제조건부채권에 대해서는 해제조건이 성취되지 않는 한 존재하는 채권이므로, 파산채권자는 조건 없는 채권과 마찬가지로 권리행사가 가능하고 배당도 실시되지만, 채무자회생법은 해제조건 성취의 경우에 대비한 담보조치를 마련해 두고 있다. 즉, 해제조건부채권을 가진 자는 상당한 담보를 제공하지 아니하면 중간배당에서 배당을 받을 수 없고(법 제516조), 담보를 제공하지 아니한 경우에는 배당액을 임치하여야 한다(법 제519조 제5호). 해제조건이 최후의 배당에 관한 배당제외기간 안에 성취되지 못한 때에는 중간배당 시 제공한 담보나 임치금은 그 채권자에게 반환 또는 지급하여야 하고(법 제524조), 배당제외기간 안에 조건이 성취된 경우에는 담보나 임치금은 다른 채권자에게 배당된다.

7. 서울보증보험 등의 미확정채권에 대한 인부

건설공사도급계약과 관련하여 건설공제조합, 전문건설공제조합, 서울보증보험, 주택도시보증공사 등의 보증약관에 의하여 하자보증, 계약이행보증 등 다양한 보증서가 발급된다. 실무상 위 보증기관들은 보증사고의 발생여부를 묻지 않고 보증서상의 보증금액 전액을 파산채권으로 신고하고 있다. 이러한 보증기관의 구상권은 아직 보증사고가 발생하기 전이므로 장래의 구상권에 해당하는데, 이에 대한 인부가 실무상 자주 문제된다.

보증기간이 남아있고, 향후 보증사고 발생가능성을 배제할 수 없는 경우에는 미확정된 채권에 대하여 정지조건부 채권으로 시인한다. 이는 채권자가 최후배당 제외기간 전까지 채권신고 및 확정절차를 거칠 수 있는데, 채권조사기일에 보증인에 대한 사전구상권을 조건없이 시인할 경우 나중에 신고된 채권자의 채권에 대한 시부인과 충돌이 될 수 있는 점, 단순 부인을 할 경우 채권조사확정재판의 신청이 예상되고 그 절차에서 위와 같은 사유를 이유로 신속한 결정을 내리기 곤란한 점 등을 고려한 것이다. 이에 따라 시 · 부인란에는 시인으로 표기하되, 정지조건부 채권으로 시인함을 명기하고, 보증인에게는 사전구상권을 정지조건부 채권으로 시인하였다는 이의통지를 한다.[6] 구체적으로는 파산관재인은 시부인표에 "미확정채권으로서 정지조건부 채권으로 시인"이라고 기재한다. 위 채권은 만일 최후의 배당에 관한 배당제외기간(배당의 공고가 있은 날부터 14일 이상 30일 이내에서 법원이 정한 기간) 안에 조건이 성취되지 않으면 배당에서 제외된다.

8. 청구권이 경합하는 채권

청구권의 경합이란 동일한 사실관계에 기하여 실체법상 복수의 청구권이 성립하지만, 그러한 복수의 청구권이 사실관계상으로는 동일한 급부나 동일한 법적 지위를 목적으로 하는 관계에 있는 것을 말한다. 대표적인 경우로는 ① 채무불이행에 기한 손해배상청구권과 불법행위에 기한 손해배상청구권(예컨대, 매도인이 목적물을 이중매매한 경우에 매수인의 매매계약불이행에 의한 손해배상청구권과 불법행위(사기)에 기한 손해배상청구권), ② 물권적 청구권과 계약에 기한 청구권(예컨대, 임대차 목적물이 임대인의 소유인 경우에 임차인에 대한 소유권에 기한 목적물반환청구권과 임대차계약의 종료에 기한 목적물반환청구권), ③ 불법행위에 기한 손해배상청구권과 부당이득반환청구권(예컨대, 이자제한법을 상회하는 불법이자가 지급된 경우에 불법행위에 기한 손해배상청구권과 부당이득을 이유로 하는 과지급금의 반환청구권), ④ 물권적 청구권과 부당이득에 기한 반환청구권(예컨대, 소유하는

6) 김정만 외 3인, "법인파산실무의 주요 논점", 저스티스 통권 제124호(2011. 6.), 464, 465면.

물건을 절취당한 경우에 소유권에 기한 물건의 반환청구권과 부당이득을 이유로 하는 물건의 반환청구권) 등이 있다.

판례는 이러한 관계에 있는 복수의 청구권에 관하여 실체법상 복수의 청구권의 수만큼 소송물이 성립하고 어느 청구권을 소송물로 할지는 청구권자에게 맡겨져 있다고 한다. 파산절차에서도 청구권의 경합이 있는 복수의 청구권이 파산채권이 되는 경우에는 어느 실체법상의 청구권으로 채권신고를 할 것인지는 파산채권자의 판단에 맡겨져 있다. 그런데 이러한 경우 경합하는 채권은 경제적 의미는 동일하기 때문에 경합하는 채권 모두에 대해서 파산채권으로서 당해 채권자에게 이중의 권리행사를 허용하면 배당률에 영향을 미쳐 다른 파산채권자에게 불이익을 주게 된다. 그러므로 파산관재인은 당해 채권자에 대하여 경합하는 채권의 일방에 대해서는 취하를 촉구하든가, 어느 일방의 청구권만을 시인하고 나머지 청구권에 대해서는 이의를 하여야 한다.

제4절 파산채권의 확정절차

1. 채권확정의 효력

채권조사기일에 파산관재인 및 파산채권자의 이의가 없는 채권은 그 존재, 채권액 및 우선권의 유무 등이 확정된다. 법원사무관 등이 확정채권에 관하여 파산채권자표에 기재한 때에는 그 기재는 파산채권자 전원에 대하여 확정판결과 동일한 효력이 있다(법 제460조). 여기서 말하는 「확정판결과 동일한 효력」이 기판력인지에 대해서는 학설의 대립이 있다. 제1설은 기판력 긍정설로 위 확정력을 기판력이라고 해석하는 견해이다. 제2설은 기판력 부정설이다. 채권자표에의 기재는 확인적인 것이기 때문에 기판력은 아니라는 입장이다. 제3설은 절차 내에서의 특별한 구속력설로 확정력이란 당해 파산절차 내에서 혹은 파산절차와의 관계에서 확정된 것과 모순되는 주장을 차단하는 작용이 있는 데 불과하다는 견해이다.[7] 기판력을 부정하거나 제한하려는 견해는 파산관재인이 사실관계를 충분히 조사·파악하고 있다고 할 수 없고, 파산채권자도 자신의 채권 이외에 다른 파산채권의 존부에 대해서까지 조사하는 일은 드물다는 점을 들어 착오가 생기기 쉽다는 점을 이유로 한다.

7) 伊藤 眞 外 5人, 条解破産法, 弘文堂, 평성 22년, 829, 竹下守夫 외, "大コンメンタール破産法", 青林書院(2007년), 516면 참조

대법원 판례는 「확정판결과 동일한 효력」이란 기판력이 아닌 확인적 효력을 가지고 파산절차 내부에 있어 불가쟁의 효력이 있다는 의미에 지나지 않는다고 한다. 그러므로 이미 소멸된 채권이 이의 없이 확정되어 채권표에 기재되어 있더라도 이로 인하여 채권이 있는 것으로 확정되는 것이 아니므로, 이것이 명백한 오류인 경우에는 회생법원의 경정결정에 의하여 이를 바로잡을 수 있으며 그렇지 아니한 경우에는 무효확인의 판결을 얻어 이를 바로잡을 수 있다(대법원 2006. 7. 6. 선고 2004다17436 판결). 확정된 파산채권에 관한 채권자표의 기재에 기판력이 없는 이상 그에 대한 청구이의의 소에서도 기판력의 시간적 한계에 따른 제한이 적용되지 않는다. 그러므로 청구이의의 소송심리에서는 파산채권 확정 후에 발생한 사유뿐만 아니라 파산채권 확정 전에 발생한 청구권의 불성립이나 소멸 등의 사유도 심리 · 판단하여야 한다(대법원 2017. 6. 19. 선고 2017다204131 판결 참조). 그러나 채권조사기일 당시 유효하게 존재하였던 채권에 대하여 파산관재인 등으로부터의 이의가 없는 채로 채권표가 확정되어 그에 대하여 불가쟁의 효력이 발생한 경우에는 파산관재인으로서는 더 이상 부인권을 행사하여 그 채권의 존재를 다툴 수 없고, 나아가 파산관재인이 사후에 한 그러한 부인권 행사의 적법성을 용인하는 전제에서 파산채권으로 이미 확정된 채권표 기재의 효력을 다투어 그 무효확인을 구하는 것은 허용되지 않고(대법원 2006. 7. 6. 선고 2004다17436 판결), 채권조사기일 당시 유효하게 존재하였던 채권이 파산채권으로 확정된 후에는 파산자가 채권자표에 기재된 채권에 관하여 청구이의를 하려면 그 이의사유는 파산채권이 확정된 뒤에 그 채권의 존부나 범위 등을 다툴 수 있는 실체적인 사유가 생겼음을 이유[8]로 하여야 한다(대법원 2007. 10. 11. 선고 2005다45544 판결).

2. 파산채권의 확정절차

채권조사기일에 파산관재인이 인정하지 않거나 또는 파산채권자가 이의를 한 파산채권은 확정되지 않는다(법 제458조). 파산채권의 조사에서 신고한 파산채권의 내용에 대하여 파산관재인 또는 파산채권자가 이의를 한 때에는 그 파산채권을 보유한 파산채권자는 채권확정절차를 통하여 채권의 확정을 받지 못하면 배당금을 수령할 수 없다.

---

8) 대표적인 사례로는 채권조사기일 당시 유효하게 존재하였던 채권에 대하여 파산채권으로 확정된 이후 파산절차 외부에서 제3자의 변제 등으로 인하여 채권의 존부나 범위 등에 다툼이 생긴 경우이다.

파산채권확정을 위한 절차로는 ① 채권조사확정재판(법 제462조), ② 채권조사확정재판에 대한 이의의 소(법 제463조), ③ 이의채권에 관하여 파산선고 당시 소송이 계속되어 있는 경우 이의채권을 보유한 채권자가 이의자 전원을 그 소송의 상대방으로 하여 소송을 수계하여 진행하는 파산채권확정소송(법 제464조), ④ 집행력 있는 집행권원이나 종국판결 있는 파산채권에 대하여 이의가 있는 경우의 소송절차(법 제466조)(청구이의의 소, 재심의 소, 미확정 종국판결에 대한 상소 등) 네 가지가 있다.

파산채권자는 파산채권자표에 기재한 사항에 관하여서만 채권조사확정재판을 신청하거나 채권조사확정재판에 대한 이의의 소를 제기하거나 파산선고 당시에 이미 계속되어 있는 소송을 수계할 수 있을 뿐이다(법 제465조). 집행력 있는 집행권원이나 종국판결 있는 파산채권에 대하여 이의가 있는 경우의 소송절차도 마찬가지이다(법 제466조 제3항). 그러므로 파산채권자는 파산채권의 확정절차에서는 채권조사기일까지 신고하지 않은 채권을 새로이 주장할 수는 없으며, 채권자표에 기재된 것보다 다액의 채권액이나 새롭게 우선권을 주장할 수는 없고, 따라서 채권자표에 기재되지 않은 권리, 액, 우선권의 유무 등의 확정을 구하는 것은 모두 부적법하며, 파산채권신고 여부는 소송요건으로서 직권조사사항이다. 신고되지 아니한 지연손해금채권에 대하여 파산채권확정에 관한 본안판결을 한 것도 위법하다(대법원 2000. 11. 24. 선고 2000다1327 판결, 대법원 2002. 4. 23. 선고 2002다8308 판결).

3. 채권조사확정재판(법 제462조)

가. 채권조사확정재판의 절차

파산채권의 조사에서 신고한 파산채권의 내용에 대하여 파산관재인 또는 파산채권자가 이의를 한 때에는 이의가 있는 채권을 보유한 파산채권자는 그 내용의 확정을 위하여 이의자 전원을 상대방으로 하여 회생법원에 채권조사확정의 재판을 신청할 수 있다. 채권조사확정재판 신청은 이의가 있은 파산채권에 관한 조사를 위한 일반조사기일 또는 특별조사기일부터 1월 이내에 하여야 한다(법 제462조 제5항). 위 기간을 도과하여 제기된 신청은 부적법하여 각하된다. 채권조사확정재판을 하지 않고 파산채권확정의 소를 제기하는 것은 허용되지 않는다.

구 파산법은 채권조사의 결과 이의가 있는 채권에 관하여는 그 채권자는 이의자에 대하여 소로써 그 채권의 확정을 요구할 수 있도록 하였다. 그러나 파산절차와는 별개의 소송절차에 의해 채권을 확정시키는 것으로 하면 파산채권의 확정에 시간이 걸리기 때문에 파산절차의 신속한 진행을 저해한다는 비판이 있었다. 이 때문에 채무자회생법은 결정에 의한 간이한 채권조사확정재판을 도입하였다.

나. 청구원인의 제한

파산채권자는 파산채권자표에 기재한 사항에 관하여만 채권조사확정재판을 신청할 수 있으므로(법 제465조), 채권조사기일까지 신고하지 않은 채권을 새로 주장하거나 파산채권자표에 기재된 것보다 다액의 채권액을 주장할 수 없다. 파산채권신고가 없어 채권자표에 기재되지 않은 권리에 대한 채권조사확정재판은 부적법하므로, 채권조사확정재판에서 파산채권신고 여부는 소송요건으로서 직권조사사항이다. 따라서 파산채권신고가 되지 않은 채권에 대하여 파산채권확정을 구하는 부분은 소송요건이 흠결되어 부적법하므로 법원은 이를 각하하여야 한다(대법원 2006. 11. 23. 선고 2004다3925 판결 등 참조).

그런데, 신고채권자의 입장에서 보면 채권신고의 단계에서 그 권리에 관한 충분한 법률적 검토를 거쳐 정확히 신고한다는 것은 사실관계의 불명확성까지 감안할 때 매우 어려운 일이다. 따라서 채권신고 단계에서 법률구성을 잘못한 결과를 오로지 신고채권자의 자기책임으로 돌리기보다는 신고채권자와 다른 채권자 등과의 이해관계를 합리적으로 조정할 필요가 있다. 따라서 확정소송절차에서 당초의 신고채권과 그 발생원인사실부터 별개의 채권으로 보이는 것의 확정을 구하는 것은 허용되지 않지만, 파산채권자표에 기재되어 있는 권리와 급부의 내용이나 수액에 있어서 같고 청구의 기초가 동일하지만 그 발생원인을 달리하는 다른 권리의 확정을 구하는 경우와 같이 비록 법률상의 성격은 다르더라도 사회경제적으로 동일한 채권으로 평가되는 권리로서 그 채권의 확정을 구하는 것이 파산관재인이나 다른 채권자 등의 이의권을 실질적으로 침해하는 것이 아니라면 그러한 채권의 확정을 구하는 것은 허용된다. 즉, 법률상의 성질은 달리하더라도 발생원인사실로부터 동일한 채권으로 평가되는 경우에는 파산채권자표에 기재된 신고사항과 다른 주장을 하는 것은 허용된다. 이러한 법리에 기초하여, 대법원은 예금자들이 파산법원에 예금채권으로 신고하였으나, 파산채권확정의 소에서 예금 관련 금융기관의 사용자책임으로 인한 손해배상채권의 확정을 구하는 것은 비록 그 법률상의 성격은 다르더라도 그 발생원인사실이 동일할 뿐만 아니라 사회경제적으로 동일한 채권으로 평가되는 경우이고 또한 그 신고의 경위 및 내용에 비추어 파산관재인이나 다른 채권자들의 이의권을 실질적으로 침해하는 것도 아니므로 허용된다고 보았다(대법원 2007. 4. 12. 선고 2004다51542 판결).

이의자측도 파산채권자표에 기재된 이의사항 이외의 새로운 사항에 대해서 이의를 제출할 수 없지만, 이의 등의 이유에 관해서는 파산관재인의 경우와 파산채권자의 경우를 구별하여 생각하여야 한다. 파산관재인은 파산채권확정소송 절차 중에 채권조사에서 한 인부(認否) 이유에 구속되지 않고 주장할 수 있다. 그러나 파산관재인 이외의 이의자는 소송절차 중에 신고된 파산채권에 대하여 이의를 했을 때의 이유와 다른 이유를 주장하는 것은 신의칙위반이 될 가능성이 있다.[9]

다. 채권조사확정재판의 심리 및 주문

법원은 채권조사확정재판을 하는 때에는 이의자를 심문하여야 한다(법 제462조 제3항). 채권조사확정재판을 하는 때에는 일반적인 결정절차와 달리 법원은 필요적으로 이의자를 심문하여야 한다. 그러므로 파산채권에 관한 이의자 여러 명 중 1인에 대하여 필요적 심문을 거치지 않았다면 법원은 채권조사확정재판의 절차를 다시 진행하여야 한다. 이러한 법리에 비추어 대법원은 파산채권에 관한 이의자 중 1인에 대하여 채무자회생법이 요구하는 필요적 심문을 거치지 않았다면 절차참여권을 부여받지 못하였으므로 당사자표시 부분만을 경정할 것이 아니라 파산채권조사확정재판의 절차를 다시 진행해야 한다고 보아, 이의자 중 1인을 누락하여 심문절차를 진행하고 결정을 한 후 결정의 당사자표시 부분에 이의자를 추가하는 경정결정을 한 원심에는 법률에 따른 재판을 받을 권리를 침해하여 재판에 영향을 미친 헌법 위반의 잘못이 있다는 이유로 파기·환송하였다(대법원 2025. 3. 31. 자 2024그866 결정).

채권조사확정재판에서는 이의가 있는 파산채권의 존부 또는 그 내용을 정한다(같은 조 제2항). 그러므로 채권조사확정재판 신청이 있을 때 법원은 이의자 등을 심문한 뒤 신청기간의 도과 등을 이유로 채권조사확정재판신청을 부적법 각하하는 경우를 제외하고는 결정으로 이의 있는 파산채권의 존부 및 금액 등을 확정하는 재판을 하여야 한다. 예를 들면,

---

9) 伊藤 眞, 破産法 · 民事再生法(제2판), 有斐閣(2009), 473면 참조.

신고된 금액의 전액에 대하여 이의가 있는 파산채권에 대해서 채권조사확정재판이 신청되었는데, 법원이 채권의 전액이 존재하지 않는다는 판단에 이르렀을 때 채권조사확정재판 신청을 기각할 것이 아니라 이의가 있는 파산채권이 존재하지 않는다는 취지의 결정을 해야 한다.[10] 채권조사확정재판 신청에 대한 심리결과 이의채권의 일부가 인정되는 경우에는 재판결과의 주문은 "신청인의 채무자에 대한 파산채권은 이미 확정된 6,000만원 이외에 추가로 3,000만원이 존재함을 확정한다[11]"는 정도로 표기하고, 신청의 일부의 기각을 주문에 기재하지 않는다. 파산관재인 등의 이의가 있어 채권조사확정재판을 통하여 채권이 확정되는 경우 우선권 있는 파산채권이나 후순위 파산채권이 포함된 경우에는 그 구분 또한 채권조사확정재판에 있어 확정의 대상이 되므로 주문에서 그 구분을 명확히 표시해 주어야 한다(대법원 2006. 11. 23. 선고 2004다3925 판결). 법원은 채권조사확정재판의 결정서를 당사자에게 송달하여야 한다(같은 조 제4항).

4. 채권조사확정재판에 대한 이의의 소(법 제463조)

가. 당사자

이의의 소를 제기하는 자가 이의채권을 보유하는 파산채권자인 때에는 이의자 전원을 피고로 하고, 이의자인 때에는 이의채권을 보유한 파산채권자를 피고로 하여야 한다(법 제463조 제3항). 동일한 채권에 관하여 여러 개의 소가 계속되어 있는 때에는 법원은 변론을 병합하여야 한다(같은 조 제4항). 이의의 소 판결은 파산채권자 전원에 대하여 그 효력이 있으므로 합일확정의 필요가 있기 때문이다.

나. 이의의 소 대상이 되는 재판

이의의 소 대상이 되는 재판은 파산채권의 존부 및 금액을 확정하는 재판뿐 아니라 채권조사확정재판 신청을 부적법하여 각하하는 재판도 포함된다.

---

10) 伊藤 眞, 破産法 · 民事再生法(제2판), 有斐閣(2009), 469, 470면 참조.

11) 파산채권자의 신고채권액 1억원 중 파산관재인이 6,000만원을 시인하고, 4,000만원을 이의하였는데, 심리결과 3,000만원만 인정되는 경우의 기재례이다.

다. 제소기간

채권조사확정재판에 불복하는 자는 그 결정서의 송달을 받은 날부터 1월 이내에 이의의 소를 제기할 수 있다(법 제463조 제1항). 이를 도과하여 제기된 이의의 소는 부적법하고, 채권조사확정재판의 결정에 대하여 1월 이내에 이의의 소가 제기되지 않은 때는 당해 결정이 파산채권자 전원에 대해서 확정판결과 동일한 효력을 갖는다(법 제468조 제2항).

라. 관 할

이의의 소는 파산계속법원의 관할에 전속한다(법 제463조 제2항). 그러므로 이의의 소는 파산사건이 계속되고 있는 지방법원의 전속관할에 속한다. 파산사건이 서울회생법원에 계속되고 있는 경우에는 서울회생법원에 전속관할이 있는 것은 물론이다.

마. 청구원인의 제한

앞에서도 기술한바와 같이, 파산채권자는 파산채권자표에 기재한 사항에 한하여 소를 제기할 수 있다(법 제465조). 그러므로 파산채권자는 파산채권자표에 기재된 채권의 내용(금액, 원인, 우선 · 열후)에 구속되고, 이와 다른 주장을 할 수 없다.

바. 재 판

이의의 소에 대한 판결은 소를 부적법한 것으로 각하하는 경우를 제외하고는 채권조사확정재판을 인가하거나 변경한다(법 제463조 제5항). 파산채권이 존재하지 않는다고 하는 채권조사확정재판의 결정을 취소하고 그 전부 또는 일부를 인정하는 경우나, 역으로 일정액의 파산채권의 존재를 인정한 채권조사확정재판의 결정을 취소하고 그것을 존재하지 않는다고 하는 경우도 변경하는 판결에 포함된다.

이의의 소 판결은 파산채권자 전원에 대하여 그 효력이 있다(법 제468조 제1항). 또한 채권조사확정재판에 대한 이의의 소가 채권조사확정재판의 결정서를 송달받은 날로부터 1월 이내에 제기되지 아니하거나 각하된 때에는 채권조사확정재판이 파산채권자 전원에 대해서 확정판결과 동일한 효력이 있다(법 제468조 제2항). 이러한 소송 등의 결과는 파산관재인 또는 파산채권자의 신청으로 법원사무관 등에 의하여 파산채권자표에 기재된다(법 제467조).

5. 이의가 있는 파산채권에 관한 소송의 수계

가. 개 요

파산채권을 소송물로 하는 소송이 파산선고 시에 계속 중인 때는 그 소송은 파산선고로 인하여 중단된다(민사소송법 제239조). 그 후 파산절차에서 당해 파산채권이 법이 정한 바에 따라 신고가 되어 채권인부가 이루어지고, 당해 파산채권의 신고에 대해서 이의가 제기되면 파산선고 당시 계속 중이던 소송은 수계를 통하여 채권확정소송으로 전환되어 속행된다(법 제464조). 당해 파산채권의 신고에 대해서 이의가 있는 때에 계속 중인 소송과 별도로 채권조사확정절차를 개시하는 것은 소송경제에도 반하고 비합리적이기 때문에 계속 중이던 소송을 채권확정소송으로 속행시키려는 것이 이 제도의 취지이다. 대법원도 파산채권에 대해 이미 소송이 계속 중인 경우에 조사확정재판을 신청하는 대신에 계속 중인 소송을 수계하도록 한 것은, 신소 제기에 따른 비용과 시간의 낭비를 방지하고 소송절차의 번잡을 피하기 위한 공익적인 목적을 위한 것이므로, 채무자회생법 제464조에 의한 소송수계를 할 수 있는 경우에 채무자회생법 제462조 제1항에 의한 파산채권확정의 소를 제기하는 것은 권리보호의 이익이 없어 부적법하다고 한다(대법원 2020. 12. 10. 선고, 2016다254467, 254474 판결).

한편, 채권조사기일에 파산관재인 및 다른 파산채권자의 이의가 진술되지 아니하여 채권이 신고한 내용대로 확정되면 그 계속 중이던 소송은 부적법하게 된다.[12] 실무상으로는 파산채권자의 소 취하를 유도하고 있는데, 수소법원이 파산관재인으로 하여금 소송절차를 수계하도록 한 다음 소 각하 판결을 하는 실무례도 있다고 한다.[13]

나. 수계의 대상이 되는 소송

수계의 대상이 되는 소송은 이의가 있는 파산채권에 관해서 파산선고 당시 계속 중인 소송이다. 여기서 이의가 있는 파산채권에 관한 소송이란 파산채권으로서 신고된 실체법상의 청구권을 소송물로 하는 소송을 말한다. 파산채권자가 채무자를 상대로 제기한 이행소송이 일반적이지만, 확인소송이나 채무자가 파산채권자를 상대로 제기한 채무부존재확인소송

---

12) 대법원 2014. 6. 26. 선고 2013다17971 판결 등 참조.

13) 서울회생법원 파산부 실무연구회, 법인파산실무(제5판), 박영사(2019), 88면 각주 63번 참조.

도 포함된다. 그리고 종전 회생절차에서 제기되어 진행 중인 회생채권 조사확정재판에 대한 이의의 소도 법 제464조에서 말하는 "이의채권에 관한 소송"에 포함된다(대법원 2020. 12. 10. 선고 2016다254467, 254474 판결). 회생채권의 조사확정재판도 채무자회생법 제464조에서 말하는 '이의채권에 관한 소송'에 포함된다고 보아 위 대법원 2020. 12. 10. 선고 2016다254467, 254474 판결 사안의 조사확정재판에 대한 이의의 소와 마찬가지로 취급할 것인지에 대한 논의가 있는데 조사확정재판과 이의의 소를 같이 취급하는 것이 타당하다는 견해가 유력하다.[14)]

다. 수계신청의 당사자

이의가 있는 파산채권을 보유한 파산채권자는 이의자 전원을 그 소송의 상대방으로 하여 수계신청을 하여야 한다. 고유필수적 공동소송이므로 이의자 전원에 대하여 수계신청을 하여야 하며, 이의자 중 일부를 상대방으로 한 수계신청은 부적법하여 각하하여야 한다. 이때의 수계신청은 상대방도 할 수 있다(대법원 2020. 12. 10. 선고 2016다254467, 254474 판결).

라. 수계의 시기

회생절차의 경우에는 회생절차개시 당시 이의채권에 관하여 소송이 계속하는 경우 회생채권자 또는 회생담보권자가 그 권리의 확정을 구하고자 하는 때에는 이의자 전원을 그 소송의 상대방으로 하여 소송절차를 수계하여야 하고, 수계신청은 조사기간의 말일 또는 특별조사기일부터 1월 이내에 하여야 한다(법 제172조). 그러나 파산절차에서는 회생절차에 관한 위 법 제172조 제2항과 같이 수계신청을 제한하는 규정이 존재하지 않고, 또한 채권조사확정재판에 대한 신청기한의 제한 규정(법 제462조 제5항)을 준용하지도 않아 문제된다. 그런데 이의있는 채권에 관하여는 채권자가 배당공고가 있은 날부터 기산하여 14일 이내에 파산관재인에 대하여 채권조사확정재판을 신청하거나 채권조사확정재판에 대한 이의의 소를 제기하거나 소송을 수계한 것을 증명하지 아니한 때에는 그 배당으로부터 제외되므로(법 제512조 제1항), 파산선고 당시 이의있는 파산채권에 관한 소송이 이미 계속 중인 채권자는 최후의 배당에 관한 배당제외기간 안에 이의자 전원을 상대방으로 하여 소송을 수계

14) 백숙종, "견련파산절차에서의 회생채권 조사확정절차의 취급", 사법 56호, 사법발전재단(2021. 6.), 608면.

하여야 하고, 배당제외기간 안에 수계신청을 하지 않을 경우 그 채권자는 배당에서 제외된다 할 것이다.

마. 주장의 제한

이 경우에도 파산채권자는 파산채권자표에 기재한 사항에 관하여만 파산 당시에 이미 계속되어 있는 소송을 수계할 수 있다(법 제465조). 그러므로 채권조사기일까지 신고하지 않은 채권을 새로이 주장할 수는 없으며, 채권자표에 기재된 것보다 다액의 채권액이나 새롭게 우선권을 주장할 수는 없고, 따라서 채권자표에 기재되지 않은 권리에 관하여 소송이 계속되어 있는 경우의 그 수계신청은 부적법하다. 파산채권확정을 구하는 소에서 파산채권 신고 여부는 소송요건으로서 직권조사사항이다(대법원 2000. 11. 24. 선고 2000다1327 판결). 이처럼 채권조사기일까지 신고하지 아니한 채권을 새로이 주장할 수 없도록 하는 것은 소송당사자가 되지 못한 파산관재인이나 다른 채권자의 이의권 행사의 기회를 보장하기 위한 것이다.

바. 파산채권자의 청구취지 등 변경요부(要否) 및 법원의 석명의무

대법원은 "회생채권자가 채무자에 대한 회생절차개시결정으로 중단된 회생채권 관련 소송절차를 수계하는 경우에는 회생채권의 확정을 구하는 것으로 청구취지 등을 변경하여야 하고, 이러한 법리는 회생채무자의 관리인 등이 회생절차에서 회생채권으로 신고된 채권에 관하여 이의를 하고 중단된 소송절차를 수계하는 때에도 마찬가지이다. 또, 회생채무자에 대한 회생절차개시결정으로 중단된 소송절차가 수계된 경우에 법원이 종전의 청구취지대로 채무의 이행을 명하는 판결을 할 수는 없고, 만일 회생채권자가 이를 간과하여 청구취지 등을 변경하지 아니한 경우에는 법원은 원고에게 청구취지 등을 변경할 필요가 있다는 점을 지적하여 회생채권의 확정을 구하는 것으로 청구취지 등을 변경할 의사가 있는지를 석명하여야 한다"고 한다(대법원 2015. 7. 9. 선고 2013다69866 판결). 이러한 법리는 파산절차에서도 마찬가지이며 달리 볼 이유가 없다. 그런데 대법원은 청구취지 변경은 사실심 변론종결 전까지만 허용하고 상고심에서는 허용하지 않고 있다(대법원 2013. 2. 14. 선고 2012다84912 판결[15]).

6. 집행권원이 있는 채권에 대한 이의주장방법

이의있는 파산채권에 대해서 집행력있는 집행권원이나 종국판결이 존재하는 때에는 이의가 있는 자는 채무자가 할 수 있는 소송절차에 의하여만 이의를 주장할 수 있다(법 제466조 제1항). 그러므로 집행력 있는 집행권원에 대해서는 재심의 소, 청구이의의 소 등으로, 미확정의 종국판결에 대해서는 상소로써 이의를 주장하여야 한다. 집행력 있는 집행권원을 가지는 채권자는 즉시 강제집행을 할 수 있는 유리한 지위에 있고, 종국판결은 기판력 내지 권리의 존재에 대해서 고도의 추정력을 갖기 때문에, 채무자회생법은 파산채권자가 파산선고 시까지 취득한 소송상의 지위를 존중하여 파산관재인 등의 이의자가 신고된 파산채권을 다투는 수단을 채무자가 할 수 있는 범위로 제한한 것이다. 여기서 "집행력 있는 집행권원"이란 집행력 있는 정본과 같은 뜻으로 집행문을 요하는 경우에는 이미 집행문을 받아 바로 집행할 수 있는 것을 말한다. 그러므로 채권신고를 한 때는 물론 이의를 한 무렵에도 집행문이 부여되지 않은 약속어음공정증서는 집행력 있는 집행권원이 아니며, 이의 후에 집행문이 부여되었다 하더라도 집행력 있는 집행권원에 해당하지 않는다(대법원 1990. 2. 27.자 89다카14554 결정). 확정판결, 가집행의 선고가 내려진 판결은 종국판결에 해당하기 때문에 본조의 관계에서 집행력 있는 집행권원에 해당하는지 논할 실익이 없다.

집행력 있는 집행권원이나 종국판결 있는 파산채권에 관하여 파산선고 당시 법원에 소송이 계속되어 있는 경우 이의자가 이의를 주장하고자 하는 때에는 이의자는 그 파산채권을 보유한 파산채권자를 상대방으로 하는 소송절차를 수계하여야 한다(법 제466조 제2항). 이 경우 동일한 채권에 관하여 여러 개의 소가 계속되어 있는 때에는 법원은 변론을 병합하여야 하고, 파산채권자는 다른 파산채권확정절차와 마찬가지로 파산채권자표에 기재된 사항에 관하여만 청구원인으로 할 수 있다(법 제466조 제3항).

15) 반면, 일본의 경우에는 소 변경은 사실심 변론종결 전까지 하여야 하지만 상고심 계속 중에 당사자가 파산하여 수계신청이 있은 때는 소 변경을 허용하고 있다(最判昭61 · 4 · 11民集40-3-558). 그렇지만 상고장, 상고이유서, 답변서 기타 서류에 의해 상고가 이유 없다고 인정되는 경우에는 상고이유서 제출기간 경과 후에 상고인이 파산절차개시 결정을 받은 때라도 수계절차를 거치지 않고 구두변론 없이 상고기각 판결을 할 수 있다고 한다(最判平9 · 9 · 9判時1624-96).

7. 이의채권자가 승소한 경우의 소송비용 상환

파산재단이 파산채권의 확정에 관한 소송(채권조사확정재판을 포함한다)으로 이익을 받은 때에는 이의를 주장한 파산채권자는 그 이익의 한도 안에서 재단채권자로서 소송비용의 상환을 청구할 수 있다(법 제469조). 신고채권에 대해서 다른 파산채권자가 이의를 하고, 파산채권확정소송의 결과 이의를 한 파산채권자가 승소한 경우에는 파산재단은 신고채권자에 대하여 실시했어야 할 배당을 면하게 되고, 그 한도에서 이익을 얻었을 뿐 아니라 모든 파산채권자의 이익이 된다. 즉, 다른 채권자는 이의를 한 채권자의 부담으로 배당액의 증가라는 이익을 얻게 된다. 그러므로 채무자회생법은 이의를 한 파산채권자의 소송활동이 파산채권자 전체의 이익이 된 경우에는 그 공익적 성질에 비추어 파산재단이 이익을 받은 한도 안에서 소송비용을 재단채권으로 상환하도록 규정하였다.

이의를 한 파산채권자가 파산채권확정소송에서 승소한 경우 그 파산채권자는 상대방에 대해서 소송비용상환청구권을 행사할 수 있지만, 이와 동시에 법 제469조에 따라 재단채권자로서 파산재단으로부터 그 이익의 한도 안에서 상환받을 수 있다. 양자의 권리는 병존하고, 파산채권자는 어느 권리를 행사하더라도 무방하다. 상대방에 대해서 권리행사를 하더라도 현실적으로 회수할 수 없다고 예상될 때는 파산재단에 청구하게 되고, 법 제469조는 이러한 경우에 현실적인 필요성이 있다. 파산재단에서 상환을 한 경우에는 파산관재인은 당해 채권자가 패소 당사자에게 가지는 소송비용상환청구권을 대위행사할 수 있다.

이의를 주장한 파산채권자가 취득한 소송비용상환청구권은 재단채권이므로 파산채권에 우선하고 파산절차에 의하지 않고 파산관재인이 수시변제 한다. 파산채권자가 상환을 받을 수 있는 것은 파산재단이 파산채권확정소송의 결과에 의해서 이익을 받은 한도이다. 예컨대, 파산채권이 부정된 경우에는 그 부정된 금액에 상응하는 예상배당액이다. 파산채권의 우선성이 배척된 경우에는 우선하여 변제를 받았을 배당액과 우선성이 배척된 결과 지불되게 된 배당액의 차액이 한도로 된다. 파산관재인도 이의를 하여 채권조사확정재판이나 채권조사확정소송의 당사자가 된 경우에는 이의를 한 채권자의 행위와 결과 사이의 인과관계에 문제가 발생하고, 기본적으로는 이익을 받은 경우에 해당하지 않는다고도 생각할 수 있지만, 파산채권자의 공격방어방법의 제출에 의해 승소에 이른 경우에는 그 한도 안에서 상환이 인정되어야 할 것이다.

한편 대법원은 채권조사확정재판에 대한 이의의 소에서 채권조사확정재판을 인가하면서 소송비용부담재판을 하는 경우에는 이의의 소에 대한 소송비용의 부담에 관하여만 정하면 되고, 그 경우 이의의 소의 소송비용부담재판에 채권조사확정재판의 신청비용 부담에 관한 판단이 포함되어 있다거나 이의의 소에서 소송비용부담재판을 함으로써 채권조사확정재판의 신청비용부담재판의 효력이 상실된다고 볼 수 없고, 따라서 채권조사확정재판에 대한 이의의 소에서 채권조사확정재판을 인가한 경우에는 이의의 소에 관한 소송비용액확정과 별도로 채권조사확정재판에서의 신청비용부담재판에 따라 소송비용액확정결정을 할 수 있으며, 채권조사확정재판의 신청비용에 변호사보수는 포함되지 않는다고 본다(대법원 2023. 10. 20.자 2020마6610 결정).

8. 파산채권확정소송의 목적의 가액

파산채권의 확정에 관한 소송의 목적의 가액은 배당예정액을 표준으로 하여 파산계속법원이 정한다(법 제470조). 소송목적의 가액은 소제기 수수료(인지액) 산정의 기초가 되며, 또한 파산관재인이 파산채권확정소송을 수행하여 패소한 경우에 파산재단이 부담하게 되는 상대방의 소송비용 산정의 전제가 된다. 이 경우 상대방의 소송비용상환청구권은 재단채권이다. 상대방의 소송비용상환청구권은 법 제473조 제4호의 파산재단에 관하여 파산관재인이 한 행위로 인하여 생긴 청구권에 해당하기 때문이다. 한편, 구 파산법은 채권의 확정에 관한 소송의 목적의 가액을 배당예정액을 표준으로 하여 수소법원이 정하도록 하였고(구 파산법 제225조), 또한 같은 법 제103조 제1항이 파산절차에 관한 재판에 대하여는 따로 정한 경우를 제외하고 그 재판에 이해관계를 가진 자는 즉시항고를 할 수 있다고 규정하고 있었으므로 채권확정소송의 소송가액 재판에 대하여 불복이 있는 이해관계인은 즉시항고를 제기할 수 있었다(대법원 2002. 10. 23.자 2002그73 결정). 그러나 채무자회생법은 구 파산법과 달리 수소법원이 아닌 파산계속법원이 소송가액을 결정하도록 하였고, 즉시항고 규정을 두고 있지 않으므로 특별항고 외에 채권확정소송의 소송가액 결정에 대하여 불복을 하지 못하게 되었다.

본조는 권리의 명목액이 아니라 실질에 주목하여 소의 가액을 정하도록 한 것이다. 그래서 파산채권확정소송의 소송물의 가액을 배당예정액을 표준으로 하여 정하도록 한 것인데, 여기서 배당예정액은 현유재단뿐 아니라 배당이 예견되는 증가재산도 참작된다. 한편, 이의를 한 파산채권자가 파산채권확정소송을 수행하여 패소한 경우에 파산채권자에 대하여 선고된 상대방의 소송비용에 대해서는 당해 파산채권자가 부담하지 않으면 안 되고, 그 비용상환을 파산재단에 청구할 수는 없다.

9. 파산채권확정절차 계속 중에 파산절차가 종료된 경우

가. 배당에 의한 파산절차 종결의 경우

법 제462조(파산채권 조사확정의 재판), 법 제463조(채권조사확정재판에 대한 이의의 소), 법 제464조(이의채권에 관한 소송의 수계) 또는 법 제466조(집행권원이 있는 채권에 대한 이의)의 규정에 의하여 이의가 있는 채권에 관하여 채권조사확정재판의 신청, 소의 제기 또는 소송의 수계가 있는 경우에 이의가 있는 채권에 대한 배당액은 소송이 끝날 때까지 공탁되어 있으므로(법 제519조, 법 제528조) 채권확정소송은 파산절차 종결에 의한 영향을 받지 않고 종래의 소송당사자 사이에 계속된다. 이의채권을 보유한 채권자가 승소하면 공탁된 배당액을 지급받을 수 있고, 패소하면 파산관재인은 그 파산채권자에 대한 배당액을 다른 파산채권자들에게 배당한다.

나. 이시폐지에 의해 파산절차가 종료되는 경우

파산재단으로써 파산절차의 비용을 충당하기에 부족하다고 인정되어 파산절차가 폐지되는 경우에는 배당을 실시할 여지가 없기 때문에 배당의 준비행위로서 파산채권확정절차를 속행할 필요가 없게 된다. 이러한 경우의 채권확정절차의 귀추는 아래와 같다.

먼저, 파산채권확정재판은 배당의 준비로서 파산절차 내에서 배당에 참가할 파산채권의 조속한 확정을 위하여 특별히 마련된 심문을 거쳐서 하는 간이한 절차이므로 배당이 불가능한 상황에서 파산절차가 종료된 경우에는 이를 유지할 실익이 없다. 그러므로 파산관재인이 당사자인지 여부와 상관없이 절차는 당연히 종료된다.

채권조사확정재판에 대한 이의의 소 역시 파산채권확정재판과 마찬가지로 배당의 준비로서 행해지는 것이므로 배당이 불가능한 상황에서 파산절차가 종료된 경우에는 이를 유지할 실익이 없다. 따라서 파산관재인이 당사자가 아닌 파산채권자가 쌍방당사자인 경우에는 당연히 종료된다. 다만, 파산관재인이 당사자인 경우에는 그 소송절차는 중단되고 이의채권을 보유한 채권자와 채무자 사이의 소송으로 전환되어 채무자가 수계하여야 한다고 본다.

파산선고 전부터 계속된 소송을 파산채권확정의 목적으로 수계한 경우에는 파산절차 종료 후 본래의 당사자 사이에 다시 소송을 속행할 필요가 있다. 그렇기 때문에 파산관재인이 당사자인 경우도 그렇지 않은 경우도 소송은 일단 중단되고, 본래의 당사자(재산의 관리처분권을 회복한 채무자)가 이를 수계하여야 한다.

다. 파산취소의 결정에 의해 파산절차가 종료되는 경우

파산취소의 결정이 확정되면 파산선고는 소급적으로 효력을 잃기 때문에 파산절차에서의 채권조사결과에 대한 법적 효과는 없어지게 된다. 그러므로 채권조사확정재판은 파산의 취소로 인하여 당연히 종료되고, 채권조사확정재판에 대한 이의의 소 역시 종료된다고 본다.

제5절 견련파산에서의 채권신고 및 파산관재인의 시부인 등

1. 견련파산의 의미

채무자회생법은 채무자에 대해서 재건형절차인 회생절차 또는 간이회생절차가 진행되었지만 그 목적을 이루지 못한 채 절차를 종료한 경우에 회생절차 또는 간이회생절차를 감독한 법원이 일정한 요건하에 직권 또는 신청으로 채무자에 대하여 파산을 선고하도록 규정하고 있다. 이렇게 개시된 파산절차를 견련파산이라 한다.

2. 견련파산의 유형

가. 채무자회생법 제6조 제1항의 경우 (필요적 파산선고)

파산선고를 받지 아니한 채무자에 대하여 회생계획인가가 있은 후 회생절차폐지 또는 간이회생절차폐지의 결정이 확정된 경우 법원이 그 채무자에게 파산의 원인이 되는 사실이 있다고 인정하는 때에는 직권으로 파산을 선고해야 한다.

나. 채무자회생법 제6조 제2항의 경우 (임의적 파산선고)

파산선고를 받지 아니한 채무자에 대하여 회생절차개시신청 또는 간이회생절차개시신청의 기각결정(제293조의5 제2항 제2호 가목의 회생절차개시결정이 있는 경우는 제외)이 있거나 회생계획인가 전 회생절차폐지결정 또는 간이회생절차폐지결정(제293조의5 제3항에 따른 간이회생절차폐지결정 시 같은 조 제4항에 따라 회생절차가 속행된 경우는 제외)이 확정된 경우 법원이 그 채무자에게 파산의 원인이 되는 사실이 있다고 인정하는 때에는 채무자 또는 관리인의 신청에 의하거나 직권으로 파산을 선고할 수 있다.

3. 파산채권의 신고, 이의와 조사 및 확정에 관한 규율

가. 채무자회생법 제6조 제1항의 견련파산

(1) 채권신고

채무자회생법 제6조 제1항의 규정에 의한 견련파산의 경우는 아래에서 살펴보는 법 제6조 제5항의 규정과 같은 회생절차에서의 회생채권의 신고 등을 파산절차에서 행하여진 파산채권의 신고 등으로 보는 규정이 없고, 위 규정이 유추적용 된다고 볼 근거도 없다. 그러므로 채권자들은 파산선고 당시를 기준으로 회생계획 인가결정에 따라 권리가 변경된 결과로서의 채권을 새로 신고하여야 하고 회생계획에 의하여 변경되기 전 권리의 채권액에 따라 파산채권을 신고하여서는 안 된다.[16]

(2) 파산관재인의 시부인

파산관재인은 채권조사절차에서 시부인을 함에 있어서 종전 회생절차에서의 회생계획 인가로 인하여 기존 채권에 권리변경이 있으므로 회생계획안의 내용을 확인하여 회생계획에 의하여 권리가 변경된 대로, 나아가 회생계획의 수행 결과를 전제로 채권 시·부인을 하여야 한다. 만일 채권자가 인가된 회생계획에 따라 변경되기 전의 권리대로 신고하거나 또는 회생절차에서 신고하지 않아 실권된 회생채권을 신고한 경우 및 회생계획에 따라 채권을 변제받은 채권자가 변제받기 전의 권리대로 채권을 신고한 경우에는 파산관재인은 이의를 하여야 한다.

16) 백숙종, "견련파산절차에서의 회생채권 조사확정절차의 취급", 사법 56호, 사법발전재단(2021. 6), 606면.

(3) 회생채권 조사확정재판이 계속 중인 경우

대법원 2020. 12. 10. 선고 2016다254467, 254474 판결은 '채무자회생법 제6조 제1항에 의한 파산선고 당시에 종전 회생절차에서 제기되었던 조사확정재판에 대한 이의의 소가 계속 중이라면, 채권자는 채무자회생법 제464조에 따라 이의자 전원을 그 소송의 상대방으로 하여 소송을 수계해야 하고, 이때의 수계신청은 상대방도 할 수 있다. 수계가 이루어진 후에, 그 당사자가 청구취지를 회생채권자표의 확정을 구하는 것에서 파산채권자표의 확정을 구하는 것으로 변경한다면, 특별한 사정이 없는 이상 법원으로서는 그에 따라 판단하면 족하다. 그러나 한편, 채무자회생법 제6조 제1항에 의하여 파산이 선고되어 파산채권 조사확정절차가 진행된다는 사정만으로는 종전 회생채권 조사확정절차를 통해 회생채권의 존부와 범위를 확정할 법률상 이익이 소멸한다고 단정할 수는 없으므로, 채무자회생법 제6조 제1항에 따라 파산이 선고되어 파산채권자표 작성이 예정되어 있음에도 불구하고 회생채권 조사확정재판에 대한 이의의 소의 당사자가 회생채권자표의 확정을 구하면서 파산채권자표의 확정을 구하는 내용의 청구취지를 추가하고자 한다면, 이는 허용되어야 한다. 채무자회생법 제6조 제1항에 의한 파산이 선고됨에 따라 채권자 또는 그 상대방이 종전 회생절차에서 제기되었던 이의의 소를 수계하였음에도 이의의 소의 원고가 이 점을 간과하여 청구취지를 변경 또는 추가하지 않는 등 명확한 의사를 밝히지 않는다면 법원은 이 점을 지적하여 당사자의 명확한 의사를 석명해야 한다'고 한다.[17]

나. 채무자회생법 제6조 제2항의 견련파산

(1) 채권신고의 요부 및 시부인 기준

채무자회생법은 제6조 제2항의 규정에 의한 견련파산의 경우에 파산절차의 규정을 적

---

17) 위 대법원 판결은 견련파산 선고 당시 계속 중이던 회생채권 조사확정재판에 대한 이의의 소에서 파산채권의 확정과 함께 회생채권의 확정도 동시에 구할 수 있으므로 원고가 원심에서 파산채권의 부존재 확정을 다투면서 변론하다가 회생채권의 부존재 확정을 구하는 것으로 항소취지를 보정하겠다는 서면을 제출하였다면 원심으로서는 원고의 의사가 파산채권의 부존재 확정과 회생채권의 부존재 확정을 함께 구하고자 하는 의사인지에 관하여 석명을 했어야 함에도 석명을 하지 않고 회생채권 부존재 확정을 구하는 원고의 항소취지 보정을 불허한 것은 잘못이고, 견련파산절차에서 파산채권의 존부와 범위에 관하여 판단할 때에는 종전의 회생계획에서 회생채권의 내용이 변경된 사정을 고려해야 하는데, 이를 제대로 심리 · 반영하지 않았다는 이유로 원심을 파기하였다. 판례대로 파산관재인이 수계한 회생채권 조사확정재판에 대한 이의의 소에서 파산채권과 회생채권의 확정을 동시에 구할 때에는 회생채권은 회생절차개시결정 당시를 기준으로 회생채권의 존부와 범위를 정하고, 파산채권은 종전 회생절차에서 확정된 회생채권이 회생계획에 따라 변경되고 파산선고 당시까지 변제되는 등의 사정을 모두 반영하여 파산선고 당시를 기준으로 파산채권의 존부와 범위를 정하게 된다.

용함에 있어서 회생절차에 의한 회생채권의 신고, 이의와 조사 또는 확정은 파산절차에서 행하여진 파산채권의 신고, 이의와 조사 또는 확정으로 본다(법 제6조 제5항 본문). 그러므로 회생절차에서 확정된 회생채권 또는 회생담보권은 그 확정의 효력이 그대로 유지되어 견련파산절차에서도 확정된 파산채권 또는 담보권으로 취급되므로, 채권자는 견련파산절차에서 다시 그 채권을 신고할 필요가 없고, 파산관재인도 회생절차에서 이미 조사된 채권을 다시 조사할 필요는 없다. 만일 채권자가 회생절차에서 조사확정된 회생채권 또는 회생담보권을 신고하는 경우에 파산관재인은 이를 중복신고로 이의하고 중복여부의 확인을 위해 시부인표에 회생담보권 시부인표 및 회생채권 시부인표를 첨부하여야 한다. 다만, 채권자는 회생채권 신고 후에 채권액이 증가하였다는 사정이 있다면 그 부분에 한하여 새로이 파산채권으로 신고하면 된다. 또한 회생계획 인가 전에 회생절차가 폐지된 경우에는 미신고된 회생채권이라도 실권되지 않으므로(대법원 2010. 12. 9. 선고 2007다44354, 44361 판결 등), 견련파산절차에서 이를 파산채권으로 신고할 수 있고, 파산관재인은 새로운 채권의 신고가 있는 경우 당해 채권에 대하여 조사를 하여야 한다. 이러한 점을 고려하여 실무는 견련파산절차에서 채권신고기간 및 채권조사기일을 지정하고 있다.

한편, 제134조 내지 제138조의 규정에 의한 채권은 회생절차에 의한 회생채권의 신고, 이의와 조사 또는 확정을 파산절차에서 행하여진 파산채권의 신고, 이의와 조사 또는 확정으로 보지 않는다(법 제6조 제5항 단서). 이자 없는 기한부채권, 정기금채권, 이자 없는 불확정기한채권, 비금전채권, 외국통화채권, 조건부채권과 장래의 청구권은 회생절차와 파산절차가 서로 다르게 취급하고 있기 때문이다. 그러므로 제134조 내지 제138조의 규정에 의한 채권의 경우에는 파산관재인은 회생절차에서 조사 또는 확정이 되었더라도 파산채권으로서 다시 조사 및 확정되어야 한다.

(2) 계속 중인 회생채권 조사확정재판 등의 취급

나아가 관리인 또는 보전관리인이 수행하는 채권조사확정재판, 채권조사확정재판에 대한 이의의 소 등 소송절차는 중단되고, 파산관재인 또는 그 상대방이 이를 수계할 수 있다(법 제6조 제6항). 이때 청구취지를 파산채권에 관한 것으로 변경해야 한다는 것이 확립된 실무이다[18].

18) 백숙종, 위 논문 604면.

제14장 재단채권

제14장 재단채권

제1절 재단채권의 의의

1. 개 요

파산절차의 개시부터 종료에 이르기까지 파산절차의 수행상 필수불가결한 비용, 특히 파산재단의 관리 · 보존 · 처분에 관한 비용은 총채권자의 공익비용이기 때문에 일반파산채권에 우선하여 지불해야 하는 것은 당연하다. 그래서 인정된 것이 재단채권제도이다. 즉, 재단채권이란 파산재단으로부터 파산채권에 우선하여, 또한 파산절차에 의하지 않고 변제를 받을 수 있는 청구권이다(법 제475조, 제476조). 이것은 원칙적으로 파산선고 후 파산채권자 공동의 이익을 위해 생긴 채권이지만, 이러한 채권뿐 아니라 채무자회생법상 공익상의 견지에서 특별히 재단채권으로 인정된 것이 있다. 예컨대, 조세채권과 임금채권 등과 같이 정책적 · 공익적 이유에서 재단채권으로 규정된 것이 그 경우이다. 조세는 국가 · 지방자치단체 존립의 재정적 기초가 되는 것이므로 그 징수확보를 도모하기 위한 것이고, 임금채권 등은 근로자 보호를 강화하기 위한 것이다. 채무자회생법은 일반재단채권으로서 11종의 재단채권을 인정하고(법 제473조), 그 외에 개개의 경우에 별도로 재단채권(소위 특별재단채권)을 인정하는 형식을 취하고 있다.

2. 재단채권의 성질

(1) 재단채권의 권리

재단채권은 파산절차에 의하지 아니하고 행사할 수 있는 권리이다. 즉, 재단채권이란 파산절차에 의하지 아니하고 파산재단으로부터 파산채권에 우선하여 수시로 변제받을 수 있는 청구권을 말한다. 재단채권은 파산채권과 같은 신고 · 조사 · 확정이라는 절차가 필요없다. 다만, 파산관재인은 합리적인 방법으로 재단채권의 존부 및 액수를 조사하여 변제한다. 실무상 파산관재인은 채무자의 진술, 파산관재인의 사무실로 배달되는 채무자에 대한 납세고지서 및 채무자의 주소지 관할 세무서나 지방자치단체, 국민건강보험공단지사 등에 공문을 보내 채무자의 체납액을 확인하는 방법을 이용하고 있다. 재단채권자는 직접 파산관재인에게 변제를 요구할 수 있고, 파산관재인이 이를 승인하지 않는 때는 법원에 대하여 감독권 발동을 촉구하든지, 파산관재인을 상대로 불법행위 손해배상청구를 하는 등의 별도의 조치를 취할 수도 있고, 파산관재인을 상대로 이행소송을 제기할 수 있다(대법원 2001. 12. 24. 선고 2001다30469 판결[1] 참조). 하지만 파산재단에 대하여 강제집행을 할 수는 없다(대법원 2007. 7. 12.자 2006마1277 결정[2] 등 참조).

(2) 파산채권자에 우선

재단채권은 파산채권자에 우선하여 변제를 받는 권리이다. 파산재단 전체로부터 변제를 받을 수 있는 청구권이라는 점에서는 파산채권과 공통되지만, 파산절차를 통하여 배당이라는 형태로 평등한 변제를 받은 것이 아니라 파산채권에 우선하여 파산절차에 의하지 않고 수시로 직접 파산재단으로부터 변제를 받을 수 있다는 점이 파산채권과 다르다. 재단채권 중 파산채권자의 공동의 이익을 위해서 생긴 것은 바로 그 이유에서, 또한 그 이외의 재단채권은 공익상의 이유에서 통상의 파산채권자에 우선하여 파산재단으로부터 변제를 받고, 그 변제 후 잔여재단으로부터 각 파산채권자에 대해서 배당이 이루어지게 된다.

(3) 별제권, 환취권과의 차이

재단채권은 별제권, 환취권과도 다르다. 재단채권은 파산채권자에 우선하여 파산재단으로부터 변제를 받을 수 있는 점에서 별제권과 유사하지만, 별제권은 파산재단에 속하는 특정한 재산으로부터 우선변제를 받을 수 있는 권리이고, 재단채권은 파산재단 전체로부터 변제를 받는 점에서 차이가 있다. 재단채권은 파산재단으로부터 변제를 받는 권리이지만,

---

1) 이 사건에서 원고들이 주장하는 피고에 대한 수수료 반환청구권은 파산법상 재단채권에 해당하고, 원고들은 그 채권액수가 확정되어 있고 이행기도 도래하였다고 주장하고 있으므로, 피고에게 직접 그 이행을 청구하는 것은 별론으로 하고, 다른 특별한 사정이 없는 한 피고를 상대로 그 채권 존재의 확인을 청구하는 것은 확인의 이익이 없어 허용될 수 없다(대법원 2001. 12. 24. 선고 2001다30469 판결).

2) 재단채권자의 정당한 변제요구에 대하여 파산관재인이 응하지 아니하면 재단채권자는 법원에 대하여 파산법 제151조, 제157조에 기한 감독권 발동을 촉구하든지, 파산관재인을 상대로 불법행위 손해배상청구를 하는 등의 별도의 조치를 취할 수는 있을 것이나, 그 채권 만족을 위해 파산재단에 대해 개별적 강제집행에 나아가는 것은 파산법상 허용되지 않는 것이다(대법원 2007. 7. 12.자 2006마1277 결정).

환취권과 다르다. 환취권은 우연히 파산재단에 사실상 포함되어 함께 점유관리되고 있기 때문에 이를 되찾으려는 것이고, 본래 파산재단에 속하지 않는 재산을 대상으로 하는 것이기 때문에, 이 점에서 재단채권과 환취권은 다르다.

(4) 파산채권과 재단채권의 특징은 아래와 같이 구분할 수 있다.

파산채권	재단채권
① 파산절차 내에서만 행사 가능	① 파산절차에 의하지 아니하고 변제
② 신고, 인부, 확정 등 채무자회생법상의 채권조사의 대상	② 신고, 인부, 확정 등 채권조사절차 불요
③ 배당절차에 의해서만 변제 가능	③ 수시변제
④ 원칙적으로 면책의 대상	④ 비면책
⑤ 평등하게 변제(안분변제)	⑤ 재단채권 사이에 순위 존재(단, 재단부족의 경우에는 안분변제)

제2절 재단채권의 종류

1. 일반재단채권

일반재단채권은 세 가지 유형으로 분류할 수 있다. 첫째, 파산절차의 수행을 위하여 필요한 비용으로서 법 제473조 제1호의 파산채권자의 공동의 이익을 위한 재판상 비용에 대한 청구권과 제3호의 파산재단의 관리 · 환가 및 배당에 관한 비용이 여기에 해당한다. 대표적인 것이 파산관재인의 보수청구권이다. 제1호와 제3호의 재단채권은 채권자 전체의 이익을 위해 지출된 것으로 이에 대해 우선적으로 만족을 받을 수 있는 지위를 부여한 것은 파산절차의 원활한 진행을 위해 필수불가결한 비용으로서 이른바 재단비용이기 때문이다. 둘째, 파산절차수행 과정에서 파산관재인의 법률행위 또는 불법행위로 인하여 발생한 채권으로 같은 조 제4호 내지 제8호의 재단채권이 여기에 해당한다. 이들의 재단채권은 파산재단이 제3자와 거래에 의하여 부담하게 된 채무로서 이른바 재단채무에 해당한다. 셋째는 채무자회생법이 특별한 정책적 고려에서 특정채권을 보호하기 위해 재단채권으로 한 것으로 제2호, 제9호 내지 제11호가 여기에 해당한다.

첫째 유형과 둘째 유형은 파산절차상 그 발생이 불가피하고 채권자 전체의 이익이 되거나 그렇지 않더라도 파산관재인이 채권자 전체를 위해 한 행위로부터 발생한 채권을 공평의 관점에서 우대한 것인데 반해 세 번째 유형은 본래 파산채권인 것을 입법자가 개별적인 정책적 판단에 기초하여 재단채권으로 한 것이다.

가. 파산채권자의 공동의 이익을 위한 재판상 비용에 대한 청구권(법 제473조 제1호)

본호의 재판상 비용이란 파산신청단계부터 파산절차의 종료에 이르기까지 파산절차의 수행에 수반하는 재판상 절차비용을 말한다. 구체적으로는 파산신청비용, 보전처분의 비용, 파산선고결정이나 파산종결결정 등의 공고비용, 채권자집회 소집비용 등이 여기에 해당한다.[3] 채권자신청의 경우 채권자가 내는 예납금도 파산관재인보수 등 절차비용을 확보하기 위해 예납시키는 것이기 때문에 여기에 해당한다. 그러나 파산채권자의 공동의 이익을 위한

---

3) 채무자의 자기파산신청의 경우는 채무자가 파산신청비용 등을 부담하기 때문에 본호의 재단채권에 해당하는 파산신청비용 등은 채권자신청의 경우이다.

것이 아닌 것은 여기서 제외된다. 그러므로 각 파산채권자의 파산절차참가비용, 특정 파산채권자를 위한 채권조사비용은 여기에 해당하지 않는다.[4] 채권자가 파산선고 전에 채무자의 채권을 압류한 경우 채권압류에 지출한 비용이나 파산관재인이 수계한 채권자취소소송이나 채권자대위소송의 수계전 원고가 지출한 소송비용도 일반파산채권에 불과하다.

채권자가 변호사를 선임하여 파산신청을 한 경우 그에 따른 변호사보수가 본호의 재단채권에 해당하는지 논란이 있다. 파산신청의 위임업무 처리에 관한 변호사보수는 본호에 해당하지 않는다는 견해와 신청절차에 수반하는 대리인의 보수나 그 재판절차에 직접 관련되는 사항에 대한 조사비용이나 사건을 처리하기 위한 인건비 등이 본호의 재판상 비용에 해당한다는 견해 등이 있다. 실무상 서울회생법원은 채권자 신청에 따른 변호사보수는 이해관계인 모두의 이익을 위하여 지출된 비용이므로 대법원규칙에 의하여 소송비용으로 인정되는 금액 범위 안에서는 본호의 재단채권에 해당한다고 보는 견해에 따라 파산신청을 '소송목적의 값을 계산할 수 없는 것' 또는 '비재산권을 목적으로 하는 소송'으로 보아 민사소송 등 인지규칙 제18조의2에 따르되, 개인파산과는 달리 법인파산은 회사 등 관계소송과 유사하므로 소가를 5,000만 100원으로 산정하여 파산신청비용에 산입될 변호사보수를 310만원으로 계산하고 이를 변제한 사례가 있다[서울중앙지방법원 2012하합117(전국교수공제회) 사건].[5] 일본의 경우도 파산신청을 대리한 변호사의 보수는 합리적인 범위 내에서 재단채권이 되고, 파산선고 전에 그 범위를 넘는 보수를 지급받은 경우에는 무상행위와 동일시되어 부인의 대상이 될 수 있다고 한다.[6] 그런데 실무상 채권자가 파산신청을 한 개인파산사건의 경우에는 변호사보수를 재단채권으로 인정한 실무례는 찾아보기 어렵다.

나. 파산선고 전의 원인으로 인한 조세채권(법 제473조 제2호)

(1) 조세 등 공과금채권의 특수한 취급

조세채권은 파산절차 중에 특수한 지위를 부여받는다. 조세채무자에 대하여 파산절차가 개시되면, 조세 등 공과금채권(다만, 파산선고 후의 원인으로 인한 청구권은 파산재단에 관하여 생긴 것에 한한다)은 법 제446조에 의하여 후순위채권이 되는 것을 제외하고는 원

4) 파산절차참가비용은 후순위채권이며(법 제439조, 제446조 제1항 제3호), 특정 파산채권자를 위한 채권조사에 소요되는 비용은 당해 특정 파산채권자가 부담한다(법 제453조 제2항, 제454조, 제455조).

5) 서울회생법원 재판실무연구회, 법인파산실무(제5판), 박영사(2019), 349면 각주 6번 참조.

6) 伊藤 眞, 破産法 · 民事再生法(제2판), 有斐閣(2009), 227면 각주 108번 참조.

칙적으로 재단채권이 된다(법 제473조 제2호).

파산선고 전의 원인으로 인한 청구권은 본래는 파산채권이어야 할 것이다. 그렇지만 조세 등 청구권은 국가나 지방자치단체 등의 존립 및 활동의 재정적 기반이고 확실한 징수가 필요하다는 정책적인 이유에서 재단채권으로 한 것이다. 즉, 조세채권을 우대하는 것은 조세수입의 확보라는 공익적 요청에 근거한 것이다. 그러나 조세채권도 파산선고 전에 채무자가 부담하고 있었던 채무라는 점에서는 사인(私人)의 파산채권과 다르지 않다는 점에서 파산관재인의 노력에 의하여 수집된 재산의 대부분이 조세채권의 변제에 사용되는 것은 입법론으로서 과잉보호라는 비판이 있다. 채무자회생법이 조세 등 채권을 재단채권으로 규정하여 파산채권보다 우월한 지위를 부여한 것은 일본의 파산법을 계수한 것으로서 비교법적으로 볼 때 매우 드문 것이라고 한다.[7)]

(2) 조세 등 공과금채권이 재단채권이 되기 위한 요건

조세채권이 재단채권에 해당하기 위해서는 파산선고 이전에 조세채권이 확정되거나 그 납기가 도래할 필요까지는 없지만 납세의무가 파산선고 전에 성립한 경우이어야 한다(대법원 2002. 9. 4. 선고 2001두7268 판결, 2005. 6. 9. 선고 2004다71904 판결). 그러므로 조세채권의 성립이란 법률이 정한 과세요건(납세의무자, 과세물건, 과세표준, 세율)을 모두 충족하여 납세의무가 추상적으로 발생하는 것을 말하고, 조세채권의 성립시기는 기본적으로 국세기본법 제21조, 지방세기본법 제34조의 규정에 따른다.

예컨대, 국세인 양도소득세의 납부의무는 국세기본법 제21조 제2항 제1호(예정신고납부하는 소득세는 과세표준이 되는 금액이 발생한 달의 말일에 납부의무 성립)에 따라 양도일이 속하는 달의 말일에 납세의무가 성립한다. 그리고 지방세 양도소득세분도 지방세기본법 제34조 제1항 제7호에 따라 "그 과세표준이 되는 소득에 대하여 소득세의 납세의무가 성립하는 때"에 납부할 의무가 성립하므로 국세와 같다. 대체로 부동산의 매매 등으로 대금이 모두 지급된 경우에 양도소득세의 과세요건을 충족하는 양도가 있다고 볼 것이다. 대법원은 사회통념상 대가적 급부가 거의 전부 이행되었다고 볼 만한 정도에 이른 경우에도 양도소득세의 과세요건을 충족하는 부동산의 양도가 있다고 봄이 타당하다고 할 것이나, 대가적 급부가 사회통념상 거의 전부 이행되었다고 볼 만한 정도에 이르는지 여부는 미지급 잔

---

7) 이우재, 부동산 및 채권집행에서의 배당의 제문제[제2판], 진원사, 2012년, 329면.

금의 액수와 그것이 전체 대금에서 차지하는 비율, 미지급 잔금이 남게 된 경위 등에 비추어 구체적 사안에서 개별적으로 판단하여야 한다[8]는 입장이다. 그리고 법인이 사업연도 중간에 파산선고를 받은 경우 파산등기일을 사업연도 종료일로 보므로(법인세법 제8조 제1항), 해당 사업연도의 파산회사에 대한 법인세채권과 청산소득에 대한 법인세채권은 모두 재단채권에 해당한다.

한편, 과세관청이 탈루된 법인소득에 대하여 대표자 인정상여로 소득처분을 하고 소득금액변동통지를 하는 경우 그 원천징수분 법인세(근로소득세)의 납세의무는 소득금액변동통지서가 당해 법인에게 송달된 때에 성립함과 동시에 확정되고, 이러한 원천징수분 법인세액을 과세표준으로 하는 법인세할 주민세의 납세의무 역시 이 때에 성립한다. 그러므로 소득금액변동통지서가 파산선고 후에 도달하였다면 그에 따른 원천징수분 법인세(근로소득세)채권과 법인세할 주민세채권은 파산선고 후에 성립한 조세채권으로 될 뿐이어서 그것이 파산재단에 관하여 생긴 것이 아니라면 재단채권에 해당하지 않는다(대법원 2005. 6. 9. 선고 2004다71904 판결). 과세관청이 대표이사에게 부과·고지하는 종합소득세도 마찬가지로 소득금액변동통지를 받은 날에 납세의무가 성립한다(대법원 2007. 3. 29. 선고 2007두474 판결 참조).

국세징수의 예에 의하여 징수할 수 있는 청구권으로서 그 징수우선순위가 일반 파산채권보다 우선하는 것도 본호의 재단채권에 해당한다. 구 파산법 제38조 제2호는 국세징수법 또는 국세징수의 예에 의하여 징수할 수 있는 청구권은 우선권 유무를 불문하고 모두 재단채권으로 규정하였지만, 채무자회생법 제473조 제2호는 국세징수의 예에 의하여 징수할 수 있는 청구권의 경우 징수우선순위가 일반 파산채권보다 우선하는 것만 재단채권에 해당하는 것으로 규정하였다. 그러므로 국세징수의 예에 의해 징수할 수 있는 청구권으로서 재단채권에 해당하기 위해서는 징수우선순위가 일반 파산채권보다 우선하는 것이어야 하고, 다른 채권에 대한 우선권이 인정되기 위해서는 별도의 명시적인 규정이 있어야 한다(대법원 2018. 3. 29. 선고 2017다242706 판결). 여기에 해당하는 것으로는 건강보험료(국민건강보험법 제85조), 국민연금보험료(국민연금법 제98조), 고용보험료·산업재해보상보험료(고용보험 및 산업재해보상보험의 보험료징수 등에 관한 법률 제30조), 장애인 고용부담금(장애인고용촉진 및 직업재활법 제38조), 개발이익환수에 관한 법률상의 개발부담금 및 가산

8) 대법원 2014. 6. 12. 선고 2013두2037 판결.

금(개발이익환수에 관한 법률 제22조), 보조금 관리에 관한 법률상의 반환금, 제재부가금 및 가산금(보조금 관리에 관한 법률 제33조의3[9]) 등이 있다.

국세징수의 예에 의하여 징수할 수 있는 청구권이지만 우선권이 없는 채권으로는 환경개선비용 부담법상의 환경개선부담금, 직업훈련기본법상의 직업훈련분담금 등이 있다. 한편 국민권익위원회 소속 중앙행정심판위원회는 2021. 6. 17. 기업이 파산선고를 받은 경우 국가의 채권이라도 우선 징수권이 없다면 압류를 해제하고 일반 파산채권과 동일하게 파산절차에 따라야 한다는 결정을 발표했다.

(3) 제2차 납세의무

한편, 파산관재인으로서는 채무자가 법인의 무한책임사원 또는 과점주주 등으로서 국세(국세기본법 제38조 내지 제41조[10]), 지방세(지방세기본법 제45조 내지 제48조), 건강보험료(국민건강보험법 제77조의2), 국민연금(국민연금법 제90조의2)의 부족액에 대하여 2차 납세의무가 있는지 주의를 기울일 필요가 있다.

원론적으로 제2차 납세의무는 주된 납세의무자의 체납 등 그 요건에 해당되는 사실의 발생에 의하여 추상적으로 성립하고 납부통지에 의하여 고지됨으로써 구체적으로 확정된다. 그러므로 제2차 납세의무는 제2차 납세의무자 지정통지에 의하여서는 아직 구체적으로 확정되지 아니하고 납세통지서에 의한 부과처분에 의하여 비로소 제2차 납세의무가 구체적으로 확정된다(대법원 1982. 8. 24. 선고 81누80 판결). 그렇지만 앞서 살펴본바와 같이 조세채권이 재단채권에 해당하기 위해서는 파산선고 전에 조세채권이 확정되거나 그 납기가 도래할 필요까지는 없고 파산선고 전에 법률에 정한 과세요건 내지 성립요건이 충족되면 족하다. 그러므로 파산선고 전에 ① 주된 납세의무자가 체납하고, ② 주된 납세의무자가 체납

9) 한편, 2016. 1. 28. 법률 제13931호로 개정되기 전의 보조금 관리에 관한 법률 제33조 제2항은 반환금 징수는 "국세와 지방세를 제외하고는 다른 공과금에 우선한다."라고 규정하고 있었다. 이러한 규정은 반환금이 다른 공과금보다 징수우선순위에 있음을 정한 것일 뿐, 거기서 더 나아가 그 밖의 다른 채권보다 징수우선순위에 있음을 정한 것으로 볼 수는 없으므로 위 구법하에서는 반환금의 재단채권성이 부정되었다(대법원 2018. 3. 29. 선고 2017다242706 판결).

10) 대법원은 주된 납세의무자가 법인세를 체납하여 그 과점주주(법인, 1차 과점주주)에까지 납세의무가 확장되었는데, 1차 과점주주가 다시 납부기한까지 그 법인세를 납부하지 못하는 경우, 그 1차 과점주주의 과점주주(2차 과점주주)에까지 납세의무가 확장될 수 있는지가 쟁점이 된 사안에서 "과점주주의 제2차 납세의무는 사법상 주주 유한책임의 원칙에 대한 중대한 예외이자, 자기 고유의 담세력에 따라 부담하는 납세의무가 아니므로, 엄격하게 판단하여야 한다"고 하면서, "과점주주의 과점주주에 대하여 재차 제2차 납세의무를 지울 수는 없다"고 판단하였다(대법원 2019. 5. 16. 선고 2018두36110 판결).

한 조세의 납세의무 성립일 현재 과점주주 등에 해당하는 자는 그 부족한 금액에 대하여 제2차 납세의무를 진다. 다만, 제2차 납세의무의 성립에는 주된 납세의무의 성립 외에도 주된 납세의무자의 체납 등과 같은 별도의 요건이 요구되므로 그 성립시기는 적어도 '주된 납세의무의 납부기한'이 경과한 이후라고 할 것이다(대법원 2012. 5. 9. 선고 2010두13234 판결). 주된 납세의무에 징수부족액이 있을 것을 요건으로 하지만 일단 주된 납세의무가 체납된 이상 그 징수부족액의 발생은 반드시 주된 납세의무자에 대하여 현실로 체납처분을 집행하여 부족액이 구체적으로 생기는 것을 요하지 아니하고, 다만 체납처분을 하면 객관적으로 징수부족액이 생길 것으로 인정되면 족하고(대법원 1996. 2. 23. 선고 95누14756 판결 참조), 제2차 납세의무자에 대한 처분 후 주된 납세의무자가 자력을 회복하여도 그 처분의 효력에는 영향이 없다(대법원 2004. 5. 14. 선고 2003두10718 판결). 본래의 납세의무가 소멸하면 제2차 납세의무도 소멸한다(부종성).

(4) 파산선고 전의 원인으로 인한 국세나 지방세에 기하여 파산선고 후에 발생한 가산금 · 중가산금[11]의 재단채권 해당성 여부(소극)

구 파산법 제38조 제2호는 재단채권을 "국세징수법 또는 국세징수의 예에 의하여 징수할 수 있는 청구권. 단, 파산선고 후의 원인으로 인한 청구권은 파산재단에 관하여 생긴 것에 한한다"고 규정하였다.

헌법재판소는 위 구 파산법 제38조 제2호 본문 후단의 "국세징수의 예에 의하여 징수할 수 있는 청구권" 중에서, 「구 산업재해보상보험법(1997. 8. 28. 법률 제5398호로 개정되고, 2003. 12. 31. 법률 제7049호로 개정되기 전의 것) 제74조 제1항, 구 임금채권보장법(2003. 12. 31. 법률 제7047호로 개정되기 전의 것) 제14조 및 구 고용보험법(1999. 12. 31. 법률 제6099호로 개정되고, 2003. 12. 31. 법률 제7048호로 개정되기 전의 것) 제65조에 의하여 국세체납처분의 예에 따라 징수할 수 있는 청구권으로서 파산선고 전의 원인에 의하여 생긴 채권에 기하여 파산선고 후에 발생한 연체료 청구권에 해당하는 부분」은 헌법

11) 국세기본법은 2018. 12. 31. 납부불성실가산세와 가산금을 납부지연가산세로 통합하였다(제47조의4 제1항, 제47조의4 제7항부터 제9항까지 신설). 비슷한 제도를 중첩적으로 운영하여 발생하는 납세자의 혼란을 완화하기 위하여 납세자가 세법에 따른 납부기한까지 세금을 완납하지 아니한 경우에 납부고지 전에 적용되는 납부불성실가산세와 납부고지 후에 적용되는 「국세징수법」의 가산금을 일원화하여 납부지연가산세로 규정하였다. 다만, 위 개정규정은 2020. 1. 1.부터 시행되었다.

에 위반된다고 본 반면(헌법재판소 2005. 12. 22. 선고 2003헌가8 결정), 구 파산법 제38조 제2호 본문 전단의 국세징수법에 의하여 징수할 수 있는 청구권 중에서 파산선고 전의 원인에 의하여 생긴 국세 및 지방세에 기하여 파산선고 후에 발생한 가산금 및 중가산금 청구권 부분은 헌법에 위반되지 아니한다는 결정을 하였다(헌법재판소 2008. 5. 29. 선고 2006헌가6, 11, 17 결정). 한편, 대법원은 구 파산법이 적용되는 사안에서 본세가 파산선고 전의 원인으로 인한 것이라면 그 체납으로 인하여 부가되는 가산금 · 중가산금도 파산선고 전에 생긴 것인지 파산 후에 생긴 것인지 가리지 않고 모두 재단채권에 해당한다고 판시하였다(대법원 2010. 1. 14. 선고 2009다65539 판결 참조).

그런데 채무자회생법 제473조 제2호는 구 파산법과 달리 「국세징수법」 또는 「지방세기본법」에 의하여 징수할 수 있는 청구권을 재단채권에 해당한다고 규정하면서도, 괄호 안에 '국세징수의 예에 의하여 징수할 수 있는 청구권으로서 그 징수우선순위가 일반파산채권보다 우선하는 것을 포함하며, 제446조(후순위파산)의 규정에 의한 후순위파산채권을 제외한다는 내용을 추가하였다.

파산법 제38조(재단채권의 범위) 다음 각호의 청구권은 이를 재단채권으로 한다.

2. 국세징수법 또는 국세징수의 예에 의하여 징수할 수 있는 청구권. 단, 파산선고후의 원인으로 인한 청구권은 파산재단에 관하여 생긴 것에 한한다.

채무자회생법 제473조(재단채권의 범위) 다음 각호의 어느 하나에 해당하는 청구권은 재단채권으로 한다.

2. 「국세징수법」 또는 「지방세징수법」에 의하여 징수할 수 있는 청구권(국세징수의 예에 의하여 징수할 수 있는 청구권으로서 그 징수우선순위가 일반 파산채권보다 우선하는 것을 포함하며, 제446조의 규정에 의한 후순위파산채권을 제외한다). 다만, 파산선고 후의 원인으로 인한 청구권은 파산재단에 관하여 생긴 것에 한한다.

따라서 파산선고 후에 발생한 가산금 및 중가산금 청구권이 채무자회생법에서도 재단채권이 되는지 여부가 문제되었다. 이와 관련하여, 대법원 2017. 11. 29. 선고 2015다216444 판결은 채무자회생법 제473조 제2호 괄호 안에 있는 규정의 취지는 '국세징수법 또는 지방세기본법에 의하여 징수할 수 있는 청구권'이든, '국세징수의 예에 의하여 징수할 수 있는 청구권으로서 그 징수우선순위가 일반 파산채권보다 우선하는 것'이든, 그중 '제446조의 규정에 의한 후순위파산채권'에 해당하는 것은 재단채권에서 제외하려는 데 있고, 국세징수법 제21조에 규정된 가산금 · 중가산금은 납세의무의 이행지체에 대하여 부담하는 지연배상금의 성질을 띠고 있으며, 채무자회생법 제473조 제4호는 파산관재인이 파산재단의 관리처분권에 기초하여 직무를 행하면서 생긴 상대방의 청구권에 관한 일반규정으로 볼 수 있는 반면, 채무자회생법 제473조 제2호는 '국세징수법 또는 지방세기본법에 의하여 징수할 수 있는 청구권' 및 '국세징수의 예에 의하여 징수할 수 있는 청구권으로서 그 징수우선순위가 일반 파산채권보다 우선하는 것'만을 적용대상으로 하는 특별규정이고 국세나 지방세뿐만 아니라 그 체납으로 인하여 부가되는 가산금 · 중가산금도 그것이 파산선고 전에 생긴 것인지 파산 후에 생긴 것인지 가리지 않고 모두 그 적용 범위에 포함되므로, 파산관재인이 재단채권인 국세나 지방세를 체납하여 그로 인하여 가산금 · 중가산금이 발생한 경우 그 가산금 · 중가산금은 채무자회생법 제473조 제4호가 아닌 채무자회생법 제473조 제2호가 우선적으로 적용되어, 파산선고 전의 원인으로 인한 국세나 지방세에 기하여 파산선고 후에 발생한 가산금 · 중가산금은 후순위파산채권인 채무자회생법 제446조 제1항 제2호의 '파산선고 후의 불이행으로 인한 손해배상액'에 해당한다고 보아 재단채권에서 제외하였다.

위 판결은 채무자회생법 제473조 제4호는 일반규정인 반면 제473조 제2호는 특별규정이라는 점을 명시적으로 선언하였고, 파산선고 후 가산금 채권의 법적 성질에 관한 그동안의 논란[12]에 마침표를 찍었다.

(5) 파산재단에 관하여 생긴 조세채권

채무자회생법 제473조 제2호 단서는 "파산선고 후의 원인으로 인한 청구권"이라도 "파산재단에 관하여 생긴 것"에 한하여 우선변제권이 있는 재단채권으로 인정하고 있다. 여기에 해당하는 것으로는 파산재단에 속하는 부동산에 대해서 부과되는 종합토지세 및 재산세, 자동차에 대한 자동차세, 채무자의 사업을 계속하는 경우의 등록세, 면허세, 인지세 등이라는 점에 대해서는 이론이 없는 것으로 보인다.

위 단서의 해석과 관련하여, 일본 최고재판소 昭和 39(行ツ)6 판결은 "파산법 제47조

12) 원심은 파산선고 후에 생긴 가산금 · 중가산금은 법 제473조 제4호 소정의 재단채권에 해당한다는 이유로 원고의 청구를 기각하였고, 그동안 서울회생법원 실무는 파산선고 후 가산금 채권을 후순위파산채권으로 해석하였다.

제2호(채무자회생법 제473조 제2호에 해당)가 국세징수법 또는 국세징수의 예에 의해서 징수할 수 있는 청구권으로 파산선고 후의 원인으로 인한 것 중 「파산재단에 관하여 생긴 것」에 한하여 재단채권으로 한 취지는 그것이 파산채권자에게 공익적인 지출이기 때문인 것으로 해석되고, 따라서 그 「파산재단에 관하여 생긴」 청구권이란 파산재단을 구성하는 각개의 재산의 소유의 사실에 기하여 부과되거나 또는 이들 각개의 재산의 각각으로부터의 수익 그 자체에 대해서 부과되는 조세 기타 파산재단의 관리상 당연히 그 경비로 인정되는 공조공과를 가리키는 것으로 해석하는 것이 상당하다"라고 판시하였다(最判昭 43 · 10 · 8 民集 22卷 10号 2093頁).

우리 대법원 판례 중에는 파산재단에 관하여 생긴 것의 의미에 대하여 명시적으로 판단한 것은 없는 것으로 보이고, 구 파산법하에서 고등법원 판례 중에 제38조 제2호 단서의 "「파산재단에 관하여 생긴 것」이라 함은 파산재단의 관리비용에 해당하는 소위 물세를 가리키는 것으로서, 종합소득세, 재산세, 자동차세, 등록세, 면허세, 인지세, 균등할 주민세[13] 등이 이에 해당한다"고 본 판결이 있다(서울고등법원 2005. 11. 11. 선고 2005나32946 판결).

한편, 파산관재인이 법원의 허가를 받아 파산재단에 속하는 재산을 포기한 경우에 그 재산은 자유재산이 되어 채무자에게 관리처분권이 회복되고 더 이상 파산재단에 속하는 재산이 아니므로 해당 재산에 대하여 발생하는 종합부동산세, 재산세, 자동차세 등은 파산재단에 관하여 생긴 것이 아니므로 재단채권도 아니고 파산채권도 아닌 채무자가 변제할 조세채권이라 할 것이다.

(6) 채무자의 소유 부동산이 파산절차 중에 처분된 경우에 생긴 양도소득에 대한 소득세 과세의 문제

파산재단에 속하는 부동산이 파산절차 진행 중에 매각되어 양도소득이 생긴 경우에 이에 대한 소득세가 채무자회생법 제473조 제2호 단서의 "파산재단에 관하여 생긴 조세채권"에 해당하는지에 대하여 논의가 있다. "파산재단에 관하여 생긴 조세채권"에 해당한다면 양도소득세는 재단채권이 되어 파산관재인으로서는 이를 우선변제 하여야 하기 때문이다.

13) 그렇지만 파산선고 후에 성립한 주민세는 파산관재인이 법원의 영업 계속 허가에 따라 영업활동을 하고 있다는 등의 특별한 사정이 있다면 재단채권에 해당할 수 있으나, 그와 같은 사정이 없다면 재단채권도 아니고 파산채권도 아니다. 서울회생법원 재판실무연구회, 법인파산실무(제5판), 박영사(2019), 375면.

먼저, 파산선고 후 부동산 처분행위로는 세 가지 유형이 있다. 첫째는 파산관재인이 회생법원의 허가를 받아 채무자 소유의 부동산을 처분하는 경우이고(여기에 해당하는 경우로는 임의매각, 대법원 공고게시판을 통한 매각, 형식적 경매 신청 등이 있다), 둘째는 파산선고 전에 파산채권자의 신청에 의하여 개시된 강제경매절차에서 채무자의 소유부동산이 매각되는 경우(이 경우 실무상 파산관재인은 법 제348조 제1항 단서에 따라 강제집행절차를 속행하는 경우가 일반적이다)이며, 셋째는 파산선고 전 또는 후에 근저당권자의 신청에 의하여 임의경매절차가 개시된 부동산이 파산절차 중에 매각된 경우이다.

첫 번째 유형은 입법에 의해 해결되었다. 소득세법 제89조 제1항 제1호는 "파산선고에 의한 처분으로 발생하는 소득"을 비과세 양도소득으로 규정하고 있으므로 파산관재인이 회생법원의 허가를 받아 재산을 매각한 경우에는 그로 인하여 발생한 양도소득은 비과세된다. 법인의 경우에도 법인세법 제55조의2 제4항 제1호는 "파산선고에 의한 토지 등의 처분으로 인하여 발생하는 소득"에 대하여 비과세를 규정하고 있다.

그리고 두 번째 유형, 즉 파산선고 전 파산채권자의 신청에 의하여 진행되던 강제경매에 대하여 파산관재인이 이를 중단하지 아니하고 파산재단을 위하여 강제경매를 속행(법 제348조 제1항 단서)함으로써 부동산이 처분된 경우에도, 파산관재인이 파산채권자 전체의 이익을 위하여 강제집행절차의 속행을 선택한 것으로서 첫 번째 유형과 달리 볼 이유가 없으므로 이 역시 소득세법 제89조 제1항 제1호에 따라 비과세 대상이 된다고 할 것이다. 강제집행절차가 속행되는 경우, 외형만을 보면 단순히 집행채권자의 교체에 불과하지만, 실질적인 성격은 종전 강제집행과는 다른 것으로, 파산관재인에 의한 파산재단 환가방법의 하나로(법 제496조 제1항) 파산재단에 속하는 재산을 종전에 행하여진 강제집행 형식을 차용함으로써 환가하는 것이다. 따라서 이 경우 집행기관은 일반채권자에 의한 배당요구는 무시하고, 배당기일에는 배당할 금액을 별제권자에게 배당한 다음 집행비용을 포함한 잔금 전액을 파산관재인에게 교부하여야 한다.[14)]

그런데 세 번째 유형에 대해서는 견해 대립이 있다. 제1설은 재단채권설이다. 근저당권자의 신청에 의한 임의경매는 파산절차에 의하지 아니한 권리행사이므로 소득세법 제89조 제1항 제1호가 적용될 여지가 없고, "파산재단에 관하여" 생긴 조세채권이므로 파산선고

14) 서울회생법원 재판실무연구회, 법인파산실무(제5판), 박영사(2019), 96면. 실제로도 파산관재인의 신청으로 강제경매가 속행된 경우 경매법원은 집행비용도 파산관재인에게 배당하고 있다. 파산채권자가 이미 지출한 집행비용은 재단의 이익을 위하여 지출된 것이므로 파산재단의 환가에 관한 비용(법 제473조 제3항)의 일종이므로 재단채권이 된다.

후의 원인으로 생긴 청구권이지만 재단채권이라는 견해이다. 제2설은 근저당권자의 신청에 의한 임의경매로 인하여 파산선고 후 발생한 양도소득세는 파산선고 후의 원인으로 인한 조세채권으로서 파산재단에 관하여 생긴 것이 아니므로 재단채권에 해당하지 않으며, 파산채권은 파산선고 전의 원인으로 생긴 것에 한하므로(법 제423조) 파산채권에도 해당하지 않는다는 견해이다. 이 견해에 의하면, 위 양도소득세는 채무자가 납부의무를 부담한다. 현재 실무인 것으로 보인다.[15] 제3설은 비과세설이다. 이 설은 소득세법 제89조 제1항 제1호에서 "파산선고에 의한 처분으로 발생하는 양도소득에 대하여 비과세"를 하도록 규정한 것은 법원으로부터 파산선고를 받은 자는 파산선고일 현재 완전 무자력자로 조세채권 확보가 불가능하므로 부과처분의 의미가 없어 비과세하도록 규정한 것으로 그 입법취지로 볼 때 파산재단에 속하는 재산의 양도는 그 매각방법의 유형을 불문하고 소득세법 제89조 제1항 제1호에서 규정하는 파산선고에 의한 처분으로 발생하는 소득으로 보아 양도소득세를 비과세하여야 한다는 견해이다.

저자는 파산선고 후 파산절차 진행 중에 별제권자의 임의경매신청에 의하여 처분된 경우에 발생하는 양도소득세는 법 제473조 제2호 단서에 해당하지 않는다고 보며, 나아가 비과세설에 찬성한다. 이에 대한 논거는 다음과 같다. 첫째, 채무자회생법이 파산선고 후의 원인에 의하여 "파산재단에 관하여 생긴 조세채권"을 재단채권으로 한 것은 파산채권자를 위한 공익적인 지출로서 공동으로 부담하는 것이 타당하기 때문이라는 점이다. 즉, 채무자회생법 제473조 제2호 단서에 해당하는 재단채권이란 파산재단을 관리하면서 당연히 지출을 필요로 하는 경비에 속하며, 파산채권자에게 공익적인 지출로서 채권자들이 공동으로 부담하는 것이 당연하다고 여겨지는 것에 한정된다고 제한적으로 해석하여야 한다. 이처럼 채무자회생법 제473조 제2호 단서가 규정하는 재단채권의 취지를 파산채권자를 위한 공익적인 지출이라는 점에서 찾는다면, 파산채권자의 공동의 이익을 위한 비용 또는 파산재단의

---

15) 일선 세무서에 따라서는 "파산선고에 따른 비과세"로 처리한 경우도 보이나, 국세청은 양도소득세 비과세 규정을 적용받을 수 없다고 하고[부동산거래관리과-107(2012.2.15.)], 파산선고 후에 납세의무가 성립하였으므로 재단채권에 해당하지 않는다고 해석한다[서면-2018-법령해석기본-3939(2019.02.18.)]. 조세심판원 2020. 9. 16.자 2020광1212 결정은 청구인의 비과세 주장에 대하여 "파산선고가 결정되기 이전에 채권자가 별제권을 행사함에 따라 매각된 것이고, 「채무자 회생 및 파산에 관한 법률」 제412조에 의하면 별제권은 파산절차에 의하지 아니하고 행사한다고 되어 있는 점 등을 감안하면 이 건 부동산의 양도소득이 파산선고에 의한 처분으로 발생하였다고 볼 수는 없으므로 청구인의 주장은 받아들이기 어렵다고 판단된다."며 청구인의 심판청구를 기각하였다. 같은 취지로 대구지방법원 2018. 4. 11. 선고 2017구합2556 판결과 광주지방법원 2020구합15291 판결은 근저당권 실행을 위한 임의경매절차로 매각된 것은 파산선고에 의하여 처분된 것이 아니므로 그 양도소득은 소득세법 제89조 제1항 제1호에서 정한 '파산선고에 의한 처분으로 인하여 발생하는 소득'에 해당하지 않는다고 판단하였다.

관리 · 환가 및 배당에 관한 비용이라고 볼 수 없는 양도소득세는 법 제473조 제2호 단서의 재단채권에 해당되지 않는다. 둘째, 제2설은 개인파산제도의 목적뿐 아니라 소득세법 제89조 제1항 제1호의 취지에 반한다는 점이다. 경제적 파탄상태에 빠진 채무자는 조세부담능력이 없으므로 채무자에 대한 양도소득세 부과는 실효성도 없을 뿐 아니라 채무자의 경제적 갱생을 방해할 뿐이다. 소득세법이 파산선고에 의한 처분으로 발생하는 양도소득에 대하여 소득세를 과세하지 않도록 한 것은 파산재단에 속하는 재산의 환가에 기한 이익이 오로지 파산채권자에게 귀속하기 때문에, 그 이익에 대한 과세를 채무자의 자유재산의 부담으로 하는 것은 과세 대상이 되는 이익이 귀속되지 않는 주체에 대해서 과세를 하는 결과를 초래하고, 채무자의 경제적 갱생을 방해하기 때문에 이를 막기 위한 것이다. 그런데 파산선고 전, 후에 별제권자의 신청으로 개시된 임의경매로 인하여 해당 부동산이 파산절차 중에 처분된 경우도 재산환가에 기한 이익은 별제권자 및 파산재단(잉여금)에 귀속하고 채무자의 이익으로는 귀속되지 않는다. 채무자의 경제적 · 사회적 갱생은 임의경매의 경우에도 관철되어야 한다. 그럼에도 별제권자의 임의경매 신청으로 처분된 경우에는 소득세의 비과세 규정을 적용할 수 없다는 2설은 채무자의 갱생을 목적으로 하는 개인파산제도 및 소득세법 제89조 제1항 제1호의 입법취지에 반하는 것이다. 또한 제2설은 "파산선고에 의한 처분"을 "파산관재인에 의한 처분"으로 제한적으로 해석하는 잘못이 있다. 파산절차의 신속하고 원활한 진행을 책임지는 파산관재인으로서는 별제권의 목적물의 환가에 강한 이해관계를 가진다. 그러므로 파산절차에 의하지 않고 행사할 수 있는 별제권이라도 파산관재인으로부터의 간섭을 완전히 면하는 것은 아니다. 별제권의 목적물은 파산재단에 속하는 것이므로 별제권자는 목적물을 소지하고 있는 때에는 그 뜻 및 채권액을 소정의 기간 내에 파산관재인에게 신고하여야 하고(법 제313조 제1항 제5호, 제4항), 별제권의 행사는 채무자가 아닌 파산관재인을 상대방으로 하여야 한다. 또한 파산관재인은 별제권자에 대하여 그 권리의 목적인 재산을 제시할 것을 요구할 수 있고, 파산관재인이 재산을 평가하고자 하는 때에는 별제권자는 이를 거절할 수 없다(법 제490조). 그리고 파산관재인은 적당하다고 인정되면 법원의 허가를 받아 피담보채권을 변제하고 목적물을 환수할 수 있다(법 제492조 제14호). 그뿐 아니라 별제권자가 별제권을 행사하지 않는 경우에는 파산관재인은 하등의 최고 없이 민사집행법에 의하여 별제권의 목적인 재산을 환가할 수 있고, 별제권자로서는 이를 거절할 수 없다(법 제497조 제1항). 구체적으로는 파산관재인은 파산선고결정 정본을 집행권원으로 하여 강제집행을 신청할 수 있다. 파산관재인이 목적물을 환가한 때는 별제권자는 그 환가대금으로부터 우선변제를 받게 되지만, 그 받을 금액이 아직 확정되지 아니한 때에는 파산관재인은 대금을 따로 임치하여야 하고, 별제권은 그 대금 위에 존재한다(법 제497조 제2항). 이러한 파산관재인의 권한은 별제권의 목적물이 파산재단에 속하는 재산이기 때문이다. 다만, 실무에서는 특히 개인파산의 경우에는 파산재단에 피담보채무를 변제할 여유가 없는 것이 대부분이므로 파산관재인으로서는 근저당권자가 신청한 임의경매사건의 경매법원에 채무자에 대한 파산선고사실 및 채무자의 지위승계 신고, 잉여금 교부 신청을 한 뒤 당해 경매사건에서 배당표가 작성되어 파산재단에 편입될 금원이 있는지 여부가 확인될 때까지 파산절차에 대하여 속행신청을 하는 것이 현실이다. 또한 부동산의 가격이 상승하면서 매각대금으로 교부권자(당해세), 파산선고 전 체납처분한 조세채권자 및 신청채권자(근저당권자)에게 배당하고도 남는 잉여금이 존재하여 이를 파산재단으로 수령하여 파산채권자들에게 배당하는 경우가 종종 있다. 위와 같은 채무자회생법상의 별제권에 관한 제규정, 잉여금의 파산재단에로의 귀속 및 파산채권자들에 대한 배당 등 실무현황에 비추어 보면, 근저당권자가 신청한 임의경매로 인하여 목적물이 처분되었다는 이유로 이를 “파산선고에 의한 처분”에 해당하지 않는다고 볼 것은 아니라 할 것이다. 제2설은 위 “파산선고에 의한 처분”을 “파산관재인에 의한 처분”으로 제한적으로 해석하는 것이다. 셋째, 첫 번째 유형 및 두 번째 유형과의 형평성의 관점에 비추어 보거나 채무자의 경제적 갱생을 중시하는 입장에서 보면 세 번째 유형의 양도소득세 역시 재단채권에 해당하지 않는 것은 물론이고, 소득세법 제89조 제1항 제1호를 적용하여 비과세로 보는 것이 타당하다고 생각한다. 입법론으로는 파산절차 중에 채무자의 재산이 조세관청의 체납처분에 따른 공매 또는 별제권자의 임의경매로 양도된 때에도 양도소득세를 부과하지 않도록 명문의 규정을 두는 것이 채무자의 경제적 갱생의 관점에서 바람직하다고 하겠다.

(7) 조세채권의 납세의무자

종래 재단채권의 채무자가 누구인지에 대해서 견해가 나뉘었다. 이 점은 파산절차 종료 후에 잔존하는 재단채권의 처리와도 관련되는 문제이다. 법인파산에서는 파산절차를 통하여 법인격이 소멸하므로 논의의 실익은 적지만 개인의 경우에는 재단채권 중 면책의 대상이 되지 않는 것이 있기 때문에 검토가 필요한 문제이다.

첫째, 채무자설은 채무자의 인격은 파산선고에 의해 파산재단의 주체인 채무자와 자유재산의 주체인 채무자로 관념상 양분될 수 있고, 파산이 해지된 경우에는 위 양 주체는 융합하여 다시 일체가 되는데, 전자의 채무자가 재단채권의 채무자이고, 파산재단으로 채무를 완제할 수 없는 때에는 채무자 자신이 무한책임을 지게 된다고 한다. 이 설은 파산재단에 속하는 재산이 채무자의 소유에 속한다는 것을 이유로 한다. 그러나 정책적인 이유로 파산절차개시결정 전의 원인에 기한 채권이 재단채권이 된 것을 제외하고, 재단채권은 기본적으로는 파산절차의 수행과정에서 생기거나 또는 파산관재인의 행위에 의해서 생기는 것이라는 점에서 비판을 받는다. 둘째, 파산채권자단체설은 채권자단체에게 파산재단의 관리처분권을 인정하고 파산관재인은 그 기관으로서 권리를 행사한다고 해석한다. 이 견해에 따르면 재단채권이란 파산재단에 속하는 재산의 관리 및 처분을 위해 생긴 것이므로 재단채권의 채무자를 파산관재인에 의해서 대표되는 파산채권자단체라고 한다. 따라서 파산재단의 범위 내에서 재단채권의 책임을 진다고 한다. 그러나 파산채권자단체에 법주체성을 인정하는 것은 곤란할 뿐 아니라 이 견해는 다양한 유형의 재단채권을 설명할 수 없다는 단점이 있다. 셋째, 파산재단설은 파산재단에 독립적인 법인격(법주체성)을 인정하여 파산재단 자체가 재단채권의 채무자라고 한다. 따라서 재단채권의 변제는 파산재단을 한도로 하는 유한책임을 부담하는데 그친다. 이 설에 의하면 파산절차종료시에 잔존하는 재단채권은 파산절차개시 전에 생긴 채무자 자신의 채무로서의 성질을 가지는 것 이외에는 채무자의 책임이 부정된다는 점에서 합리적인 결론을 도출하지만 파산재단에 법주체성을 인정하는 것 자체에 대한 비판이 강하다. 넷째, 관리기구로서의 파산관재인설은 파산관재인에게 관리기구로서의 법주체성을 인정한다. 이 설에 의하면 파산절차개시 전의 원인에 의하여 생긴 채권으로서 본래 채무자 자신이 책임을 지는 채권으로서의 성질을 가지면서 정책적으로 재단채권이 된 조세채권과 채무자의 근로자의 임금·퇴직금 및 재해보상금 등을 제외하면 파산절차종료 후에는 채무자가 그 채무를 부담하지 않게 된다.

이 문제와 관련하여, 대법원은 조세채권의 납세의무자에 대하여 “채무자회생법에 의하면 파산선고에 의하여 채무자가 파산선고 당시에 가진 국내외의 모든 재산은 파산재단을 구성하고(법 제382조 제1항), 그 파산재단을 관리 및 처분할 권리는 파산관재인에게 전속한다(법 제384조). 파산관재인은 파산재단에 속하는 재산을 환가하여 파산채권자들에 대한 배당을 실시할 뿐만 아니라 재단채권 역시 파산재단에 속하는 재산에서 수시로 변제하게 된다. 따라서 재단채권이나 파산채권에 해당하는 조세채권의 납세의무자는 파산관재인이다. 반면, 파산재단에 속하지 않는 재산에 대한 관리처분권은 채무자가 그대로 보유하고 있고, 이는 파산선고 후에 발생한 채권 중 재단채권에 해당하지 않는 채권의 변제재원이 된다. 따라서 파산선고 후에 발생한 조세채권 중 재단채권에 해당하지 않는 조세채권, 즉 '파산채권도 아니고 재단채권도 아닌 조세채권'에 대한 납세의무자는 파산관재인이 아니라 파산채무자이다(대법원 2017. 11. 29. 선고 2015다216444 판결)"라고 한다. 파산채권도 아니고 재단채권도 아닌 조세채권을 파산관재인에게 과세처분을 하는 것은 납세의무자가 아닌 자를 상대로 한 것으로 당연무효이다(대법원 2007. 6. 15. 선고 2007두7697 판결 참조). 위 법리에 기초하여, 서울고등법원 2019. 5. 29. 선고 2018두56431 판결은 파산선고 후 재단채권에 해당하는 조세채권의 납세의무자는 파산관재인이므로 그 조세에 대한 부과 · 고지의 상대방은 파산관재인이어야 하므로 채무자의 파산 사실 또는 파산절차 진행 사실을 알았음에도 부과처분을 파산관재인이 아닌 채무자에게 하였다면 이는 납세의무자가 아닌 자에게 한 과세처분으로 그 하자가 중대하고 명백하여 무효의 처분이라고 하였고, 서울고등법원 2018. 12. 27. 선고 2018두70556 판결은 파산선고 전의 원인으로 인한 지방세에 기하여 파산선고 후에 발생한 중가산금은 파산선고 후의 불이행으로 인한 손해배상액에 해당하여 채무자회생법 제446조 제1항 제2호에 정한 후순위파산채권에 해당하고, 따라서 위 중가산금 채권은 채무자회생법 제473조 제2호에 따라 재단채권에서 제외됨으로써 재단채권 및 다른 파산채권보다 후순위채권이 되므로 처분청이 파산선고 후에 발생한 위 중가산금에 관하여 재단채권으로 신고하지 않았다고 하더라도 이는 법령의 규정에 따른 것으로 어떠한 잘못이 있다고 할 수 없고, 그 납세의무자는 파산관재인이 아니라 파산채무자라고 하였다. 위 두 건의 서울고등법원 판결은 각 상고되었으나 모두 심리불속행 기각되었다(대법원 2019. 5. 10. 선고 2019두32436 판결, 대법원 2019. 9. 26. 선고 2019두43597 판결 참조).

그런데 지방세법은 2021. 12. 28. "재산세 과세기준일 현재 「채무자 회생 및 파산에 관한 법률」에 따른 파산선고 이후 파산종결의 결정까지 파산재단에 속하는 재산의 경우 공부상 소유자에 해당하는 자는 재산세를 납부할 의무가 있다."는 규정을 신설하였다(법 제107조 제2항 제8호).

(8) 납세보증보험의 보험자가 조세채권을 대위할 수 있는지 여부

보증보험은 보험금액의 한도 내에서 보험계약자의 채무불이행으로 인한 손해를 담보하는 것으로서 보증에 갈음하는 기능을 가지고 있고 이 점에서는 보험자의 보상책임은 본질적으로 보증책임과 같으므로, 그 보증성에 터잡아 보험금을 지급한 보증보험의 보험자는 민법 제481조에서 정한 변제자대위의 법리에 따라 보험자가 보험계약자에 대하여 가지는 채권 및 그 담보에 관한 권리를 대위하여 행사할 수 있다(대법원 1991. 4. 9. 선고 90다카26515 판결; 대법원 1997. 11. 14. 선고 95다11009 판결; 대법원 2000. 1. 21. 선고 97다1013 판결 등 참조). 한편, 납세보증보험은 보험금액의 한도 안에서 보험계약자가 보증대상 납세의무를 납기 내에 이행하지 아니함으로써 피보험자가 입게 되는 손해를 담보하는 보증보험으로서 보증에 갈음하는 기능을 가지고 있어, 보험자의 보상책임을 보증책임과 동일하게 볼 수 있으므로, 납세보증보험의 보험자가 그 보증성에 터잡아 보험금을 지급한 경우에는 변제자대위에 관한 민법 제481조를 유추적용하여 피보험자인 세무서가 보험계약자인 납세의무자에 대하여 가지는 채권을 대위행사할 수 있다고 봄이 상당하다. 여기서 주의를 요하는 점은 채무를 변제할 이익이 있는 자가 채무를 대위변제한 경우에 통상 채무자에 대하여 구상권을 가짐과 동시에 민법 제481조에 의하여 당연히 채권자를 대위하나, 위 구상권과 변제자대위권은 그 원본, 변제기, 이자, 지연손해금의 유무 등에 있어서 그 내용이 다른 별개의 권리라는 점이다(대법원 1997. 5. 30. 선고 97다1556 판결 참조). 그러므로 대위변제자와 채무자 사이에 구상금에 관한 지연손해금 약정이 있더라도 이 약정은 구상금을 청구하는 경우에 적용될 뿐, 변제자대위권을 행사하는 경우에는 적용될 수 없다(대법원 2009. 2. 26. 선고 2005다32418 판결[16]).

다. 파산재단의 관리 · 환가 및 배당에 관한 비용(법 제473조 제3호)

파산관재인의 보수가 본호에 해당하는 대표적인 것이다. 그 밖에 파산관재사무를 위한 통신비 · 교통비 등의 사무비용, 파산재단에 속하는 부동산의 관리비용, 재산의 가액의 평가비용(법 제482조)이나 재산목록 · 대차대조표의 작성비용(법 제483조 제1항), 부동산을 매각하기 위한 측량비, 감정비용, 중개수수료 등이 여기에 해당한다. 파산관재인이 파산재단

16) 위 판결은 원고가 공익채권인 교통세를 대위변제함으로써 세무서장이 가지고 있던 교통세에 대한 종전의 권리가 동일성을 유지한 채 원고에게 이전되었다고 본 원심의 판단이 정당하다고 본 사례이다.

의 관리나 증대를 위해 소송을 이용하는 경우에 발생하는 비용도 본호의 비용에 포함된다.

라. 파산재단에 관하여 파산관재인이 한 행위로 인하여 생긴 청구권(법 제473조 제4호)

법 제473조 제4호가 '파산재단에 관하여 파산관재인이 한 행위로 인하여 생긴 청구권'을 재단채권으로 규정한 취지는 파산관재인이 파산재단의 관리처분권에 기초하여 직무를 행하면서 생긴 상대방의 청구권을 수시로 변제하도록 하여 이해관계인을 보호함으로써 공정하고 원활하게 파산절차를 진행하기 위한 것이다.[17] 이 '파산재단에 관하여 파산관재인이 한 행위'에는 파산관재인이 직무를 행하는 과정에서 행한 소비대차, 임대차, 위임, 도급, 화해 등에 의하여 상대방이 취득한 채권뿐만 아니라 파산관재인의 불법행위로 인하여 상대방이 취득한 손해배상청구권이 포함되고, 나아가 파산관재인이 직무와 관련하여 부담하는 채무의 불이행으로 인한 손해배상청구권도 포함된다.

본호와 관련하여, 대법원은 파산관재인은 직무상 재단채권인 근로자의 임금·퇴직금 및 재해보상금을 수시로 변제할 의무가 있으므로, 파산관재인이 파산선고 후에 위와 같은 의무의 이행을 지체하여 생긴 근로자의 손해배상청구권[18]은 본호의 "파산재단에 관하여 파산관재인이 한 행위로 인하여 생긴 청구권"에 해당하여 재단채권이라고 판시하였다(대법원 2014. 11. 20. 선고 2013다64908 전원합의체 판결[19]). 이와 관련하여 대법원 2015. 1. 29. 선고 2013다219623 판결은 파산선고 전에 생긴 근로자의 퇴직금 채권에 대하여 파산선고 이후의 지연손해금채권은 재단채권으로 인정하되, 파산선고 전날까지 발생한 지연손해금 채권은 파산채권으로 인정하였다.

---

17) 대법원 2014. 11. 20. 선고 2013다64908 전원합의체 판결 참조.

18) 이 경우 재단채권이 되는 근로자의 임금·퇴직금 및 재해보상금 채권의 지연손해금의 기산점이 언제인지가 문제된다 할 것인데, 대법원 2015. 1. 29. 선고 2013다219623 판결은 근로자의 퇴직금 채권에 대한 파산선고일 전날까지 발생한 지연손해금 채권을 파산채권으로, 파산선고일 당일부터 발생한 지연손해금 채권을 재단채권으로 인정하여, 파산선고 전날까지 발생한 지연손해금 청구 부분에 관하여 파산절차에 의하지 아니한 권리행사에 해당한다는 이유로 소를 각하하였다. 위 대법원 판결은 파산선고와 동시에 파산관재인이 파산재단의 관리처분권에 기초하여 직무를 행한다는 점에서 채무자의 포괄승계인인 파산관재인이 파산선고 시부터 임금채권 등을 변제할 의무가 있다는 점을 전제로 하는 것으로 보인다.

19) 위 판결에서 다수의견과 달리 별개의견은 근로자의 임금 등에 대한 지연손해금 채권은 파산선고 전후에 발생한 것인지를 불문하고 채무자회생법 제473조 제10호 소정의 '채무자의 근로자의 임금·퇴직금 및 재해보상금'에 해당하여 재단채권으로서의 성질을 가진다고 하고, 반대의견은 채무자에 대하여 파산선고 전의 원인으로 생긴 근로자의 임금 등에 대하여 채무불이행 상태의 계속으로 파산선고 후에 발생하고 있는 지연손해금 채권은 채무자회생법 제446조 제1항 제2호에 해당하는 후순위파산채권이라고 보아야 한다고 판시하였다.

또한, 특별한 사정이 없는 한 임대사업자의 파산관재인은 분양 전환 후 주택법에 따라 최초로 구성되는 입주자대표회의에 파산선고 전후로 특별수선충당금이 실제로 적립되었는지 여부와 상관없이 파산재단의 관리 · 환가에 관한 업무의 일환으로 임대주택법령에서 정한 기준에 따라 산정된 특별수선충당금을 인계할 의무를 부담하므로 입주자대표회의의 특별수선충당금 지급 청구권은 파산관재인이 한 파산재단인 임대아파트의 관리 · 환가에 관한 업무의 수행으로 인하여 생긴 것으로서 본호에 해당한다(대법원 2015. 6. 24. 선고 2014다29704 판결).

그리고 수탁자인 신탁회사의 파산관재인이 신탁자를 상대로 수탁자가 지급받지 못한 신탁사무처리비용의 상환을 구하는 소송을 제기하였다가 패소함으로써 상대방에게 소송비용액 지급의무를 부담하게 된 경우, 그 상대방이 파산관재인에 대하여 가지는 소송비용액 지급청구권도 본호에 해당한다(대법원 2009. 9. 24. 선고 2009다41045 판결). 즉, 파산관재인이 파산재단에 속하는 재산을 회수하기 위하여 소송을 제기하였다가 패소함으로써 상대방에게 소송비용액 지급의무를 부담하게 된 경우, 상대방의 파산관재인에 대한 소송비용액 지급청구권은 재단채권에 해당한다.

마. 사무관리 또는 부당이득으로 인하여 파산선고 후 파산재단에 대하여 생긴 청구권(법 제473조 제5호)

사무관리의 예로서는 파산재단에 속하는 건물을 의무 없이 긴급수선한 자의 수선비상환청구권이, 부당이득의 예로서는 본래의 납세의무자의 파산으로 과세관청에 의하여 제2차 납세의무자로 지정된 자가 그 납세의무를 이행함으로써 취득한 구상금채권[20]을 들 수 있다. 사무관리에 기한 비용상환청구권이나 파산재단에 생긴 부당이득에 대한 반환청구권은 파산재단이 이익 또는 이득을 얻었으므로 이를 재단채권으로 하는 것이 공평에 합치된다.

---

20) 본래의 납세의무자가 파산선고를 받는 경우 그의 조세채무는 파산법상의 재단채권이 되어 파산재단에서 변제하여야 하는데, 제2차 납세의무자가 납세의무를 이행하게 되면 본래의 납세의무가 소멸함으로써 파산재단은 채무소멸이라는 이익을 얻게 되고, 이 경우 그 이익을 원래 그 조세를 납부하여야 할 파산재단으로 하여금 그대로 보유하게 하는 것은 공평의 관념에 어긋나는 것이어서 파산재단으로서는 이를 부당이득으로 그 출연자에게 반환할 의무를 부담한다(대법원 2005. 8. 19. 선고 2003다36904 판결). 대법원 판결은 제2차 납세의무자의 구상금채권이 파산법 제38조 제2호(채무자회생법 제473조 제2호)의 재단채권(조세채권)에는 해당하지 않지만 파산법 제38조 제5호(채무자회생법 제473조 제5호)의 재단채권에 해당한다고 보았다.

바. 위임의 종료 또는 대리권의 소멸 후에 긴급한 필요에 의하여 한 행위로 인하여 파산재단에 대하여 생긴 청구권(법 제473조 제6호)

위임은 당사자 한쪽의 파산으로 종료되고(민법 제690조), 대리권은 대리인의 파산으로 소멸한다(민법 제127조). 이러한 경우 수임자 등은 긴급한 필요가 있는 때에는 관재인이 그 사무를 인계·인수할 때까지 그 사무를 계속한다. 이렇게 계속된 사무의 집행은 파산재단의 이익을 위한 것이므로 관재인이 한 행위와 다를 바 없기 때문에 이러한 긴급처리로 인하여 생긴 보수청구권이나 비용상환청구권을 재단채권으로 한 것이다. 그렇지만 관리자가 긴급한 필요 없이 파산선고사실을 모르고(수임자가 위임자가 파산한 것을 통지받지 못하고 또한 그 사정을 모르고) 한 행위는 위임의 종료에도 불구하고 위임자에 대해서 그 권리를 행사할 수 있지만 단지 파산채권이 될 뿐이다(법 제342조).

사. 법 제335조 제1항의 규정에 의하여 파산관재인이 채무를 이행하는 경우에 상대방이 가지는 청구권[21](법 제473조 제7호)

본호는 채무자 및 상대방 쌍방이 파산선고 당시 쌍무계약에 대해서 미이행상태에 있는 경우에 파산관재인이 채무의 이행을 선택한 때 상대방의 이행으로 인하여 파산재단은 이익을 얻기 때문에 이것과의 균형상 상대방이 받아야 할 반대급부청구권을 파산채권으로 하지 않고 재단채권으로 한 것이다. 쌍무계약의 이행에 관한 것이므로 상대방은 파산관재인의 청구에 대해서는 동시이행 항변권으로 대항할 수 있다. 그리고 상대방이 채무자회생법 제335조 제1항에 따라 파산관재인에 대하여 상당한 기간을 정하여 그 기간 안에 계약의 해제 또는 해지나 이행 여부를 확답할 것을 최고하였고 파산관재인이 채무이행의 청구를 하겠다고 답변하였으나, 이후 파산관재인이 계약에 따른 의무를 이행하지 않을 경우 상대방은 계약을 해제할 수 있고, 이때 해제에 따른 원상회복으로서 파산자가 상대방에게 반환하여야 할 채무, 즉 상대방의 파산재단에 대하여 가지는 청구권은 채무자회생법상 재단채권에 해당한다(대법원 2001. 12. 24. 선고 2001다30469 판결).

---

21) 저자의 개인적인 견해로는 본호를 "법 제335조 제1항의 규정에 의하여 파산관재인이 채무의 이행을 선택한 경우에 상대방이 가지는 청구권"이라고 규정하는 것이 보다 더 정확한 표현인 것으로 보인다.

아. 파산선고로 인하여 쌍무계약이 해지된 경우 그 때까지 생긴 청구권(법 제473조 제8호)

계속적 채권관계의 특칙이다. 예컨대, 임차인 또는 사용자가 파산선고를 받은 경우에는 계약해지의 통고를 할 수 있다(민법 제637조, 제663조). 이와 같은 임차인파산의 경우 파산선고 시부터 해지통보에 의한 계약종료 시까지의 임대인의 임료채권, 사용자의 파산의 경우 파산선고 시부터 해지통보에 의한 종료 시까지의 근로자의 임금채권은 재단채권이 된다. 파산선고 후 계약이 종료될 때까지는 상대방의 이행으로 인하여 파산재단이 계약상의 이익을 얻기 때문에 그 사이에 생긴 임대인의 임료채권(그 후 인도 시까지 임료상당의 부당이득금), 근로자의 임금채권은 재단채권이 된다. 본호의 재단채권의 범위는 파산선고 시를 시기(始期)로 하여 해지통보의 결과 실제로 계약이 종료한 때까지 생긴 청구권이다.

자. 채무자 및 그 부양을 받는 자의 부양료(법 제473조 제9호)

부양료채권은 자연인이 파산한 경우에 채무자 및 그 부양을 받는 자의 최저한도의 생활보호의 견지에서 사회정책적으로 채무자회생법이 인정한 제도이다. 구 파산법 제38조 제9호는 부조료를 재단채권으로 규정하면서 제182조 제1항 및 제184조에서 부조료 지급을 위하여는 제1회 채권자집회의 결의, 집회 전에는 법원의 허가를 요하도록 규정하고 있었다. 그런데 채무자회생법은 법원의 허가나 채권자집회 결의에 관한 위 각 규정을 삭제하였다. 부양료의 금액이나 급여의 방법은 법률에 특별한 규정이 없고, 부양료의 급여에 관한 법원의 허가 또는 채권자집회의 결의가 있어야 비로소 채무자 등은 부양료를 지급받을 권리를 취득한다 할 것인데, 부양료 지급에 대한 법원의 허가나 채권자집회 결의에 관한 각 규정을 모두 삭제한 것은 의문이다.[22]

---

22) 일본 구파산법은 우리나라 구파산법처럼 채무자 및 그 부양을 받는 자의 부조료를 재단채권으로 하였다. 그런데 일본 현행법은 채무자 및 그 부양을 받는 자에 대한 부조는 생활보호 및 그 밖의 공적부조에 의하여야 할 것으로서 파산절차에서 대응해야 할 성질의 것이 아니고, 구파산법하에서도 적어도 수십년간 부조의 급여 결정례는 존재하지 않았다는 이유로 재단채권에서 부조료를 삭제하고 부조료 지급에 대한 법원의 허가나 채권자집회 결의에 관한 제도도 폐지하였다. 그러나 채무자회생법은 일본 현행법과 달리 부양료를 재단채권으로 인정하고 있고, 이를 실질적으로 보장하기 위해 급여절차에 관한 제도가 필요하다 할 것인데, 이를 삭제한 것은 의문이다.

차. 채무자의 근로자의 임금 · 퇴직금 및 재해보상금(법 제473조 제10호)

근로기준법상 임금, 퇴직금 기타 근로관계로 인한 채권에는 일정한 제한 내에서 우선적 지위가 인정되고, 특히 최종 3개월분의 임금, 재해보상금, 퇴직금은 최우선성이 부여되어 있다(근로기준법 제38조 제2항, 근로자퇴직급여보장법 제12조 제2항). 그런데 채무자회생법은 근로자의 임금 · 퇴직금 및 재해보상금을 재단채권으로 승격시키고 있고, 최종 3개월분이라는 제한도 없고, 파산선고 전후의 제한도 없다. 구파산법하에서는 근로자의 임금채권 등은 우선적 파산채권이었으나 2000. 1. 12. 파산법 개정에 의하여 임금채권 등을 재단채권에 포함시켜 우선 지급받을 수 있도록 하여 근로자보호를 강화하였다(파산법 제38조 제10호).

대법원 판례를 분석하면 「채무자의 근로자의 임금 · 퇴직금 관련 재단채권 범위」는 아래와 같이 구분할 수 있다. ① 먼저, 파산선고 전 및 파산선고 후에 발생한 채무자에 대한 임금 등은 본호에 의하여 재단채권이다. ② 파산선고 후 발생한 채무자에 대한 임금 등의 지연손해금도 재단채권에 해당한다(법 제473조 제4호, 대법원 2014. 11. 20. 선고 2013다64908 전원합의체 판결). 전술한 바와 같이 대법원 판례는 파산관재인은 직무상 재단채권인 근로자의 임금 · 퇴직금 및 재해보상금을 수시로 변제할 의무가 있으므로, 파산관재인이 파산선고 후에 위와 같은 의무의 이행을 지체하여 생긴 근로자의 손해배상청구권은 법 제473조 제4호의 "파산재단에 관하여 파산관재인이 한 행위로 인하여 생긴 청구권"에 해당하여 재단채권이라고 하고 있다. ③ 그러나 파산선고 전 발생한 채무자에 대한 임금 등의 지연손해금은 파산채권이다(대법원 2015. 1. 29. 선고 2013다219623 판결). 위 내용을 표로서 구분하면 아래와 같다.

발생시기	재단채권 여부	근거
파산선고 전 발생한 채무자에 대한 임금 등	재단채권	법 제473조 제10호
파산선고 후 발생한 채무자에 대한 임금 등	재단채권	법 제473조 제10호
파산선고 후 발생한 채무자에 대한 임금 등의 지연손해금	재단채권	대법원 2013다64908전원합의체 판결[23]
파산선고 전 발생한 채무자에 대한 임금 등의 지연손해금	파산채권	대법원 2013다219623 판결

임금채권보장법 제7조에 의하면, 고용노동부장관은 사업주가 「채무자 회생 및 파산에 관한 법률」에 따른 회생절차개시의 결정이 있는 경우나 또는 파산선고의 결정이 있는 경우에 퇴직한 근로자가 지급받지 못한 임금 등의 지급을 청구하면 제3자의 변제에 관한 「민법」 제469조에도 불구하고 그 근로자의 미지급 임금 등을 사업주를 대신하여 지급한다. 이 경우 고용노동부장관이 사업주를 대신하여 지급하는 임금 등(체당금)의 범위는 「근로기준법」 제38조 제2항 제1호에 따른 임금 및 「근로자퇴직급여보장법」 제12조 제2항에 따른 최종 3년간의 퇴직급여 등과 「근로기준법」 제46조에 따른 휴업수당(최종 3개월분으로 한정)이다. 이 경우 고용노동부장관은 그 지급한 금액의 한도에서 그 근로자가 해당 사업주에 대하여 미지급 임금 등을 청구할 수 있는 권리를 대위하게 되는데, 「근로기준법」 제38조 제2항에 따른 임금채권 우선변제권 및 「근로자퇴직급여보장법」 제12조 제2항에 따른 퇴직급여 등 채권 우선변제권은 대위되는 권리에 존속하므로(임금채권보장법 제8조), 체당금의 지급으로 대위에 의하여 취득한 채권은 파산선고 전후에 지급하였는지 관계없이 모두 재단채권이다. 임금채권보장법에 의하여 고용노동부장관이 체당금을 지급한 경우가 아니더라도, 임금채권의 대위변제자가 그 대위에 의하여 취득한 채권도 재단채권이다(대법원 1996. 2. 23. 선고 94다21160 판결[24]).

그런데 대법원 2008. 7. 10. 선고 2006다12527 판결은 '경영상 이유에 의한 해고 또는 금융산업 구조조정, 강제퇴출 및 합병시에는 6개월 이상의 퇴직위로금을 지급한다'는 단체협약상의 규정에 의하여 지급되는 퇴직위로금이 근로자의 재직 중의 근로에 대한 대가로서 지급되는 후불적 임금으로서의 성질을 갖는 것이 아니라 해고에 대한 위로금조로 지급되는 것이거나 해고 후의 생계보장을 위해 지급되는 보상금의 일종이라고 봄이 상당하므로 구 파산법 제38조 제10호에 정한 재단채권에 해당하지 않는다고 하였다. 위 판결은 퇴직위로금이 임금에 해당하는지 여부의 판단방법을 제시하고 있다.

---

23) 위 전원합의체 판결의 다수의견은 재단채권의 근거를 법 제473조 제4호로 보았고, 별개의견은 재단채권이되 그 근거를 법 제473조 제10호로 보았다. 반면, 반대의견은 법 제446조 제1항 제2호에 해당하는 후순위파산채권이라고 판시하였다.

24) 위 대법원 판결은 타인의 채무를 변제하고 채권자를 대위하는 대위변제의 경우 채권자의 채권은 동일성을 유지한 채 법률상 당연히 변제자에게 이전하고, 이러한 법리는 채권이 근로기준법상의 임금채권이라 하더라도 그대로 적용되므로, 근로기준법 제30조의2 제2항에 규정된 우선변제권이 있는 임금채권을 변제한 자는 채무자인 사용자에 대한 임금채권자로서 사용자의 총재산에 대한 강제집행절차나 임의경매절차가 개시된 경우에 경락기일까지 배당요구를 하여 그 배당절차에서 저당권의 피담보채권이나 일반채권보다 우선하여 변제받을 수 있으며, 이와 같이 근로자가 아닌 대위변제자에게 임금의 우선변제권을 인정하더라도 근로자에 대하여 임금이 직접 지급된 점에 비추어 이를 근로기준법 제36조 제1항 소정의 직접불의 원칙에 위배된다고 할 수 없다고 판단하였다.

한편, 상법상 주식회사의 이사와 감사는 주주총회의 선임 결정을 거쳐 임명하고(상법 제382조 제1항, 제409조) 그 등기를 하여야 하며, 이러한 절차에 따라 적법하게 선임된 이사와 감사만이 그 법정 권한을 행사할 수 있을 뿐인바, 위와 같은 주식회사의 이사, 감사는 회사로부터 일정한 사무처리의 위임을 받고 있는 것이므로, 사용자의 지휘·감독 아래 근로를 제공하고 소정의 임금을 받는 고용관계에 있는 것이 아니며, 따라서 일정한 보수를 받은 경우에도 이를 근로기준법 소정의 임금이라 할 수 없고, 회사의 규정에 의하여 이사 등 임원에게 퇴직금을 지급하는 경우에도 그 퇴직금은 근로기준법 소정의 퇴직금이 아니라 재직 중의 직무집행에 대한 대가로 지급되는 보수에 불과하다(대법원 2001. 2. 23. 선고 2000다61312 판결 등 참조). 다만, 근로기준법의 적용을 받는 근로자에 해당하는지 여부는 계약의 형식에 관계없이 그 실질에 있어서 임금을 목적으로 종속적 관계에서 사용자에게 근로를 제공하였는지 여부에 따라 판단하여야 할 것이므로, 회사의 이사 또는 감사 등 임원이라고 하더라도 그 지위 또는 명칭이 형식적·명목적인 것이고 실제로는 매일 출근하여 업무집행권을 갖는 대표이사나 사용자의 지휘·감독 아래 일정한 노무를 담당하고 그 대가로 일정한 보수를 지급받아 왔다면 그러한 임원은 근로기준법상의 근로자에 해당한다(대법원 1997. 12. 23. 선고 97다44393 판결, 2009. 9. 8. 선고 2000다22591 판결 등 참조). 대법원 2004. 2. 13. 선고 2003다48884 판결은 위와 같은 법리에 근거하여 원고들의 파산회사 이사 또는 감사로서의 지위는 형식적·명목적이라고 할 수 없어 원고들이 파산회사에 대하여 근로기준법상의 근로자라고 할 수 없고 따라서 원고들이 파산회사로부터 지급받는 보수나 퇴직금은 근로기준법상의 임금이라고 할 수 없다고 보았다. 즉, 재단채권성을 부정하였다.

카. 파산선고 전의 원인으로 생긴 채무자의 근로자의 임치금 및 신원보증금의 반환청구권(법 제473조 제11호)

본호는 구 파산법에서 근로자의 임금 등을 재단채권에 포함시켜 우선 지급할 수 있도록 함으로써 근로자 보호를 강화하기 위하여 2000. 1. 12. 개정하면서 전호와 함께 재단채권으로 승격되어 지금에 이르고 있다. 개정 전에는 주식회사·유한회사의 경우 신원보증금 반환채권 기타 회사와 사용인 간의 고용관계로 인한 채권도 우선파산채권에 지나지 않았다.

2. 특별재단채권

재단채권에는 위 채무자회생법 제473조에 열거된 이른바 일반재단채권 외에 개별적으로 규정되어 있는 소위 특별재단채권이 있다. 특별재단채권으로는 아래와 같은 것이 있다.

(1) 법 제335조 제1항의 규정에 의해 파산관재인이 쌍방미이행 쌍무계약을 해제 또는 해지한 경우에 채무자가 받은 반대급부가 파산재단 중에 현존하지 아니하는 때에 상대방이 그 가액에 대해서 지급을 구하는 권리(법 제337조 제2항)

(2) 파산선고에 의해 중단된 소송을 파산관재인이 수계한 경우에 소송의 상대방이 가지는 소송비용청구권(법 제347조 제2항)

(3) 파산선고에 의해 원칙적으로 실효된 강제집행 등을 파산관재인이 속행한 경우의 채무자에 대한 절차비용청구권(법 제348조 제2항)

(4) 사해행위가 부인된 경우에 반대급부로 인하여 생긴 이익이 파산재단 중에 현존하는 때에 상대방이 갖는 반대급부의 가액상환청구권(단, 그 이익의 한도 안에서)(법 제398조 제1항), 반대급부로 인하여 생긴 이익이 현존하지 아니하는 때에는 상대방은 그 가액의 상환에 관하여 파산채권자로서 권리행사(법 제398조 제2항)

(5) 파산재단이 파산채권의 확정에 관한 소송(채권조사확정재판 포함)으로 이익을 받은 때 이의를 주장한 파산채권자의 소송비용상환청구권(단, 그 이익의 한도 안에서)(법 제469조)

(6) 파산관재인이 부담부유증의 이행을 받은 경우에 그 부담한 의무의 상대방이 가지는 청구권(단 유증의 목적의 가액을 초과하지 않는 한도 안에서)(법 제474조)

(7) 회생절차의 폐지결정 등의 확정 후 소위 견련파산의 개시결정이 있은 경우에 선행하는 회생절차에서 공익채권이었던 채권(법 제6조 제4항, 제9항)

(8) 상속재산파산신청 시 신청권자가 납부한 인지, 송달료, 예납금(민법 제998조의2, 대법원 2003다30968 판결)

제3절 재단채권의 변제

1. 수시변제의 원칙

재단채권은 파산절차에 의하지 아니하고 수시로 변제한다(법 제475조). 법 제475조는 재단채권은 파산절차에 의하지 않고 변제를 하여야 할 시기가 도래할 때마다 수시로 변제해야 한다는 점을 명확히 한 것이다. 재단채권은 파산채권처럼 그 신고 · 조사 · 확정 기타 배당절차를 거쳐 변제되는 것은 아니다. 이 점에서 재단채권자는 파산채권자와 비교하여 극히 유리한 지위에 있고, 채무자회생법상 특별히 보호를 받고 있다. 재단채권자는 직접 파산관재인에 대해서 청구하면 된다. 국세징수법 제56조는 "세무서장은 제14조 제1항 제1호부터 제6호까지의 규정[25]에 해당하는 때에는 해당 관서, 공공단체, 집행법원, 집행공무원, 강제관리인, 파산관재인 또는 청산인에 대하여 체납액의 교부를 청구하여야 한다"고 규정하고 있다. 실무상 파산관재인은 재단채권의 존부, 액수를 조사하고 있고, 채무자의 주거지를 관할하는 해당 세무서장이나 지방자치단체장, 국민건강보험공단 지사에 채무자의 체납액을 확인요청하는 내용의 공문을 보내는 방법으로 조사하고 있다.

2. 재단부족의 경우의 재단채권 변제방법

가. 재단부족의 경우의 평등변제 원칙

파산재단이 충분하면 각각의 재단채권을 수시변제하면 된다. 뒤늦게 파산재단이 재단채권의 총액을 변제하기에 부족한 것이 판명되더라도 이미 한 변제는 문제되지 않는다. 그

---

25) 제14조(납기 전 징수) ① 세무서장은 납세자에게 다음 각 호의 어느 하나에 해당하는 사유가 있을 때에는 납기 전이라도 이미 납세의무가 확정된 국세는 징수할 수 있다.

1. 국세의 체납으로 체납처분을 받을 때
2. 지방세 또는 공과금의 체납으로 체납처분을 받을 때
3. 강제집행을 받을 때
4. 「어음법」 및 「수표법」에 따른 어음교환소에서 거래정지처분을 받은 때
5. 경매가 시작된 때
6. 법인이 해산한 때
7. 국세를 포탈(逋脫)하려는 행위가 있다고 인정될 때
8. 납세관리인을 정하지 아니하고 국내에 주소 또는 거소를 두지 아니하게 된 때

런데 파산재단이 재단채권의 총액을 변제하기에 부족한 것이 분명하게 된 때에는 재단채권의 변제는 다른 법령이 규정하는 우선권에 불구하고 아직 변제하지 아니한 채권액의 비율에 따라 한다(법 제477조 제1항 본문). 채무자회생법은 미변제 채권액의 비율에 따른 평등변제의 원칙을 천명하고 있는 것이다. 원칙은 다른 법령이 규정하는 우선권에 불구하고 아직 변제하지 아니한 채권액의 비율에 따라 변제한다.

나. 우선하는 재단채권

하지만 일반적으로 평등변제 되어야 할 재단채권이라도 그 재단채권이 유치권 · 질권 · 저당권 · 「동산 · 채권 등의 담보에 관한 법률」에 따른 담보권 및 전세권에 의하여 담보되는 경우에는 그 담보권의 효력으로서 우선적으로 변제하여야 한다(법 제477조 제1항 단서).

그리고 재단채권에 관한 평등원칙의 예외로서 법 제473조 제1호 내지 제7호 및 제10호에 열거된 재단채권이 있다. 위 재단채권은 다른 재단채권에 우선한다(법 제477조 제2항). 그런데 위 재단채권들 사이에서도 "파산채권자의 공동의 이익을 위한 재판상 비용에 대한 청구권(제1호)"과 "파산재단의 관리 · 환가 및 배당에 관한 비용(제3호)"은 공익비용으로서 제2호, 제4호 내지 제7호 및 제10호보다 먼저 변제하여야 하는 것으로 해석된다. 제1호와 제3호 재단채권의 공익성을 중시한 것이다. 따라서 재단채권은 ① 제473조 제1호, 제3호 채권, ② 같은 조 제2호, 제4호 내지 제7호 및 제10호 채권, ③ 같은 조 제8호, 제9호 및 제11호의 채권 3단계로 구분된다고 해석된다. 이와 같은 우선순위에 대해서는 공익성이 강한 절차비용인 법 제473조 제1호와 제3호의 재단채권을 다른 재단채권에 우선시키는 점은 당연하다고 하더라도, 그 외의 재단채권의 구별에 대해서는 근거도 분명치 않고, 이들 채권들 사이에 우선관계를 설정할 합리적 이유도 없다는 비판이 있다.

한편, 동조 이외의 각 조문에 규정된 특별재단채권의 순위를 어떻게 볼 것인지 문제된다. 채무자회생법 제477조 제2항은 "제473조 제1호 내지 제7호 및 제10호에 열거된 재단채권은 다른 재단채권에 우선한다"라고 규정하고 있으므로 문리(文理)적으로는 특별재단채권은 법 제473조 제1호 내지 제7호 및 제10호에 열거된 재단채권보다 열후한 것으로 해석된다.[26] 그러나 실무에서는 특별재단채권을 대체로 제2호, 제4호 내지 제7호 및 제10호 채

26) 일본 구 파산법하에서는 재단채권의 우선순위에 대해서 ① 공익적 성격을 갖는 절차비용에 상당하는 파산관재인의 보수 등의 재단채권(구 파산법 제47조 제1호, 제3호), ② 조세 등 청구권 등의 구 파산법 제47조 제2호, 제4호부터 제7호까지의 채권, ③ 동조 제8호, 제9호 채권 및 동조 이외의 조문에 규정된 특별재단채권 3단계로 구분된다고

권과 같은 순위로 보고 배당하고 있다.[27] 소견으로는 재단채권의 순위를 해석에 맡겨둘 것이 아니라 향후 채무자회생법 개정 시 재단채권 사이의 우선순위를 ① 제473조 제1호, 제3호 채권, ② 제473조 제2호, 제4호 내지 제7호, 제10호 채권 및 특별재단채권, ③ 제473조 제8호, 제9호 및 제11호의 채권 3단계로 하는 등 명확히 할 필요가 있다고 생각한다.

그런데 이른바 견련파산의 경우에는 재단채권의 우선순위에 변화가 생긴다. 2020. 2. 4. 일부개정된 채무자회생법은 제477조 제3항을 신설하여 재단부족의 경우에 "제6조 제4항 · 제9항 및 제7조 제1항에 따라 재단채권으로 하는 제179조 제1항 제5호 및 제12호의 청구권 중에서 채무자의 사업을 계속하기 위하여 법원의 허가를 받아 차입한 자금이 있는 때에는 제2항에도 불구하고 신규차입자금에 관한 채권과 제473조 제10호의 재단채권은 다른 재단채권에 우선한다. 이 경우 신규차입자금에 관한 채권과 제473조 제10호의 재단채권을 제외한 재단채권의 순위는 제2항에 따른다"라고 규정하였다. 위 조항의 신설 취지는 기업회생 절차에서의 신규자금 유입을 활성화하기 위하여 채무자의 업무 및 재산에 관하여 관리인이 회생절차개시 후에 한 자금의 차입 그 밖의 행위로 인하여 생긴 청구권과 채무자 또는 보전관리인이 회생절차개시신청 후 그 개시 전에 법원의 허가를 받아 행한 자금의 차입, 자재의 구입 그 밖에 채무자의 사업을 계속하는 데에 불가결한 행위로 인하여 생긴 청구권 중에서 채무자의 사업을 계속하기 위하여 법원의 허가를 받아 차입한 자금이 있는 때에는 신규차입자금에 관한 채권과 근로자의 임금 등의 재단채권은 다른 재단채권에 우선하도록 하려는 것이다. 그러므로 견련파산의 경우로서 회생절차에서의 채무자의 사업을 계속하기 위하여 법원의 허가를 받아 차입한 자금이 있는 때에는 재단채권의 우선순위는 ① 제473조 제1호, 제3호 채권, ② 신규자금채권(제179조 제1항 제5호 및 제12호), 제473조 제10호

해석하였다[竹下守夫 외 3, *破産法大系(제2권) 破産実体法*, 青林書院(2015), 50면 참조]. 요컨대, 파산선고로 인하여 쌍무계약이 해지된 경우 그 때까지 생긴 청구권, 파산자 및 그 부양자의 부조료, 특별재단채권 전부는 제1호부터 제7호까지의 재단채권보다 열후(劣後)한 것으로 해석하였다.

27) 서울회생법원은 "특별규정에 따른 특별재단채권이 법 제473조 각 호가 규정한 일반재단채권에도 해당한다고 볼 수 있는 경우 그 특별재단채권과 일반재단채권 또는 다른 특별재단채권 사이의 변제순위를 판단함에 있어서는 그 특별재단채권을 법 제473조 각 호에 해당하는 일반재단채권에 준하는 것으로 보아 변제순위를 정하여야 할 것이다"라고 한다(서울회생법원 재판실무연구회, 법인파산실무(제5판), 박영사(2019), 391면 각주 116번 참조). 그 예로서 쌍방미이행 쌍무계약을 해제 또는 해지한 경우 채무자가 받은 반대급부가 파산재단 중에 현존하지 아니한 때의 가액의 청구권은 특별재단채권(법 제337조 제2항)인데, 이는 파산관재인이 한 해제 또는 해지의 의사표시로 인하여 생긴 청구권이고, 상대방이 완전한 원상회복을 하도록 하기 위한 것이어서 계약해제(또는 해지)의 효력에 관한 물권적 효력설에 의할 경우 일종의 부당이득으로서 파산선고 후 파산재단에 대하여 생긴 청구권으로 볼 수 있기 때문에 재단채권의 변제순위와 관련하여 제473조 제4호, 제5호에 따라 해석하여야 할 것이라고 소개한다(김정만, 정문경, 문성호, 남준우, "법인파산실무의 주요논점", 저스티스 통권 제124호, 한국법학원(2011), 459면).

채권, ③ 제473조 제2호, 제4호 내지 제7호 채권 및 특별재단채권, ④ 제473조 제8호, 제9호 및 제11호 채권 4단계가 된다.

여기서 유의할 점은 채무자회생법 제6조 제2항에 의한 견련파산신청은 회생절차개시신청의 기각결정 등이 있은 때부터 그 결정이 확정되어 회생절차가 종료되기 전까지 이루어진 파산신청만을 의미한다는 것이다. 그러므로 기각결정 등의 확정 후의 파산신청은 여기에 해당하지 아니하므로 선행한 회생절차 중에 법원의 허가를 받은 채무자에게 돈을 대여하였었더라도, 기각결정 등 확정 후의 파산신청에 의하여 개시된 파산절차는 견련파산절차에 해당하지 아니하여 위 대여금 채권은 재단채권으로 볼 수 없다(대법원 2024. 5. 30. 선고 2024다226627 판결).

제4절 재단채권의 권리행사

1. 재단채권에 관한 소송

파산관재인이 재단채권자와 견해가 달라 재단채권을 승인하지 않고 재단채권을 변제하지 않는 경우에는 재단채권자는 파산관재인에 대해서 확인 혹은 이행 청구의 소를 제기하여 그 존부 및 금액의 확인을 구하거나 또는 지급명령 신청을 할 수 있다고 해석된다.

2. 재단채권에 기한 강제집행 등

가. 파산선고 후 재단채권에 기한 강제집행이 금지되는지 여부

구 파산법하에서는 파산선고 후 재단채권에 기한 강제집행이 가능한지에 대해서 이를 금지하는 명문의 규정이 없었기 때문에 학설상 다툼이 있었다. 그런데 이 점에 대해서 대법원 2003. 3. 28. 선고 2001두9486 판결은「파산법 제62조는 "파산재단에 속하는 재산에 대하여 국세징수법 또는 국세징수의 예에 의한 체납처분을 한 경우에는 파산선고는 그 처분의 속행을 방해하지 아니한다"고 규정하고 있는바, 위 규정은 파산선고 전의 체납처분은 파산선고 후에도 속행할 수 있다는 것을 특별히 정한 취지에서 나온 것이므로 파산선고 후에 새로운 체납처분을 하는 것은 허용되지 아니한다는 것으로 해석함이 상당하고, 또한 파산법 등 관계 법령에서 국세채권에 터 잡아 파산재산에 속하는 재산에 대하여 체납처분을 할 수 있다는 것을 정한 명문의 규정이 없는 점 등을 종합하여 보면, 국세채권에 터 잡아 파산선고 후에 새로운 체납처분을 하는 것은 허용되지 아니한다.」고 판시하였고, 채무자회생법은 위 판례의 해석을 반영하여 파산선고 후에는 파산재단에 속하는 재산에 대하여 「국세징수법」 또는 「지방세징수법」에 의하여 징수할 수 있는 청구권(국세징수의 예에 의하여 징수할 수 있는 청구권을 포함한다)에 기한 체납처분을 할 수 없다고 명문의 규정을 두었다(법 제349조 제2항).

나아가 위 「국세징수법」 또는 「지방세징수법」에 의하여 징수할 수 있는 청구권(국세징수의 예에 의하여 징수할 수 있는 청구권 포함) 이외에 다른 재단채권에 기한 강제집행도 허용되지 않는다고 해석된다. 파산절차에서는 재단채권 전액을 지불할 수 있는 경우는 희귀하고, 또한 재단채권 중에는 전체 파산채권자의 공익적 비용으로서의 성질을 갖는 것뿐 아니라 정책적으로 재단채권이 된 것도 포함되어 있기 때문에 재단채권자 사이의 평등을 도모함과 동시에 파산절차를 원활하게 진행하기 위해서는 재단채권에 기한 강제집행을 부정할 필요성이 크다. 또한 같은 재단채권인 조세채권에 기한 파산선고 후 새로운 체납처분이 허용되지 않는 것과의 균형상 재단채권에 기한 강제집행을 금지하는 것이 상당하기 때문이다.

나. 파산선고 전 재단채권에 기한 강제집행의 실효 여부(적극)

파산선고 후의 새로운 개별집행금지 및 실효의 효력은 파산채권뿐 아니라 재단채권에 기한 강제집행 및 보전처분에 대해서도 미친다. 즉, 임금채권 등 재단채권에 기하여 파산선고 전에 강제집행이 이루어진 경우에 그 강제집행은 파산선고로 인하여 효력을 잃는다. 대법원 2008. 6. 27.자 2006마260 결정은 「구 파산법 제61조 제1항 본문에서는 "파산채권에 관하여 파산재단에 속하는 재산에 대하여 한 강제집행, 가압류 또는 가처분은 파산재단에 대하여는 그 효력을 잃는다"고 규정하고 있고, 제62조에서는 "파산재단에 속하는 재산에 대하여 국세징수법 또는 국세징수의 예에 의한 체납처분을 한 경우에는 파산선고는 그 처분의 속행을 방해하지 아니한다"고 규정하고 있을 뿐, 체납처분 있는 조세채권에 관한 제62조의 규정을 제외하고는 재단채권에 기하여 파산선고 전에 이루어진 강제집행 등의 효력에 관하여는 구 파산법에 아무런 규정이 없다. 그러나 파산관재인의 파산재단에 관한 관리처분권이 개별집행에 의해 제약을 받는 것을 방지함으로써 파산절차의 원만한 진행을 확보함과 동시에, 재단채권 간의 우선순위에 따른 변제 및 동순위 재단채권 간의 평등한 변제를 확보할 필요성이 있는 점, 파산선고 후 재단채권에 기하여 파산재단에 속하는 재산에 대한 별도의 강제집행은 허용되지 않는 점, 강제집행의 속행을 허용한다고 하더라도 재단채권에 대한 배당액에 관하여는 재단채권자가 직접 수령하지 못하고 파산관재인이 수령하여 이를 재단채권자들에 대한 변제자원 등으로 사용하게 되므로(대법원 2003. 8. 22. 선고 2003다3768 판결 참조), 재단채권자로서는 단지 강제집행의 대상이 된 파산재산의 신속한 처분을 도모한다는 측면 외에는 강제집행을 유지할 실익이 없을 뿐 아니라, 파산관재인이 강제경매절차에 의한 파산재산의 처분을 선택하지 아니하는 한 강제집행절차에 의한 파산재산의 처분은 매매 등의 통상적인 환가 방법에 비하여 그 환가액의 측면에서 일반적으로 파산재단이나 재단채권자에게 모두 불리한 결과를 낳게 되므로, 강제집행을 불허하고 다른 파산재산과 마찬가지로 파산관재인이 환가하도록 함이 상당하다고 인정되는 점 등을 고려할 때, 임금채권 등 재단채권에 기하여 파산선고 전에 강제집행이 이루어진 경우에도, 그 강제집행은 파산선고로 인하여 그 효력을 잃는다고 보아야 할 것이다.」라고 설명한다. 위 법리는 현행 채무자회생법 아래서도 그대로 적용된다 할 것이다.

다. 파산선고에 의해 영향을 받지 않은 강제집행

파산선고 전의 원인에 기하여 생긴 조세 등의 청구권은 그 전액이 재단채권이다(법 제473조 제2호). 이는 조세 등이 국가 또는 공공단체의 존립 및 활동의 재정적 기반이 되고, 실체법상으로도 원칙적으로 사인(私人)의 채권보다 우선하는 지위가 부여되고 있는 점 등을 고려한 것이다. 채무자회생법은 이러한 조세 등의 청구권에 기하여 파산선고 전에 이미 파산재단에 속하는 재산에 대하여 체납처분을 한 때에는 파산선고는 그 처분의 속행을 방해하지 아니한다고 규정하고 있다(법 제349조 제1항). 조세채권 등에 대한 자력집행권을 존중하여 그 속행을 인정한 것이다. 하지만 파산선고 후에 새로 체납처분을 개시하는 것은 허용되지 않는다. 이를 「선착수한 체납처분의 우선성」이라 부른다. 이는 조세 등의 청구권에 기하여 체납처분에 의한 압류가 된 경우에는 그 재산에 대해서 처분금지효가 생기는 결과, 그 후에 당해 재산이 처분된 경우라도 당해 재산에서 우선적으로 만족을 받을 수 있고, 결과적으로는 저당권 등과 동등하게 취급되므로 파산선고 전에 체납처분에 착수한 경우에는 특정재산에 대해서 담보권을 가지는 별제권자와 같이 파산선고 후에도 절차 외에서의 권리행사를 인정하는 것이 상당하기 때문이다.

여기서의 "체납처분을 한 때"란 압류의 효력이 발생한 경우를 의미하며, 파산선고 전에 체납처분을 한 조세채권은 체납처분절차의 환가대금에서 우선변제를 받게 된다. 파산선고 전의 강제집행절차에서 참가압류를 한 조세채권은 강제집행이 채무자회생법 제348조 제1항에 따라 파산선고에 의하여 효력을 잃더라도 참가압류 통지서의 송달이나 참가압류의 등기·등록이 이루어진 때에 소급하여 압류의 효력이 생기므로(국세징수법 제58조 제1항), 파산선고 전에 체납처분을 한 경우에 해당한다.[28)]

이러한 선착수한 체납처분의 우선성과 관련하여, 대법원 2003. 8. 22. 선고 2003다3768 판결은 "파산법 제62조는 '파산재단에 속하는 재산에 대하여 국세징수법 또는 국세징수의 예에 의한 체납처분을 한 경우에는 파산선고는 그 처분의 속행을 방해하지 않는다'고 규정하고 있고, 이는 파산선고 전의 체납처분은 파산선고 후에도 속행할 수 있다는 것을 특별히 정한 취지에서 나온 것이므로, 과세관청이 파산선고 전에 국세징수법 또는 국세징수의 예에 의하여 체납처분으로 부동산을 압류(참가압류를 포함한다)한 경우에는 그 후 체납자가 파산선고를 받더라도 그 체납처분을 속행하여 파산절차에 의하지 아니하고 배당금을 취득할 수 있어 선착수한 체납처분의 우선성이 보장된다는 것으로 해석함이 상당하고, 따라서 별제권(담보물권 등)의 행사로서의 부동산경매절차에서 그 매각대금으로부터 직접 배당받을 수 있고, 이는 파산재단이 재단채권의 총액을 변제하기에 부족한 것이 분명하게 된 때에도 마찬가지라고 할 것이다"라고 판시하였다.

그렇지만 선착수한 체납처분 조세와 달리 파산자 소유의 부동산에 대한 별제권(담보물권 등)의 실행으로 인하여 개시된 경매절차에서 과세관청이 한 교부청구는 그 별제권자가 파산으로 인하여 파산 전보다 더 유리하게 되는 이득을 얻는 것을 방지함과 아울러 적정한 배당재원의 확보라는 공익을 위하여 별제권보다 우선하는 채권 해당액을 공제하도록 하는 제한된 효력만이 인정된다고 할 것이므로 그 교부청구에 따른 배당금은 채권자인 과세관청

---

28) 과세관청 등의 경우 파산선고 전에 체납처분을 하였으나 압류한 재산의 가액이 징수할 금액보다 적거나 적다고 인정될 때에는 재단채권으로서 파산관재인에게 그 부족액을 교부청구하여야 하고(국세징수법 시행령 제62조 제1호), 납세담보물 제공자가 파산선고를 받아 체납처분에 의하여 그 담보물을 공매하려는 경우에는 채무자회생법 제447조에 따른 절차를 밟은 후 별제권을 행사하여도 부족하거나 부족하다고 인정되는 금액을 교부청구하여야 한다(국세징수법 시행령 제62조 제2호). 다만, 파산관재인이 그 재산을 매각하려는 경우에는 징수할 금액을 교부청구하여야 한다(위 시행령 제62조 제2호 단서).

에게 직접 교부할 것이 아니라 파산관재인이 파산법 소정의 절차에 따라 각 재단채권자에게 안분변제할 수 있도록 파산관재인에게 교부하여야 한다(대법원 2003. 6. 24. 선고 2002다70129 판결).

한편, 부동산경매절차에서 채무자회생법 제349조 제1항에 따라 체납처분의 우선성이 인정되어 조세채권자에게 직접 배당하는 조세채권은 체납처분의 원인이 된 조세채권의 압류 당시 실제 채납액에 한정되고, 압류 이후 발생한 위 체납액의 초과 부분까지 포함되지는 않는다. 그러므로 경매법원은 압류 이후 발생한 조세채권으로서 위 체납액을 초과하는 부분은 파산관재인에게 교부하여야 한다(대법원 2023. 10. 12. 선고 2018다294162 판결).

제15장 배당

제15장 배 당

제1절 일반론

1. 의의

배당이란 파산관재인이 파산재단에 속하는 재산을 환가하여 얻은 금전을 법정절차를 거쳐 채권을 신고한 각 파산채권자에 대해서 채권의 순위 및 채권액에 따라 평등하게 분배하여 변제하는 절차를 말한다.

2. 배당의 시기와 종류

채무자회생법은 배당시기를 기준으로 파산재단에 속하는 재산의 환가 종료 전에 하는 중간배당(법 제505조), 파산재단에 속하는 재산 전부에 대한 환가종료 후에 하는 최후배당(법 제520조), 배당액의 통지를 한 후에 새로 배당에 충당할 재산이 발견된 때 또는 파산종결의 결정이 있은 후에 새로 배당에 충당할 재산이 있게 된 때에 하는 추가배당(법 제531조 제1항) 3종류를 두고 있다. 배당절차는 상대방의 수고와 비용이 발생하기 때문에 중간배당을 할지, 또한 몇 회를 할지, 중간배당을 생략하고 최후배당을 할지는 구체적인 각 사건의 상황에 따라 파산관재인의 판단에 맡겨져 있다.

제2절 중간배당

1. 의의

중간배당은 재단의 환가종료 전에 배당하기에 적당한 금전이 재단에 있는 경우에 실시한다. 중간배당을 하는 것은 재단의 규모가 크고, 최후배당에 앞서서 배당하기에 적당한 재단이 형성되고 또한 그 후에도 환가업무가 계속되어 종결까지 일정 정도의 기간이 예견되는 예외적인 경우이다. 중간배당은 환가를 진행하면서 몇 회라도 할 수 있지만 비교적 소규모인 파산사건, 즉 파산재단이 근소하여 신속하게 정리될 것이 예상되는 때에는 중간배당을 하지 않고 최후배당을 한다. 그러므로 개인파산사건에서 중간배당을 하는 경우는 드물다. 파산관재인이 배당을 하는 때에는 법원의 허가를 받아야 한다. 다만, 감사위원이 있는 때는 감사위원의 동의를 얻어야 한다(법 제506조). 그러나 실무상 대부분의 개인파산사건은 파산선고와 동시에 간이파산 결정을 하고 있고, 간이파산의 경우에는 감사위원을 두지 않으므로 배당을 할 때 감사위원의 동의까지 받는 경우는 없다.

2. 배당표의 작성 및 기재사항

파산관재인은 배당의 준비로서 ① 배당에 참가시킬 채권자의 성명 및 주소, ② 배당에 참가시킬 채권의 액, ③ 배당할 수 있는 금액을 기재한 배당표를 작성하여야 한다(법 제507조 제1항). 배당에 참가시킬 채권은 우선권의 유무에 의하여 구별한다. 이 경우 우선권이 있는 채권은 그 순위에 따라 기재하고, 우선권이 없는 채권은 제446조(후순위파산채권)의 규정에 의하여 다른 채권보다 후순위인 것을 구분하여 기재하여야 한다(법 제507조 제2항).

3. 배당표의 제출

파산관재인은 이해관계인의 열람을 위하여 작성한 배당표를 법원에 제출하여야 한다(법 제508조). 이해관계인은 배당의 기초가 되는 배당표가 부정확한 때에는 이를 시정케 하기 위해 채무자회생법 제514조에 의해 배당표에 대하여 이의를 신청할 권리가 있고, 배당표를 검토할 필요가 있으므로 열람의 편의를 제공하여야 하기 때문이다.

4. 배당의 공고

파산관재인은 배당에 참가시킬 채권의 총액과 배당할 수 있는 금액을 공고하여야 한다(법 제509조). 배당공고는 이의있는 채권자나 별제권자가 배당에 참가하기 위하여 필요한 절차를 취해야 하는 제척기간의 기산점이 된다는 점에서 매우 중요하다. 배당공고일로부터

14일의 제척기간이 시작된다. 즉, 이의있는 채권에 관하여는 채권자가 배당공고가 있은 날부터 기산하여 14일 이내에 파산관재인에 대하여 채권조사확정재판을 신청하거나 채권조사확정재판에 대한 이의의 소를 제기하거나 소송을 수계한 것을 증명하지 아니한 때에는 그 배당으로부터 제외되고(법 제512조 제1항), 별제권자가 위 배당제외기간 안에 파산관재인에 대하여 그 권리의 목적의 처분에 착수한 것을 증명하고, 그 처분에 의하여 변제를 받을 수 없는 채권액을 소명하지 아니한 때에는 배당에서 제외된다(법 제512조 제2항). 한편, 최후의 배당에 관한 배당제외기간은 중간배당의 경우와 달리 배당의 공고가 있은 날부터 14일 이상 30일 이내에서 법원이 정한다(법 제521조).

5. 배당표의 경정

파산관재인은 작성된 배당표에 대하여 법정의 사유가 생기면 즉시 배당표를 경정하여야 한다(법 제513조). 법정의 경정사유는 다음과 같다.

첫째, 배당제외기간 안에 파산채권자표를 경정하여야 하는 사유가 생긴 때이다(제1호). 예컨대, 이의소송의 완결에 의한 채권확정, 신고채권의 취하, 채권양도에 의한 채권자의 변경 등 배당에 참가할 수 있는 채권에 관한 변동이 여기에 해당한다.

둘째, 배당제외기간 안에 이의있는 채권에 관하여 채권자가 파산관재인에 대하여 채권조사확정재판을 신청하거나 채권조사확정재판에 대한 이의의 소송을 제기하거나 소송을 수계한 것을 증명한 때, 또는 별제권자가 파산관재인에 대하여 그 권리의 목적의 처분에 착수한 것을 증명하고, 그 처분에 의하여 변제를 받을 수 없는 채권액을 소명한 때이다(제2호).

셋째, 별제권자가 배당제외기간 안에 파산관재인에 대하여 그 권리포기의 의사를 표시하거나 그 권리의 행사에 의하여 변제를 받을 수 없었던 채권액을 증명한 때이다(제3호).

부족액이 소명되었을 뿐인 경우와 별제권의 포기랑 부족액의 증명에 의해서 별제권의 파산채권 행사액이 확정된 경우는 배당상 취급이 다르기 때문에 제2호와 별도로 제3호가 규정된 것이다.

배당표의 경정은 파산관재인이 직권으로 또는 파산채권자의 신청에 의하여 한다. 파산관재인은 위 법 제513조의 규정에 의하여 배당표를 경정한 때에는 배당액의 공고를 다시 할 필요가 없다(법 제509조 단서). 구 파산법은 채무자회생법 제509조 단서 규정이 없었으므로 경정된 배당표에 대해서 공고를 요하는지 다툼이 있었지만, 명문의 규정도 없고, 경정을 하는 때마다 공고를 해야 하는 것으로 하는 때는 한없이 절차의 지연을 초래하기 때문에 경정된 배당표를 다시 공고할 필요는 없다고 해석되었다.

6. 배당표에 대한 이의

파산채권자는 배당표에 대하여 배당제외기간 경과 후 7일 이내에 한하여 법원에 이의를 신청할 수 있다(법 제514조 제1항). 이의사유는 배당표의 기재에 관한 것이어야 한다. 예컨대, ① 이의신청인의 채권이 기재되어 있지 않을 때, ② 배당에 참가할 수 없는 채권이 기재되어 있을 때, ③ 채권액 또는 순위에 오류가 있을 때 등이다. 이미 채권확정의 효력이나 확정된 채권의 내용은 이의사유가 되지 않는다. 배당표에 대한 이의신청에 대하여 법원은 법 제12조 "임의적 변론과 직권조사" 규정에 근거하여 변론을 열지 아니하고 할 수 있고, 직권으로 필요한 조사를 할 수 있다. 이의에 이유가 있으면 법원은 배당표의 경정 결정을 하고, 배당표의 경정을 명한 때에는 이해관계인이 열람할 수 있도록 그 결정서를 법원에 비치하여야 한다. 이 경우 항고기간은 결정서를 법원에 비치한 날부터 기산한다(법 제514조 제2항). 위 이의신청에 대한 법원의 결정에 대하여는 즉시항고를 할 수 있다(법 제514조 제3항).

배당표에 대해 이의신청기간 내에 이의신청이 없는 경우, 이의신청이 취하된 경우 또는 이의신청에 대한 재판이 확정된 경우에는 배당표가 확정되고, 배당에 참가할 수 있는 채권자의 범위 및 배당할 수 있는 금액이 확정되기 때문에 이를 기준으로 배당액을 정하고 배당을 실시한다.

7. 배당률의 결정 및 통지

파산관재인은 배당표에 대한 이의신청기간 경과 후에 또는 이의의 신청이 있는 때에는 이에 대한 법원의 결정이 있은 후 지체 없이 배당률을 정하여 배당에 참가시킬 각 채권자에게 통지하여야 한다(법 제515조 제1항). 파산관재인은 배당률을 정하는 때에는 법원의 허가를 받아야 하고, 다만 감사위원이 있는 때에는 감사위원의 동의를 얻어야 한다(법 제515조 제2항).

배당률은 우선권 있는 파산채권, 일반적 파산채권, 후순위 파산채권의 각각에 대해서 결정된다. 구체적으로는 우선권 있는 파산채권에 대해서 먼저 배당률을 결정하고, 그것이 100%에 달한 뒤에 다음 순위에 있는 자에 대해서 배당률을 정한다. 동순위자들 사이의 배당률은 평등하여야 한다.

배당률의 통지에 의해서 배당률은 확정되고 각 채권자의 배당금청구권이 구체화되기 때문에 그 후로는 이를 변경할 수 없다. 따라서 배당률 또는 배당액의 통지를 하기 전에 파산관재인이 알고 있지 아니한 재단채권자는 각 배당에서 배당할 금액으로써 변제를 받을 수 없다(법 제534조). 그러므로 재단채권자는 법원에 신고할 필요는 없지만 파산관재인이 배당률 또는 배당액의 통지를 하기 전에 재단채권을 가지고 있다는 취지를 파산관재인에게 알릴 필요가 있다.

8. 배당의 실시

가. 배당방법

파산채권자는 파산관재인이 그 직무를 행하는 장소에서 배당을 받아야 한다(법 제517조 제1항 본문). 지참채무의 원칙(민법 제467조)을 추심채무로 변경한 취지이다. 그러므로 배당금의 지급은 파산채권이 본래는 지참채무라고 하더라도 추심채무로 되어 파산관재인은 배당금을 파산채권자에게 지참할 의무는 없다. 다만, 파산관재인과 파산채권자 사이에 별도의 합의가 있는 경우에는 그러하지 아니하다(법 제517조 제1항 단서[1]). 실무는 위 단서규정에 근거하여 파산채권자가 파산관재인 사무실로 찾아오는 경우는 거의 없고, 채권자가 신고한 은행계좌로 송금하는 방식이 일반적이다. 파산관재인이 채권자에게 송금한 때에는 송금비용은 파산채권자가 부담한다. 파산관재인은 배당을 한 때에는 파산채권자표 및 채권의 증서에 배당한 금액을 기입하고 기명날인하여야 한다(법 제517조 제2항).

해제조건부채권을 가지는 자는 최후배당의 제척기간까지 조건이 성취되면 배당금을 반환하여야 하기 때문에 상당한 담보를 제공하지 아니하면 배당을 받을 수 없다(법 제516조).

1) 구 파산법은 위 단서 조항이 없었다. 그렇지만 구 파산법하에서의 실무도 파산관재인이 사무실로 찾아온 파산채권자에게 현금을 교부하는 경우는 거의 없고, 채권자가 신고한 은행계좌로 송금하였다. 채무자회생법은 이러한 실무를 반영한 것이다.

나. 배당액의 임치

중간배당에 있어서 배당에 참가할 수 있는 채권이라도 항상 반드시 배당금을 수령할 수 있는 것은 아니다. 아래의 파산채권은 절차상 혹은 실질적으로 미확정채권이고 지급시기에 도달하지 않았으므로 파산관재인은 그 채권에 대한 배당액을 임치하여야 한다(법 제519조). 임치방법은 법원이 직권으로 또는 채권자집회 결의를 거쳐 정한다(법 제487조, 제489조).

(1) 제462조 내지 제464조 또는 제466조의 규정에 의하여 이의가 있는 채권에 관하여 채권조사확정재판의 신청, 소의 제기 또는 소송의 수계가 있는 경우(제1호)

(2) 배당률의 통지를 발송하기 전에 행정심판 또는 소송 그 밖의 불복절차가 종결되지 아니한 채권(제2호)

(3) 제512조 제2항의 규정에 의하여 별제권자가 소명한 채권액(제3호)

(4) 정지조건부채권과 장래의 청구권(제4호)

(5) 제516조의 규정에 의하여 담보를 제공하지 아니한 해제조건부채권(제5호)

해제조건부채권은 정지조건부채권과 반대로 조건이 성취되지 않는 한 완전한 청구권을 갖게 되기 때문에 최후배당에 관한 제척기간 내에 해제조건이 성취되지 않은 때는 조건 없는 채권과 동일한 취급을 받고, 배당을 받음에 있어서 법 제516조의 규정에 의하여 해제조건부채권자가 제공한 담보는 그 효력을 잃기 때문에 파산관재인은 그 담보를 채권자에게 반환하여야 한다. 즉, 채권자는 중간배당시 받은 배당금의 환불을 청구당하는 일이 없게 된다. 채권자가 담보를 제공하지 않았기 때문에 관재인이 법 제519조 제5호에 의하여 임치한 배당액은 이를 그 채권자에게 지급하여야 하고(법 제524조 전문), 또한 법 제419조의 규정에 의하여 상계하기 위하여 제공한 담보는 이를 반환하고, 임치한 금액은 이를 그 채권자에게 지급하여야 한다(법 제524조 후문). 즉, 그 상계는 유효한 것으로 취급된다.

법 제519조 각호에 의하여 임치된 배당액은 그 확정시까지는 파산재단에 속하기 때문에 임치 중에 생긴 이자는 파산재단의 수입으로써 배당에 충당되고, 각 채권자는 이를 자신을 위해 청구할 수 없다. 대법원 2003. 1. 24. 선고 2002다51388 판결은 파산채권확정의 소가 계속 중이라는 이유로 파산관재인이 중간배당의 배당금을 임치한 경우 임치금은 파산재단에 속하고 그 과실에 해당하는 이자 역시 파산재단에 귀속한다고 본 원심의 판단을 정당하다고 함으로써 위 법리를 확인하였다.

제3절 최후배당

1. 의의

최후배당은 파산재단에 속하는 재산의 환가가 전부 종료된 경우에 하는 배당이다. 최후배당은 파산법상 원칙적인 배당절차이다.

2. 시기

파산재단에 속하는 재산의 환가가 종료되면 최후배당을 한다. 파산재단의 규모가 작으면 중간배당이 생략되기 때문에 최후배당이 유일한 배당이 된다. 최후배당도 원칙적으로 중간배당과 같은 절차를 따르지만 중간배당에는 없는 다음과 같은 특칙이 있다.

3. 절차 및 제척기간 내에 확정되지 않은 채권

파산관재인이 최후배당을 하는 경우에는 감사위원의 동의가 있는 때에도 법원의 허가를 받아야 한다(법 제520조). 중간배당의 경우에는 법원의 허가를 받거나, 감사위원이 있는 때는 감사위원의 동의를 받으면 족하나(법 제506조), 파산재단 전부의 환가를 종료하였는지, 그 밖에 최후배당을 하기에 적당한지를 법원이 조사케 하여 신중을 기하고 있다. 다만, 파산재단에 속하는 재산액이 5억원 미만이라고 인정되는 때에는 법원은 파산선고와 동시에 간이파산의 결정을 하여야 하며(법 제549조 제1항), 간이파산의 경우에는 감사위원을 두지 않으므로(법 제553조), 실무상 감사위원의 동의를 얻는 경우는 거의 없다. 최후의 배당에 관한 배당제외기간은 배당의 공고가 있은 날부터 14일 이상 30일 이내에서 법원이 정한다(법 제521조). 중간배당의 경우에 비하여 제척기간을 연장한 것은 가능한 한 많은 채권자에게 배당을 받을 수 있는 기회를 부여하기 위한 것이다. 파산관재인은 배당표에 대한 이의가 종결된 후 지체 없이 각 채권자에 대한 배당액을 정하여 그 통지를 하고 배당을 실시한다(법 제522조).

그리고 신속처리의 견지에서 최후의 배당에 관한 배당제외기간 안에, 정지조건부채권 또는 장래의 청구권이 이를 행사할 수 있게 되지 못한 때, 별제권자가 파산관재인에 대하여 그 권리포기의 의사를 표시하지 아니하거나 그 권리의 행사에 의하여 변제를 받을 수 없었던 채권액을 증명하지 아니한 때에는 각 배당에서 제외된다(법 제523조, 제525조). 배당에서 제외된 정지조건부채권 또는 장래의 청구권 및 별제권자를 위하여 임치한 금액은 이를 다른 채권자에게 배당하여야 한다(법 제526조 전문). 법 제418조의 규정에 의하여 정지조건부채권 또는 장래의 청구권을 가진 자가 자신의 채무를 변제하면서 후일 상계를 하기 위하여 그 채권액의 한도 안에서 청구를 함으로써 임치된 금액의 경우에도 또한 같다(법 제526조 후문). 한편, 해제조건부채권에 대해서는 최후의 배당에 관한 배당제외기간 안에 해제조건이 성취되지 않은 때는 무조건 배당을 받을 수 있고, 제516조의 규정에 의하여 중간배당시에 해제조건부채권자가 배당을 받기 위해 제공한 담보도 그 채권자에게 반환되고, 해제조건부채권자가 담보를 제공하지 아니하여 제519조에 의하여 임치한 배당액은 그 채권자에게 지급하여야 한다. 제419조의 규정에 의하여 해제조건부채권자가 상계를 하기 위하여 그 상계액에 관하여 제공한 담보나 임치한 금액의 경우에도 또한 같다(법 제524조).

4. 배당액의 공탁

파산관재인은 채권자를 위하여 ① 제519조 제1호 또는 제2호의 규정에 의하여 임치한 배당액, ② 배당액의 통지를 발송하기 전에 행정심판 또는 소송 그 밖의 불복절차가 종결되지 아니한 채권에 대한 배당액, ③ 채권자가 수령하지 아니한 배당액을 공탁하여야 한다(법 제528조). 이 경우에 파산관재인은 채무이행지인 파산관재인이 직무를 수행하는 장소를 관할하는 지방법원에 공탁할 수 있다[제정 2007. 4. 18. (공탁선례 제2-106호, 시행)]. 또한 파산절차에서 특정 파산채권자가 배당받을 채권에 대하여 수개의 가압류 · 압류명령이 송달되어 압류가 경합하여 파산관재인이 그 채권을 공탁하는 경우에 관할 공탁소에 대하여 채무자회생법이 그에 관한 특별한 규정을 두고 있지 아니하므로 이는 「민사집행법」 제19조 제1항 및 제248조의 규정에 의하여 압류채권자나 파산채권자의 보통재판적 소재지의 지방법원 또는 압류명령을 발한 집행법원의 공탁소라 할 것이다. 다만, 실무례는 최초에 압류명령을 발한 법원(가압류발령법원 제외) 공탁소에 공탁하고, 공탁 사유신고를 하고 있다[제정 2001. 2. 16. (공탁선례 제2-275호, 시행)].

5. 계산보고의 채권자집회

파산관재인은 최후배당 실시 후 법원에 「배당실시보고 · 통장해지보고 · 임무종료에 따른 계산보고서」를 제출하고, 계산보고를 위하여 소집한 채권자집회에 출석하여 계산보고를 한다. 채권자집회에서는 파산관재인이 가치 없다고 인정하여 환가하지 아니한 재산의 처분에 관한 결의를 하여야 하며(법 제529조), 채권자집회가 종결된 때에는 법원은 파산종결의 결정을 하고 그 주문 및 이유의 요지를 공고하여야 한다(법 제530조).

제4절 추가배당

1. 의의

배당액의 통지를 한 후에 새로 배당에 충당할 재산이 있게 된 때에는 파산관재인은 법원의 허가를 받아 추가배당을 하여야 한다. 파산종결의 결정이 있은 후에 새로 배당에 충당할 재산이 있게 된 때에도 또한 같다(법 제531조 제1항). 예컨대, 이의가 있는 채권에 관하여 채권조사확정재판의 신청, 소의 제기 또는 소송의 수계가 있어 금전을 임치하였는데(법 제519조) 신고파산채권자의 채권의 전부 또는 일부가 존재하지 않는다는 취지의 재판이 확정된 경우, 잉여(剩餘)가 생기는 내용의 화해가 성립한 경우, 다른 도산절차의 채권자인 채무자가 자신의 파산절차의 최후배당액의 통지 또는 파산종결의 결정이 있은 후에 상당액의 변제를 받은 경우, 납부한 세금에 관하여 상당액의 과오납금 등의 환부를 받은 경우, 일단 배당되었으나 후에 재단으로 반환된 금전이 발생한 경우, 채무자가 은닉하여 환가되지 않았던 재산이 발견된 경우 등이 새로 배당에 충당할 재산이 있게 된 때라 할 것이다. 새로 발견된 재산은 상당한 재산이라야 한다. 새로운 재산의 가액, 파산채권자의 수나 채권액, 배당에 필요한 비용 등을 종합적으로 고려하여 파산채권자의 입장에서 보아 그다지 의미 있는 배당이 되지 않을 경우에는 추가배당을 할 필요가 없다. 이러한 경우에는 실무상 파산관재인은 새로 발견된 재산에 대한 환가포기신청을 하거나 법원의 허가를 받아 파산절차비용에 충당한다.

2. 새로 발견된 재산의 시간적 범위

채무자회생법 제531조 제1항 후문은 "파산종결의 결정이 있은 후에 새로 배당에 충당할 재산이 있게 된 때에도 또한 같다."고 규정하고 있다. 그런데 후문과 관련해서는 새로 발견된 재산의 시간적 범위가 문제된다. 우리나라의 경우 이에 대한 활발한 논의는 찾아보기 어렵고 일본의 경우 파산법 제215조 제1항 후문의 "파산절차 종결의 결정이 있은 후에도 동일하다"라는 법문과 관련하여 새로 발견된 재산의 시간적 범위에 대해서 견해 대립이 있으므로 참고할만하다. 통설은 새로 발견된 재산이란 배당액의 통지를 한 후 파산절차 종결 전에 발견된 재산을 말한다고 해석한다(제한설). 왜냐하면 파산절차 종결 결정에 의해서 채무자는 재산에 대한 관리처분권을 회복하고, 파산절차 종결 결정 후에도 파산관재인에게 의무를 지우는 것은 부당하기 때문이라고 한다. 이에 대하여 유력설은 새로 발견된 재산이란 파산절차 종결 후에 발견된 재산도 포함된다고 해석한다(무제한설). 제215조 제1항 후문의 문리에 비추어 이렇게 해석하는 것이 자연스럽고, 절차개시 시에 파산재단에 귀속된 재산에는 절차종결 후에도 잠재적으로 파산관재인의 관리처분권이 미친다고 해석할 수 있을 뿐 아니라 채무자의 은닉재산을 발견한 경우까지 추가배당을 부정하는 것은 공정 · 공평의 이념에 반하기 때문이라고 한다. 우리 채무자회생법 제531조 제1항 후문은 문리적으로 보면 일본 파산법보다 더욱 무제한설에 따라 해석하는 것이 자연스럽다고 볼 것이다.

일본의 판례 중에는 "파산절차가 종결된 후에 파산자의 재산에 관한 소송에 대해서는 해당 재산이 파산재단을 구성할 수 있는 것이었다고 하더라도, 파산관재인이 파산절차과정에서 파산종결 후에 당해 재산을 「파산법」 제283조 1항 후단이 규정하는 추가배당의 대상으로 할 것을 예정하거나 또는 예정하여야 할 특단의 사정이 없는 한 파산관재인에게 당사자적격은 없다고 해석하는 것이 상당하다. 대체로 파산절차가 종결된 경우에는 원칙적으로 파산자의 재산에 대한 파산관재인의 관리처분권한은 소멸하고, 이후 파산자가 관리처분권한을 회복한다"고 하면서 "예컨대 파산종결 후 파산채권확정소송 등에서 파산채권자가 패소하였기 때문에 당해 채권자를 위해 공탁한 배당액을 다른 채권자에게 배당할 필요가 생긴 경우, 또는 파산관재인이 임무를 해태했기 때문에 본래 파산절차 과정에서 했어야 할 배당을 할 수 없었던 경우 등 파산관재인에게 있어서 당해 재산을 추가배당의 대상으로 할 것을 예정하거나 또는 예정하여야 할 특단의 사정이 있는 때에는 파산관재인의 임무는 아직 종료되지 않기 때문에, 당해 재산에 대한 관리처분권한도 소멸하지 않는다고 할 것이다"라고 한 사례가 있다.[2)] 위 판례는 거의 통설인 제한설에 따른 판단을 설시하면서도 파산종결 후에 새로 발견된 재산이 전부 추가배당의 목적이 되지 않는다고 하는 것은 타당하지 않다는 견지에서 제한설을 수정한 것으로 해석된다.

필자는 채무자회생법 제531조 제1항은 문리에 비추어 추가배당의 재원이 될 새로 발견된 재산에는 배당액의 통지를 한 후 파산절차 종결 전에 발견된 재산뿐 아니라 파산절차 종결 후에 발견된 재산이라도 채무자가 은닉했던 재산 및 파산관재인이 간과한 재산도 포함된다고 본다.

3. 추가배당의 절차

파산관재인은 새로 발견된 재산이 있는 때에는 법원의 허가를 받아야 하고(법 제531조 제1항), 파산관재인이 추가배당의 허가를 받은 때에는 지체 없이 배당할 수 있는 금액을 공고하고 각 채권자에 대한 배당액을 정하여 통지하여야 한다(법 제531조 제2항). 추가배당은 최후의 배당에 관하여 작성한 배당표에 의하여 한다(법 제532조). 추가배당은 배당의 보충이기 때문에 최후배당에 관하여 작성된 배당표에 근거하여 실시된다. 파산관재인이 추가배당을 한 때에는 지체 없이 계산보고서를 작성하여 법원의 인가를 받아야 한다(법 제533조 제1항). 위 인가결정에 대하여는 즉시항고를 할 수 있다(법 제533조 제2항).

---

2) 最判平5・6・25民集47卷6号4557頁・判タ855号176頁・判時1500号166頁. 본 판례는 위와 같은 법리에 비추어 "피상고인의 청구는 제1심 판결 첨부 물건목록 기재 토지 및 건물의 소유권에 기해 Z를 권리자로 하는 근저당권설정등기 등(본건 등기)의 말소등기절차를 구하는 것인바, 원심의 확정사실에 의하면 Z는 1965년 2월 23일 본건 등기를 경료하였지만 1966년 10월 13일 오사카지방재판소에서 파산선고를 받았다는 것이므로 본건 등기에 관한 피담보채권이 존재한다고 하면 그것은 파산재단을 구성할 수 있는 것이었다고 할 수 있다. 그러나 기록에 의하면 Z의 파산절차는 본건 소송이 제기된 1990년 10월 30일 이전의 1975년 12월 25일에 이미 종결되었는데, Z의 파산관재인이었던 상고인에게 있어서 파산절차 과정에서 파산절차종결 후에 본건 등기에 관한 피담보채권이 추가배당의 대상이 될 것이 예정되거나 또는 예정되었을 특단의 사정이 있었다고는 보이지 않으므로 피상고인이 본건 등기의 말소등기절차를 구하려면 상고인을 피고로 해야 하는 것은 아니고 Z를 피고로 하여야 하는 것이었다고 하지 않으면 안 된다"고 보았다. 사실관계를 정리하면, 위 판례는 X가 소유하는 토지・건물에 근저당권설정등기 등 각 등기를 경료한 Z가 그 후 파산선고를 받고 파산종결로 파산절차가 종료된 뒤에 X가 Z의 각 등기의 말소를 구하는 소송을 제기하면서 Z의 파산관재인이었던 Y를 피고로 하자 Y가 피고적격을 가지는 자는 Y가 아니라 Z라고 한 사안인데, 1. 2심은 모두 Y에게 피고적격이 있다고 하여 본안에 대해 심리・판단을 하고 X의 청구를 인용하였으나 상고심은 Y의 상고이유의 논지를 받아들여 파산관재인이었던 Y의 피고적격을 원칙적으로 부정하고, 원판결을 파기・자판하여 제1심 판결을 취소하고 X의 소를 각하한 사건이다.

제16장 상속재산파산, 상속인의 파산, 수유자의 파산

제16장 상속재산파산, 상속인의 파산, 수유자의 파산

제1절 상속재산파산

1. 상속재산파산의 개요

가. 상속재산파산의 의의

상속재산에 대한 파산절차는 상속을 계기로 채무초과상태의 상속재산을 엄격한 절차하에서 종국적으로 청산하기 위한 절차이다. 채무자회생법은 상속재산 자체에 파산능력을 인정하고 있다. 즉, 상속재산 그 자체가 채무자(파산자)가 된다. 상속재산 자체는 원래 권리·의무의 객체이고, 「파산자」를 관념하기 어려운 점에서 특수하지만, 특별히 상속재산파산제도가 마련된 것이다. 하지만 그동안 상속재산의 파산절차는 이용실적이 저조한 편이었다.[1)] 주된 이유는 한정승인에 관한 민법 제4절 제3관의 청산절차가 상속재산에 대한 파산절차를 대체하는 기능을 하였기 때문이고, 상속재산파산이 널리 알려지지 않았기 때문이다. 그런데 서울회생법원과 서울가정법원은 상속재산의 파산절차 이용의 활성화를 통하여 공평한 상속채무 청산절차의 진행과 상속인의 청산부담을 경감시키고, 채권자의 채권회수를 위한 절차의 간소화를 꾀할 필요성이 크다는 점에 공감하여 2017. 7. 17.부터 상속재산파산제도의 안내를 적극 시행하는 등 협업을 강화하여, 이후 서울회생법원의 상속재산파산신청 접수 건수가 상당히 증가하고 있다.

1) 일본도 상속재산파산절차의 이용은 저조한 편이라고 한다. 동경지방재판소 파산재생부의 상속재산에 관한 파산사건의 건수는 연간 10건 내외에 그치고 있다(東京地裁破産再生實務研究會, 破産·民事再生の實務[第3版] 破産編, 一般社團法人 金融財政事情研究會(2014), 588면). 그 이유로는 상속재산이 채무초과인 것이 명백하면 통상은 상속포기를 하는 점, 상속재산파산제도가 그다지 알려져 있지 않은 점, 한정승인에 관한 일본민법 929조가 한정승인자에 대해서 상속채권자나 수유자에 대한 평등변제를 의무화하고 있기 때문에 한정승인에 기한 간이한 청산절차가 사실상 상속재산에 대한 파산절차의 대체기능을 해왔기 때문이라는 점 등이 지적되고 있다.

나. 상속재산파산의 장점

(1) 상속재산의 효과적인 환가 및 공평한 변제

한정승인이나 재산분리도 일종의 상속재산의 청산절차로서의 측면을 갖는다. 그렇지만 한정승인에 의한 청산절차는 상속채무를 변제하는 행위를 한정승인을 한 상속인에게 맡기고 있는데, 한정승인상속인이 민법에 규정한 청산관련 규정을 정확히 이해한 상태에서 우선권 있는 채권자를 판단하여 먼저 변제하고 이후 일반채권자들에게 각 채권액의 비율로 안분배당 하는 일이 쉽지 않고, 공고나 최고를 해태하거나 규정을 위반하여 부당변제를 하는 경우 손해배상책임을 지는 등 그 이행에 상당한 부담이 있다. 실무상으로는 한정승인 수리 심판이 있는 경우 한정승인상속인에 의하여 청산절차가 진행되는 경우가 많지 않고, 상속채권자에 의한 개별적인 청구나 집행에 의존하고 있는 상황이므로, 한정승인상속인은 한정승인이 수리된 이후에도 상속채권자들이 제기하는 소송 및 집행 등에 개별적으로 대응해야 하는 부담이 있다. 반면, 상속재산파산제도를 이용할 경우 상속인은 상속채권자를 파악하고 상속재산의 환가를 통하여 상속채무를 변제하는 등 복잡한 청산절차를 이행하여야 하는 어려움을 해소할 수 있고, 만에 하나 채무를 잘못 변제할 경우 부담하게 될 손해배상책임에서도 벗어날 수 있으며, 파산관재인이라는 공평하고 중립적인 제3자를 통하여 상속채권자들에 대한 채무의 청산절차의 이행을 완료할 수 있다. 채권자들도 이 제도를 이용하면 선순위 상속인들이 상속포기를 한다고 하더라도 후순위 상속인들을 순차로 찾아서 소송수계를 하는 등의 불편을 감수할 필요가 없다. 상속재산파산은 중립적이고 공평한 파산관재인에 의해 재산이 관리되고, 채권조사확정절차 등 적정절차에 입각하여 진행하는 것 외에 부인권이나 상계금지규정의 적용 등 파산재단의 실체적 확보수단도 가지는 엄격한 청산절차이다.

(2) 양도소득 비과세

파산선고에 의한 처분으로 발생하는 소득에 대해서는 양도소득에 대한 소득세를 과세하지 아니한다(소득세법 제89조 제1항 제1호). 그러므로 파산관재인이 파산절차를 통해 상속재산을 환가하는 과정에서 자산에 대한 양도가 있더라도 양도소득세가 발생하지 않는다. 따라서 상속인은 채무초과상태인 피상속인의 상속재산에 대하여 파산신청을 함으로써 소득세법 제89조 제1항 제1호 규정을 적용받아 양도소득세 귀속이라는 부담에서 벗어날 수 있다.[2)]

(3) 상속채권자의 상속재산파산신청 시 파산원인 소명 불요(不要)

다수설에 따르면, 채무자회생법 제299조 제3항의 반대해석상 상속재산파산절차의 채권자에 해당하는 상속채권자나 수유자는 파산원인을 소명할 필요가 없다. 그러나 다수설의 문제점에 대해서는 후술한다.

다. 상속재산파산의 법률구성(상속재산파산의 채무자)

종래 상속재산파산의 채무자가 누구인지를 둘러싸고 견해대립이 있었다. 먼저, 상속인채무자설이다. 이는 상속재산파산절차의 채무자는 상속인이라는 견해이다. 과거 일본 판례는 상속재산은 어디까지나 권리의 객체이고, 그 주체는 상속인이라고 하여 상속인이 채무자라고 보았다(大決昭和6 · 12 · 12民集10卷 1225頁[3]). 그런데 이러한 상속인채무자설에 대해서는 상속인의 파산과 상속재산의 파산이 구별되어 있고, 구 파산법 제126조 제1항에서 상속인은 제2차적인 신청권자로밖에 취급되지 않은 점,[4] 구 파산법 제12조 제2항[5](현행 채무자회생법 제389조 제2항이 여기에 해당)은 상속인에게 파산채권자로서의 지위를 인정하고 있는 점 등을 이유로 비판을 받았다. 다음으로 피상속인채무자설이다. 피상속인채무자설은 피상속인이 사망한 뒤에도 유산이 상속인의 고유재산과 혼동되지 않는 동안은 피상속인의 법주체성의 잔영(殘映)에 기초하여 파산능력이 인정된다는 견해이다. 그러나 피상속인채무자설은 이미 사망하여 파산능력을 상실한 피상속인을 채무자로 보는 것은 타당하지 않다는 비판을 받았다. 현재는 상속재산 그 자체를 채무자로 보는 견해로 통일되어 있다.

---

2) 그런데 근저당권자의 신청에 의한 임의경매는 파산절차에 의하지 아니한 권리행사라고 보는 것이 실무이다. 참고 판례로 대법원은 저당권의 실행을 위한 부동산 임의경매는 담보권의 내용을 실현하여 현금화하기 위한 행위로서 소득세법 제4조 제1항 제3호, 제88조 제1항의 양도소득세 과세대상인 '자산의 양도'에 해당하고, 이 경우 양도소득인 매각대금은 부동산의 소유자에게 귀속되며, 그 소유자가 한정승인을 한 상속인이라도 그 역시 상속이 개시된 때로부터 피상속인의 재산에 관한 권리의무를 포괄적으로 승계하여 해당 부동산의 소유자가 된다는 점에서는 단순승인을 한 상속인과 다르지 않으므로 위 양도소득의 귀속자로 보아야 함은 마찬가지이다(대법원 2012. 9. 13. 선고 2010두13630 판결)라고 한다. 그러므로 임의경매의 경우에 발생하는 양도소득세는 비과세가 아니게 되는데 입법적으로 개선이 필요하다고 생각한다.

3) 상속인을 파산자라고 해석하고 상속인에 대한 일부파산(특별파산)이라고 하였다.

4) 구 파산법 제126조(상속재산의 파산신청권자) ① 상속재산에 대하여는 상속채권자 및 수유자 외에 상속인, 상속재산관리인 및 유언집행자도 또한 파산의 신청을 할 수 있다.

5) 구 파산법 제12조(상속재산의 파산) ② 피상속인이 상속인에 대하여 또는 상속인이 피상속인에 대하여 가진 권리는 소멸하지 아니한다.

2. 피상속인의 재산현황 조사방법

상속인은 2015. 6. 30.부터 시행된 안심상속 원스톱 서비스를 활용하는 것이 가능하게 되었다. 위 제도는 망인의 금융거래, 토지, 자동차, 세금 등의 재산 확인을 개별기관을 일일이 방문하지 않고, 한 번의 통합신청으로 문자 · 온라인 · 우편 등으로 결과를 확인할 수 있는 서비스이다. 사망 후 별도 신청 시 전국 어디서나 가능(단, 사망신고 후 별도 신청 시 사망일이 속한 달의 말일로부터 1년[6] 이내에만 신청가능)하고, 제1순위 상속인(자녀, 배우자), 1순위가 없는 경우에는 2순위(부모, 배우자), 1 · 2순위가 없는 경우 3순위(대습상속인, 실종선고자의 상속인)까지 신청할 수 있다. 2016. 12. 1.부터는 망인의 사학연금 가입 여부와 급여지급 여부도 조회할 수 있게 되었다. 피상속인의 부동산소유현황은 대한민국 법원 인터넷등기소 부동산소유현황 서비스를 이용하여 파악할 수도 있다. 부동산소유현황 서비스란 특정 명의인이 현재 소유한 부동산 목록을 제공하는 서비스이다. 부동산 등기기록에서 피상속인의 성명(명칭)과 (주민)등록번호가 일치한 경우에만 조회되며, 피상속인의 배우자 및 자녀가 인터넷등기소를 이용하여 신청하는 경우 가족관계등록시스템에서 피상속인의 사망여부와 신청인이 배우자 및 자녀로 확인되는 경우에만 서비스를 이용할 수 있다(대한민국 법원 인터넷등기소 '부동산소유현황 서비스 이용 안내' 참조).

3. 타 절차와의 관계

가. 상속인의 파산, 수유자의 파산

먼저, 상속재산의 파산은 이른바 피상속인 측에 파산원인이 있는 경우이므로, 상속이 개시된 뒤 상속인이 파산을 받은 경우에 파산재단 및 파산채권에 대하여 고유한 규율을 두고 있는 상속인의 파산이나 유증을 받은 자에 대해서 파산선고가 있는 경우를 규율하는 수유자의 파산을 구별할 필요가 있다.

상속재산이 파산하더라도 반드시 상속인이 파산하는 것은 아니고, 그 역도 마찬가지이다. 경우에 따라서는 양자가 병존하는 일도 있을 수 있다. 이 경우에는 상속재산으로 구성된 파산재단과 상속인의 고유재산으로 구성된 파산재단이 생긴다. 그때는 만약 상속인이 단

6) 2022. 7. 29.부터 신청기간이 종래 6월에서 1년으로 연장되었다.

순승인을 한 때는 상속채권자 및 수유자는 그 채권의 전액에 대해서 각각의 파산재단에 권리행사를 할 수 있지만(법 제435조), 상속인이 한정승인을 한 때는 상속채권자 및 수유자는 상속재산으로 구성된 파산재단에 대해서만 권리행사가 인정된다(법 제436조).

나. 한정승인 및 재산분리와의 관계

상속재산에 대한 파산은 상속재산으로 상속채권자 및 유증을 받은 자에 대한 채무를 완제할 수 없을 때 상속채권자 및 유증을 받은 자와 상속인의 고유채권자의 이익을 조정할 목적으로 상속재산과 상속인의 고유재산을 분리하여 상속재산에 대해 청산을 하는 파산절차를 말한다. 상속재산파산의 기능으로서는 상속재산을 상속인의 채권자로부터 지키고, 동시에 상속인의 고유재산을 상속채권자로부터 지킨다고 설명된다. 그러므로 상속재산파산과 한정승인 또는 재산분리의 관계가 문제된다.

상속재산파산과 한정승인은 양자 모두 상속재산에 대한 청산절차라는 점에서 공통된다. 그렇지만 한정승인은 기본적으로 상속인의 고유재산에 대한 상속채권자나 수유자의 추급을 차단함으로써 상속인(아울러 상속인의 채권자)이 입는 불이익을 방지하려는 것이고, 상속인, 상속인의 고유채권자, 상속채권자, 수유자 등 이해관계인 사이의 형평을 꾀하면서 상속재산의 종국적 청산을 처리하는 절차로서는 불충분하다. 한정승인은 재산분리가 충분히 관철되지 않는다. 법원이 한정승인신고를 수리하게 되면 피상속인의 채무에 대한 상속인의 책임은 상속재산으로 한정되고, 그 결과 상속채권자는 특별한 사정이 없는 한 상속인의 고유재산에 대하여 강제집행을 할 수 없다. 그런데 민법은 한정승인자에 관하여 그가 상속재산을 은닉하거나 부정소비한 경우 단순승인을 한 것으로 간주하는 것(제1026조 제3호) 외에는 상속재산의 처분행위 자체를 직접적으로 제한하는 규정을 두고 있지 않기 때문에, 한정승인으로 발생하는 위와 같은 책임제한 효과로 인하여 한정승인자의 상속재산 처분행위가 당연히 제한된다고 할 수는 없다. 그러므로 한정승인자는 상속재산에 관하여 저당권 등의 담보권을 설정할 수 있다(대법원 2010. 3. 18. 선고 2007다77781 전원합의체 판결). 그리고 한정승인절차는 한정승인자가 가지는 전문성, 공정성, 경험 등을 고려할 때 효율적이고 공평한 상속재산 청산을 기대하기 어렵다. 반면, 상속재산파산절차는 전문가인 파산관재인에 의한 상속재산의 효과적인 환가 및 공평한 변제를 도모할 수 있다는 점에서 한정승인절차보다 우월하다.

또한 재산분리도 상속재산과 상속인의 고유재산을 분리하여, 상속재산에 대해서는 상속채권자 및 수유자의 우선변제권을, 상속인의 고유재산에 대해서는 상속인채권자의 우선변제권을 인정하지만, 역시 채무가 초과한 경우의 상속재산 청산의 필요를 해소하지는 못한다.

다. 상속재산파산의 우선성

상속재산에 대한 파산선고는 한정승인 또는 재산분리에 영향을 미치지 않지만, 파산취소 또는 파산폐지의 결정이 확정되거나 파산종결의 결정이 있을 때까지 한정승인 또는 재산분리 절차는 중지한다(법 제346조). 이를 "상속재산파산의 우선성"이라 부른다. 채무자회생법은 상속재산파산의 우선성을 확보하기 위하여 "상속재산관리인, 유언집행자 또는 한정승인이나 재산분리가 있은 경우의 상속인은 상속재산으로 상속채권자 및 유증을 받은 자에 대한 채무를 완제할 수 없는 것을 발견한 때에는 지체 없이 파산신청을 하여야 한다(법 제299조 제2항)"고 하여 신청의무를 부과하고 있다. 그런데 파산신청의무를 부과하면서도 의무위반에 대한 과태료부과 등의 제재규정이 없어 실효성이 의문이다.

한편, 채무자회생법 제346조에 대해서는 다음과 같은 비판이 있다. 법 제346조는 "상속인이나 상속재산에 대한 파산선고는 한정승인 또는 재산분리에 영향을 미치지 아니한다. 다만, 파산취소 또는 파산폐지의 결정이 확정되거나 파산종결의 결정이 있을 때까지 그 절차를 중지한다"라고 규정하고 있다. 위 규정에 의하면, 상속인이 파산한 경우에도 그 파산절차 계속 중에는 한정승인 또는 재산분리 절차는 중지되고, 상속인의 파산관재인이 상속재산에 대한 관리 · 처분권을 행사하게 된다. 그러나 공동상속에서 채무자 이외의 자에 의하여 상속재산의 청산이 행해지고 있는 경우에 청산의 권한을 갖지 않은, 또는 청산의 권한을 단독으로 갖지 않은 상속인이 파산함으로 인하여 상속재산의 청산 권한이 전면적으로 당해 상속인의 파산관재인에게 이전되는 것은 적절하지 않다. 또한, 복수의 상속인이 파산한 경우에는 파산관재인에 의한 상속재산에 대한 관리처분의 본연의 방식 자체가 불투명하다고 할 수 있다. 일본 신파산법은 위와 같은 비판적 고려에서 "상속인에 대한 파산절차개시의 결정은 한정승인 또는 재산분리를 방해하지 않는다. 단, 당해 상속인만이 상속재산에 대하여 채무변제에 필요한 행위를 할 권한을 가지는 때는 파산절차개시 결정의 취소 또는 파산절차폐지 결정이 확정되거나 파산절차종결 결정이 있을 때까지 한정승인 또는 재산분리의 절차는 중지한다(일본 신파산법 제239조)"라고 개정하였다.[7] 즉, 당해 상속인만이 청산을 행할 권한을 가지고 있는 경우에만 한정승인 등의 절차가 중지되고, 상속재산의 전면적인 관리처분권이 당해 상속인의 파산관재인에 의해서 담당되는 것으로 하였다.

4. 상속재산파산의 형식적 요건

가. 관 할

상속재산에 관한 파산사건은 상속개시지를 관할하는 회생법원의 관할에 전속한다(법 제3조 제6항). 따라서 서울중앙지방법원 · 서울동부지방법원 · 서울남부지방법원 · 서울북부지방법원 또는 서울서부지방법원의 관할에 속할 사건은 서울회생법원의 관할에 전속하고, 기타 지역의 상속재산에 관한 파산사건은 상속개시지를 관할하는 지방법원 본원의 관할에 전속한다. 상속은 피상속인의 주소지에서 개시하고(민법 제998조), 실제로 상속재산이 어디에 있는지 여부는 관계가 없다.

나. 상속재산파산 신청권자

상속재산의 파산신청권자는 상속채권자, 유증을 받은 자, 상속인, 상속재산관리인 및 유언집행자이다(법 제299조 제1항).

(1) 파산채권자가 될 자

상속재산으로 상속채권자 및 수유자에 대한 채무를 완제할 수 없는 경우에는, 상속채권자는 상속채권자와 수유자간의 우선관계에 대해서, 또한 상속채권자 및 수유자는 상속채권자간 · 수유자간의 평등을 확보하는 점에 대해서 이익을 갖기 때문에 일반파산사건의 채권자와 마찬가지로 신청권이 인정된다.

한편, 상속인 고유의 채권자는 상속재산에 대한 파산신청권이 없다. 상속인 고유의 채권자는 상속재산의 파산절차에서 파산채권자로서 권리행사를 하는 것이 인정되지 않기 때문이다. 단, 상속인의 채권자는 민법 제1045조 제1항에 의하여 상속재산과 상속인의 고유재산의 분리를 청구하여 자신의 이익을 지킬 수 있다.

---

7) 小川秀樹 編著, 一問一答 新しい破産法, 株式會社 商事法務(2005년), 316면.

(2) 상속재산의 관리권을 가진 자

(가) 상속인

상속인은 피상속인의 승계인으로서 상속재산에 대한 관리자의 입장에 있기 때문에 채무자에 준하는 자(준채무자)의 자격으로 상속재산에 대한 파산신청권이 인정된다. 공동상속의 경우라도 개개의 상속인이 상속재산 관리인으로서의 지위를 갖기 때문에 각자가 신청권을 갖는다. 이 경우에 상속인은 파산원인, 즉 상속재산의 채무초과를 소명하여야 한다. 다른 상속인이나 상속채권자, 수유자를 괴롭힐 목적으로 신청할 우려가 있으므로, 이러한 신청을 막기 위한 것이다. 상속재산관리인 또는 유언집행자가 있는 경우에도 상속인은 그가 가지는 잠재적인 관리권에 기하여 신청권을 갖는다는 견해가 유력하다. 상속재산이 채무초과상태에 있음에도 불구하고 상속재산관리인 또는 유언집행자가 상속재산파산 신청을 하지 않을 수도 있기 때문에 상속채권자 및 수유자의 이익을 보호하기 위하여 상속인에게 신청권을 인정하는 것이 적절하다. 그런데 상속인이 상속을 포기한 경우에는 처음부터 상속인이 아니었던 것이 되므로(민법 제1042조), 상속을 포기한 자는 상속재산에 대하여 파산을 신청할 수 없다. 상속포기를 하지 않은 경우라면 한정승인 심판청구가 수리되지 않은 상속인도 망인의 상속재산에 대하여 파산신청을 할 수 있다.

타국의 입법례와 비교해 보면, 우리 민법의 경우 상속인이 수인인 때에는 각 상속인은 그 상속분에 응하여 취득할 재산의 한도에서 그 상속분에 의한 피상속인의 채무와 유증을 변제할 것을 조건으로 상속을 승인할 수 있지만(민법 제1029조), 일본은 1인이라도 반대하는 상속인이 있으면 한정승인절차를 진행할 수 없고(일본 민법 923조), 공동상속인 전원이 공동으로 한정승인을 하는 경우 가정재판소는 공동상속인 중에서 상속재산 청산인을 선임한다(일본 민법 제936조). 한편 상속인이 복수 존재하는 경우라도 각 상속인은 단독으로 상속재산 전체에 대하여 파산신청을 할 수 있지만 이 경우 당해 상속재산의 파산절차개시의 원인이 되는 사실을 소명하여야 한다(일본 파산법 제224조 제2항). 그리고 독일은 상속인은 상속을 승인하거나 포기할 수 있고, 상속을 승인한 후라도 고유재산을 보호하기 위하여 상속재산파산과 상속재산관리를 신청할 수 있는데, 상속인 전원이 파산을 신청하지 아니하는 경우에는 개시원인이 소명되는 경우에 신청이 허용되고, 파산법원은 나머지 상속인을 심문하여야 한다(독일 파산법 제317조 제2항).

공동상속인 중 일부는 단순승인, 일부는 한정승인을 한 뒤 한정상속인이 상속재산파산을 신청한 경우에 실무상 문제된다. 학설은 공동상속인 중 1명이라도 한정승인을 하면 사실상 전 상속재산이 각 공동상속인의 고유재산과 분리되고, 한정승인에 따른 청산절차 역시 사실상 전 상속재산에 대하여 이루어진다고 본다.[8] 그런데 공동상속인 중 일부는 단순승인, 일부는 한정승인을 한 뒤 한정상속인이 상속재산파산을 신청한 경우에는 다른 상속인의 협조가 없으면 절차진행이 어려우므로 파산절차의 원활하고 신속한 진행을 위하여 다른 상속인을 심문하여 그 상속인의 의사를 확인하고, 또한 파산원인의 존부 및 상속재산파산절차의 남용 여부를 심사할 필요가 있다.

(나) 상속재산관리인

상속재산관리인은 상속재산의 관리권을 갖는 자로서 당연히 신청권이 있다. 상속재산관리인이 수인인 경우에는 각자가 신청권을 갖는다.

(다) 유언집행자

유언집행자는 상속재산의 관리에 필요한 행위를 할 권리를 가지는 경우에 신청권이 인정된다. 유언에 의한 자(子)의 인지 등 신분법관계의 사항만을 위한 유언집행자에게는 신청권이 인정되지 않는다. 유언집행자 중에는 특정재산에 관한 유증의 경우의 유언집행자처럼 상속재산 전체에 대해서 관리권을 갖지 않는 경우도 있다. 이러한 유언집행자가 상속재산파산 신청권을 갖는지에 대하여 견해대립이 있다. 특정재산에 관한 유증의 경우의 유언집행자는 상속재산 전체에 대한 관리권을 갖고 있지 않다는 점을 이유로 당해 재산이 상속재산 중 큰 부분을 차지하는 경우는 몰라도 원칙적으로 신청권이 인정되지 않는다는 견해가 유력하다.

수인의 유언집행자가 있는 경우에는 다툼이 있지만 상속재산에 대한 파산신청은 일종의 보존행위(민법 제1102조)이기 때문에 각 유언집행자는 단독으로 파산신청을 할 수 있다.

상속재산에 대해서 파산절차가 개시되면 유증의 집행은 파산관재인에 의해서 파산배당의 형태로 진행되기 때문에 유언집행자의 임무는 당연히 종료한다.

---

8) 집필대표 민유숙, 주석 민법 [상속] 제6판, 한국사법행정학회(2025년), 543, 544면.

다. 신청인 및 채무자의 표시

상속재산에 대한 파산신청이 상속채권자 또는 수유자에 의한 경우, 이들은 상속재산에 대해서 파산절차가 개시되면 파산채권자가 되기 때문에 신청인의 표시로서는 통상의 채권자신청의 경우처럼 기재하되 신청인의 자격을 명확히 하기 위해 다음과 같이 표시하는 것을 고려할 만하다.

신청인　상속채권자 ○○○

신청인　수유자 ○○○

반면, 상속인, 상속재산관리인 또는 유언집행자가 파산신청을 하는 경우에는 상속재산을 관리하는 입장에 있는 자에게 부여된 독자의 신청권에 따른 것으로 해석되고, 준(準)자기파산의 신청으로 평가되기 때문에 그 신청자격을 명확히 나타낸다는 의미에서 신청인의 표시를 다음과 같이 기재할 필요가 있다.

신청인　상속인 □□□□

신청인　상속재산관리인 □□□□

신청인　유언집행자 □□□□

채무자의 표시는 상속재산 그 자체가 채무자(파산자)가 되기 때문에 실무상 「피상속인 망 ○○○의 상속재산」이라고 기재하고 있다.

라. 상속재산파산 신청기간

채무자회생법 제300조(상속재산에 대한 파산신청기간) 상속재산에 대하여는 「민법」 제1045조(상속재산의 분리청구권)의 규정에 의하여 재산의 분리를 청구할 수 있는 기간에 한하여 파산신청을 할 수 있다. 이 경우 그 사이에 한정승인 또는 재산분리가 있은 때에는 상속채권자 및 유증을 받은 자에 대한 변제가 아직 종료하지 아니한 동안에도 파산신청을 할 수 있다.

민법 제1045조(상속재산의 분리청구권) ① 상속채권자나 유증받은 자 또는 상속인의 채권자는 상속개시된 날로부터 3월 내에 상속재산과 상속인의 고유재산의 분리를 법원에 청구할 수 있다.
② 상속인이 상속의 승인이나 포기를 하지 아니한 동안은 전항의 기간 경과 후에도 재산의 분리를 법원에 청구할 수 있다.

일반파산사건은 파산신청에 기간의 제한이 없다. 그러나 상속재산파산에 대해서는 신청기간이 정해져 있다. 상속재산파산은 상속재산을 상속인의 고유재산으로부터 분리하여 청산하는 것이기 때문에 두 개의 재산이 혼합하기 전에 파산신청을 할 필요가 있다.

그래서 채무자회생법 제300조는 민법 제1045조에 기한 재산분리가 허용되는 기간 혹은 「이 경우 그 사이에」 한정승인 또는 재산분리가 있은 때에는 상속채권자 및 유증을 받은 자에 대한 변제가 아직 종료하지 아니한 동안에도 상속재산에 대한 파산신청을 인정하고 있다. 그러므로 상속재산에 대한 파산신청기간은 상속이 개시된 날로부터 3월 내이다(민법 제1045조 제1항). 상속의 승인 또는 포기의 경우와 달라서 상속이 개시된 날, 즉 피상속인의 사망의 날로부터 3월의 기간이 기산된다. 채무자회생법 제300조는 이처럼 상속재산에 대한 파산신청기간을 민법 제1045조의 규정에 의해 재산분리를 청구할 수 있는 기간, 즉 상속개시일로부터 3월 내로 한정한 뒤, 만약 「그 사이에」 한정승인이나 재산분리가 있은 때에는 상속재산에 대한 파산신청이 가능한 기간을 연장하는 방법을 채택하고 있다.

그런데 법 제300조에 의하면 특별한정승인의 경우, 예컨대 상속인이 상속채무가 상속재산을 초과하는 사실을 중대한 과실 없이 상속개시가 있음을 안 날로부터 3개월 이내에 알지 못하고 단순승인을 하였다가 이 사실을 안 날로부터 3개월 이내에 특별한정승인을 신청한 경우에는 파산신청을 할 수 없게 된다. 그렇지만 파산절차가 한정승인이나 재산분리 절차에 비하여 보다 엄격한 청산절차라는 점을 고려하면, 한정승인이나 재산분리에 의해 상속재산과 상속인의 고유재산이 분리되어 있기만 하면 민법 제1045조의 기간 경과로 일단은 상속재산파산을 할 수 없게 되었더라도 상속재산에 대해 파산선고 신청을 인정하여 파산절차에 의한 청산을 가능하게 해도 무방할 것이다. 비교법적으로 볼 때 일본 현행 파산법은 2004년 전면 개정 시 구 파산법에 있던 「그 사이에」 라는 요건을 삭제하여, 일단 파산신청을 할 수 없게 된 경우라도 그 후에 한정승인이나 재산분리가 있으면 재차 상속재산에 대해서 파산신청을 할 수 있도록 규정의 내용을 개정하였다.[9]

9) 竹下守夫 외, "大コンメンタール破産法", 青林書院(2007년), 962면 참조.

마. 상속재산파산과 면책, 상속인의 보호

(1) 상속인의 면책신청권 인정 여부

면책이란 자연재해나 경기변동 등과 같은 불운으로 인하여 파산선고를 받은 '성실하지만 불운한' 채무자에게 새로운 출발의 기회를 주기 위한 제도이다. 그런데 피상속인은 이미 사망하였으므로 피상속인의 갱생은 관념할 수 없다. 그렇다고 상속재산파산 절차에서 상속인에 대해서 그 갱생이나 성실성을 문제로 삼는 것도 자연스럽지 못하다. 그러므로 상속재산파산절차에서 면책을 인정하는 것은 면책제도의 기본이념에 비추어 적합하지 않다. 또한 상속재산파산은 상속재산으로 총 채권자에게 변제하는 것이 목적이고 파산종결과 함께 소멸하기 때문에 그러한 상속재산에 면책에 관한 규정의 적용을 인정하여도 의미가 없다.[10] 일본의 경우 채무자가 파산선고 후에 사망하여 그 상속재산에 대해서 파산절차가 속행되고 파산폐지결정이 되어 파산절차가 종결된 뒤에 채무자의 상속인들(자녀 2명)이 당해 파산에 대해 면책결정을 신청한 사건에서, 원결정은 면책신청권은 일신전속권이고 상속인에게 면책신청권이 없다고 하여 신청을 부적법 각하하였다. 이에 대하여 신청인들이 상속인은 피상속인의 파산자인 지위, 따라서 그 면책신청권자인 지위도 승계하고, 채무자 사망의 경우에 상속재산에 대해 면책을 인정할 필요가 있기 때문에 상속인에게 면책규정의 유추적용을 인정해야 한다고 하여 즉시항고를 하였으나, 항고심은 채무자의 상속인을 당해 파산절차의 승계인으로 볼 수 없고, 파산재단 자체를 법인격 없는 재단으로서 파산능력을 인정하고, 파산절차의 당사자로 보는 것이 상당하기 때문에 채무자의 상속인이 파산절차의 당사자로서 면책신청을 할 여지는 없다고 하여 상속인들의 면책신청을 부적법 각하한 원결정을 상당하다고 하여 항고기각 하였다.[11] 서울중앙지방법원도 상속인들이 상속재산에 대하여 파산신청을 하여 2000. 9. 15. 상속재산을 파산자로 선고하고 파산절차를 진행하여 최후배당 후 2005. 6. 21. 파산종결 하였는데, 상속재산에 대하여 파산신청을 한 상속인들이 2005. 6. 27. 면책신청을 한 사안에서 신청이 부적법하다는 이유로 각하하였다.[12]

---

10) 齋藤秀夫 외 2, 注解 破産法(下)(제3판), 青林書院(1999), 154, 155면 참조.

11) 高松高決平8・5・15判時1586号76頁.

12) 서울중앙지방법원 2005. 9. 1.자 2005하면4831(2000하23) 결정, 서울중앙지방법원 파산부 실무연구회, 개인파산・회생실무(제4판), 박영사(2015), 38면 각주 6번 참조. 그런데 현행법상으로는 신청인인 상속인들에게 신청자격이 없음을 이유로 기각하여야 할 것이다.

(2) 상속재산파산선고가 상속인에게 미치는 효력

채무자회생법 제389조(상속재산의 파산) ① 상속재산에 대하여 파산선고가 있는 때에는 이에 속하는 모든 재산을 파산재단으로 한다.
② 상속재산에 대하여 파산선고가 있는 경우 피상속인이 상속인에 대하여 가지는 권리와 상속인이 피상속인에 대하여 가지는 권리는 소멸하지 아니한다.
③ 상속재산에 대하여 파산선고가 있는 때에는 상속인은 한정승인한 것으로 본다. 다만, 「민법」 제1026조 제3호에 의하여 상속인이 단순승인한 것으로 보는 때에는 그러하지 아니하다.

구 파산법 제12조(상속재산의 파산) ① 상속재산에 대하여 파산선고가 있은 때에는 이에 속하는 모든 재산으로써 파산재단으로 한다.
② 피상속인이 상속인에 대하여 또는 상속인이 피상속인에 대하여 가진 권리는 소멸하지 아니한다.

일본 파산법은 모법인 독일법(독민 제1975조[13])과 달리 상속재산의 파산절차를 이용하더라도 한정승인의 효과가 부여되지 않기 때문에 상속재산이 채무초과의 경우에는, 설령 상속재산의 파산절차가 진행되더라도 후에 상속채권자나 수유자가 상속인의 고유재산에 대해서 권리행사를 할 가능성이 있기 때문에 상속인으로서는 상속포기 또는 한정승인을 하여 자신의 고유재산에 대한 권리행사를 저지해 둘 필요가 있다.[14] 그러므로 일본에서는 상속인 보호를 위해서 면책허가신청의 규정을 유추적용하여 상속인에게 상속재산의 파산절차에 있어서 면책허가신청을 인정하여야 한다는 견해, 상속재산 파산절차가 진행되면 상속인이 한정승인을 하든 말든 관계없이 상속채무에 대한 변제는 상속재산을 한도로 하고, 상속재산 파산절차가 종료되면 상속채권자는 그 충당재산을 잃고, 이후 사실상 채권의 만족을 받을

---

13) **§ 1975 Nachlassverwaltung; Nachlassinsolvenz**
Die Haftung des Erben für die Nachlassverbindlichkeiten beschränkt sich auf den Nachlass, wenn eine Nachlasspflegschaft zum Zwecke der Befriedigung der Nachlassgläubiger (Nachlassverwaltung) angeordnet oder das Nachlassinsolvenzverfahren eröffnet ist.
독일민법 1975조 상속재산의 관리: 상속재산의 파산
채권자의 만족을 위한 목적으로 상속재산관리가 명하여지거나 상속재산파산절차가 개시된 경우에는, 상속채무에 대한 상속인의 책임은 상속재산으로 한정된다.

14) 大阪高裁 昭和 63年 7月 29日 判決은 상속재산에 대해서 파산절차개시결정이 되더라도 상속인이 상속포기 또는 한정승인을 하지 않으면 상속인은 당해 파산절차 중에 변제되지 않은 채무를 자기의 고유재산으로써 변제할 책임을 부담하게 된다고 판시하였다. 竹下守夫 외, "大コンメンタール破産法", 青林書院(2007년), 969면 참조.

수 없게 된다는 해석론이나 상속재산에 대해서 파산절차가 진행된 경우에는 상속채무에 대한 상속인의 변제책임은 상속재산을 한도로 한다는 취지의 규정을 신설하는 것으로 대처하여야 한다는 입법론 등 다양한 견해가 존재한다.

그렇지만 채무자회생법은 일본 파산법과 달리 제389조 제3항에서 상속재산에 대하여 파산선고가 있는 때에는 민법 제1026조 제3호(상속재산 은닉, 부정소비, 재산목록 기입 누락)에 의하여 단순승인한 것으로 보는 경우 외에는 상속인은 한정승인 한 것으로 본다고 규정하고 있다. 채무자회생법은 구 파산법에 없던 규정을 신설한 것이다(구 파산법 제12조 참조). 그러므로 현행 채무자회생법하에서는 상속재산에 대해서 파산선고가 된 경우에 상속인으로서는 상속채권자가 상속인 자신의 고유재산에 대해서 권리행사를 해 올 가능성을 막기 위해 상속포기나 한정승인을 할 필요가 없다. 다만, 상속재산파산 신청이 기각될 수도 있고, 파산선고가 취소되면 파산선고는 소급적으로 효력을 잃기 때문에 상속인은 이에 대비하기 위하여 소정의 기간 내에 상속포기나 한정승인을 하는 것은 유의미하다.

5. 상속재산파산의 실질적 요건

가. 파산원인

상속재산파산은 상속재산으로 상속채권자 및 유증을 받은 자에 대한 채무를 완제할 수 없는 때, 즉 채무초과만이 유일한 파산절차개시 원인이다(법 제307조). 일반적인 파산원인은 지급불능이고, 존립 중인 합명회사 및 합자회사를 제외한 법인에 대해서는 채무초과도 파산원인이 되는 점에 비추어, 채무초과만이 파산원인이 되는 점은 상속재산파산의 특징이다. 상속재산은 일응 고정되었다고 볼 수 있고, 장래 자산의 증가는 거의 기대할 수 없기 때문에 상속재산파산은 지급불능을 제외하고 채무초과만이 파산선고 원인이 된 것이다. 지급불능이 파산원인에서 제외된 것은 지급불능의 판단에는 채무자의 현재의 재산뿐 아니라 그 신용이나 노력 및 그에 따라 채무의 변제기가 장래에 도래할 때 변제가능성이 생길지도 고려해야 하는바, 상속재산에 대해서는 그 신용이나 노력을 고려할 여지가 없고 오로지 상속재산이 변제력의 기초가 되기 때문이라고 설명된다.

그렇지만 파산원인을 채무초과에 한정하는 것은 부당하다는 지적이 있다. 즉, 지급불능이 지급정지라는 외형적인 사실로부터 추정할 수 있는 것과는 달리, 채무초과는 대차대조표 등이 갖추어져 있다 하더라도 그 입증이 반드시 용이하다고 할 수 없고, 더욱이 개인의 경우에 그러한 재무서류가 있는 경우는 통상 기대하기 어렵기 때문에 신청을 하는 자의 입증부담이 크고, 또한 채권자에 의한 파산신청 후에 채무자가 사망하고 파산절차가 속행된 경우에 지급정지에 의해 파산원인을 추정할 수 없게 되어 버리는 불이익이 생기며, 채무자의 사망에 의해 파산원인이 바뀌는 것은 매우 기이하다는 지적이다.[15]

나. 파산원인의 소명

> **제294조(파산신청권자)** ① 채권자 또는 채무자는 파산신청을 할 수 있다.
> ② 채권자가 파산신청을 하는 때에는 그 채권의 존재 및 파산의 원인인 사실을 소명하여야 한다.
>
> **제299조(상속재산의 파산신청권자)** ① 상속재산에 대하여 상속채권자, 유증을 받은 자, 상속인, 상속재산관리인 및 유언집행자는 파산신청을 할 수 있다.
> ② 상속재산관리인, 유언집행자 또는 한정승인이나 재산분리가 있은 경우의 상속인은 상속재산으로 상속채권자 및 유증을 받은 자에 대한 채무를 완제할 수 없는 것을 발견한 때에는 지체 없이 파산신청을 하여야 한다.
> ③ 상속인·상속재산관리인 또는 유언집행자가 파산신청을 하는 때에는 파산의 원인인 사실을 소명하여야 한다.

채무자회생법은 상속인·상속재산관리인 또는 유언집행자가 파산신청을 하는 때에는 파산의 원인인 사실을 소명하여야 한다고 규정하고 있다(법 제299조 제3항). 다수설은 법 제299조 제3항의 반대해석상 상속재산파산절차의 채권자에 해당하는 상속채권자나 수유자는 파산원인을 소명할 필요가 없다고 해석한다. 위 법 제299조 제3항에 대해서는 상속재산의 파산의 경우에도 통상의 파산신청사건의 경우와 마찬가지로 채권자의 파산신청 오남용을 방지할 필요가 있다는 점에서 문제가 있는 입법태도라는 비판이 가해지고 있다.[16]

---

15) 伊藤 眞 外 5人, *条解破産法*, 弘文堂, 평성 22년, 1421면, 이러한 실질론에 입각하여 채무자의 사망 전에 지급정지가 있으면 피상속인의 지급불능이라는 파산원인을 추정하여 상속재산파산의 채무초과에 준하는 것으로 해석하는 해석론을 제시하는 견해가 있고, 또한 개인상인의 영업이 그의 사망 후에도 계속되는 경우가 있고 물리적인 존재로서의 상인개인보다도 그의 사업체의 신용력이나 수익은 개인상인의 사망 후에도 문제가 될 수 있다는 것을 지적하며 상속재산파산의 파산원인에 지급불능을 부가해야 한다는 입법론도 있다.

16) 전대규, 채무자회생법, 법문사(2017), 755면 참조.

그런데 저자는 다수설과 달리 법 제299조 제3항은 제294조 제2항의 특별규정 또는 보충규정으로 보아야 한다고 생각한다. 즉, 상속재산에 대한 채권자에 해당하는 상속채권자 및 수유자가 상속재산파산을 신청하는 경우에는 법 제294조 제2항에 따라 그 채권의 존재 및 파산의 원인인 사실을 소명하여야 하며, 그 밖의 신청권자인 상속인, 상속재산관리인, 유언집행자에 대해서 파산원인사실에 관한 소명의무를 부과한 것이 법 제299조 제3항인 것이다. 상속재산파산 신청권자 중 상속인 등 준채무자의 지위에 있는 신청권자들은 법인의 이사가 복수 존재하는 경우처럼 서로 의견차이나 이해대립이 있을 수 있고, 의견차이나 이해대립을 자신에게 유리하게 해결할 목적으로, 바꾸어 말하면 다른 상속인이나 상속재산관리인, 유언집행자를 괴롭히거나 위협의 수단으로 상속재산파산신청을 이용할 우려가 있기 때문에 이를 막기 위하여 법 제299조 제3항이 설계된 것이라고 본다. 독일파산법은 "신청이 상속인 전원에 의한 것이 아닌 때는 개시원인을 소명한 때에 한하여 적법하다. 이 경우에 파산법원은 다른 상속인을 심문하여야 한다"라고 규정하고 있다(법 제317조 제2항[17]).

그런데 채무자회생법 제299조 제3항에는 법 제296조와 달리 「전원이 하는 파산신청이 아닌 때에는」이라는 조건이 붙어 있지 않으므로 수인의 상속인 전원이 신청하는 경우나 혹은 1인밖에 없는 상속인이 신청하는 경우에도 파산의 원인인 사실을 소명하여야 한다. 이는 법인이나 회사라면 파산은 해산사유가 되고, 자연인이라면 파산에 의해 다양한 공·사법상의 자격제한 등 불이익을 받기 때문에 법인의 이사나 회사의 이사가 굳이 전원일치로, 또는 자연인이 스스로 파산신청을 한 경우에는 파산원인의 존재가 거의 확실하다고 생각할 수 있는데 반해, 상속재산파산의 경우에는 상속인, 상속재산관리인, 유언집행자에게 불이익이 되는 사정이 없기 때문에 통상의 자기파산신청과 동일시 할 수 없는데 따른 조치라고 설명된다.[18] 그러나 이러한 사정만으로는 신청권자 전원일치로 신청하는 경우에까지 파산신청 시 파산원인의 사실을 소명케 할 필요가 없고, 파산원인이 존재하지 아니한 때에는 법원은 파산신청을 기각할 수 있으므로 향후 채무자회생법 개정 시 법 제296조와 같이 신청권자 전원이 하는 파산신청이 아닌 때에 한하여 파산의 원인인 사실을 소명하도록 개정할 필요가 있다고 생각한다.

17) § 317 Antragsberechtigte
(2) Wird der Antrag nicht von allen Erben gestellt, so ist er zulässig, wenn der Eröffnungsgrund glaubhaft gemacht wird. Das Insolvenzgericht hat die übrigen Erben zu hören.

18) 齋藤秀夫 외 2, 注解 破産法(下)(제3판), 青林書院(1999), 203, 204면 참조.

6. 파산절차 진행 중 채무자의 사망

채무자회생법은 "파산신청 또는 파산선고가 있은 후에 상속이 개시된 때에는 파산절차는 상속재산에 대하여 속행된다"(법 제308조)라고 규정하고 있다. 법 제308조 규정의 문언상 ① 파산신청 후 파산선고 전에 채무자에 대하여 상속이 개시된 경우와 ② 파산선고 후에 채무자에 대하여 상속이 개시된 경우를 구별하지 않고 있어 마치 채무자에 대하여 파산선고 후에 상속이 개시된 경우뿐 아니라 파산신청 후 파산선고 전에 채무자에 대하여 상속이 개시된 경우에도 파산절차는 상속재산에 대하여 당연히 속행되는 것처럼 해석될 여지가 있다. 그러나 회생법원은 채무자가 파산신청 후 파산선고 전에 사망하여 상속이 개시된 경우와 파산선고 후에 사망하여 상속이 개시된 경우를 구별하여 양자를 다르게 취급하고 있다.

가. 파산신청 후 파산선고 전에 상속이 개시된 경우

실무상 많은 자기파산신청의 사안에서는 채무자가 사망한 경우에까지 절차를 속행시킬 의의가 적고, 상속인의 소재가 불명한 경우 등에는 파산사건 진행에 어려움이 있다. 그러므로 채무자가 파산신청 후 파산선고 전에 사망한 경우에는 법문과 달리 파산절차가 당연 속행되지 않는다. 이 경우 파산절차는 중단되고, 이후 상속채권자, 유증을 받은 자, 상속인, 상속재산관리인 및 유언집행자의 신청에 의해 법원의 결정으로 당해 상속재산에 대해서 그 파산절차가 속행된다.

실무상 회생법원은 파산신청을 한 채무자가 파산선고 전에 사망한 경우에 상속인을 파악하기 어려운 경우나 또는 상속인이 절차를 수계하지 아니한 때 망인의 상속인을 상대로 절차속행을 명하고, 그 후 상속인들의 속행신청이 없는 경우에는 파산신청의 의사가 없는 것으로 보아 파산신청을 각하한다.[19] 파산신청이 각하되는 경우 면책절차도 그 성질상 종료된다고 할 것이다. 회생법원은 사망한 채무자의 면책신청사건에 대하여 종국결과를 "○○○○. ○○. ○○. 채무자의 사망으로 종료"라고 처리하고 있다. 법원이 상속인 등의 신청에 의하여 속행결정을 하면 파산사건의 대상은 상속재산으로 변한다. 그러므로 파산선고의 원인도 상속재산의 채무초과이고, 이해관계인으로서 상속인이나 유언집행자가 관여하게 되는 등 변화가 생긴다.

---

19) 서울회생법원 재판실무연구회, 개인파산 · 회생실무(제5판), 박영사(2019), 253면 참조.

나. 파산선고 후에 상속이 개시된 경우

파산선고 후에 채무자가 사망하여 채무자에 대해서 상속이 개시된 때에는 파산절차는 채무자의 상속재산에 대하여 속행된다. 이 경우에는 상속인 등의 신청을 기다릴 필요가 없다. 파산절차가 당연히 속행되는 것은 이미 파산선고가 되어 채무자는 파산재단에 속하는 재산에 대해서 관리처분권을 잃고 파산관재인이 직무를 수행하고 있는 이상 상속재산에 대해서 파산절차를 속행하는 것이 합리적이기 때문이다. 이 경우도 회생법원은 사망한 채무자의 면책신청사건에 대하여 종국결과를 "○○○○. ○○. ○○. 채무자의 사망으로 종료"라고 처리한다.

그런데 이 경우 채무자가 파산선고를 받음으로 인하여 성립되는 "파산재단"과 채무자의 사망에 의하여 생기는 "상속재산"은 반드시 일치하는 것은 아니다. 상속재산에는 채무자의 자유재산이나 신득재산(파산선고 시부터 사망할 때까지 채무자가 새로 취득한 재산)도 포함되어 있기 때문이다. 따라서 상속재산에 대해서 속행되는 파산절차에 있어서 파산재단의 범위가 문제된다.

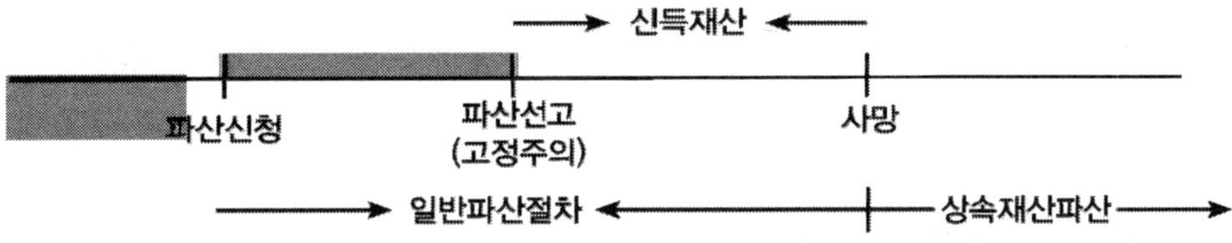

종래의 파산재단을 확장하여 상속재산에 대해서 파산절차를 속행하여야 한다는 소수설도 있으나, 통설은 '고정주의'(파산선고 시를 기준시로 하여 파산재단의 범위를 고정하는 원칙)와의 관계에서 속행절차는 종래의 파산재단에 대해서 속행된다고 해석한다. 통설은 자유재산이나 신득재산은 파산선고 후에 새로이 등장하는 채권자의 채권에 대한 책임재산을 구성한다고 한다. 통설의 견해를 취하게 되면 신득재산의 총액보다 파산선고 후 상속개시 전에 생긴 상속채권의 총액이 큰 경우에 제2의 파산이 문제된다.

다. 법 제389조 제3항(상속인 한정승인 간주)과 법 제308조의 관계

채무자회생법에 의하면 상속재산에 대하여 파산선고가 있는 때에는 상속인은 한정승인한 것으로 본다(법 제389조 제3항). 그런데 개인인 채무자에 대하여 파산신청 또는 파산선고가 있은 뒤 채무자가 사망하여 법 제308조에 의하여 파산절차가 상속재산에 대하여 속행된 때에도 상속인이 한정승인한 것으로 볼 수 있는지 문제된다.

이 점에 대해서는 ① 법 제308조에 의하여 파산절차가 상속재산에 대하여 속행된 경우는 '상속재산'에 대하여 파산선고가 있었던 경우가 아니므로 한정승인이 간주될 수 없다는 부정설과 ② 채무자회생법이 "상속재산에 대하여 파산선고가 있는 때에는 상속인은 한정승인한 것으로 본다(법 제389조 제3항)"고 규정함으로써 상속인에게 별도의 면책신청권을 부여하지 아니한 대신 상속재산에 대한 파산선고 결정이 있으면 상속인이 한정승인을 한 것으로 보고 있으므로 법의 취지에 비추어 법 제308조에 의하여 파산절차가 상속재산에 대하여 속행되는 경우에도 법 제389조 제3항을 유추적용 하여야 한다는 긍정설이 대립된다. 저자는 ① 파산신청을 한 채무자가 파산선고 전에 사망한 뒤 상속인 등의 신청에 의하여 속행된 경우 파산선고의 대상은 상속재산인 점, ② 법 제308조에 의하여 파산절차가 속행된 경우 파산관재인은 상속재산에 대하여 관리처분권을 행사하는 점, ③ 실무상 당해 사건의 신청인 겸 채무자를 망 000의 상속재산으로 표기하는 점 등에 비추어 긍정설에 찬성한다.

7. 상속재산파산과 부인권

가. 파산관재인의 조사방법

파산관재인은 망인의 상속재산 및 세금 등을 조사하기 위하여 일반파산사건의 경우와 마찬가지로 신청인과 면담 및 파산선고 시 신청인에게 요청한 자료를 토대로 조사하게 될 것이다. 그런데 신청인이 상속재산파산 신청 후 파산관재인과 면담과정에서 부인할 수 있는 행위가 발각되어 추가적인 자료 제출을 요구받으면 그 뒤로 파산관재인의 요청에 비협조적인 태도로 돌변하는 경우가 있다. 통상의 파산신청사건은 채무자가 면책을 받기 위하여 파산관재인 등의 설명요청에 대체로 호의적인 반응이지만, 상속재산파산의 경우에는 상속인, 상속재산관리인, 유언집행자에게 직접적으로 불이익이 되는 사정이 없기 때문에 파산관재인 등의 설명요청에 불응하는 경우가 있다. 특히 자신의 행위가 부인권행사의 대상이 되는 경우에는 더욱 그렇다. 그러므로 파산관재인은 법 제321조, 법 제658조가 규정하는 설명의무 제도를 적극 활용할 필요가 있다. 채무자회생법은 상속재산에 대한 파산절차를 원활하게 진행하기 위하여 상속인, 그 대리인, 상속재산관리인 및 유언집행자에게 파산관재인 · 감사위원 또는 채권자집회의 요청에 의하여 파산에 관하여 필요한 설명을 할 의무를 부과하고 있고(법 제321조), 이들이 정당한 사유 없이 설명을 하지 아니하거나 허위의 설명을 한 때에는 1년 이하의 징역 또는 1천만원 이하의 벌금에 처할 수 있도록 규정하고 있다(법 제658조).

나. 부인권에 관한 규정의 적용관계

(1) 부인대상이 되는 행위의 주체

상속재산파산의 채무자는 상속재산 그 자체라고 해석되지만, 상속재산의 경우에는 자연인이나 법인과 달리 채무자(상속재산) 자신이 파산재단 귀속 재산에 관하여 사해행위나 편파행위를 한다는 것은 생각할 수 없다. 피상속인 등 상속재산에 대해서 상속개시 전, 후에 관리처분권을 행사하는 자의 행위를 부인의 대상으로 할 수밖에 없다. 그래서 채무자회생법 제400조는 상속재산에 대해서 파산선고가 있은 경우에는 피상속인, 상속인, 상속재산관리인 또는 유언집행자가 상속재산에 관해서 한 행위에 대해서 부인권에 관한 규정을 준용한 것이다. 즉, 상속재산파산의 경우에 부인대상이 되는 행위의 주체는 상속개시 전은 피상속인, 상속개시 후는 상속인, 상속재산관리인 및 유언집행자이다.

(2) 준용규정

법 제400조는 부인의 개별적 성립요건을 정한 법 제391조, 특수관계인을 상대방으로 한 행위에 대한 특칙을 정한 법 제392조, 어음지급의 예외를 정한 법 제393조, 부인권이 행사된 경우의 상대방의 지위에 관한 법 제398조 및 부인권이 행사된 경우의 상대방의 채권의 부활에 관한 법 제399조에 대해서만 피상속인이나 상속인 등의 상속재산에 관한 행위에 준용한다. 그러나 권리변동의 성립요건 또는 대항요건의 부인(법 제394조), 집행행위의 부인(법 제395조)의 준용을 부정할 이유가 없다.

(3) 부인의 상대방에 대한 변제

상속재산에 대하여 파산선고가 있은 경우 피상속인 · 상속인 · 상속재산관리인 및 유언집행자가 상속재산에 관하여 한 행위가 부인된 때에는 상속채권자에게 변제한 후 부인된 행위의 상대방에게 그 권리의 가액에 따라 잔여재산을 분배하여야 한다(법 제402조). 파산재단에 대한 권리자에 대해서 보면 잔여재산을 파산채권자인 수유자에게 분배하는 것을 생각할 수 있지만, 수유자는 피상속인의 호의에 의해서 일방적으로 이익을 받은 것에 불과하기 때문에 입법자는 수유자보다도 부인의 상대방을 보호한 것이다.

8. 상속재산파산절차 내 당사자의 지위

가. 혼동의 예외

상속재산에 대하여 파산선고가 있는 경우 피상속인이 상속인에 대하여 가지는 권리와 상속인이 피상속인에 대하여 가지는 권리는 소멸하지 아니한다(법 제389조 제2항). 일반적으로 상속이 개시되면 피상속인과 상속인 사이에 존재한 권리 · 의무는 혼동으로 소멸하는 것이 원칙이다. 그런데 상속재산의 파산의 경우에도 이와 같은 혼동에 의한 소멸을 인정하면, 상속인이 피상속인에 대하여 채권을 가지는 경우에는 실제로는 변제를 받지 못했음에도 불구하고 상속인의 채권은 상속의 결과 소멸하게 되어 다른 상속채권자나 수유자에 비해 현저히 불리한 입장에 놓인다. 반대로, 피상속인이 상속인에 대해서 채권을 가지는 경우에는 상속인은 다른 상속채권자나 수유자에 우선하여 상속재산으로부터 변제를 받는 것과 동일한 효과가 된다. 그러나 이러한 결과는 채무자회생법이 상속채권자, 수유자, 상속인, 상속인 고유의 채권자 등 이해관계인의 형평을 도모하면서 상속재산을 청산할 목적에서 상속재산의 파산제도를 인정한 취지에 명백히 반한다. 그래서 법 제389조 제2항은 혼동의 예외를 규정한 것이다.

나. 상속인의 지위

상속재산에 대하여 파산선고가 있는 때에는 상속인은 그 피상속인에 대한 채권 및 피상속인의 채무소멸을 위하여 한 출연에 관하여 상속채권자와 동일한 권리를 가진다(법 제

437조). 법 제437조는 피상속인의 채무를 소멸시키기 위해 상속인이 자기의 재산으로부터 지출을 한 때에는 상속재산에 이익이 되기 때문에 그 상환에 대해서도 상속채권자와 동일한 권리를 가지는 것으로 하였다. 즉, 상속인이 피상속인의 채무를 소멸시키기 위해 자기의 고유재산으로부터 지출을 한 때는 그 출연은 상속재산에 이익이 되기 때문에 상속인은 그 출연액의 범위 내에서 원래 상속채권자가 피상속인에 대해서 가졌던 것과 동일한 권리를 행사할 수 있다.

본조는 "상속재산에 대하여 파산선고가 있는 경우 피상속인이 상속인에 대하여 가지는 권리와 상속인이 피상속인에 대하여 가지는 권리는 소멸하지 아니한다"는 법 제389조 제2항의 원칙을 특히 상속인이 피상속인에 대해서 채권을 가지는 경우에 대해서 확인한 규정이다.

한편, 상속인이 상속재산의 전부 또는 일부를 처분한 후 상속재산에 대하여 파산선고가 있는 때에는 상속인이 반대급부에 관하여 가지는 권리는 파산재단에 속한다(법 제390조 제1항). 이 경우 상속인이 이미 반대급부를 받은 때에는 이를 파산재단에 반환하여야 한다. 다만, 그 반대급부를 받은 때에 상속인이 파산의 원인인 사실 또는 파산신청이 있은 것을 알지 못한 때에는 그 이익이 현존하는 한도 안에서 반환하면 된다(법 제390조 제2항).

다. 상속채권자 및 수유자의 지위

상속재산의 파산절차 및 상속인의 파산절차가 병존하는 경우에 상속채권자와 수유자는 상속재산의 파산절차와 상속인의 파산절차의 쌍방에 파산채권자로서 참가할 수 있다(법 제435조). 상속재산의 파산절차와 상속인의 파산절차가 병존하는 경우에는 두 개의 파산재단이 존재한다. 그래서 법 제435조는 상속재산의 파산절차에서 파산채권자의 지위에 서는 상속채권자와 수유자가 상속인의 파산절차에서 어떠한 지위에 서는가를 명확히 한 것이다. 이 경우 상속채권자 및 수유자는 상속재산 및 상속인의 각 파산절차에서 그 채권의 전액에 관하여 파산채권자로서 권리행사를 할 수 있다. 채권액의 기준시는 원칙대로 각각의 파산절차의 개시 시이다. 따라서 상속재산파산절차에서 파산배당이 있은 뒤에 상속인에 대해서 파산절차가 개시된 경우에는 상속인의 파산절차에서 상속채권자 및 수유자가 행사할 수 있는 파산채권의 액은 당해 파산배당을 공제한 금액이 된다. 상속인의 고유재산으로부터 일부 변제가 된 뒤에 상속재산파산에서 행사할 수 있는 파산채권의 액에 대해서도 마찬가지이다. 그러나 상속인의 파산의 경우(법 제434조)와 상속재산 및 상속인의 파산의 경우(법 제435조)

에 상속인이 한정승인을 한 때에는 상속채권자와 유증을 받은 자는 그 상속인의 파산절차(즉, 상속인의 고유재산의 청산절차)에 대하여 파산채권자로서 그 권리를 행사할 수 없다. 이처럼 상속인이 명시적으로 한정승인을 한 경우 외에 법률상 한정승인의 효력을 가지는 것으로 간주되는 경우(제385조, 제386조 제1항)에도 상속채권자와 유증을 받은 자는 그 상속인의 고유재산에 대하여 파산채권자로서 그 권리를 행사할 수 없다(법 제436조).

상속재산의 파산절차에서 파산채권자는 상속채권자와 수유자이지만, 그 둘 중 상속채권자가 수유자에 우선하여 배당을 받는다(법 제443조). 양자의 우열관계는 첫째, 상속채권자는 피상속인의 재산을 믿고 대가를 공여한 자이고 변제를 받지 못하면 손실을 입게 되는데 반하여, 수유자는 피상속인의 일방적인 행위에 의해서 권리를 취득하는 자이고 변제를 받지 못하더라도 새로운 이익을 얻지 못하는 것에 불과하고, 둘째, 양자를 동순위로 취급하면 피상속인이 상속채권자를 해할 목적으로 유증을 이용할 우려가 있다는 점에서 그 이유가 설명된다.

라. 상속인의 채권자의 지위

앞에서 본바와 같이, 상속채권자 및 유증을 받은 자는 상속재산 및 상속인에 대하여 파산선고가 있는 때에는 그 채권의 전액에 관하여 각 파산재단에 대하여 파산채권자로서 그 권리를 행사할 수 있다(법 제435조). 또한 상속인이 파산선고를 받은 경우 재산의 분리가 있는 때에도 그 채권의 전액에 관하여 파산재단에 대하여 파산채권자로서 그 권리를 행사할 수 있다(법 제434조).

그러나 상속재산에 대하여 파산선고가 있는 때에는 상속인의 채권자는 그 파산재단에 대하여 파산채권자로서 그 권리를 행사할 수 없다(법 제438조). 즉, 상속인의 채권자는 상속재산을 책임재산으로 충당할 수는 없고, 상속인의 고유재산으로부터 변제를 받을 수밖에 없다. 상속재산파산에서 상속인의 채권자가 배제되는 이유에 대하여, 통설은 상속인의 채권자도 이론상으로는 상속재산부분에 대해 상속채권자에 뒤이어 변제를 받을 수 있을 것이지만 상속재산이 채무초과에 빠져 상속채권자 및 수유자에 대한 채무도 완제할 수 없는 상속재산파산이라는 상황에 있는 점을 고려하여 법이 상속인의 채권자의 권리행사를 부정한 것이라고 설명한다.

채무자회생법 제539조(법인 등의 파산폐지신청) ① 법인의 파산폐지신청은 이사 전원의 합의가 있어야 한다.
② 상속재산의 파산폐지신청은 상속인이 한다. 이 경우 상속인이 여럿인 때에는 전원의 합의가 있어야 한다.

구 파산법 제328조(준용규정) 제263조 및 제264조의 규정은 파산폐지의 신청에 이를 준용한다.

제264조(상속재산의 강제화의의 제공) 상속재산에 있어서는 강제화의의 제공은 상속인이 이를 하되 상속인이 수인인 때에는 그 합의가 있어야 한다.

9. 파산채권자의 동의에 의한 파산폐지신청

채무자회생법 제539조 제2항은 구 파산법에서와 마찬가지로 상속재산에 대해서 파산절차가 개시되었더라도 상속인 전원의 합의에 의한 동의파산폐지의 신청을 할 수 있다고 규정하고 있다. 상속인이 복수인 경우에 동의파산폐지신청을 하려면 상속인 전원의 합의가 필요하다. 상속인 전원의 합의를 요건으로 한 것은 각 상속인에게 다른 상속인(실질적으로는 파산재산 전체)을 대표한다는 규정이 없고, 상속채무에 대해서 후일 상속인 간에 분쟁이 생기는 것을 방지할 필요가 있다는 점이 상속인 전원의 합의에 의한 신청이 요구되는 주요한 이유라고 설명된다.[20] 그러나 이에 대해서는, 모든 파산채권자가 파산절차의 폐지에 동의함에도 불구하고 상속인의 일부가 신청에 동의하지 않는다는 이유로 파산절차를 계속하는 것은 합리적이지 않고, 총 파산채권자의 동의(또는 이에 준하는 상황)가 있다는 것은 상속인 전원의 동의폐지 신청 유무와 상관없이 상속인이 채무부담 및 이행에 대해서 확약하고 있다고 믿을 수 있는 상황이 존재한다는 점, 그리고 소재불명의 상속인이 있는 경우를 상정하면 전원의 신청을 요구하는 것은 실제 곤란을 야기한다는 점 등이 지적된다.[21]

---

20) 齋藤秀夫 외 2, 注解 破産法(下)(제3판), 青林書院(1999), 779면, 竹下守夫 외, “大コンメンタール破産法”, 青林書院(2007년), 991면 참조.

21) 伊藤 眞 外 5人, 条解破産法, 弘文堂, 평성 22년, 1453면 참조.

10. 상속재산에 속하는지가 문제되는 재산

가. 생명보험금

상속재산파산사건 실무에서 흔하게 피상속인을 피보험자로 하는 생명보험금이 상속재산에 속하는지가 문제된다.

(1) 보험계약에서 피상속인이 피보험자가 되고 특정의 상속인을 보험수익자로 지정한 경우

보험수익자는 보험자에 대하여 보험금 지급을 청구할 수 있고, 상속인이 수익자로 된 경우 상속인의 보험금청구의 권리는 보험계약의 효력으로 당연히 생기는 것으로서 상속재산이 아니라 상속인의 고유재산이다. 따라서 그 상속인이 상속을 포기하더라도 보험금을 수령할 수 있다. 그러한 점에서 상속포기의 의사표시는 보험금청구권의 포기와 다르고, 만일 보험수익자로 지정된 상속인 중 1인이 자신에게 귀속된 보험청구권을 포기하더라도 그 포기한 부분이 당연히 다른 상속인에게 귀속되지는 아니한다(대법원 2020. 2. 6. 선고 2017다215728 판결). 대법원은 보험자가 보험수익자에게 매월 생존연금을 지급하다가 만기가 도래하면 만기보험금을 지급하고 만기가 도래하기 전에 피보험자가 사망하면 사망보험금을 지급하는 상속연금형 즉시연금보험계약의 경우도 생명보험계약에 해당하며, 피보험자의 사망 후 보험수익자가 위 보험계약에 따라 사망보험금을 수령한 행위는 고유재산인 자신들의 보험금청구권을 추심하여 만족을 얻은 것으로 본다(대법원 2023. 6. 29. 선고 2019다300934 판결).

(2) 피상속인이 보험수익자를 단지 상속인으로만 표시한 경우

생명보험의 보험계약자가 스스로를 피보험자로 하면서, 수익자는 만기까지 자신이 생존할 경우에는 자기 자신을, 자신이 사망한 경우에는 '상속인'이라고만 지정하고 그 피보험자가 사망하여 보험사고가 발생한 경우, 보험금청구권은 상속인들의 고유재산으로 보아야 할 것이고, 이를 상속재산이라 할 수 없다(대법원 2001. 12. 28. 선고 2000다31502 판결). 따라서 상속인이 상속포기를 하더라도 보험금을 수령할 수 있다.

(3) 계약자가 자기를 피보험자인 동시에 수익자로 지정한 경우

이 경우에는 보험금청구권은 상속재산에 속하며, 상속인에 의하여 상속된다(대법원 2000. 10. 6. 선고 2000다38848 판결; 대법원 2002. 2. 8. 선고 2000다64502 판결). 한편, 학설상으로는 이 경우 대법원 판결과 같이 보험금청구권이 상속재산에 속하고 상속인이 이를 상속한다는 견해와 손해배상청구권과 마찬가지로 사자(死者)는 보험금청구권을 취득하지 못하고 상법 제733조 제3항의 유추적용에 따라 상속인이 고유의 권리로서 보험금청구권을 취득한다는 견해의 대립이 있다.[22]

(4) 생명보험의 보험계약자가 보험수익자의 지정권을 행사하기 전에 보험사고가 발생한 경우

상법 제733조는 제1항에서 "보험계약자는 보험수익자를 지정 또는 변경할 권리가 있다."라고, 제2항에서 "보험계약자가 제1항의 지정권을 행사하지 아니하고 사망한 때에는 피보험자를 보험수익자로 하고 보험계약자가 제1항의 변경권을 행사하지 아니하고 사망한 때에는 보험수익자의 권리가 확정된다. 그러나 보험계약자가 사망한 경우에는 그 승계인이 제1항의 권리를 행사할 수 있다는 약정이 있는 때에는 그러하지 아니하다."라고, 제3항에서 "보험수익자가 보험존속 중에 사망한 때에는 보험계약자는 다시 보험수익자를 지정할 수 있다. 이 경우에 보험계약자가 지정권을 행사하지 아니하고 사망한 때에는 보험수익자의 상속인을 보험수익자로 한다"라고, 제4항에서 "보험계약자가 제2항과 제3항의 지정권을 행사하기 전에 보험사고가 생긴 경우에는 피보험자 또는 보험수익자의 상속인을 보험수익자로 한다."라고 각 규정하고 있다.

상법 제733조의 문언과 규정 취지에 비추어 대법원은 사망보험금이 지급되는 상해보험에 있어서 보험수익자가 지정되어 있지 않아 위 법률규정에 의하여 피보험자의 상속인이 보험수익자가 되는 경우에도 보험수익자인 상속인의 보험금청구권은 상속재산이 아니라 상속인의 고유재산이라고 하고(대법원 2004. 7. 9. 선고 2003다29463 판결), 보험계약자가 자기 이외의 제3자를 피보험자로 하고 자기 자신을 보험수익자로 하여 맺은 생명보험계약에 있어서 보험존속 중에 보험수익자가 사망한 경우에는 상법 제733조 제3항 후단 소정의

22) 윤진수, 친족상속법 강의(제3판), 박영사(2020), 377면 참조.

보험계약자가 다시 보험수익자를 지정하지 아니하고 사망한 경우에 준하여 보험수익자의 상속인이 보험수익자가 되고, 이는 보험수익자와 피보험자가 동시에 사망한 것으로 추정되는 경우에도 달리 볼 것은 아니며, 이러한 경우 보험수익자의 상속인이 피보험자의 사망이라는 보험사고가 발생한 때에 보험수익자의 지위에서 보험자에 대하여 가지는 보험금지급청구권은 상속재산이 아니라 상속인의 고유재산이라고 한다(대법원 2007. 11. 30. 선고 2005두5529 판결). 그리고 대법원은 지정 보험수익자 사망 후 보험계약자가 재지정권을 행사하기 전에 보험계약자가 사망하거나 보험사고가 발생하고, 보험계약자 사망 또는 보험사고 발생 당시 지정 보험수익자의 상속인이 생존하고 있지 아니한 경우에는 그 상속인의 상속인을 비롯한 순차 상속인으로서 보험계약자 사망 또는 보험사고 발생 당시 생존한 자가 보험수익자가 된다고 봄이 타당하고, 또한 보험수익자가 되는 상속인이 여럿인 경우 그 상속인들은 법정상속분 비율로 보험금청구권을 취득한다고 본다(대법원 2025. 2. 20. 선고 2022다306048 판결[23]).

(5) 소결

결국 대법원 판결에 따르면 보험계약자가 자기를 피보험자인 동시에 수익자로 지정한 경우를 제외하고, 생명보험금은 상속재산이 아니라 상속인의 고유재산이다.

한편, 피상속인의 납세의무 승계 등 조세문제와 관련해서는, 국세기본법 제24조 제2항에 의하면 상속으로 인한 납세의무의 승계를 피하면서 재산을 상속받기 위하여 피상속인이 상속인을 수익자로 하는 보험계약을 체결하고 상속인은 민법 제1019조 제1항에 따라 상속을 포기한 것으로 인정되는 경우로서 상속포기자가 피상속인의 사망으로 인하여 보험금(「상속세 및 증여세법」 제8조에 따른 보험금)을 받는 때에는 상속포기자를 상속인으로 보고, 보험금을 상속받은 재산으로 본다. 그러므로 상속인은 피상속인의 사망으로 인하여 받는 생명보험 또는 손해보험의 보험금의 범위 안에서 피상속인이 납부할 국세 및 체납처분비를 납부할 의무를 진다. 그리고 상속세 및 증여세법 제8조에 의하면, 피상속인이 보험계약자이거나 혹은 보험계약자가 피상속인이 아닌 경우에도 피상속인이 실질적으로 보험료를 납부하

---

23) 대법원은 A가 보험회사와 피보험자를 A 자신, 사망 시 보험수익자를 전 남편 B와 사이에 낳은 자녀인 C로 정하여 생명보험계약을 체결한 뒤 보험사고가 발생하여 C가 먼저 사망하고 이어서 A도 사망한 사안에서 보험수익자는 C의 상속인 부친 B(A의 전남편)와 또 다른 C의 상속인 A의 상속인, 즉 C의 순차 상속인인 A의 부모(C의 조부모)가 되고, 그 상속인들은 법정상속분 비율로 보험금청구권을 취득한다고 본다.

였을 때에는 피상속인을 보험계약자로 보아 피상속인의 사망으로 인하여 받는 생명보험 또는 손해보험의 보험금을 상속재산으로 보기 때문에 상속세의 과세 대상이 된다.

나. 퇴직금[24)]· 유족급여 등

사망퇴직금의 경우에는 제1차적으로 각 기업의 취업규칙 등에 따라 정하여진다. 대법원도 사망퇴직금, 즉 단체협약에서 근로자의 사망으로 지급되는 퇴직금을 근로기준법이 정한 유족보상의 범위와 순위에 따라 유족에게 지급하기로 정하였다면, 개별 근로자가 사용자에게 이와 다른 내용의 의사를 표시하지 않는 한 수령권자인 유족은 상속인으로서가 아니라 위 규정에 따라 직접 사망퇴직금을 취득하는 것이므로, 이러한 경우의 사망퇴직금은 상속재산이 아니라 수령권자인 유족의 고유재산이라고 본다(대법원 2023. 11. 16. 선고 2018다283049 판결).

근로기준법상의 유족보상(제82조)의 경우에는 수급권자인 유족이 반드시 상속인과 일치하지는 않으므로(같은 법 시행령 제48조 참조. 예컨대 사실상 혼인관계에 있던 배우자도 포함한다), 이를 상속재산으로 보기는 어렵다. 또한 공무원의 퇴직수당이나 유족급여의 경우에도 그 수급권자인 유족이 반드시 상속인과는 일치하지 않으므로(공무원연금법 제3조 제1항 제2호는 사실상 혼인관계에 있던 배우자를 수급권자에 포함시킨다), 상속재산이 아니다.[25)] 대법원도 공무원연금법상의 유족급여에 대하여, 같은 법 제1조에 명시된 바와 같이, 공무원의 사망에 대하여 적절한 급여를 실시함으로써 공무원에 대한 사회보장제도를 확립하고 그 유족의 경제적 생활안정과 복리향상에 기여함을 목적으로 하여 지급되는 것이므로, 위 유족급여를 지급하는 제도와 공무원의 사망으로 인하여 그 공무원의 상속인이 그 재산을 상속하는 제도는 그 헌법적 기초나 제도적 취지를 달리하고, 공무원연금법 제 규정은 공무원 또는 공무원이었던 자의 사망 당시 그에 의하여 부양되고 있던 유족의 생활보장과 복리향상을 목적으로 하여 민법과는 다른 입장에서 수급권자를 정한 것으로, 수급권자인 유

---

24) 울산지방법원 2018. 3. 29. 선고 2017가단16791 판결은 상속인인 피고들이 퇴직금 중 1/2 및 퇴직연금을 수령하였으나, 이는 압류가 금지되는 채권으로서 채권자를 위한 책임재산에서 제외되는데, 위 압류금지의 취지가 근로자 및 부양가족의 안정적인 생활을 보장하기 위한 것인 이상 상속인들이 피상속인인 근로자의 부양가족인 경우에는 그 입법취지를 관철하여 상속채권자를 위한 책임재산에서도 제외되고, 이와 같이 상속채권자를 위한 책임재산에서 제외되는 상속재산은 민법 제1026조 제1호에서 말하는 '상속재산'에 해당하지 않는다고 해석함이 타당하다고 보았는데, 저자는 위 판결에 찬성한다.

25) 윤진수, 친족상속법 강의(제3판), 박영사(2020), 382면.

족은 상속인으로서가 아니라 이들 규정에 의하여 직접 자기의 고유의 권리로서 취득하는 것이고, 따라서 그 각 급여의 수급권은 상속재산에 속하지 아니한다고 본다(대법원 1996. 9. 24. 선고 95누9945 판결 등 참조).

산업재해보상보험법에 의한 유족급여의 수급권도 업무상 재해로 인하여 사망한 근로자의 상속재산에 포함되지 않는다. 대법원도 유족급여의 수급권자는 상속인으로서가 아니라 직접 자기의 고유의 권리로서 유족급여를 받을 권리를 취득하는 것이라고 본다(대법원 2009. 5. 21. 선고 2008다13104 전원합의체 판결).

그런데 「상속세 및 증여세법」은 피상속인에게 지급될 퇴직금, 퇴직수당, 공로금, 연금 또는 이와 유사한 것이 피상속인의 사망으로 인하여 지급되는 경우 그 금액은 상속재산으로 본다(제10조). 위에서 본바와 같이 상속재산으로 볼 수 없는 것이지만 그 경제적 실질에 비추어 본래의 상속재산과 같은 담세력을 지니기 때문에 과세형평의 입장에서 상속재산으로 의제된 것이다. 그 밖에 「상속세 및 증여세법」은 피상속인의 사망으로 인하여 받는 생명보험 또는 손해보험의 보험금으로서 피상속인이 보험계약자인 보험계약에 의하여 받는 것, 보험계약자가 피상속인이 아닌 경우에도 피상속인이 실질적으로 보험료를 납부하였을 때(제8조 제1, 2항),[26] 피상속인이 신탁한 재산(제9조)도 상속재산으로 의제한다.

다. 국민연금법상 유족연금

국민연금법상 노령연금 수급권자나 가입기간이 10년 이상인 가입자 또는 가입자였던 자 등이 사망하면 그 유족에게 유족연금을 지급하는데, 대법원은 국민연금법 제72조 내지 제76조의 규정은 유족연금에 관하여 노령연금 수급권자 등이 사망할 당시 그에 의하여 부양되고 있던 유족(유족의 범위 등은 법 제73조에서 규정)의 생활보장과 복지향상을 목적으로 하여 민법의 상속제도와는 다른 입장에서 수급권자를 정한 것이므로 유족연금의 수급권자는 상속인으로서가 아니라 이들 규정에 의하여 직접 자기의 고유의 권리로서 유족연금을 받을 권리를 취득하는 것이고, 그 유족연금의 수급권은 노령연금의 수급권자 등의 상속재산

---

26) 대법원 2007. 11. 30. 선고 2005두5529 판결은 상속세 및 증여세법 제8조 규정은, 상속세 과세대상이 되는 본래 의미의 상속재산, 즉 상속 또는 유증이나 사인증여에 의하여 취득한 재산은 아니라고 하더라도 실질적으로는 상속이나 유증 등에 의하여 재산을 취득한 것과 동일하게 볼 수 있는 보험금의 경우에 상속세를 부과하기 위한 것으로서 실질과세의 원칙 및 과세형평을 관철하기 위한 규정이고, 위 규정이 재산권의 본질적인 내용을 침해하는 것도 아니므로, 헌법상 재산권보장의 원칙에 반한다거나 실질적 조세법률주의에 위배된다고 볼 수 없다고 하였다.

에 포함되지 아니한다고 본다(대법원 2014. 11. 27. 선고 2011다57401 판결).

라. 부의금(賻儀金)

조문객들이 상가에 주는 부의금을 상속재산으로 볼 수 없다는 견해,[27] 부의금은 상주에 대한 증여로서 상주는 이를 장례비 등에 충당하고 나머지는 제사비용에 쓰게 된다는 견해 등이 있다. 이에 대하여, 대법원 1992. 8. 18. 선고 92다2998 판결은 사람이 사망한 경우에 부조금 또는 조위금 등의 명목으로 보내는 부의금은 상호부조의 정신에서 유족의 정신적 고통을 위로하고 장례에 따르는 유족의 경제적 부담을 덜어줌과 아울러 유족의 생활안정에 기여함을 목적으로 증여되는 것으로서, 장례비용에 충당하고 남는 것에 관하여는 특별한 다른 사정이 없는 한 사망한 사람의 공동상속인들이 각자의 상속분에 응하여 권리를 취득하는 것으로 봄이 우리의 윤리감정이나 경험칙에 합치된다고 하였다. 하급심도 부의금의 법적 성질을 조건부 증여로 보고 부의금이란 장례비에 먼저 충당될 것을 조건으로 한 금전의 증여로 이해함이 상당할 것이므로, 접수된 부의금 금액이 상속인 또는 상속인이 아닌 가족별로 다르더라도 동 금원은 모두 장례비로 충당되어야 한다고 본다. 만일 부의금의 총 합계액이 장례비를 상회한다면 부의금 피교부자별로 접수된 금액의 비율대로 각 금액에서 충당하고, 나머지 금액은 각 부의금 피교부자별로 귀속되며(이 경우 각 부의금 피교부자별 금액이 확정되지 않는다면 나머지 금액을 평등하게 분배하고), 부의금의 총 합계액이 장례비에 미치지 못한다면 접수된 부의금은 모두 장례비에 충당되고, 나머지 장례비용은 장례비용을 부담하여야 할 자들이 상속을 받을 경우 적용되었을 법정상속분에 따라 분담하여야 한다고 본다(서울가정법원 2010. 11. 2. 2008느합86, 87 심판).

11. 재단채권, 압류금지재산 및 면제재산

가. 예납금

상속재산파산신청의 경우에도 신청권자는 일반의 자기파산신청의 경우와 마찬가지로 법원에 예납금을 납부하여야 한다.

---

27) 윤진수, 친족상속법 강의(제3판), 박영사(2020), 383면.

상속채권자와 유증을 받은 자가 납부한 예납금은 통상의 채권자 파산신청사건의 경우처럼 파산채권자의 공동의 이익을 위한 것이므로 법 제473조 제1호의 재단채권에 해당한다 할 것이다.

그러나 다른 신청권자인 상속인, 상속재산관리인, 유언집행자가 납부한 예납금도 법 제473조 제1호에 해당하는 재단채권으로 볼 수 있는지는 견해대립이 있을 수 있다. 이들은 상속재산에 대한 관리자의 입장에 있으므로 채무자에 준하는 자(준채무자)이기 때문이다. 그런데 서울회생법원은 민법 제998조의2의 "상속에 관한 비용은 상속재산 중에서 지급한다"라는 규정과 "상속에 관한 비용은 상속재산 중에서 지급하는 것이고, 상속에 관한 비용이라 함은 상속재산의 관리 및 청산에 필요한 비용을 의미한다(대법원 2003. 11. 14. 선고 2003다30968 판결)"는 법리에 근거하여 상속인 및 상속재산관리인, 유언집행자가 납부한 예납금도 파산채권자 공동의 이익을 위한 것으로 보아 재단채권으로 처리하고 있다. 또한, 상속재산파산은 일반 파산사건과 달리 특수한 성질의 것으로서 상속인의 재산과 분리하여 피상속인의 상속재산으로 전체 상속채권자에게 변제하기 위한 것인데, 상속인 등이 자신의 고유재산에서 출연한 예납금을 상속재산에 속하는 것으로 보아 배당재원으로 처리하는 것은 사실과도 부합하지 않는다는 점에서도 신청인의 예납금을 재단채권으로 취급하고 있다. 다만, 신청권자가 상속재산에서 예납금을 출연한 경우나 피상속인이 예납금을 부담한 것으로 보이는 경우에는 이를 파산재단에 편입하여 배당재원으로 사용하고 있다.

나. 인지 · 송달료

같은 법리에 근거하여 상속재산파산 신청권자가 납부한 인지 · 송달료도 재단채권에 해당한다 할 것이다. 상속채권자나 수유자가 납부한 인지 · 송달료는 상속재산파산절차 수행에 있어 불가결한 공익적 비용이므로 채무자회생법 제473조 제1호의 "파산채권자의 공동의 이익을 위한 재판상 비용에 대한 청구권"에, 상속인 · 상속재산관리인 · 유언집행자가 납부한 인지 · 송달료는 상속재산의 관리 및 청산에 필요한 상속에 관한 비용으로서 채무자회생법 제473조 제3호의 "파산재단의 관리 · 환가 및 배당에 관한 비용"에 해당한다고 볼 것이다. 다만, 신청권자가 상속재산에서 인지 · 송달료를 납부한 경우나 피상속인이 인지 · 송달료를 부담한 것으로 보이는 경우에는 이를 신청권자에게 반환할 재단채권으로 인정할 것은 아니다.

다. 장례비용

상속에 관한 비용과 관련된 문제로서 장례비를 재단채권으로 볼 것인지에 대한 논의가 있다. 제1설은 상속비용이 채무자회생법 제473조 각 호의 재단채권에 해당하는지를 개별적으로 따져 보아 재단채권 여부를 결정하여야 한다는 견해이다. 이 견해에 의하면, 재단채권에 관한 규정은 열거적 규정이므로 해당 상속비용이 재단채권에 관한 각 호 규정에 해당하는 경우 외에는 재단채권으로 보기 어렵다고 한다. 특히, 상속개시 이후 파산선고 전에 발생한 장례비의 경우 입법론은 별론으로 하고, 채무자회생법 제473조 각 호의 재단채권에 해당할 여지가 없다고 본다. 제2설은 상속재산에 대한 파산선고 이후 상속비용이 지출되었다면 채무자회생법 제473조 제3호의 재단채권에 해당하나, 파산선고 전에 상속비용이 지출되었다면 파산채권이라는 견해이다. 법 제473조 제3호의 파산재단의 관리 등에 관한 비용은 파산선고로 인하여 파산재단이 성립되었을 것을 전제로 하고 있으므로 상속개시 이후 파산선고 전에 지출된 상속비용은 이에 해당하지 않고, 상속재산파산절차에서는 법 제424조에 의하여 상속채권자도 파산절차에 의하여서만 채권을 행사할 수 있어 결과적으로 상속재산으로부터만 배당을 받을 수 있는바, 상속인이 파산선고 전에 지출한 상속비용에 대하여 민법 제998조의2를 근거로 상속채권자보다 언제나 우선하여야 한다는 것은 형평에 반한다고 본다. 다만, 상속개시 이후 파산선고 전에 지출한 화재보험료, 부동산에 관한 필요비 등 채권자 전원에게 이익되는 비용은 법 제473조 제4호의 재단채권(파산재단에 관하여 파산관재인이 한 행위로 인하여 생긴 청구권)으로 볼 수 있다고 한다. 제3설은 상속개시 이후 파산선고 전에 발생한 상속비용이라도 객관적으로 합리적인 범위 내의 상속비용은 채무자회생법 제473조 제3호의 재단채권이라는 견해이다. 채무자회생법 제473조 제3호의 파산재단의 관리 등에 관한 비용은 원칙적으로 파산선고 후에 파산재단에 관하여 생긴 청구권이나, 파산재단의 관리, 환가, 배당과 관련하여 필수적으로 지출이 필요한 비용(예: 의무가입 보험료, 무연고자 등에 대한 장례비용 등)은 파산선고 전에 발생한 비용이라고 하더라도 위 규정의 재단채권으로 보는 것이 공평하다고 본다. 상속인이 한정승인을 하고 민법에 따른 청산절차를 거치는 경우에는 민법 제998조의2에 의하여 상속비용을 공제하고 채권자들에게 배당할 것인데, 상속재산파산절차를 진행하는 경우 오히려 파산선고 전에 지출된 상속비용이 우선 공제되지 못한다면 상속재산과 상속인의 재산을 분리하여 청산하고, 상속인의 청산부담을 경감시키고자 하는 채무자회생법의 취지에 어긋나며, 다만 상속비용의 범위를 객

관적으로 합리적인 범위 내로 엄격하게 해석함으로써 상속채권자와의 형평을 도모하자는 견해이다.[28)]

저자는, ① 장례비용은 상속에 관한 비용으로써 합리적인 금액의 범위 내라면 피상속인의 재산에서 우선 지급할 수 있다고 할 것인 점(대법원 2003. 11. 14. 선고 2003다30968 판결 등), ② 한편 부의금의 법적 성질이 조건부 증여로서 부의금이 있을 경우 먼저 장례비용에 충당되고 남는 것이 있는 경우 공동상속인들이 각자의 상속분에 따라 권리를 취득하는 점(대법원 1992. 8. 18. 선고 92다2998 판결, 서울가정법원 2010. 11. 2.자 2008느합86, 87 심판 참조), ③ 상속인과 상속채권자 간 공평성의 관점 등에 비추어, 장례비용은 우선적으로 부의금에서 충당하여야 할 것이고(이는 조문객 중에는 망인과의 친분 등 개인적인 관계에서 망인을 애도하여 부의금을 접수하는 경우가 있다는 점에서도 타당하다 할 것임), 다만 특별한 사정으로 인하여 부의금을 받지 못하였거나 무연고자에 대한 장례비용, 또는 오랫동안 연락이 두절되었던 가족이 사망하거나 직계가족이 없어 장례를 간소하게 치르는 경우 등은 부의금이 없거나 소액에 불과할 것이므로 상속재산파산재단에 재산이 편입되어 배당재단이 형성될 경우에 객관적으로 합리적인 범위 내에서 재단채권으로 인정할 필요가 있다고 본다.

이 쟁점과 관련하여, 서울회생법원은 상속인 등이 피상속인의 장례와 관련하여 지급받은 부의금이 소명되는 경우 장례비용 중 부의금을 공제한 금액을 재단채권으로 하고, 만일 부의금이 소명되지 않는 경우 파산재단 총액에 따라 아래 표에 의하여 인정되는 장례비용과 실제 장례비용 중 적은 금액을 재단채권으로 하되 파산신청의 경위, 파산재단 총액, 파산채권자의 수와 채권 발생원인 및 그 금액, 장례비용의 구체적인 내용과 그 금액 등을 고려하여 1,000만원 이하의 범위 내에서 달리 인정할 수 있다고 정하고 있다(서울회생법원 실무준칙 제376호 제4조 참조).

파산재단 총액	인정되는 장례비용
2,000만원 이하	200만원
2,000만원 초과~5,000만원 이하	300만원
5,000만원 초과~1억원 이하	500만원
1억원 초과	1,000만원

28) 김주미, 서울회생법원 2018년 하반기 개인파산관재인단 간담회 자료.

라. 압류금지재산 및 면제재산

일반파산사건의 경우 파산재단에서 제외되는 압류금지재산과 면제재산에 관한 채무자회생법 제383조 제1항 및 제2항이 상속재산파산에도 적용되는지에 관한 논의가 있다. 위 규정들은 개인채무자의 최저생활을 보장하기 위한 것인데 상속재산파산의 경우에는 재산의 소유자인 피상속인이 사망하고 없기 때문이다.

그런데 상속재산파산절차를 진행하다 보면 피상속인과 생계를 같이하는 상속인들이 피상속인의 명의로 임차한 주거지에서 함께 생활하고 있었고 그들의 생계유지능력이 부족한 경우의 소액임차보증금이나 또는 상속인들로 미성년 자녀들만 있는 경우의 최소한의 생계비 등이 종종 문제된다. 이 문제에 대해서도 견해대립이 있다. ① 압류금지재산과 면제재산에 관한 법 제383조 제1항 및 제2항 모두 상속재산파산에도 적용되어야 한다는 견해, ② 면제재산규정은 적용될 수 없으나, 압류금지재산규정은 상속재산파산에도 적용되어야 한다고 보는 견해, ③ 압류금지재산과 면제재산은 모두 개인채무자의 경제적 갱생을 목적으로 하므로 법 제383조 제1항 및 제2항은 상속재산파산에는 적용될 여지가 없다는 견해로 나뉜다.

저자는 위 두 규정의 적용은 상속재산파산절차에서 원칙적으로 배제되며, 예외적으로 적용을 긍정하는 일종의 절충설을 지지한다. ① 상속재산파산절차는 상속재산에 관하여 그 상속인에 대한 포괄승계를 동결하고 상속재산 자체에 독립적인 지위를 부여하여 청산하는 절차인 점, ② 상속재산에 대하여 파산선고가 있는 때에는 이에 속하는 모든 재산을 파산재단으로 하는 점(법 제389조 제1항), ③ 채무자회생법 제383조 1항이 압류금지재산을 파산재단에 속하지 아니하게 한 이유는 채무자의 생계보장, 재기지원 등을 고려한 것이고, 같은 조 제2항의 면제재산은 채무자의 새로운 출발을 위하여 필요한 최소한도의 기본적인 생활수준을 계속 채무자에게 보유케 하려는 제도인데, 피상속인은 이미 사망하였으므로 피상속인의 최저생활의 보장이나 새 출발은 관념할 수 없는 점 등에 비추어, 상속재산파산의 경우에는 원칙적으로 압류금지재산이나 면제재산제도는 적용이 없다 할 것이다. 다만, 예외적으로 압류금지재산이 피상속인뿐 아니라 그와 같이 살면서 생계를 같이한 피부양자나 친족의 생계보장을 위한 취지에서 규정된 경우이거나 피상속인과 생계를 같이한 피부양자 등이 피상속인의 경제활동에 의지하여 생활하고 있었고 그들의 생계유지능력이 부족한 경우에는 압류금지재산 및 면제재산제도의 적용을 긍정한다.

대법원의 입장도 같은 것으로 이해된다. 대법원은 상속재산 자체를 채무자로 보는 상속재산파산절차의 성질 · 목적 · 취지 등을 종합하면, 채무자가 개인인 경우에 적용되는 채무자회생법의 규정들이 상속재산파산절차에 그대로 적용된다고 보기는 어려우므로, '압류할 수 없는 재산은 파산재단에 속하지 아니한다.'라고 정한 채무자회생법 제383조 제1항 역시 상속재산파산절차에는 원칙적으로 적용되지 않는다고 봄이 타당하다고 보면서도, 근로자퇴직급여 보장법 제7조 제1항에 따라 압류금지재산으로 규정된 퇴직연금채권은 근로자 본인은 물론 그 가족의 안정적 노후생활을 보장하는 기초가 되도록 하려는 사회적 · 정책적 고려 등에 따른 것이고, 근로자퇴직급여 보장법의 목적, 취지, 입법을 통해 근로자퇴직급여 보장법상 퇴직연금채권에 대해서는 민사집행법상 일반적인 압류금지채권에 비해 압류금지의 범위를 확대시킨 점 등을 종합하면, 퇴직연금채권은 상속재산파산절차에서 일반적인 압류금지 재산과 달리 특별한 사정이 없는 한 파산재단에 속하지 아니한다고 보았다(대법원 2024. 1. 4. 선고 2022다285097 판결).

서울회생법원의 실무는 상속재산파산절차에서 망인(피상속인)의 명의로 된 주택임대차보증금반환채권 중 민사집행법 제246조 제1항 제6호에 해당하는 압류금지채권도 파산재단에 포함된다고 보되, 망인(피상속인)과 같이 살면서 생계를 같이 하던 부양가족(직계혈족, 배우자 및 기타 친족. 다만, 자기의 자력 또는 근로에 의하여 독립하여 주거를 마련할 수 있는 때에는 제외)이 있는 경우나 망인(피상속인)과 같이 살면서 생계를 같이 하던 사실상 배우자(다만, 자기의 자력 또는 근로에 의하여 독립하여 주거를 마련할 수 있는 때에는 제외)가 있는 경우에는 망인(피상속인) 명의로 된 주택임대차보증금반환채권은 자력이 없는 부양가족 등을 위하여 파산재단에 포함되지 않는 것으로 보고 있다(서울회생법원 실무준칙 제376호 제3조 참조).

12. 상속재산파산과 조세

가. 재산세, 종합부동산세

재산세는 과세기준일인 매년 6월 1일에 납세의무가 성립한다. 재산세는 그 납세의무 성립일이 파산선고 전인 경우는 물론이고 파산선고 후인 경우에도 파산재단에 관하여 생긴 것이므로 재단채권에 해당한다.

종합부동산세란 과세기준일(매년 6월 1일) 현재 국내에 소재한 재산세 과세대상인 주택 및 토지를 유형별로 구분하여 인별로 합산한 결과, 그 공시가격 합계액이 각 유형별로 공제금액을 초과하는 경우 그 초과분에 대하여 과세되는 세금으로 그 주택, 토지가 파산재단에 속하는 재산이라면, 이는 파산재단에 관하여 생긴 것에 해당하므로 그 납세의무 성립일이 파산선고 전인 경우는 물론 파산선고 후인 경우에도 재단채권이다.

나. 양도소득세

소득세법은 파산선고에 의한 처분으로 발생하는 소득에 대해서는 양도소득에 대한 소득세를 과세하지 아니한다고 규정하고 있다(법 제89조 제1항 제1호). 그러므로 파산관재인이 상속재산을 환가하는 과정에서 자산에 대한 양도가 있더라도 양도소득세가 발생하지 않는다. 파산선고에 의한 처분에는 파산관재인에 의한 임의매각, 청산을 위한 형식적 경매 및 파산관재인의 속행신청으로 계속된 강제경매가 여기에 해당한다. 따라서 상속인은 채무초과상태인 피상속인의 상속재산에 대하여 파산신청을 함으로써 소득세법 제89조 제1항 제1호 규정을 적용받아 양도소득세 부담에서 벗어날 수 있다.[29)]

그런데 별제권자인 근저당권자의 신청에 의한 임의경매는 파산절차에 의하지 아니한 권리행사이므로 소득세법 제89조 제1항 제1호가 적용되지 않는다고 하는 것이 국세청의 입장이다.[30)] 이 경우에 추가 쟁점으로 파산선고 후 담보권 실행경매에 따른 양도소득세가 법 제473조 제2호 단서의 재단채권에 해당하는지 여부가 문제 된다. 법 제473조 제2호 단서의 '파산재단에 관하여 생긴 것'의 의미에 대해서는 ① 파산재단에 속한 자산의 소유사실 또

---

29) 한편, 대법원은 상속재산의 처분에 수반되는 양도소득세는 상속에 따른 비용이라고 할 수 없다고 판시하여 상속비용성을 부인하였으나(대법원 1993. 8. 24. 선고 93다12 판결), 위 판결은 상속개시 후의 인지 또는 재판에 의하여 공동상속인이 된 자가 다른 공동상속인이 이미 처분을 한 상속재산에 대하여 그 상속분에 상당한 가액의 지급을 청구하는 사건에 관한 것이고, 위 법리가 피상속인의 상속재산에 대한 파산선고 후 파산관재인에 의한 처분으로 발생하는 소득에 대한 양도소득세 비과세를 부정하는 취지라고 해석할 수는 없다.

30) 국세청은 양도소득세 비과세 규정을 적용받을 수 없다고 하고[부동산거래관리과-107(2012.2.15.)], 파산선고 후에 납세의무가 성립하였으므로 재단채권에 해당하지 않는다고 해석한다[서면-2018-법령해석기본-3939(2019.02.18.)]. 조세심판원 2020. 9. 16.자 2020광1212 결정은 청구인의 비과세 주장에 대하여 "파산선고가 결정되기 이전에 채권자가 별제권을 행사함에 따라 매각된 것이고, 「채무자 회생 및 파산에 관한 법률」 제412조에 의하면 별제권은 파산절차에 의하지 아니하고 행사한다고 되어 있는 점 등을 감안하면 이 건 부동산의 양도소득이 파산선고에 의한 처분으로 발생하였다고 볼 수는 없으므로 청구인의 주장은 받아들이기 어렵다고 판단된다."며 청구인의 심판청구를 기각하였다. 판례 중에는 같은 취지로 대구지방법원 2018. 4. 11. 선고 2017구합2556 판결과 광주지방법원 2020구합15291 판결은 근저당권 실행을 위한 임의경매절차로 매각된 것은 파산선고에 의하여 처분된 것이 아니므로 그 양도소득은 소득세법 제89조 제1항 제1호에서 정한 '파산선고에 의한 처분으로 인하여 발생하는 소득'에 해당하지 않는다고 판단하였다.

는 그 자산의 양도(처분) 사실에 터 잡아 과세되거나 그 자산으로부터의 수익 그 자체에 대하여 과세되는 것이라는 견해[31], ② 공동의 이익을 위한 것이라고 볼 수 있는 파산재단의 관리, 환가 및 배당에 관한 비용청구권에 해당한다고 볼 수 있는 것이라는 견해[32], ③ 파산채권자를 위한 공익적 지출로서 공동으로 부담하는 것이 타당한 것을 의미한다고 보는 견해[33], ④ 파산관재인이 파산재단을 관리 · 처분(환가)하는 과정에서 부과된 것을 의미한다는 견해[34], ⑤ 각 조세채권마다 개별적으로 판단하여야 한다는 견해[35], ⑥ 양도소득세를 파산재단에 관하여 생긴 것으로서 재단채권에 해당한다고 단정하기는 어려울 것이지만 별제권자인 담보권자에게 배당이 이루어진 후 잔여 경매대금이 파산재단에 편입될 수 있는 경우라면, 파산재단으로 편입되는 부분은 일반 파산채권자의 공동의 이익으로 볼 수 있으므로, 그러한 부분에 상당하는 양도소득세 조세채권은 파산재단에 관하여 생긴 것으로서 재단채권으로 볼 여지가 있다는 견해[36]로 나뉜다. ②, ③, ④설에 의하면 파산선고 후 저당권자의 별제권 행사로 부동산이 경매되어 발생한 양도소득세는 재단채권으로 인정되기 어렵다고 할 것이다.

대법원 판례 중에는 파산재단에 관하여 생긴 것의 의미에 대하여 명시적으로 판단한 것은 없는 것으로 보이고, 하급심 판결례로는 파산선고 후 채무자 소유의 부동산이 임의경매절차에서 매각됨으로써 발생한 양도소득은 소득세법 제89조 제1항 제1호에 따른 비과세 양도소득에 해당하지 아니하나, 법 제473조 제2호 단서 파산선고 후의 원인(임의경매로 인한 매각)으로 인한 청구권으로서 파산재단에 속하는 부동산에 관하여 생긴 것에 해당하므로 재단채권이라고 본 수원지방법원 2023. 5. 18. 선고 2022구합75274 판결[37]과 구 파산법하에서 제38조 제2호 단서의 "「파산재단에 관하여 생긴 것」이라 함은 파산재단의 관리비용에 해당하는 소위 물세를 가리키는 것으로서, 종합소득세, 재산세, 자동차세, 등록세, 면허

31) 최완주, 파산절차와 조세관계, 파산법의 제문제(상), 재판자료 제82집, 법원도서관(1998), 409면. 김덕수, 파산관재인 부동산 처분에 대한 양도소득세 부과에 관한 검토, 2024년 서울회생법원 상반기 간담회 자료집, 16, 17면.

32) 전병서, 도산법(제4판), 박영사(2019), 182면.

33) 이중교, 통합도산법상 도산절차에서의 조세우선권에 관한 검토, 조세법연구(제15권 제1호), 세경사(2008), 140면.

34) 전대규, 채무자회생법(제6판), 법문사(2022), 1246면.

35) 서울회생법원 재판실무연구회, 앞의 책, 366쪽.

36) 이주영, '파산선고 후 처분'에 따른 양도소득에 대한 소고 - 담보권이 설정된 부동산의 양도소득을 중심으로-, 법조 제71권 제5호(통권 제755호), 법조협회 2022. 10. 28., 304, 305면.

37) 위 판결의 항소심도 결론을 같이하여 2024. 2. 7. 채무자의 항소를 기각하였고(수원고등법원 2023누12770호), 채무자가 불복하여 상고를 하였으나 대법원은 2024. 6. 13 심리불속행 기각 하였다(2024두12770 판결).

세, 인지세, 균등할 주민세[38] 등이 이에 해당한다"고 본 판결이 있다(서울고등법원 2005. 11. 11. 선고 2005나32946 판결).

그런데 서울회생법원은 상속재산에 관하여 상속인이 부담하는 양도소득세(단, 상속재산 파산절차에서 해당 상속재산이 환가 포기된 경우를 제외한다)를 재단채권으로 인정하고 있다(실무준칙 제376호 제4조 제4호). 상속인의 보호를 위한 한정승인 제도의 취지, 한정승인을 한 상속인의 의사를 고려한 것이라고 설명된다.

다. 취득세

취득세가 재단채권에 해당하는지에 대해서도 견해가 나뉜다. 부정설은 상속인에게 부과된 취득세는 상속인의 고유채무에 해당할 뿐 상속비용에 해당하지 않는다고 한다. 이는 한정승인의 경우에도 상속인이 책임이 제한된 상태로 피상속인의 재산에 관한 권리·의무를 포괄적으로 승계하는 것이기 때문에, 소유권이전등기가 실제로 이루어졌는지, 상속인이 실제로 부동산을 사용·수익하는지 등과 상관없이 한정승인의 효과로서 상속인이 부동산을 상속에 의하여 취득한 것으로 보기 때문이라고 한다.[39] 이 견해는 대법원 2007. 4. 12. 선고 2005두9491 판결[40] 등에 근거를 두고 있고, 상속인에게 부과되는 취득세는 상속인의 고유채무에 해당할 뿐 상속비용에 해당하지 않으므로 재단채권성을 부정한다.

반면, 제한적 긍정설은 ㉠ 상속재산파산신청을 한 한정상속인의 의사는 상속재산과 관련하여 발생하는 일체의 채무를 상속재산 범위 내에서 해결하려는 것인 점, ㉡ 대법원 판례 중에는 취득세는 양도소득세와 마찬가지로 상속채무의 변제를 위한 상속재산의 처분과정에서

---

38) 그렇지만 파산선고 후에 성립한 주민세는 파산관재인이 법원의 영업 계속 허가에 따라 영업활동을 하고 있다는 등의 특별한 사정이 있다면 재단채권에 해당할 수 있으나, 그와 같은 사정이 없다면 재단채권도 아니고 파산채권도 아니다. 서울회생법원 재판실무연구회, 법인파산실무(제5판), 박영사(2019), 375면.

39) 서울회생법원 재판실무연구회,『개인파산·회생실무(제6판)』, 박영사(2022년), 297, 298면. 그런데 서울회생법원은 2024. 12. 17. 상속재산에 관하여 상속인이 부담하는 취득세 등을 재단채권으로 인정하는 근거를 실무준칙 제376호에 마련하였다(시행일 2024. 12. 18.).

40) 민법 제1019조 제3항에 의한 이른바 특별한정승인의 경우 비록 상속채무가 상속재산을 초과한다고 하더라도 상속으로 취득하게 될 재산의 한도로 상속채무에 대한 책임이 제한되는 점에서 민법 제1028조에 의한 통상의 한정승인과 다를 바 없으므로, 특별한정승인자가 취득세를 납부할 의무가 있다고 본 사례. 위 대법원 판례에 대해서는 (특별)한정승인을 한 상속인의 의사는 상속재산과 관련하여 발생하는 일체의 채무를 상속재산의 범위 내에서만 해결하려는 것인데, 상속재산의 청산과정에서 발생한 취득세가 상속인의 고유채무로서 부과되는 것은 상속인에게 예상치 못하였던 채무를 부담시키는 것이므로, 이와 같은 취득세의 부과가 상속인이 한정승인 제도의 이용을 꺼리게 하는 원인이 될 수 있다고 비판하는 견해가 있다[민유숙, "2012년 민사친족 상속법 중요판례", 인권과정의 (2013. 3.)].

부담하게 된 채무로서 민법 제998조의2에서 규정한 상속에 관한 비용에 해당하고, 상속인의 보호를 위한 한정승인 제도의 취지상 이러한 상속비용에 해당하는 조세채무에 대하여는 상속재산의 한도 내에서 책임질 뿐이라고 볼 여지가 있다고 판시한 판례(대법원 2012. 9. 13. 선고 2010두13630 판결), 담보권 실행을 위한 부동산 경매절차에서 경매신청인이 경매절차의 진행을 위하여 부득이 상속인을 대위하여 상속등기를 마쳤다면 그 상속등기를 마치기 위해 지출한 비용은 그 경매절차의 준비나 실시를 위하여 필요한 비용으로, 그 경매절차에서 모든 채권자를 위해 체당한 공익비용이므로 집행비용에 해당한다고 본 판례[41](대법원 2021. 10. 14. 선고 2016다201197 판결), 또한 채권자가 채권자대위권을 행사하여 한정승인을 한 피고들 앞으로 부동산에 관한 상속등기를 마친 후 피고들을 상대로 비용으로 지출한 취득세 등의 상환을 구한 사안에서, 피고들은 위 비용 중 자신의 상속지분에 해당하는 금액에 대한 비용상환채무를 부담하되, 위 채무는 민법 제998조의2에서 규정한 '상속에 관한 비용'에 해당하여 상속재산의 한도 내에서 책임을 질 뿐이라고 본 원심판단을 수긍한 판례(대법원 2021. 5. 7. 선고 2019다282104 판결) 등이 존재하는 점, ⓒ 양도소득세는 소득세법 제89조 제1항 제1호에 의하여 비과세가 될 수 있는 반면, 취득세는 일률적으로 상속인의 고유채무로서 상속인이 납부의무를 부담해야 한다면 양도소득세와 균형이 맞지 않고, 양도소득의 경우는 경락대금이 피상속인의 채권자들에게 교부되어 그 채무가 변제됨으로써 상속인들은 상속채무의 소멸이라는 경제효과를 얻게 되므로 상속인들에게 실질적으로 소득이 있다고 볼 수 있지만, 취득세는 단지 재화의 이전이라는 사실 자체를 포착하여 거기에 담세력을 인정하고 부과하는 유통세의 일종이라는 점에 비추어 보면, 파산선고에 의한 처분재산에 대한 취득세를 재단채권으로 인정할 필요성은 더욱 크다 할 것인 점, ⓔ 취득세는 상속채무의 변제를 위한 상속재산의 청산과정에서 부담하게 되는 채무로서 채무자회생법 제473조 제3호의 "파산재단의 관리 · 환가 및 배당에 관한 비용"으로 볼 수 있는 점 등을 종합하면, 상속재산에 대한 파산이 선고되어 이후 파산관재인이 파산절차에서 상속재산을 처분한 경우에 상속인이 부담하게 되는 당해 처분재산에 관한 취득세는 재단채권으로 취급하는 것이 타당하다고 본다.

대법원 2007. 4. 12. 선고 2005두9491 판결에 의하면, 지방세법의 '부동산취득'이란 부동산 취득자가 실질적으로 완전한 내용의 소유권을 취득하는지 여부와 관계없이 소유권이전의 형식에 의한 부동산취득의 모든 경우를 포함하는 것으로 해석되고, 한정승인에 의하여

41) 강제경매 사안에서도 상속채권자 또는 상속인의 일반채권자가 대위상속등기를 한 다음 강제경매 절차가 진행된 경우 집행비용으로 보아야 할 것이다.

부동산을 상속받은 자는 취득세 납부의무가 있다. 위 판결에 따르면 취득세를 상속비용으로 보는 것은 어려워 보인다. 그런데 위 판결은 (특별)한정승인에 관한 사안으로서 상속재산파산절차 중 상속재산에 대한 처분과정에서 발생하는 취득세를 재단채권으로 인정할 수 있는지 여부에 관한 것은 아니므로 상속재산파산의 경우에는 달리 볼 여지가 있고, 상속재산에 대한 파산이 선고되어 이후 파산관재인이 파산절차에서 상속재산을 처분한 경우에 상속인이 부담하게 되는 당해 처분재산에 관한 취득세는 관리 · 환가를 위해 필요한 비용으로서 재단채권으로 취급할 필요가 있을 경우도 있다. 사안에 따라서는 취득세를 재단채권으로 인정하는 것이 구체적인 타당성에 부합할 수 있으므로, 필자는 제한적 긍정설을 지지한다.

그런데 서울회생법원은 양도소득세의 경우와 마찬가지로 상속인의 보호를 위한 한정승인 제도의 취지, 한정승인을 한 상속인의 의사를 고려하여 상속재산에 관하여 상속인이 부담하는 취득세(단, 상속재산 파산절차에서 해당 상속재산이 환가 포기된 경우를 제외한다)를 재단채권으로 인정한다(실무준칙 제376호 제4조 제4호).

13. 상속재산의 잔여재산

상속재산에 대하여 파산선고가 있는 때에는 최후의 배당으로부터 제외된 상속채권자와 유증을 받은 자는 잔여재산에 관하여 그 권리를 행사할 수 있다(법 제537조). 민법상 한정승인을 한 자는 한정승인을 한 날로부터 5일 내에 일반상속채권자와 유증받은 자에 대하여 한정승인을 하였다는 사실과 2개월 이상이 넘는 일정한 기간을 정하고 그 기간 내에 채권 또는 수증을 신고할 것을 공고하여야 하고(민법 제1032조 제1항), 그 기간 내에 신고하지 아니한 상속채권자 및 유증받은 자로서 한정승인자가 알지 못한 자는 상속재산의 잔여가 있는 경우에 한하여 그 변제를 받을 수 있다(민법 제1039조). 채무자회생법 제537조는 민법상의 한정승인제도와 균형을 맞춘 것이다. 그러나 위 규정에 대해서는 절차보장이 반드시 충분하다고 할 수 없는 민법상의 한정승인절차에서 그러한 취급을 하는 것은 이유가 있지만, 보다 엄격하고 심도 있는 절차인 상속재산파산절차에서 최후배당으로부터 제외된 상속채권자와 수유자를 특별하게 취급해야 할 이유를 찾기 어렵다는 비판이 있다. 일반적으로 파산절차에서는 최후배당에서 제척된 파산채권자에게 잔여재산에 대한 권리행사가 인정되지 않기 때문이다.

제2절 상속인의 파산

1. 시작

상속인이 파산한 경우에 파산채권자로서는 상속인이 상속에 대해서 단순승인을 할지, 한정승인을 할지, 아니면 상속포기를 할지에 대해서 관심을 갖지 않을 수 없다. 상속재산이 채무초과 상태에서 채무자가 단순승인을 하면 파산채권의 총액이 증대하여 상속인의 채권자는 배당이 감소된다. 반대로 상속재산이 자산초과 상태라면, 상속인의 상속포기는 파산채권자의 재단증가 기대에 반하게 된다. 그러므로 채무자회생법은 상속인의 파산에 있어서 특유의 규정을 두어 합리적인 해결을 도모하고 있다.

2. 한정승인 또는 재산분리 절차와의 관계

가. 파산과 한정승인 및 재산분리(법 제346조)

상속인에 대한 파산선고는 한정승인 또는 재산분리에 영향을 미치지 아니한다(법 제346조 본문). 한정승인은 상속인이 상속으로 인하여 취득한 재산의 한도에서 피상속인의 채무와 유증을 변제하는 상속 또는 그와 같은 조건으로 상속을 승인하는 것을 말하고, 재산분리란 상속개시 후에 상속채권자나 유증받은 자 또는 상속인의 채권자에 의하여 상속재산과 상속인의 고유재산을 분리시키는 가정법원의 처분을 말한다. 민법은 상속이 개시된 경우에 상속인이 한정승인을 하여 상속에 의하여 수반되는 피상속인이 갖는 채무의 이행을 회피할 수 있도록 하고, 또한 재산분리를 함으로써 상속인의 채권자가 상속인의 고유재산으로부터 받을 변제를 가급적 확보함과 동시에 상속채권자가 파산재단으로부터 우선변제를 받는 것을 가능하게 하는 길을 열어두고 있다. 이러한 실체적 규율은 상속인에 대해서 파산선고의 결정이 있다고 하여 부정되어야 할 이유가 없다.[42] 그래서 법 346조 본문은 상속인에 대한 파산선고는 한정승인 또는 재산분리에 영향을 미치지 않는다는 것을 확인한 것이다. 다만, 한정승인이나 재산분리는 파산선고 또는 파산폐지의 결정이 확정되거나 또는 파산종결의 결정이 있을 때까지 그 절차가 중지된다(법 제346조 단서).

---

42) 竹下守夫 외, "大コンメンタール破産法", 青林書院(2007년), 998면 참조.

그런데 법 제346조에 대해서는, 상속재산의 파산의 경우에는 상속재산의 청산절차인 한정승인이나 재산분리의 절차를 일률적으로 중지하는 것은 문제가 없더라도, 상속인의 파산의 경우에는 채무자인 당해 상속인이 상속재산의 청산에 대해서 아무런 권한을 갖고 있지 않는 때에 다른 상속인 등의 권한에 기하여 진행되는 관리나 청산을 당연히 중지시키는 것은 원래 채무자가 가지고 있던 권한의 범위를 넘어서 파산관재인에게 관리처분의 권한을 인정하는 것이 되어 적당하지 않다는 비판이 있다. 즉, 파산자인 채무자 이외의 공동상속인에 의하여 상속재산분리에 의한 관리절차나 한정승인에 의한 관리절차가 진행되고 있는 경우까지 그 절차를 중지시켜야 할 이유는 존재하지 않는다[43]는 것이다. 채무자인 상속인이 단독으로 청산 권한을 가지고 있지 않고 다른 상속인과 함께 진행되던 관리나 청산도 마찬가지이다. 비교법적으로 볼 때, 일본 현행 파산법은 위와 같은 이유로 "상속인에 대한 파산절차개시의 결정은 한정승인 또는 재산분리를 방해하지 않는다. 다만, 당해 상속인만이 상속재산에 대하여 채무변제에 필요한 행위를 할 권한을 가지는 때는 파산절차개시 결정의 취소 또는 파산절차폐지의 결정이 확정되거나 파산절차종결의 결정이 있을 때까지 한정승인 또는 재산분리의 절차는 중지한다(일본파산법 제239조)"라고 규정하고 있다.

나. 상속인의 파산과 상속채권자 및 유증을 받은 자(법 제434조)

채무자회생법은 상속인이 파산선고를 받은 경우에는 재산의 분리가 있는 때에도 상속채권자 및 유증을 받은 자는 그 채권의 전액에 관하여 파산재단에 대하여 파산채권자로서 그 권리를 행사할 수 있다고 규정하고 있다(법 제434조).

상속인에 대해서 파산선고가 있는 경우에 상속채권자 및 유증을 받은 자는 그 상속인에 대한 파산절차에 참가할 수 있고, 파산절차에 참가할 때 권리행사를 할 수 있는 범위는 채권의 전액이다. 여기서 전액이란 파산선고 시 아직 변제를 받지 못한 금액의 전부를 말한다. 이렇게 파산절차에 참가할 수 있는 것은 재산분리가 있는지 여부에 좌우되지 않는다. 상속의 포괄승계성(민법 제1005조)의 당연한 귀결이다. 그러므로 본조가 의미를 갖는 것은 재산의 분리가 있는 때이다. 단, 재산의 분리가 있는 때에는 상속인의 채권자는 상속인의 고유재산으로부터 우선변제를 받을 권리가 있고, 상속채권자와 유증을 받은 자는 상속재산으로써 전액의 변제를 받을 수 없는 경우에 한하여 상속인의 고유재산으로부터 그 변제를

43) 伊藤 眞 外 5人, 条解破産法, 弘文堂, 평성 22년, 1465면 참조.

받을 수 있다(민법 제1052조).

그러나 상속에 대하여 한정승인의 효력이 생긴 때에는 본조는 적용되지 않는다. 즉, 파산선고를 받은 상속인이 한정승인을 하거나 또는 법률상 한정승인을 한 것과 동일한 효력이 인정되는 경우에는 상속채권자와 유증을 받은 자는 그 상속인의 고유재산에 대하여 파산채권자로서 그 권리를 행사할 수 없다(법 제436조).

다. 상속재산에 대한 파산신청기간 안의 신청에 의하여 상속인에 대한 파산선고가 있는 때 채권자 간의 순위(법 제444조)

채무자회생법 제444조에 따르면, 상속재산에 대한 파산신청기간 안의 신청에 의하여 상속인에 대한 파산선고가 있는 때에는 상속인의 채권자의 채권은 그 고유재산에 대하여 상속채권자 및 유증을 받은 자의 채권에 우선하고, 상속채권자 및 유증을 받은 자의 채권은 상속재산에 대하여 상속인의 채권자의 채권에 우선한다. 본조의 취지는 아래와 같다.

파산선고 전에 채무자가 단순승인을 하고, 또한 상속재산에 대해 한정승인은 물론 재산분리도 상속재산파산도 되지 않은 경우 상속재산파산의 신청가능기간 경과 후에 상속인에 대한 파산신청이 있는 경우에는 상속채권자 및 수유자와 상속인의 채권자는 동순위로서 상속인의 고유재산과 상속재산의 쌍방으로 형성된 파산재단으로부터 변제를 받게 된다. 그런데 이처럼 상속이 개시되고, 그것이 포괄승계의 효과를 수반함으로써 상속인의 재산과 상속재산이 혼합되는 것이 원칙이라고 하더라도, 그러한 사태는 한정승인 · 재산분리 · 상속재산파산의 절차가 개시됨으로써 저지할 수 있기 때문에 위 상속재산파산 등 절차를 취할 수 있는 시기는 포괄승계에 의한 재산의 혼합이 불가역적인 단계에 이른 것은 아니다. 그리고 그러한 시기에 있어서 상속인의 파산이 개시된 경우에는 예를 들어 한정승인 · 재산분리 · 상속재산파산이 없더라도 상속인 및 피상속인의 각각의 자력내용에 따른 합리적인 채권자의 이해조정이 도모되어야 한다. 본조는 이러한 귀결을 추구한 것이다. 즉, 상속재산의 파산을 신청할 수 있는 기간 내에 상속인에 대하여 파산절차가 개시된 경우에, 상속인의 고유재산에 대해서는 상속채권자 · 수유자는 파산절차에 참가할 수 있지만, 상속인의 채권자의 채권이 상속채권자 · 수유자의 채권에 우선한다. 또한 이와 균형을 맞추어 상속재산에 대해서는 상속인의 채권자도 권리행사를 할 수 있지만(상속재산이 파산하지 않았기 때문에 법 제438조의 적용이 없다), 상속채권자 · 수유자의 채권이 상속인의 채권자의 채권에 우선한다.

라. 상속인의 파산과 상속재산의 처분(법 제503조)

상속인에 대해서 파산선고의 결정이 있은 후에 당해 상속인이 한정승인을 한다든지 당해 상속인에 대해서 재산분리가 있다든지 한 때에는 파산관재인은 당해 상속인의 고유재산과 구별하여 상속재산의 관리 및 처분을 하여야 한다(법 제503조 제1항 전단). 채무자가 파산선고의 결정 전에 채무자를 위한 상속의 개시가 있고 한정승인 또는 재산분리가 있은 경우에도 동일하다(법 제503조 제1항 후단). 이에 따라 상속재산의 관리 및 처분을 마친 때에는 잔여재산이 있으면 그 잔여재산에 대하여 파산재단의 재산목록 및 대차대조표를 보충하지 않으면 안 된다(법 제503조 제2항). 파산관재인이 상속재산의 관리처분을 종료한 때 잔여재산 중에 당해 상속인에게 귀속되어야 할 부분이 있으면 그 잔여재산에 대하여 파산재단의 재산목록 및 대차대조표를 보충하도록 한 것이다. 여기서 보충이라고 한 것은 이미 재산목록 및 대차대조표는 법 제483조 제1항에 의거하여 작성되고 있을 것이기 때문이다. 즉, 잔여재산 중 당해 상속인에게 귀속되어야 할 부분은 고유재산으로 구성되는 파산재단에 편입되고, 이 경우에 파산관재인은 파산재단의 재산목록 및 대차대조표를 보충하도록 하였다. 그런데 위 규정은 채무자만이 상속인인 경우나 채무자가 상속재산관리인에 선임된 경우 등 채무자인 상속인만이 상속재산에 대해 채무변제에 필요한 행위를 할 권한이 부여된 경우에 적용된다고 해석해야 할 것이다. 다른 공동상속인이 상속재산에 대해 채무변제에 필요한 행위를 할 권한을 가지는 경우까지 파산관재인에게 상속재산 전체에 대하여 관리처분을 시키는 것은 적당하지 않기 때문이다. 그러므로 다른 공동상속인이 상속재산에 대해 권한을 가지는 경우에는 한정승인 또는 재산분리절차는 중지되지 않고, 파산관재인은 상속재산의 관리처분권을 취득하지 않는다. 상속재산은 한정승인 또는 재산분리절차에서 권한을 가지는 다른 공동상속인에 의하여 관리처분되고, 그 절차가 진행되어 채무자인 상속인에게 귀속되는 잔여재산이 있는 경우에 파산관재인은 이를 취득하고 관리처분을 하게 된다.

3. 상속인인 채무자가 한 단순승인 또는 상속포기의 효력 등

가. 법 제385조, 제386조의 취지

채무자회생법은 상속이 개시된 뒤에 상속인에 대하여 파산이 선고된 경우에 대해서도 규정을 두고 있다. 채무자회생법은 파산선고 전에 채무자를 위하여 상속의 개시가 있고, 또한 상속인인 채무자가 당해 상속에 대하여 파산선고 후에 단순승인 또는 상속포기를 한 경우에 파산재단에 대하여는 한정승인의 효력을 갖는 것으로 하였다(법 제385조, 제386조).

파산선고 전에 채무자를 위하여 상속이 개시된 경우에 채무자가 단순승인, 한정승인, 상속포기 중 무엇을 선택하는지는(민법 제1019조 제1항) 그 상속대상 자산의 내용 여하에 따라 파산재단에 중대한 영향을 미친다. 예컨대, 채무자가 상속재산이 채무초과의 상태에 있는데 단순승인을 하거나, 혹은 상속재산이 자산초과의 상태에 있는데 상속포기를 하는 경우에 그 효력이 무조건적으로 인정되면 상속인 고유의 파산채권자는 불이익을 받는다. 그런데 상속이 개시되었을 때 상속을 승인할 것인지, 아니면 포기할 것인지의 선택은 상속인 고유의 권리이고 제3자가 이것에 간섭하는 것은 인정되지 않는다. 그렇지만 채무자가 파산선고 전까지 그 권한을 행사하지 않다가 파산선고 후에 비로소 그 권한을 행사한 경우에는 파산재단에 미치는 영향이 중대하기 때문에 이를 고려하여 파산재단과의 관계에서 그 효과를 제한함으로써 채무자가 한 단순승인, 상속포기는 파산재단에 대해서는 한정승인의 효력을 갖도록 한 것이 채무자회생법 제385조와 제386조의 취지이다. 한정승인이 상속재산과 상속인의 재산 사이의 청산관계를 합리적으로 처리할 수 있기 때문이다.

단, 이러한 규율은 이미 상속이 개시된 뒤에 상속인에 대하여 파산이 선고되고, 이후 채무자인 상속인이 단순승인 또는 상속포기를 한 경우이고, 그 이외의 경우와 혼동하면 안 된다. 즉, 상속이 채무자에 대한 파산선고 후에 개시된 때에는 고정주의에 따라 상속재산은 채무자의 자유재산이 된다. 그리고 상속인이 이미 파산선고 전에 단순승인이나 상속포기를 한 경우에는 그에 따른 본래의 효력을 갖게 되어 상속인의 파산절차는 이를 전제로 할 수밖에 없고 부인대상도 되지 않는다.

한편, 상속의 한정승인이나 포기는 상속인의 의사표시만으로 효력이 발생하는 것이 아니라 가정법원에 신고를 하여 가정법원의 심판을 받아야 하며, 그 심판은 당사자가 이를 고지받음으로써 효력이 발생한다(대법원 2004. 6. 25. 선고 2004다20401 판결 참조). 그러므로 파산선고 전에 채무자를 위하여 상속개시가 있는 경우 채무자가 파산선고결정 이전에 상속포기신고를 하였더라도 가정법원의 상속포기 수리심판을 파산선고결정 이후에 받았더라면 파산선고 후에 한 상속포기에 해당하여 파산재단에 대하여 한정승인의 효력을 가진다.

나. 상속인인 채무자가 단순승인 또는 상속포기를 한 경우 한정승인의 효력

여기서 말하는 한정승인의 효력을 가진다는 의미는 상속재산 전체에 대해서 한정승인 절차가 시작된다는 것을 의미하는 것이 아니라, 채무자가 상속할 상속재산을 대상으로 하여 한정승인절차와 똑같이 그 재산을 한도로 청산하는 절차를 파산절차로서 진행하는 것을 의미한다.

(1) 채무자가 단순승인을 한 경우

상속인이 채무자뿐인 경우에는 파산관재인은 상속재산과 채무자의 고유재산을 분리하여 관리하고, 이를 환가한 뒤 상속채권자인 파산채권자와 고유재산에 관한 파산채권자에게 각각 배당하여야 한다. 한편, 공동상속인이 존재하는 때에는 한정승인의 효력을 받는 것은 채무자가 상속한 상속재산이므로 상속재산분할협의에 의해 구체적인 상속재산을 확정할 필요가 있게 된다. 이 경우 채무자는 파산선고 후 재산분할협의에 당사자로서 참가할 지위에 서고, 파산관재인은 이해관계인으로서 참가하여야 한다. 당사자에 의한 상속재산분할 협의가 되지 않아 조정, 심판으로 이행된 경우에도 파산관재인은 이해관계인(공동소송적 보조참가인)으로서 그 절차에 참가하여야 한다.

(2) 채무자가 상속포기를 한 경우

법 제386에 의하여 한정승인이 된 것으로 간주된 결과, 상속인이 채무자뿐인 경우에는 상속재산은 파산관재인의 관리 아래 놓인다. 이 경우 한정승인의 효력은 파산재단과의 관계에서만 생기기 때문에 대습상속인은 자신의 숙려기간 내에 상속포기나 한정승인을 하지 않으면 법 제386조에 의한 한정승인의 효력에 따라 진행된 절차에서 변제를 받을 수 없었던 채무에 대하여 상속인으로서 책임을 진다. 한편, 채무자 이외에도 공동상속인이 있는 때는 상속포기가 한정승인의 효력을 갖게 되는 결과 채무자는 공동상속인과의 관계에서 상속재산분할협의에 참가할 권한을 가지며, 파산재단과의 관계에서는 상속재산분할협의절차에 참가해야 할 의무를 진다. 파산관재인은 동절차에 이해관계인으로서 참가하여야 한다. 상속재산분할협의에서는 채무자(파산관재인)에 의한 상속포기가 없는 것으로 보고 권리를 주장해야 하고, 다른 공동상속인은 그것을 수용하지 않으면 안 된다.

다. 파산관재인에 의한 상속포기의 승인

파산선고 후 상속포기의 경우에는 예외적으로 파산관재인은 상속포기의 효력을 인정할 수 있다. 상속재산의 채무초과가 명백한 경우에는 상속포기를 인정함으로써 상속재산의 혼입에 의해 증대되는 파산관재인의 부담을 경감하기 위한 취지이다. 이 경우 파산관재인은 포기가 있은 것을 안 날로부터 3월 이내에 그 뜻을 법원에 신고하여야 한다(법 제386조 제2항).

여기서 신고처가 되는 법원이 문제된다. 채무자회생법은 위 상속포기의 승인절차에 관한 규정을 마련하고 있지 않지만[44] "제386조 제2항의 규정에 의한 상속포기의 승인, 제387조의 규정에 의한 포괄적 유증의 포기의 승인과 제388조 제1항의 규정에 의한 특정유증의 포기"를 회생법원의 허가를 받아야 하는 행위로 규정하고 있다(법 제492조 제6호). 그러므로 위 규정에 비추어 파산관재인은 상속인인 채무자가 파산선고 후에 한 상속포기를 인정하기 위해서는 법 제492조 제6호에 근거하여 상속포기의 승인에 대해 회생법원의 허가를 받아 가정법원에 그 뜻을 신고하여야 할 것이다.

라. 포괄유증을 받은 채무자에 관하여 준용

채무자가 포괄적 유증을 받은 경우에는 상속인과 동일한 권리의무를 가지기 때문에 위에서 논한 내용이 그대로 적용된다. 그래서 채무자회생법은 제387조에서 법 제385조 및 제386조의 규정을 포괄적 유증에 관하여 준용한다고 규정하고 있다.

반면, 채무자가 특정유증을 받은 경우에는 수유자인 채무자의 권리는 통상의 재산적 권리라고 볼 수 있으므로 당연히 파산재단에 편입되고, 민법 제1074조에 의하여 유증을 받을 자, 즉 채무자는 유언자의 사망 후에 언제든지 유증을 승인 또는 포기할 수 있으므로 파산관재인이 이를 인계받아 특정유증이 파산재단에 대하여 유리하면 승인을 하고, 파산재단에 불리하면 유증을 포기할 수 있다. 채무자회생법은 파산선고 전에 채무자를 위하여 특정유증이 있는 경우 채무자가 파산선고 당시 승인 또는 포기를 하지 아니한 때에는 파산관재인이 채무자에 갈음하여 그 승인 또는 포기를 할 수 있다고 규정하고 있다. 이 경우 「민법」 제1077조(유증의무자의 최고권)의 규정이 준용된다(법 제388조). 제3절 수유자의 파산에서 다시 설명하기로 한다.

---

44) 일본 파산법 제238조 제2항은 "파산관재인은 전항 후단의 규정에 불구하고, 상속포기의 효력을 인정할 수 있다. 이 경우에는 상속포기가 있은 것을 안 날로부터 3월 이내에 그 취지를 가정재판소에 신고하여야 한다."라고 규정하고 있다.

4. 상속재산분할 협의

실무상 상속인의 파산사례는 종종 있다. 상속인의 파산의 경우에 관재업무의 진행에 영향을 미칠 수 있는 사례는 상속의 개시가 있지만 상속재산분할 협의가 되지 않은 채 상속인에 대해서 파산선고가 된 경우이다. 이 경우 파산관재인은 상속인인 채무자 대신에 상속재산분할 협의에 관여하여 파산재단에 속해야 하는 재산을 확정시키는 등 파산재단을 증식하거나 유지하기 위하여 노력하고 환가처분을 한다. 상속재산분할 협의가 장기화되는 경우에는 다른 상속인에게 상속분을 양도하는 것도 생각할 수 있다. 실제로도 파산관재인이 다른 상속인과 채무자의 상속분에 관하여 양도양수계약을 체결하고 회생법원의 허가를 받은 사례가 있다.

제3절 수유자의 파산

제387조(파산과 포괄적 유증) 제385조 및 제386조의 규정은 포괄적 유증에 관하여 준용한다.

제388조(파산과 특정유증) ① 파산선고 전에 채무자를 위하여 특정유증이 있는 경우 채무자가 파산선고 당시 승인 또는 포기를 하지 아니한 때에는 파산관재인이 채무자에 갈음하여 그 승인 또는 포기를 할 수 있다.
② 「민법」 제1077조(유증의무자의 최고권)의 규정은 제1항의 경우에 관하여 준용한다.

수유자의 파산에 관해서는, 우선 포괄 수유자는 상속인과 동일한 권리의무를 가지기 때문에 포괄 수유자에게 파산선고가 있는 때에는 법 제385조 및 제386조의 규정이 준용된다(법 제387조). 파산절차와의 관계에서 포괄수유자와 상속인을 달리 취급할 이유가 없기 때문이다.

또한 이미 파산선고 전에 채무자를 위하여 특정유증의 효력이 발생하고 있음에도 불구하고 채무자가 그 승인 또는 포기의 의사표시를 하고 있지 아니한 때는 파산관재인이 채무자를 대신하여 그 승인 또는 포기를 할 수 있다(법 제388조 제1항). 이 경우 유증의무자의 승인 · 포기 최고권(민법 제1077조)의 규정이 준용된다(법 제388조 제2항). 채무자가 특정 유증에 대해서 승인 · 포기 어느 것도 하지 않는 경우에는 유증목적물이 파산재단에 편입될 것인지 여부가 불명확한 상태가 계속되고, 파산절차에 의한 환가청산의 신속 · 청산을 저해한다. 그러므로 파산관재인이 승인 또는 포기를 선택한 뒤 그 의사표시를 할 수 있도록 한 것이다. 파산관재인의 의사표시가 없는 상태가 계속되는 상황도 있을 수 있다. 이러한 상태가 장시간 계속되면 유증의무자의 법적 지위는 불안정하게 된다. 그래서 법 제388조 제2항은 민법 제1077조를 준용하여 파산관재인에 대해 최고를 할 수 있는 권리를 인정하였다. 이로써 유증의무자는 파산관재인에 대하여 상당 기간 내에 유증을 승인 또는 포기를 확답할 것을 최고할 수 있고, 상당 기간 내에 관재인이 유증의무자에 대하여 최고에 대한 확답을 하지 아니한 때에는 유증을 승인한 것으로 본다. 즉, 유증의 승인이 의제된다. 파산관재인의 승인 또는 포기의 의사표시는 채무자에 갈음하여 하는 것이므로 그 효과는 채무자에게 귀속된다. 파산관재인의 의사표시는 불요식행위로서 별다른 방식이 요구되지 않는다. 그렇지만 상대방이 있는 의사표시이므로 유증의무자 또는 유언집행자에 대해서 하여야 한다. 파산관재인이 유증을 포기할 때에는 회생법원의 허가를 받아야 한다(법 제492조 제6호).

제17장 파산절차의 종료

제17장 파산절차의 종료

제1절 파산절차의 종료

파산절차가 종료되는 경우로는 ① 최후의 배당에 의한 파산종결(법 제365조), ② 동시폐지(법원이 파산재단으로 파산절차의 비용을 충당하기에 부족하다고 인정되어 파산선고와 동시에 하는 파산폐지; 법 제317조), ③ 이시폐지(파산선고 후에 비용부족으로 인한 파산폐지; 법 제545조), ④ 동의폐지(파산포기에 의한 폐지; 법 제538조), ⑤ 파산의 취소가 있다. 모두 당해 파산절차 내에서 생긴 사유를 원인으로 당해 절차가 종료되는 경우이다. 이 중 ① 내지 ④는 장래를 향해서 소멸시키는 것인 데 반해 ⑤는 파산절차를 소급해서 소멸시키는 것이라는 점에서 차이가 있다.

제2절 최후배당에 의한 파산종결

1. 의의

파산절차는 배당에 의해 파산채권자에게 채권의 만족을 얻게 하는 것을 본래의 목적으로 한다. 그러므로 파산절차가 목적을 달성하여 종료하는 경우에 법원은 파산종결 결정을 한다. 즉, 최후배당에 의한 파산종결은 파산절차가 목적달성으로 종료되는 경우이다.

2. 요건 및 결정

최후배당실시 후 계산보고를 위한 채권자집회가 종결되면 법원은 파산종결의 결정을 한다. 법원은 파산종결의 결정을 하고 그 주문 및 이유의 요지를 공고하여야 하며(법 제530조), 이 결정에 대하여는 불복신청할 수 없다(법 제13조). 계산보고를 위하여 소집한 채권자집회에서는 파산관재인이 가치 없다고 인정하여 환가하지 아니한 재산의 처분에 관한 결의를 하여야 한다(법 제529조). 법원은 파산종결의 결정이 있는 때는 체신관서 · 운송인 그 밖의 자에 대하여 우편물 · 전보 그 밖의 운송물의 배달촉탁을 취소하고(법 제485조 제2

항), 채무자가 법인인 경우에는 법인에 대하여 그 법인의 설립이나 목적인 사업에 관하여 행정청의 허가가 있는 때에는 파산종결의 결정이 있음을 주무관청에 통지하여야 한다(법 제314조 제2항). 법인인 채무자에 대하여 파산종결의 결정이 있는 경우에는 법원사무관 등은 직권으로 지체 없이 촉탁서에 결정서의 등본 또는 초본 등 관련 서류를 첨부하여 채무자의 각 사무소 및 영업소(외국에 주된 사무소 또는 영업소가 있는 때에는 대한민국에 있는 사무소 또는 영업소)의 소재지의 등기소에 그 등기를 촉탁하여야 하고(법 제23조 제1항 제5호), 등기소는 지체 없이 그 등기를 하여야 한다(법 제25조 제1항).

3. 효 과

최후배당을 마치면 채권자집회를 열어 파산관재인의 임무종료를 위한 계산보고를 하고, 이 집회에서 채권자의 이의가 없으면 법원은 파산종결 결정을 한다. 파산종결의 효과는 종결결정에 대한 공고의 효력이 생겼을 때에 발생한다.

가. 채무자에 대한 효과

잔여재산이 있는 경우 채무자의 관리처분권이 부활한다. 개인인 채무자는 설명의무나 통신비밀의 제한이 소멸한다. 그러나 파산절차가 종결되더라도 채무자는 당연히 채무를 면하는 것은 아니고 면책신청에 관한 재판에서 면책을 받아야 한다. 채권자가 파산절차에서 신고한 채권의 시효중단(민법 제171조)은 파산절차가 종료한 때로부터 새로이 진행한다(민법 제178조). 채무자에 대한 공법상·사법상의 제한도 당연히 풀리는 것은 아니고 파산선고로 인하여 생긴 개별 법령에 의한 자격제한의 회복을 위해서는 면책허가 등 복권절차가 필요하다.

채무자가 법인인 경우에는 파산절차종결의 효과로서 청산절차가 종료되고 법인격이 소멸한다. 이로써 회사가 부담했던 채무도 소멸한다. 다만, 파산법인에 잔여재산이 있는 때는 그 범위 내에서 법인의 존속을 인정하지 않을 수 없다(대법원 1989. 11. 24. 선고 89다카2483 판결 등).

나. 파산채권자에 대한 효과

채무자에 대하여 파산선고가 되면 파산채권자는 개별적인 권리행사가 금지된다. 그러나 파산절차종결 결정에 의하여 위 금지효는 소멸하기 때문에 파산채권자는 채무자의 재산에 대해서 확정된 채권자표를 채무명의로 하여 강제집행을 할 수 있다. 다만, 파산채권에 대해서 이의가 없어야 한다. 즉, 파산채권에 대한 이의가 없는 한, 파산채권자는 배당에 의해 만족을 받을 수 없었던 채권에 근거하여 채무자의 재산에 대해서 강제집행을 할 수 있다. 그렇지만 채무자가 개인인 경우 면책허가 신청이 있는 때에는 면책허부 재판이 확정될 때까지 파산채권에 기한 강제집행을 할 수 없고, 이미 행하여진 강제집행 등은 중지된다(법 제557조 제1항). 면책결정이 있게 되면 권리행사의 여지는 없게 된다.

반면, 법인의 경우에는 파산절차종결 결정에 의해 법인격이 소멸하고, 이로써 회사가 부담했던 채무도 소멸한다. 그 결과 파산재단으로부터 완전한 변제를 받을 수 없었던 파산채권자는 잔액의 채권을 상실하게 된다.

다. 파산관재인에 대한 효과

파산절차종결 결정에 의하여 파산절차가 종료된 때에는 파산관재인의 임무는 종료하고, 파산관재인은 파산재단 소속 재산에 대한 관리처분권을 상실한다.

다만, 파산관재인의 임무가 종료한 경우라도 급박한 사정이 있는 때에는 파산관재인 또는 그 상속인은 후임의 파산관재인 또는 채무자가 재산을 관리할 수 있게 될 때까지 필요한 처분을 하여야 한다(법 제366조). 여기서 급박한 사정이란 즉시 무엇이든 조치를 강구하지 않으면 채무자에게 인계할 재산에 현저한 불이익 또는 손해가 생기는 사정을 말한다. 예컨대, 인계재산인 금전채권이 소멸시효 만료 직전에 있는 때, 인계재산인 공작물이 그 보존상의 하자로 인하여 타인에게 금방이라도 손해를 발생시키려 할 때가 급박한 사정에 해당한다. 원칙적으로 임무가 종료된 당해 파산관재인이 처분의무를 진다. 그런데 파산관재인이 사망하거나 법인파산관재인이 합병 등에 의해 소멸한 때는 그 승계인, 즉 상속인, 합병에 의한 존속회사 또는 신설회사가 처분의무를 진다. 또한 파산종결의 결정이 있은 후에 새로 배당에 충당할 재산이 있게 된 때에는 파산관재인은 법원의 허가를 받아 추가배당을 하여야 한다(법 제531조 제1항 후문).

채권확정소송의 경우에 이의 있는 채권에 대한 배당액은 소송이 끝날 때까지 공탁되어 있으므로(법 제519조, 법 제528조) 채권확정소송은 아무런 영향을 받지 않고 종래 소송의 당사자 사이에 계속된다. 파산관재인은 이의가 있는 채권의 확정소송을 계속할 의무가 있기 때문에 그 범위 내에서 파산관재인의 임무는 종료되지 않고, 그 한도 내에서 채무자의 관리처분권도 회복되지 않는다. 이의 있는 신고채권자가 승소하면 공탁된 배당액을 지급받을 수 있고, 패소하면 파산관재인은 그 파산채권자에 대한 배당액을 다른 파산채권자들에게 배당한다.

라. 파산절차종결 후에 잔여재산이 있는 경우

파산재단으로부터 포기된 재산 등 잔여재산이 있는 경우에는 잔여재산에 대한 채무자의 관리처분권이 회복된다. 다만, 파산절차 종료 결정이 있은 뒤에 발견된 재산에 대해서는 추가배당의 대상이 될 여지가 없는 것은 아니다. 이에 대한 자세한 논의는 제15장 배당 제4절 추가배당을 참조하기 바란다.

한편, 법인의 경우에는 이 범위 내에서 법인격의 존속이 인정된다. 법인의 경우 파산절차종료 후에 청산절차가 남을 때, 이 경우 누가 청산인이 되는가에 대하여, 종전의 이사가 당연히 청산인이 된다는 견해와 정관에 미리 정함이 있거나 주주총회에서 청산인을 선임한 경우가 아니면 이해관계인의 신청에 의하여 법원이 청산인을 선임하여야 한다는 견해 등이 있으나, 서울중앙지방법원의 경우 파산채권자의 신청에 의하여 종전 파산관재인을 청산인으로 선임한 사례가 있다.[1] 한편, 일본의 경우에는 원칙적으로 임무가 종료된 파산관재인이 할 수 없고, 또한 종전 대표이사는 회사의 파산에 의해 당연히 그 지위를 잃기 때문에, 이해관계인의 청구에 의해서 법원이 청산인을 선임해야 한다는 것이 최고재판소의 판례이다.

1) 서울회생법원 재판실무연구회, 법인파산실무(제5판), 박영사(2019), 647면 참조.

제3절 동시폐지

1. 의 의

법원은 파산재단으로 파산절차의 비용을 충당하기에 부족하다고 인정되는 때에는 파산선고와 동시에 파산폐지의 결정을 하여야 한다(법 제317조). 이러한 결정을 동시폐지결정이라고 한다. 동시폐지는 이시폐지와 같이 재단부족으로 인한 파산폐지이지만, 파산선고와 동시에 파산절차가 종료되는 점에서 이시폐지와 다르다. 비용부족 때문에 파산절차가 배당에 이르지 못하고 종료해 버리는 경우이므로 파산절차의 본래의 목적을 달성한 경우에 하는 파산종결결정과도 다르다. 실무상 서울회생법원은 대부분의 파산 및 면책신청사건을 파산관재절차에 회부하며 동시폐지결정은 대체로 하지 않는다.

2. 요건 및 절차

동시폐지의 요건은 파산재단으로 파산절차의 비용을 충당하기에 부족하다고 인정되어야 한다(법 제317조 제1항). 그러므로 파산절차의 비용을 충당하기에 충분한 금액을 미리 납부한 때에는 동시폐지결정을 하지 못한다(법 제318조). 동시폐지결정은 법원이 직권으로 한다. 채무자에게 신청권이 없다. 채무자가 파산 및 면책신청시 동시폐지결정을 구하는 경우가 있지만, 이는 직권발동을 촉구하는 것에 불과하다. 법원은 파산선고와 동시에 파산폐지의 결정을 한 뒤 즉시 파산결정의 주문과 파산폐지결정의 주문 및 이유의 요지를 공고하여야 한다(법 제317조 제2항).

동시폐지결정에 대하여는 즉시항고를 할 수 있으나 집행정지의 효력이 없다(법 제317조 제3, 4항). 동시폐지결정은 파산절차의 진행을 장래를 향해서 소멸시키는 것이므로 파산선고와 동시에 정하여야 하는 사항, 즉 동시처분(법 제312조의 파산관재인 선임, 채권신고의 기간 결정 등) 및 부수처분(법 제313조 파산선고의 공고 및 송달, 제314조 법인파산의 통지, 제315조 검사에 대한 통지)을 하지 않는다. 단, 동시폐지결정에 대하여 즉시항고가 되어 그 결과 파산폐지결정의 취소가 확정된 때에는 파산관재인 선임 등 동시처분이나 공고 등 부수처분을 새로 하여야 한다(법 제317조 제5항).

3. 효 과

동시폐지결정에 의해서 파산절차개시와 동시에 파산절차가 종료된다. 그러므로 파산관재인이 선임되지 않으며, 관재사건을 전제로 한 쌍방미이행 쌍무계약의 처리규정의 적용도 없고, 파산재단 · 자유재산 · 신득재산이라는 개념도 관념되기 어렵다. 채무자는 채무자회생법상의 설명의무도 부담하지 않는다. 파산채권의 조사 · 확정절차도 없고, 파산채권자의 개별적 권리행사 금지효도 발생하지 않고, 채무자는 재산의 관리처분권을 잃지도 않는다. 그러나 파산절차개시에 의한 법적 효과(예컨대, 위임계약의 종료 등)나 파산에 의한 공 · 사법적인 자격제한을 받게 된다.

파산채권자는 파산채권에 기하여 개별적인 권리행사를 할 수 있지만, 대부분의 사건은 면책신청과 연동되기 때문에 동시폐지에 의한 파산절차종료 후 면책신청에 관한 재판이 확정될 때까지 채무자의 재산에 대하여 파산채권에 기한 강제집행 · 가압류 또는 가처분을 할 수 없고, 채무자의 재산에 대하여 파산선고 전에 이미 행하여지고 있던 강제집행 · 가압류 또는 가처분은 중지된다(법 제557조 제1항).

제4절 이시폐지

1. 의의

이시폐지란 파산선고 후에 파산재단으로써 파산절차의 비용을 충당하기에 부족하다고 인정되는 때에 파산폐지결정을 하는 것을 말한다(법 제545조 제1항). 이시폐지란 동시폐지와 마찬가지로 파산재단부족으로 인한 파산폐지이지만, 파산선고 시에는 파산재단이 파산절차의 비용을 조달할 수 있는 경우인지 또는 파산절차의 비용 지불이 부족한지가 판명되지 않은 경우이다. 당초 존재한다고 예상된 재산이 존재하지 않거나 당해 재산의 가치가 멸실된 경우, 혹은 당초 존재한 재산이 임금채권이나 공조공과 등의 재단채권에 소비된 결과 파산재단이 부족하게 된 경우가 여기에 해당한다. 실무상으로는 채무자가 노령이고 수입이 없어 파산재단에 속하는 재산을 파산재단으로부터 포기하여 채무자 본인에게 반환함으로써 이시폐지가 되는 경우도 있다.

2. 요건 및 절차

이시폐지의 요건은 파산재단이 파산절차의 비용을 충당하기에 부족하다고 인정되는 경우이다. 구체적으로는 파산관재인이 현재 관리하고 있는 재산의 평가액이나 부인소송 등에 의하여 회수가 예견되는 재산평가액의 총액이 파산채권자의 공동의 이익을 위한 재판상 비용, 파산관재인의 보수, 파산재단의 관리 · 환가 · 배당 비용 등 파산절차비용을 충당할 수 있는지 여부에 따라 판단된다. 파산절차비용을 충당하기에 충분한 금액이 미리 납부되어 있는 때에는 이시폐지결정을 할 수 없다(법 제545조 제2항). 법원은 파산관재인의 신청에 의하거나 직권으로 파산폐지결정을 하여야 하고, 이 경우 법원은 채권자집회의 의견을 들어야 한다(법 제545조 제1항). 채권자집회의 의견을 듣는 것은 ① 파산재단이 근소한지 여부에 대한 판단에 과오가 없도록 하고, ② 파산채권자에게 파산절차비용을 충당하기에 족한 금액을 예납케 하여 파산폐지를 피할 기회를 부여하기 위한 것이다.

3. 불복신청

법원은 파산폐지결정을 한 때에는 그 주문 및 이유의 요지를 공고하여야 한다(법 제546조). 파산폐지결정에 대하여 이해관계를 가진 자는 즉시항고를 할 수 있고(법 제545조 제3항), 공고된 후 14일의 즉시항고기간을 지남으로써 확정된다(법 제13조 제2항).

4. 효 과

가. 법원에 대한 효과

법원은 파산폐지의 결정이 확정된 때에는 체신관서 · 운송인 그 밖의 자에 대하여 채무자에게 보내는 우편물 · 전보 그 밖의 운송물을 파산관재인에게 배달할 것을 촉탁한 것을 취소하여야 한다(법 제485조 제2항). 법인인 채무자에 대하여 파산폐지의 결정이 있는 경우에는 법원사무관 등은 직권으로 지체 없이 촉탁서에 결정서의 등본 또는 초본 등 관련 서류를 첨부하여 채무자의 각 사무소 및 영업소(외국에 주된 사무소 또는 영업소가 있는 때에는 대한민국에 있는 사무소 또는 영업소)의 소재지의 등기소에 그 등기를 촉탁하여야 하고(법

제23조 제1항 제5호), 등기소는 지체 없이 그 등기를 하여야 한다(법 제25조 제1항). 실무상 법인 등기부에 "이시파산폐지 0000년 00월 00일 0000법원 비용부족으로 인한 파산폐지결정 확정"이라고 등기되고, 그 후 등기는 폐쇄된다. 법인에 대하여 파산폐지의 결정이 확정된 경우에 그 법인의 설립이나 목적인 사업에 관하여 행정청의 허가가 있는 때에는 법원은 파산폐지의 결정이 확정되었음을 주무관청에 통지하여야 한다(법 제314조 제2항).

나. 채무자에 대한 효력

채무자에 대한 파산선고 후에 파산폐지의 결정이 내려지고 그대로 확정되면, 채무자는 파산재단의 관리처분권과 파산재단에 관한 소송의 당사자적격을 회복한다(대법원 2017. 2. 9. 선고 2016다45946 판결). 그러나 위 회복에는 소급효가 없기 때문에 이미 파산관재인이 한 관리처분행위의 효력은 영향을 받지 않는다. 파산재단에 관한 소송은 채무자가 수계한다. 그런데 동의파산폐지결정이 확정되면 당연히 복권되는 것과 달리 재단부족에 의한 이시폐지의 경우에는 파산폐지결정이 확정되더라도 채무자가 당연히 복권되는 것은 아니고, 면책허가결정의 확정에 의하여 복권되든가 또는 변제 그 밖의 방법으로 파산채권자에 대한 채무의 전부에 관하여 그 책임을 면한 것을 전제로 복권신청을 함으로써 비로소 복권이 인정된다.

다. 파산채권자에 대한 효력

이시폐지의 결정에는 소급효가 없다. 그러므로 파산선고로 효력을 잃은 강제집행 등은 사후적으로 파산폐지결정이 확정되더라도 그 효력이 부활하지 않는다(대법원 2014. 12. 11. 선고 2014다210159 판결). 종래 실효된 강제집행 등이 파산폐지결정으로 인하여 부활하는지 여부에 대하여 견해대립이 있었으나 대법원은 부활하지 않는다고 하였다. 파산선고에 따른 효력은 강제집행절차 등의 중단이 아니라 실효이며, 게다가 폐지는 취소의 경우와 달리 소급효가 존재하지 않는 것이기 때문에 당연히 강제집행절차가 부활한다고 해석할 수는 없다. 따라서 채권자는 다시 강제집행 등을 하거나 다른 경매절차에서 배당요구를 하여야 한다.

한편, 파산폐지에 의하여 파산채권자는 자유로이 그 권리를 행사할 수 있게 된다. 따라서 채권자는 개별적 권리행사금지 원칙에서 해방되어 채무자에 대한 강제집행 등을 할 수 있고, 이 때 채권자는 채무자가 이의를 진술하지 않은 채권자표를 채무명의로써 이용할 수 있다. 다만, 파산폐지결정이 확정되었더라도 면책신청이 있는 때에는 면책신청에 관한 재판이 확정될 때까지 채무자의 재산에 대하여 파산채권에 기한 강제집행 · 가압류 또는 가처분을 할 수 없고, 채무자의 재산에 대하여 파산선고 전에 이미 행하여지고 있던 강제집행 · 가압류 또는 가처분은 중지된다(법제 557조 제1항).

라. 파산관재인에 대한 효과

파산폐지결정이 확정되면 파산관재인의 지위 및 임무는 종료된다. 그러므로 파산관재인은 파산채권자의 만족을 위하여 수행한 일체의 행위를 중지하여야 한다. 부인소송에서 파산관재인이 승소를 하였더라도 파산관재인의 지위 및 임무가 종료된 이상 강제집행을 할 수 없고, 채무자가 급부한 것을 받았던 상대방에게 그 반환을 요구할 수도 없다. 그렇지만 파산관재인은 급박한 사정이 있는 때에는 임무가 종료하였더라도 채무자가 재산을 관리할 수 있게 될 때까지 필요한 처분을 하여야 하고(법 제366조), 파산절차의 잔무처리로서 재단채권의 변제를 하여야 하며, 그 존부 또는 금액에 대해서 다툼이 있는 재단채권에 대해서는 그 채권을 가지는 자를 위하여 공탁을 하여야 한다(법 제547조). 파산절차 중 파산재단에 관한 소송의 수계가 이루어진 뒤 파산절차가 폐지된 때에는 소송절차는 중단되고, 이 경우 채무자가 소송절차를 수계하여야 한다(민사소송법 제240조).

제5절 동의폐지

1. 동의폐지의 의의

동의폐지는 채무자의 재건을 허용하는 제도이다. 그런데 실무상 동의폐지로 파산절차가 종료되는 경우는 드물다. 동의파산폐지를 상정해 볼 수 있는 경우로는 파산선고 후 사정변경에 의해서 채무자에게 신용상태에 변화가 생겨 신규 융자를 받음으로써 지급불능상태가 해소된 경우나 고액의 채권자가 채무면제를 한 경우 또는 채무자의 재생을 기대하고 채권자 전원이 일시 유예를 하는 경우 등이 있을 수 있다.[2)]

---

2) 법인파산사건의 경우 최초 동의폐지한 사례는 서울회생법원 2003. 4. 25.자 2001하5(93파2248) 결정이다. 위 결정은 신고한 파산채권자 대부분이 파산절차 폐지에 동의하고, 파산폐지에 동의하지 않는 채권자에 대하여는 파산채권 전액에

2. 동의폐지의 요건

채무자는 채권신고기간 안에 채권신고를 한 파산채권자 전원으로부터 파산절차폐지의 동의를 얻은 경우에는 파산절차폐지 신청을 할 수 있다(법 제538조 제1항 제1호). 상속재산의 파산폐지 신청은 상속인이 한다. 이 경우 상속인이 여럿인 때에는 전원의 합의가 있어야 한다(법 제539조 제2항). 파산절차는 파산절차에 참가하는 파산채권자 전원을 위한 것이기 때문에 파산채권자 전원이 파산절차의 폐지를 희망하는 경우에는 파산절차를 더 이상 진행시켜야 할 이유가 없다. 이것이 동의폐지 제도이다. 그 동의는 파산절차의 속행을 포기하는 취지의 법원에 대한 일방적 의사표시이기 때문에 파산포기라고도 한다. 이 파산포기는 실체상의 파산채권을 포기하는 것이 아니라 민사소송에 있어서의 소취하에 상응하는 것이다.

한편, 채무자는 일부 동의를 하지 않은 채권자가 있더라도 동의를 하지 아니한 파산채권자에 대하여 다른 파산채권자의 동의를 얻어 파산재단으로부터 담보를 제공한 때는 파산절차폐지 신청을 할 수 있다(법 제538조 제1항 제2호). 부동의한 신고 파산채권자에게 제공하는 담보는 채무자의 자유재산이나 제3자의 자유재산으로도 제공할 수 있다. 단, 파산재단으로부터 담보를 제공하는 경우에는 채무자가 당해 재산에 대한 관리처분권을 가지고 있기 않기 때문에 폐지에 동의한 신고파산채권자로부터 담보제공에 대해서도 동의를 받을 필요가 있지만, 자유재산이나 제3자의 자유재산으로부터 담보를 제공하는 경우에는 동의를 요하지 아니한다.

미확정채권에 관하여 그 채권자의 동의가 필요한지 여부와 부동의 파산채권자에 대한 담보로서 어떤 것이 상당한 것인지는 법원이 판단한다(법 제538조 제2항). 담보의 상당성은 담보의 종류나 담보액, 담보의 제공방법 등을 종합적으로 고려하여 판단한다. 담보액의 상당성은 예상배당액을 기준으로 판단해야 한다는 견해와 부동의 파산채권자의 신고채권액 전액이라는 견해로 나뉜다. 필자는 "동의폐지의 경우 면책이 인정되지 않고, 파산폐지결정이 확정된 후 파산채권자표의 기재는 채무자에 대하여 집행권원이 되므로, 전자의 견해에

해당하는 담보가 제공되었으며, 임시주주총회에서 법인의 존속을 의결하였고, 파산폐지신청에 즈음하여 재단채권 변제에 관한 보호장치가 마련되었음을 이유로 동의폐지신청을 허용한 사례이다. 개인파산의 경우에는 연예인에 대하여 동의폐지결정을 한 사례가 있다(서울회생법원 2014하단12458 파산선고). 동경지방재판소 파산재생부는 총사원이 2명인 유한회사에 대해서 파산절차가 개시되었는데, 재단채권인 조세채권 이외에는 사원 2명만이 회사에 대한 채권자인 사안에서, 1인의 사원이 회사의 명의를 사실상 승계하여 영업을 계속하고 있어 회사명의를 존속시킬 意義가 있다는 점 등을 고려하여 법인계속(일본 파산법 제219조)의 절차를 한 뒤 동의폐지의 결정을 한 사례가 있다고 한다.

의한다면 부동의 파산채권자가 제공받은 담보에 대하여 담보권을 행사함과 동시에 담보에 의하여 변제받지 못한 잔여채권을 변제받기 위하여 동의 파산채권자들의 공동의 담보가 되어야 할 채무자의 다른 재산에 강제집행을 할 것이 예상되므로, 동의 파산채권자와 채무자 사이에 이루어질 것으로 예상되는 채무변제약정의 이행가능성 및 동의폐지 제도의 실효성 확보 면에서 후자의 견해가 타당하다."[3]는 입장에 찬성한다. 담보의 상당성 여부에 관한 법원의 결정에 대하여는 불복할 수 없다(법 제13조 제1항).

신청시기에 대해서는 규정이 없지만, 신청은 채권신고기간 안에 신고한 파산채권자 전원의 동의를 요하기 때문에 채권신고기간 전에는 할 수 없다고 해석된다. 단, 자연인인 채무자가 면책신청을 한 때는 동의폐지신청을 할 수 없다. 동의폐지신청 시에는 채무자와 파산채권자가 사전에 재판 외에서 변제방법 등에 대해서 합의하고, 파산절차종료 후 당해 합의에 기초한 변제가 예정되어 있는 것이 통상적인 경우인데, 면책은 파산절차에 의한 배당을 제외하고는 파산채권자에 대한 채무의 전부에 관하여 그 책임이 면제되는 효과를 가지는 것이므로 동의폐지신청이 있는 경우에 이와 경합적으로 면책신청도 허용하는 것은 상당하지 않기 때문이다.

채무자가 법인인 경우에는 법인존속의 절차를 거쳐야 한다. 법인은 파산절차개시 결정에 의해 해산되는 것이 원칙이기 때문에 동의폐지가 된 뒤에 해산에 이어 청산이 개시되어 법인이 소멸하지 않도록 법인존속의 절차를 취하여야 한다. 사단법인은 정관의 변경에 관한 규정에 따라, 재단법인은 주무관청의 허가를 받아 법인을 존속시키는 절차를 밟아야 한다(법 제540조).

3. 효 과

동의폐지 결정의 효과는 당해 결정의 확정시에 발생한다. 폐지결정이 확정되면 파산관재인의 임무도 종료되기 때문에 관재인은 재단채권의 변제 및 공탁(법 제547조)을 하고 채권자집회에서 임무종료에 따른 계산보고를 한다. 또한 파산재단에 속하는 재산에 대한 채무자의 관리처분권이 회복된다. 하지만, 그 회복에는 소급효가 없기 때문에 이미 파산관재인이 행한 관리처분행위의 효력은 영향을 받지 않는다. 관리처분권의 회복과 함께 채무자는

3) 임치용 외 3, 파산판례해설, 박영사, 2007, 452면

당연히 복권된다(법 제574조 제1항 제1호). 단, 재단부족에 의한 폐지의 경우와 달리 면책신청을 하는 것은 인정되지 않는다(법 제556조 제4항).

제6절 파산의 취소

1. 의 의

파산의 취소란 파산선고의 결정이 불복신청에 의하여 취소되어 파산선고의 효과가 소급적으로 소멸하는 것을 말한다. 파산신청에 관한 재판에 대하여는 이해관계인이 즉시항고를 할 수 있다(법 제316조 제1항). 그렇지만 파산선고에 대하여 즉시항고가 있더라도 파산선고로 인하여 생긴 파산의 효력은 정지되지 않는다(법 제311조, 법 제316조 제3항). 항고법원은 즉시항고가 이유있다고 인정하는 때에는 원래의 결정을 취소하고 사건을 원심법원에 환송하여야 한다(법 제316조 제5항).

2. 취소의 효과

파산취소결정이 확정되면 파산선고는 소급하여 그 효력을 잃는다. 다른 파산절차종료원인은 장래효인 데 반하여 파산취소의 효과는 소급적인 파산의 종료이다. 이로써 채무자는 파산자로서 받는 신분상 구속에서 해방되고, 공사(公私)의 자격을 잃지 않은 것으로 된다. 특히, 채무자는 재산의 관리처분권을 잃지 않았던 것이 되기 때문에 파산선고 후 채무자의 법률행위나 채무자에 대해서 행해진 법률행위는 소급하여 유효하게 된다. 또한 파산재단도 성립되지 않았던 것이 되기 때문에 채권조사의 결과도 효력을 발생하지 않는다. 다만, 파산관재인이 파산재단의 재산에 관하여 한 관리처분권의 효력은 존속한다고 해석된다. 그렇게 해석하지 않으면 거래안전을 해하고, 제3자에게 불측의 손해를 끼치며, 또한 채무자 자신의 이익도 해할 수 있기 때문이다.

파산선고로 인하여 중단된 파산재단에 관한 소송절차가 수계가 이루어지기 전에 파산이 취소되면 파산선고를 받은 자가 당연히 소송절차를 수계한다(민사소송법 제239조). 채무자회생법에 따라 파산재단에 관한 소송의 수계가 이루어진 뒤 파산이 취소된 때에는 소송절차는 다시 중단되고, 이 경우 파산선고를 받은 자가 소송절차를 수계하여야 한다(민사소송법 제240조). 파산선고에 의하여 효력을 잃은 강제집행 등은 관재인의 관리처분행위로 인하여 사실상 회복불가능한 것을 제외하고 부활한다. 부인등기가 마쳐진 이후 파산선고 취소결정이 확정된 때에는 부인의 효과는 상실되므로 등기상 이해관계 있는 제3자가 있는 경우를 제외하고는, 부인의 등기는 법원의 촉탁에 의하여 이를 말소할 수 있다(｢채무자 회생 및 파산에 관한 법률｣에 따른 부동산 등의 등기 사무처리지침 제24조).

3. 법원과 관재인의 조치

파산취소의 결정이 확정된 때에는 법원은 그 주문을 공고하여야 한다(법 제325조 제1항). 그리고 법원은 알고 있는 채권자 · 채무자 및 재산소지자에게 취소결정의 주문을 기재한 서면을 송달하고, 필요하다고 인정하는 경우에는 파산취소한 사실을 검사에게 통지하고, 파산관재인은 파산재단의 재산관리를 종결하기 위하여 재단채권의 변제를 하여야 하며, 이의가 있는 것에 관하여는 채권자를 위하여 공탁을 하여야 한다(법 제325조 제2항). 법인인 채무자에 대하여 파산취소의 결정이 있는 경우에는 법원사무관 등은 직권으로 지체 없이 촉탁서에 결정서의 등본 또는 초본 등 관련 서류를 첨부하여 채무자의 각 사무소 및 영업소(외국에 주된 사무소 또는 영업소가 있는 때에는 대한민국에 있는 사무소 또는 영업소)의 소재지의 등기소에 그 등기를 촉탁하여야 하고(법 제23조 제1항 제5호), 등기소는 지체 없이 그 등기를 하여야 한다(법 제25조 제1항).

제18장 간이파산

제18장 간이파산

1. 간이파산의 의의

간이파산은 통상의 파산절차에 비해서 기구 및 절차를 간략화한 파산절차이다. 파산절차는 어느 정도 규모의 재산과 다수의 이해관계인을 포함하는 복잡한 법률관계를 예상하고 만들어진 큰 절차이므로 파산재단이 소액인 경우에도 동일하게 취급하게 되면 노력 · 비용 · 시간이 허비되기 때문에 규모에 걸맞게 간이화한 것이다. 그러므로 간이파산절차를 활용하면 채권자집회를 생략하고 1회 기일에 배당이 이루어지는 등 비용과 시간이 크게 절감되는 효과가 있다. 구 파산법의 소파산이 현행 채무자회생법의 간이파산에 해당한다. 그런데 구 파산법에서는 파산재단에 속하는 재산액이 2억원 미만인 경우에만 소파산을 이용할 수 있어 활용도가 저조한 문제가 있었다. 그러므로 채무자회생법은 사회 · 경제구조의 변화, 화폐가치의 변동에 맞게 상한액을 2억원 미만에서 5억원 미만으로 상향조정하여 현실과의 괴리를 해소하고 국민의 편익을 증대시키는 데 기여할 목적으로 그 적용대상을 확대하였다. 실무상 개인파산의 경우에는 파산재단에 속하는 재산액이 5억원 이상인 경우가 드물기 때문에 대부분 간이파산으로 진행된다.

2. 간이파산의 요건(개시)과 취소

법원은 파산재단에 속하는 재산액이 5억원 미만이라고 인정되는 때에는 파산선고와 동시에 간이파산의 결정을 하여야 한다(법 제549조 제1항). 이 경우 법원은 법 제313조 제1항 각호의 사항(파산선고 시 공고하여야 할 사항) 외에 간이파산결정의 주문을 공고하고, 같은 조 제2항의 규정에 의한 서면에 이를 기재하여야 한다(법 제549조 제2항). 또 법원은 통상의 파산절차 중에 파산재단에 속하는 재산액이 5억원 미만임이 발견된 때에는 이해관계인의 신청에 의하거나 직권으로 간이파산의 결정을 할 수 있다(법 제550조 제1항). 이처럼 통상의 파산절차 중에 간이파산결정을 한 때에는 법원은 결정의 주문을 공고하고 파산관재인 및 감사위원과 알고 있는 채권자 및 채무자에게 그 결정의 주문을 기재한 서면을 송달하여야 한다(법 제550조 제2항). 반면, 간이파산절차 중에 파산재단에 속하는 재산액이 5

억원 이상임이 발견된 때에는 법원은 이해관계인의 신청에 의하거나 직권으로 간이파산취소의 결정을 할 수 있다. 이 경우 제550조 제2항의 규정을 준용한다(법 제551조).

3. 간이파산의 절차

간이파산의 경우도 절차 전체의 구조에 있어서는 통상의 파산과 다르지 않지만 여러 가지 점에서 절차가 간이화되어 있다. 요컨대, 간이파산절차의 경우 제1회 채권자집회의 기일과 채권조사의 기일은 부득이한 사유가 있는 때를 제외하고는 이를 병합하여야 하고(법 제552조), 감사위원을 두지 아니하며(법 제553조), 제1회 채권자집회의 결의와 채권조사 및 계산보고를 위한 채권자집회의 결의를 제외하고는 법원의 결정으로 채권자집회의 결의에 갈음한다(법 제554조[1]). 그리고 중간배당을 하지 않고, 최후의 배당의 규정에 의한 배당을 1회만 한다. 다만 추가배당은 할 수 있다(법 제555조).

1) 그러나 구 파산법과 달리 채무자회생법에서는 채권자집회의 결의사항이 임의적으로 바뀌었기 때문에 실제 의의는 적다(법 제489조 참조).

제19장 면책과 복권

제19장 면책과 복권

제1절 면책절차

1. 면책절차의 의의

채무자가 개인(자연인)인 경우에는 파산절차가 종결 또는 폐지되더라도 인격이 소멸되지 않고, 이후 경제생활을 계속하지 않으면 안 되기 때문에, 면책절차에 의해 채무로부터 해방될 필요가 있다. 그러므로 파산제도의 주된 목적은 모든 채권자가 평등하게 채권을 변제받도록 보장함과 동시에 채무자에게 면책절차를 통하여 남아 있는 채무에 대한 변제책임을 면제하여 경제적으로 재기·갱생할 수 있는 기회를 부여하는 것이다(대법원 2010. 5. 13. 선고 2010다3353 판결). 면책절차는 파산절차와 다른 별개의 제도로 규정되어 있다. 면책신청사건은 파산선고 후 진행하고, 단 파산선고와 면책심문기일 또는 면책신청에 대한 이의기간 지정결정의 공고와 송달은 동시에 할 수 있다(개인파산 및 면책신청사건의 처리에 관한 예규 제2조 제3항).

과거 면책제도의 근거에 대해서는 파산제도의 주된 목적이 채권자의 권리실현에 있다는 것을 전제로 파산채권자의 이익실현에 협력한 채무자에 대한 특전이라는 사고에 중점을 둔 특전설과 성실한 채무자의 경제적 재기를 위한 수단이라는 사고에 중점을 둔 갱생설의 대립이 있었다. 어느 견해를 취하느냐에 따라 면책불허가사유나 재량면책의 해석에 미묘한 차이가 생긴다.

2. 면책신청주체 및 면책신청기간

가. 면책신청의 주체

구 파산법 제339조 제1항 전문은 "파산자는 파산절차해지에 이르기까지는 언제든지 파산법원에 면책의 신청을 할 수 있다"라고 규정하였다. 여기서 파산자란 자연인을 의미한다. 법인인 경우에는 파산선고를 받는 것이 법인해산의 사유가 되고(민법 제77조 제1항 등), 파산절차의 종결 또는 폐지에 의하여 통상 당해 법인은 소멸하기 때문에 면책신청권을 인정할 실익이 없고, 상속재산의 경우에는 그 성질상 면책을 인정할 필요가 없기 때문이다. 구 파산법에서도 면책신청은 자연인인 파산자만 할 수 있는 것이었는데, 채무자회생법은 이를 명문화하여 "개인인 채무자"는 법원에 면책신청을 할 수 있다고 규정하였다(법 제556조 제1항).

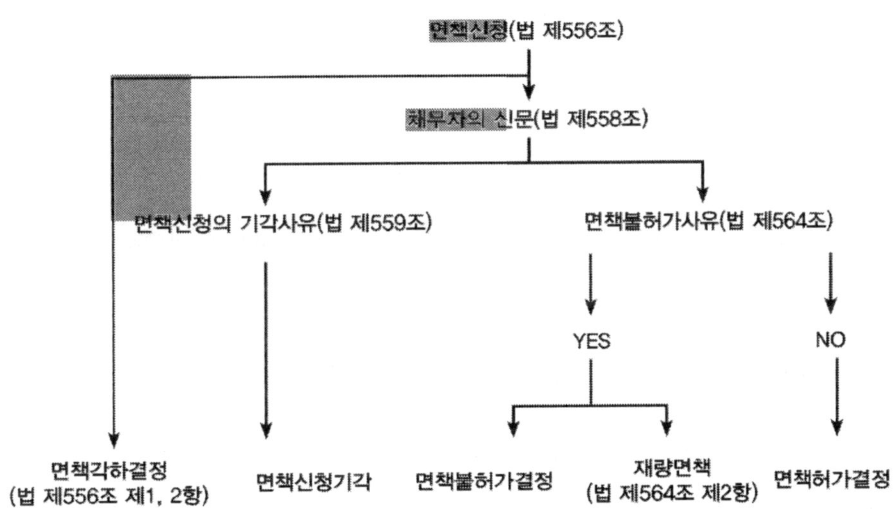

나. 면책신청기간

파산신청을 한 개인인 채무자는 그 신청일부터 파산선고가 확정된 날 이후 1월 이내에 법원에 면책신청을 할 수 있다(법 제556조 제1항). 구 파산법은 파산자는 파산절차해지에 이르기까지는 언제든지 파산법원에 면책의 신청을 할 수 있고, 파산선고와 동시에 파산폐지의 결정이 있은 때에는 그 결정 확정 후라도 1월 내에 면책의 신청을 할 수 있다고 규정하였다(구 파산법 제339조 제1항). 즉, 구 파산법은 면책신청권자를 파산자라고 규정하고 있는 점에 비추어 볼 때 면책신청을 할 수 있는 시기를 파산선고일로부터 파산절차해지 시까지로 하였고, 동시폐지의 경우에는 당해 폐지결정이 확정된 후 1월 이내에는 면책신청을 할 수 있도록 하였다. 그런데 위 구 파산법 규정에 대해서는, 채무자 본인이 파산신청을 하는 경우에는 파산절차의 개시를 구할 뿐만 아니라 면책허가를 받는 것을 목적으로 하는 것이 통상이고, 파산선고 후에 비로소 면책신청을 별도로 하도록 하는 것은 번거롭고 비합리적이라는 비판이 제기되었다. 그래서 채무자회생법은 파산신청일부터 면책신청을 할 수 있도록 하였다. 또한 채권자가 파산신청을 한 경우라도 파산선고 전에 채무자가 면책신청을 하는 것을 방해할 이유가 없기 때문에 파산신청인이 누구인지를 불문하고 파산신청일을 면책신청의 시기(始期)로 하였다. 실무상 대부분의 개인파산 및 면책신청사건은 동시에 신청되고 있고, 채무자 본인 신청사건의 경우 채무자가 반대의 의사표시를 한 경우를 제외하고는 파산신청과 동시에 면책신청을 한 것으로 간주되고 있다(법 제556조 제3항).

한편, 채무자가 이미 동의파산폐지의 신청을 한 때에는 그 기각의 결정이 확정된 후가 아니면 면책신청을 할 수 없다(법 제556조 제5항). 동의파산 신청의 목적이 면책의 전제가 되는 파산 청산을 회피하는 데 있기 때문에 이러한 제한이 생긴 것이다. 따라서 이미 면책신청을 한 때에는 동의파산폐지의 신청을 할 수 없다(법 제556조 제4항).

3. 면책신청간주

채무자가 파산신청을 한 경우에는 채무자가 반대의 의사(면책허가 신청을 한 것으로 간주되지 않기를 바라는 의사)를 표시한 경우를 제외하고, 당해 신청과 동시에 면책신청을 한 것으로 본다(법 제556조 제3항). 구 파산법에는 없는 규정이며 채무자회생법에 새로 도입된 규정이다. 채무자 본인이 파산신청을 한 경우에는 파산선고, 즉 파산절차의 개시 자체가 아니라 면책의 허가를 받는 것을 목적으로 하는 것이 통상적인 경우이므로 채무자의 합리적인 의사에 합치하도록 채무자가 파산신청을 한 때에는 당해 신청과 동시에 면책신청을 한 것으로 간주한 것이다. 채무자회생법은 파산절차와 면책절차의 일체성을 강화하였다.

그런데 간주면책신청 제도는 채무자가 파산신청을 한 경우에만 적용되고 채권자가 파산신청을 한 경우에는 적용되지 않는다. 그러므로 채권자파산신청 사건의 경우 채무자가 변제책임을 면하기 위해서는 파산선고가 확정된 날 이후 1월 이내에 법원에 면책신청을 하여야 한다(법 제556조 제1항). 그러므로 채무자는 파산선고결정이 공고된 날부터 2주 경과일 이후 1월 이내에 면책신청을 하여야 한다. 채무자가 그 책임 없는 사유로 인하여 기간 내에 면책신청을 하지 못한 때에는 그 사유가 종료된 후 30일 이내에 한하여 면책신청을 할 수 있다(법 제556조 제2항). 어떠한 경우가 "책임 없는 사유"에 해당하는가에 대해서는 같은 요건을 규정하고 있는 다른 법률의 해석 등에 비추어 보면 천재지변, 그 밖의 불가항력에만 한하는 것이 아니고 일반인의 주의와 능력을 다하여도 피할 수 없었던 사유도 포함된다고 할 것이다. 예컨대 채무자에 대한 파산선고 결정 정본의 송달이 공고보다 지체되거나 송달 불능 되었기 때문에 면책신청기간을 도과한 경우가 여기에 해당한다 할 것이다. 위 규정에 의하여 신청추완을 하는 경우에는 면책허가신청서에 통상의 기재사항 외에 당해 책임 없는 사유 및 당해 사유가 소멸한 날을 기재하여야 한다.

그렇지만 채무자 중에는 면책허가를 받기를 희망하지 않거나 면책불허가사유가 있는 것이 명백하여 면책허가 신청을 할 필요성이 없는 사람도 있을 수 있기 때문에, 이러한 채무자에 대해서는 반대의 의사표시를 한 경우에는 본인의 의사를 존중하는 차원에서 면책신청이 간주되지 않는다. 구체적으로는 파산선고 신청서에 "면책허가 신청을 하지 않는다", "면책허가의 재판을 구하지 않는다"라는 등의 기재가 여기에 해당한다고 할 것이다. 그런데 이러한 반대의 의사를 표시한 때라도 면책신청 간주의 효과가 생기지 않을 뿐이고, 면책신청권의 포기로 간주되는 것은 아니므로 그 후 법정의 기간 내에 면책신청을 하는 것은 허용된다. 다만, 파산선고 후 장기간이 경과한 뒤에도 면책신청을 할 수 있도록 하면 파산절차와 면책절차를 일체화시킨 취지가 몰각되기 때문에 파산신청일부터 파산선고가 확정된 날 이후 1월 이내에 법원에 면책신청을 할 수 있다.

법 제556조 제3항에 의하여 면책신청을 한 것으로 보는 경우에는 파산신청 시 제302조 제2항 제1호의 규정에 의하여 제출한 채권자목록을 면책신청 시 첨부하여야 할 채권자목록으로 본다(법 제556조 제7항). 구 파산법은 채무자는 파산신청과 동시에 채권자일람표를 제출하여야 하며(구 파산법 제128조), 나아가 면책을 신청하는 경우에는 면책신청과 동시에 채권자명부를 제출하도록 규정하였다(구 파산법 제340조). 그러나 실제로는 채권자일람표에 기재된 파산채권자와 채권자명부에 기재된 파산채권자가 동일한 경우가 대부분이고, 실무상으로도 채권자일람표의 사본을 채권자명부로서 면책신청서에 첨부하는 사례가 많았다. 그래서 채무자회생법은 파산신청과 동시에 면책신청을 한 것으로 보는 경우에는 채권자명부의 제출을 의무화하지 않고, 파산신청 시 제출한 채권자목록을 면책신청 시 첨부하여야 할 채권자목록으로 간주하는 규정을 두었다. 한편, 채권자가 파산신청을 한 경우에는 채권자목록이 제출되지 않기 때문에 새로 채무자가 채권자명부를 제출하여야 한다. 또한 허위의 채권자명부를 제출하면 면책불허가사유가 되고, 채무자가 알면서 채권자명부에 기재하지 않은 청구권은 비면책채권이 되므로, 파산선고만을 목적으로 하여 제출된 채권자목록과 면책허가까지 목적으로 하여 제출된 채권자목록은 그 정확성에 있어서 차이가 있을 수 있다. 그러므로 채무자가 파산신청과 동시에 반대의 의사표시를 하였다가, 뒤에 면책허가신청을 한 경우에는 파산신청 시 제출한 채권자명부를 면책신청 시 첨부하여야 할 채권자목록으로 간주되지 않고 채무자가 새로 채권자명부를 제출하여야 할 것이다.

한편, 견련파산(법 제6조 제1항, 제2항)의 경우에도 면책허가신청을 한 것으로 간주되는지 문제된다. 서울회생법원은 견련파산이 선고되면, 회생절차개시 또는 간이회생절차개시의 신청을 파산의 신청으로 보게 되고(법 제6조 제4항), 간주면책제도에 의하여 채무자의 반대의 의사표시가 없는 이상 면책신청도 된 것으로 간주하여 면책절차에 들어간다고 본다. 다만, 실무상 이와 같은 경우 당사자의 의사를 명확히 하기 위해 당사자로부터 별도로 면책신청서를 제출받고 있다.[1]

4. 면책절차 중의 강제집행의 가부

구 파산법하에서는 파산절차가 종료되면 채권자의 개별적인 권리행사를 금지하는 효력이 실효되기 때문에 파산절차종료 시부터 면책허가결정이 확정될 때까지 사이에 채무자의 재산에 대한 강제집행이 행해질 가능성이 있었고(면책심리기간 중에 강제집행의 결과로서 얻은 만족은 면책허가결정이 확정되어도 부당이득이 되지 않는다는 것이 일본판례였다[2]), 이러한 강제집행의 허용은 채무자의 경제생활의 재생을 방해한다는 지적이 있었다. 그래서 채무자회생법은 제557조를 규정함으로써 채무자의 경제생활의 재생의 기회를 확보하였다. 위 규정의 신설로 인하여 채무자가 파산신청을 함으로써 당해 신청과 동시에 면책신청을 한 것으로 간주되는 경우이든 또는 채무자가 파산신청과 별도로 면책신청을 한 경우이든 파산폐지결정의 확정 또는 파산종결결정이 있는 때에는 면책신청에 관한 재판이 확정될 때까지 채무자의 재산에 대하여 파산채권에 기한 강제집행 · 가압류 또는 가처분을 할 수 없고, 채무자의 재산에 대하여 파산선고 전에 이미 행하여지고 있던 강제집행 · 가압류 또는 가처분은 중지된다(법 제557조 제1항). 그러므로 채무자에 대한 파산 · 면책신청이 있는 경우에는 파산채권에 기한 채권압류 및 추심명령도 위 법률의 규정에 따라 제한되고(대법원 2010. 7.

---

1) 서울회생법원 재판실무연구회, 개인파산 · 회생실무 제5판, 박영사(2019). 42~43면.

2) 最判 平成 2年 3月 20日 民集 44巻 2号 416頁.

28.자 2009마783 결정), 만일 집행법원이 면책절차 중의 집행신청임에도 간과하고 강제집행을 개시한 다음 이를 발견한 때에는 이미 한 집행절차를 직권으로 취소하여야 하고, 이는 그 후 면책불허가결정이 확정되었다고 하더라도 마찬가지이다(대법원 2013. 7. 16.자 2013마967 결정[3]).

그 후 면책신청이 각하 또는 기각되거나 면책불허가결정이 확정되면 채무자의 재산에 대하여 강제집행 · 가압류 또는 가처분을 할 수 있게 되고, 또한 면책신청에 의하여 생긴 강제집행 등 중지의 효력은 당연히 상실되고 파산채권자는 그 절차를 속행하게 된다. 다만, 집행법원은 면책불허가결정 확정 사실 등을 알지 못하기 때문에 채권자가 동 사실의 확정증명서를 첨부하여 집행법원에 신고하여야 한다.

반면, 면책결정이 확정된 때에는 면책신청으로 인하여 중지된 강제집행 · 가압류 또는 가처분 절차는 그 효력을 잃는다(법 제557조 제2항). 그리고 채무자는 면책결정이 확정되면 파산채권에 대한 책임을 면하기 때문에 채권자는 파산채권에 기하여 새로운 강제집행 · 가압류 또는 가처분을 할 수 없다. 따라서 채권자는 면책된 채권에 대한 집행권원을 가지고 있다고 하더라도 강제집행을 할 수 없고, 채권자가 강제집행을 한 경우에는 채무자는 청구이의의 소로써 이를 다툴 수 있다. 한편, 비면책채권에 대해서는 채무자가 계속해서 책임을 지기 때문에 면책신청에 대한 재판이 확정되고 개별집행금지 등의 효력이 실효된 뒤에는 새로 개별집행에 착수할 수 있게 되지만, 이미 행하여지고 있던 절차는 일단 실효되고 채권자로서는 새로 강제집행에 착수하지 않으면 안 된다고 해석된다. 이처럼 이미 행하여진 절차를 일률적으로 실효시키는 이유는 ① 비면책채권에 해당하는지 여부는 최종적으로는 소송절차에서 확정되어야 할 성질의 것이고, 강제집행절차에서 그 권리의 성질(비면책권에 해당하는지 여부)을 판단하는 것은 곤란하고, ② 역으로, 비면책채권인지를 묻지 않고 일률적으로 중지를 해지하여 절차를 속행시키게 되면 면책된 파산채권에 대한 것도 채무자측에서 청구이의소송 등을 제기할 필요가 생기게 되어 채무자의 부담이 현저하게 가중된다는 점을 이유로 든다.[4]

---

3) 채무자는 2010. 4. 13. 파산 및 면책 신청을 하였고, 법원은 2010. 7. 2. 채무자에 대한 파산선고 및 파산폐지 결정을 하였다. 그 후 면책신청사건에서 2012. 5. 18. 채무자에 대하여 면책불허가결정이 내려졌고 2013. 2. 7. 그 결정이 확정되었다. 한편, 채권자는 2010. 12. 10. 파산채권에 기초하여 경매신청을 하였고, 사법보좌관은 경매개시결정을 하였다가 집행장애사유가 존재한다는 이유로 위 결정을 취소하고 경매신청각하결정을 하였다. 이에 상대방(채권자)이 즉시항고를 하자, 제1심은 위 각하결정을 인가하였다. 그런데 제2심은 '위 면책사건에서 채무자에 대하여 면책불허가결정이 내려졌고 확정됨으로써 강제집행개시 장애사유가 소멸하였다'는 이유로 제1심을 취소하였다. 그러나 대법원은 제2심을 파기환송하였다.

5. 면책신청에 대한 이의

검사 · 파산관재인 또는 면책의 효력을 받을 파산채권자는 제558조(채무자의 심문)의 규정에 의한 심문기일부터 30일(심문기일을 정하지 않은 경우에는 법원이 정하는 날) 이내에 면책신청에 관하여 법원에 이의를 신청할 수 있다. 다만, 법원은 상당한 이유가 있는 때에는 신청에 의하여 그 기간을 늘일 수 있다(법 제562조 제1항). 위 규정에 의한 이의신청을 하는 때에는 제564조 제1항 각호의 면책불허가사유를 소명하여야 한다(법 제562조 제2항). 그리고 이의신청서를 제출하는 때에는 그 부본 1부를 함께 제출하여야 하며, 법원은 신청서 부본을 채무자에게 송달하여야 한다(규칙 제78조).

법원은 제562조 제1항의 규정에 의하여 이의신청이 있는 때에는 채무자 및 이의신청인의 의견을 들어야 한다(법 제563조). 그러므로 법원은 최소한 이의신청인과 채무자에게 의견을 진술할 기회를 주어야 한다. 이는 이의신청과는 별도로 요구되는 절차이므로, 이의신청서에 이의신청의 이유가 기재되어 있다고 하여 위와 같은 절차를 생략할 수는 없다(대법원 2010. 2. 11.자 2009마2147 결정). 따라서 이의신청인이 의견을 진술한 바도 없이 면책허가결정을 하였다면 이는 면책허가결정 절차에 관한 위법이 있는 것이다.

6. 일부면책

구 파산법 하에서 일부면책결정이 허용되는지 여부에 관하여 긍정설, 부정설이 대립하였으나, 실무에서는 긍정설에 따라 일부면책결정을 하였다. 파산 및 면책사건이 급증하는 가운데 사안에 맞는 타당한 해결방법으로서 면책허가와 불허가의 중간적인 해결방법이 실무상 요구되었기 때문이다. 일부면책의 방법으로는 특정채권을 면책의 대상에서 제외하는 방법(특정채권의 개별적 일부면책; 파산채권 중 특정채권자의 채권에 대해서 비면책하고, 나머지는 면책하는 방법), 채무자의 특정재산을 파산채권자들을 위한 책임재산에서 제외하는 방법, 모든 채권자에게 공통된 비율로 채무의 일정비율을 면책의 대상에서 제외하는 방법(비율적 일부면책; 예컨대, 80%는 면책하고 나머지 20%는 면책하지 않는 방법)이 거론되었다.

---

4) 竹下守夫 외, "大コンメンタール破産法", 青林書院(2007년), 1071면.

대법원도 구 파산법이 적용되는 사안에서 "불허가사유의 경중이나 채무자의 경제적 여건 등 제반 사정을 고려하여 예외적으로 채무액의 일부만을 면책하는 소위 일부면책을 할 수는 있을 것이나, 채무자의 경제적 갱생을 도모하려는 것이 개인파산제도의 근본 목적이라는 점을 감안할 때 채무자가 일정한 수입을 계속적으로 얻을 가능성이 있다는 등의 사정이 있어 잔존채무로 인하여 다시 파탄에 빠지지 않으리라는 점에 대한 소명이 있는 경우에 한하여 그러한 일부면책이 허용된다고 봄이 상당하다(대법원 2006. 9. 22.자 2006마600 결정[5])"고 판시하여 일정한 요건하에 일부면책결정의 적법성을 인정하였다. 채무자회생법 하에서도 실무상 2012년 이전에는 일부면책결정을 하는 사례가 있었으나 현재는 일부면책결정을 거의 찾아볼 수 없다.[6] 그런데 위와 같은 일부면책은 파산채권자로부터 채무자에게 일부면책 신청을 하도록 압력이 행사될 위험이 있는 점, 특정 파산채권자를 제외하는 일부면책은 채권자간의 불평등을 초래하고, 또한 채무의 일정비율만을 면책하는 것으로는 지급불능상태로부터의 회복을 꾀할 수 없는 점, 현행 면책절차가 일부면책의 가부를 정할 수 있는 심리구조를 갖추고 있지 못한 점 등에 비추어 일부면책결정을 하지 않는 현재 실무를 지지한다.

제2절 면책불허가사유 및 재량면책

1. 면책불허가사유의 분류

면책불허가사유는 크게 ① 채무자가 채권자를 해하는 행위를 한 경우, ② 채무자가 채무자회생법상의 의무이행을 해태하고 절차진행을 방해한 경우, ③ 정책적인 이유에서 면책을 해서는 안 되는 경우의 세 가지로 분류할 수 있다. ① 유형으로는 법 제564조 제1항 제1호에서 규정하는 제650조의 사기파산죄, 제651조의 과태파산죄, 법 제564조 제1항 제2호(파산원인 사실을 속이거나 감추고 한 신용거래 행위), 법 제564조 제1항 제3호(허위의 채권자목록 등의 제출 또는 재산상태에 관한 허위의 진술 행위), 법 제564조 제1항 제6호(과다한 낭비 · 도박 기타 사행행위), ② 유형으로는 법 제564조 제1항 제1호에서 규정하는 제656조의 파산증뢰죄, 제658조의 설명의무위반죄, 법 제564조 제1항 제5호(채무자회생법상의 의무위반행위), 같은 항 제5의2호(구인불응행위) ③ 유형으로는 법 제564조 제1항

5) 위 대법원 결정은 일부면책결정을 하고 잔존채무에 대해 면책을 허용하지 아니한 원심결정을 파기한 사례이다.
6) 서울회생법원 재판실무연구회, 개인파산 · 회생실무(제5판), 박영사(2019), 342면 참조.

제4호(반복이용, 즉 일정 기간 내에 면책 받은 사실)가 있다.

구체적인 면책불허가사유는 아래에서 보는 바와 같고, 채무자가 면책불허가사유의 어느 하나에도 해당되지 않는 경우에는 법원은 필요적으로 면책을 허가하는 재판을 하여야 한다. 이처럼 채무자회생법 제564조 제1항이 채무자회생법 제566조 단서의 비면책채권 이외의 채권에 대하여 예외적으로 면책을 불허가할 여지를 두지 않고 있는 점에 대하여, 헌법재판소는 "만약, 법률이 정한 비면책채권에 해당하지 않음에도 법원이 구체적인 개별 사건에서 예외적으로 특정 채권을 면책의 대상에서 제외할 수 있다면, 채무자의 불성실성과 무관한 채권자 측의 개별적 사유만으로 채무자회생법이 도모하는 각 채권 사이 변제의 합리성과 공평성을 훼손할 여지가 크고, 그 기준 또한 명백하다고 볼 수 없으므로, 이는 파산채권의 공평한 변제를 위한 불가피한 규율로서 그 예외를 인정하지 않는다고 하여 피해의 최소성 원칙에 반한다고 볼 수는 없다"고 판시하였다(헌법재판소 2011. 11. 24. 2009헌바320). 대법원도 법 제564조 제1항의 위헌성 여부에 관하여, "개인파산제도의 목적은 모든 채권자가 평등하게 채권의 만족을 얻도록 보장하는 것 외에 지급불능의 상태에 빠진 채무자에게 경제적으로 재기 · 갱생할 수 있는 기회를 부여하는 데에도 있다고 할 것이다. 그 제도를 설계함에 있어서 반드시 파산자에 대한 면책을 일종의 특전으로 이해하는 전제 위에서 이를 행할 필연적인 이유는 없고, 적극적으로 채무자의 불성실성을 드러내는 것으로 평가되는 사유 등이 없는 한 원칙적으로 면책을 인정한다고 하여도 이는 파산상태에 있는 채무자에게 가급적 넓은 범위에서 경제적 재생의 기회를 부여하여 인간다운 삶을 살 수 있는 터전을 마련하려는 정당하고 중요한 입법목적에 기한 것으로서, 그것이 신청인이 주장하는 바와 같이 헌법에 규정된 재산권, 평등권, 인간으로서의 존엄과 가치, 행복추구권, 과잉금지의 원칙 등을 근거 없이 부당하게 침해하거나 위반하는 것이라고 할 수 없다(대법원 2009. 7. 9.자 2009카기122 결정)."고 하였다.

2. 개별적인 면책불허가사유

가. 법 제564조 제1항 제1호(사기파산 · 과태파산)

법 제564조 제1항 제1호의 면책불허가사유는 모두 파산범죄에 해당하는 행위를 대상으로 하고 있고, 그 사유의 존부를 판단하는 데 채무자가 반드시 파산범죄로 기소되거나 유죄판결을 받아야 하는 것은 아니지만, 경우에 따라 형사처벌의 대상이 될 수도 있음을 감안하여 위 사유에 해당하는지 여부에 관해서는 더욱 엄격하고 신중하게 판단하여야 하고, 법원으로서는 채무자가 제출한 자료 및 면책신청에 대하여 이의를 신청한 채권자 등이 제출한 자료 외에도 채무자가 주장하는 사유를 소명하는 데 필요하다고 판단되는 자료의 제출을 적극적으로 명하는 등의 방법으로 채무자의 행위가 면책불허가사유에 해당하는지 여부를 심리·판단하여야 한다(대법원 2016. 8. 31.자 2016마899 결정).

(1) 법 제564조 제1항 제1호, 제650조(사기파산죄 해당 행위)

(가) 법 제564조 제1항 제1호, 제650조 제1항 제1호(재산의 은닉, 손괴 또는 불이익한 처분 행위)

채무자가 자기 또는 타인의 이익을 도모하거나 채권자를 해할 목적으로 파산재단에 속하는 재산을 은닉 또는 손괴하거나 채권자에게 불이익하게 처분을 하는 행위가 여기에 해당한다. 본호는 파산재단의 가치를 부당하게 감소시키는 행위의 일반을 대상으로 하는 것이고, 파산선고의 전후를 묻지 않는다.

대법원은 본호의 '자기 또는 타인의 이익을 도모할 목적'의 의미를 그 이익에 관한 단순한 인식으로는 부족하고 같은 법문에 규정된 '채권자를 해할 목적'에 준하여 '자기 또는 타인의 이익 추구에 대한 적극적 의욕'에 이르는 것을 의미한다고 본다(대법원 2024. 5. 30.자 2023마6319 결정).

'재산의 은닉'이란 재산의 발견을 불가능하게 하거나 곤란하게 만드는 것을 말하고, 재산의 소재를 불명하게 하는 경우뿐만 아니라 재산의 소유관계를 불명하게 하는 경우도 포함한다. 강제집행면탈죄의 허위양도, 공무상표시무효죄 해당행위,[7] 상속재산의 협의분할,[8] 임대차계약 및 보험계약의 명의변경이 여기에 해당한다. 대법원은 채무자 명의의 계좌에 돈을 보관할 경우 채권자들의 압류가 들어올 것이 예상되는 상황에서 이를 피하기 위하여 채

7) 서울중앙지방법원 2013. 8. 1.자 2013라705 결정(확정)은 유체동산 경매절차에서 압류물품(시가 199만원 상당)을 무단으로 옮긴 사실로 채권자로부터 고소를 당하여 공무상표시무효죄로 기소유예처분을 받은 사례에서 면책불허가사유에 해당한다고 본 후 사안이 경미한 점 등 기타사정을 참작하여 재량면책하였다.

8) 한편, 상속의 포기는 민법 제406조 제1항에서 정하는 '재산권을 목적으로 한 법률행위'에 해당하지 아니하며 사해행위 취소의 대상이 되지 못하고, 또한 채무자 회생 및 파산에 관한 법률 제650조 제1호에서 사기파산죄로 규정하고 있는 '파산재단에 속하는 재산을 은닉 또는 손괴하거나 채권자에게 불이익하게 처분을 하는 행위'에도 해당하지 않는다(대법원 2012. 1. 12.자 2010마1551, 2010마1552 결정).

무자가 약국을 운영하여 국민건강보험공단으로부터 수령하는 돈을 그 즉시 딸의 예금계좌로 송금해 온 행위는 재산은닉행위에 해당한다고 하였다(대법원 2007. 7. 26.자 2006마1433 결정). 그러나 채무자가 법원에 파산신청을 하면서 단순히 소극적으로 자신의 재산상황을 제대로 기재하지 아니한 재산목록 등을 제출하는 행위는 '재산의 은닉'에 해당하지 않는다고 보았다(대법원 2009. 7. 9. 선고 2009도4008 판결[9]).

'손괴'란 물리적 훼손 등 재산의 효용을 감소 또는 그 효용을 잃게 하는 일체의 행위를 말한다.

'채권자에게 불이익한 처분행위'란 재산의 증여나 현저히 부당한 가격으로의 매각과 같이 모든 채권자에게 절대적으로 불이익한 처분행위를 말한다. 채무자가 특정 채권자에게 1,500만원의 채무만 부담하고 있음에도 그 채권자에게 6,500만원의 약속어음을 공증해 주고, 그 채권자가 그 약속어음금 채권을 청구채권으로 하여 채권압류 · 전부명령을 받은 후 채무자의 급여, 퇴직금 채권에 대하여 채권집행을 하여 3,790만원을 변제받은 사례가 채권자들에 대한 불이익처분에 해당한다.[10] 반면, 채무자가 여러 채권자들 중 일부 채권자에게 채무의 내용에 좇아 변제를 하는 행위는 '채권자에게 불이익한 처분행위'에 해당한다고 할 수 없고, 채무자가 파산의 원인인 사실이 있음을 알면서 여러 채권자들 중에서 어느 채권자에게 특별한 이익을 줄 목적으로 변제하였더라도 그 행위가 '변제기에 도달한 채무를 그 내용에 좇아 변제하는 것'인 경우에는 위 면책불허가사유에 해당한다고 볼 수 없다(대법원 2008. 12. 29.자 2008마1656 결정).

압류금지재산(임차보증금 중 일정금액, 보험해약환급금 중 일정금액 등)을 은닉, 손괴, 불이익처분 하는 행위는 면책불허가사유에 해당하지 않는다. 예컨대, 대법원은 국민기초생활보장법에 따른 생계급여, 주거급여 및 장애인복지법에 따른 장애수당은 압류할 수 없는 재산[11]으로서 파산재단에 속하지 않으므로, 채무자가 이를 임의로 처분하였다고 하더라도 본호의 '파산재단에 속하는 재산을 은닉 또는 손괴하거나 채권자에게 불이익하게 처분을 하

9) 피고인이 상속재산이 있음에도 상속등기를 마치지 않은 채 파산신청을 하면서 상속재산이 없다는 허위 내용의 진술서를 첨부하여 제출한 사안에서, 위 행위는 '재산의 은닉'에 해당하지 않는다는 이유로 구 파산법상 사기파산죄의 성립을 부정한 사례이다.

10) 서울중앙지방법원 2011. 7. 20.자 2011라160 결정(확정)

11) 국민기초생활보장법에 따른 생계급여, 주거급여 및 장애인복지법에 따른 장애수당은 수급자 명의의 지정된 계좌로 입금하여야 하는데 급여수급계좌의 예금에 관한 채권은 압류가 금지된다(국민기초생활보장법 제35조 제2항, 제27조의2 제1항, 장애인복지법 제82조 제2항, 제50조의4 제1항).

는 행위'에 해당하지 않는다고 보았다(대법원 2023. 8. 18.자 2023마5633 결정).

부인권 행사기간의 도과로 파산재단에 회복될 가능성이 없는 재산처분행위도 면책불허가사유가 아니다.[12)]

(나) 법 제564조 제1항 제1호, 제650조 제1항 제2호(파산재단의 부담을 허위로 증가시키는 행위)

허위의 파산재단의 부담 증가는 총 채권자에 대한 배당가능성을 부당하게 저하시킬 위험이 있기 때문에 면책불허가사유가 된 것이다. 예컨대, 채무자가 제3자와 허위의 임대차계약서를 작성한 후 제3자로 하여금 경매절차에서 소액임차인으로 배당을 요구하게 하는 행위는 여기에 해당할 것이다(인천지방법원 2011. 5. 31.자 2009하단3548 결정).

(다) 법 제 564조 제1항 제1호, 제 650조 제1항 제3호(상업장부의 부작성, 부실기재, 은닉, 손괴 행위)

채무자가 파산선고의 전후를 불문하고, 자기 또는 타인의 이익을 도모하거나 채권자를 해할 목적으로 법률의 규정에 의하여 작성하여야 하는 상업장부를 작성하지 아니하거나, 그 상업장부에 재산의 현황을 알 수 있는 정도의 기재를 하지 아니하거나, 그 상업장부에 부실한 기재를 하거나, 그 상업장부를 은닉 또는 손괴하는 행위를 한 경우이다. 자기 또는 타인의 이익을 도모하거나 채권자를 해할 목적이 요구되므로 무지 · 무능에 의한 상업장부 불비 등은 불허가사유가 되지 않는다.

(라) 법 제564조 제1항 제1호, 제650조 제1항 제4호(폐쇄장부의 변경, 은닉, 손괴 행위)

파산관재인은 파산선고 후 지체 없이 채무자의 재산에 관한 장부를 폐쇄하고 그 취지를 기재한 후 기명날인하여야 한다(법 제481조). 채무자가 파산선고의 전후를 불문하고 자기 또는 타인의 이익을 도모하거나 채권자를 해할 목적으로 위 규정에 의하여 파산관재인이 폐쇄한 장부에 변경을 가하거나 이를 은닉 또는 손괴하는 행위를 한 경우 면책신청이 불허

12) 판례는 부인권은 부인대상 행위가 있은 날로부터 10년이 경과한 때에는 행사할 수 없으므로, 10년 전에 채권자에게 불이익하게 재산을 처분한 것이 있을 경우에는 그것이 명의신탁에 해당하는 등으로 은닉행위에 해당하지 않는 이상, 그 행위를 파산재단에 속하는 재산을 불이익하게 처분하였다고 평가하기는 곤란하다는 입장이다. 서울중앙지방법원 2013. 10. 1.자 2013라1435 결정(확정), 같은 법원 2013. 7. 17.자 2013라447 결정(확정), 같은 법원 2008. 12. 16.자 2007라878 결정(확정).

가된다. 이러한 행위는 파산재단에 속할 재산의 관리를 곤란하게 하고 파산채권자의 이익을 해하기 때문에 면책불허가사유가 된 것이다.

(2) 법 제564조 제1항 제1호, 제651조(과태파산죄 해당 행위)

(가) 법 제564조 제1항 제1호, 제651조 제1항 제1호(신용거래 구입상품의 현저한 불이익 조건 처분)

파산절차의 개시를 지연시킬 목적으로, 현저하게 불이익한 조건으로 채무를 부담하거나 또는 신용거래로 상품을 구입하여 이를 현저하게 불이익한 조건으로 처분한 행위가 여기에 해당한다. 예를 들면, 경제적 위기에 직면한 채무자가 위법한 고금리로 금전차용을 한다든지, 파산절차의 개시를 미루기 위하여 신용카드 등으로 물품을 구입하고 이를 곧장 염가로 매각하여 자금을 짜내는 행위 등이다. 이러한 경제적 합리성을 흠결한 행위를 허용하면 파산절차개시 시에는 채무자에게 남겨진 재산은 모두 소진되어 파산채권자의 이익을 해하기 때문에 면책불허가사유의 하나로 된 것이다.

(나) 법 제564조 제1항 제1호, 제651조 제1항 제2호(파산의 원인이 있음을 알면서 한 비본지행위)

채무자가 파산의 원인인 사실이 있음을 알면서 어느 채권자에게 특별한 이익을 줄 목적으로 한 담보의 제공이나 채무의 소멸에 관한 행위로서 채무자의 의무에 속하지 아니하거나 그 방법 또는 시기가 채무자의 의무에 속하지 아니하는 행위가 있다고 인정되는 때는 면책불허가사유에 해당한다. 여기에서의 '목적'은 단순한 인식으로는 부족하고 적극적으로 이를 희망하거나 의욕하는 것을 의미한다(대법원 2009. 3. 2.자 2008마1654 결정[13]).

그런데 채무자가 파산의 원인인 사실이 있음을 알면서 여러 채권자들 중에서 어느 채권자에게 특별한 이익을 줄 목적으로 변제하였더라도 그 행위가 '변제기에 도달한 채무를 그 내용에 좇아 변제하는 것'인 경우에는 위 면책불허가사유에 해당한다고 볼 수 없다(대법원 2008. 12. 29.자 2008마1656 결정; 대법원 2016. 8. 31.자 2016마899 결정 참조).

---

13) 원심의 기록에 나타난 사정에 비추어 살펴보면, 대출금채무의 상환기일 이전에 이루어진 변제가 특정 채권자에게 특별한 이익을 줄 목적으로 한 것이라고 단정하기 어려우므로, 채무자 회생 및 파산에 관한 법률 제564조 제1항 제1호, 제651조 제2호에 정한 면책불허가사유에 해당한다고 볼 수 없다고 한 사례이다.

(다) 법 제564조 제1항 제1호, 제651조 제1항 제3호 · 제4호(제3호: 상업장부의 부작성, 부실기재, 은닉, 손괴 행위, 제4호 : 폐쇄장부의 변경, 은닉, 손괴 행위)

채무자가 파산선고의 전후를 불문하고, 법률의 규정에 의하여 작성하여야 하는 상업장부를 작성하지 아니하거나, 그 상업장부에 재산의 현황을 알 수 있는 정도의 기재를 하지 아니하거나, 그 상업장부에 부정의 기재를 하거나, 그 상업장부를 은닉 또는 손괴하는 행위를 하거나 혹은 법 제481조의 규정에 의하여 파산관재인이 폐쇄한 장부에 변경을 가하거나 이를 은닉 또는 손괴하는 행위를 하고, 그 파산선고가 확정된 경우가 여기에 해당한다. 사기파산죄에서의 법 제564조 제1항 제1호, 제650조 제1항 제4호와 달리 채무자에게 자기 또는 타인의 이익을 도모하거나 채권자를 해할 목적이 없는 경우에도 본호에 의하여 불허가 될 수 있다. 다만, 채무자가 행위 당시 채권자를 해하는 인식을 가지고 있어야 한다.

(3) 법 제564조 제1항 제5의2호(구인불응행위)

법원은 채무자로부터 파산신청이 있으면 필요하다고 인정하는 때에는 파산선고 전후를 불문하고 채무자, 그의 법정대리인, 이사, 지배인, 상속재산에 대한 파산의 경우 상속인과 그 법정대리인 및 지배인을 구인하도록 명할 수 있다(법 제319조, 제320조, 제322조). 「필요하다고 인정하는 때」란 채무자가 법원의 호출에 따르지 않고 법원에 출석하지 않는 때, 출석하지 않을 우려가 있는 때가 전형적인 경우이다. 그 밖에 채무자 등이 파산관재인의 재산점유를 방해한다든지, 도주, 재산의 은닉 · 훼손을 도모한다든지, 파산재단에 속하는 채권을 파산절차에 의하지 않고 추심하는 경우에도 구인을 명할 수 있다고 해석된다. 채무자회생법은 제653조에서 구인의 명을 받은 자가 그 사실을 알면서도 파산절차를 지연시키거나 구인의 집행을 회피할 목적으로 도주한 때에는 1년 이하의 징역 또는 1천만원 이하의 벌금에 처하도록 규정하고 있었는데, 과도한 형벌규정으로 인한 민간 경제활동의 어려움을 경감하기 위하여 2024. 12. 20. 제653조를 삭제하였고, 구인의 명을 받은 자가 그 사실을 알면서도 정당한 사유 없이 출석하지 아니한 때에는 500만원 이하의 과태료를 부과하도록 하는 규정을 신설하였다(법 제660조 제4항).

(4) 법 제564조 제1항 제1호, 제656조(뇌물 약속 · 공여 · 공여의사표시)

파산 및 면책절차의 적정하고 공정한 실시는 부정한 이익의 수수에 의해서도 침해될 수 있다. 그러므로 채무자회생법은 파산증뢰행위를 면책불허가사유로 규정하고 있다. 동시에 채무자회생법은 파산관재인(국제도산관리인 포함), 감사위원, 파산채권자, 파산채권자의 대리인, 파산채권자의 이사에게 뇌물을 약속 또는 공여하거나 공여의 의사를 표시한 자는 3년 이하의 징역 또는 3천만원 이하의 벌금에 처하도록 규정하고 있다(법 제656조).

(5) 법 제564조 제1항 제1호, 제658조(설명의무위반 행위)

채무자는 파산관재인 · 감사위원 또는 채권자집회의 요청이 있는 때는 파산에 관하여 필요한 설명을 하여야 한다(법 제321조 제1항). 그러므로 채무자가 파산관재인 등으로부터 파산에 관하여 필요한 설명의 요청을 받고서도 정당한 사유 없이 설명을 하지 아니하거나 허위의 설명을 한 때에는 본호에 해당한다. 여기서의 '파산에 관하여 필요한 설명'에는 자료제출까지 포함되는 개념으로 해석된다. 채무자가 자신의 제3자에 대한 대여금의 존재나 부인행위 해당 사유에 대한 파산관재인의 조사에 응하지 않은 때는 본호의 면책불허가사유에 해당될 수 있다. 그렇지만 '파산에 관한 필요한 설명'이란 파산관재인 등이 채무자에게 요청하는 모든 사항에 관한 설명을 의미하는 것이 아니라, 구체적인 사안에서 기록상 드러나는 여러 사정들을 고려하여 파산절차 진행을 위하여 필수적인 내용에 관한 설명으로 한정되고, 만일 파산관재인 등의 설명이나 자료제출 요구가 파산절차의 진행을 위하여 필수적인 내용에 관한 것이 아니라면, 그에 대한 채무자의 설명이나 자료제출이 불충분하다고 하더라도 설명의무위반에 해당하지 않는다(대법원 2024. 3. 14.자 2023마6044 결정, 대법원 2024. 12. 26.자 2024마6789 결정). 그러므로 파산관재인이 추가적인 소명을 요구한 사항이 '파산절차의 진행을 위하여 필수적인 내용'이라고 보기 어려운 경우에는 채무자가 제대로 된 소명을 하지 못하였다고 하더라도 설명의무를 위반하였다고 할 수 없다(대법원 2024. 5. 30.자 2023마 6319 결정).

한편, 채무자가 법원에 대하여 그 재산상태에 관하여 허위의 진술을 한 때에는 본호가 아닌 채무자회생법 제564조 제1항 제3호에서 정한 면책불허가사유에 해당한다.

나. 법 제564조 제1항 제2호(채무자가 파산선고 전 1년 이내에 파산의 원인인 사실이 있음에도 불구하고 그 사실이 없는 것으로 믿게 하기 위하여 그 사실을 속이거나 감추고 신용거래로 재산을 취득한 사실이 있는 때)

이러한 행위는 총채권자의 이익을 해하는 행위는 아니고, 특정 채권자를 해하는 행위이지만, 그 행위의 반사회성에 비추어 면책불허가사유로 한 것이다. 채무자가 파산의 원인인 사실이 있는 것을 알면서 그 사실을 속이거나 감추고 신용거래로 재산을 취득하는 행위는 형법상으로 사기죄를 구성할 수도 있는 행위이고, 채무자의 강한 불성실성을 나타내는 것이며, 또한 이러한 거래가 이루어지는 것을 방지하여 신용질서 전반의 보호를 도모하고자 하는 취지에서 면책불허가사유가 된 것이다. 이 재산취득행위는 통상은 사기죄에 해당하고, 설령 재량면책이 되더라도 상대방의 채권(손해배상청구권)은 통상은 비면책채권이 된다(법 제566조 제3호).

본호의 면책불허가사유는 채무자가 파산선고 전 1년 이내에 파산의 원인인 사실이 있음에도 불구하고 그 사실이 없는 것으로 믿게 하기 위하여 그 사실을 속이거나 감추고 신용거래로 재산을 취득한 사실이 있는 때이다. 그러므로 본호의 면책불허가사유에 해당하기 위해서는, 첫째, 재산의 취득행위가 파산선고 전 1년 내에 있어야 하고, 둘째, 파산의 원인인 사실이 있음에도 불구하고 그 사실이 없는 것으로 믿게 하기 위하여 그 사실을 속이거나 감추어야 하며, 셋째, 신용거래로 인하여 재산을 취득하였어야 한다(대법원 2010. 8. 23.자 2010마227 결정).

먼저, 본호에 해당하기 위해서는 채무자의 재산 취득행위가 파산선고 전 1년 내에 있어야 한다. 그런데 파산선고의 시기는 파산원인사실에 대한 소명의 난이도나 또는 파산선고 결정을 위한 사무 준비에 필요한 소요기간 등에 좌우되기 때문에 파산선고를 기산점으로 하는 것은 합리적이지 않다는 비판이 있다. 일본의 현행 파산법은 이러한 비판을 받아들여 파산신청일 전 1년 전부터 파산선고일까지 사이의 채무자의 재산취득행위에 대하여 본호를 적용하는 것으로 개정하였다. 그러나 이 또한 채무자가 의도적으로 파산신청을 늦추어 신청할 경우 본호에 해당하지 않게 된다는 비판이 있다.

다음으로, 본호의 면책불허가사유는 파산의 원인인 사실을 속이거나 감출 것을 요건으로 한다. 구 파산법은 파산의 원인인 사실이 있는데도 그 사실이 없는 것으로 믿게 하기 위하여 "사술을 썼을 것"을 요건으로 하였다. 채무자회생법의 "그 사실을 속이거나 감추고"란

행위는 구 파산법의 위 "사술을 써서"라는 용어를 풀어 쓴 것에 지나지 않는다고 해석된다. 구 파산법하에서도 파산의 원인인 사실을 속이거나 감추는 행위에는 적극적으로 술책(術策)을 사용한 경우뿐 아니라 소극적 태도로 상대방을 오신케 한 경우도 포함되었다. 그렇지만 지급불능상태에 있는 대부분의 채무자는 쭉 계속해서 신용거래를 하는 것이 통례이기 때문에 단지 고지하지 않은 소극적 태도를 본호에서 말하는 행위에 해당한다고 해석하면 대부분의 채무자는 면책불허가사유가 있게 된다. 그러므로 재산상태의 단순한 불고지는 여기에 해당하지 않는다고 해석한다. 매사에 신용거래가 확대되어 있고, 신용공여자의 조사능력의 고도화, 시스템화가 도모되어 채무자가 재산상태를 불고지하는 경우에는 통상 신용이 공여되지 않기 때문이다. 대법원 2010. 8. 23.자 2010마227 결정은 채무자가 파산의 원인인 사실이 없는 것으로 믿게 하기 위하여 그 사실을 속이거나 감추었다고 판단하기 위해서는, 채무자가 객관적으로 지급불능의 상태에 있었다는 사정만으로 부족하고, 채무자가 신용거래로 재산을 취득하는 과정에서 상대방인 채권자에게 한 언행, 상대방인 채권자가 채무자에게 다액의 채무가 있다거나 지급불능의 상태에 빠질 수도 있다는 사정을 알고서 과다한 이익을 얻기 위하여 신용거래에 나아간 것인지 여부 등 상대방인 채권자가 신용거래를 하게 된 경위, 채무자의 전체 채무 중에서 위와 같이 취득한 재산이 차지하는 비중 및 그 증감의 정도, 신용거래의 성격, 즉 새로운 신용거래인지 아니면 종전의 신용거래를 연장 내지 갱신한 거래에 지나지 않는지 여부, 채무자가 신용거래로 취득한 재산의 사용처 등을 면밀히 심리하여 판단하여야 한다고 하였다.[14] 위 대법원 결정은 사채 돌려막기 행위가 있었다는 사실 하나만으로는 면책불허가사유에 해당한다고 단정할 수 없다고 판시하여 사채 돌려막기 방식으로 채무를 연장하여 오다가 더 이상 버티지 못하고 파산신청을 한 사람들을 구제할 길을 열어준 점이나 본호에서 규정하는 면책불허가사유의 요건으로서 채무자가 파산의 원인인 사실이 없는 것으로 믿게 하기 위하여 그 사실을 속이거나 감추었는지 여부의 판단 기준을 제시하였다는 점에서 그 의의가 크다.

세 번째로 신용거래로 인하여 재산을 취득하였어야 한다. 여기의 신용거래에는 상대방이 채무자에게 신용을 공여하는 일체의 거래를 말하는 것으로 신용카드, 할부, 어음 등의

---

14) 파산신청 당시 채무액이 약 8억 6,000만원이었고, 신청 직전 1년간 합계 1억 2,700만원 이상을 차용하여 채무 돌려막기에 사용한 사안으로서, 원심은 채무자가 경제적 어려움 속에 현저하게 불이익한 조건으로 사채업자들로부터 돈을 차용하여 이를 채무 돌려막기에 사용해왔다는 사정을 들어 본 규정의 면책불허가사유가 있다고 보았으나, 대법원은 그것만으로는 부족하다고 판단하여 원심결정을 파기환송하였다.

거래가 그것에 해당한다. 금전소비대차도 여기에 속한다. 금전소비대차의 경우 재산이란 금전을 말한다.

속칭 '카드깡'과 관련하여, 과거 서울중앙지방법원 파산부에서는 실제 물품구입 없이 1,040만원 상당의 대금을 신용카드로 결제하고 936만원을 수령한 행위(서울중앙지방법원 2010. 11. 24.자 2010라258 결정{확정}), 하루에 백화점에서 신용카드로 1,179만원을 신용카드결제 하였고, 채무자가 속칭 '카드깡'을 한 것이라고 변소한 사안(서울중앙지방법원 2011. 12. 12.자 2011라546 결정{확정}) 및 채무자가 공인중개사 사무실에서 600만원 상당을 신용카드로 결제하였는데, 그 결제내역이 속칭 '카드깡'을 한 것으로 밝혀진 사안(서울중앙지방법원 2011. 8. 5.자 2011라376 결정{확정})에서 본호를 적용하여 면책불허가 결정을 한 재판례가 있다.

다. 법 제564조 제1항 제3호(허위의 채권자목록 등의 제출 또는 재산상태에 관한 허위의 진술 행위)

채무자가 허위의 채권자목록 그 밖의 신청서류를 제출하거나 법원에 대하여 그 재산상태에 관하여 허위의 진술을 한 때는 면책불허가사유에 해당한다. 채무자는 면책신청 시 채권자목록을 제출할 의무가 있고(법 제556조 제6항), 파산신청 시에 채권자목록을 첨부하여야 한다(법 제302조 제2항 제1호). 파산신청과 동시에 면책신청을 한 것으로 보는 경우에는 제302조 제2항 제1호의 규정에 의하여 제출한 채권자목록은 법 제556조 제6항의 채권자목록으로 본다(법 제556조 제7항). 이는 파산채권자에게 면책에 관한 의견진술 기회를 보장하기 위한 것이다. 채무자가 허위의 채권자목록을 제출하는 것은 파산절차의 적정한 진행을 방해하는 행위이기 때문에 이를 불허가사유로 한 것이다. 그런데 본호의 면책불허가사유인 '허위의 신청서류를 제출하거나 재산상태에 관하여 허위의 진술을 한 경우'에 해당한다는 사실은 객관적인 자료에 의하여 명백히 드러나야 하고, 단지 채무자가 허위의 신청서류를 제출하거나 진술을 하였을 가능성이 있다거나 채무자의 진술을 신뢰하기 어려운 정황이 존재한다는 등의 사정만으로 섣불리 면책불허가사유에 해당한다고 판단하여서는 아니 된다(대법원 2023. 8. 18.자 2023마5633 결정).

본호의 "허위의 채권자목록 제출행위"는 제566조 제7호 비면책채권(채무자가 악의로 채권자목록에 기재하지 아니한 청구권)과의 관계가 문제된다. 양자의 관계에 대하여 ① 채무자가 과실로 채권자목록에 기재해야 할 파산채권자를 누락시킨 때는 비면책채권이 되고, 채무자가 채권자를 해할 목적으로 허위기재를 한 때는 면책불허가사유가 된다는 견해, ② 양자 모두 재량면책이 가능하고 기재하지 않은 채권은 비면책채권이 된다는 견해, ③ 불허가사유의 경우는 고의가 있으면 채권자를 해할 목적은 요구하지 않고, 비면책의 경우는 채무자가 채권을 알고 있으면 족하고 부기재(不記載)의 고의 · 과실은 요구하지 않는다는 견해 등 다양하다.[15] 제566조 제7호에 의하면, 채무자가 그 존재를 알고 있음에도 불구하고 채권자목록에 기재하지 않은 청구권은 비면책채권이 될 뿐이다. 그러므로 본호의 면책불허가사유인 "허위의 채권자목록 제출행위"로 평가되기 위해서는 단지 채권자가 일부 누락되었다는 의미가 아니라 채무자가 절차진행을 방해하거나 혹은 채권자를 해할 목적으로 의도적으로 채권자목록에 채권자, 채권액, 그 발생원인에 대해 사실에 반하는 내용을 기재하거나 또는 기재해야 할 채권자 및 채권내용을 기재하지 않은 경우라야 한다. 예컨대, 채무자가 다른 채권자를 해하게 된다는 것을 인식하면서 파산선고 후에도 인적관계에 있는 특정채권자에게만 변제를 계속할 것을 감출 의도로 해당 채권자를 채권자목록에 기재하지 않은 사례가 여기에 해당한다.[16]

다음으로, 채무자가 법원에 대하여 그 재산상태에 관하여 허위의 진술을 한 때 면책불허가사유에 해당한다. 여기에서 '그 재산상태'란 '채무자의 재산상태'를 말하는 것이고, 채무자의 재산에는 채무자가 자신의 명의로 보유하는 재산뿐만 아니라 타인의 명의를 빌려 실질적으로 자신이 보유하는 재산도 모두 포함된다고 할 것이나, 이에 해당하지 않는 재산으로서 채무자의 친족 등이 보유하는 재산은 채무자의 재산이라고 볼 수 없으므로, 채무자가 이러한 친족 등의 재산상태에 관하여 허위의 진술을 하였다고 하여 위 조항에 정한 면책불허가사유에 해당한다고 볼 수 없다(대법원 2009. 3. 20.자 2009마78 결정). 대법원 판례 중에는 채무자가 면책신청 당시에 토지를 소유하고 있음에도 이를 누락한 것은 본호의 면책불허가 사유에 해당하지만 토지의 공시지가와 가압류등기 등을 고려하면 사실상 토지의 재산

15) 今中利昭 외 2, 実務 倒産法講義(第3版), 株式會社 民事法研究會(2009), 942면.

16) 東京地裁破産再生實務研究會, 破産 · 民事再生の實務[第3版] 破産編, 一般社團法人 金融財政事情研究會(2014), 574면. 한편, 서울회생법원 재판실무연구회, 개인파산 · 회생실무(제5판), 박영사(2019), 329면은 "대법원은 이 규정의 면책불허가사유 해석을 함에 있어 고의를 넘어선 '채권자를 해할 목적'까지 요구하고 있지는 않은 것으로 보이는바, 기본적으로는 비면책채권을 성립시키는 '악의'와 같은 개념으로 보되, 다만 채무자가 채무의 존재사실을 알고 있었으나 과실로 이를 채권자목록에 기재하지 못한 경우에, 이는 면책불허가사유는 되지 않으나, 과실로 누락한 해당 채권은 비면책채권이 된다고 하여 다소간의 차이를 인정하고 있는 듯하다"라고 해석한다.

적 가치가 없는 점 등을 근거로 채무자가 면책신청과정에서 고의로 토지를 은닉한 채 허위 진술을 하였다고 보기는 어렵다고 본 원심결정에 대하여, 채무자가 토지를 누락한 것이 본호의 면책불허가 사유에 해당한다는 원심의 판단에는 채무자가 '고의로' 토지를 누락하였음이 전제된 것인데 뒤이은 재량면책의 판단에서 이와 달리 채무자가 고의로 누락하였다고 보기는 어렵다고 본 것은 앞선 면책불허가 사유의 판단과 모순되고, 비면책채권의 존부와 액수를 살펴보지 않은 채 만연히 토지의 재산적 가치가 없다고 보아 이를 채무자가 고의로 토지를 누락하였다고 보기 어려운 근거의 하나로 든 것은 잘못이라고 하여 원심결정을 파기한 결정례가 있고(대법원 2011. 3. 28.자 2010마1757 결정), 반면에 채무자가 파산절차의 심문기일과 면책신청서를 통해 개인택시 운송면허를 보유하고 있음에도 보유재산이 전혀 없다고 진술한 부분이 본호의 '채무자가 법원에 대하여 그 재산상태에 관하여 허위의 진술을 한 때'에 해당하는지가 문제된 사안에서는, 채권자가 운송면허의 매각을 통해 채권을 변제받고자 한다고 명백히 밝히고 있는 상황에서 채무자가 개인택시의 운행사실을 인정하면서 재산이 하나도 없다고 진술한 취지는 개인택시 운송면허 외에 다른 재산은 없다는 취지로 진술한 것이라고 하여 파산절차에서 '고의로' 재산상태에 관하여 허위 진술을 하였다고 보기 어렵다는 이유로 원심결정을 파기한 결정례가 있다(대법원 2011. 3. 18.자 2011마122 결정). 한편, 하급심 결정으로는 채무자가 2007. 2. 12. 파산 및 면책신청을 하면서 제출한 진술서를 통하여 일용직과 부업 등을 통하여 월 50만원 정도의 소득을 올리고 있을 뿐 일정한 직업이 없다고 진술하였으나 실제로는 2006. 1.경부터 2007. 6.경까지 보험회사의 보험대리점을 운영하며 월 150만원 정도의 소득을 올리고 있었던 것이 밝혀진 사건에서 본호 소정의 '채무자가 법원에 대하여 그 재산상태에 관하여 허위의 진술을 한 때'에 해당한다고 하여 면책을 불허한 사례가 있다(서울중앙지방법원 2007. 11. 21.자 2007하면6872, 2007하단6867 결정).

본호는 채무자가 '고의'로 허위 신청서류를 제출하거나 허위의 진술을 한 경우에 한정하여 적용되는 것일 뿐 채무자가 '과실'로 허위 신청서류를 제출하거나 허위의 진술을 한 경우에는 적용되지 아니한다(대법원 2008. 12. 29.자 2008마1656 결정).

라. 법 제564조 제1항 제4호(일정 기간 내에 면책 받은 사실)

과거에 파산면책을 받은 사람은 당해 면책허가결정의 확정일부터 7년 동안은 새로운 파산면책을 받을 수 없다. 구 파산법에서는 채무자가 면책의 신청 전 10년 내에 면책을 받은 일이 있는 때에는 면책불허가사유가 되었지만(파산법 제346조 제4호), 채무자회생법은 이 제한기간을 10년에서 7년으로 단축하였다. 이처럼 면책신청금지 기간을 단축한 것은 구 파산법의 10년의 기간은 너무 장기간이어서 지나치므로 이를 개선한 것이다(제정이유 참조). 재도의 면책의 제한기간을 너무 짧게 하면 단기간에 면책 허가의 효과를 채권자의 동의 없이 다시 채무자에게 주게 되고, 도덕적 해이를 초래할 우려가 있다. 채무자회생법은 양자의 조화를 고려하여 재도의 면책허가의 제한기간을 7년으로 단축한 것이라고 한다. 한편, 채무자가 과거 개인회생절차에서 면책을 받은 경우에는 그 면책확정일부터 5년 동안 파산면책을 받을 수 없다(법 제624조).

마. 법 제564조 제1항 제5호(이 법에서 정하는 채무자의 의무위반)

채무자가 채무자회생법에 정하는 채무자의 의무를 위반한 때, 즉 채무자가 법원의 직권조사에 응하지 않은 경우(법 제12조 제2항), 파산재단에 관한 보전처분(법 제323조)에 의하여 발령된 제한·금지를 위반한 때, 파산절차 및 면책절차에 있어서 조사협력의무를 위반한 때는 본호에 의하여 면책을 불허가할 수 있다. 이러한 행위가 직접적으로 파산채권자의 이익을 해하는 것은 아니지만, 파산절차의 원활한 진행을 방해하고 파산재단의 형성에 지장을 주는 점에서 간접적으로 채권자의 이익을 해치기 때문이다. 채무자가 파산선고 후 파산재단에 속하는 재산을 임의로 처분[17]한 경우에도 본호의 면책불허가사유에 해당한다. 하급심 결정례 중에는 채무자가 정당한 사유 없이 파산관재인으로부터 요구받은 서류를 제출하지 아니하는 등 파산관재인의 조사에 협조하지 않았을 뿐만 아니라 의견청취기일에 정당한 사유 없이 계속하여 출석하지 않은 경우에 본호에 해당한다고 하여 면책을 불허가한 사례가 있다.[18]

---

17) 파산선고 후에 법원의 사전허가 없이 채권자에게 공장, 기계설비 등을 처분한 사안에 대하여 본호를 적용한 사례로는 서울중앙지방법원 2013. 3. 12.자 2010라1189 결정(확정), 파산선고 후에 법원의 사전허가 없이 보험계약을 해지하고 해약환급금을 반환받아 임의로 사용한 경우에 대하여 본호를 적용한 사례로는 서울중앙지방법원 2013. 3. 8.자 2011라489 결정(확정)이 있다.

18) 서울중앙지방법원 2013. 7. 21.자 2012하면6552, 2012하단6552 결정.

바. 법 제564조 제1항 제6호(과다한 낭비 · 도박 기타 사행행위)

채무자가 과다한 낭비 · 도박 그 밖의 사행행위를 하여 현저히 재산을 감소시키거나 과대한 채무를 부담한 사실이 있는 때는 면책불허가사유에 해당한다. 구 파산법하에서는 채무자가 파산선고의 전후를 불문하고 낭비 또는 도박 기타 사행행위를 하여 현저히 재산을 감소시키거나 과대한 채무를 부담하는 행위를 하고 그 선고가 확정된 때에는 5년 이하의 징역 또는 5천만원 이하의 벌금에 처하도록 규정하고 있었으나(파산법 제367조 제1호), 채무자회생법은 형사처벌 조항을 삭제하고 낭비 또는 도박 기타 사행행위의 정도가 과다할 것을 요구하여 면책불허가사유로만 삼고 있다.

여기에서 면책불허가사유로서의 '낭비'라 함은 당해 채무자의 사회적 지위, 직업, 영업상태, 생활수준, 수지상황, 자산상태 등에 비추어 사회통념을 벗어나는 과다한 소비적 지출행위를 말한다. 구 파산법하에서는 채무자의 어떠한 지출행위가 '낭비'에 해당한다고 보기 위해서는 그것이 형사처벌의 대상이 될 수 있음을 감안하여 보다 신중한 판단을 요하였다(대법원 2004. 4. 13.자 2004마86 결정). 채무자회생법이 낭비 또는 도박 기타 사행행위에 대한 형사처벌 조항을 삭제하였다고 하여 판단기준이 달라진다고 할 수 없다. 도박이란 형사법상 범죄의 대상이 되는 것뿐 아니라 경마, 경륜 등과 같이 법률로 허용되는 경우도 포함된다. 그렇지만 도박으로 인해 현저히 재산을 감소시키거나 과대한 채무를 부담하는 행위가 면책불허가사유가 된다. 사행행위에는 선물, 옵션거래도 포함된다. 다만, 사행행위에 대해서도 투기성이 있는 거래 자체가 문제되는 것은 아니고, 자신의 자력이나 판단능력을 넘는 거래를 하여 과대한 채무를 부담하는 것이 면책불허가사유로 된다.

3. 재량면책

법원은 채무자에게 면책불허가사유가 있는 경우라도 파산에 이르게 된 경위, 그 밖의 사정을 고려하여 상당하다고 인정되는 경우에는 면책을 허가할 수 있다(법 제564조 제2항). 구 파산법은 이러한 재량면책에 관한 명시적인 규정을 두지 않았다. 그렇지만 구 파산법은 제346조에서 "법원은 다음의 각호의 1에 해당하는 경우에 한하여 면책불허가의 결정을 할 수 있다"라고 규정하고 있었기 때문에, 각호에 해당하는 사유가 있는 경우라도 반드시 면책불허가결정을 하여야 하는 것은 아니고, 그 정상이나 정도에 따라서는 면책허가결정을 할 수 있다고 하여 재량면책을 인정하였다. 대법원도 구 파산법 제346조의 해석상, 법원은 같은 조의 각호에서 정하는 면책불허가사유가 있는 경우라도 파산에 이르게 된 경위, 그 밖의 사정을 고려하여 상당하다고 인정되는 경우에는 면책을 허가할 수 있다(대법원 2006. 9. 22.자 2006마600 결정)고 하였다. 채무자회생법은 구 파산법하에서 명문규정을 두지 않았지만 학설 및 판례가 당연한 것으로 인정한 재량면책을 명시적으로 규정한 것이다.

제3절 면책신청에 대한 법원의 재판

1. 재판(결정)의 종류

가. 각하결정

법원은 면책신청이 부적법한 경우에 각하한다. 채무자가 면책신청기간을 도과하여 신청한 때가 대표적인 경우이다. 그런데 채무자회생법은 구 파산법과 달리 법 제556조 제3항의 면책신청간주 규정을 두고 있으므로 신청기간 도과로 각하되는 경우는 실무상 거의 없다. 견련파산의 경우에도 면책허가신청을 한 것으로 간주되느냐에 대해서 견해대립이 있을 수 있으나, 견련파산이 선고되면 회생절차개시 또는 간이회생절차개시의 신청을 파산의 신청으로 보게 되고(법 제6조 제4항), 이 경우 면책신청간주 규정(법 제556조 제3항)에 의하여 채무자의 반대의 의사표시가 없는 이상 면책신청도 한 것으로 볼 것이다.[19] 다만, 파산신청은 채권자도 할 수 있으나 면책신청은 채무자만 할 수 있으므로 채권자신청 사건의 경우에는 채무자가 면책을 받기 위해서 채권자신청에 의한 파산선고가 확정된 날 이후 1월 이내에 법원에 면책신청을 하여야 하므로 채무자가 면책신청기간을 지키지 못함으로 인한 위험발생의 여지는 여전히 존재한다.

또한 파산채권의 일부만의 면책을 구하는 일부 면책신청, 예컨대 파산채권자 전체에 대해서 그 채권액의 일부에 대해서만 면책신청을 하고, 나머지에 대해서는 면책대상으로 하지 않는 신청(비율적 일부면책) 또는 특정 파산채권자를 제외하고 면책을 구하는 신청(특정채권의 면책 제외)은 부적법하다고 본다. 불허가사유의 존재가 의심되는 채무자에 대한 구제 등을 강조하여 일부면책신청을 긍정하는 견해도 있으나, 이를 허용하면 파산채권자가 채

19) 각주 1번 참조

무자에게 일부면책신청을 하도록 압력을 행사할 염려가 있고, 특정 파산채권자를 제외한 일부면책은 파산채권자 사이에 불공평을 초래하고, 채무의 일정비율만을 면책하는 것은 지급불능상태로부터의 탈출을 도모하기 어렵고, "면책을 받은 채무자는 파산절차에 의한 배당을 제외하고는 파산채권자에 대한 채무의 전부에 관하여 그 책임이 면제된다"는 법 제566조 본문과도 조화되지 않으므로 일부면책신청 부정설에 찬성한다.

한편, 구 파산법은 제347조에서 파산자가 면책의 심리를 하여야 할 기일에 정당한 사유없이 출석하지 아니하거나 출석하여도 진술을 거부한 때에는 법원은 면책의 신청을 각하할 수 있도록 하였고(제1항), 이 경우에는 파산자는 동일한 파산에 관하여 다시 면책의 신청을 할 수 없다고 규정하였다(제2항). 그런데 위 구 파산법의 각하사유는 채무자회생법하에서는 새로 신설된 면책신청의 기각사유인 제559조 제1항 중 제4호의 "그 밖의 신청이 성실하지 아니한 때"에 해당한다고 할 것이다.

면책신청에 대한 각하결정은 법 제8조 제1항에 따라 그 결정 정본을 채무자에게 송달하여야 한다. 만일 각하결정 전에 채무자가 소재불명인 경우에는 결정정본을 공시송달한다.

나. 기각결정

(1) 기각사유 신설

채무자회생법은 구 파산법과 달리 제559조 제1항에 면책신청의 기각사유를 신설하였고 기각사유는 다음과 같다.

(2) 기각사유

법원은 ① 채무자가 신청권자의 자격을 갖추지 아니한 때, ② 채무자에 대한 파산절차의 신청이 기각된 때, ③ 채무자가 절차의 비용을 예납하지 아니한 때, ④ 그 밖에 신청이 성실하지 아니한 때는 면책신청을 기각할 수 있다(법 제559조 제1항).

(가) 채무자가 신청권자의 자격을 갖추지 아니한 때(1호)

면책허가신청을 할 수 있는 자는 파산선고의 대상이 되는 채무자 중 자연인인 개인에 한정된다. 법인의 경우에는 파산선고결정이 해산원인이 되고 파산절차에 의하여 청산이 된 후에는 그 인격이 소멸하는 것이 원칙이기 때문에 절차종결 후의 파산법인의 갱생을 생각할 필요가 없다. 상속재산파산의 경우에도 그 재산으로써 총채권자에게 변제하는 것이 목적이고 성질상 면책을 인정할 필요가 없다. 구 파산법 제339조 제1항은 면책의 신청권자를 단지 「파산자」라고 규정하였으나 채무자회생법은 면책신청권자를 「개인인 채무자」라고 명확히 하였다(법 제556조 제1항). 그렇지만 개인이라도 동의에 의한 파산폐지 신청을 한 때에는 그 기각의 결정이 확정된 후가 아니면 면책신청을 할 수 없다(법 제556조 제5항).

그러므로 법인이 면책을 신청한 경우, 상속재산파산 사건에서 신청인이 상속인의 면책신청을 한 경우, 개인인 채무자가 동의에 의한 파산폐지의 신청을 하였는데 그 기각의 결정이 확정되지 않았음에도 면책신청을 한 경우에는 모두 본호에 의하여 기각된다.

(나) 채무자에 대한 파산절차의 신청이 기각된 때(제2호)

면책은 파산을 전제로 한 것이다. 그러므로 파산신청이 기각된 때에는 면책절차로 나아갈 필요가 없으므로 면책신청은 본호에 의하여 기각된다.

(다) 채무자가 절차의 비용을 예납하지 아니한 때(제3호)

채무자가 절차의 비용을 예납하지 아니한 때에도 면책신청이 기각된다. 그런데 대부분의 사건의 경우 파산신청과 동시에 면책신청도 하여 신청 시에 인지, 송달료 및 민사예납금을 납부하고 있고, 채무자가 파산신청만 하더라도 법 제556조 제3항에 따라 면책신청을 한 것으로 보아 창구지도를 통해 파산 및 면책 동시신청을 권유하므로 본호를 이유로 면책신청이 기각되는 경우는 거의 없다. 다만, 채권자가 다수이어서 면책송달료가 상당한 관계로 신청시 이를 납부하지 않은 경우에 채무자가 법원의 계속적인 송달료 보정명령에도 불구하고 이를 보정하지 않을 때는 면책신청이 기각될 수 있다.

(라) 그 밖에 신청이 성실하지 아니한 때(제4호)

본호는 포괄규정으로 채무자의 면책신청이 위 제1호 내지 제3호에 해당하지 않더라도 신청이 불성실하다고 인정될 때에는 면책신청을 기각할 수 있다. 채무자가 면책의 심리를 하여야 할 기일에 정당한 사유 없이 출석하지 아니하거나 기일에 출석하였어도 진술을 거부한 때는 본호에 해당한다 할 것이다. 또한, 면책의 신청에는 채권자목록을 첨부하여야 하는

데 채권자의 주소를 성실하게 기재하지 않는 경우에도 면책기각사유가 된다. 파산신청 시에도 채권자목록을 첨부하여야 하므로 채권자의 주소를 성실하게 기재하지 않는 경우는 파산신청 기각사유에도 해당한다. 다만, 실무상 채무자가 채권자의 연락처를 몰라 주소를 제대로 기재하지 못하는 경우가 상당수에 이르고, 재정적 어려움으로 인하여 파탄에 직면한 채무자의 효율적인 회생을 도모하려는 채무자회생법의 입법 목적 등을 고려한다면, 채무자가 통신사에 대한 사실조회나 금융기관에 대한 제출명령 등 상당한 정도의 노력을 기울였음에도 채권자의 주소나 인적사항을 쉽게 알 수 없는 경우라면 송달 가능한 주소지로 보정을 못 하였다는 이유로 그 면책신청이 성실하지 아니한 경우로 단정할 것은 아니다(대구지방법원 2019. 6. 3.자 2018라276 결정). 채무자로서는 이러한 경우 공고제도를 적극 활용할 필요가 있다.

(3) 기각결정의 효력

면책신청 기각결정이 확정된 채무자는 동일한 파산에 관하여 다시 면책신청을 할 수 없다(법 제559조 제2항). 면책신청 기각결정에 대하여는 즉시항고를 할 수 있다(법 제559조 제3항). 기각결정은 그 결정정본을 채무자에게 송달한다(법 제8조 제1항). 그런데 채무자가 이미 기각 결정 전에 소재불명인 경우에는 결정정본을 공시송달한다.

다. 면책허가결정

법원은 면책허가결정을 한 때에는 그 주문과 이유의 요지를 공고하여야 한다(법 제564조 제3항 전문). 이 경우 송달은 하지 아니할 수 있다(법 제564조 제3항 후문). 그런데 실무상으로는 채무자에게는 면책허가결정 정본을 교부송달하고, 이의신청 채권자에게는 면책허가결정 정본을 발송송달할 뿐 그 이외의 이해관계인에게는 면책허가결정을 송달하지 아니한다. 그런데 면책허가결정에 대해서 검사 · 파산관재인 또는 면책의 효력을 받을 파산채권자는 각 즉시항고를 할 수 있다는 점에 비추어, 실무상 즉시항고한 사례가 없는 파산관재인 또는 검사는 별론으로 하더라도 파산채권자들 중 이의신청 채권자에게만 면책허가결정 정본을 발송송달하는 실무에 대해서는 의문이 있다.

라. 면책불허가결정

면책불허가사유가 존재하는 경우라도 법원은 파산선고 결정에 이른 경위 기타 일체의 사정을 고려하여 재량으로 면책을 허가할 수 있다. 따라서 법원은 면책불허가사유가 존재하고 면책을 허가할 특별한 사정이 없다면 면책불허가결정을 한다. 이 경우 채무자에게 면책불허가결정의 정본을 송달한다(법 제8조 제1항). 그 외 이해관계인에게는 송달하지 않고, 따로 공고도 하지 않는다. 면책불허가결정에 대해서는 채무자 외 다른 이해관계인은 즉시항고할 법률상 이익이 없기 때문이다. 다만, 면책신청에 대하여 이의신청을 한 채권자에 대해서는 법원의 판단을 알려준다는 취지에서 결정등본을 발송송달한다. 파산을 선고받은 채무자가 전부면책을 받지 못한 경우에는 채무자의 신원증명업무를 관장하는 등록기준지시·구·읍·면장에게 파산선고사실이 통지되어 신원조회 시 파산선고사실이 나타나게 된다(면책결정이 취소된 경우 또는 면책신청이 각하되거나 기각된 경우에도 마찬가지이다). 그렇지만 가족관계등록부에 기록되는 것은 아니다.

2. 면책신청에 관한 결정에 대한 불복신청

가. 불복신청권자

면책허가 신청에 대한 재판에 대해서는 즉시항고를 할 수 있다(법 제559조 제3항, 제564조 제4항). 면책신청을 각하하거나 기각하는 결정, 면책허가결정 및 면책불허가결정 모두 즉시항고의 대상이다. 면책신청에 대한 각하 또는 기각결정, 면책불허가결정에 대해서는 채무자가, 면책허가결정에 대해서는 면책의 효력을 받을 파산채권자, 파산관재인 및 검사가 각 즉시항고를 할 수 있다. 검사 및 파산관재인은 채무자의 면책신청에 대하여 이의신청권이 인정되기 때문에(법 제562조 제1항) 불복신청권이 있다고 해석된다. 그렇지만 면책허가결정에 대해 그 효력이 미치지 않는 파산채권자, 재단채권자, 별제권자, 환취권자 등은 즉시항고를 할 수 없다.

나. 불복신청방법

재판에 대한 불복은 서면으로 하여야 한다(법 제14조). 그러므로 면책신청에 대한 재판에 불복이 있는 자는 항고제기 기간 내에 즉시항고장을 법원에 제출하여야 한다. 즉시항고장에는 항고의 취지로서 항고심에서 구하는 재판을 기재한다. 예컨대, 면책불허가결정에 대해서는 "원결정을 취소한다. 채무자를 면책한다", 면책허가결정에 대해서는 "원결정을 취소한다. 이 사건 면책을 허가하지 아니한다"라고 기재하는 것이 보통이다. 항고이유는 원결정이 결론에 이른 이유 중 어느 부분에 불복이 있는지를 기재한다.

채권자는 채무자가 면책불허가결정에 대하여 즉시항고를 한 항고심에서 심문종결시 또는 결정의 고지시까지 새로운 사실과 증거를 제출할 수 있다. 이 경우 항고심은 채권자가 면책에 대한 이의신청 등을 통하여 제1심이 판단대상으로 삼은 면책불허가사유 외에도 다른 면책불허가사유가 있다는 점을 지적하면서 관련 자료를 제출하여 법원의 조사를 촉구하였다면 그 면책불허가사유도 판단하여야 한다.[20]

다. 불복신청기간

(1) 면책허가결정에 대한 불복신청기간

법원은 면책허가결정을 한 때에는 그 주문과 이유의 요지를 공고하여야 한다(법 제564조 제3항). 그러므로 면책허가결정에 대한 즉시항고는 공고가 있은 날부터 14일 이내에 하여야 한다(법 제13조 제2항). 여기서 말하는 공고일은 공고가 실제로 있은 날이 아니라 공고의 효력이 발생한 날이다. 공고는 관보에 게재된 날의 다음 날 또는 대법원규칙이 정하는 방법에 의한 공고가 있은 날의 다음 날에 그 효력이 생긴다(법 제9조 제2항). 그러므로 면책허가결정의 즉시항고기간은 공고가 있은 날의 다음날부터 14일이다.

---

20) 대법원은, 채무자 회생 및 파산에 관한 법률 제33조에 의하면, 면책을 비롯한 파산절차는 위 법에 특별한 규정이 없는 한 '민사소송법'의 규정을 준용하도록 하고 있고, '민사소송법' 제443조에 의해 항고법원의 소송절차에 준용되는 민사항소심은 속심제로서 소송절차는 속심제를 취하고 있는 이상(대법원 2007. 4. 12. 선고 2006다72765 판결 등 참조), 제1심의 면책불허가결정에 대한 채무자의 즉시항고를 심리하는 항고심에서의 새로운 사실과 증거의 제출은 항고심에서 심문을 연 때에는 그 심문종결시까지, 심문을 열지 아니한 때에는 결정의 고지시까지 가능하다 할 것이므로, 항고심법원으로서는 그때까지 제출한 자료를 토대로 제1심결정 혹은 항고이유의 당부를 판단하여야 하고(대법원 2009. 2. 26.자 2007마1652 결정 참조), 채권자가 면책에 대한 이의신청 등을 통하여 제1심이 판단대상으로 삼은 면책불허가사유 외에도 다른 면책불허가사유가 있다는 점을 지적하면서 관련 자료를 제출하여 법원의 조사를 촉구하였다면 그 면책불허가사유도 판단하여야 하고, 이에 대하여 판단하지 않았다면 판단을 누락한 위법이 있다고 한다(대법원 2010. 7. 30.자 2010마539 결정).

(2) 면책신청의 각하 · 기각 또는 면책불허가결정에 대한 불복신청기간

면책신청에 관한 각하 · 기각 또는 면책불허가결정에 대한 즉시항고 기간은 채무자가 면책불허가결정 등 정본을 송달받은 날부터 1주간이다(법 제33조, 민사소송법 제444조).

제4절 재도의 파산신청

1. 의의

파산결정을 받았으나 면책기각결정이나 또는 면책불허가결정을 받아 그 결정이 확정된 후 오로지 면책을 받기 위하여 동일한 파산원인으로 재차 파산신청을 하는 것을 이른바 재도의 파산이라 한다. 이처럼 과거에 파산절차가 개시되어 이미 종료했음에도 면책허가결정을 받을 것만을 목적으로 하는 재도의 파산신청이 허용될 수 있는지가 실무상 종종 문제된다.

2. 문제되는 경우

재도의 파산신청으로 문제되는 경우는 ① 채권자가 채무자에 대하여 파산신청을 한 사건에서 채무자가 법률에 대한 부지 또는 오해로 인하여 면책신청기간 내, 즉 파산선고가 확정된 날 이후 1월 이내에 법원에 면책신청을 하지 못한 경우,[21] ② 채무자가 과거 신청한 사건에서 면책기각결정 또는 면책불허가결정을 받은 경우, ③ 종전 파산 및 면책신청 사건에서 채무자가 어떠한 이유에서든 면책신청을 취하한 경우, ④ 면책결정을 받아 확정된 후 채권자목록에 누락된 채권이 있는 경우 등이다.

21) 현행 채무자회생법에서는 채무자가 파산신청을 한 경우 원칙적으로 면책허가신청을 한 것으로 간주되지만(법 제556조 제3항), 이러한 간주규정은 채권자신청 사건의 경우에는 적용되지 않기 때문에 채권자신청 사건에서는 채무자의 부지나 오해로 인하여 신청기간 내 면책허가 신청이 되지 않는 경우가 있을 수 있다.

3. 파산선고의 가부(可否)에 대한 견해의 대립

가. 긍정하는 견해

재도의 파산신청을 긍정하는 견해는 채무자회생법에 재도의 파산을 금지하는 규정이 없고, 채무자 본인의 자기파산 신청사건의 대부분은 면책을 받아서 경제적으로 재기하는 것을 목적으로 하는데 위의 각 문제되는 경우도 그 점에서는 다르지 않으므로 법률상 이익이 있다는 점, 또한 재도의 파산신청도 파산원인이 존재하는 점은 부정할 수 없고, 앞의 파산과 뒤의 파산은 파산재단이나 파산채권자의 범위가 다를 가능성이 있고, 특히 첫 번째 파산절차종료 시로부터 장기간이 경과한 경우에는 재도의 파산절차에 의해 재산을 보전, 조사, 청산을 하는 것이 채권자에게도 유익한 경우가 있다는 점 등을 이유로 든다.

나. 부정하는 견해

반면, 재도의 파산 신청을 부정하는 견해로는 신청의 이익이 없다고 하는 견해와 불성실한 신청(법 제309조 제1항 제5호)이라는 견해가 있다. 전자는 파산제도는 총채권자를 위해 채무자의 총재산을 환가 · 배당하는 청산형 절차이기 때문에 이미 청산이 종료되었음에도 불구하고, 즉 실질적으로 동일한 자산상태 및 부채상황임에도 불구하고 재도의 파산신청을 하는 것은 신청의 이익이 없다고 한다. 후자는 동일한 파산원인으로 재도의 파산신청을 하는 것은 허용되지 않는다는 점, 재도의 파산신청을 용이하게 허용하면 면책신청기간을 엄격하게 정한 법의 취지 및 면책불허가결정에 대한 불복신청에 대해 기간제한이 있는 즉시항고를 예정하고, 면책이 허가된 경우에도 면책허가결정의 확정일부터 7년이 경과되지 아니한 때를 면책불허가사유로 규정한 법의 취지를 몰각하게 된다는 점 등을 이유로 든다.

다. '동일한 파산'의 개념을 좁게 해석하는 견해

① 현행법은 제556조 제3항 면책신청 의제규정이 있어 채무자 파산신청 사건에서 면책신청 기간이 도과하는 경우는 사실상 상정하기 어렵고, ② 면책허가결정이 확정된 날부터 7년이 경과하지 아니하는 경우에도 재량면책이 가능한 점에 비추어 보면 재도의 파산을 허용하지 아니하는 것은 채무자에게 지나치게 가혹하며, ③ 파산원인인 지급불능을 '변제능력

이 부족하여 즉시 변제하여야 할 일반적, 계속적으로 변제할 수 없는 객관적 상태'라 정의할 경우, 채무자가 일단 지급불능상태에 이르면 그 이후에는 지급불능 상태가 계속되어 논리적으로 파산원인은 모두 동일하게 되는데, 이는 재소금지 또는 기판력의 규정이 없는 파산절차에서 지나치게 채무자의 신청권을 제한하는 점 등의 이유로 가급적 '동일한 파산'의 개념을 좁게 해석하여야 한다는 견해가 있다.[22] 대구지방법원 2020. 9. 1.자 2020라10134 결정도 위 견해와 같은 취지로 "채무자회생법 제559조 제2항에서 규정하는 '동일한 파산'이란 면책신청이 기각된 당해 파산절차를 의미하거나, 아니면 적어도 '동일한 파산원인'에 기한 파산절차를 의미한다고 보아야 한다. 그리고 '동일한 파산원인'에 해당하는지 여부를 판단함에 있어서는, 파산 및 면책제도의 입법목적 및 제도의 취지, 파산절차와 면책절차의 불가분적 관계, 파산절차에서는 재소금지의 원칙이나 기판력의 제한 규정이 적용되지 않는 점, 현행 법령상 파산신청 및 면책신청이 기각되더라도 재차의 파산신청이 금지되고 있지는 않는 점 등의 사정을 두루 고려하여 파산 및 면책제도를 통하여 경제적 재기와 갱생을 도모하고자 하는 채무자의 권리와 제도에 대한 신뢰가 부당하게 침해되지 않도록 엄격하게 제한하여 해석할 필요가 있다.[23]"고 한다.

4. 대법원 판례

대법원 2006. 12. 21.자 2006마877 결정은 구 파산법에 의한 파산결정을 받았으나 면책신청기간을 도과하여 면책결정을 받지 못한 자가 면책결정을 받기 위한 목적으로 하는 재도의 파산신청은 구 파산법 제339조 제5항에 제한적으로 정한 면책신청 추완 규정을 면탈

22) 김태준, '재도의 파산신청 불허에 대한 비판적 견해', 서울중앙지방법원 파산부 WORKSHOP 자료집(2013년), 126면 이하

23) 위 사건의 항고인은 종전 파산 및 면책 신청 사건에서 보정명령 불응을 이유로 파산 및 면책 기각 결정을 받고 그 결정이 확정된 때로부터 약 2년 뒤에 파산 및 면책 신청을 하였다. 제1심 법원은 항고인에 대하여 파산선고를 한 다음, 그 후 파산재단으로써 파산절차의 비용을 충당하기에 부족하다는 이유로 이시폐지결정을 하였고, 같은 날 항고인에 대하여 항고인이 종전 사건에서 파산 및 면책 기각 결정을 받은 사실이 인정되고, 파산관재인의 자료제출 요청에도 성실히 응하지 않았다는 이유로 채무자회생법 제559조 제1항 제4호, 제2항에 따라 면책기각 결정을 하였다. 그런데 항고심은 항고인이 파산 및 면책신청과 보정서 제출을 통하여 면책을 받고자 하는 채권자 수는 11곳, 채권액은 합계 152,744,525원으로 종전 사건 당시의 채권자 수 3곳, 채권액 합계 79,069,568원에 비하여 그 규모가 크게 증가한 점, 종전 사건의 종료일로부터 2년이 지난 후에 면책신청이 제기되었고, 그 동안 채무자의 수입 및 지출에 변화가 없다고는 할 수 없어 파산원인인 '지급불능'과 관련된 여러 사정이 종전 사건과 반드시 동일하다고는 단정할 수 없는 점 등을 이유로 제1심 결정을 취소하고 사건을 제1심 법원으로 환송하였다.

하게 하는 것이어서 허용될 수 없다고 설시하면서 면책신청을 각하한 하급심의 결정이 정당하다고 보아 재항고를 기각하였다. 위 결정은 채무자가 서울중앙지방법원에 파산신청을 하여 파산선고 및 동시폐지결정을 받은 뒤 구 파산법에 정해진 면책신청기간 1개월이 지나서야 면책신청을 함으로써 기간도과로 면책신청이 각하되자 다시 의정부지방법원에 파산신청을 하였는데, 의정부지방법원은 면책신청기간이 경과한 뒤 면책을 얻기 위하여 동일한 내용의 파산신청을 다시 하는 것은 부적법하다는 이유로 각하한 사건이다. 위 사건 이후에도 대법원 2009. 11. 6.자 2009마1583 결정은 "파산결정을 받았으나 면책기각결정을 받아 위 결정이 확정된 후 오로지 면책을 받기 위하여 동일한 파산원인으로 재차 파산신청을 하는 이른바 재도의 파산은 허용될 수 없다"고 하여 채무자의 재항고를 기각하였고, 대법원 2011. 8. 16.자 2011마1071 결정은 재도의 파산신청을 정면으로 다룬 것은 아니지만 "파산결정을 받았으나 면책불허가결정을 받아 그 결정이 확정된 후에는 동일한 파산에 대한 재차 면책신청이나 오로지 면책을 받기 위하여 동일한 파산원인으로 재차 파산신청을 하는 이른바 재도의 파산신청은 허용되지 않는다"라고 판시하였다.[24] 대법원은 재도의 파산신청은 허용될 수 없다는 입장이다. 다만, 재도의 파산신청에 해당하는지는 종전 파산사건에서 면책결정을 받지 못한 이유를 비롯한 종전 파산사건의 경과, 채무자가 다시 파산신청에 이르게 된 경위와 의도, 종전 파산사건과 이후 채무자의 재산상황 변동 등 구체적 사정을 살펴서 채무자가 면책신청이 제한되는 법률상 제한을 피하고자 오로지 면책을 받기 위하여 동일한 파산원인으로 파산신청을 하였다고 볼 수 있는지에 따라 신중하게 판단하여야 한다고 한다(대법원 2023. 6. 30.자 2023마5321 결정).

채무자회생법이 면책신청기간 및 면책신청추완 규정(법 제566조)을 두고 있고, 면책신청이 기각된 채무자는 동일한 파산에 관하여 다시 면책신청을 할 수 없도록 규정(법 제559조 제2항)하고 있기 때문에 재도의 파산신청은 이들 규정의 취지를 몰각할 수 있으므로 허용되

24) 이러한 재도의 파산신청을 불허하는 대법원 결정들에 대하여, 서울회생법원 2020. 4. 17.자 2018라467 결정은 채무자회생법은 재도의 파산신청을 금지하는 규정이 없고, 파산선고는 받았지만 면책이 기각되거나 불허가되어 기존 채무로부터 벗어나지 못하였음은 물론 추가적으로 파산선고에 따른 각종 직업상·신분상 불이익을 받고 있는 채무자는 이로부터 탈피하기 위하여 다시 파산신청을 할 '권리보호의 이익'이 있고, 채무자에게 영구적으로 갱생의 기회를 부여하지 않는 것은 지나치게 가혹하므로 구제의 필요성이 있고, 재도의 회생절차·개인회생절차는 허용되는 실무에 비추어 유독 파산선고를 받았다가 면책신청이 기각되거나 면책불허가를 받은 채무자에 대하여만 재도의 파산신청을 금지하는 해석은 다른 도산절차와 균형에 맞지 않는다는 점 등을 이유로 비판한다. 위 결정에 의하면, 채무자가 다시 파산신청을 하게 된 기간, 경위, 의도 등을 종합하여 재도의 파산신청이 '파산절차의 남용'에 해당한다고 판단되는 경우에 채무자회생법 제309조 제2항(채무자에게 파산원인이 존재하는 경우에도 파산신청이 파산절차의 남용에 해당한다고 인정되는 때에는 파산신청을 기각할 수 있다)을 적용하여 파산신청을 기각하면 충분하다고 한다.

기 어려운 것이 사실이다. 그러나 모든 재도의 파산신청을 일률적으로 부적법한 것으로 볼 것은 아니고, 면책을 받기 위한 재도의 파산신청이 법의 취지를 몰각하는지 여부에 대해서는 채무자가 재도의 파산신청에 이르게 된 경위, 종전 절차의 종료 시로부터 경과한 기간, 신청인의 채권채무관계에 대한 변화 유무, 종전 절차에서 면책불허가 된 이유 등 제반사정을 종합적으로 판단하여야 할 것이다. 실무상 재도의 파산신청을 허용하여야 하는 경우가 있고, 실제로도 재도의 파산신청이 허용되어 면책을 받는 사례가 종종 있는 것이 현실이다.

5. 개별적 검토

첫째, 채권자가 파산신청을 한 사건에서 채무자가 법률에 대한 부지 또는 오해로 인하여 면책신청기간 내에 면책신청을 하지 못하여 면책의 재판을 받을 수 없었던 사람이 재도의 파산신청을 한 경우이다. 이 경우에는 새롭게 청산이 필요한 자산이나 부채의 유무, 당해 신청의 목적, 종전 사건에서 면책신청이 되지 않았던 사정 등을 신중하게 심리한 뒤 파산선고의 가부를 판단할 필요가 있다. 이 경우에 파산선고를 하게 되면 파산절차가 적법하게 개시된 이상 법원은 파산관재인을 선임하여 파산관재인으로 하여금 자산조사 및 면책조사를 하게 하여 이를 토대로 면책허부 결정을 하게 될 것이다. 그런데 구 파산법하에서는 채무자가 파산신청과 별도로 면책신청을 하여야 했으므로 면책신청기간을 도과할 경우 면책이 되지 아니하는 위험부담이 있었다. 하지만 채무자회생법은 동시면책신청과 간주면책신청제도(법 제556조 제3항)를 두고 있으므로 현재는 채무자가 법률에 대한 부지 또는 오해로 인하여 면책신청기간 내에 면책신청을 하지 못하여 면책재판을 받을 수 없는 사례는 거의 발생하지 않게 되었다.

둘째, 면책불허가결정을 받은 사람이 재도의 파산신청을 한 경우에는 이미 법원이 면책허부에 대해서 판단하였기 때문에 파산선고의 가부에 대해서 앞의 경우보다 더욱 신중하게 심리 · 판단하여야 하고, 안이하게 재판단(再判斷)을 구하는 신청에 대해서는 불성실한 신청 또는 신청권의 남용으로서 파산신청이 각하되는 경우가 많을 것이다. 예컨대, 채무자가 낭비행위를 이유로 면책불허가결정을 받은 경우에는 시간의 경과, 채무자의 변제 또는 경제적 갱생을 위한 노력, 현재 연령, 직업, 건강상태 등 첫 번째 결정이 있은 뒤에 생긴 사실까지 종합적으로 고려하여 종전 절차와 달리 면책을 허가할 수도 있을 것이다. 그렇지만 채무자가 선행하는 파산절차에서 파산관재인에 대해서 방해행위를 하였거나 채무자회생법상의 의무불이행 혹은 파산 · 면책절차의 적정한 진행에 대한 방해행위를 함으로써 또는 채권자를 해하는 행위를 하여 면책불허가결정을 받은 때에는 재도의 파산 신청을 신청권의 남용으로 보아 각하하여야 할 것이다.

셋째, 파산절차 중에 채무자가 그대로는 면책불허가결정을 받을 것이 예상되기 때문에 이를 피하고 나중에 재도의 파산신청을 하여 면책을 받을 길을 열어두기 위하여 취하하였다가 재도의 파산신청을 한 경우라면 파산선고를 하면 안 될 것이다.

넷째, 이미 동일한 파산원인으로 면책허가결정을 받은 후 채권자목록에 누락된 채권이 발견되어 재도의 파산신청을 한 경우이다. 종래 이 경우에 대해서는 채권자목록에서 누락된 채권이 있다고 하더라도 채무자회생법 제566조 단서 제7호(채무자가 악의로 채권자목록에 기재하지 아니한 청구권으로 채권자가 파산선고가 있음을 알지 못한 경우)에 해당하지 않는 한 면책의 효력이 미치므로 채권자목록에서 누락된 채권은 비면책채권의 문제로서 별도의 민사소송절차에서 다투어야 한다는 것이 실무이며 다수설이었다. 그래서 기존 실무례는 새로운 파산 및 면책신청을 기각하는 입장이었다. 그러나 서울회생법원은 2023. 6.경부터 현행 채무자회생법에 목록 누락 채권에 대한 재신청을 금지하는 명문 규정이 없는 점, 대법원 2018마5435 결정은 절차 남용에만 해당하지 않는다면 목록 누락 채권에 대하여 재도의 파산신청이 가능하다고 판시한 점, 채무자에 대한 배려와 구제 필요성이 있는 점, 개인회생절차와의 균형 확보의 필요성 등을 근거로 종전 파산 · 면책사건에서 채무자가 채권자목록에 누락한 채권의 면책을 구하는 파산 · 면책 신청을 허용하고 통상적인 파산 · 면책 절차를 진행하는 것으로 실무를 변경하였다.

다섯째, 일단 면책허가결정을 받은 사람이 그 결정이 확정된 날로부터 7년 이내에 있음에도 불구하고 다시 지급불능 상태에 빠져 재차 파산신청을 하고 재도의 면책허가 결정을 받으려고 하는 경우에는, 이는 단지 면책불허가사유(법 제564조 제1항 제4호)에 해당하는 사실이 존재하는 것에 불과하므로 구체적인 사정에 따라서는 재량으로 면책을 허가할 수 있을 것이다.

제5절 면책허가 결정의 효력

1. 면책허가결정의 효력발생시기

법원은 면책허가결정을 한 때에는 그 주문과 이유의 요지를 공고하여야 한다. 이 경우 송달은 하지 아니할 수 있다(법 제564조 제3항). 면책결정은 확정된 후가 아니면 그 효력이 생기지 아니한다(법 제565조). 확정 전에 면책허가결정 즉시 효력을 발생시키는 것은 쓸데없이 사태를 복잡하게 할 우려가 있고, 또한 그렇게 할 필요도 없으므로 면책허가결정은 확정에 의해서 비로소 효력을 생기게 한 것이다. 법원사무관 등은 면책의 결정이 확정되면 파산채권자표가 있는 경우에는 파산채권자표에 면책의 결정이 확정된 뜻을 기재하여야 한다(법 제568조).

파산절차가 종료된 경우에는 확정된 파산채권이고 파산관재인 등이 채권조사에서 이의를 하지 않은 것에 대해서는 파산채권자표의 기재는 채무자에 대하여 확정판결과 동일한 효력을 가지며, 파산채권자는 당해 파산채권자표에 기하여 채무자에 대하여 강제집행을 할 수 있게 된다. 그래서 면책허가결정이 확정된 경우에는 파산채권자표에 그 취지를 기재함으로써 파산채권자표가 부당하게 채무명의로써 이용되는 것을 방지하고, 또한 모든 채권자에 대해서 채무자의 면책이 허가된 사실도 명확하게 된다.

2. 채무자에 대한 효력

가. 잔존채무에 대한 책임 면제

면책허가결정이 확정되면, 채무자는 파산절차에 의한 배당을 제외하고는 파산채권자에 대한 채무의 전부에 관하여 그 책임이 면제된다(법 제566조). 면책허가결정의 효력은 확정시에 생기고 소급효는 인정되지 않는다. 면책허가결정의 효력은 별제권자의 파산채권에도 미친다. 따라서 별제권자가 별제권을 행사하지 아니한 상태에서 파산절차가 폐지되었다고 하더라도, 면책허가결정이 확정된 이상, 별제권자였던 자로서는 그 담보권을 실행할 수 있을 뿐 채무자를 상대로 종전 파산채권의 이행을 소구할 수는 없다(대법원 2011. 11. 10. 선고 2011다27219 판결).

면책의 법적 성질에 대해서는 ① 책임이 소멸하는 것이고 채무는 소멸하지 않고 자연채무로서 잔존한다는 자연채무설과 ② 채무 그 자체가 소멸한다는 채무소멸설이 대립[25]하지만, 자연채무설이 통설이다. 판례도 "면책이라 함은 채무 자체는 존속하지만 파산채무자에 대하여 이행을 강제할 수 없다는 의미이다. 따라서 파산채무자에 대한 면책결정이 확정되면, 면책된 채권은 통상의 채권이 가지는 소 제기 권능을 상실하게 된다"(대법원 2015. 9. 10. 선고 2015다28173 판결), "면책결정이 확정되면 개인채무자의 파산채권자에 대한 채무는 그대로 존속하지만 개인채무자의 파산채권자에 대한 책임은 파산선고 당시에 개인채무자가 가진 재산 한도로 제한되므로 개인채무자는 파산선고 이후에 취득하는 재산으로 변제할 책임은 지지 않는다"(대법원 2022. 7. 28. 선고 2017다286492 판결 등)라고 하여 자연채무설의 입장을 취하고 있다.[26] 이처럼 자연채무설에 따르면 면책허가결정이 확정되면 비면책채권을 제외하고 파산채권은 소구력과 집행력을 상실한다. 면책 결정을 받은 사실은 청구이의사유가 된다. 채무자는 채무의 이행을 명하는 판결의 변론종결 전에 면책결정(개인파산·면책절차)을 확정 받았음에도 파산채권자가 제기한 소송의 사실심 변론종결 시까지 그 사실을 주장하지 않는 바람에 면책된 채무이행을 명하는 판결이 선고되어 확정된 경우에도 특별한 사정이 없는 한 채무자는 그 후 채권자를 상대로 면책된 사실을 내세워 청구이의의 소를 제기할 수 있다(대법원 2022. 7. 28. 선고 2017다286492 판결[27]). 즉, 원칙적으로 청구이의의 소는 그 사유가 변론이 종결된 뒤(변론 없이 한 판결의 경우에는 판결이 선고된 뒤)에 생긴 것이어야 하지만(민사집행법 제44조 제2항), 청구이의사유가 면책결정인 경우에는 그 면책결정이 변론종결 전에 생긴 경우에도 청구이의가 허용된다.

다만 자연채무설의 입장에 서면 채무 자체는 존속하므로 면책허가결정 확정 후의 임의변제는 유효한 변제가 되고 부당이득이 되지 않는다.

반면, 채무소멸설에 따르면 파산채권자는 채무자에 대해서 임의변제를 구할 수 없고,

---

25) 통설과 유력설이 결론을 완전히 달리하는 것은 면책허가결정 확정 후의 변제의 효력이다. 통설인 자연채무설에 의하면 그 변제는 유효하지만, 유력설인 채무소멸설에 의하면 그 변제는 무효이고 부당이득반환청구권이 생기게 된다. 채무소멸설의 입장에서는 자연채무설에 의할 때는 자연채무의 존재를 구실로 파산채권자가 그 채권의 추심을 계속할 위험이 있고, 채무자의 갱생을 방해하게 된다고 지적한다.

26) 그 밖에 대법원 2001. 7. 24. 선고 2001다3122 판결 등 참조.

27) 위 판결은 파산채권자가 개인채무자를 상대로 채무 이행을 청구하는 소송에서 면책결정에 따라 발생한 책임 소멸은 소송물인 채무의 존부나 범위 확정과는 직접적인 관계가 없고, 그 소송에서 채무자가 면책 사실을 주장하지 않는 경우에는 책임이나 집행력의 문제는 현실적인 심판대상으로 등장하지 아니하여 주문은 물론이고 이유에서도 그에 관하여 아무런 판단이 없게 되므로 면책결정으로 인한 책임 소멸에 관해서는 기판력이 미치지 않는다고 보았다. 광주지방법원 2017. 7. 5. 선고 2017가단1870 판결도 같은 취지이다.

그럼에도 불구하고 채무자로부터 수령한 변제는 부당이득이 된다. 채무소멸설은 자연채무설에 대해서 다음과 같이 비판한다. 첫째, 자연채무설이 그 근거로서 「파산채권자에 대한 채무의 전부에 관하여 그 책임이 면제된다」라는 문언 외에 면책의 효과가 보증인 등에게 미치지 않는다는 점(법 제567조)을 원용하지만, 법 제567조는 입법적으로 주채무가 소멸하면 보증채무는 부종성에 의해서 소멸한다는 민법 원칙의 예외를 규정한 것이라고 해석할 수 있기 때문에 법 제567조의 규정이 채무소멸설을 취하는데 결정적 장애가 될 수 없다. 둘째, 자연채무설의 배후에는 면책을 받더라도 채무자의 의무를 전면적으로 면제해 버리는 것은 바람직하지 않고 도덕적 의무로서 잔존시켜 채무자의 자발적 변제를 기대하는 사상이 숨어 있는데, 소비자신용에 있어서 채권자와 채무자의 역학관계에 비추어 보면 파산채권자에 대한 채무를 자연채무로서 남기는 것은 채무자의 자발적인 이행을 촉구하는 효과보다도 파산채권자가 강제집행 이외의 사적인 압력으로 채무자에 대해서 사실상 변제를 요구한다든지, 혹은 자연채무로서 남아 있는 것을 경개의 합의에 의해 통상의 채무로서 부활시키려 요구한다든지 할 위험을 불러일으켜 면책에 의해서 채무자의 경제적 갱생을 도모하는 제도 목적의 실현 그 자체가 저해될 우려가 있다고 한다.[28)]

나. 복권

면책허가결정이 확정되면 채무자는 당연히 복권되고(법 제574조 제1항 제1호), 파산선고결정에 의하여 생긴 공법상 · 사법상의 자격 및 권리의 제한은 소멸한다. 그러나 채무 중 일부에 대해서만 면책을 허가하는 일부 면책허가결정은 동시에 일부 면책불허가결정의 성질을 띠고 있어 "면책의 결정이 확정된 때"에 해당하지 아니하므로 당연히 복권되지 않는다. 일부 면책허가결정을 받은 채무자는 면책 받지 못한 채무를 변제한 후 복권절차를 신청함으로써 파산선고로 인한 불이익을 제거할 수 있다. 보다 자세한 복권의 의의, 복권 절차의 종류에 대해서는 제8절에서 다룬다.

다. 채무불이행자명부 등재의 말소

민사집행법 제73조 제1항은 변제, 그 밖의 사유로 채무가 소멸되었다는 것이 증명된

28) 伊藤 眞, 破産法 · 民事再生法(제2판), 有斐閣(2009), 552면 참조.

때에는 법원은 채무자의 신청에 따라 채무불이행자명부에서 그 이름을 말소하는 결정을 하여야 한다고 규정하고 있다. 실무는 채무자에 대한 면책결정 확정을 채무소멸에 준하여 처리하고 있다.[29] 그러므로 채무불이행자명부에 오른 자로서 면책결정이 확정된 채무자는 채무불이행자 명부등재의 말소를 신청할 수 있다. 채무자는 해당 법원 채무불이행명부 업무담당자에게 말소 신청하면, 법원에서 말소결정 후 신용정보원으로 통보하고 신용정보원에서 삭제한다. 신청서 양식은 대법원 홈페이지 대국민서비스 양식모음란에서 "채무불이행자명부등재말소신청서(채무자용)"을 내려 받아서 사용하면 된다.

라. 면책허가결정의 효력 범위

면책의 효력은 비면책채권이나 파산채권자가 채무자의 보증인 그 밖에 채무자와 더불어 채무를 부담하는 자에 대하여 가지는 권리와 파산채권자를 위하여 제공한 담보에 영향을 미치지 아니한다(법 제566조, 제567조). 보증인 등에 대한 효과는 다음 4.에서 살펴보기로 한다.

3. 채권자에 대한 효과

채무자에 대한 면책결정이 확정되면 비면책채권 이외의 파산채권에 대해서는 파산절차에 의한 배당을 제외하고는 그 책임이 면제되므로 채권자는 채무자에 대하여 채권추심을 할 수 없다.

그러므로 채권자가 그 파산채권을 피보전채권으로 하여 채권자취소권을 행사하는 것은 그 채권이 채무자회생법 제566조 단서의 비면책채권에 해당하지 않는 한 허용되지 않는다(대법원 2008. 6. 26. 선고 2008다25978 판결). 일본 재판례도 파산자가 면책허가결정을 받아 확정됨으로써 원고의 파산자에 대한 채권은 소로써 이행을 청구하여 그 강제적 실현을 꾀할 수 없게 되고, 그 결과 사해행위취소권 행사의 전제가 결여되기에 이른 것이라고 하여

29) 법원실무제요, 민사집행[Ⅰ], 사법발전재단(2014년), 347면. 채무소멸 사유에는 변제 외에도 대물변제, 공탁, 면제, 상계, 포기, 소멸시효의 완성 등이 포함되고, 채무자에 대한 면책결정이 확정되면 강제집행이 불가능하므로 채무소멸의 사유에 해당한다. 채무불이행자명부 등재 말소신청 시 채무가 소멸하였다는 것은 채무자가 증명하여야 하지만, 이를 증명하는 방법에 아무런 제한이 없어 청구이의의 소를 제기하여 승소 확정판결을 받아야 하는 것은 아니고, 확정판결 등 집행권원의 기판력이 발생한 후 채무의 소멸사유가 생긴 것을 증명하는 것으로 충분하다(대법원 2023. 7. 14.자 2023그610 결정).

파산채권자의 사해행위취소권 행사를 부정하였다(最判平9年2月25日判決 · 判時1607号51頁 · 判タ944号116頁 참조). 채권자대위권도 채권자가 자기의 채권을 보전하기 위하여 채무자의 권리를 행사할 수 있는 권리로서 채무자에 대하여 채권을 행사할 수 있음이 전제되어야 할 것인바, 채무자가 채권자에 대한 채무에 대하여 면책결정을 받은 경우 채권자는 면책결정을 받은 파산채권을 피보전채권으로 하여 채무자의 권리를 대위 행사할 수 없다(대법원 2022. 9. 7. 선고 2022다230165 판결).

확정된 본안재판에 부수하여 소송비용의 부담을 정하는 재판이 이루어졌다고 하더라도, 채무자가 면책을 받은 경우에는 특별한 사정이 없는 한 소송비용액확정을 구할 권리보호의 이익이 없다(대법원 2023. 12. 21.자 2023마6918 결정).

만일 면책을 받은 개인인 채무자에 대하여 면책된 사실을 알면서 면책된 채권에 기하여 강제집행 · 가압류 또는 가처분의 방법으로 추심행위를 한 자는 500만원 이하의 과태료에 처한다(법 제660조 제3항). 이 경우 강제집행 · 가압류 또는 가처분 사건을 접수한 법원의 법원사무관 · 법원주사 · 법원주사보는 법 제660조 제3항의 사유가 있다고 인정할 때에는 바로 과태료에 처할 자의 주소지를 관할하는 법원에 통지하여야 한다(채무자 회생 및 파산에 관한 법률 위반사실 통지에 관한 업무처리지침). 이후 위반자의 주소지의 지방법원은 비송사건절차법에 따라 과태료 재판을 하고, 과태료 재판은 검사의 명령으로써 집행한다. 채권의 공정한 추심에 관한 법률도 관련 규정을 두고 있다. 채권추심자는 파산절차에 따라 전부 또는 일부 면책되었음을 알면서 법령으로 정한 절차 외에서 반복적으로 채무변제를 요구하는 행위를 하여서는 아니 되고(채권의 공정한 추심에 관한 법률 제12조 제4호), 이를 위반한 자에게는 500만원 이하의 과태료를 부과한다(같은 법 제17조 제3항). 채무자가 면책결정을 받은 이후에도 채권자가 채무자에 대해 수차례 채권회수 경고 등 채권추심을 시도하였다면 불법행위에 해당돼 위자료를 지급하여야 한다. 하급심판결 중에는 채권자가 면책결정 후 채무자에게 총 네 차례에 걸쳐 우편을 통해 “압류집행 등 강력한 채권회수 활동을 전개하겠다”, “전세보증금, 월급 등에 대해 강제집행 할 것”이라는 등의 말로 압력을 가한 사안에서 채권자는 채무자에게 100만원을 지급하라는 원고 일부승소 판결을 한 사례가 있다.

4. 보증인 등에 대한 효과

가. 보증인의 보증채무 및 물상보증인의 책임

채무자회생법은 제567조에서 면책은 파산채권자가 채무자의 보증인 그 밖에 채무자와 더불어 채무를 부담하는 자에 대하여 가지는 권리와 파산채권자를 위하여 제공한 담보에 영향을 미치지 아니한다고 규정하고 있다. 주채무 감면의 효과는 보증인에게도 미치는 것(부종성)이 민법의 원칙이지만(민법 제430조, 제419조), 채무자회생법은 면책허가결정의 효력은 보증인, 연대채무자 등 채무자와 더불어 채무를 부담하는 자에 대한 권리 및 물상보증인에 대한 파산채권자의 권리에 영향을 미치지 않는다(법 제205조, 제548조, 제567조, 제625조)고 규정함으로써 부종성 원칙의 예외[30]를 정하고 있다. 대법원은 원래 보증채무는 주채무의 한도로 감축되는 부종성을 가지는데, 채무자의 회생절차 및 파산절차에서도 보증채무의 부종성을 관철한다면 채권자에게 지나치게 가혹한 결과를 가져올 것이라는 이유로 채무자회생법은 보증채무의 부종성에 대한 예외를 규정하고 있다고 보고 있다(대법원 2020. 4. 29. 선고 2019다226135 판결).

면책제도는 채무자의 경제적 재기 · 갱생을 가능하게 하는 것을 목적으로 하는 것이지 채무자를 위해 보증채무를 부담한 자(보증인), 채무자와 더불어 채무를 부담한 자(공동채무자), 채무자가 부담하는 채무를 담보하기 위해서 제3자가 제공한 담보(물상보증)의 책임을 면하게 하는 것은 아니다. 보증이나 물상보증은 채무자의 무자력에 대비하여 변제를 확보하기 위하여 설정된 것이기 때문에 채무자가 파탄된 경우에 비로소 제 기능을 발휘하는 것이다. 여기서 말하는 「채무자와 더불어 채무를 부담하는 자」에는 불가분채무, 연대채무, 부진정연대채무, 연대보증채무, 어음 · 수표에 있어서의 합동채무 등이 있다. 본조는 면책의 효력에 대하여 채무 자체는 존속하고 책임을 면한다는 자연채무설을 취하는 경우에는 당연한 규정이다. 그러나 채무소멸설의 입장에서는 본조를 파산채권자의 보증인이나 물상보증인에 대한 권리를 보호하기 위하여 정책적으로 설계한 규정이라고 해석한다.

---

30) 이러한 부종성 원칙의 예외에 대해서는, 회생계획 인가를 통해 주채무에 대한 감면이 이루어지더라도 주채무를 연대보증한 중소기업의 대표자 등에게는 회생계획에 따른 주채무 감면의 효과가 미치지 않고 그 결과 회생절차의 이용을 회피하게 되어 중소기업의 실효성 있는 회생이 이루어지지 않는다는 비판과 소비자파산의 경우에도 많은 경우에 채무자의 친족이나 지인이 보증인이고 이들에게 면책의 효과가 미치지 않는 점이 채무자에게 간접적인 압력이 되어 결국 채무자의 경제적 갱생이라는 목적을 달성할 수 없다는 비판이 있다.

그런데 신용보증기금법 제30조의3, 기술보증기금법 제37조의3, 중소기업진흥에 관한 법률 제74조의2는 채무자회생법 제250조 제2항, 제567조, 제625조 제3항에도 불구하고 채권자가 정책금융기관(신용보증기금, 기술보증기금, 중소벤처기업진흥공단)인 경우에는 주채무자가 감경 또는 면제될 경우 연대보증채무도 동일한 비율로 감경 또는 면제한다고 규정[31]함으로써 위 「부종성의 예외」의 예외를 정하고 있다. 중소기업이 회생계획인가결정을 받는 시점 및 파산선고 이후 면책결정을 받는 시점에 주채무가 감면될 경우 이로 인한 효과를 주채무를 연대보증한 대표자 등에게도 미치도록 하여, 재정적 어려움에 빠진 중소기업의 실효성 있는 회생과 함께 대표자 등의 재기를 도모하려는 것이다. 사업을 운영하는 기업이 금융기관으로부터 사업운영자금을 대출받기 위하여 위 정책금융기관과 보증약정을 체결할 때에는 주로 기업의 대표자가 연대보증인이 되는바, 기업의 채무가 면책되어도 채무자회생법 제250조 제2항, 제567조, 제625조 제3항의 규정으로 인하여 연대보증인의 자금상환 의무는 지속되어 결과적으로 기업인의 재기에 장애가 되는 문제가 발생하였다. 이는 담보능력이 미약한 기업의 채무를 보증하여 궁극적으로 기업의 자금융통을 원활히 하기 위한 정책금융기관의 목적에도 반하는 것이라는 고려에서 이를 개선하기 위하여 신용보증기금법 제30조의3, 기술보증기금법 제37조의3, 중소기업진흥에 관한 법률 제74조의2 등의 규정을 마련하여 회생계획인가결정을 받는 시점 및 파산선고 이후 면책결정을 받는 시점에 주채무가 감경 또는 면제될 경우 연대보증채무도 동일한 비율로 감경 또는 면제되도록 한 것이다.[32] 기술보증기금법 제37조의3 등의 적용을 받는지 여부는 위 규정들의 입법취지에 비추어 기금 등이 신용보증에 이르게 된 경위, 계약당사자들의 관계, 계약내용 등 제반사정을 종합적으로 고려하여 판단하여야 할 것이다(서울중앙지방법원 2021. 1. 15. 선고 2019가합560670 판결[33] 참조).

---

31) 위 규정에 맞추어 신용보증기금 등은 "회생 · 파산 · 개인회생 업무처리기준"을 마련해 두고 있다.

32) 회생절차의 경우에는 회생계획안에 대한 채권자의 결의 등을 거쳐 법원으로부터 회생계획인가 결정을 받게 되면 회생계획인가 결정시에 권리변동의 효력이 발생하므로, 채무자의 회생계획인가 결정을 받는 시점에 주채무가 감경 또는 면제될 경우 연대보증채무도 동일한 비율로 감경 또는 면제된다고 한 것이다. 대법원 2016. 8. 17. 선고 2016다218768 판결은 주채무자에 대한 회생계획에서 채권자의 회생채권 중 출자전환된 부분을 제외한 원리금에 대하여 각 분할 변제하기로 한 이상, 연대보증인의 채무도 출자전환된 부분을 제외한 원리금으로 줄어들고 나아가 그 변제기도 주채무와 마찬가지로 분할하여 변제하는 것으로 연장된다고 판시하였다. 한편, 개인회생절차의 경우에는 회생절차와는 달리 면책결정이 확정되지 않는 한 변제계획인가 결정만으로는 주채무의 감경 또는 면제의 효과가 발생하지 않으므로 개인회생절차에서는 면책결정이 확정된 때에 연대보증채무도 주채무와 동일한 비율로 감경 또는 면제된다고 해석된다.

33) 위 판결은 중소기업A(회사채 발행회사), 한국산업은행(회사채 인수회사), 유동화전문 유한회사(유동화증권(CBO) 발행회사), 기술보증기금, 개인B(연대보증인) 사이에 사모사채 인수 등에 관한 계약을 체결하면서 기술보증기금은 유동화전문 유한회사가 한국산업은행에 대하여 부담하는 구상금채무를 지급하기로 신용보증을 하였고, 이후 중소기업A가 당좌부도 사유 등으로 신용상태가 악화되어 연쇄적으로 유동화전문 유한회사가 유동화사채의 원리금을 지급하지

그렇지만 파산채무자가 "법인"인 중소기업의 경우에는 위 예외의 예외 규정이 적용되지 않는다. 대법원 2016다211774 판결은 "기술신용보증기금법 제37조의3은 채무자회생법 제567조에도 불구하고 채권자가 기술신용보증기금인 경우에는 중소기업이 '파산선고 이후 면책결정을 받는 시점'에 주채무가 감경 또는 면제될 경우 연대보증채무도 동일한 비율로 감경 또는 면제한다고 규정하고 있는데, 위 '파산선고 이후 면책결정을 받는 시점'이란 중소기업이 채무자회생법이 정한 절차에 따라 면책결정을 받는 것을 전제로 한다고 해석함이 타당하다. 그런데 채무자회생법은 개인파산절차와 달리 법인파산절차에서는 면책절차를 규정하고 있지 않으므로, 채무자회생법에 정한 절차에 따라 면책결정을 받을 여지가 없는 법인인 중소기업의 파산에는 이 사건 규정이 적용되지 않는다"라고 판시하였다. 대법원은 위 「부종성의 예외의 예외」 규정을 엄격하게 적용한 것으로 보인다. 또한 대법원은 채권자가 지역신용보증재단인 경우에 기술보증기금법 제37조의3과 신용보증기금법 제30조의3이 유추적용 될 수 있는지가 문제된 사안에서 이를 부정하였다. 즉, 대법원은 일반 채권자와 구별하여 기술보증기금이나 신용보증기금에 대해서는 달리 취급하겠다고 입법자가 결단하여 특별한 예외를 정한 것이므로 지역신용보증재단법에 위 조항들과 같은 규정이 없다고 해서 법률의 흠결이 있다고 할 수 없고, 기술보증기금이나 신용보증기금과 지역신용보증재단 사이에는 설립목적과 재원, 신용보증을 제공하는 경우의 보증한도액 등에서 차이가 있다는 등을 이유로 기술보증기금법 제37조의3과 신용보증기금법 제30조의3을 유추적용하여 채권자가 지역신용보증재단인 경우에 주채무가 인가된 회생계획에 따라 감경·면제된 때 연대보증채무도 동일한 비율로 감경·면제된다는 결론을 도출할 수는 없다고 한다(대법원 2020. 4. 29. 선고 2019다226135 판결).

나. 보증인의 주채무 소멸시효 원용 가부(소극)

주채무가 면책된 경우에 주채무에 대하여 소멸시효의 진행을 관념할 수 없으므로 주채무의 면책허가결정 확정시에 주채무의 소멸시효가 완성되지 않는 한, 보증인은 면책효력확정 후에 주채무의 시효소멸을 원용할 여지는 없다. 대법원 2016. 11. 9. 선고 2015다

못하게 되자 한국산업은행이 유동화전문 유한회사를 대신하여 유동화사채 소지인들에게 유동화사채 원리금을 지급하고, 기술보증기금은 위 신용보증약정에 따라 한국산업은행에 보증채무를 이행한 뒤 유동화전문 유한회사가 개인B(연대보증인)에 대하여 가지는 채권과 압류·추심권자의 지위를 양수하였으며, 한편 그 사이 중소기업A가 회생신청을 하여 회생계획안에 관한 인가결정을 받고 회생계획안에 따라 유동화전문 유한회사의 시인된 총 채권액 중 일부는 출자전환 및 면제되고, 일부는 변제된 사안에서, 기술보증기금법 제37조의3의 적용을 인정하여 기술보증기금이 유동화전문 유한회사로부터 양수한 개인B에 대한 보증채권도 소멸하였다고 보았다.

218785 판결은 "주채무인 회생채권이 그 소멸시효기간 경과 전에 채무자 회생 및 파산에 관한 법률 제251조에 의하여 실권되었다면 더 이상 주채무의 소멸시효 진행이나 중단이 문제 될 여지가 없으므로, 이러한 경우 보증인은 보증채무 자체의 소멸시효 완성만을 주장할 수 있을 뿐 주채무의 소멸시효 완성을 원용할 수 없다"고 판시하였고, 일본 재판례(最判平 11 · 11 · 9民集53-8-1403)도 "면책결정의 효력을 받은 채권은, 채권자는 소로써 이행을 청구하거나 그 강제적 실행을 꾀할 수 없게 되고, 위 채권에 대해서는 이제 민법 제166조 제1항[34]이 규정한 「권리를 행사할 수 있는 때」를 기산점으로 하는 소멸시효의 진행을 관념할 수 없다고 해야 하기 때문에 파산자가 면책결정을 받은 경우에는 위 면책결정의 효력이 미치는 채무의 보증인은 그 채권에 대한 소멸시효를 원용할 수 없다고 해석하는 것이 상당하다"[35]고 판시하였다.

5. 면책결정의 효력이 별제권자의 파산채권에도 미치는지 여부(적극)

채무자회생법 제566조는 "면책을 받은 채무자는 파산절차에 의한 배당을 제외하고는 파산채권자에 대한 채무의 전부에 관하여 그 책임이 면제된다. 다만 다음 각 호의 청구권(조세 등 비면책채권)에 대하여는 책임이 면제되지 아니한다"고 규정하면서 같은 법 제411조의 별제권자가 채무자에 대하여 가지는 파산채권을 면책에서 제외되는 청구권으로 규정하고 있지 않다. 그러므로 같은 법 제564조에 의한 면책결정의 효력은 별제권자의 파산채권에도 미친다. 따라서 별제권자가 별제권을 행사하지 아니한 상태에서 파산절차가 폐지되었다고 하더라도, 같은 법 제564조에 의한 면책결정이 확정된 이상, 별제권자였던 자로서는 담보권을 실행할 수 있을 뿐 채무자를 상대로 종전 파산채권의 이행을 소구할 수는 없다(대법원 2011. 11. 10. 선고 2011다27219 판결[36]).

---

34) 일본민법 제166조 제1항 소멸시효는 권리를 행사할 수 있는 때로부터 진행한다.

35) *伊藤 眞 外 5人, 条解破産法, 弘文堂*, 평성 22년, 1402면에서 재인용.

36) 원고는 피고에게 금원을 대여하고 매매예약을 원인으로 하는 소유권이전청구권가등기(담보가등기)를 경료받았다. 원고가 위 금원의 지급을 청구하는 소송을 제기하자 피고는 이미 파산선고 및 면책결정이 확정되었다고 항변하였다. 위 사안에서 원심은 원고는 담보가등기를 경료한 별제권자이므로 위 면책결정의 효력은 원고에게 미치지 않는다고 보아서 원고의 청구를 인용하였다.

6. 사실상의 불이익

면책결정이 확정되면 법률상 불이익이 해소되므로 사회활동을 하는 데 있어서 아무 제약이 없다고 생각하기 쉽다. 그러나 법률상이 아닌 사실상의 불이익은 남는다. 면책결정 정보가 그러하다. 면책결정이 확정되면 법원은 한국신용정보원의 장에게 사건번호, 채무자의 성명, 주민등록번호, 면책결정일, 면책결정 확정일을 통보[37]하게 되고 파산으로 인한 면책결정 사실이 특수기록정보로 5년간 등록된다. 2009. 10. 2.부로 위 특수기록정보 등록기간이 7년에서 5년으로 단축되었다. 면책을 받았더라도 대출이나 신용카드 발급 여부는 각 금융기관의 기준에 따라 결정되므로 면책결정 정보가 관리되고 있는 동안에는 금융거래에서 신용이 필요한 거래(대출, 신용카드의 발급 등)에 대하여 제한을 받을 수 있다. 그러나 신용과 무관한 통장개설에 따른 입출금, 직불카드의 발급 등의 제한은 받지 않는다. 면책결정 관련 정보는 면책결정일로부터 5년이 경과한 경우 신용정보원에서 삭제한다.

7. 면책된 채무의 임의변제 및 변제합의의 효력

가. 임의변제의 효력

면책을 받은 채권에 대해서 채무자가 임의로 변제를 한 경우에 그 변제는 유효한가에 대한 견해 대립이 있다. 자연채무설의 입장에서 보면 이 경우 유효한 변제가 된다. 면책을 받은 채무자가 경제적으로 갱생하여 채권자들에 대한 도의상의 이유에서 자발적인 의사에 기하여 채권자에게 잔액채무의 일부 또는 전부에 대하여 변제를 자청하는 경우가 있는데, 이러한 변제는 사회통념상으로도 시인할 수 있고, 또한 나중에 채무자의 경제적 갱생에 있어서도 도움이 되는 일이 많고, 변제를 무효로 해야 할 이유가 없기 때문이라고 한다. 이에 반해, 채무소멸설은 임의변제를 유효하다고 하면 변제가 진정한 의사에 기한 것인지 판단하기 어렵고, 파산채권자가 재판 외에서 사실상 변제를 압박한 결과 이루어진 변제가 유효하게 될 가능성도 있고, 이러한 경우에는 채무자의 경제적 갱생이라고 하는 면책제도의 취지와 목적을 해치게 된다고 비판한다. 다만, 채무소멸설의 입장이라도 면책 후의 변제는 비채

37) 개인파산 및 면책신청사건의 처리에 관한 예규(재민 2005-1) 개정 2019. 12. 24. [재판예규 제1729호, 시행 2020. 1. 20.]

변제이고, 민법 제742조에 의해 변제한 것을 반환청구하지 못하는 경우가 많기 때문에 자연채무설과 차이가 없다는 지적이 있다.

나. 변제합의의 효력

(1) 파산신청 전 여신의 단계에서의 변제합의

먼저, 파산신청 전 여신(與信)의 단계에서 면책허가결정에도 불구하고 변제를 한다는 취지의 합의를 채권자와 채무자 사이에 한 경우에 이러한 합의가 유효한지 문제된다. 여신 단계에서의 합의는 강행법규인 면책제도를 잠탈하는 것으로서 그 효력을 부정하여야 할 것이다.

(2) 파산신청 후 면책허가결정 확정 전의 변제합의

다음으로, 파산신청 후 면책허가결정 확정 전에 채무자가 파산채권자와 변제합의를 한 경우에는 어떠한지 문제된다. 이 주제에 대해서는 아래와 같은 판결례가 있다. 전주지방법원 2013. 7. 16. 선고 2013나3470 판결은 파산선고 이후 면책결정이 있기 전에 채무자가 채권자에게 면책결정이 있더라도 반드시 채무를 갚겠다고 약정하였으므로 면책의 효력이 미치지 않는다는 채권자의 주장에 대하여, "파산선고 후 면책허가결정 확정 전에 채무자가 채권자와 사이에 파산채권의 지급을 약속한 경우 재정적 어려움으로 인하여 파탄에 직면해 있는 채무자의 효율적인 회생을 도모하고자 하는 면책제도의 취지에 비추어 채무자가 지급을 약속한 그 새로운 채무에도 당연히 면책의 효과가 미친다고 보아야 하는바, 설령 피고가 그 면책결정 확정 전에 원고에 대해 대여금채무를 변제하겠다고 약속하였다 하더라도 피고에 대한 면책결정의 확정으로 위 약속에 따른 대여금채무 역시 면책되었다 할 것이므로 원고의 주장은 이유 없다"고 배척하였다. 그리고 서울중앙지방법원 2020. 6. 11. 선고 2019가합545657 판결은 면책절차 진행 중에 채무자가 작성한 이행각서에 기하여 약정금 청구의 소가 제기된 사건에서 위 이행각서에 기한 약정금 지급을 면책의 효력을 들어 거절하는 것은 신의성실의 원칙에 반한다는 원고의 주장에 대하여, "면책허가결정 확정 전 채무자가 채권자와 파산채권의 지급을 약속한 경우 그 채권에 대하여 면책의 효력이 미치지 않는다고 해석하는 것은 면책제도의 입법취지를 몰각시키고, 이를 잠탈하는 내용의 계약을 허용할 가능성이 있다. 따라서 면책절차 진행 중 채권자와 채무자 사이에 면책의 효력이 미치는 파산채권에 관하여 별도의 이행 약정을 하였음에도 채무자가 확정된 면책결정에 따라 면책의 효과를 주장하는 것이 신의성실의 원칙에 반한다고 볼 수 있기 위해서는, 채무자에게 법 제564조에서 정한 면책불허가사유가 있음에도 채권자로 하여금 면책절차 내에서 면책신청에 대한 이의 등을 신청할 기회를 박탈하게 하여 파산채권자 등 이해관계인이 면책불허가 사유에 대한 객관적 검증절차를 진행할 수 없게끔 할 정도의 특별한 사정이 있어야 한다."고 보았다. 일본의 구파산법하에서의 재판례 중에는 파산선고 후 면책허가결정이 확정되기 전에 채무자가 파산채권자와 사이에 파산채권을 변제하기로 하는 취지의 합의를 한 사례에서, 채무자가 파산재단에 속하는 재산에 관하여 한 법률행위에 대해서 파산관재인에 대해서는 그 효력을 주장할 수 없지만, 채무자와 사이에서는 유효하고, 이러한 합의는 절차 외에서의 채무부담행위로서 채무자의 자유재산을 충당으로 삼는 것으로 유효하나 후일 채무자가 면책을 받은 경우에는 그 효력이 미쳐 채무자의 책임이 소멸한다고 한 재판례[38]가 있다.

대법원은 원고가 변제계획인가결정 확정 후 변제계획을 수행 중에 있는 채무자가 채권자인 원고와 사이에 개인회생채권을 별도로 변제하겠다는 이행각서를 작성하였음을 이유로 약정금의 지급을 구하는 사건에서, 면책결정 확정 전에 개인회생채권자에게 '변제계획과 별도로 개인회생채무를 변제하겠다'는 취지의 의사를 표시한 경우에 면책결정이 확정된 이후에도 채무자에게 개인회생채무 전부나 일부를 이행할 책임이 존속한다고 보게 되면 면책제도의 취지에 반하므로, 채무자가 면책결정 확정 전에 변제계획과 별도로 개인회생채무를 변제하겠다는 취지의 의사를 표시한 경우, 이로 인한 채무가 실질적으로 개인회생채무와 동일성이 없는 완전히 새로운 채무라고 볼 만한 특별한 사정이 없는 한 원래의 개인회생채무와 동일하게 면책결정의 효력이 미친다고 보아야 한다고 판단하였다(대법원 2021. 9. 9. 선고 2020다277184 판결). 이러한 법리는 파산신청 후 면책허가결정 확정 전에 채무자가 채권자와 사이에 파산채권을 별도로 변제하겠다는 이행각서를 작성한 경우에도 동일하게 적용된다 할 것이다.

(3) 면책결정 확정 후의 변제합의

면책허가결정 확정 후에 채무자와 파산채권자 사이에 파산채권을 변제하기로 하는 취지의 합의를 하였다면 어떠한가. 그러한 변제합의의 효력을 인정할 것인지, 만일 인정한다면 변제합의 유효성의 요건은 무엇인지 문제된다.

---

38) 名古屋地判昭 55・12・12 判タ 440号139頁

일본의 구파산법하에서의 재판례 중에는 자연채무설을 전제로 하면서도 자연채무라고 해서 모두 동일한 효과를 내는 것은 아니고, 각각에 대해서 그 성질에 대해 그 효과를 판단하여야 할 것이고, 파산법에 의한 채무자의 면책규정은 면책에 의해 채무자의 경제적 갱생을 용이하게 하기 위한 것이므로 채무자가 새로운 이익획득을 위해 종전의 채무도 아울러 처리한다는 것과 같은 사정도 없이 채권자의 지급요청에 대하여 단지 종래의 채무의 지급약속을 하여 지급의무를 부담하는 것은 채무자의 경제적 갱생을 늦출 뿐 하등의 이익도 없는 것이고, 면책의 취지에 반하여 무효라고 한 재판례[39]가 있다. 대전지방법원 2012. 12. 12. 선고 2012나16641 판결도 채무자가 면책 이후에 면책된 채무를 다시 변제하기로 약정하였다고 주장하면서 제기한 원고의 약정금 청구 사건에서 "면책규정은 면책에 의한 파산자의 경제적 갱생을 용이하게 하기 위한 것으로서 파산자가 새로운 이익획득을 위해 구 채무도 함께 처리한다는 사정도 없이 채권자의 지급요구에 대해 단순히 구 채무의 지급약속을 하고 지급의무를 지는 것은 파산자의 경제적 갱생을 지연시킬 뿐 파산자에게 아무런 이익도 없으므로 파산자에게 아무런 이익도 없는 면책 후 단순한 지급약속은 채무자 회생 및 파산에 관한 법률 제566조에 위배되어 무효"라고 전제한 뒤 "이 사건 약정은 면책 후 단순한 지급약속으로 이 사건 약정으로 피고가 어떠한 새로운 이익을 취득하였다고 보기 어려운 점, 원고가 피고를 사기죄로 고소하여 피고가 수사기관의 조사를 받는 과정에서 이 사건 약정이 이루어진 점 등에 비추어 이 사건 약정은 파산자인 피고에게 아무런 이익도 없는 면책 후의 단순한 지급약속에 해당하여 무효라고 봄이 상당하다"고 판시하여 원고의 청구를 기각하였다. 위 판례들은 면책결정 후의 파산채권에 대한 변제합의를 원칙적으로 무효라고 하면서도 예외적으로 일정한 요건하에 합의의 효력을 긍정하는 것으로 해석된다.

대법원은 면책결정 후 파산채권을 변제하기로 하는 채무자와 파산채권자 사이의 합의, 즉 채무재승인약정에 대한 효력은 신중하게 판단하여야 한다고 하면서 위 약정의 효력을 인정하기 위한 요건을 제시하였다. 요컨대, 대법원은 채무재승인약정은 채무자가 면책된 채무를 변제한다는 점에 대해 이를 충분히 인식하였음에도 자신의 자발적인 의사로 위 채무를 변제하기로 약정한 것일 뿐 아니라 위 약정으로 인해 채무자에게 과도한 부담이 발생하지 않는 경우에 한하여 그 효력을 인정할 수 있다고 함으로써 채무자의 자발적 의사일 것, 채무자에게 과도한 부담이 발생하지 않을 것을 채무재승인약정의 유효성의 조건으로 제시하고, 채무

39) 横浜地判昭 63 · 2 · 29 判決 (判時 1280号151頁, 判タ 674号227頁, 金法 1280号30頁)

자가 자발적으로 채무재승인약정을 체결한 것인지, 채무재승인약정의 내용이 채무자에게 과도한 부담을 초래하는지 여부는 채무재승인약정을 체결하게 된 동기 또는 목적, 채무재승인약정을 체결한 시기와 경위, 당시의 채무자의 재산, 수입 등 경제적 상황을 종합적으로 고려하여 판단하여야 한다고 판시하였다(대법원 2021. 9. 9. 선고 2020다269794 판결).

8. 면책 후 강제집행 등 말소방법

면책신청이 있고 파산폐지결정의 확정 또는 파산종결결정이 있는 때에는 면책신청에 관한 재판이 확정될 때까지 채무자의 재산에 대하여 파산채권에 기한 강제집행 · 가압류 또는 가처분을 할 수 없고, 채무자의 재산에 대하여 파산선고 전에 이미 행하여지고 있던 강제집행 · 가압류 또는 가처분은 중지되고(같은 법 제557조 제1항), 면책이 확정되면 중지된 강제집행 · 가압류 또는 가처분은 별도의 조치 없이 당연히 그 효력을 상실하게 된다(같은 법 제557조 제2항). 그러나 법적으로 효력은 없지만 자동으로 말소되는 것은 아니고 현실적으로는 부동산가압류에서의 가압류등기와 같이 강제집행 · 가압류 또는 가처분 집행 결과는 여전히 남아 있으므로 이러한 외관을 제거해야 할 필요가 있다.[40]

부동산가압류 또는 강제경매신청에 의한 압류 기입등기는 가압류를 명한 법원 또는 경매를 진행하는 집행법원에 ① 면책허가결정 정본, ② 확정증명원, ③ 채권자목록 등본[41], ④ 송달료 예납 영수증, ⑤ 신분증을 첨부하여 부동산(가)압류 집행취소신청을 하여 부동산(가)압류 기입등기를 말소할 수 있다. 그리고 채권가압류나 채권압류 및 추심명령의 경우는 가압류 또는 압류법원에 위 서류를 첨부하여 집행취소신청서를 제출[42]하면 집행법원은 가압류 또는 압류가 실효되었다는 취지를 제3채무자에게 통지함으로써 그 외관을 제거한다(민사집행규칙 제160조). 유체동산 압류는 위 서류를 첨부하여 해당 집행관에게 집행취소

40) 한편, 개인회생은 변제계획인가결정이 있는 때에 기존에 집행된 강제집행 · 가압류 또는 가처분은 그 효력을 상실하므로 면책결정 전이라도 변제계획인가결정 정본과 채권자목록 등본을 첨부하여 집행취소신청을 할 수 있다.

41) 채권자목록에 압류채권자가 포함되어 있어야 한다. 실무상 집행취소신청서를 제출했을 때 법원에서 동일채권확인서 제출을 요구하는 보정명령을 하는 경우가 있다. 채무자가 면책을 받은 채권과 압류를 한 채권자의 채권이 동일한 것인지 확인할 수 있는 서류를 말한다. 그런데 채권자가 이를 발급해 주는 경우는 거의 없다. 그러므로 만일 파산신청 전에 채권자로부터 압류가 있다는 사실을 알았다면 파산신청시 채권자목록에 압류채권과 동일한 채권이라는 취지를 기재해 놓으면 향후 집행취소신청을 할 때 도움이 된다.

42) 이 경우 집행취소신청서 부본 및 첨부서류 사본을 첨부하여야 하는데 제3채무자 수와 채권자 수를 합한 수만큼 제출한다.

신청서를 제출하면 집행관은 압류 표지를 부착하여 채무자 등에게 보관 중인 유체동산의 압류를 해제하고 이를 채무자에게 교부한다.

제6절 비면책채권

1. 의의

면책의 효과는 별제권이나 재단채권에는 미치지 않지만, 파산채권에 대해서는 그 전부에 대해서 면책의 효력이 미치는 것이 원칙이다. 그렇지만 면책허가결정이 확정되더라도 예외적으로 면책되지 않는 채권이 있다. 채무자회생법은 제566조 각호의 채권을 형평·구체적 정의관념 외에도 공익상의 필요성, 사회적 요청 등의 정책적 고려에 기하여 면책의 효력이 미치지 않는 청구권으로 규정하였다. 면책불허가사유는 면책 자체를 부정하는 사유인 데 반하여, 비면책채권은 각각의 정책적인 이유 때문에 면책대상에서 제외한 특정 종류의 청구권을 의미한다. 채무자회생법 제566조는 기본적으로는 구 파산법 제349조에 대응하는 규정이지만, 구 파산법보다 비면책채권의 유형을 확대하였다.

2. 본조의 위헌성 여부

한편, 위와 같은 비면책채권의 규정이 헌법적 가치인 평등권 또는 행복추구권을 침해하는 것은 아닌지 문제되었다. 이 점에 대하여, 헌법재판소 2013. 3. 21. 선고 2012헌마569 결정은 채무자회생법이 제566조에서 조세 및 벌금 등과 같은 국가의 채권은 면책되지 아니하도록 하고 개인의 채권은 면책되도록 정한 것은 개인과 국가를 합리적인 이유 없이 차별 취급하는 것이라고 주장한 위헌확인 사건에서, "일반적으로 조세는 국가 또는 지방자치단체의 행정작용 및 공익실현을 위한 필요불가결한 재원으로서 사법상의 채권에 비하여 고도의 공익성과 공공성을 지니고 있다. 또한 조세는 법률의 규정에 의하여 당연히 성립하는 채권이므로 계약상의 채권과 달리 인적·물적 담보의 확보가 용이하지 아니하여 조세채권자는 채무자의 자력 악화에 대처할 마땅한 방법이 없다. 그리고 벌금, 과료, 추징금, 과태료 등은 다른 파산채권과의 관계에서는 후순위채권에 해당하지만(제446조 제1항 제4호),

형벌 내지 질서벌로서 채무자에 대하여 직접 본인에게 그 고통을 주는 것을 목적으로 하므로 실제로 이를 이행시켜야만 그 기능을 다할 수 있다. 또한 조세 및 벌금 등을 면책대상채권으로 하게 되면 이를 면탈하기 위하여 파산제도를 악용할 우려도 있는 점을 고려하면, 일반채권과 조세 및 벌금 등 채권에 관하여 채무자의 면책 여부를 달리 정하는 것에는 합리적인 이유가 있다 할 것이다"고 판시하였다.

3. 비면책채권의 유형(법 제566조 단서)

가. 조세(제1호)

조세는 국가 또는 지방자치단체의 행정작용 및 공익실현을 위한 필요불가결한 재원으로서 사법상의 채권에 비하여 고도의 공익성과 공공성을 지니고 있고, 또한 조세는 법률의 규정에 의하여 당연히 성립하는 채권이므로 계약상의 채권과 달리 인적·물적 담보의 확보가 용이하지 아니하여 조세채권자는 채무자의 자력 악화에 대처할 마땅한 방법이 없으므로 정책적인 이유에서 비면책채권으로 한 것이다(헌법재판소 2013. 3. 21. 선고 2012헌마569 결정).

그렇지만 본호에 대해서는, 조세라는 성격만으로 조세채권의 만족을 채무자의 경제적 갱생보다 우선시키는 것은 입법론적으로 의문이 있다는 비판이 많다. 또한 채무자회생법은 "「국세징수법」 또는 「지방세징수법」에 의하여 징수할 수 있는 청구권(국세징수의 예에 의하여 징수할 수 있는 청구권으로서 그 징수우선순위가 일반 파산채권보다 우선하는 것을 포함)"을 재단채권으로 규정하고 있으므로(제473조 제2호), 본호는 의미가 없다고 해석되고 있다.[43)]

한편 본호의 조세 외 4대보험 등 국세징수의 예에 의하여 징수할 수 있는 청구권으로서 그 징수우선순위가 일반 파산채권보다 우선하는 것은 본호에서 정한 비면책채권은 아니지만 재단채권으로서 면책의 효력이 미치지 않는다.

나. 벌금·과료·형사소송비용·추징금 및 과태료(제2호)

벌금·과료·형사소송비용·추징금 및 과태료는 후순위파산채권이다(법 제446조). 하

43) 서울회생법원 재판실무연구회, 개인파산·회생실무(제5판), 박영사(2019), 386면.

지만, 벌금, 과료, 추징금, 과태료 등은 형벌 내지 질서벌로서 채무자에 대하여 직접 본인에게 그 고통을 주는 것을 목적으로 하므로 실제로 이를 이행시켜야만 그 기능을 다할 수 있기 때문에 비면책채권으로 한 것이다(헌법재판소 2013. 3. 21. 선고 2012헌마569 결정). 본호와 관련하여 과징금이 비면책채권에 해당하는지가 문제된다. 대법원 2018. 6. 15. 선고 2016두65688 판결은 "채무자회생법 제140조 제1항, 제251조 단서는 회생절차개시 전의 벌금 · 과료 · 형사소송비용 · 추징금 및 과태료의 청구권은 회생계획인가의 결정이 있더라도 면책되지 않는다고 정하고 있다. 이는 회생계획인가의 결정에 따른 회생채권 등의 면책에 대한 예외를 정한 것으로서 그에 해당하는 청구권을 한정적으로 열거한 것으로 보아야 한다. 위 규정에 열거되어 있지 않은 과징금 청구권은 회생계획에서 인정된 경우를 제외하고는 회생계획인가의 결정이 있으면 면책된다고 보아야 한다(대법원 2013. 6. 27. 선고 2013두5159 판결 등 참조)"라고 판시하였다. 위 법리에 비추어 파산절차에서도 과징금은 면책된다고 보아야 할 것이다.

다. 채무자가 고의로 가한 불법행위로 인한 손해배상(제3호)

본호는 채무자의 채무가 사회적으로 비난받을 만한 행위로 인한 경우까지 면책결정에 의하여 그 채무에 관한 책임을 면제하는 것은 정의의 관념에 반하는 결과가 된다는 점을 고려한 것이다. 또한 이러한 유형의 손해배상채권을 면책의 대상으로 하는 것은 가해자에 대한 제재라는 측면에서 비추어 보더라도 바람직하지 않으므로 불법행위자인 채무자에 대한 제재의 실효성을 확보하기 위한 것이다. 채무자회생법은 구 파산법에서 "악의"로 규정하였던 것을 "고의"로 바꾸었다. 위 "악의"의 의미에 대해서 구 파산법하에서의 해석은 단지 고의가 아니라 타인을 해하는 적극적인 의욕(해의)을 의미한다는 것이 통설이었다. 그런데 채무자회생법하에서는 본호에 해당하기 위해서는 해의까지 요하지 않고 단순한 인식으로 족하다고 할 것이다. 대표적으로 범죄행위로 인하여 발생한 손해배상채권이 본호에 해당한다. 본호에 해당하는 손해배상청구권을 대위변제한 경우의 구상금채권도 비면책채권에 해당한다. 구 파산법이 적용되는 사안에서 대법원 2009. 5. 28. 선고 2009다3470 판결은 악의로 가한 불법행위로 인한 손해배상청구권을 보험회사가 대위변제한 경우 보험회사의 구상금채권은 비면책채권에 해당한다고 보았다.

라. 채무자가 중대한 과실로 타인의 생명 또는 신체를 침해한 불법행위로 인하여 발생한 손해배상(제4호)

채무자회생법은 비면책채권의 범위를 확장하여 구 파산법에 없던 "채무자가 중대한 과실로 타인의 생명 또는 신체를 침해한 불법행위로 인하여 발생한 손해배상청구권"을 비면책채권으로 추가하였다. 본호는 사람의 생명 또는 신체라는 법익의 중대성에 비추어 그 보호의 필요성이 특히 높기 때문에 채무자의 경제적 재생을 도모하는 요청보다 피해자를 보호하거나 가해자에게 제재를 가하는 요청이 상회하는 경우에 대해서 규정한 것이다. 본호의 입법취지는 불법행위 피해자의 보호를 강화함과 동시에 채무자의 모럴 해저드를 막기 위한 것으로 해석된다. 한편, 채무자가 고의로 가한 불법행위로 인하여 발생한 손해배상청구권은 위 제3호에 해당한다.

본호의 '중대한 과실'이라 함은, 채무자가 어떠한 행위를 함에 있어서 조금만 주의를 기울였다면 생명 또는 신체 침해의 결과가 발생하리라는 것을 쉽게 예견할 수 있음에도 그러한 행위를 만연히 계속하거나 조금만 주의를 기울여 어떠한 행위를 하였더라면 생명 또는 신체 침해의 결과를 쉽게 회피할 수 있음에도 그러한 행위를 하지 않는 등 일반인에게 요구되는 주의의무에 현저히 위반하는 것을 말한다(대법원 2010. 3. 25. 선고 2009다91330 판결, 대법원 2024. 5. 17. 선고 2003다308270 판결). 본호와 관련하여, 대법원 판례는 벌점 누적으로 운전면허가 취소된 자가 차량을 운전하고 가던 중 졸음운전으로 진행방향 우측 도로변에 주차되어 있던 차량의 뒷부분을 들이받아 동승한 피해자에게 상해를 입힌 사안에서, 벌점 누적으로 운전면허가 취소된 것이라면 도로교통법상의 무면허운전이 위 사고의 직접 원인으로 작용하였다고 보기 어렵고 전방주시를 태만히 한 상태에서 졸음운전을 하였다는 점만으로 주의의무를 현저히 위반하는 중대한 과실이 있다고 보기 어렵다고 보았고(대법원 2010. 5. 13. 선고 2010다3353 판결[44]), 중앙선이 설치된 편도 1차로의 국도를 주행하던 승용차가 눈길에 미끄러지면서 중앙선을 넘어가 반대차로에서 제설작업 중이던 피해자를 충격하여 사망에 이르게 한 사안에서, 그 사고가 가해자의 중대한 과실에 의하여 발생하

44) 무보험차량사고에 관한 정부의 보장사업을 위탁받은 보험사가 동승자에게 병원치료비 등을 지급한 뒤 운전자에게 구상금 1,300여만원을 달라는 지급명령신청을 했고 이는 판결로 확정됐는데, 그 후 운전자가 파산 및 면책신청을 해 면책을 받자 보험사를 상대로 강제집행의 불허를 구하는 청구이의 소송을 낸 사건으로 1심은 원고승소 판결했으나, 2심에서는 "중대한 과실로 타인의 생명 또는 신체를 침해한 불법행위로 인해 발생한 손해배상이므로 면책의 효력이 인정되지 않는다"는 보험사의 주장을 받아들여 1심을 뒤집고 원고패소 판결하였다.

였다고 보기 어렵다고 보았다(대법원 2010. 3. 25. 선고 2009다91330 판결). 그리고 채무자가 차량을 운전하여 고가도로의 편도 3차로 중 1차로를 진행하다가 중앙선을 침범하여 맞은편에서 진행하는 피해차량을 충격하는 사고를 일으켜 피해차량에 타고 있던 3명 중 1명은 사망하였고, 2명은 중상을 입은 사안에서, 당시 채무자는 고가도로 1차로를 주행하던 중 차로에 다른 차량이 진입하는 것을 발견하고 충돌을 피하려다가 중앙선을 침범하였고, 제한속도를 현저히 초과하지도 않았고, 피해자들 중 1명이 사망하고 2명이 중상을 입었다는 사정은 '타인의 생명 또는 신체 침해의 중한 정도'에 관한 것으로서 채무자에게 중대한 과실이 있는지를 판단하는 직접적인 기준이 될 수 없다는 이유로 원고의 청구권이 면책의 대상에서 제외된다고 판단한 원심을 파기 · 환송하였다.

대법원은 본호의 비면책채권에 해당하는지에 관하여 엄격하고 신중하게 심사하여야 한다는 입장으로 보이며, 위 각 판시내용에 비추어 볼 때 본호에서 말하는 '중대한 과실'이란 해당 과실이 고의에 비견될 정도로 악질적인 경우를 가리킨다고 해석된다.

마. 채무자의 근로자의 임금 · 퇴직금 및 재해보상금(제5호)

근로자 보호라는 사회정책적 견지에서 근로자의 임금 · 퇴직금 및 재해보상금을 비면책채권으로 하였다. 구 파산법에서는 최후의 6월분의 급료에 한하여 비면책채권으로 하였는데 채무자회생법은 근로자 보호를 위하여 비면책채권을 확대한 것이다.

그런데 본호 및 아래 제6호에 해당하는 채무자의 근로자의 임치금 등 채권을 비면책채권으로 정한 점에 비추어, 유사한 지위에 있는 사회적 약자의 채권으로서 주택임대차보호법상의 소액임차인이 가지는 보증금채권이나 기초생활수급자가 채무자에 대하여 가지는 채권에 대하여 면책을 불허가할 여지를 두지 않은 것은 피해의 최소성 원칙에 반하는 것은 아닌지 문제되었다. 이에 대하여 헌법재판소는 “채무자의 총 재산에 대하여 우선적 변제가 인정되는 근로기준법상 임금이나 퇴직금 등 채권과 달리 주택임대차보호법상 소액보증금채권의 경우 임차인은 주택의 양도 등에도 불구하고 임차권을 제3자에게 주장할 수 있고 주택에 대한 경매 시 그 매각대금의 배당에서 일정 부분 우선변제권이 보장되는 등 해당 주택과 관련성이 인정되는 범위에서 보호를 받는다. 그런데 채무자회생법 제340조 제4항 제1호는 임차인이 주택임대차보호법상 대항력을 갖춘 경우 임대인의 파산 시에 파산관재인의 계약해지권을 인정하지 않음으로써 임대차관계의 존속을 보장하고, 채무자회생법 제415조 제2항은 주택임대차보호법상 소액보증금채권의 경우 파산재단에 속하는 주택의 환가대금에 대하여 주택임대차보호법이 정하는 우선변제권을 인정하고 있으며, 면책의 효력은 파산절차에 따른 배당에서 변제받고 남은 부분에 대하여만 생기는 것이므로(채무자회생법 제566조 본문), 주택임대차보호법상 소액보증금채권에 대한 보호는 채무자회생법에서도 그 성격에 맞게 이루어지고 있다"라고, "한편, 국민기초생활보장법은 생활이 어려운 자에게 필요한 급여를 행하여 이들의 최저생활을 보장하고 자활을 조성하는 것을 목적으로 하는바(국민기초생활보장법 제1조), 이 법에 따른 급여를 받을 권리는 국가의 재정에 의한 급부를 전제로 하는 사회보장수급권에 해당하고, 그 내용은 수급자가 다른 사인(私人)에 대하여 가지는 별개의 채권을 실현함에 있어 다른 채권자의 채권에 우선하여야 한다는 의미는 아니다. 따라서 파산절차에 따른 배당으로 변제되지 않은 잔여 채권에 대한 면책대상에서 소액보증금채권 또는 기초생활수급자가 파산자에 대하여 가지는 채권을 제외할 여지를 두지 않았다고 하여 재산권의 제한이 과도하여 피해의 최소성원칙에 반한다고 볼 수는 없다"라고 판시하였다(헌법재판소 2011. 11. 24. 2009헌바320).

바. 채무자의 근로자의 임치금 및 신원보증금(제6호)

채무자의 근로자의 임치금 및 신원보증금은 제5호와 마찬가지로 근로자 보호라는 관점에서 사용자인 채무자에게 그에 대한 책임을 철저히 부담케 하기 위하여 비면책채권으로 한 것이다.

사. 채무자가 악의로 채권자목록에 기재하지 아니한 청구권(다만, 채권자가 파산선고가 있음을 안 때에는 그러하지 아니하다)(제7호)

채무자가 그 존재를 알고 있었음에도 불구하고 채권자목록에 기재하지 않은 청구권은 면책되지 않는다. 채무자가 그 존재를 알고 있는 채권자를 채권자목록에 기재하지 않으면, 그 채권자는 제558조의 규정에 의한 심문기일의 송달도 받을 수 없고, 따라서 법 제562조의 규정에 의한 이의신청권을 행사할 기회도 박탈당한다. 이러한 채권자에 대하여 면책의 효과를 미치게 하는 것은 적당하지 않기 때문에 채무자회생법은 이를 비면책채권으로 한 것이다.

다만, 채무자회생법은 채권자가 채무자에 대해서 파산선고가 있음을 안 때에는 스스로 적극적으로 면책심리 등 절차에 관여할 기회가 충분히 있었기 때문에 비면책채권에서 제외하였다. 그러므로 채무자가 채권자목록에 파산채권자 및 그 파산채권의 원본 내역을 기재하여 제출하면 그 채권자는 면책절차에 참여할 수 있는 기회가 보장된다 할 것이므로, 채무자가 채권자목록에 원본 채권만을 기재하고 이자 등 그에 부수하는 채권을 따로 기재하지 않았다고 하더라도, 그 부수채권이 채무자가 악의로 채권자목록에 기재하지 아니한 비면책채권에 해당한다고 할 것은 아니다(대법원 2016. 4. 2. 선고 2015다71177 판결). 또한 채무자가 특정채권자에 대하여 여러 개의 채무를 부담하고 있는데 그 중 어느 한 채권을 채권자목록에 기재하지 않았다고 하더라도 법원이 그 채권자에게 파산선고 및 면책신청에 대한 이의신청기간을 지정하는 결정을 송달함으로써 채권자가 채무자에 대하여 파산선고가 있음을 알고 있었다고 봄이 상당하다면 채권자목록에 기재하지 않은 채권도 면책채권에 해당한다(대법원 2019. 11. 15. 선고 2019다256167, 256174 판결).

채권자목록에 기재하지 아니한 청구권을 면책대상에서 제외한 이유는 절차 참여의 기회를 갖지 못한 채 불이익을 받게 되는 채권자를 보호하기 위한 것이다. 그러므로 사실과 맞지 아니하는 채권자목록의 작성에 관한 채무자의 악의 여부는 법 제566조 제7호의 규정 취지를 충분히 감안하여, 누락된 채권의 내역과 채무자와의 견련성, 그 채권자와 채무자의 관계, 누락의 경위에 관한 채무자의 소명과 객관적 자료와의 부합 여부 등 여러 사정을 종합하여 판단하여야 하고, 단순히 채무자가 제출한 자료만으로는 면책불허가 사유가 보이지 않는다는 등의 점만을 들어 채무자의 선의를 쉽게 인정하여서는 아니 된다. 이러한 법리에 따라 대법원 2009. 3. 30.자 2009마225 결정은 "채무자는 연대보증채무의 주채무자인 신청외 주식회사의 대표이사로서 회사 운영과정에서 채권자와 사이에 수차에 걸쳐 연대보증계약을 체결한 실질적 이해당사자인 사실, 채무자가 파산 및 면책신청 절차에서 제출한 채권자목록에는 신용보증기금 등 총 5인의 채권자에 대한 원금 합계 16억 40,270,969원의 채무를 신고하였는데, 거기에 위 연대보증채무의 잔여 원금을 포함하면 누락된 채권액은 전체 파산채권액의 약 60%에 이르는 사실, 채무자는 함께 제출한 재산목록의 기재에 있어서도 순천시 보유 부동산으로 신고하였을 뿐, 채권자의 압류 및 추심명령 신청의 계기가 된 토지는 물론 역시 채무자 소유인 다른 3필지 토지도 모두 신고하지 아니한 사실, 반면 위 각 토지의 등기부등본에는 채권자와 위 신용보증기금을 비롯한 다수 채권자들 명의의 각 가압류가 1996년부터 2005년까지 계속되어 있어 채무자가 신청에 앞서 이를 확인함에 어려움이 없어 보이는 사실 등을 알 수 있는바, 위와 같은 사정 하에서 채무자가 파산 및 면책 신청 당시 주된 이해당사자인 채권자에 대한 거액의 연대보증채무를 알지 못하였다고 볼 수는 없다"고 보았고, 대법원 2010. 10. 14. 선고 2010다49083 판결도 채권자목록에 누락된 구상금채권이 채무자 회생 및 파산에 관한 법률 제566조 제7호의 비면책채권에 해당하지 아니한다고 한 원심에 대하여, 제반 사정에 비추어 보면 채무자가 과실로 채권자목록에 위 구상금채무를 기재하지 아니하였다고 볼 수는 있을지언정, 채무자가 구상금채권의 존재를 알지 못하였다고 인정할 수 있는 근거가 되는 사정이라 할 수 없다는 이유를 들어 원심판결을 파기하였다.

한편, 대법원 2024. 12. 12. 선고 2023다266031 판결은 본호의 악의의 판단기준으로 "구체적으로는 누락된 채권의 내역과 채무자와의 관련성, 채권자와 채무자의 관계, 채무부담의 원인이 된 법률행위 시점부터 면책신청 시까지 시간적 간격, 그동안 채권자의 이행청구, 집행 등의 유무와 이에 대한 채무자의 현실적인 인식 가능성, 누락의 경위에 관한 채무자의 소명과 객관적 자료와의 부합 여부, 면책절차 당시 채무자의 경제적·심리적 상황 등 여러 사정을 종합하여 판단하여야 하고, 파산채권 성립을 위한 법률관계가 형성될 무렵 채무자가 그러한 법률관계의 존재를 인식하고 있었다는 사정만을 들어 채무자의 악의를 인정하는 것에는 신중하여야 한다. 이때 채무자가 채무의 존재를 알면서도 이를 채권자목록에 기재하지 않았다는 점을 증명할 책임은 비면책채권임을 주장하는 채권자에게 있다."고 설시하면서 ① 피고는 원고가 보증계약을 체결한 지 장기간이 지나서 면책을 신청한 점, ② 원고가 면책결정 전까지 보증채무를 이행하지 않았고, 피고에게 장래 구상금채권이 존재한다고 알리거나 피고와 사이에 장래 구상금채권의 존재를 계속 상기시킬 정도의 인적 관계가 있었다고 볼 만한 자료가 없는 점, ③ 피고에게 면책불허가 사유가 있다고 볼 만한 자료 등을 찾아볼 수 없는 이 사건에서 피고가 원고의 장래 구상금채권의 존재를 인식하였음에도 이를 채권자목록에 기재하지 않을 이유가 없어 보이는 점 등을 고려하면, 피고가 면책신청 당시 원고에 대한 장래 구상금채무의 존재를 알고 있었다고 인정하기 어렵다고 보아, 이와 달리 판단한 원심을 파기 · 환송하였다.

채무자가 악의로 채권자목록에 기재하지 아니한 경우가 아닌 한 파산채권자에 대한 채무의 존재사실을 과실로 알지 못하여 채권자목록에 기재하지 못하였다 하더라도 면책의 효력은 당해 채권에도 미친다. 그러므로 채무자가 금융기관에 대한 대출채무가 경매배당절차에서 모두 지급된 것으로 착각한 과실로 파산신청시 채권자명부에 기재하지 않은 경우라면 본호의 비면책채권에 해당하지 않는다(대법원 2007. 1. 11. 선고 2005다76500 판결). 그렇지만 채무자가 채무의 존재를 알고 있었다면 과실로 채권자목록에 이를 기재하지 못하였더라도 비면책채권에 해당한다. 즉, 채무자가 파산 및 면책 신청 당시 채권의 존재를 알고 있었다면 설령 착각이나 부주의, 실수에 의하여 채권자목록에 채권의 기재를 누락하였다고 하더라도, 해당 채권은 채무자가 악의로 채권자목록에 기재하지 아니한 청구권에 해당한다. 대법원 2010. 10. 14. 선고 2010다49083 판결은 "채무자 회생 및 파산에 관한 법률 제566조 제7호에서 말하는 '채무자가 악의로 채권자목록에 기재하지 아니한 청구권'이라고 함은 채무자가 면책결정 이전에 파산채권자에 대한 채무의 존재 사실을 알면서도 이를 채권자목록에 기재하지 않은 경우를 뜻하므로, 채무자가 채무의 존재 사실을 알지 못한 때에는 비록 그와 같이 알지 못한 데에 과실이 있더라도 위 법조항에 정한 비면책채권에 해당하지 아니하지만, 이와 달리 채무자가 채무의 존재를 알고 있었다면 과실로 채권자목록에 이를 기재하지 못하였다고 하더라도 위 법조항에서 정하는 비면책채권에 해당한다"고 판시하였다. 하급심 판결 중에는 파산선고 및 면책신청 채무자로부터 신청 업무를 위임받은 법무사가 파산채권자로부터 채권 확인서류를 받고도 채권자목록에 파산채권자의 채권을 기재하지 않은 사안에서 법무사의 파산채권 존재에 대한 악의를 채무자의 악의로 보아, 파산채권자의 채권은 '채무자가 악의로 채권자목록에 기재하지 아니한 청구권'에 해당하여 면책되지 않는다고 판단한 경우가 있다(서울중앙지방법원 2023. 3. 24. 선고 2022가단35399 판결).

그런데 채무자가 파산 · 면책을 신청하면서 채권을 누락하였으나, 이후 기제출한 채권자목록에 채권이 누락되어 있음을 인지하고 이를 포함하는 내용으로 채권자목록을 수정하여 법원에 제출하였는데, 그와 같은 수정이 반영되지 않은 상태에서 면책결정이 내려진 사안에 대해서, 대법원은 채무자가 해당 채권을 악의로 채권자목록에 기재하지 아니한 것으로 볼 수 없다고 판단하였다(대법원 2022. 7. 28. 선고 2022다232543 판결).

실무상으로는, 명백히 비면책채권으로 생각되는 채권이나 파산신청을 한 것을 알리고 싶지 않은 채권자, 채무자가 파산선고 후에도 변제할 의향을 가지고 있는 친족 등의 채권에 대해서 의도적으로 채권자목록에 기재하지 않고 신청하는 사례가 보인다. 그런데 이러한 행위는 면책불허가사유로서 허위의 채권자목록의 제출(법 제564조 제1항 제3호)에도 해당할 가능성이 있으므로 채무자는 그러한 채권도 채권자목록에 기재하여야 한다.[45)]

아. 채무자가 양육자 또는 부양의무자로서 부담하여야 하는 비용(제8호)

채무자회생법은 채무자가 부양의무자로서 부담해야 할 비용에 관한 청구권을 새로이 비면책채권으로 하였다. 부부간의 부양의무(민법 제826조 제1항), 이혼에 따른 자의 양육책임(민법 제837조), 민법 제974조 소정의 친족간의 부양의무 등이 여기에 해당한다. 이러한 친족법상의 청구권은 그 권리의 성질에 비추어 볼 때 권리자의 생활유지를 위한 것이라는 점에서 보호의 필요성이 특히 크기 때문에 비면책채권으로 한 것이다.

자. 「취업 후 학자금 상환 특별법」에 따른 취업 후 상환 학자금대출 원리금(제9호) 〈2021. 12. 28. 삭제〉

채무자회생법은 2021. 12. 28. 본호를 삭제하였다. 면책을 받은 채무자가 학자금대출의 상환책임에서 벗어나게 함으로써 청년들에게 학자금대출에 대한 부담을 덜어주고, 경제적 자립의 기회를 제공하려고 개정한 것이다. 개정법률은 2022년 1월 1일부터 시행되었고, 시행 당시 면책허가를 받았으나 상환을 완료하지 아니한 채무자의 취업 후 상환 학자금대출 원리금 청구권에도 적용된다. 이에 상응하여 취업 후 학자금 상환 특별법도 "채무자 회생 및 파산에 관한 법률 제564조의 면책허가를 받은 채무자의 경우에도 취업 후 상환 학자금대출 원리금 청구권에 대하여는 책임이 면제되지 아니한다."는 제36조 제4항을 삭제하였다.

한국장학재단에서 시행하고 있는 학자금 대출은 '취업 후 상환 학자금대출', '일반상환 학자금대출'로 크게 구분되며, 그 밖에 농어촌 출신 대학생 학자금 대출이 있는데, 2021. 12. 28. 이전에는 이 중 취업 후 상환 학자금대출 원리금을 비면책채권으로 하였던 것이다. 취업 후 학자금 상환 특별법은 2010. 1. 22. 제정 당시의 학자금 대출제도가 시중금리와 연동되는 금리를 적용한 이자를 대출시점부터 내도록 하고 있어 금리상승에 따른 이자 증가가 대학생과 학부모들에게 전가되고, 융자금의 상환도 거치기간이 경과한 후에는 융자를 받은 자의 취업 등 상환능력의 유무와 관계없이 융자금을 상환하도록 하는 구조 때문에 신용불량자가 양산되는 문제가 발생하고 있었으므로, 취업 후 학자금 상환제도를 도입하여 대학생들이 재학 중에는 이자 부담 없이 등록금과 생활비를 대출받고, 졸업 후에는 소득수준에 따라 장기간에 걸쳐 대출금을 상환하도록 함으로써 대학생과 학부모들의 학자금 부담을 줄이려

---

45) 東京地裁破産再生實務硏究會, 破産 · 民事再生の實務[第3版] 破産編, 一般社團法人 金融財政事情硏究會(2014), 579면.

는 목적으로 제정되었다. 이를 위해 동법은 취업 후 상환 학자금대출과 관련하여 다른 학자금 대출과 달리 이자, 상환기간, 상환방법 등에서 특례를 두었다. 대신 대출 결손 발생으로 인한 재정[46] 손실을 최소화하기 위해 상환을 담보하기 위한 규정들을 두었으며, 이를 위해 특히 파산면책 효력을 명시적으로 배제하였다. 취업 후 학자금 상환 특별법은 제36조 제4항에서 "「채무자 회생 및 파산에 관한 법률」 제564조의 면책허가를 받은 채무자의 경우에도 취업 후 상환 학자금대출 원리금 청구권에 대하여는 책임이 면제되지 아니한다"라고 규정하였고, 채무자회생법도 2010. 1. 22. 개정하면서 「취업 후 학자금 상환 특별법」에 따른 취업 후 상환 학자금대출 원리금을 비면책채권으로 규정하였던 것이다. 그러나 이에 대해서는, 취업 후 학자금대출 원리금은 파산절차에서는 면책을 받지 못하는 데 반해, 채무자회생법 제625조는 이를 비면책채권으로 규정하고 있지 않으므로 개인회생절차에서는 면책결정을 받으면 그 책임이 면제된다는 점에서 형평성의 문제가 있고, 또한 20~30대 청년들이 개인회생 · 개인파산 신청을 하는 이유는 대부분 학자금 대출과 관련이 있는데 시중은행으로부터 돈을 빌려 등록금을 냈지만 이후 취업이 좌절되고 개인적인 사정으로 더 이상 부채를 감당하지 못한 학생의 경우에는 개인파산을 통해 면책을 받을 수 있지만, 한국장학재단을 통한 취업 후 학자금대출을 갚지 못하는 경우에는 개인파산을 하더라도 면책을 받을 수 없기 때문에 재기의 기회를 잡을 수 없게 되는 문제가 있어 청년 신용불량자 양산을 막기 위하여 도입된 '취업 후 상환 학자금대출' 제도의 본래의 취지나 채무자의 재기 또는 갱생을 목적으로 하는 채무자회생법의 취지에도 맞지 않는다는 비판이 있었다. 이러한 비판을 받아들여 채무자회생법은 2021. 12. 28. 본호를 삭제하였다.

4. 비면책채권인지 여부에 다툼이 있는 경우

비면책채권을 가진 채권자가 채무자에 대한 파산 및 면책 사건에서 이의신청서를 제출하는 등 적극 참여했음에도 채무자에 대한 면책허가 결정이 내려졌더라도 그 사실만으로 해당 채권이 비면책채권에 해당하지 않는다고 볼 수 없다. 비면책채권에 해당되는지 여부는 심문절차인 면책절차에서는 당해 채권이 비면책채권에 해당하는가를 판단, 결정할 수 없다.

46) 취업 후 상환 학자금대출을 위한 재원은 교육부 산하 한국장학재단이 발행하는 채권을 통하여 조달하고 있는데, 그 채권은 정부가 지급을 보증하는 정부보증채권(특수채)로서 국가채무이다.

대법원도 “어떠한 채권이 면책대상채권인지, 비면책채권인지의 여부는 면책결정이 있은 이후에 그 채권에 기한 이행청구 또는 강제집행의 절차에서 문제가 됨은 별론으로 하고 채무자에게 면책결정을 할 것인지 여부와는 관계가 없다.”고 한다(대법원 2009. 7. 9.자 2009카기122 결정). 비면책채권인지 여부를 다투는 것은 파산절차가 종료된 후 개별적인 채권에 대한 소송절차나 집행절차에서이다. 예컨대, 파산절차 종료 후 채권자가 강제집행을 한 때 채무자가 면책을 주장하여 청구이의의 소를 제기하면 채권자측에서 비면책성을 주장·입증하는 방법으로, 채무자에 대한 채무의 이행청구소송에서는 채무자가 피고로서 면책허가결정의 확정을 항변으로 주장하면 원고인 채권자는 이에 대하여 재항변으로서 비면책성을 주장·입증하는 방법으로 비면책채권의 여부가 심리, 확정된다.

5. 면책효력 확인의 소 및 청구이의의 소

파산채무자에 대한 면책결정의 확정에도 불구하고 어떠한 채권이 비면책채권에 해당하는지 여부 등이 다투어지는 경우에 채무자는 면책확인의 소를 제기함으로써 권리 또는 법률상 지위에 현존하는 불안·위험을 제거할 수 있다. 면책확인의 소의 관할은 채권자 주소지(피고의 주소지) 법원이다.

그런데 면책된 채무에 관한 집행권원을 가지고 있는 채권자에 대한 관계에서는 채무자는 청구이의의 소를 제기하여 면책의 효력에 기한 집행력의 배제를 구하는 것이 법률상 지위에 현존하는 불안·위험을 제거하는 유효적절한 수단이 된다. 따라서 이러한 경우에도 면책확인을 구하는 것은 분쟁의 종국적인 해결 방법이 아니므로 확인의 이익이 없어 부적법하다(대법원 2017. 10. 12. 선고 2017다17771 판결). 채무자회생법에 따른 면책결정이 확정되어 채무자의 채무를 변제할 책임이 면제되었다고 하더라도, 이는 면책된 채무에 관한 집행권원의 효력을 당연히 상실시키는 사유는 되지 않는다. 다만, 청구이의의 소를 통하여 그 집행권원의 집행력을 배제시킬 수 있는 실체상의 사유에 불과하다(대법원 2013. 9. 16.자 2013마1438 결정, 대법원 2014. 2. 13.자 2013마2429 결정 등[47]). 따라서 면책결정의

47) 한편, 면책 확정 후 면책된 채무에 관한 집행력 있는 집행권원 정본에 기하여 신청되어 발령된 채권압류 및 추심명령에 대하여 채무자가 즉시항고를 한 경우에, 채무자회생법 제566조에 의하면 면책결정이 있는 경우 채무자로서는 채무의 전부에 관하여 그 책임이 면제되는 결과, 채권자로서는 더 이상 강제집행을 할 수 없다고 할 것이므로 채권자의 집행권원은 신청 당시 유효한 집행권원이라 할 수 없으므로, 법원은 채권압류 및 추심명령 결정을 취소하고 채권자의 신청을 기각한다(서울중앙지방법원 2020타채119452 채권압류 및 추심명령 등).

확정으로 채무자의 집행채권에 관한 책임이 면제되었다고 하더라도 집행력 있는 지급명령 정본에 기하여 발령된 채권압류 및 추심명령 등 강제집행절차를 막기 위한 가장 유효 · 적절한 수단은 면책확인이 아니라 청구이의의 소를 제기하는 것이다. 청구이의의 소에 대한 관할은 전속관할이다(민사집행법 제21조). 예를 들면, 판결의 경우는 제1심 판결법원(민사집행법 제44조 제1항), 지급명령의 경우에는 지급명령을 내린 지방법원의 단독판사 또는 합의부(민사집행법 제58조 제4항)의 전속관할이다.

제7절 면책취소

일단 면책허가결정이 확정된 후라도 채무자에게 일정한 사유가 인정되면 법원은 면책취소의 결정을 할 수 있다.

1. 취소사유

취소사유는 ① 채무자가 법 제650조의 규정에 의한 사기파산으로 유죄의 확정판결을 받은 때와 ② 채무자가 부정한 방법으로 면책을 받은 때이다(법 제569조 제1항).

가. 사기파산죄의 유죄판결의 확정

사기파산죄는 파산범죄 중에서도 가장 악질적인 것이기 때문에 면책취소사유로 한 것이다. 그 외의 파산범죄에 대해서는 유죄판결이 확정되더라도 취소사유가 되지 않는다. 사기파산죄에 해당하는 행위는 ① 파산재단에 속하는 재산을 은닉 또는 손괴하거나 채권자에게 불이익하게 처분을 하는 행위, ② 파산재단의 부담을 허위로 증가시키는 행위, ③ 법률의 규정에 의하여 작성하여야 하는 상업장부를 작성하지 아니하거나, 그 상업장부에 재산의 현황을 알 수 있는 정도의 기재를 하지 아니하거나, 그 상업장부에 부실한 기재를 하거나, 그 상업장부를 은닉 또는 손괴하는 행위, ④ 제481조의 규정에 의하여 법원사무관등이 폐쇄한 장부에 변경을 가하거나 이를 은닉 또는 손괴하는 행위이다. 사기파산으로 유죄의 확정판결을 받은 때를 요건으로 하므로 사기파산죄에 해당하는 행위가 있다는 것만으로는 부족하고, 기소유예처분에 그치는 경우에는 면책취소사유가 되지 않는다. 위 취소사유가 있는 경우에는 파산채권자의 신청 외에도 회생법원이 직권으로도 면책취소의 결정을 할 수 있다. 또한 이러한 사유를 이유로 면책취소를 신청하는 경우에는 부정한 방법에 의한 면책취득에 관하여 면책취소를 신청하는 경우와 달리 신청기간의 제한이 없다.

나. 채무자의 부정한 방법에 의한 면책허가결정

부정한 방법이란 부정의한 방법을 말한다. 파산채권자 또는 파산관재인에 대한 사기 · 협박 · 증뢰 · 특별이익의 공여 등이 부정한 방법에 해당한다. 의견진술을 막기 위하여 파산채권자에게 일부변제를 하거나 특별한 이익을 약속하는 것이 전형적인 경우이다. 일본의 하급심 판례[48] 중에는 채무자가 허위의 설명을 하여 재산은닉을 한 경우나 제3자 명의의 파산재단에 속하는 재산에 대한 설명을 해태한 경우에 면책취소사유가 있다고 판단하였다. 이러한 취소사유가 있는 경우에는 파산채권자가 면책 후 1년 이내에 면책의 취소를 신청할 것을 필요로 한다. "사기파산으로 유죄의 확정판결을 받은 때"와는 달리 이러한 사유를 이유로 하는 경우에는 법원이 직권으로 면책취소결정을 할 수 없다.

한편, 채무자에게 면책불허가사유가 있음에도 불구하고 면책을 받은 경우가 본호의 부정한 방법에 해당하는 취소사유에 포함되는 것인가 하는 문제가 있다. "일반적으로 재판이 확정된 경우에 이를 다툴 수 있는 방법은 엄격한 사유를 요하는 재심절차밖에 없고, 채무자회생법도 민사소송법을 준용하므로 확정된 면책허가결정에 대하여 불복하기 위해서는 준재심절차에 의하여야만 할 것이다. 그런데 면책취소제도는 면책허가결정에 대하여는 일종의 재심절차와 같은 측면이 있는데 면책불허가사유가 있는 경우를 모두 면책취소사유로 보게 되면, 실질적으로는 결정이 확정된 이후에도 면책불허가사유의 존재를 주장하게 되면 다시 새로이 제1심부터 이를 심사하는 꼴이 되어 부당한 면이 있다. 또한 면책불허가사유 중 가장 중한 사기파산죄에 대하여도 유죄의 확정판결을 요구하고 있다는 점에 비추어도 형평에 맞지 않는다. 따라서 '면책불허가사유가 있으므로 면책취소사유가 있다'는 것으로까지 해석되어서는 안 되고, 다만 그 불허가사유의 실질적인 내용이 '채무자가 부정한 방법으로 면책을 받았다'고 볼 수 있는 경우(즉, 수단이나 절차적인 내용)로 한정하여 면책취소사유가 있다고 보아야 할 것이다."[49]

---

48) 東京高決平成13 · 5 · 13金商1144号16頁, 大阪高決平成15 · 2 · 14判タ1138号 302頁.

49) 최두호, "항고심에서 바라본 개인파산 · 개인회생", 도산법실무연구 제127집(2013년), 597, 598면.

2. 취소절차

취소절차는 파산채권자의 신청이나 직권으로 개시된다. 이 절차는 결정절차로 심리되기 때문에 법원은 취소사유의 유무에 대해서 직권으로 조사하고 판단한다. 법원은 면책취소의 재판을 하기 전에 채무자 및 신청인의 의견을 들어야 한다(법 제570조). 법원은 취소사유가 있더라도 취소결정을 하지 않을 수도 있다. 면책취소신청에 대한 결정(면책취소신청, 면책신청기각, 면책신청각하)에 대하여는 즉시항고[50]를 할 수 있고(법 제569조 제2항), 면책취소결정은 면책결정의 효력발생시기를 정한 규정(법 제565조)과 같은 취지에서 확정되지 않으면 효력이 발생하지 않는다(법 제571조).

한편, 법원이 이해관계인의 신청에 따라 면책취소 여부를 심리한 다음 면책취소 결정을 한 경우, 그 후 이해관계인이 한 면책취소 신청의 취하는 면책취소 결정에 영향을 미치는 않는다. 대법원 2015. 4. 24.자 2015마74 결정[51]은 "개인회생에서 면책취소절차는 비송절차의 성질을 가지고 있는 점, 개인회생절차는 채무자와 그를 둘러싼 채권자 등 이해관계인의 법률관계를 한꺼번에 조정하여 채무자의 효율적인 회생을 도모하는 집단적 채무처리절차의 성격을 가지고 있으므로 어느 이해관계인의 의사에 따라 면책취소 결정의 효력이 좌우되는 것은 제도의 취지와 성격에 부합하지 아니한 점 등에 비추어 보면, 법원이 이해관계인의 신청에 의하여 면책취소 여부를 심리한 다음 면책취소 결정을 하였다면 그 후 이해관계인이 면책취소의 신청을 취하하더라도 그 취하는 면책취소 결정에 영향을 미치지 못한다"고 하였는데, 위 법리는 개인파산절차에도 그대로 적용된다 할 것이다.

채무자회생법은 일본 파산법[52]과 달리 비면책채권자의 면책취소권을 배제하는 명문

---

50) 한편, 개인회생절차에서 면책취소신청 기각결정에 대한 불복방법은 특별항고만 할 수 있다. 대법원 2016. 4. 18.자 2015마2115 결정은 「채무자자 회생 및 파산에 관한 법률 제33조는 "회생절차에 관하여 이 법에 규정이 없는 때에는 민사소송법을 준용한다"라고 규정하고, 제13조 제1항은 "이 법의 규정에 의한 재판에 대하여 이해관계를 가진 자는 이 법에 따로 규정이 있는 때에 한하여 즉시항고를 할 수 있다"라고 규정하고 있는데, 제627조는 "면책 여부의 결정과 면책취소의 결정에 대하여는 즉시항고를 할 수 있다"라고 규정할 뿐 면책취소신청 기각결정에 대하여는 아무런 규정을 두고 있지 아니하므로, 이에 대하여는 즉시항고를 할 수 없고, 민사소송법 제449조 제1항의 특별항고만 허용될 뿐이다.」고 한다.

51) 위 대법원 결정의 사안은 파산채권자가 채무자에 대한 개인회생절차에서 면책결정이 확정된 후 면책취소신청을 하여, 제1심법원이 면책취소 여부를 심리한 다음 채무자에 대한 면책을 취소하는 결정을 하자 채무자가 즉시항고를 하였지만 원심이 채무자의 항고를 기각하였고, 그 후 채무자가 원심결정에 대하여 재항고를 하였는데, 채권자가 재항고심 계속 중에 면책취소신청 취하서를 제출한 사례이다. 이 경우 대법원은 그 취하는 제1심법원이 한 면책취소 결정에 영향을 미치지 못한다고 하였다.

52) 일본 파산법은 명문으로 면책신청에 대한 이의신청권자 및 면책취소신청권자에서 비면책채권자를 제외하고 있다(법

의 규정이 없으므로 면책의 취소를 신청할 수 있는 '파산채권자'의 범위에 면책의 효력을 받지 아니하는 비면책채권자도 포함되는지에 관하여 논의가 있다. ① 법 제569조에 면책의 취소 신청권자를 '파산채권자'라고 규정하고 있을 뿐 그 범위를 제한하지 않고 있으므로 비면책채권자인지 여부를 따질 필요 없이 모든 파산채권자는 면책취소신청권을 가진다는 견해(비한정설)와 ② 법 제562조에 의하면 면책신청에 대한 이의신청권자를 '면책의 효력을 받을 파산채권자'로 한정하고, 법 제564조 제4항, 제13조 제1항에 의하면 면책결정에 대한 즉시항고권자를 '재판에 대하여 이해관계를 가진 자'로 한정하고 있으므로 비면책채권자는 면책에 대하여 이해관계가 없어 즉시항고권자에 해당하지 않는데, 면책취소신청은 결국 시기만 달리할 뿐 면책에 대한 이의의 한 형태이므로 비면책채권자는 면책취소를 신청할 수 없다는 견해(한정설)가 대립되고 있다. 서울회생법원의 결정 중에는 비한정설에 근거하여 판단한 2007하기39(확정), 2007하기5(확정) 사례와 한정설에 근거하여 판단한 2006하기12(확정) 사례가 모두 보인다.[53)]

3. 면책취소결정 확정의 효과

면책취소결정이 확정된 때는 면책허가결정은 그 효력을 잃고, 일단 면책결정으로 면제된 채무자의 책임은 부활한다. 그러나 면책의 취소가 있은 때에는 면책 후 취소에 이르기까지의 사이에 생긴 원인으로 인하여 채권을 가지게 된 자는 다른 채권자, 즉 면책취소로 인하여 면책 전의 지위를 회복한 파산채권자에 우선하여 변제를 받을 권리를 가진다(법 제572조). 면책된 것을 신뢰하여 거래를 한 채권자를 보호하기 위하여 우선권을 부여한 것이다. 그렇지만 원래 면책의 효과를 받지 않는 비면책채권은 열후(劣後)하지 않다 할 것이다.

면책취소결정이 확정되더라도 복권되어 있던 동안의 신분상 효과는 영향을 받지 않고 면책결정 확정에 의한 복권은 장래에 향하여 그 효력을 잃는다(법 제574조 제2항). 면책취소의 효력을 소급시키지 않은 것은 면책에 의해서 당연히 복권되어 있던 동안에 생긴 채무자의 신분상 법률관계에 대해서 번잡한 문제가 발생하는 것을 피하기 위한 것이다.

법원사무관 등은 면책취소의 결정이 확정되면 파산채권자표가 있는 경우에는 파산채권

제251조 제1항, 제254조).

53) 황정수, "비면책채권자의 면책취소신청권", 회생과 파산 Vol. 1, 한국도산법학회(2012년), 268면 내지 270면 참조.

자표에 면책취소의 결정이 확정된 뜻을 기재하여야 한다(법 제573조). 이로써 파산채권자표의 집행력도 회복된다.

제8절 복권

1. 복권의 의의

복권이란 파산선고에 의하여 채무자에게 가해진 공법상 · 사법상의 권리 및 자격에 대한 제한이 풀리고, 그 법적 지위가 회복되는 것을 말한다. 파산선고가 내려지면 채무자는 민법 등 각종 법률에 의하여 자격제한을 받는다. 이러한 자격제한의 효력은 파산절차종료 후에도 효력을 유지하지만 그 효과가 영구적으로 계속되는 것은 불합리하고, 채무자의 경제적 갱생을 위해서도 일정한 요건 아래 자격의 회복을 인정할 필요가 있다. 그래서 채무자회생법은 파산선고와 함께 채무자에게 부과된 각종 권리 및 자격의 제한을 해제하는 복권제도를 마련해 두고 있다. 복권에는 일정한 요건이 구비되면 신청 등을 요하지 않고 복권의 효과가 생기는 당연복권과 채무자의 신청에 의한 복권이 있다.

2. 복권 절차의 종류

가. 당연복권

먼저, 당연복권으로서 ① 면책의 결정이 확정된 때(법 제574조 제1항 제1호), ② 제538조의 규정에 의한 신청에 기한 파산폐지의 결정이 확정된 때, 즉 동의파산폐지결정이 확정된 때(같은 항 제2호), ③ 파산선고를 받은 채무자가 파산선고 후 제650조의 규정에 의한 사기파산으로 유죄의 확정판결을 받음이 없이 10년이 경과한 때(같은 항 제3호)에는 특별한 절차를 거치지 않고 복권의 효력이 생긴다.

면책허가 결정이 확정되면, 면책의 효력이 생기고 채무자는 파산절차에 의한 배당을 제외하고는 파산채권자에 대한 채무의 전부에 관하여 그 책임이 면제되기 때문에, 파산선고에 의하여 채무자에게 가해진 각종의 권리 또는 자격에 대한 제한도 면책허가결정의 확정에 수반하여 당연히 해제되는 것으로 한 것이다(제1호). 그런데 면책취소의 결정이 확정된 때에는 면책결정에 의한 복권은 그 기초가 없어진다. 그렇지만 복권되어 있던 동안의 신분상의 효과를 소급하여 실효시키는 것은 타당하지 않으므로, 복권은 장래에 향하여 그 효력을 잃는다(법 제574조 제2항).

동의파산폐지는 파산채권자들의 의사에 의해 파산절차를 폐지하는 것이고, 동의파산폐지결정이 확정된 경우에는 파산절차는 종료되고 채무자는 재산의 관리처분권을 회복하기 때문에, 채무자를 경제적으로 갱생시키려는 채권자의 의사에 대응하여 동의파산폐지 결정의 확정을 당연복권사유로 한 것이다(제2호). 그리고 채무자에게 면책불허가사유가 있는 등 채무자가 파산선고 후 면책을 받을 수 없더라도, 너무 장기간에 걸쳐 파산고로 인한 자격제한을 지속시키는 것은 인도적인 면에서도 문제가 있고, 채무자의 경제적 갱생을 방해하기 때문에 파산선고를 받은 채무자가 파산선고 후 10년이 경과한 때는 원칙적으로 당연히 복권되는 것으로 한 것이다. 다만, 그 사이에 제650조의 규정에 의한 사기파산으로 유죄판결이 확정된 경우에는 그 자체가 채무자의 불성실성의 징표로서 면책불허가사유가 되는 것과 대비하여 단지 10년의 기간 경과로써 당연복권 되는 것은 타당하지 않기 때문에 제외한 것이다(제3호).

요컨대, 위 각호에 해당하는 때에는 어느 경우라도 채무자에 대해서 공법상 · 사법상의 권리 및 자격의 제한을 그대로 두는 것은 면책제도를 채용한 취지에 부합되지 않기 때문에 당연복권사유로 한 것이다.

나. 신청에 의한 복권

신청에 의한 복권이란 채무자회생법 제574조의 규정에 의하여 복권될 수 없는 파산선고를 받은 채무자가 변제 그 밖의 방법으로 파산채권자에 대한 채무의 전부에 관하여 그 책임을 면한 때에 파산계속법원이 채무자의 신청에 의하여 복권의 결정을 하는 것이다. 즉, 채무자는 자신이 당연복권사유에 해당하지 않더라도 변제 그 밖의 방법으로 비면책채권을 포함하여 모든 파산채권자에 대해서 부담한 채무 전부에 대한 책임을 면한 경우에 복권신청을 할 수 있다. 여기서 그 밖의 방법이란 구체적으로는 대물변제, 시효, 상계, 경개, 면제, 혼동 등의 원인에 의해 채무가 소멸된 경우를 의미한다. 그러므로 파산선고를 받은 채무자는 복권의 신청을 하는 때에는 그 책임을 면한 사실을 증명할 수 있는 서면을 제출하여야 한다. 복권의 신청에 관한 결정에 대하여는 즉시항고를 할 수 있다(법 제575조 제3항). 즉시항고의 대상이 되는 결정이란 신청을 각하하는 결정 또는 복권결정 등이다. 법원은 복권의 신청이 있은 때에는 그 뜻을 공고하고, 이해관계인이 열람할 수 있도록 그 신청에 관한 서류를 법원에 비치하여야 하며(법 제576조), 파산채권자는 위 공고가 있은 날부터 3월 이내에 복권의 신청에 관하여 법원에 이의를 신청할 수 있다(법 제577조 제1항). 만일 파산채권자로부터 이의신청이 있는 때에는 법원은 파산선고를 받은 채무자와 이의를 신청한 파산채권자의 의견을 들어야 한다(법 제577조 제2항).

복권의 결정은 확정된 후부터 그 효력이 발생한다(법 제578조). 복권결정의 확정에 의하여 채무자의 공법상 · 사법상의 권리 및 자격에 대한 제한이 소멸하고, 파산자로서의 신분에서 벗어나지만 그 효력은 장래를 향하여 발생할 뿐이다. 한편, 구 파산법은 복권의 결정이 확정된 때에는 법원은 그 주문을 공고하도록 하였으나(파산법 제364조), 채무자회생법은 이를 폐지하였다.

제20장 신탁과 도산

제20장 신탁과 도산

1. 신탁의 개념

신탁이란 위탁자가 신탁행위(예컨대, 신탁계약, 유언)에 기하여 수탁자에게 금전, 주식이나 국채 등의 유가증권, 토지 · 건물, 특허권이나 저작권 등의 지적재산권 등의 재산을 이전하고, 수탁자는 위탁자가 설정한 신탁목적에 따라서 수익자를 위해 그 재산(신탁재산)을 관리 · 처분하는 제도이다. 이 개념에 기초하여 신탁의 구조를 살펴보면 아래 그림과 같다.

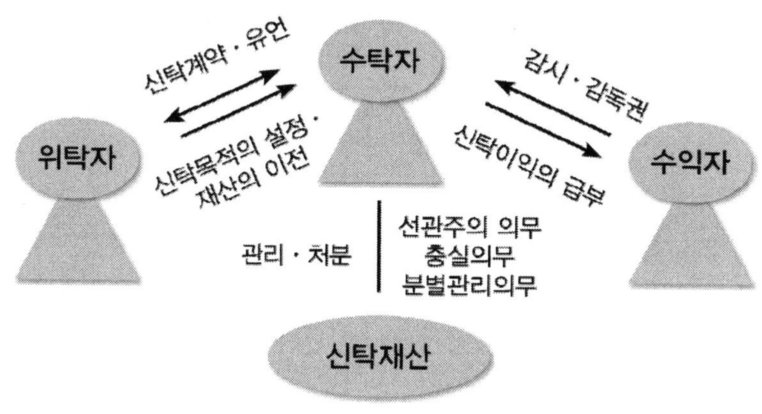

2. 신탁제도의 도산격리기능

신탁의 주요기능으로는 재산관리기능[1), 전환기능[2), 도산격리기능 등이 있다. 이러한 기능들을 활용함으로써 신탁은 다양한 요구에 대응하는 제도로서 이용되고 있다. 특히 도산격리기능이란 위탁자 및 수탁자의 고유자산과 신탁계약에서의 신탁재산이 별개의 것으로 취급되는 것을 말한다. 또한 신탁재산은 수익자로부터도 독립된 재산이 되므로 "누구의 것도 아닌 재산"이라는 특수한 취급을 받는다. 이러한 도산격리기능 때문에 신탁재산이 각 신

1) 위탁자나 수익자를 대신하여 수탁자에게 재산의 관리 · 처분을 맡기는 것을 말한다.

2) 신탁함으로써 신탁재산이 신탁수익권이라는 권리가 되고, 신탁목적에 따라 그 재산의 속성(屬性)이나 수(數), 재산권의 성상(性狀) 등을 전환할 수 있다.

탁당사자의 도산재단에 편입되지 않고, 각 당사자의 도산에도 불구하고 신탁의 운영이 유지 · 계속된다.

가. 위탁자 파산

위탁자가 파산선고를 받더라도 신탁은 아무런 영향을 받지 않는 것이 원칙이다. 신탁재산은 위탁자의 다른 재산과 분리되어 수탁자에게 이전되기 때문이다. 또한 위탁자가 수탁자와 신탁계약을 체결하고 재산을 수탁자에게 이전하면, 그것으로 신탁의 설정은 완료하게 되고 신탁계약 자체는 이행이 완료된다. 그러므로 신탁이 실행되면 위탁자에 대하여 파산절차가 개시되더라도 신탁재산은 파산재단에 편입되지 않고 위탁자 고유의 재산에 대해서만 파산절차가 진행된다. 대법원은 신탁법상의 신탁재산은 수탁자의 고유재산으로부터 구별되어 관리될 뿐만 아니라 위탁자의 재산권으로부터도 분리되어 독립성을 갖게 된다고 한다(대법원 1987. 5. 12. 선고 86다545, 86다카2876 판결[3]).

그렇지만 위탁자가 자신의 채무 변제를 회피할 의도로 신탁제도를 이용하는 경우, 즉 위탁자가 채권자를 해하는 것을 알고 신탁(사해신탁)을 한 경우에는 채권자는 신탁을 취소할 수 있다. 위탁자의 신탁행위가 취소 또는 부인되면 신탁재산은 위탁자의 책임재산 또는 파산재단에 편입된다. 신탁법 제8조 제1항은 "채무자가 채권자를 해함을 알면서 신탁을 설정한 경우 채권자는 수탁자가 선의일지라도 수탁자나 수익자에게 민법 제406조 제1항의 취소 및 원상회복을 청구할 수 있다. 다만, 수익자가 수익권을 취득할 당시 채권자를 해함을 알지 못한 경우에는 그러하지 아니하다."고 규정하고 있고, 대법원은 타인에 대하여 채무를 부담하는 사람이 자신이 소유한 재산 전부인 부동산에 관하여 제3자와 신탁계약을 체결하고 그에 따라 위 부동산을 수탁자인 제3자에게 신탁재산으로 이전하는 경우 위탁자에게는 그 채권자가 강제집행을 할 수 있는 책임재산이 더 이상 남아 있지 아니하므로 신탁법 제8조에서 정한 사해신탁에 해당할 수 있다고 본다(대법원 2011. 5. 23.자 2009마1176 결정 등 참조).

---

3) 대법원 2002. 12. 6.자 2002마2754 결정은 신탁법상의 신탁재산은 위탁자의 재산권으로부터 분리될 뿐만 아니라 수탁자의 고유재산으로부터 구별되어 관리되는 독립성을 갖게 되는 것이며, 그 독립성에 의하여 수탁자 고유의 이해관계로부터 분리되므로 수탁자의 일반채권자의 공동담보로 되는 것은 아니고, 따라서 경매목적물이 정리회사의 고유재산이 아니라 신탁재산이라면 회사정리법 제67조에 따른 경매절차의 금지 내지 중지조항이 적용될 것이 아니라고 판시하였다.

나. 수탁자 파산

수탁자가 파산한 경우에도 신탁재산은 수탁자의 파산의 영향을 받지 않는다. 신탁재산은 수탁자의 명의가 되지만 수탁자의 고유재산으로 되지 않고 별개의 재산체로 관리 · 운영된다. 수탁자에 대한 채권자(수탁자가 신탁사무를 집행한 결과로서 채권을 취득한 자는 제외)는 신탁재산에 속하는 재산에 대해서 강제집행, 가압류, 가처분, 담보권의 실행, 국세체납처분 등을 할 수 없다. 즉, 신탁에 의해 신탁재산은 수탁자에게 속하게 되지만, 신탁의 도산격리효 때문에 수탁자에 대하여 파산이 개시되더라도 신탁재산은 수탁자의 파산재단에 속하지 않는다. 따라서 수탁자의 파산에 있어서 파산관재인의 관리처분권의 대상은 수탁자의 고유재산에 속하는 재산에 한정된다. 신탁법은 "신탁재산은 수탁자의 파산재단, 회생절차의 관리인이 관리 및 처분 권한을 갖고 있는 채무자의 재산이나 개인회생재단을 구성하지 아니한다(신탁법 제24조)"고 규정함으로써 도산격리기능을 명시하고 있다. 한편, 수탁자가 파산선고를 받은 경우에는 수탁자의 임무는 자동적으로 종료된다(신탁법 제12조 제1항).

이처럼 수탁자가 파산한 경우에 신탁재산은 수탁자의 고유재산이 된 것을 제외하고는 파산재단을 구성하지 않는 것이지만(신탁법 제24조), 신탁사무의 처리상 발생한 채권을 가진 채권자, 즉 신탁채권자는 수탁자의 파산선고 당시의 채권 전액에 관하여 파산재단에 대하여 파산채권자로서 권리를 행사할 수 있다(대법원 2004. 10. 15. 선고 2004다31883, 31890 판결 등). 대법원은 수탁자가 수익자 이외의 제3자 중 신탁재산에 대하여 강제집행을 할 수 있는 채권자(신탁법 제22조 제1항)에 대하여 부담하는 채무에 관한 이행책임은 신탁재산의 한도 내로 제한되는 것이 아니라 수탁자의 고유재산에 대하여도 미치는 것으로 보았고, 이러한 신탁채권자에 대한 수탁자의 무한책임을 파산절차에도 적용하였다. 요컨대, 신탁채권자는 원칙적으로 수탁자에게 속하는 신탁재산과 고유재산 모두에 대해서 강제집행 등을 할 수 있다. 따라서 신탁채권자는 수탁자가 파산한 경우에 당해 파산재단에 파산채권자로서 참가하여 자신의 권리를 행사할 수 있다. 그렇지만 수탁자가 신탁채권자와 책임한정특약을 맺거나 또는 유한책임신탁(신탁법 제114조)을 설정하면 수탁자의 책임범위는 신탁재산으로 한정된다.

다. 수익자 파산

수익자가 파산한 경우에는 신탁수익권은 채권으로서 그 자체가 재산권의 하나이므로 신탁수익권이 파산재단에 편입된다. 즉, 통상의 소유권이나 채권과 같이 파산관재인이 수익권을 환가처분한 뒤 채권자에게 배당하게 된다.

3. 유한책임신탁재산의 파산에 관한 특칙

가. 서론

채무자회생법은 유한책임신탁재산에 관하여만 파산능력을 인정한다. 이는 모든 신탁재산의 파산능력을 인정하는 일본 파산법과 다른 점이다. 유한책임신탁이란 신탁행위로 수탁자가 신탁사무의 처리 중 발생한 채무에 관하여 신탁재산만으로 책임을 지는 신탁을 말하는데(신탁법 제114조), 신탁법은 2011. 7. 25. 개정 시 제11장에 유한책임신탁제도를 도입하였다. 유한책임신탁은 수탁자의 책임이 감경되므로 신탁법은 제3자 보호를 위한 규정에 대해서도 정비하였다. 예를 들면, 유한책임신탁의 설정은 등기를 하여야 그 효력이 발생하고, 거래상대방에게 수탁자의 책임은 신탁재산으로 한정된다는 인식을 확실하게 전달할 필요가 있기 때문에 "유한책임신탁"이라는 문자를 사용하여야 하고, 유한책임신탁이 아닌 신탁은 유한책임신탁 명칭 사용이 제한되며, 수탁자는 거래할 때마다 유한책임신탁인 점을 거래상대방에게 서면으로 명시 및 교부할 의무를 부담한다. 또한 신탁법은 수탁자의 회계서류 작성의무, 제3자에 대한 책임, 수익자에 대한 초과지급의 금지 및 초과지급의 전보책임 등에 관하여 규정하였다. 채무자회생법도 2013. 5. 28. 개정 시 이러한 유한책임신탁재산의 파산에 관하여 제9장에 특칙을 신설하였다. 제9장에서 달리 정하는 것을 제외하고는 원칙적으로 파산절차에 관한 규정이 적용된다(법 제578조의2). 반면 회생절차에 있어서는 유한책임신탁과 관련한 특별한 규정을 두고 있지 않다.

나. 관할

원칙적으로 수탁자의 보통재판적 소재지(수탁자가 여럿인 경우에는 그 중 1인의 보통재판적 소재지)를 관할하는 회생법원의 관할에 전속하고, 그에 따른 관할법원이 없는 경우에는 신탁재산의 소재지(채권의 경우에는 재판상의 청구를 할 수 있는 곳)를 관할하는 회생법원의 관할에 전속한다. 만일 복수의 법원이 관할권을 가지는 경우에는 먼저 신청된 법원에 관할권이 있다고 볼 것이다.

다. 파산신청권자 · 신청기한 등

유한책임신탁재산에 대한 파산신청권자는 채권자에 상응하는 신탁채권자 및 수익자, 다른 한편으로 법인의 이사 등에 상응하는 수탁자, 신탁재산관리인, 신탁법 제133조에 따른 청산수탁자이다(법 제578조의3 제1항). 위 파산신청권자들 중 신탁채권자 또는 수익자가 파산신청을 하는 경우에는 일반의 채권자신청의 경우(법 제294조 제2항)와 같이 그가 가지고 있는 신탁채권 또는 수익권의 존재와 파산의 원인인 사실을 소명하여야 한다(같은 조 제2항). 만일 수탁자 또는 신탁재산관리인이 여럿 있는 경우 그 전원이 파산신청을 하는 경우가 아닐 때에는 파산의 원인인 사실을 소명하여야 한다(같은 조 제3항).

신탁채권자는 유한책임신탁재산에 대하여 채권을 가지는 자를 말한다. 신탁채권자에는 신탁법 제22조 제1항 단서에서 규정하는 신탁 전의 원인으로 발생한 권리 또는 신탁사무의 처리상 발생한 권리를 가지는 자가 포함된다.

수탁자의 임무가 종료되거나 수탁자와 수익자 간의 이해가 상반되어 수탁자가 신탁사무를 수행하는 것이 적절하지 아니한 경우 법원은 이해관계인의 청구에 의하여 신탁재산관리인을 선임할 수 있고(신탁법 제17조 제1항), 법원은 수탁자가 사망하여 「민법」 제1053조 제1항에 따라 상속재산관리인이 선임되는 경우, 수탁자가 파산선고를 받은 경우, 수탁자가 법원의 허가를 받아 사임하거나 임무 위반으로 법원에 의하여 해임된 경우로서 신수탁자가 선임되지 아니하거나 다른 수탁자가 존재하지 아니할 때에는 신탁재산을 보관하고 신탁사무 인계에 필요한 행위를 하여야 할 신탁재산관리인을 필수적으로 선임하여야 한다(신탁법 제18조 제1항). 위 임의적 신탁재산관리인과 필수적 신탁재산관리인 모두 유한책임신탁재산에 대하여 파산신청을 할 수 있다.

유한책임신탁이 종료한 경우에는 원칙적으로 신탁을 청산하여야 하고(신탁법 제132조), 이 경우 신탁행위로 달리 정한 바가 없으면 종료 당시의 수탁자 또는 신탁재산관리인이 청산인인 청산수탁자가 된다. 청산수탁자는 청산 중인 유한책임신탁의 신탁재산이 그 채무를 모두 변제하기에 부족한 것이 분명하게 된 경우 즉시 신탁재산에 대하여 파산신청을 하여야 한다(신탁법 제138조).

신탁채권자	· 신탁채권의 존재 · 신탁재산에 대한 파산의 원인이 되는 사실
수익자	· 수익권의 존재 · 신탁재산에 대한 파산의 원인이 되는 사실
수탁자 등	· 신탁재산에 대한 파산의 원인이 되는 사실

신탁이 종료된 후 잔여재산의 이전이 종료될 때까지는 신탁재산의 파산을 신청할 수 있다(같은 조 제4항). 법인의 경우와 같이 잔여재산이 존재하는 한 공평한 분배의 필요가 인정되기 때문이다.

라. 파산원인

유한책임신탁재산파산의 파산원인은 지급불능 및 채무초과이다(법 제578조의4). 사업신탁 등의 경우에는 신탁재산 독자의 수익력이나 신용을 관념할 수 있기 때문에 지급불능도 파산원인이 된 것이다. 지급불능이란 수탁자가 신탁재산에 의한 변제능력이 부족하여 신탁재산책임부담채무 중 변제기에 있는 것에 대하여 일반적·계속적으로 변제할 수 없는 객관적 상태를 말하고, 채무초과란 수탁자가 신탁재산책임부담채무에 대하여 신탁재산에 속하는 재산으로써 완제할 수 없는 상태를 말한다. 신탁재산책임부담채무란 수탁자가 신탁재산에 속하는 재산으로써 이행할 책임을 부담하는 채무를 말한다. 따라서 신탁채권자의 채권과 수익채권이 여기에 포함된다. 채무자회생법 제578조의4 제3항의 변제불능과 제306조 제1항의 채무초과는 규정의 표현에 차이가 있으나 동일한 의미로 해석된다.

마. 파산선고 시 법원의 조치

유한책임신탁재산에 대하여 파산선고를 한 경우 그 목적인 사업이 행정청의 허가를 받은 사업일 때에는 주무관청으로 하여금 그 허가 사업에 대한 감독권을 발동할 기회를 두기 위하여 법원은 파산선고 사실을 주무관청에 통지하여야 하고, 유한책임신탁재산에 대한 파산취소 또는 파산폐지의 결정이 확정되거나 파산종결의 결정이 있는 경우 그 목적인 사업이 행정청의 허가를 받은 사업일 때에도 그 사실을 주무관청에 통지하여야 하며, 유한책임신탁재산에 대하여 파산선고를 한 경우 등기의 촉탁 등에 관하여는 제23조부터 제27조까지의 규정을 준용한다(법 제578조의5).

바. 수탁자 등의 설명의무 등

유한책임신탁재산에 대하여 파산선고 결정이 있는 경우 수탁자 또는 신탁재산관리인, 수탁자의 법정대리인, 수탁자의 지배인, 법인인 수탁자의 이사 및 종전에 위 자격을 가졌던 자는 파산관재인 · 감사위원 또는 채권자집회의 요청에 의하여 파산에 관하여 필요한 설명을 하여야 한다(법 제578조의7). 신탁재산 자체에 법주체성이 없기 때문에 상속재산파산의 경우처럼 신탁재산에 속하는 재산에 대한 관리처분권을 가지는 수탁자 등에게 설명의무를 부과한 것이다. 설명의 의무가 있는 자가 정당한 사유 없이 설명을 하지 아니하거나 허위의 설명을 한 때에는 1년 이하의 징역 또는 1천만원 이하의 벌금에 처한다(법 제658조).

채무자회생법은 수탁자 등이 설명의무를 이행하지 않거나 심문을 위한 소환에 응하지 아니하는 경우 또는 재산은닉을 방지하기 위해 법원은 필요하다고 인정할 때에는 파산선고 전후를 불문하고 수탁자 등을 구인할 수 있도록 하였다(법 제578조의6). 구인에 관하여는 형사소송법의 구인에 관한 규정을 준용하고, 법원의 구인 결정에 대하여는 즉시항고를 할 수 있다(법 제578조의6).

사. 유한책임신탁재산에 대한 보전처분 등

(1) 파산선고 전의 보전처분

유한책임신탁재산 파산의 경우에도 보전처분의 필요성은 통상의 파산사건과 마찬가지이다. 그러므로 채무자회생법은 법원은 파산선고 전이라도 이해관계인의 신청에 의하거나 직권으로 유한책임신탁재산에 관하여 가압류, 가처분, 그밖에 필요한 보전처분을 명할 수 있다고 규정하고(법 제578조의8 제1항), 법원의 재판에 관하여 제323조 제2항부터 제5항까지의 규정을 준용하고 있다(같은 조 제2항). 유한책임신탁재산에 속하는 권리로서 등기 · 등록된 것에 대하여 보전처분이 있는 경우 그 보전처분의 등기 · 등록 촉탁에 관하여는 제24조 제1항을 준용한다(같은 조 제3항).

(2) 수탁자 등의 재산에 대한 보전처분

법원은 유한책임신탁재산에 대하여 파산선고가 있는 경우 필요하다고 인정할 때에는 파산관재인의 신청에 의하거나 직권으로 수탁자, 전수탁자(前受託者), 신탁재산관리인, 검사인 또는 「신탁법」 제133조에 따른 청산수탁자(이하 "수탁자 등"이라 한다)의 책임에 기한 손해배상청구권을 보전하기 위하여 수탁자 등의 재산에 대한 보전처분을 할 수 있다(법 제578조의9 제1항). 수탁자 등이 그 의무를 위반하여 신탁재산에 손해가 생긴 경우 수탁자 등은 손해배상책임을 부담한다. 위와 같은 손해배상청구권을 보전하기 위하여 보전처분을 할 필요가 있으므로 제578조의9가 그 보전처분을 규정한 것이다.

위 보전처분에 관하여는 제351조 제2항부터 제7항까지의 규정을 준용하고, 그 보전처분의 등기 또는 등록의 촉탁에 관하여는 제24조 제1항을 준용하고 있다. 그러므로 파산관재인은 수탁자 등의 책임에 기한 손해배상청구권이 있음을 알게 된 때에는 법원에 보전처분을 신청하여야 한다(법 제351조 제2항). 법원은 긴급한 필요가 있다고 인정하는 때에는 파산선고 전이라도 채무자의 신청에 의하거나 직권으로 보전처분을 할 수 있고(법 제351조 제3항), 법원은 관리위원회의 의견을 들어 보전처분을 변경하거나 취소할 수 있다(법 제351조 제4항). 보전처분결정과 보전처분의 변경 · 취소결정에 대하여는 즉시항고를 할 수 있는데(법 제351조 제5항), 집행정지의 효력은 없다(법 제351조 제6항). 수탁자 등의 재산에 속하는 권리로서 등기 · 등록된 권리에 관하여 보전처분결정이나 변경 · 취소결정이 있으면 법원사무관 등은 직권으로 지체 없이 촉탁서에 결정서의 등본 또는 초본을 첨부하여 보전처분의 등기 · 등록을 촉탁하여야 한다(법 제24조 및 규칙 제10조 제1항).

(3) 수탁자 등에 대한 손해배상청구권 등의 조사확정재판

법원은 유한책임신탁재산에 대하여 파산선고가 있는 경우 필요하다고 인정할 때에는 파산관재인의 신청에 의하거나 직권으로 수탁자 등의 책임에 기한 손해배상청구권의 존부와 그 내용을 조사확정하는 재판을 할 수 있다(법 제578조의10 제1항). 법인인 채무자의 이사 등에 대한 손해배상청구권의 조사확정재판과 같은 취지이다.[4] 그래서 조사확정재판의 절차에 관하여는 이사 등에 대한 손해배상청구권 등의 조사확정재판 절차인 제352조 제2항부터 제9항까지, 조사확정재판에 대한 이의의 소의 절차 및 조사확정재판의 효력에 관하여는 제353조 및 제354조를 준용하고 있다(같은 조 제2항).

---

4) 금융기관이나 기업의 부실책임자에 대한 손해배상청구의 경우 통상 민법 또는 상법을 근거로 하여 민사소송을 제기하여 이사 등의 책임을 추궁하나, 채무자회생법은 간이 · 신속하게 법인의 이사에 대한 손해배상청구권의 존재 · 내용을 확정하고 이사에 대한 손해배상을 명하는 조사확정절차를 규정하고 있다(법 제352조 내지 제354조).

아. 파산관재인의 권한

신탁재산에 속하는 재산의 관리처분 권한은 1차적으로 수탁자가 가지는데, 신탁법은 수탁자 행위의 감독 또는 책임의 추급을 위해 신탁으로부터 이익을 받는 수익자에게 신탁재산에 관하여 각종의 권한을 부여하고 있다. 그 한도 내에서 평상시에는 신탁재산에 속하는 재산의 관리처분권이 수탁자와 수익자에게 분속(分屬)하게 된다. 그런데 신탁재산에 대해서 파산절차가 개시된 경우에는 파산절차를 통한 공평 · 평등한 변제를 확보하기 위해 파산재단에 속하는 재산의 관리처분권은 파산관재인에게 전속하게 되기 때문에 수익자에게 속했던 권한도 파산관재인에게 전속하게 되고, 반면 수익자는 그의 권한을 행사할 수 없게 된다. 수익자에게 속했던 권한으로써 파산선고 후에는 파산관재인에게 전속하는 권한으로는 ① 수탁자가 신탁상 의무를 위반하여 신탁재산에 손해가 발생하거나 변경된 경우의 수탁자에 대한 원상회복 등의 청구(신탁법 제43조에 따른 원상회복 등의 청구), ② 수탁자가 신탁의 목적을 위반하여 신탁재산에 관한 법률행위를 한 경우에 법률행위 상대방 또는 전득자를 상대로 한 신탁위반 법률행위의 취소(신탁법 제75조에 따른 취소), ③ 수탁자가 법령 또는 신탁행위로 정한 사항을 위반하거나 위반할 우려가 있고 해당 행위로 신탁재산에 회복할 수 없는 손해가 발생할 우려가 있는 경우의 그 수탁자에 대한 행위 유지(留止)청구(신탁법 제77조에 따른 유지청구), ④ 수탁자가 수익자에게 급부가 가능한 한도를 초과하여 급부한 경우 수탁자와 이를 받은 수익자는 연대하여 초과된 부분을 신탁재산에 전보할 책임이 있는데, 이 경우 초과급부에 관한 전보 청구(수익자에 대한 청구만 해당)(신탁법 제121조에 따른 수익자에 대한 전보청구)이다(법 제578조의11).

자. 파산재단

유한책임신탁재산에 대하여 파산선고가 있는 경우 이에 속하는 모든 재산은 파산재단에 속한다(법 제578조의12). 일반 파산사건에서는 채무자가 파산선고 당시에 가진 모든 재산이 파산재단에 속한다(법 제382조 제1항). 그런데 신탁재산의 파산에서는 「채무자」에 해당하는 개념이 존재하지 않는다. 그래서 신탁재산에 속하는 일체의 재산이 파산재단에 속한다는 규정을 둔 것이다. 유한책임신탁재산의 파산에서 파산재단을 구성하는 것은 당해 신탁의 신탁재산에 속하는 재산만이고, 수탁자의 고유재산에 속하는 재산이나 다른 신탁의 신탁재산에 속하는 재산은 파산재단에 속하지 않는다.

수탁자는 분별관리의무가 있다. 신탁법 제37조는 수탁자는 신탁재산을 수탁자의 고유재산과 분별하여 관리하고 신탁재산임을 표시하여야 하고(제1항), 여러 개의 신탁을 인수한 수탁자는 각 신탁재산을 분별하여 관리하고 서로 다른 신탁재산임을 표시하여야 한다(제2항)고 규정하고 있다. 수탁자는 제1항 및 제2항의 신탁재산이 금전이나 그 밖의 대체물인 경우에는 그 계산을 명확히 하는 방법으로 분별하여 관리할 수 있다(제3항). 만일 신탁재산과 고유재산 간에 귀속관계를 구분할 수 없는 경우 그 재산은 신탁재산에 속한 것으로 추정하고(신탁법 제29조 제1항), 서로 다른 신탁재산 간에 귀속관계를 구분할 수 없는 경우 그 재산은 각 신탁재산 간에 균등하게 귀속된 것으로 추정한다(같은 조 제2항).

차. 부인권 및 환취권

유한책임신탁재산에 대하여 파산선고가 있는 경우 제391조부터 제393조까지, 제398조 및 제399조를 적용할 때에는 "채무자"는 "수탁자 또는 신탁재산관리인"으로 본다(법 제578조의13). 부인권에 관한 일반규정은 유한책임신탁재산 파산의 경우에도 적용된다. 다만, 유한책임신탁재산의 파산에서는 부인되는 행위의 주체인 「채무자」가 명확하지 않다. 그래서 이 경우에는 신탁재산에 대하여 관리처분권을 가지는 수탁자와 신탁재산관리인이 신탁재산에 대해서 한 행위가 부인의 대상이 된다는 취지를 명시한 것이다. 그리고 채무자가 「신탁법」에 따라 위탁자로서 한 신탁행위를 부인할 때에는 수탁자, 수익자 또는 그 전득자(轉得者)를 상대방으로 한다.

환취권에 관한 일반규정도 신탁재산파산의 경우에 적용된다. 다만, "채무자에 속하지 아니하는 재산"은 "신탁재산에 속하지 아니하는 재산"으로 보고, "채무자"는 "수탁자 또는 신탁재산관리인"으로 본다.

카. 신탁재산 파산 시 파산채권액

유한책임신탁재산에 대하여 파산선고가 있는 경우 신탁채권자는 파산선고 시에 가지는 신탁채권의 전액을 파산채권으로 행사할 수 있고, 수익자는 파산선고 당시 갖는 수탁자에게 신탁재산에 속한 재산의 인도와 그 밖에 신탁재산에 기한 급부를 요구하는 청구권인 수익채권이 파산채권이 된다(법 제578조의15 제1항 제1호). 그리고 수탁자는 파산선고 당시의 비용상환청구권(신탁법 제46조)과 보수청구권(제47조) 등이 파산채권이 된다(법 제578조의

15 제1항 제2호).

유한책임신탁의 파산절차와 수탁자의 파산절차가 동시에 진행되는 경우에 유한책임신탁은 신탁채권의 책임재산이 신탁재산에 한정되므로 신탁채권자나 수익자는 수탁자의 파산절차에 참가할 수 없다. 그러나 유한책임신탁의 수탁자가 고의 또는 중대한 과실로 그 임무를 게을리한 경우, 고의 또는 과실로 위법행위를 한 경우, 대차대조표 등 회계서류에 기재 또는 기록하여야 할 중요한 사항에 관한 사실과 다른 기재 또는 기록을 한 경우, 사실과 다른 등기 또는 공고를 한 경우 등의 행위로 인하여 손해를 입게 한 경우에는 유한책임신탁임에도 불구하고 손해를 입은 자는 그 채권의 전액에 관하여 수탁자의 파산재단에 대하여 파산채권자로서 그 권리를 행사할 수 있다. 물론 유한책임신탁재산으로부터도 손해배상을 받을 수 있다(법 제578조의15 제2항).

타. 우선순위

유한책임신탁재산에 대하여 파산선고가 있는 경우 신탁채권은 수익채권보다 우선한다(법 제578조의16 제1항). 이러한 수익채권의 열후적 취급은 수익채권은 신탁재산에 대한 지분권에 준하는 성격을 가지는 것을 반영한 것이다. 신탁채권은 수탁자의 신탁사무처리에 기인하여 생긴 권리이고, 기본적으로는 신탁재산의 가치의 유지 · 증가를 목적으로 한 행위 중에 생긴 것이라는 점, 수익자는 신탁채권자와는 달리 수탁자에 대한 각종 감독적 권리나 신탁의 변경 등에 관여할 권리를 가진다는 점에서 신탁재산의 우선권을 인정한 것이다.

그런데 수탁자 또는 신탁재산관리인과 채권자(수익자를 포함)가 유한책임신탁재산의 파산절차에서 다른 채권보다 후순위로 하기로 정한 채권은 그 정한 바에 따라 다른 채권보다 후순위로 한다(같은 조 제2항).

파. 파산폐지에 관한 특칙

유한책임신탁재산의 파산폐지신청은 수탁자 또는 신탁재산관리인이 한다(법 제578조의17 전문). 유한책임신탁재산의 파산에서도 파산채권 신고채권자 전원의 동의가 있는 경우에는 더 이상 파산절차를 진행시킬 의미가 없기 때문에 파산절차폐지가 인정된다. 그런데 일반 파산절차에 있어서는 파산채권자의 동의에 의한 파산절차폐지 신청권자는 채무자인데, 신탁재산파산에서는 「채무자」를 관념할 수 없기 때문에 파산선고 전에 신탁재산에 속하는 재산에 대해서 관리처분권을 가지고 있었던 자라는 의미에서 「채무자」와 공통되는 수탁자와 신탁재산관리인이 신청권을 갖는다.

이 경우 수탁자 또는 신탁재산관리인이 여럿일 때에는 전원의 합의가 있어야 한다(같은 조 후문). 그러나 전체 파산채권자가 파산절차 폐지에 동의하고 있음에도 불구하고 복수인 수탁자 등의 일부가 파산절차폐지 신청을 하지 않거나 폐지에 동의하지 않기 때문에 파산절차를 계속해야 한다는 것은 불합리하다. 그러므로 위 후문은 채무자회생법 개정 시 재고되어야 할 것이다.

제21장 벌칙

제21장 벌 칙

제1절 개 요

1. 파산범죄의 의의

파산은 파산관계인 사이에 이해관계의 공정·공평한 조정을 목적으로 하는데, 파산절차의 전후를 통해서 채무자, 파산관재인 등 다양한 이해관계인에 의해서 다른 이해관계인의 법익을 침해하는 행위가 있을 수 있고, 또한 파산절차 중에 그 진행을 방해하는 행위가 발생할 우려가 있다. 그러므로 채무자회생법은 파산관계인의 법익을 보호하고, 파산절차가 신속하고 공정하게 진행될 수 있도록 채무자 기타 관계인의 부정행위를 범죄로서 처벌하고 있다. 파산범죄는 그 성질상 일반형법에 대해서 특별형법의 관계에 있다. 그러므로 파산범죄에 관해서는 형법총칙 규정이 적용된다. 파산범죄에 관한 사건은 형사소송법에 의해 형사법원에서 심판을 하며, 파산법원은 파산범죄의 형사사건에 대하여는 관할권이 없다.

2. 파산범죄의 보호법익

파산범죄의 보호법익에는 크게 두 가지가 있다. 첫 번째는 파산채권자의 재산상의 이익을 보호법익으로 하는 것이며, 이 범죄유형을 실질적 침해죄라고 한다. 사기파산죄와 과태파산죄가 여기에 해당한다. 두 번째는 파산절차의 적정한 수행을 보호법익으로 하는 것으로 절차적 침해죄라고 한다. 증수뢰죄 및 설명의무위반죄가 여기에 속한다.

제2절 파산범죄의 유형

1. 사기파산죄

채무자회생법은 채무자의 총재산을 실질상 또는 외견상 감소시킴으로써 총채권자의 재산상의 이익을 침해하거나 위험하게 하는 행위를 사기파산죄로 처벌하고 있다. 사기파산죄에 해당하는 행위에는 4가지 유형이 있다(법 제650조 제1항).

가. 행위 유형

(1) 첫 번째 유형은 파산재단에 속하는 재산을 은닉 또는 손괴하거나 채권자에게 불이익하게 처분을 하는 행위이다(제1호).

'재산의 은닉'이란 재산의 발견을 불가능하게 하거나 곤란하게 만드는 것을 말하고, 재산의 소재를 불명하게 하는 경우뿐만 아니라 재산의 소유관계를 불명하게 하는 경우도 포함한다. 그렇지만 채무자가 법원에 파산신청을 하면서 단순히 소극적으로 자신의 재산상황을 제대로 기재하지 아니한 재산목록 등을 제출하는 행위는 위 죄에서 말하는 '재산의 은닉'에 해당한다고 할 수 없다(대법원 2009. 1. 30. 선고 2008도6950 판결). 대법원은 위와 같은 법리를 전제로, 피고인이 상속재산이 있음에도 상속에 기한 소유권이전등기를 경료하지 아니한 채로 파산신청을 하면서 상속재산이 없다는 허위 내용의 진술서를 첨부하여 제출한 행위를 사기파산죄의 '재산의 은닉'에 해당하는 것으로 판단하여 피고인에 대하여 유죄를 인정한 원심에 대하여, 위 법리에 의하면 피고인의 위와 같은 행위를 '재산의 은닉'으로 볼 수는 없다며 사기파산죄의 성립을 부정하였다(대법원 2009. 7. 9. 선고 2009도4008 판결[1]). 반면, 대법원은 피고인이 기존에 보유하던 차명재산의 명의를 바꾸거나 이를 처분하여 새로운 형태의 자산을 차명으로 취득하는 것이나(대법원 2016. 10. 13. 선고 2016도8347 판결), 차명으로 소유하던 전환사채의 전환권을 행사하여 차명으로 주식을 발행받는 것(대법원 2017. 8. 29. 선고 2017도6045 판결)은 적극적으로 재산의 소유관계를 더욱 불명하게 하여 재산의 발견을 불가능하게 하거나 곤란하게 만드는 것이므로 '재산의 은닉'에 해당한다고 보았다.

다음으로 '손괴'란 물건에 대한 물리적 손상 등 재산적 가치를 감소시키는 일체의 행위를 포함한다.

그리고 '채권자에게 불이익하게 처분을 하는 행위'는 부당한 저가의 매매나 무상의 증여 등과 같이 위 '은닉', '손괴'에 견줄 수 있을 만큼 채권자 전체에게 절대적으로 불이익을

---

1) 대법원 2009. 1. 30. 선고 2008도6950 판결도 같은 취지. 이 판결은 "피고인이 다이아몬드 목걸이, 수표, 예금 등 재산과 많은 급여수입이 있음에도 불구하고, 법원에 개인회생신청을 하면서 일부 재산과 급여수입을 누락하여 기재한 재산목록과 변제계획안수정신청서를 제출한 행위가 '재산의 은닉'에 해당하지 않는다고 한 원심의 판단은 정당하고, 거기에 구 개인채무자회생법 소정의 사기개인회생죄에 관한 법리오해의 위법이 없다."고 하였다.

미치게 하는 행위를 뜻하는 것이고, 단순히 채권자 간의 공평을 해함에 그치게 하는 행위를 뜻하는 것이 아니다. 그러므로 특정의 채권자에 대한 변제 등은 다른 채권자에게 불이익한 결과를 가져온다 하더라도 특별한 사정이 없는 한 이에 해당하지 아니한다(대법원 2001. 5. 8. 선고 2001도679 판결).

채무자회생및파산에관한법률위반(사기파산)죄와 특정경제범죄가중처벌등에관한법률위반(사기)죄는 그 입법목적이나 보호법익이 전혀 다르고, 행위의 목적, 행위의 태양, 재산상 이익의 취득 요부, 취득한 재산상 이익의 가액, 파산선고의 확정 등 구체적인 구성요건에서 상당한 차이가 있으므로, 위 두 죄는 법조경합이 아닌 실체적 경합 관계에 있다(서울고등법원 2017. 4. 12. 선고 2016노3231 판결).

(2) 두 번째 유형은 파산재단의 부담을 허위로 증가시키는 행위이다(제2호). 허위채무부담 행위가 대표적이며, 파산재단에 속하는 재산으로 변제해야 할 파산채권, 재단채권을 허위로 증가시키거나 저당권 등 별제권이 되는 담보권을 설정하는 행위가 여기에 해당한다.

(3) 세 번째 유형은 법률의 규정에 의하여 작성하여야 하는 상업장부를 작성하지 아니하거나, 그 상업장부에 재산의 현황을 알 수 있는 정도의 기재를 하지 아니하거나, 그 상업장부에 부실한 기재를 하거나, 그 상업장부를 은닉 또는 손괴하는 행위이다(제3호). 상업장부의 부작성, 부기재(不記載), 부실기재, 은닉 또는 손괴는 파산관재인이 파산재단의 범위를 정확하게 파악하는 것을 곤란하게 하고, 파산채권자의 이익을 해하기 때문에 처벌대상으로 한 것이다.

(4) 네 번째 유형은 제481조(재산장부의 폐쇄)의 규정에 의하여 법원사무관 등이 폐쇄한 장부에 변경을 가하거나 이를 은닉 또는 손괴하는 행위이다(제4호). 재산관계를 불명(不明)하게 한다는 점에서 파산채권자의 이익을 해하는 행위이다.

나. 벌칙

채무자가 파산선고의 전후를 불문하고 자기 또는 타인의 이익을 도모하거나 채권자를 해할 목적으로 위 행위 중 어느 하나에 해당하는 행위를 하고, 그 파산선고가 확정된 때에는

10년 이하의 징역 또는 1억원 이하의 벌금에 처한다(법 제650조 제1항). 본죄의 행위주체는 파산선고를 받은 채무자, 채무자의 법정대리인, 법인인 채무자의 이사, 채무자의 지배인, 상속재산에 대한 파산의 경우 상속인 및 그 법정대리인과 지배인이다(법 제652조). 또한 수탁자, 신탁재산관리인, 수탁자의 법정대리인, 수탁자의 지배인 또는 법인인 수탁자의 이사가 파산선고의 전후를 불문하고 자기 또는 타인의 이익을 도모하거나 채권자를 해할 목적으로 위 각 행위의 어느 하나에 해당하는 행위를 하고, 유한책임신탁재산에 대한 파산선고가 확정된 경우에도 10년 이하의 징역 또는 1억원 이하의 벌금에 처한다(법 제650조 제2항).

2. 과태파산죄

채무자가 파산선고의 전후를 불문하고 다음의 어느 하나에 해당하는 행위를 하고, 그 파산선고가 확정된 경우 그 채무자는 5년 이하의 징역 또는 5천만원 이하의 벌금에 처한다(법 제651조 제1항). 과태파산죄의 보호법익도 사기파산죄와 같이 총 파산채권자의 재산적 이익이지만, 행위의 태양에 차이가 있고, 자기 또는 타인의 이익을 도모하거나 채권자를 해할 목적을 요하지 않고, 법정형이 사기파산죄보다 가볍다는 점에서 양자의 차이가 있다.

(1) 파산의 선고를 지연시킬 목적으로 신용거래로 상품을 구입하여 현저히 불이익한 조건으로 이를 처분하는 행위(제1호)
(2) 파산의 원인인 사실이 있음을 알면서 어느 채권자에게 특별한 이익을 줄 목적으로 한 담보의 제공이나 채무의 소멸에 관한 행위로서 채무자의 의무에 속하지 아니하거나 그 방법 또는 시기가 채무자의 의무에 속하지 아니하는 행위(제2호)
(3) 법률의 규정에 의하여 작성하여야 하는 상업장부를 작성하지 아니하거나, 그 상업장부에 재산의 현황을 알 수 있는 정도의 기재를 하지 아니하거나, 그 상업장부에 부정의 기재를 하거나, 그 상업장부를 은닉 또는 손괴하는 행위(제3호)
(4) 제481조의 규정에 의하여 법원사무관 등이 폐쇄한 장부에 변경을 가하거나 이를 은닉 또는 손괴하는 행위(제4호)

본죄는 파산선고를 받은 채무자, 채무자의 법정대리인, 법인인 채무자의 이사, 채무자의 지배인, 상속재산에 대한 파산의 경우 상속인 및 그 법정대리인과 지배인이 대상이 된다(법 제652조). 또한 수탁자, 신탁재산관리인, 수탁자의 법정대리인, 수탁자의 지배인 또는 법인인 수탁자의 이사가 파산선고의 전후를 불문하고 위 각 행위의 어느 하나에 해당하는 행위를 하고, 유한책임신탁재산에 대한 파산선고가 확정된 경우에도 5년 이하의 징역 또는 5천만원 이하의 벌금에 처해진다(법 제651조 제2항).

3. 구인불응죄(삭제)

채무자회생법은 2024. 12. 20. 제653조 구인불응죄를 삭제하고 제660조에 "법 제319조(파산선고를 받은 채무자의 구인), 제320조(파산선고를 받은 채무자의 법정대리인 등의 구인), 제322조(파산선고 전의 구인) 및 제578조의6(파산선고를 받은 신탁의 수탁자 등의 구인)에 따른 구인의 명을 받은 자가 그 사실을 알면서도 정당한 사유 없이 출석하지 아니한 때에는 500만원 이하의 과태료를 부과한다."는 제4항을 신설하였다.

4. 제3자의 사기파산죄

채무자 및 채무자의 법정대리인, 법인인 채무자의 이사, 채무자의 지배인, 상속인 및 그 법정대리인과 지배인 등 법 제652조에 열거된 자가 아닌 제3자, 예를 들면 회사의 감사, 부장, 과장, 일반종업원이 파산선고의 전후를 불문하고 자기 또는 타인의 이익을 도모하거나 채권자를 해할 목적으로 제650조에 열거된 사기파산의 행위를 한 때, 또는 자기나 타인을 이롭게 할 목적으로 파산채권자로서 파산신청, 채권신고 등 허위의 권리를 행사한 때는 채무자에 대한 파산선고가 확정된 것을 가벌조건으로 하여 사기파산자와 똑같이 사기파산죄로서 10년 이하의 징역 또는 1억원 이하의 벌금에 처한다(법 제654조).

5. 파산수뢰죄

파산관재인(법 제637조의 규정에 의한 국제도산관리인을 포함한다) 또는 감사위원이 그 직무에 관하여 뇌물을 수수 · 요구 또는 약속한 때나 파산채권자, 파산채권자의 대리인, 파산채권자의 이사가 채권자집회의 결의에 관하여 뇌물을 수수 · 요구 또는 약속한 때에는 모두 5년 이하의 징역 또는 5천만원 이하의 벌금에 처한다(법 제655조 제1항). 이 경우 범인 또는 그 정을 아는 제3자가 수수한 뇌물은 몰수하고, 몰수가 불가능한 때에는 그 가액을 추징한다(법 제655조 제2항). 국외범도 처벌된다(법 제659조).

6. 파산증뢰죄

파산관재인(법 제637조의 규정에 의한 국제도산관리인을 포함한다), 감사위원, 파산채권자, 파산채권자의 대리인, 파산채권자의 이사에게 뇌물을 약속 또는 공여하거나 공여의 의사를 표시한 자는 3년 이하의 징역 또는 3천만원 이하의 벌금에 처한다(법 제656조).

7. 재산조회결과의 목적 외 사용죄

법원은 필요한 경우 관리인 · 파산관재인 그 밖의 이해관계인의 신청에 의하거나 직권으로 채무자의 재산 및 신용에 관한 전산망을 관리하는 공공기관 · 금융기관 · 단체 등에 채무자 명의의 재산에 관하여 조회할 수 있다(법 제29조 제1항). 위 규정에 의한 재산조회의 결과를 회생절차 · 파산절차 또는 개인회생절차를 위한 채무자의 재산상황조사 외의 목적으로 사용한 자는 2년 이하의 징역 또는 2천만원 이하의 벌금에 처한다(법 제657조).

8. 설명의무위반죄

법 제321조 및 법 제578조의7에 따라 설명의 의무가 있는 자가 정당한 사유 없이 설명을 하지 아니하거나 허위의 설명을 한 때에는 1년 이하의 징역 또는 1천만원 이하의 벌금에 처한다(법 제658조). 설명의무의 이행을 확보하기 위해 형벌로써 이를 강제할 필요가 있다고 인정된 것이다. 본죄의 주체는 채무자 및 그 대리인, 채무자의 이사, 채무자의 지배인, 상속재산에 대한 파산의 경우 상속인, 그 대리인, 상속재산관리인 및 유언집행자, 수탁자 또는 신탁재산관리인, 수탁자의 법정대리인, 수탁자의 지배인, 법인인 수탁자의 이사이며, 종전에 위 자격을 가졌던 자도 본죄의 주체가 된다.

9. 여론(餘論): 면책 채무자에 대한 차용금 사기죄의 심리방법

대법원은 "채무자회생 및 파산에 관한 법률상 개인파산 · 면책제도의 주된 목적 중의 하나는 파산선고 당시 자신의 재산을 모두 파산배당을 위하여 제공한 정직하였으나 불운한 채무자의 파산선고 전의 채무의 면책을 통하여 그가 파산선고 전의 채무로 인한 압박을 받거나 의지가 꺾이지 않고 앞으로 경제적 회생을 위한 노력을 할 수 있는 여건을 제공하는 것이다. 그러나 한편, 채무자회생 및 파산에 관한 법률은 채권자 등 이해관계인의 법률관계를 조정하고 파산제도의 남용을 방지하기 위하여, 같은 법 제309조에서 법원은 파산신청이 성실하지 아니하거나 파산절차의 남용에 해당한다고 인정되는 때에는 파산신청을 기각할 수 있도록 하고, 같은 법 제564조 제1항의 각 호에 해당하는 경우에는 법원이 면책을 불허가할 수 있도록 하고, '채무자가 고의로 가한 불법행위로 인한 손해배상청구권' 등 같은 법 제566조의 각 호의 청구권은 면책대상에서 제외하며, 같은 법 제569조에 따라 채무자가 파산재단에 속하는 재산을 은닉 또는 손괴하는 등 사기파산죄로 유죄의 확정판결을 받거나 채무자가 부정한 방법으로 면책을 받은 경우 법원의 결정에 의하여 면책이 취소될 수 있도록 하고 있다. 따라서 개인파산 · 면책제도를 통하여 면책을 받은 채무자에 대한 차용금 사기죄의 인정 여부는 그 사기로 인한 손해배상채무가 면책대상에서 제외되어 경제적 회생을 도모하려는 채무자의 의지를 꺾는 결과가 될 수 있다는 점을 감안하여 보다 신중한 판단을 요한다(대법원 2008. 2. 14. 선고 2007도10770 판결[2]), 대법원 2007. 11. 29. 선고 2007도8549 판결[3])"고 한다.

---

2) 차용인이 대여인으로부터 관광버스 구입자금을 차용한 후 계속된 사업실패로 파산신청을 하여 면책허가결정이 확정되자 대여인이 차용금 사기죄로 고소한 사안에서, 차용 당시 차용인에게 편취의 범의가 있었다고 볼 수 없다고 한 사례.

3) 차용금 사기죄로 기소된 피고인이 파산신청을 하여 면책허가결정이 확정된 사안에서, 위와 같은 법리에 따르더라도 피고인이 파산신청 2년 전부터 파산신청을 하기 불과 40여일 전까지 여러 사람들로부터 돈을 빌려서 채무변제와 생활비 등으로 사용한 것은 사기죄를 구성한다고 한 사례.

참고자료

1. 국내문헌

노영보, 도산법 강의, 박영사, 2018
법원도서관, 도산법실무연구 제127집, 2013
법원행정처, 법원실무제요, 민사소송[Ⅱ](개정판), 2014
법원행정처, 부동산등기실무[Ⅲ], 2015
법원공무원교육원, 도산실무, 한양당, 2017
서울회생법원 재판실무연구회, 법인파산실무(제5판), 박영사, 2019
서울중앙지방법원 파산부 실무연구회, 법인파산실무(제4판), 박영사, 2015
서울회생법원 재판실무연구회, 개인파산 · 회생실무(제5판), 박영사, 2019
서울중앙지방법원 파산부 실무연구회, 개인파산 · 회생실무(제4판), 박영사, 2015
서울중앙지방법원 파산부 실무연구회, 도산절차와 소송 및 집행절차, 박영사, 2011
윤진수, 친족상속법 강의(제3판), 박영사, 2020
이우재, 부동산 및 채권집행에서의 배당의 제문제[제2판], 진원사, 2012
이원구, 채무자를 위한 개인파산, 피앤씨미디어, 2016
이재화 · 이해우, 파산법 -이론과 실무-, 법률문화사, 2001
임치용, 파산법연구2, 박영사, 2006
임치용 외 3, 파산판례해설, 박영사, 2007
전대규, 채무자회생법, 법문사, 2017
전대규, 도산과 지방세, 삼일인포마인, 2021
한국도산법학회, 회생과 파산 Vol.1, 사법발전재단, 2012
한국법학원, 저스티스 통권 제124호, 2011년 6월호
김영주, "임대차계약 당사자의 도산에 관한 민법 및 도산법의 해석", 법학논총(제33집 제3호)
오영걸, 신탁법 2판, 홍문사, 2023

2. 일본문헌

岡 伸浩 외 4, 破産管財人の債権調査 · 配当, 株式會社 商事法務(2017)
田頭章一 , 講義 破産法 · 民事再生法(重要論点の解説と演習), 有斐閣(2016)
岡 伸浩 외 3, 破産管財人の財産換價, 株式會社 商事法務(2015)
竹下守夫 외 3, 破産法大系(제1권) 破産手続法, 青林書院(2014)

竹下守夫 외 3, 破産法大系(제2권) 破産実体法, 青林書院(2015)
竹下守夫 외 3, 破産法大系(제2권) 破産実体法, 青林書院(2015)
東京地裁破産再生實務研究會, 破産・民事再生の實務[第3版] 破産編, 一般社團法人 金融財政事情研究會(2014)

島岡大雄 외 3 編, 倒産と訴訟, 商事法務(2013)

東京地裁破産實務研究會, 破産管財の手引, 一般社團法人 金融財政事情研究會(2011)

伊藤 眞 外 5, 条解 破産法, 弘文堂(2010)

伊藤 眞, 破産法・民事再生法(第2版), 有斐閣(2009)

今中利昭 외 2, 実務 倒産法講義(第3版), 株式會社 民事法研究會(2009)

竹下守夫 外, "大コンメンタール破産法", 青林書院(2007년)

小川秀樹 編著, 一問一答 新しい破産法, 株式會社 商事法務(2005년)

青山善充, 伊藤 眞, 松下淳一 編, 倒産判例百選[第4版], 有斐閣(2006/10)

宗田親彦, 新訂 破産法概説, 慶應義塾大学出版会株式會社(2001)

伊藤 眞, 破産法[全訂第3版], 有斐閣(2000)

齋藤秀夫 외 2, 注解 破産法(上)(제3판), 青林書院(1998)

齋藤秀夫 외 2, 注解 破産法(下)(제3판), 青林書院(1999)

三ケ月章 등, 條解 會社更生法(上), 弘文堂(1999)

〔ㄱ〕

〔ㄴ〕

〔ㄷ〕

[ㅁ]

[ㅂ]

[ㅅ]

[ㅇ]

〔ㅈ〕

〔ㅊ〕

【ㅌ】

【ㅍ】

【ㅎ】

著者 略歷

이이수

연세대학교 법과대학 졸업

고려대학교 일반대학원 정치외교학과 석사

제40회 사법시험 합격(사법연수원 30기)

일본 교토대학 법학대학원 연구생

(전) 수원지방법원 개인파산관재인

(전) 한국자산관리공사 채무조정심의위원회 위원

(전) 서울지방변호사회 개인파산 · 회생특별위원회 위원장

(현) 법무법인 선우 변호사

(현) 서울회생법원 개인파산관재인

개인파산관재절차의 이론과 실무

2026년 3월 10일 초판 1쇄 인쇄
2026년 3월 20일 초판 1쇄 발행

저 자 이 이 수
발 행 인 김 용 성
발 행 처 **법률출판사**
서울시 동대문구 휘경로2길 3, 4층
☎ 02) 962-9154 팩스 02) 962-9156
등록번호 : 제1-1982호
ISBN : 978-89-5821-475-5 13360
e-mail : lawnbook@hanmail.net

정가 50,000원